共重庆市城口县委组织部 ◎ 主编

战胜贫困（上册）

我的扶贫故事

西南师范大学出版社
国家一级出版社 全国百佳图书出版单位

图书在版编目（CIP）数据

战胜贫困. 上册, 我的扶贫故事 / 中共重庆市城口县委组织部主编. — 重庆：西南师范大学出版社，2021.8

ISBN 978-7-5697-0949-0

Ⅰ.①战⋯ Ⅱ.①中⋯ Ⅲ.①扶贫—成就—城口县 Ⅳ.①F127.719.4

中国版本图书馆CIP数据核字（2021）第150060号

战胜贫困（上册）——我的扶贫故事
中共重庆市城口县委组织部 主编

责任编辑｜李晓瑞
责任校对｜何雨婷
装帧设计｜闻江文化
排　　版｜张　艳
出版发行｜西南师范大学出版社
地　　址｜重庆市北碚区天生路2号
邮　　编｜400715
电　　话｜023-68253705
经　　销｜全国新华书店
印　　刷｜重庆市国丰印务有限责任公司
幅面尺寸｜185 mm×260 mm
印　　张｜24.25
字　　数｜480千字
版　　次｜2021年8月 第1版
印　　次｜2021年8月 第1次印刷
书　　号｜978-7-5697-0949-0
定　　价｜198.00（上、下册）

目录 CONTENTS

壹 /001

01. 带着贫困户游重庆　/002
02. 双竹村的信任之战　/005
03. "干妈"来了　/008
04. 老王去了敬老院　/012
05. "驻"到群众心坎里　/015
06. 河岸村产业升级记　/018
07. 此心安处,便是吾乡　/021
08. 联坪花菇梦成真　/024
09. 动情驻村,甘甜在心　/027
10. 为了一个更好的明天　/030
11. 做党的温暖的传递者　/033
12. 关键时刻我轰了一脚油　/036
13. "蜜水"进村日子甜　/040
14. 将愧疚留给家人,把希望带进山村　/044
15. 深山里的女子特战队　/047
16. 第一书记永远在路上　/050
17. 我与李思银的不解之缘　/053

贰 /057

18. 四双胶鞋一颗心，阔别昔日穷山村 /058
19. 坪原村那些可爱的人 /062
20. 倾注真心真情，做好小事实事 /065
21. 当彼此成为习惯 /068
22. 驻村扶贫，传递温暖 /071
23. 当阳村里人气旺 /074
24. 罗得富没有被遗忘 /077
25. 倾家荡产干扶贫 /080
26. 我的乐山扶贫记 /084
27. 我是全村人的第一书记 /087
28. 两个"茅坪" /090
29. 驻村帮扶的三个关键词 /093
30. 高山生态水田三部曲 /096
31. "软磨硬泡"在联丰 /099
32. 无悔的选择 /102
33. 这样的付出，值得 /105
34. 杨大哥"活"过来了 /108

叁 /111

35. 去挖井就挖出水来 /112
36. "土味儿"书记扶贫记 /115
37. "老黄牛"再奋蹄 /118
38. 家在金六 /121
39. 身上有泥土，心中有百姓 /124
40. 三十而立，"立"在枇杷 /127
41. 脱贫全靠老检官 /130
42. 在平凡中奋进 /133
43. 有青山绿水见证 /136

44. 不眠的雪夜 /139

45. 二百九十万分之一 /143

46. 把脉问诊扶真贫 /146

47. 驻村扶贫的那些事儿 /149

48. 扶贫路上的"李老师" /152

49. 扶贫日志与白公主 /155

50. 最有意义的两年 /160

51. 密水缘 /163

肆

/167

52. 驻村帮扶，无怨无悔 /168

53. 扎根鹿坪，以村为家 /171

54. 一分耕耘，一分收获 /174

55. 我和一碗刨汤肉 /177

56. 我是贫困群众的农产品推销员 /180

57. 乌窑湾扶贫记 /183

58. 从此，我又多了一家亲戚 /187

59. 与贫困户的一次无声畅谈 /190

60. 释放青春的萤火之光 /193

61. 罗叔叔用上了洗衣机 /196

62. 帮扶路上两段情 /199

63. "一荤一素"打造脱贫样板 /202

64. 最是泥土香 /205

65. 我和我刘叔 /208

66. 丁大哥帮扶记 /211

67. 苦菜花，迎来了春天 /214

伍 /217

68. 一名基层乡镇干部的扶贫心路 /218
69. 为了退伍老兵的揪心事 /221
70. 没有拒绝融化的冰 /224
71. 起死回生的王姐 /227
72. 倾心帮扶，重拾希望 /230
73. 桃园深处结亲人 /233
74. 我这一辈子都不会忘记 /236
75. 蜕变 /239
76. 这家人"站"起来了 /242
77. 盲人老袁的脱贫路 /245
78. 为贫困户打Call的那些事儿 /248
79. 朝着幸福生活大步迈进 /251
80. 不舍信念，终将拥抱幸福 /254
81. 给你一个温暖的家 /257
82. 做老百姓身边的"老黄牛" /260
83. 扶贫要扶"志"和"智" /263
84. 退伍军人转战记 /266

陆 /269

85. 用真情换真心 /270
86. 凡事"问问姐姐" /273
87. 毕业返乡扎根基层真扶贫 /276
88. 我与"林之汇"结了扶贫缘 /279
89. 热血扶贫，无悔芳华 /282
90. 初心不改，为民办实事 /285
91. 做村民的贴心人 /288
92. 扶贫一直在路上 /291
93. "摩托书记"来扶贫 /294

94. 千千万万个我　/297

95. 做好一瓶"万金油"　/300

96. 我最幸福的事　/303

97. 甩开膀子种香菇　/306

98. 村里来了位女支书　/309

99. 他让岚溪村变了样　/312

100. 沿河儿女的回乡梦　/315

101. 愿以真心换真情　/318

柒

/321

102. 脚踏实地，务实为民　/322

103. 东东带乡亲们向前冲　/325

104. 脱贫一线洒芳华　/328

105. 从"零"开始，接受新挑战　/331

106. 愿以辛苦换甘甜　/334

107. 一分耕耘，一分收获　/337

108. 爱上百姓的好支书　/340

109. 背着药罐办教育　/343

110. 劝返复学工作有感　/346

111. 让山区孩子享受更优质教育　/349

112. 生命，定格在脱贫攻坚一线　/352

113. 柿坪红　/355

114. 大山里，那片平凡的"绿叶"　/359

115. 做有教育情怀的"摆渡人"　/363

116. 打造一支"带不走"的医疗队　/366

117. 一心为民，一直向前　/369

118. 走进村庄，走进心里　/372

119. 心系群众解民困　铁肩担责践初心　/375

战胜贫困——我的扶贫故事

壹

- 詹仁义
- 朱瑞建
- 刘艳坤
- 伍贵阳
- 刘景刚
- 龙雨
- 宋康
- 张炜
- 王永超
- 张明春
- 向伟
- 王连军
- 杨国跃
- 蒲以明
- 梁雪娇
- 刁兵
- 李大川

01 带着贫困户游重庆

——复兴街道红坪村第一书记 詹仁义

◁ 2018年8月，詹仁义（左一）在贫困户陈兴发生产用房中检查产业发展情况

2015年年底，脱贫攻坚战全面打响，那时，我是城口县惠民公司（全称"城口县惠民供水有限责任公司"）的副总经理，分管脱贫攻坚工作。2017年10月，组织上选派我到复兴街道红坪村担任第一书记。

在脱贫攻坚战第一线的那些日夜，我不仅做了政策的宣传员、矛盾纠纷的调解员、产业发展的讲解员、工程项目的监督员，还提升了自己的群众工作能力。在驻村工作队和村党支部的支持下，红坪村村民完成了水库的引导性搬迁，住上了小洋房；村里基础设施发生了翻天覆地的变化，全村人的"两不愁三保障"突出问题全面解决——在全面建设小康的路上，红坪村一个也没有落下。

打开扶贫工作日记，点点滴滴、枝枝叶叶，很多零散记录在笔记本中的小故事又浮上心头。现在回忆起来，有辛苦的，有开心的，有温暖的，也有悲伤郁闷的。一枝一叶总关情！但让我终生难忘的，还是这样一件事。

2015年8月，我与复兴街道红坪村3社建档立卡贫困户蔡吉学"结缘"，他成了我的结对帮扶户。

蔡吉学，生于1952年5月，从小患有小儿麻痹症，是个残疾人，只上过识字班。红坪村距县城只有5千米，但基础设施薄弱，居住条件恶劣，致富渠道单一，属于典型的"灯下黑",是全县 90 个贫困村之一。那会儿到蔡吉学家走访,从三合水库大坝步行,至少两个小时才能到,每次入户往返基本都是一整天。在 2016 年下半年的一次走访中,我问蔡吉学,到目前为止去得最远的地方是哪里。他说:"只去过县城南大街,北大街都没去过。"我不信,他就发誓。当时我沉默了。

那次对话让我感觉到,对于像蔡吉学这样的贫困户,物质帮扶可能还是次要的,当务之急是扶志、扶智。于是我萌生了带他出去走走看看、开开眼界的念头。临别时,我承诺在稍有空闲的时候,带他到重庆主城转转。

回到家里,我把这个想法告诉了妻子和儿子,得到了他们的支持。在家人的催促下,2017 年 5 月下旬,我利用一个周末,先让蔡吉学的儿子把他接到县上,一起吃过午餐后,我开着自家车载上老蔡从城口出发直奔重庆主城。

一路上老蔡毫无睡意,一会儿看看高速公路两旁的风景,一会儿诉说住在高山的苦恼。我们到达重庆大同美伦宾馆时,已是傍晚时分。当时惠民公司有十几个人在重庆主城体检,大家一起共进了晚餐。吃饭的时候老蔡喝了点儿酒,很高兴,可是回宾馆后,他要求第二天就回城口。我问他为什么。他说:"我就看到你一路都在给钱,花钱都花得我心疼。"我说:"钱不用担心,我既然承诺了,也做了相应的安排,基本上不差钱。"我知道,老蔡是实诚人,不舍得我花钱。"莫怕,不会让你花一分钱。"为了让老蔡不尴尬,我用开玩笑的口气补充了一句。睡觉之前我俩又喝了点儿小酒。

第二天早上 7 点在宾馆吃过早餐,我问他先看什么。他说:"先看码头。"我说:"那就看重庆最有名的码头。"于是我俩打的到了朝天门。他饶有兴致地看了两江交汇处的建筑、公共设施及江里的各种船舶,感慨万千,说大开眼界。稍做休息,我调侃他说:"到解放碑去看乖女娃子和大商店!"他兴致很高,说:"好!"我俩乘坐公交车到了解放碑步行街,在解放碑周边玩了好一会儿,接着去逛新世纪和重百商场。他兴趣不大,因自身有残疾,上电梯都需要我搀扶,别人都投来异样的眼光,他感觉不自在,逛了两层楼就下来了。

△ 2020 年 2 月,詹仁义(右一)到贫困户易廷轩生产用房中为其规划产业

午餐是在观音桥商圈吃的，顺便到附近看了一下。下午我领他去了歌乐山烈士陵园，因不识字，光看图片，文字需要别人解读，他兴趣也不大。约1小时后，老蔡要回宾馆休息。晚餐我俩在宾馆附近的餐馆吃的，边喝酒我边问他有何感想。老蔡说："电视上与现实有差距，'百闻不如一见'，国家太强大了。"我顺势做了一些疏导工作，跟他说，一是要利用脱贫攻坚的政策优势，改变"一方水土养不活一方人"的现状，支持政府的引导性搬迁工作，不要想得太难了；二是搬迁后要寻找致富门路，不要有"等靠要"的思想，幸福是自己奋斗出来的；三是要在群众中起到表率作用，宣传搬迁带来的好处。最后我还开玩笑地说了句："这次来游主城，是我们朋友之间的情谊，这个可不要宣传，以免引起其他贫困户的攀比。如果都要帮扶责任人带出去看看，就不好办了。"老蔡听着我说话，喜滋滋的，眼睛看着我，那是信任的眼神。

第三天我们顺利返回城口。

蔡吉学于2018年1月搬迁至友谊花园安置房居住，在后来的日子里，我也时不时把他叫上，走遍了城口县的绝大部分乡镇。每次上级脱贫攻坚抽查或访谈到他家，老蔡都感恩党，感恩政府，全力支持脱贫攻坚工作，同时也常提到重庆主城之行。

和老蔡"结缘"，到村里驻村，改变了我对基层的认识。扶贫先扶志，驻村帮扶，要用真心，动真情，才能事半功倍。

02 双竹村的信任之战

——高观镇双竹村第一书记 朱瑞建

◁ 2019年5月，朱瑞建查看核桃生长情况

　　脱贫攻坚战打响后，我被派往高观镇双竹村担任第一书记。几年来，在我和乡亲们的共同努力下，全村37户建档立卡贫困户如期实现脱贫，彻底解决了绝对贫困问题，村容村貌焕然一新，村里各项事业蒸蒸日上，群众满意度持续提升，双竹村实现了从贫困村到先进村的华丽蜕变。

　　这样的变化，来之不易。记得刚到村里的时候，我走访的76户村民中，就有15户建议村"两委"干部加强和他们的沟通交流，户数占到走访农户的近20%。这个比例不小啊！我盯着那一本《双竹村村民遍访台账》陷入深深的沉思。

　　为了找到原因，我回到村委会查阅双竹村2016年以来村"两委"工作会、组织生活会等各种记录。其中，2017年年底召开的外出务工返乡人员座谈会令我印象深刻。会议记录显示，村"两委"承诺2018年要完成的工作，涉及建设村级公路4千米、彻底解决饮用水问题、发展本村特色产业等14项，到2018年8月仅仅落实了4项，其他都没着落。

　　这是失信于民啊！随即，我又重点走访了村内党员代表、群众代表、义务监督员、离任村干部等。

　　随着访谈的深入，一个个问题陆续暴露出来。我发现，造成目前局面的原因是多方面的：原村干部受到党纪处分，村"两委"公信力受到严重影响；现任村"两委"干部磨合不够，干事创业配合度不高，执行力不强；党支部建设存在差距，党员缺乏凝聚力；群众会开得不多，信息沟通不畅等。

民无信不立。掌握了情况后，我和驻村工作队员们启动了第一轮遍访计划，对症下药。

"李大姐，你对村上建设有没有好的建议？你也顺便给我们谈一谈村上干部的作风？""不是不信任你们，只是觉得给你们说了起不了多少作用。"面对我的提问，村民李大姐的眼神里略显无奈，也没有正面回答我的问题。

"李大姐，我以一名纪检工作人员的名义向你保证，你提的问题只要合情合理，我们都会全力解决。如果干部态度不好，我们更不会偏袒！"面对我的诚恳和坚决，李大姐连珠炮似的讲了半小时。原来，多年前村上修建水池占用了她家的土地，村上承诺给土地补偿费，但五六年过去了，一直没有兑现。李大姐到村里问过多次都是无果而终，心里一直有怨气。

以真诚换真心。慢慢地，村里人都打开了话匣子。

张家有6口人、儿子儿媳在贵州务工，老两口热情好客，孙子调皮可爱，女儿还在念大学。李家4口人，主人做过手术，妻子在县城带两小孩儿读书。田家两口人，组合家庭，两个女儿外嫁。王家有一个残疾儿子，老两口善良勤劳，希望早点儿把残疾证办下来……一天一天的走访，一个立体的双竹在我脑海里逐渐清晰起来。

扶贫工作不是冷冰冰的数字，是一个真心换真情的过程，只有你把群众放在心上，群众才会把你放在心上。

在大量走访和调研分析的基础上，我初步搜集掌握了村内政策宣传、精准脱贫、改善民生、社会治理、组织建设等共性问题22个。另有夫妻离婚无法照顾孩子、种地时过小河沟没有桥、家里饮水供水不足等个性问题76个。

我们分门别类建立了《双竹村特殊困难群体台账》《双竹村村民生产生活基本情况台账》等表册，对村内农户家庭概况、

△ 双竹村农业产业缩影，2019年拍摄

精神面貌、诉求建议进行了全方位掌握。

不只村民和干部之间要信任，干部与干部之间，也要信任。这种信任，体现在坦诚相待、合力为民的务实作风上。

"朱书记，我们家有20亩白芍中药材，现在卖不出去，村上承诺的每亩250元补助也没有到位，闹心得很！"这是双竹刘姓村民第一次见到我就提出的问题，语气中没有丝毫客气。在走访中陆续有十几位村民都提到了白芍中药材补助的事情。

随即，我要求由村主任牵头成立专班化解村内白芍产业发展矛盾问题。在接下来的一段时间，工作组分工协作，一边拿着皮尺，叫上种植农户跑到田间地头测量种植面积，一边四处打听销售渠道卖白芍，还一边积极和镇上沟通，积极争取剩余的每亩250元补助资金。两周后，基本情况终于搞清楚。全村有24户农户种植白芍，实际种植面积52.8亩，这与部分农户自称的种植面积110余亩，整整相差一半。刘姓村民家也仅仅种了5亩。

多方协调下，购买白芍的买家联系到了，每亩250元的补助款争取到了，刘姓村民家的补助款1250元领到手了，24户白芍种植户服气了。

"白芍问题涉及20多家的切身利益，为什么迟迟得不到解决？说明我们工作还不够细，作风还不够实，执行力不坚决。我们要从思想上找原因，从制度上找漏洞，从学习上找出路，今天参会的党员同志要本着对双竹村事业发展负责的态度，互相提意见，互相批评！"借着白芍问题，我在"不忘初心 牢记使命"组织生活会开始之前，就给与会党员提出了明确要求。

"王支书作为新上任的支部书记，抓工作统筹不够，开展工作还有点儿缩手缩脚，同时建议以后和村民沟通的时候要细致一些，耐心一些。"村内的离任老支书梁启德一口气给现任村支部书记提出了三条批评意见。32岁的年轻支部书记面对这种严肃的批评还是第一次，脸色由红变白，额头直冒汗，但表示都接受。当晚的会议开到了十点多。会后，党员陈兴洪深有感触地说："敢揭短亮丑，敢碰真较硬，批评动真格，有辣味儿，这才叫过真正的组织生活。"

信任是思想统一的基础，思想统一才能形成合力。

在我们的共同努力下，三岔湾的防护栏安装好了，孩子们上学的路安全了，村民们安心了；梁子上的错车道建成了，上下的车辆安全了；李大姐的水池用地补助款到位了，怨气消除了……就这样，村民们的闹心事儿一件一件得到解决，走访发现的98个问题得到全面解决或回应。

如今，双竹村已实现整村脱贫摘帽，村里人对村"两委"班子的信心又回来了，班子成员拧成了一股绳。当前，村内农文旅融合试点项目"莲洁"文化产业园稳步实施，看着村庄充满着朝气与活力，我在心里暗暗想：这场双竹村脱贫攻坚的信任之战，打得好！

03 "干妈"来了

—— 庙坝镇罗江村第一书记　刘艳坤 ——

◁ 2020年8月，刘艳坤（前中）为罗江村青少年之家的孩子们开设暑期免费托管班

"今天大家都忙得脚不沾地了，咋没看到村主任呢？"中午吃饭时，我才发觉村主任不在。

"他被纪委请去'喝茶'啦！"支书云淡风轻地说。

我心里咯噔一下。作为第一书记，我有责任把干部们带好，组织上还交代要打造一支过硬的工作队，没想到才驻村个把月，竟然出这种事。支书看我脸色不好，赶紧扒拉两口饭就讲起缘由来。

"村主任被村里的人告了，莫怕嘛，告他的人是村头的老上访户，一个70来岁的老婆婆。"支书点上一支烟，猛吸一口，一副说来话长的架势，"以前也去纪委告过我的，以后你看到她躲远点儿，莫遭巴倒烫（方言：纠缠着不放手）就可以啦。"其他村干部也朝我狠狠地点头，以佐证平时嘻嘻哈哈的支书的忠告没错。

"不要卖关子啦，快介绍下具体情况。"一着急，重庆话都说不利索了，作为山东人只好用普通话请村支书道明原委。

"去年春天，她说银行折子上的征地养老保险2875元钱不见了。躺在银行大厅撒泼打诨，乱骂一通。银行人说密码输入正确，还盖了拇指印的，不关银行的事。被保安架出去后，她又找到派出所调监控、比对指纹，折腾了几个月也没弄清楚这笔钱到底是谁取的。从春天闹到夏天，转了一大圈也没个结果，她又回来找村上帮忙。新上任的村主任'道行浅'，看着70多岁的她，瘸着一条腿，为了那两千多块钱，哭天抹泪地东奔西走，就动了恻隐之心，想帮她再去好好查查。她把身份证、户口本、存折、私章等材料一应俱全地给了村主任，千恩万谢地回去等结果了。村主任跑银行和派出所查，流水显示，正月初九那天，钱从折子上被取出。密码，用的是初始密码；指纹，按的是一个指尖尖，比对不出来；监控看不清楚取款人。回来后，村主任专程上山，到她家送还材料并告之结果，表示已经尽力了。她当场就哭闹起来。几个月后她就到处说是村主任把钱取了，因为那次帮她查的时候，村主任曾拿过她的存折。村主任、支书多次上门解释，她都不听，认定是村主任偷了她的钱，还到纪委去告状。"

"她就是刁民一个，不讲道理的人。放心，村主任是清白的，很快就会回来的。"支书给出一个结论，放下碗又挎着包入户走访去了。

"这个老婆婆也是，为了区区两千多块钱竟然诬陷村主任。"我心里默默感慨，"看来为了'保全'自己，在基层真的要学会斗智斗勇啊！"

走访中，村里357户1431人，我和驻村工作队、村干部们分成10个网格逐户走访。

"刘书记吗？听说你是市里派下来的干部，为老百姓办实事的。我就想问下，凭啥子，别人家的烂房子政府都帮忙修好啦，就不给我妈修？"大清早，一个气势汹汹的电话吵醒了我的美梦，一看表才6点多。早上例会结束，我就请村支书带我们驻村工作队去看那个"一直不给修的烂房子"。崎岖的山路，盘旋而上，蓝天、白云、绿水、青山，美不胜收，真有"白云生处有人家"的意境。"人间四月芳菲尽，山寺桃花始盛开。"我不由得浅吟低唱起来。

走了大半天，终于来到建在半山腰上的一座土坯房前。房子隐藏在一座白色的三层小楼后面，蜿蜒湿滑的梯坎是进出的唯一通道。低矮的土墙房前连放凳子的一块平坦地都没有，旁边还有块突兀的大石头似乎是从哪里滚下来的。

一个70多岁的老太婆，戴着一顶脏得看不出底色的毛线帽子，顶着凌乱花白的头发，瘸着一条腿忙着拿凳子、倒水、散烟，招呼我们。村支书勉强接过烟，冷冷地向老太婆介绍说："这是市里头新派来的第一书记，今天专门到你屋头走访。"

"你就是刘书记啊？习主席好啊，把市里头的大干部都天远地远地派下来帮扶我们。"老太婆热情地拉着我的手，说话间就红了眼眶，"我一个残疾人，真是没法活了啊！去年，哭一年，跑一年，跑得我今年路都走不得了。国家这么好的政策，为我们老百姓发点儿钱，还被人取了。"满是皱纹的脸上老泪纵横，"我的眼睛，去年，搓了一年也要搓瞎了。"她黑黢黢、布满老茧的手不停地抹眼泪，"刘同志啊，我一个残疾人好造孽啊！为了活命的 2875 块钱，我拖着这条废腿，镇上县上到处跑，吃也吃不得，困也困不得，白天晚上地哭。我儿也是个残疾人，在外头打工，养活自己都难，过年都舍不得回来，四十好几的人了，也没娶上媳妇。我就靠征地的那点儿钱活命啊。"老太婆伤心地说道。

原来，她就是那个老上访户啊！怪不得支书对她爱答不理的。老人家哭得我鼻子也酸了，喉头也紧了，忍不住轻抚她的后背，她身上的霉馊味儿也扑鼻而来。我帮她拭去脸上的泪痕，继续安慰道："现在国家政策越来越好了，我们一起把国家的政策给你用好、用足。你每个月的征地养老保险都有 1 千多，还有退耕还林等国家补贴，这么大年纪了，为了那两千块钱把身子整垮了，不划算。"我一边劝慰她，一边默默下决心跟她一起承担这份苦难。带着深深的同情心，经过一番耐心的倾听和劝解，老太婆的情绪不再那么激动，思想似乎有了些松动："是啊，都劝我说国家这么好的政策……"

回村委的路上，支书语重心长地提醒我："这就是告村主任的那个老太婆。刘书记你莫被她的演技骗了，你对她再好，她随时会翻脸不认人哦。"

第二天的例会，我着重讲解了"解决思想问题和解决实际问题相结合，认真贯彻落实党的各项政策"，强调多做得人心、稳人心的工作，把好事办实，把实事办好，把党和政府的温暖送到群众心坎上，然后开始研究危房改造的问题。说到老太婆家的情况，村干部们又是一副说来话长的表情。支书介绍，她家已经上报过了，虽然家庭困难，但因为有征地养老保险，又属于国家财政供养人员，不符合当前危房改造政策。经过一番讨论，大家终于找到解决办法：2019 年，县里的危房改造政策可以向包括残疾人在内的"四类人群"倾斜，她身体有残疾的儿子能够争取到 D 级危房改造的名额。

两个月后，在政策的支持下，经过村干部出工出力地帮忙，她家的 D 级危房改造按时完工。入住新房的时候，我特意请村主任陪我一起去道喜。"每一个村干部的胸怀都是被委屈撑大的。"我边走边夸赞村主任大人有大量，不跟她一般计较。村主任开玩笑说："刘书记，你真是把她当成亲妈来孝顺哦。"我俩互相戴着"高帽"，走在熟悉的蜿蜒山路上。

住进新房的老太婆，心情不再郁结，热情招呼大家。看到村主任也来了，她脸微红，讪讪地破天荒给村主任敬烟。

日子在忙而不乱中飞逝，眨眼又一个多月过去了。

"刘书记，你干妈来看你了。"村主任大清早就在我寝室楼下喊。我莫名其妙地想：哪里来的干妈？原来，天不亮，老太婆就背了一背篓青菜和鸡蛋，走了 3 个多小时山路送到村委会来了。从此以后，"刘书记的干妈"就成了村干部背后对她的戏谑。

往后的日子，有时是一块腊肉，有时

是几个鸡蛋、一把野生菌，悄悄出现在我寝室门口。还有一次，别人送她的一双黑色方口布鞋，她觉得很好看，宝贝一样拿来送给我。上山走访时，我也会带点儿米或者油，去她家坐坐。渐渐地，村上要通知她点儿什么事，大家最喜欢开玩笑地提醒我："刘书记，记得通知你干妈哦。"

我回重庆主城过节，她的问候电话也会追过来。寒来暑往，我们真如亲戚般走动起来。以心换心，以情换情，大山里的老百姓就是这么淳朴。我为自己之前充满戒备，想要斗智斗勇而汗颜。只要我们用心、用情、用力帮扶了，老百姓自然会从我们身上感受到党和政府的温暖。"听党话，跟党走，感党恩，颂党情。"也不再是空洞的口号。

一个大雪纷飞的日子，我们走访低保户，途径她家，村主任说："你又要去看你干妈啊？"海拔 1500 米左右的山上，屋外滴水成冰，破旧的木板床上一条乌黑油亮的棉花头被子团成一窝。儿子给她新买的席梦思床舍不得睡，我送的一床 6 斤厚的棉花被，舍不得盖，都要留着。她说万一哪天儿子回来了要用。我鼻子一酸，可怜天下父母心啊！我故作生气地说："下次来看到你还舍不得睡新床，盖新被子，就把它们都没收了。"

过年前，学院领导们来看我，我带他们走访了"干妈"家。去的路上同事们听了她的故事，纷纷伸出援助之手，现场捐了近 3000 元。她捧着现金的手，不停地颤抖，不知该如何感谢，只是带着哭腔，一个劲儿地说："习主席好，党的干部好哇！"

有感于此，我在同事、山东老乡会等朋友圈里发起爱心募捐，成立爱心基金，每年有 5 万元左右善款，专门用来帮助村里"386199 部队"中的困难户。

一年多来，村里的老上访户一个一个不见了，感党恩，颂党情，坚定信心跟党走的乡亲们越来越多了。正如我们村"青少年之家"的孩子们打的快板词："罗江脱贫战正酣，撸起袖子加油干。既然党的政策好，就要努力向前跑……"

△ 2019 年 9 月 3 日，刘艳坤（右二）同县乡村干部查看方家湾片区水池修建情况

04 老王去了敬老院

—— 蓼子乡穴沱村第一书记 刘景刚 ——

◁ 2020年3月，穴沱村第一书记刘景刚（右）到敬老院慰问王光恒老人

脱贫攻坚是一项系统工程，任务重，头绪多。解决特困人员生活起居问题，就是现实任务之一。我所在的穴沱村共有特困人员19人，他们大多年岁已高，生活自理能力慢慢丧失了，设施完善的敬老院能让这些老人的晚年有良好的保障。然而，受到传统观念的影响，很多老人对到敬老院去的事儿并不买账。

王光恒，78岁，村内特困人员之一。据说，老王年轻的时候走南闯北，见过世面，是个精明人。每次从外面回到村里，他都乐于聚在一大堆人群里，吹牛聊天，神侃外边精彩的世界。后来，在一次修路爆破事故中发生意外，老王双目失明，从此人生跌入了低谷。现在年岁高了，只能寄居在弟弟王光平家。

王光平家庭负担重，自己长期外出务工，其监护、照料职责难以落实。老王生活条件很差，长期不洗脸、不洗手，人总是黑黢黢的；居住房间阴暗潮湿，垃圾、口痰随处可见，像个垃圾场，让人不愿接近。把老王送到敬老院去，这是村"两委"班子和工作队一致的意见。谁知当我们向老王谈了这个想法，老王一听就回绝了，没有商量的余地。

我们并不气馁，此后三天两头地过去关心慰问，不断地做他的思想工作。为了拉近距离，每次登门我们都给老人带点儿小东西：一盒饼干、一包香烟。然后，不厌其烦地给他讲敬老院的好日子。终于有一天，老王有点儿心动了："我去了，就怕不方便哟。"

通过了解，我们才明白，因为眼睛看不见，他日常生活都是靠摸索，家里每件物品都在固定位置。去了敬老院，在陌生环境中，他担心不方便。为了消除他的顾虑，我给乡上领导请示，希望能把他送到条件更好的敬老院去。乡上采纳了这一建议，联系了城口较好的高观镇敬老院。

11月18日，我们又去做老王的工作。在一番"甜言蜜语"游说下，他最终同意先去试住几日。由于担心老王变卦，我们耍了个"小心眼"——没有说把他送到外乡的高观镇去。

等老王收拾完东西，我和乡民政所所长杨燕一起送他过去。等车过了三排山，老王感觉不对劲儿："啷个这么远哟？"于是我只有实话实说了。"哎哟喂，高观啊，我不得去哟！"老王一听就叫了起来。"老王啊，这都是为你好。高观敬老院条件比蓼子的好得多，你去了我们也才放心嘛！"我又开始苦口婆心地做工作。见车没有停下来的意思，老王开始一路哼哼起来："哎哟喂，今天上了洋当！我要死在这个车上哟……"开弓没有回头箭，我们铁了心要把他送过去。

到了敬老院，下了车，老王开始大声嚷嚷起来。高观镇敬老院的范院长很有经验，让周边的老人给他点上烟，陪他说话。同时，叫服务人员打来洗脸水，拿来香皂，帮老王洗脸、洗手。抽着烟，听着安慰的话，慢慢地，老王的情绪平缓下来。两小时后，他表示愿意留下来试试。

好事多磨。第二天，我接到范院长的电话：老王还是不愿意住在这里，他一点儿都不服从管理，整夜不睡觉，不停地叫嚷，搞得其他的老人也无法入睡。我和老王通电话。"刘书记呀，你快把我接回去哟，这里的人都欺负我……"老王添油加醋地说着敬老院的坏话。我再三做他工作，这次他死活不依，情绪也十分激动。鉴于这种情况，我只得和村干部商量并汇报给乡上领导，和杨燕沮丧地去把他接回来。

回来的路上，车开得很慢。

△ 2020年3月，驻村第一书记刘景刚（左）到张国玖家调研年度产业发展情况

我们一边了解情况，一边继续开导他。也许是疲倦了，老王在车上眯着眼睛，像睡着了。过了三排山，到了蓼子的地盘。老王翻了个身，突然向我们说，他愿意到蓼子乡敬老院去。面对这个意外惊喜，杨燕立即联系了乡内敬老院。等我们赶到时，敬老院为老王单独准备的房间、被褥都安排妥当了。当老王坐在自己的床上，心似乎真的平静下来了。

老王去了敬老院，我时不时去看他。后来，经向老王了解我们才知道，虽然高观敬老院条件好，但没有他认识的人，老王去了，没有安全感。等回到蓼子，地方熟悉了，他的安全感就回来了。当然，高观这一趟，似乎也让老王尝到了敬老院的甜头，于是才有了他的幡然醒悟。

过了些日子，我们再去看老王。他的气色好了很多，面孔、衣服干干净净的。他坐在一群老人当中，敞开嗓子，又开始神吹当年的事。看来，老王真的适应了敬老院的生活。当年的老王又回来了！

我们开始向村内其他特困人员讲起老王的故事，陆陆续续又有四位老人到敬老院集中居住。这些老人在敬老院里，慢慢融入其中，下棋、打牌、写字画画，每次去看他们，心里忍不住为他们能赶上现在的好时光而高兴。

精准扶贫，就要下一番绣花功夫。入情入理动员特困老人去敬老院，只是这幅锦绣画卷上密密麻麻的一行针脚吧，却让老人们享受到了晚年的好时光。驻村无小事，看着老王安顿下了，我觉得这驻村的时光，都是值得珍藏的日子。

05 "驻"到群众心坎里

——北屏乡太平社区第一书记 伍贵阳——

◁ 2020年7月9日，太平社区第一书记伍贵阳与7组贫困户袁锦明讨论家庭产业发展事宜

　　2019年3月，我主动请缨奔赴扶贫第一线，担任太平社区驻村第一书记兼驻村工作队队长，开始了我的扶贫生涯。从那天起，"把老百姓的每一件小事办好"，便成了我远赴城口担任第一书记的初心和使命。

　　太平社区辖区面积16平方千米，距县城22千米，辖8个村民小组、348户、1407人。这里地势平坦，四季分明，环境宜人，村外有小河蜿蜒流过，风景秀美如画，堪称大巴山最美村庄。

　　自然环境美，村子发展却落后，干群关系也比较紧张。刚到的时候，村里人对我抵触很大，普遍不愿意和我交流。哪里冒出个干部？人家为什么要真心对你？我就自我鼓劲儿，天天在村里待着，和群众聊家常、讲政策、解困难、诉心愿，自说自话时间久了，村里人也不好意思把我晾着了，慢慢接纳了我。

　　我觉得驻村，就要"驻"到群众心坎里。

　　走村入户是我的工作常态，平均每天接近2万步的步数，见证了我在太平社区忙碌的大大小小的事情。我喜欢在太平社区的土地上行走，少坐车多走路是我的"驻村秘诀"。走路可以让乡亲们时时看到我，有什么问题就可以来找我交流，我也可以更好地发现问题。

"张方志家的厕所需要改造，龚兴武家的房屋存在安全隐患，王仕奎家的房屋常年漏雨，要解决符必松的赡养问题，冉光春的学费问题要放在心上……"我的笔记本上，按姓名、存在问题、解决措施、所需资金等，密密麻麻地记录着各家需要解决的事项，"好记性不如烂笔头"，记录好了，方便按事情轻重缓急逐项解决。

我对低保户龚兴武印象极为深刻。他家的房屋存在安全隐患，严格意义上来讲属于住房安全没有保障，但他本人极不愿意改造。到村了解情况后，一开始我并没有立即要求他进行房屋改造，而是和他拉家常，真心关心他的生产生活，并为他家申请了低保，前前后后跑了十多次，最后龚兴武耐不住我的"死缠烂打"，终于同意建房。如今，龚兴武家住上了安全住房，院坝也硬化了，出行路搞好了，周边环境干净整洁，幸福指数得以提升。

龚兴武家住房改造的事让我知道，村里的事，一定要用心才能办好。每个贫困村都有各自贫困的原因，太平社区，首先要解决风气问题。风气好了，很多事就好开展。风气不好，老百姓的思想落后、守旧，产业发展难上加难。

风气好，干劲儿才会足。与村"两委"商议后，我们组织开展道德评议会，定期开展卫生家庭、脱贫光荣户、致富带头人评比，对不尊不孝、不守诚信、不懂感恩等反面典型开展批评教育，定期发布乡风文明红黑榜。

有评比就有排名，家家户户都是要脸面的。道德评议在社区范围内引起了不小的反响，乡风文明红黑榜作用愈发凸显，榜样带动这种无形的力量影响了整个太平社区。

△ 2019年9月，村民龚兴武送锦旗对驻村帮扶工作表示感谢

慢慢地，环境美了，乡风文明提升了，群众的精气神更足了。大家的思想观念都发生了很大的转变。

观念一变天地宽。到太平社区后，我一直在思考，如何才能让老百姓的口袋鼓起来？"授人以鱼，不如授人以渔"，只有通过产业和技术，才能激发贫困群众的内生动力，从而实现长足发展，保证他们在脱贫以后继续有稳定持续的收入。

经过一番深入调研，我发现，太平社区老百姓普遍习惯种植玉米、土豆、红薯这城口"三大坨"，辛苦一整年，最终只够填饱肚子。而太平社区有着优越的地理位置，适合发展高山蔬菜，市场需求也旺盛。

几番讨论后，全村达成了共识，想出了两种可行的方式：一是老百姓自己种，收成之后我们统一收购；二是村民流转土地给村集体组织，再到基地务工，通过村集体经济盘活资源，促进百姓增收。按这个路子，全村拧成一股绳，2019年发展了350亩高山蔬菜，户均增收200余元。

不光是高山蔬菜，食用菌产业是全县重点发展的七大特殊产业之一，而太平社区的地理条件很适合发展食用菌。

2020年，依托城口县食用菌产业的发展，我们对接重庆奇缘农业有限公司入驻太平社区，采取"公司+基地+农户"的模式发展，带动成立了太平食用菌专业合作社。同时，我争取到单位帮扶资金30万元用于食用菌产业发展，对群众在建大棚采取以奖代补的方式给予每平方米45元补助；注入20万元风险担保金到合作社，给群众购买菌棒进行每袋1.5元风险担保，最大程度减轻群众产业发展投入。

几番动作下来，现在太平社区的产业发展已经有声有色。

2020年年初新冠肺炎疫情暴发，村民大会决定无偿把集体种植的6吨包菜送到湖北孝感，以实际行动驰援湖北孝感，帮助抗疫。那一次全村的决定，让我实际感受到了驻村驻心的成效和咱贫困村老百姓那份暖心的质朴。

把老百姓的每一件小事办好，最终能汇聚成一件大事。现在太平社区的贫困户都脱贫了，回想起来，驻村的每一天都有改变。自己的心态改变了。村子改变了，正是这种点滴的改变，才汇聚成脱贫攻坚战的胜利吧！我很荣幸生在这个伟大的时代，成为一名驻村书记，参与一场伟大的战役，与有荣焉。

06 河岸村产业升级记

——高燕镇河岸村第一书记 龙 雨

◁ 2018年9月,龙雨(右三),在河岸村开院坝会,动员村民种植室内天麻

2018年8月,经城口县委编办推荐,我被选派到高燕镇河岸村担任第一书记、驻村工作队队长,由此便开始了我的驻村生活。

山高坡陡,道路崎岖,一眼望去,除了山还是山,几乎没什么耕地,这是河岸村给我的第一印象。村"两委"干部告诉我,河岸村辖6个村民小组,共258户、846人,有建档立卡贫困户59户、232人,主要分布在覃家河沿线和苍子坪,居住相对集中,但产业发展滞后,是全县30个产业薄弱村之一。

要想脱贫致富,必须要有产业发展做支撑。"产业发展的瓶颈是什么?""村里有什么可以发展的产业?优势何在?""发展产业如何与群众产生利益联结?"带着这几个问题,会同村"两委"班子成员,我们一起开始走访调查。

答案在脚下。说起村里发展的第一个产业,还是在一次走访中偶然得到的启发。记得那天下着小雨,我们一行5人沿着蜿蜒崎岖的泥泞山路到苍子坪走访农户。路过一户人家,看见一位老人在门口收拾山货,就过去歇歇脚。

这户是建档立卡贫困户。老人叫向守友,家里有5口人,儿子在外务工,老两口在家务农,照顾上学的两个孙子,主要收入来源是儿子的务工收入加上老两口在家采挖天麻、党参、蕨苔、笋子等山货药材的售卖收入,一年下来,维持生活不成问题。

我们在门口马扎上坐着聊了起来。向守友老人说，苍子坪上野生的蕨苔、笋子很多，每年4月份，坪上的老百姓都要上山采摘，晾干后的蕨苔均价约120元/公斤，平均每7斤湿蕨苔能晒出1斤干蕨苔，户均每年带动增收2000元左右。

回到村委会后，我上网查资料，了解到蕨苔属蕨类植物紫萁科，具有药用价值，喜湿润，在疏松湿润富含腐质的土壤里生长得更好，最适合生长在海拔800至1500米的地区，可以人工栽培，且无须施肥。蕨苔还是我国目前出口创汇的重要蔬菜之一，远销日本、韩国等国。

在当天走访结束时，我向大家抛出一个想法：我们村也许可以引进一个龙头企业来发展薇菜。这一下大家炸了锅，有说好的，也有说不好的。难不成金子就在眼皮子底下？

后来经过多方论证，综合考虑河岸村海拔高度、气候特征、土壤成分及高山撂荒闲置土地较多的实际情况，大家判断河岸村适合发展薇菜产业。此外，我们还获得消息，城口县有一家农产品购销企业正在寻找合适的地方建薇菜基地，而且这个企业的负责人还是我们村的党员。

时间就是金钱。得到这个消息后，我连夜召集村"两委"干部和驻村工作队队员开会，商议建薇菜基地的事情。经过商议表决，分两条线落实。一是我与支部书记及时对接，负责引进企业。二是村主任立即向镇党委政府申请在5社建立薇菜产业发展基地。

在镇党委政府的支持下，仅仅一周时间，我们与城口县宗品农产品购销有限公司合作，投入村集体发展资金用于薇菜产业基地发展，每年按本金7%的红利进行保底分红。农民将撂荒闲置土地，以每亩120元至150元的价格租给公司经营使用，村里将集体经济发展试点资金量化到村集体和农户，真正意义上实现"资源变资产、资金变股金、农民变股东"。

家常菜就这样在一次走访之后变成了宝。经过一年多的发展，河岸村薇菜产业基地共种植薇菜种子200余吨，面积达400余亩，亩产达到700斤左右，带动30余户农户务工，其中贫困户18户，务工收入共计达10万余元，切实促进了农

△ 2020年3月，合作社社员正在种植魔芋

民增收。

河岸村地理位置优越，这几年我们村"两委"班子和驻村工作队拧成一股绳，抓住了属于河岸村的发展机遇。

G69银百高速（城开段）工程项目A2、A3两个标段的建设在河岸村辖区内，居住的外地工人多，每天进出的施工车辆给沿途居住群众带来较大影响，矛盾纠纷较为突出。2018年10月，有村民反映沿线的道路破损严重，老人出行、小孩儿上学十分不便，加上天气干燥，工程运输车辆尘土飞扬，给村民的生产生活带来很大影响。

这是关系到村民切身利益的事啊！问题报到村里后，我第一时间向镇党委政府和高速公路工作组报告了情况，同时联系两个标段的负责人，沟通群众反映的问题。

经沟通，标段负责人愿意拿出一定资金聘请村民对道路进行清扫保洁。我和村支部书记一听，抓紧组织召开会议，一致通过，让村集体经济组织将沿途涉及此类问题村（社区）的道路清扫保洁全部承包下来。

我们决策及时，最终在镇党委政府的支持下，工作组同意由河岸村集体经济组织承包沿途大元社区、五峰村、河岸村道路清扫保洁工作，按照各辖区里程进行比例分配，河岸村集体经济组织提取10%管理费用，增加集体收益。

几年来，河岸村在村领导班子带领下，一路"闯关斩将"，因地制宜，分类施策，引导群众发展特色产业，形成家家有产业、户户有特色的发展局面，完成了产业薄弱村的"蜕变"，实现产业升级。

盘活集体资产。实施国储林项目，让资产变资金，积极争取梳林、采伐、造林、抚育等项目，带动农户务工增收。

培育新型农业经营主体。成立1个农民专业合作社，产业辐射全村6个村民小组。发展1户家庭农场，培养4户养殖大户、3名致富带头人，用示范带动全村发展，增强群众创业创新意愿。

发展到户产业。结合自然优势和地理条件，依托高速公路建设施工人员的消费需求，发展露地蔬菜、山地鸡、生猪、中蜂养殖等，组建技术指导服务队，定期进村入户进行跟踪指导。

现在来河岸村，村里人气旺，村民走路劲头都足。作为第一书记，我也成了河岸村的产业宣讲员，有其他村镇来参观学习的，给他们眉飞色舞地讲我们的产业发展之路。

时不时会有参观的人问："你讲得怎么这么有感染力啊？"每每这个时候，我就会说："这是我们全村人一起干起来的，有感情！"

07 此心安处，便是吾乡

—— 坪坝镇前进村第一书记　宋　康 ——

◁ 2019年11月，宋康（左二）带领志愿者为低保独居老人李明贤送爱心衣柜

山岭斑驳，层林尽染。一到秋天，前进村就被山林彩叶包裹着，宛若一幅匠心独运的彩色画卷。蓦然回首，我到前进村已两年多了。这片土地的人与物，一草一木，伴着风雨，夹着汗水，早已融入我的生命。此心安处，便是吾乡。

2018年9月，水利部选派我到对口帮扶城口县扶贫，担任坪坝镇前进村第一书记。我的老家在山东，平时工作地点在北京，此前从未想过会到千里之外的城口，来到以"蜀道难"著称的大巴山。我清楚地记得第一次进村的情景：山高路险，只有一条山路通向海拔1000多米高的村庄，路仅有一车宽，一侧是山，另一侧是悬崖，没有护栏。6千米的山路，我开了足足四十多分钟。

初来乍到，我听到的所有关于前进村的信息都是负面的：这里是老弱病残偏远穷村，是全镇产业发展最薄弱的村，几乎每年都是全镇年度综合考核倒数第一的村，是全镇唯一的市级后进基层党组织村，是全镇唯一尚未脱贫的行政村。

面对前进村的落后和困难，我暗下决心："沉下心，扎下根，一定要让前进村变个样！"然而，语言不通先给我浇了一盆冷水。村里人口老龄化严重，不少乡亲听不懂普通话，入户都要请村干部帮忙翻译。此外，还要面对村民们的质疑。在我召集的第一次党员大会上，老支书直白地说："大城市来的可不能只是来镀金哦！"我当时即向大家表态："我

△ 2019年5月，宋康在坪坝镇宣讲扶贫政策

不是来镀金的，而是来'炼金'的，炼的不仅是我，更是我们前进村！"

接下来的日子里，我通过各种途径苦练重庆方言。田间地头，农舍院落，有人的地方我就凑上去，连说带比画，试着将普通话用当地语调来表述，讲不清楚就反复讲。乡亲们讲方言，我都认真倾听，有时还会把一些方言录在手机里，反复听反复练，听不明白再虚心问。慢慢地，不用翻译，我就能跟村里人沟通了。

前进村位于大山深处，交通条件差，村民出行、务工全靠驾乘摩托车、电动车和私营面包车。为了方便去镇上、县城办事，我把妻子准备在北京租房的8万块钱拿出来，买了辆小汽车。开车上下山，碰到进城的村民，我总会主动招呼捎着他们，有到医院看病的，去外地务工的，接送娃娃上下学的……我们边走边聊，次数多了，他们的医疗、住房、教育、务工等信息我也就了然于心。慢慢地，看我要出去了，就有几个村民蹲在路口等着搭车，常坐车的村民戏称，这小车是村里的"免费公交"。

语言通了，各家情况都熟，工作逐渐打开了局面，但日常的困难还是很多。有一次，连续暴雨导致山体滑坡，堵塞了4社的蓄水池，工作队和村"两委"几个人，冒雨爬着"走出来的山路"去修水池。山高路陡，雨滑风寒，我一脚踩空，差点儿就滑下山坡，吓得旁边的人赶紧来拉我。大家接下来都格外小心，几乎是手脚并用摸索着往上爬。等终于到了蓄水池，所有人都湿透了，大风一吹，冷得直哆嗦。村主任胥言冻得上牙磕着下牙说："我们这是用生命在扶贫啊！"驻村队员袁铭接过话去："不要怕，有全体村民护着呢。"大家哈哈大笑，工作的热情很快驱散了刺骨的寒意。在忘我的工作中，前进村顺利通过年底的验收，我也兑现了对大家的承诺。

心里装着老百姓，老百姓心里也装着你。有一次聊天，乡亲们问我："宋书记，你从北方来这边吃不习惯吧？你们老家都吃什么？"我说："馒头、包子、面条，什么都吃，我不挑食。"很随意的一次闲

聊，没想到大家在意了。第二天下午，代大娘来到村委办公室，拉着我就往她家里走，一进门，我就闻到了扑鼻而来的麦香味儿，是一锅热腾腾的大包子。大娘还递给我一棵大葱："听说你们山东娃吃包子要配着大葱才香哟。"从那以后，乡亲们家里的"山东家乡饭"成了我的家常饭。我手里捧着的不仅仅是包子，更是村里人淳朴的爱和真诚的心，以及对我的认可。

这里山路崎岖，坡高路陡，伴随着骤然而至的阵雨，摔跤滑倒是常有的。有一次我扭伤了脚，走路一瘸一拐的。胥大嫂看到了调侃说："宋书记个子高，脚也这么大哩，看着得有48码吧？"我不好意思地说："没有没有，也就45码！"几天后，胥大嫂给我送来了一双精致的手工鞋垫。"宋书记，你总是走山路，垫上这个会舒服些。"手捧着鞋垫，我哽咽了。原来自己的一举一动都被乡亲们看在眼里，也记到了心里。绵密针脚里的一针一线，绣出的是满满的鱼水亲情，我深深地感受到，这就是我们共产党人为之奋斗的动力所在。

村里让我感慨至深的，还有干部。为解决村民出行难题，村里规划要修路，要占用村民家的农田，其中面积最大的就是谢支书家的石榴田。谢支书家有两个读小学的女儿，还有84岁的老父亲，常常入不敷出。三年前谢支书承包下石榴田，已经投入了家里的所有积蓄，眼看来年就要结果收获了，这可是他们全家人的希望啊。有一天晚上，谢支书来到了我的住处，进门便说："宋书记，你在为我的事犯难吧，修路占地的树我来砍，我是党员，是村支书，总不能因为我心疼咱的路就不修了吧？我也想让前进村的子子孙孙都走上好路，我更要为村民们做好表率！"我不知道那天谢支书喝了多少酒，但我永远忘不掉他那泛红的眼睛和颤抖的声音。谢支书以身作则，其他村民的问题也就迎刃而解了。

在前进村里，像谢支书这样的人还有很多很多，他们的一言一行感染着我，在他们的身上，我看到了共产党员的高尚品格，我看到了习近平新时代中国特色社会主义思想的坚定实践者，我看到了我们城口人的气质，一种亮铮铮、响当当的气质。他们勇于担当，他们无愧使命，他们为我上了最生动的一堂课。

驻村两年多，村民们早把我当成了自家人，亲切地说："宋康书记是来为我们'送''小康'的哟！"镇领导也夸我是一个"进村'狗不咬'，找人'不问路'，村民的门槛踏得进、板凳坐得住、意见听得了、诉求记得住的'土'书记。"

此心安处，便是吾乡。现在我已经是一名山路开车老把式，也能讲重庆话。而前进村也在全村人共同努力下高质量脱了贫，那一张张幸福的笑脸，就是我最美好的驻村故事。

08 联坪花菇梦成真

—— 沿河乡联坪村第一书记　王永超 ——

◁ 2019年4月2日，王永超（左）同村内产业发展带头人彭远寿一起讨论花菇种植技术

2019年9月，国家农业农村部公布第九批全国"一村一品"示范村镇名单，城口县沿河乡联坪村（花菇）成功入选。消息传来，大巴山深处那个曾经的深度贫困村沸腾了。

产业发展是贫困群众增收的源头活水，是群众稳定脱贫的有效途径，也是脱贫攻坚战中的基础和难点。2017年9月驻村以来，我认准发展产业的路子，搬开了群众认识不够、发展信心不足、生产技术缺乏、销售渠道不畅"四座大山"，让大巴山深处深度贫困村的特色产业从无到有，由弱变强，让全村人实现了香菇梦。

还记得第一次到村那天，是9月上旬，天下着大雨，村支书和村主任带着我，顺着蜿蜒的山路进村。"这条路是以前我们用绳索吊在岩壁上修出来的！"一路上，村支书不时介绍着情况，讲述着曾经的艰辛。村内群山起伏，沟壑纵横，连日的暴雨冲毁了沿途几处农田，看着奔流的山洪，听着两位村干部的情况介绍，我感受到责任的沉重，对深度贫困有了更直观的认识。

联坪村是典型的"九山半水半分田"喀斯特山区，交通落后，资源匮乏，土地贫瘠，基本都是"巴掌田""鸡窝地"，产业基础极为薄弱。

2017年前，村内的产业主要还是传统种养殖业，群众的收入主要来源于外出务工。我去之前的一个月，乡政府引入了一家县内的企业，在村内带动群众发展花菇产业，但群众认识不够，参与积极性不高，无生产场地、技术，销售也没有保障。摆在眼前的现实问题是：是沿着刚走的这条路继续往前，还是另寻出路？

那几天村里兵荒马乱的，开会、算账、打电话找人问，还多次请市农科院食用菌专家来村现场调研，最终全村人做出了选择——继续种香菇！

继续种，得有不同的种法。首先需要解决干部和群众对产业缺乏认识、信心不足的问题。经多方了解，湖北省随州市随县是我国有名的"花菇之乡"，发展花菇产业已30余年，生产技术、经营模式和销售渠道非常成熟，已形成"大基地生产、大市场交易、大规模加工、大批量出口"的产业格局。我决定同乡村干部一道赴湖北随州考察学习。

2017年11月16日，我同沿河乡政府干部及各村主要负责人，还有种植户一行12人，经过十多个小时的长途奔波抵达湖北随州殷店镇，对殷店镇花菇大市场、菌袋生产培育基地、种植大户和花菇加工企业等进行了实地考察。这次考察，让我们直观看到了香菇发展的前景。特别是在殷店镇花菇大市场，市场堆积如山的花菇成品和市场的繁荣景象让我们深感震撼。联坪村主任彭远寿用八个字表达了自己考察的感受——信心百倍，大有可为！

回乡后，我同村干部一道制订花菇产业发展规划，谋划生产基地和种植大棚的建设。那段时间很辛苦，我们冒着冰雪走遍全村每一户，苦口婆心做工作。但辛苦值得！投资300多万元用于生产菌袋的扶贫车间动工了，占地100余亩的种植大棚建起来了。村民干劲儿十足，花菇种植户激情高涨，大家对花菇产业发展的美好前景充满期待。

孰料天有不测风云，那个冬天联坪村遭遇了五十年一遇的极寒天气，长时间的霜冻和雪灾让花菇大棚受损、菇丁冻坏、

△ 2018年11月14日，王永超（左）在贫困户刘朝玉家查看其低保到账情况

菌袋变异，花菇产业严重受损，产量和品质不甚理想。群众信心受挫，陷入迷茫。大家及时组织群众进行总结讨论、分析研判，一致认为：产业发展仅有激情和干劲儿是不够的，技术才是关键和核心。

2018年3月27日，我又带领联坪村干部及群众一行17人，携带花菇菌袋和花菇样品再赴湖北省殷店镇、草店镇进行深度学习考察，请专家对所携带的几类出菇品质较差的菌袋进行了诊断，到田间地头同当地种植户进行交流。此次学习考察，干部群众找到了技术上的症结和产品上的差距，系统学习了技术，大家心里的迷雾拨开了，受挫的信心得以重振。

几经波折，2017年发展的花菇基本完成了采摘和烘干，共收获花菇3万余斤，总收入40余万元，花菇产业初见成效，但同湖北随州的产品还是存在不小的差距。大家意识到，产业要进一步做大做强还需要稳定成熟的技术保障。

2018年6月25日，我带领村内干部群众第三次奔赴湖北随州。通过深入考察了解，多方沟通，与当地政府和企业建立了长效的花菇产业联系机制，在当地政府和企业推荐的3名技术人员中选了1名技术人员常驻村内进行花菇种植技术指导，为联坪村花菇产业发展问诊把脉，提供技术保障，进一步坚定全体村民的发展信心。

回来后的2018年7月，联坪村分别成立3个专业合作社和1个农业公司，带领群众发展花菇25万袋。

三进随州，花菇产业做得有声有色。但如何卖出去，是最后一环，也是关系到扶贫产业长期稳定发展的一环。

2019年2月18日，我带着花菇样品同重庆商社集团派驻沿河乡北坡村第一书记张策澜一道，走进商社集团旗下的新世纪百货公司采购部。经驻乡工作队前期衔接和当面沟通，新世纪百货公司负责人表示，将大力支持联坪村产业发展，开辟绿色通道，帮助销售联坪村花菇，用最短的时间、最简的程序、最惠的条件让联坪村花菇尽快在市内各大超市上架销售，并安排采购员一同前往联坪村同菇农进行实地对接。

销售渠道的稳定，如一剂强心针注入这个大巴山深处的贫困村，更加坚定了干部群众发展花菇产业的信心。

目前，联坪村共发展花菇45万袋，销售额达200余万元，为群众增加土地流转费、务工等收入120余万元。

联坪村的产业发展之路，我总结下来，有这么一点特别重要，就是需要群众参与。每次去随州学习，参与群众的积极性都特别高。村里发展产业，只有干部一厢情愿吆喝是发展不起来的，有了群众的参与，群策群力，才能干起来！联坪村的香菇梦，可以说就是联坪村群众的脱贫致富梦。现在香菇梦成真了！

09 动情驻村，甘甜在心

—— 蓼子乡金寨村第一书记 张 炜 ——

◁ 金寨村第一书记张炜（左）帮助贫困户王显琼割菜

一阵小雨，给燥热的夏日增添了几分凉意。我抬头看了看墙上的挂钟，已经是晚上11点30分了。办公桌上堆满了资料，桌边坐着我和几个驻村的同事，有的对着表格计算，有的向全国扶贫系统里录入数据。看着埋头工作的大家，三年来的扶贫工作场景又浮现在眼前……

2017年10月，组织选派我到蓼子乡金寨村担任第一书记。那时家中女儿刚上小学三年级，儿子还未上幼儿园，妻子担任高三毕业班的班主任。想到驻村扶贫后和家人必然是聚少离多，照顾孩子的任务自然落到妻子身上，我以为她会反对，至少会有不满情绪，没想到妻子却非常支持，临别前嘱咐我："放心吧，家里有我，驻村是去基层锻炼，你应该给孩子做个榜样。"正是家庭的支持与鼓励，让我没有了后顾之忧，也坚定了要当好扶贫干部的信心。

尽管做了心理准备，但刚到金寨村时见到的景象，还是超出了我的想象。村"两委"办公楼破旧不堪，办公设备老化。村里道路坑洼不平，产业发展空心，老百姓收入薄弱，一片"荒芜"直接给我来了个"下马威"。

驻村干部驻村，就是帮着解决问题的。为了尽快融入，我们工作队和村"两委"开了个见面会后，第二天就组织入户。白天摸底，逐户走访，夜里组织梳理问题。紧锣密鼓，一户一户过筛子一样过下来，村里的情况渐渐清晰起来。

金寨村是名副其实的产业空心村，多年来老百姓一直苦守着传统的耕作模式过日子。村里劳动力大多外出务工，留守家中的妇女老人在一亩三分地里肩挑背磨求生活。这种靠天吃饭的状况，也导致全村2015年人均纯收入还不足2500元。

村里无产业，就跟鱼没骨头似的。我暗下决心要发展特色产业，建立集体经济，带动群众增收致富。借助县生态环境局的帮扶支持，我和村"两委"班子跑部门、报项目、筹资金、引企业，逐步引导群众养殖生猪，建立蔬菜种植基地，栽植独活、天麻、党参、地黄等中药材，发展以核桃为主的干果林。现在的金寨村是山顶药材戴帽，山腰生猪飞跑，山下蔬菜环绕……产业发展如火如荼，迸发出勃勃生机。

精准扶贫，就要因户施策。入户走访来到贫困户朱占康家时，看见他家的场景，我一阵心酸。朱占康一家5人挤在一间破旧的土坯房里，墙体开裂、屋顶塌陷，屋内陈设简陋，说他家徒四壁，一点儿都不为过。我仔细向他了解家里的实际情况，朱占康跟我说：他患硅肺病，不能从事重体力劳动；妻子也患有严重的心脏病；小女儿上小学，大女儿已经外嫁；儿子在外务工，务工收入是家里唯一的经济来源。从朱占康家出来，我立即和村"两委"班子协商，积极帮助他们一家申请危房改造，考虑到家中缺乏劳动力，我又组织村上青壮年劳动力代为修建，不到两个月的时间，一幢崭新的房屋建成了。

那一日下着大雪，我和村"两委"班子去帮朱占康搬家，送去了床、被子、烤火炉等生活用品。朱占康那天特别激动，颤巍巍拉着我的手说："做梦都没想到能住上新房子啊。谢谢你们啊。""别谢我们，是党的政策好啊！"看着他们一家人从此告别夏热冬凉的日子，我觉得所做的一切都是值得的。

只要是为民的事，有再大的困难也要去做。在村里日子久了，我发现，村里的老人喜欢带着孩子在村口晒太阳，那是一段没有硬化的村级公路，不时有过往的车辆卷起漫天尘土，小孩儿胡乱奔跑，十分危险。我看在眼里，急在心里。偌大的一

△ 金寨村第一书记张炜（左一）走访贫困户张孝容

个村子，难道就没有一个供大家休闲娱乐的场所吗？

金寨村山大沟深，除了高山一带有一两处平地，河谷一带更是寸土寸金，但凡有点儿平坦的地段都被老百姓建起了房屋。那怎么办呢？带着这样的困惑我在走访中仔细观察全村的地形地貌，四处留意可能的建设场地。终于，我发现沿着公路边上有一段 200 米长的河滩地，如果建成河堤后再扩建成文化广场是完全可以的。带着这个想法，我到县上各部门奔走，去帮扶单位积极协调，经过一年的努力，金寨村终于获得了修建河堤和文化广场的建设许可。

项目资金和手续跑下来了，但新的问题又来了！那段空着的河滩地，是 9 户群众十多年前买的宅基地，经过多年的冲刷变成了河床，已不具备再修建房屋的条件。我本以为村上的公益事业会得到村民的大力支持，但结果是我把事情想简单了。地闲着也是闲着，荒着也没有用，但有的户就是不乐意。协调征地，对我是一次全新的经历。

第一次入户协调用地问题完全是被群众"吼"出来的，有几户人根本不和我们讲道理，说："建河堤也好，建广场也好，我们都支持，但那里是我们花钱买的，这个怎么算？"

根据国家政策规定，公共基础建设没有个人补偿资金。但老百姓说的也有道理，我想办法协调资金，把之前购买宅基地的钱补偿给老百姓。但结果有的户，一开口就要价几万，而且态度强硬。其中一户的家庭条件不算太差，因为早些年家里人竞选村干部落选，对村上和乡上的干部耿耿于怀，几个亲戚也帮着他为这事出气，非闹着给高价才答应。

遇到这样的"硬茬"，没别的好办法，我就耐着性子去宣传政策，同时还动员老党员、离任老支书、乡贤一起做他的思想工作，晓之以理，动之以情。在大家的轮番劝说下，最终取得了这一户的理解和支持，他还积极劝说其他几户，支持村上公益事业的建设。

文化广场建设任务如期完成。这里不仅成了老百姓休闲娱乐的重要场所，还是全村的"地标性"建筑。看着老人们带着孩子在宽阔安全的广场上散步玩耍时，我的内心感到无比的欣慰，因为我解决了老百姓最关心、最期盼的事！

驻村条件虽然艰苦，但苦中有乐，为群众办成的每一件好事都乐到了心里。有时候跟妻子视频时，看我变黑了但精神勃勃的，她开玩笑说"驻村扶贫，你这是身心都得到了锻炼啊。"

现在漫步在我们金寨村，看着产业发展有声有色，小广场上村民看孩子、逗乐子，我心里就甜滋滋的。

10 为了一个更好的明天
——帮助辍学少年返学纪实

……咸宜镇环流村第一书记　张明春……

◁ 2020年2月，张明春（左一）与县农委专家一行指导村民种植茶树

"嘟嘟嘟……"

电话铃响了，原来是所驻村的建档立卡贫困户老贺来电，电话那端，老贺的语气里带着几分忧愁。

"怎么回事？"我有点儿吃惊。

老贺非常焦急地说："张书记，请你帮帮我吧！我家三娃儿不去上学了。"

我赶紧安慰道："别急啊，老贺！我会想尽一切办法让你家三娃儿回学校去的！"

其实我心里更急。教育扶贫是脱贫攻坚的头等大事，孩子读书才有出息。

三娃儿就读于明通中学，是一个聪明懂事、在班级成绩一直名列前茅的孩子，怎么突然不上学呢？我想了想说："老贺，明天一大早我来你家，你在家等着我好吧！"随后我们挂断了电话。

当天晚上，因为这件事情我怎么也睡不着。老贺平时不爱麻烦人，是个闷葫芦，这次打电话找我肯定是下了很大的决心。我深感责任重大，他的求助就是使命。第二天一大早我就起床，顺着蜿蜒的村道往上走，路的尽头就是老贺家了。

抵达时，三娃儿正无精打采地与家人一起建房屋，搬运水泥砖块儿。看到我的到来，他有点儿吃惊，一阵风似的躲进了屋里。我没有急忙追他，而是先跟他父母交谈。他父母告诉我，原来三娃儿放假回家做作业时遇到一道难题，怎么也想不出答案，于是就用手机查找解题方法。孩子正在用手机搜索的时候，被爸爸看见，爸爸不分青红皂白就将手机抢过来，重重摔在地上，手机碎了一地。三娃儿愤怒地哭着说："爸，为什么摔我手机？我没有玩游戏，是在用手机查资料，你摔我的手机干吗？！"

现在，三娃儿不跟父母说话，也不去上学了，甚至有时饭也不愿意吃，三娃儿的妈妈一边说一边叹气，很是无奈。

我明白了三娃儿不去上学的缘由，他是想用不上学来惩罚父母，让父母心中的骄傲成为父母的痛。

我先跟老贺夫妇谈。作为父母要仔细分析原因，别让忙碌成为对孩子采取粗暴行为的理由，今后遇事要控制好自己的情绪，要善待孩子，关心关爱孩子。如果父亲做错了，就应该给孩子道歉。否则，孩子会认为父母不再爱他，会降低对父母的信任度，他心中的结就很难解开。三娃儿父母对我的意见表示赞同。

我起身进屋找三娃儿。三娃儿见我一人进门，没有逃离，只是低着头，不说话。

进屋后，我挨着三娃儿坐下，轻言细语地对他说："你是一个听话懂事的孩子！知道爸妈比较辛苦，在家还帮助他们做家务，真不错呀！"三娃儿听后还是低头不语。"三娃儿，你多长时间没有去学校了，老师、同学都很想你。"这时三娃儿慢慢抬起头，但仍然不说话。

我语重心长地对三娃儿说："今年你家建新房，爸妈挺累的，没有更多的时间关心关爱你，你要学会包容、理解家

△ 2019年8月，张明春（右一）查看贫困户贺家凤易地扶贫搬迁房屋建设情况

人。"他眼睛红了一圈,再次将头低了下去。

我发自肺腑地说:"三娃儿你知道的,你姐上大学了,你哥的成绩也特别优秀,将来他们前途无量。看看现在的你呢!一味地逃避,一味地抱怨,如果用毁掉自己的方式来报复父母,最后受伤害的还是你自己,你觉得值吗?"他抬头看了下我。

我暗自观察,知道三娃儿的心里松动了些。我趁热打铁做他的工作:"如果你一直待在家里,不去上学,将来会是什么样子?本来你成绩还可以,如果以你的聪明才智为基础,继续坚持努力学习,将来你又会是什么样子?"通过思考,三娃儿说了两个不同的结果。

我又问:"两种结果比较,你想拥有怎样的未来?"三娃儿肯定地回答说:"当然是后一个。"我继续问:"那你现在准备如何选择?是继续留在家里来对抗父母,还是回学校努力学习,让自己有更加美好的未来?"此时的三娃沉默了一会儿说:"谢谢叔叔,我确实不应该赌气,我明天就上学去。"

以真情换真心,一个将要辍学的孩子,就这样被拉了回来。在村里担任第一书记期间,大大小小的事我经历了很多,劝三娃儿返校这件事,一直挂在我的心头。教育扶贫对阻断贫困代递起着重要作用,一个孩子出息了,一个困难家庭就能成为小康家庭,就能为这个社会创造更多的财富。我们经常说的拔穷根、扶真贫,我想就是从劝三娃儿这样的孩子返校读书开始的吧。

11 做党的温暖的传递者

—— 高观镇东升村第一书记　向　伟 ——

◁ 2019年12月，向伟（左二）入户慰问空巢老人

2018年8月，我被派驻到高观镇东升村担任第一书记，一年多来，我们工作队与村"两委"紧密配合、共同努力，以基层党组织为战斗堡垒，持续深化抓党建促脱贫工作，在解决"两不愁三保障"突出问题、强化基础设施建设、扶贫产业发展、基层社会治理上狠下功夫，东升村脱贫工作取得阶段性成效。

2019年7月29日20时40分，东升村持续强降雨，导致山洪暴发，数十名村民被困。道路多处塌方，情况十分紧急。看到被洪水冲毁的房屋、道路、粮田，听到村民们慌张绝望的哭泣声、嘶叫声，我和其他两名驻村工作队队员当即出动，冲进暴雨中，村"两委"干部、民兵、身强力壮的村民……一支并不专业的抗洪抢险救援队在驻村工作队的组织下迅速成立，我们冲破洪水的阻拦，从容不迫，有序救援，被困群众成功获救，生命财产安全得到保证。

灾后清淤过程中，一名老奶奶怯生生地问我："向书记，我家里的800元现金被埋了，能不能想法帮忙给我挖出来？"我马上和志愿者们认真清淤，功夫不负有心人，当我将现金交到老奶奶手中时，老奶奶感动得热泪盈眶，连声说："谢谢！谢谢！"

2019年8月8日晚上10点多了，一辆轿车在东升村塌方不远处停住，一个中年男人从车里下来，急匆匆地跑到我和驻村工作队队员面前求救："路堵住了。我女儿患有先天性血小板减少症，目前血小板已降到最低值，如果不及时医治，随时有生命危险，就近只有城口县人民医院有治疗药物，请帮帮忙！"

听到这话，我愣住了，前面大塌方阻断了所有的道路。"怎么办？怎么办？"我连忙和正在塌方处值守的派出所民警商量，只有把小女孩儿送往离此处距离3小时车程的巫溪县人民医院治疗，才有一线希望。在对接好巫溪县人民医院后，我们不顾一路的雨雾和山间的落石，向巫溪疾驰，争分夺秒把小女孩儿安全送到医务人员手中。当听到医护人员对我们说，小女孩儿生命体征一切正常，我们悬着的心才落了下来。

2019年9月27日开始，受连续强降雨天气影响，S301溪城路东升村段又出现地质滑坡，车辆行人过往的唯一道路中断，眼看国庆假期即将结束，800多名学生要返校读书，这可真把我急坏了。我抓紧组织召开会议："脱贫攻坚战不是纸上谈兵，这是一场真正的战役，必须在学生上学之前连夜开通人行便道，一定不能让学生耽误了学习。"我们组织驻村工作队、村"两委"干部及志愿者，到现场查看情况，重新规划了一条绕行的人行便道，方便学生顺利返校。

连续降雨，被开通的人行便道变得更加崎岖湿滑，学生们要步行30多分钟才能越山通过，高观镇党委政府、辖区派出

△ 2019年8月，向伟（右二）组织审核贫困户资料

△ 2020年3月，梨坪村第一书记王连军（左一）组织帮扶单位研究脱贫攻坚工作

伙都笑起来。

"至于这段社级路硬化的事，乡村振兴时一定会给你们办好。"胖哥忍不住打断我的话说："王书记，真的不晓得我们家享受了这么多好政策，干活儿的工资也能如数拿到手，国家政策恁个好，我还能找你们要什么呢？村上大团年我家全都去，需要我们做什么只管安排哈。"

元月25日，天蒙蒙亮，一个熟悉的声音叫我："王书记，这一车东西直接拉到广场去哈？"原来是胖哥啊，我激动地摆出了个鞠躬的架势说："这么早为大家送来干柴和大白菜，寓意乡亲们财源广进，大发百财！走，我们一起到广场去。"

清晨的农耕文化广场，炊烟缭绕，办团年会的几十号村民开始忙起来，有的穿梭在几个灶台前加火，有的清洗成堆的锅盆碗盏，有的精心制作各种各样的团年菜品，有的摆放桌椅，还有的忙着悬挂标语、大红灯笼……伴随着欢快的音乐声，呈现出一派其乐融融的时代新气象。

不一会儿，暖和的太阳升起来了，前来参加团年会的村民纷纷进场，络绎不绝。拄着拐杖的屈老和几个村民向我送来烟花："王书记，我们困难群众全靠共产党惦念，我们这七八个贫困户怀着一颗感恩的心，放一些鞭炮，给团年大会助助兴。"我接过沉甸甸的烟花后，紧紧握着乡亲的手。

10时30分，一位姓付的老奶奶伴唱着"车车灯"拉开了大会的序幕。民俗锣鼓、山歌对唱、大学生歌舞演绎《走进新时代》等精彩节目纷纷登场，村民们欢歌笑语，其乐融融。

团年大会由我和返乡学生雷小妹主持，村支书马学平向即将开启的团年聚会社长兴高采烈地朝着刚返乡的"胖哥"家走去。"80后"的胖哥小时候胖，这个小名是童年时小伙伴给他起的，村民一直亲切地称他"胖哥"。胖哥看见地坝里来人了，满脸微笑，热情地说："屋里坐哦。"

老社长边进屋边向胖哥介绍："这是驻村的王书记。"

一听说我就是驻村的第一书记，笑容满面的胖哥马上怒目，勉强地说："那你们到灰耳坑坐，暖和些！"我心里咯噔了一下，会发生什么事吗？

我们没落座胖哥就发话了："王书记，门前这段社级路村里硬不硬化？快到60岁的妈和老汉劳动力也没有以前好了，还是整个低保嘛。两个娃儿在明通中学读书又领不到生活补助，我们两口子常年在外面打工最多只能挣到十来万块钱听说村上今年要举办个团年大会，那有啥意思，还不如给老百姓发几个现钱……"心里怦怦直跳的我听着有点谱了。

面色由晴转阴的胖哥，在倒牢骚话时，我隐约感觉到这家伙性格直爽，一根筋，由于常年外出，对脱贫攻坚政策不了解，对身边的贫困户、低保户情况不清楚，以为国家惠民政策犹如沿山打猎见者有份，对家乡变化关注较少，缺乏集体主义思想，明显表现出"等靠要"的想法。我暗下决心要直面问题。

一阵狂风暴雨后，胖哥的语气渐渐有些缓和，话也说得差不多了。胖哥妈、老汉和两个孩子也挨着围到了灰耳坑旁，妻子还送上两杯热茶说："王书记，你们喝杯茶哟。"我接过一杯热茶，也亲切地称胖哥，同时还在胖哥肩膀上轻轻地拍了一下，"小的为'哥'，这样称呼很时尚哦！来，围起来烤烤火，一起聊聊。"胖哥此时露出了一丝微笑。

"我和你一样是农民的孩子，对农村有着深厚的情感。脱贫攻坚让我早就熟悉了你的父母，今天又认识了你们小两口，真是缘分啊！梨坪村今年成立了集体经济组织，大力发展乡村旅游，大搞油菜种植，发展产业，挣到了十多万元钱，准备组织全村老百姓来个大团圆，共同分享脱贫攻坚的劳动成果。今天，我和老社长专程来邀请你们全家参加哟！"胖哥又开始笑了。

我说："胖哥，咱们这个家好幸福啊！你父母今年种9亩油菜，喂8头生猪，养70多只山地鸡，就近打些零工，还能给你们照看上学的孩子，让你们安心在外面挣钱。这样一来，我估计你家今年人均收入在2万多元吧？"胖哥点了点头。我接着说："收入超出国家扶贫越线标准好几倍哟，你家是不是棒棒的啊！你们的幸福是干出来的。"胖哥这时差点儿笑出了声。

"你想娃儿上学也要发放生活补助，我跟你说，贫困家庭的孩子接受义务教育是发放了生活补助的，而义务教育阶段的所有孩子，都享受了两免一补，你家两个宝贝也不例外。老年人在家务农生产，享受产业补助、生态补偿、地力保护补贴等国家惠民政策，要到60岁了想整个低保？我告诉你哦，没必要，年满60岁的所有人，国家都要发放养老金呢。"说着说着，大

12 关键时刻我轰了一脚油

——蓼子乡梨坪村第一书记 王连军

2018年12月，王连军（左一）给低保户黎让文送温暖

现在我们村脱贫了，回想起这几年驻村的事，很有说头。就说2019年吧，2019年是梨坪村脱贫摘帽既定之年，新春将至，我在这关键时刻再轰了一脚油！

从2018年8月开始，我带领驻村队员协助村"两委"勠力攻坚，半年时间里，不断解决贫困群众"两不愁三保障"突出问题，积极发展村集体经济，攻坚工作进行得如火如荼。

脱贫攻坚到了发起总攻的时刻，需要干群心往一起想，劲儿往一处使。可是还有一部分乡亲"等靠要"思想仍然严重，我担心这种风气普遍会影响总攻的士气。如何才能攻城拔寨，凝聚民心？怎样鼓舞士气？我是团县委的一名老干部，多年的工作实践让我想到了搭台子、唱大戏。

我暗下决心，准备来一场全村老百姓团年大会。几天时间，驻村工作队与村"两委"共同设计了活动方案，蓼子乡党委政府全力支持。

大会定在2019年的元月25日（农历腊月二十），进入腊月，外出农民工和莘莘学子陆续返乡，我们先打出了"热烈欢迎乡亲们回家过年"的标语，在梨坪村营造出欢乐祥和的新春氛围。

元月21日上午，村干部带领社长走社入户，组织村民参加团年大会，我也随同老所民警、民兵、驻村工作队队成员、志愿者、热心群众等组建起护送学生的爱心队伍，帮助孩子们扛行李、背书包。最不能忘记的是那个刚做完脚部手术的初中生，看到他拄着拐下班车，我内心受到触动，想劝说孩子回家休息的话刚到嘴边又咽了回去，向前迈出一大步，背起孩子就走了起来。

"脚下沾有多少泥土，心中就沉淀多少真情"，这句话一直是我工作的动力。东升村辖区面积28平方千米，全村420户，1195人，其中建档立卡贫困户63户，201人。一到东升村，我第一时间入户走访，了解全村贫困现状和贫困户基本情况，全身心扑在基层一线。

扶贫工作难在坚持，贵在精准。要达到精准滴灌的要求，全面掌握村情、民情是基础，成天蹲守在办公室抓耳挠腮只会走进闭门造车的工作死角，只会离群众越来越远。10天之内我走访了63户贫困户，100天之内我遍访420户社员群众。无论在贫困户家中还是在一般农户屋前，无论在集中聚居点还是在偏远吊角处，无论在田间地头还是在规模养殖场里……都留下了我的足迹。

东升村共有低保户24户、56人，五保户17人。这类特殊群体是我最为挂念的。只要有时间我都会到他们家中坐坐，哪怕是帮助传授一次养殖技术、叠一次被子、洗一次头、打扫一次卫生、拉一次家常，这些于我们而言微不足道的小事，都能温暖他们好长一段时间。推行脱贫攻坚网格化管理工作以来，我统筹驻村工作队、社会爱心人士、村"两委"干部等力量，全面摸排特殊困难群体生产生活情况，针对性开展"一对一精准帮扶"工作，通过物质上的援助、情感上的沟通，帮助他们逐步改善精神状态、生活环境、生活习惯，让他们的生活充满阳光和希望，感受到党和政府的关怀和温暖。

最让我懊恼的还是那几户内生动力不强、不愿脱贫的贫困户，可让我花了不少心思。只要有信心，黄土变成金。没事我就去他们家里坐坐，倾听他们的心声，用真心、真情去感化他们。村里通过开展环境卫生评比、孝老爱亲、围炉夜话等活动，充分调动贫困户主动脱贫的信心决心，激发其内生动力。

"农村要发展，农民要致富，关键靠支部。""帮钱帮物不如帮助建个好支部。"驻村期间，我坚持用理论武装头脑，指导实践，推动工作，通过不断学习，把知识转化为力量，以实际行动践行到东升村这片土地上。

驻村以来，无论遇到什么事，我始终记得自己是一名党员，是驻村第一书记。哪里最困难，谁最需要帮助，我就愿意出现在哪里。现在党的政策这么好，我愿意做党的温暖的传递者。

致辞，他讲道："老百姓从黑暗走向光明，从贫穷走向富足，从坎坷走向平安幸福，全靠咱们的共产党。从现在开始，我们一起把贫困的帽子摘下吧！"接着，我宣布全体起立，面向高高飘扬的五星红旗，举起右拳头，跟我一起宣誓："牢记嘱托，感恩奋进，不等不靠，苦干实干，向脱贫攻坚全面胜利发起总攻！"

12时许，68张圆桌上摆满丰盛的菜肴，乡亲们团团围坐，举杯畅饮，共叙欢乐！

脱贫攻坚关键时刻，我轰了这一脚油！现在我们梨坪村群众不仅不等不靠不要，村里有事，争着参与。

13 "蜜水"进村日子甜

—— 东安镇密水村第一书记　杨国跃 ——

◁ 2019年7月28日，杨国跃（右一）在密水村办公室核对扶贫档案资料

"杨哥，当书记了哦，还是第一书记，以后你就是杨书记了。"当公司同事半开玩笑半当真地这样称呼我时，对我这个从没当过"官"的老党员来说，还真有点儿受用。

我叫杨国跃，海南当兵回来后，在航空茶厂担任了三十几年的党支部书记。几年前改制后，进入大巴山旅投公司（全称"重庆大巴山旅游投资开发有限公司"），任青龙峡漂流安全管理员。2016年1月25日，东安镇党委书记特地到公司，要一个能吃苦、能打硬仗的人，于是相中了我。

公司领导对这次扶贫工作高度重视，进村当天，公司派副总经理专门找了一辆越野车送我。我一路都在想怎样和山里的老百姓打交道。

进村那天心情很好，车在一条凹凸的村社毛路上艰难地爬行了近两个小时。差不多到村部了，车在一户贫困户门口停下。我虽然在一路的颠簸中早有了心理准备，但还是被眼前的景象所震撼。四面透风的土墙房，脏乱不堪的环境，空洞迷离的眼神，卑微的笑容，落差太大了，我一时手足无措。当晚我住进了村里为我准备的"豪宅"——村支书家。

半夜冷得无法入睡，我穿衣起床思考我未来该做什么，怎么做，想来想去没有头绪，一夜无眠。

密水村位于东安镇西南部，海拔1200米左右，山清水秀。全村辖区面积约40平方千米，其中耕地面积781亩，森林覆盖率90%以上。全村辖4个村民小组，210来户、700余人，其中贫困户59户、188人。

借早上吃饭之际，村支书把情况简单给我做了介绍，我们就开始一家家走访。整个密水村是由金狮村跟双坝村合并而成，不但四个社相对分散，就连农户也不集中。最远一家到主公路步行要近4个小时。早晨开始入户，到中午了，连十分之一的户都没有走完，比我想象的还要恼火。

中午1点多我已筋疲力尽，一家贫困户热情地请我和村支书吃饭。冬天太冷，水都结冰了，做饭要先化冰才能做，很简单的两个菜用了近两个小时，我冻得双脚直抖。因为要做饭，主人没工具给我们烧开水，我口渴得难受又不好意思说。在又饿又渴的苦等中，终于开饭了，主人从里屋拿了两瓶可口可乐放在我面前，说这是上次出街背回来准备过年喝的，杨书记今天第一次来一定要把两瓶都喝了。说着又给村支书和自己倒了一小碗散装高度白酒。相比本村就能买到的3块多一斤的酒，这背了几十里山路才能到家的可乐，把我"尊贵"得眼泪都流出来了，哽咽着说什么也不喝。后来走了好多家，村民都要如此尊贵地款待我，被我一一谢绝。村民大多都晓得杨书记不爱喝饮料，哪怕吃冰块、喝凉水都行。

经过近二十天的走访，我和我的"新家"算是相识了。这个"家庭"的贫困让我印象深刻，触动颇深。那一刻内心深处有一股力量激荡着我，定要成为这个"家"的顶梁柱，带领全村群众，冲破思想束缚。破除"等靠要"思想，坚定愚公移山之志，让我的这个"新家"旧貌换新颜，让整村的贫困户与全县、全市、全国人民一道步入全面小康社会。

交通不便虽然是这个村贫穷的主要问题，但根子上的问题却是村民思想太过封闭。我也是农村长大的孩子，了解农村的贫困面貌，但在这里所看到的，让人仿佛回到了20世纪80年代，而他们身上又比那个年代的人有更多的焦虑和矛盾。这里移动通信畅通，年轻一辈用手机接收着外面的信息，也知道改革开放给外面的世界带来了巨变。村里多数年轻人走出去几年便不想回家，姑娘们走出去就再也不回来了。这个村人口不多却有大量光棍和空巢老人。一眼望不到头的乡间小山路尽头或多或少住着一户或多户贫困人家。

晚上回来，疲惫的我怎么也睡不着，脑袋里像放电影一样播放着白天的每一个镜头：淳朴、卑微、无助、期盼、懒散的表情和过一天算一天的思想状态。这里的夜美丽而安静，星星闪烁着挤满天空，寂静得只能听到自己的心跳。我心里近乎号叫地对着大山呐喊："我一定要让这里改变！"

在多天的走访后，我的思路慢慢开始清晰：基础设施建设、人居环境整治、危

△ 2020年5月12日，杨国跃（左二）在德安村学习药材加工技术

旧房改造、思想工作、政策疏导，依托政府支持和公司领导的高度重视，动真心，讲真情，分步行动。

一是利用进村入户的机会，积极宣讲扶贫政策，教育引导困难群众不因贫困而气馁，不因贫困而退缩，不因贫困而自卑，消除"等靠要"的思想，用行动诠释"人穷志不穷"的真正内涵，重塑致富信心。

二是真扶贫，用实际行动，带领村里老少整治环境，修桥补路，降低出行风险。

三是请求公司领导带领全体员工到贫困户家中走访，实行定点精准帮扶，开展节日慰问帮扶，用真心温暖每一户贫困户的心。

四是利用微信、电话、QQ等通信手段，提醒劝说常年在外务工的年轻人多回家看望，赡养老人，传承中华传统美德，给他们讲政策，讲家乡变化，规划前景。

五是与我的搭档驻村干部彭书俊一起，想尽一切办法，落实村级公路的修建；联系县城做生意的亲朋好友，寻找资源，帮助困难群众销售部分农特产品；跑关系，要政策，弄经济林木树苗，提高群众种植、养殖的积极性，发展密水村干果产业。

六是经常深入贫困户家中，了解深度贫困户、D级危房贫困户的房屋情况，及时跟镇党委书记沟通，争取政策性扶持，把这样的农户迁到公路边上来，或就地取材，利用土办法和传统工艺改造高山上、偏远处的住房，保障他们的居住安全。

七是加强生态环境保护和群众教育，与本村义务监督委员会一起，爱护这里的一草一木。特别是修路和基础设施建设决不能破坏这里的生态环境。

播种希望，同密水村一起冲破黎明前的黑暗，七套组合拳打下来，密水村发生了变化。

建成村公共服务中心，配套完善了便

民服务大厅、四务公开栏、村卫生室，配备了村医，确保小病不出村；修建并硬化了密水到东安场镇13千米的村级公路，并加装了护栏，打通了密水出境的经济命脉；新建饮水设施2处，维修饮水设施3处，更换饮水管道20千米，解决了全村安全饮水难题；实施易地扶贫搬迁36户，改造农村C、D级危房9户，解决了住房安全问题。

截至2019年年底，密水村"两不愁三保障"问题得到全面解决，整村于2019年年底脱贫。

现在的密水村，自然环境还是那样美，只是房屋更亮了，道路更畅了；现在的密水村，人还是那样淳朴，只是不再争着给我喝可乐了，人的精神头儿更足了；现在的密水村，人还是爱笑，是自信、富足、充满希望的笑。作为同事、村民口中的"杨书记"，我切实感受到国家政策的好，"五级书记"一条线，把政策落实到每一户。

我们密水村的人哟，是喝上精准扶贫的"蜜水"喽。

14 将愧疚留给家人，把希望带进山村

——高楠镇团结村第一书记 蒲以明

◁ 2018年2月，蒲以明（左）走访帮扶户陈定菊

2015年8月，我被组织选派到高楠镇团结村担任第一书记。面对毫无头绪的农村基层工作，我不知从哪里抓起，但我相信：有组织做坚强后盾，一定能啃下这块"硬骨头"。家里人也很支持我，妻子对我说："放心去吧，组织相信你，高楠镇团结村需要你，家里不用担心，老人、孩子有我呢。"

我很快进入角色，贫困户夏章品家无劳动力，我便引导他老伴开起了豆腐加工坊，尽管辛苦但收入稳定；贫困户王克松缺乏创业门路，我便鼓励他发展生猪养殖，目前已养殖生猪300余头。还有部分贫困户无劳动力，我便按照民政的政策申请将其纳入低保，解决了他们的基本生活问题。一户一户走下来，家家日子开始有了变化。

印象深刻的是第一次去贫困户蒋方德家中，他热情地给我们倒开水，给我们让座。这时，厨房门口椅子上坐着的一个小男孩儿引起了我的注意，他一双眼睛盯着我们看，怯生生的。说到孩子，老人的眼泪就流了下来。他告诉我们，那是他的孙子蒋宗钰，是个残疾娃儿，生下来就是那样子，不能走路。我凑近一看，原来是先天性马蹄足，一双瘦小的脚套着毛线鞋，基本无法走路。看到这种情况，我给县医院打电话，咨询了情况。医生说，孩子这个病如果在小时候能发现并接受规范的手法矫正治疗，是能够恢复正常的，现在很难。这一家是由于家庭贫困错过了最佳的治疗时间。

走访结束后,我的脑海里一直浮现着那双亮晶晶的眼睛和爷爷老泪纵横的画面。我已为人父,深深知道孩子的健康对一个家庭有多么重要,对孩子的一生有多么重要,我一定要想办法帮他们一把。第二天一早,我咨询了相关专家。获知,如果孩子身体状况好,可以通过手术和后期康复训练恢复。

听到这个消息,我欣喜若狂,马上找到了蒋方德家的帮扶人,并与县残联取得了联系。在各方努力下,最终蒋宗钰在永川医院顺利接受了手术。回到家后,我经常带着小家伙去做康复训练。现在,曾经不能走路的孩子已经能跑能跳了,性格也开朗了,见了我远远就喊:"蒲叔叔,蒲叔叔!"每当听到那稚嫩的声音,看着他蹦蹦跳跳朝我走来,我心中就流过一股暖流。这一家的希望又回来了!

2019年6月8日,我接到了妻子从重庆新桥医院打来的电话:"爸爸的检查结果出来了,是食道癌晚期,马上住院,你抽空来看看爸爸吧。"说完妻子哽咽地挂了电话。岳父之前就经常说自己吞咽困难,因为我一直忙于工作,没时间带他去好好检查,没想到病情竟然恶化得这么快。挂了电话,我心里万分焦虑和痛苦,一边是我的至亲,一边是脱贫攻坚工作,自古忠孝难两全,在脱贫攻坚工作的关键时刻,村里大大小小很多事都需要我,我可不能走啊。收起心里的悲痛,我打通了妻子的电话。我含着眼泪安慰妻子说:"我的工作快要结束了,过几天稍微空点儿我就来看他,只有辛苦你了。"

2019年7月21日上午,在去边缘户姚成才家的路上,妻子打来了电话:"蒲以明,爸爸的病又加重了,现在连一点儿

△ 2018年3月,蒲以明组织召开团结村环境卫生院坝宣传会

水都不能吞下去了,你就快点来看看吧。你一天忙忙忙!你怎么就这么忙!再不回来就见不到了。"妻子压低声音冲电话里吼完就挂断了。我能想象到妻子的泪珠一定在滚落,浸湿了她的衣襟。岳父病重的消息让我的心坠入冰窖。

记不清这是岳父患病后第几次接到妻子的电话了,面对妻子劈头盖脸的诘责,为人子的我无地自容,真想不顾一切地飞奔到医院,守在重病的岳父床前,尽尽孝,替妻子分担一些,让憔悴的她也歇一歇。可作为高楠镇团结村的第一书记,在脱贫攻坚战的关键时刻,我要是撂担子了,谁来接管?

"爸爸,再等等,过几天,就几天,忙完手头这些工作我一定回来看您。"我抬头看了看明月,暗暗下定决心,而后踏进了村民的家门。因为工作当前,因为职责所在,我一次次失约。然而这一次,却是永别,时间定格在了2020年1月16日,岳父没能等到我见他最后一面,带着永久的遗憾撒手人间。整理好手头的工作,我马上赶回家料理后事,长跪在岳父的灵前,心痛、愧疚、自责,种种情绪折磨着我。我多么想用我的长跪唤醒岳父大人,多么想用我的长跪减轻一些愧疚,多么想用我的长跪弥补我的不孝……可就在这时,灵前一旁的老表王世朗哽噎着朝我吼道:"蒲以明你还不走,脱贫攻坚国家级验收抽到高楠镇了。"顿时,我的眼泪夺眶而出,我必须连夜赶回去做好验收准备工作。收起悲痛,我必须再次出发。

作为第一书记,没有什么事比脱贫攻坚工作更重要,更何况是国家的贫困县退出验收,关系到全村人这几年的脱贫成果,这也是岳父对我的期盼。我起身环顾了一圈身边的家人,带着愧疚,回到了团结村。

舍小家为大家,虽然我把愧疚留给了家人,但是我将希望带进了山村。遗憾终将成为遗憾,而我的使命不会遗忘——因为我是高楠镇团结村的第一书记。

15 深山里的女子特战队

——东安镇黄金村第一书记　梁雪娇——

▷ 2020 年 3 月 23 日，梁雪娇（左一）到户规划人居环境

2018年3月，我成为东安镇黄金村第一书记。到村后才发现，我和几位工作队员全是女同志。"女娃娃好啊，细心嘛。"村"两委"倒是很支持我们的工作，这让我们更觉得责任重大。也就是在当月，城口县开展脱贫攻坚"大排查大走访"，我们这支女子特战队和村"两委"立即行动起来。几个人都铆着一股劲儿，一定要干出个样子，不能被比下去。

扶贫之路道阻且长，"大排查大走访"走到一户，远远一排破旧的土坯房煞是刺眼。一位年迈的老伯坐在破旧的木椅上，身旁放着一副拐杖。见到我们过来，老伯非常客气，挥手招呼我们坐下。我首先做了自我介绍，然后问道："叔叔，您今年多大年纪了？家有几口人？"老伯回答说："我叫王礼贵，今年69岁，家里就两个人。老伴身体不好，住在女儿家养病，我住在大儿子旁边……"原来这一排旧房子多数是大儿子的，王叔只占了两小间。

经过一番交谈，我了解到，王叔的老伴丁阿姨身患重病，具体什么病，他也说不清楚。王叔是村里的老党员，2012年因高血压中过风，肢体二级残疾，也是村里的老赤脚医生，平时走路要依靠拐杖。2017年年底，因为老伴患病，开销大，家里被纳入低保户。交谈中，王叔没有一句牢骚，也只字未提需要我们给予什么帮助，还时不时赞扬党和国家的政策好，要感恩党，感恩国家。淳朴的话语让我深深感受到一名老党员高尚的党性修养和执着的理想信念。

这户应该纳入贫困户啊。回到办公室，我即刻去民政办查询了王叔家的低保收入，了解丁阿姨的患病治疗及医疗救助情况。综合发现，王叔家的情况确实很困难。住房是危房，两个儿子、两个女儿家庭都不宽裕，老伴生病花光了家里的积蓄。

过了几天，我再次来到王叔家里，把脱贫攻坚政策向他仔细宣传讲解，在王叔递交贫困户申请书后，我们组织开展村民小组民主评议，全体参会人员一致同意王礼贵成为贫困户。

住房是王叔家面临的最大困难。黄金村整村处于自然保护区，王叔家的位置更是在核心区，核心区建房管控非常严格，建房选址是个大问题，村里几次开会研究，提出搬迁到村外的解决方案。来到王叔家，当我们提及易地搬迁，没想到老人态度非常坚决，一口回绝道："我祖祖辈辈都生活在这个地方，除了这儿哪儿都不去，我就住这个房子。"

这可怎么办呢？土坯房肯定是不行的。我们又找到王叔的儿子来商量住房问题。他儿子表示，目前不愿建房。到底如何才能解决王叔家的住房问题呢？既不能突破政策底线，又不能强迫他搬迁，还要

△ 2021年2月5日，梁雪娇（右）和帮扶户交谈

确保住房安全。我绞尽脑汁，日思夜想，断定还是得从他儿子身上下功夫。

我们几个驻村队员齐上阵，一条一条给他讲解C、D级危房改造政策，三天两头做工作，村"两委"班子也上门。拗不过全村干部这股子韧劲儿，他儿子愿意把房子和老人的建在一起，享受D级危房改造资金2.1万元。这就好说了，后面紧锣密鼓地开始拆旧房、平场地、规划放线、下基础、建新房。村"两委"暗暗给我们竖起了大拇指，一块"硬骨头"就被我们耐着性子啃下来了。

2019年5月，王叔搬进了新房，新房青瓦碧墙、窗明几净，卧室宽敞舒适，厕所干净整洁，水、电、气样样齐全。搬新房当天，镇民政办为王叔送来了米、面、油，还有慰问金。王叔感激地说："老伴去世了，这么多吃的，我一个人一年都吃不完啊！"他指着我们工作队说："要不是这几个女娃娃，咋会住上这么好的房

子。"考虑到王叔腿脚不便,我们的支部组织生活会就不定期地到王叔家过,驻村工作队、村支"两委"也时刻关心着王叔的生活。现在的王叔,早上起来坐在家门口晒晒太阳,晚上听听戏,欣赏欣赏村里的坝坝舞,脸上洋溢着幸福的笑容。一年多来,王叔的生活发生了根本的改变。为表感谢,王叔感谢信都写了两封!

对王礼贵的帮扶,只是我扶贫路上一个小小的缩影。黄金村的每家每户都留下了我们工作队的脚印。"5+2""白+黑",吃在村里,干在村里,详细了解每户情况,我们女同志做事认真,一样一样都不落下。

在一次贫困户座谈会上,黄金村的联系村领导发言说:"我们驻村工作队都是女娃娃,梁书记的大儿子7岁、小儿子3岁,另一个队员的女儿才一岁多,她们丢下年幼的孩子和年迈的父母,把所有的精力放在了脱贫攻坚上,不容易啊!"听到这里,我不禁潸然泪下,参会的很多贫困户也跟着哭了。会后,有个大姐和我交流,她说:"你们工作真的辛苦,周末看到你们在工作,晚上还在入户,看到你们哭,我也忍不住哭了。你们工作做到这个程度了,我们还有什么不满意的。"

我把对家人的关爱倾注在了贫困群众和全村老百姓身上,他们住上了安全住房,我比自己住新房更开心;我比他们的子女更忧心;帮扶户家添了小孩,我把孩子的衣柜翻了个遍;老百姓最关心的补助资金多年没有兑现,我便多方协调,一分不少地送到他们手中;困难群众居住环境卫生差,我带领志愿服务队,挨家挨户打扫卫生,更换被褥,整理衣物。或许,正是这样用心用情的帮扶,我的工作得到了领导、同事和老百姓的高度认可。年终考核黄金村也从倒数第一成为全镇第一。

"山再高,往上攀,总能登顶;路再长,走下去,定能到达。"

两年多的帮扶,850多个日日夜夜,黄金村跟我们的娘家一样,村里的小狗都成了我们的朋友,摇头摆尾一路跟随。扶贫之路,每一步都充满了艰辛,每一步也承载着幸福。我们女子特战队用不一样的耐心和爱心,让黄金村的老百姓,日子更顺心了。

16 第一书记永远在路上

—— 岚天乡三河村第一书记 刁 兵 ——

◁ 2020年6月，刁兵（左一）在岚天乡三河村开展产业验收

2019年3月，春寒料峭，按照市委、市政府的统一安排部署，我从市农担集团（全称"重庆市农业融资担保集团有限公司"）派驻至城口县岚天乡三河村任第一书记。

城口县位于渝东北，是重庆唯一一个没有通高速的区县。对于组织的重托，我的内心有点忐忑不安，不安的是家人怎么办？山高路远，从小在农村长大的我自然是不怕吃苦的，只是想到平时较少陪伴，又面临高考的儿子，心中不免颤了颤。

我把想法告诉了爱人，她听到我的想法时，竟对我说："刁兵，国家培养你几十年，你难道要在战场上当逃兵？你是怕我教不好儿子吗？你去吧，孩子我会看好的。"

后顾之忧解决了，我的心也就稳了，义无反顾地踏上了支援城口的道路。

与重庆主城潮湿闷热的气候相比，岚天乡三河村一年四季气候宜人，云雾缭绕，依山傍水，让人仿佛看到陶渊明笔下的世外桃源。然而三河村土地贫瘠，人口分散，有天无地，有山无田，区域发展相当滞后。我凝望着这片拥有丰富自然资源却"养在深闺人未识"的土地，心里暗暗地问自己："要怎么做？做什么？"

进村先学习。为了找到突破口，我从走访入户开始。

"刁书记，我们的农产品现在不好卖啊，帮我们想想办法吧。"初到三河村，这是我听到村民们提得最多的诉求。岚天乡三河村地处大巴山腹地，由于地势的限制以及信息不畅等问题，农产品的销路一直以来都是三河村村民的心病，也是脱贫攻坚路上一块儿巨大的绊脚石。

群众需要的，不就是亟须解决的吗？我决定就从消费扶贫入手。

要想适销对路，首先就必须充分了解农产品的质量、数量和价格。只有亲身走进农户家中，才能准确地了解到实际情况。于是我和工作队队员们开始不分白天黑夜挨家挨户地走访记录，结果我们发现了宝贝：洋芋、蜂蜜、板栗、核桃、山地鸡、老腊肉等，全是城里人稀罕的！

只有做到充分的宣传，把岚天乡农产品的名片推广出去，就能增加销量。我和队员们开始制订农产品营销方案。

八仙过海，各显神通。我们先找到了重庆"说三道四文化公司"合作开发三河村农产品包装，又联系东西协助"灵之惠"农产品销售公司、重庆华牧资产管理有限公司等单位来三河村，通过网络平台、实地考察等方式宣传。

几番动作下来，订单来了。

"田大姐，你家有些什么农产品想卖的？"对照着订单，我就开始挨家收购。

田大姐脸上笑开了花："我们有山地鸡、蜂蜜、板栗跟腊肉，但腊肉要预定哟！"

"要得，有好多？价格呢？"

"按市场价格嘛。"

曾修明家是山地鸡养殖户。"曾修明，我要5只山地鸡，你帮我杀了哟，每只另外给你10元加工费，谢谢你。"

"好的。"

"尹具祥，你屋里有没有卖的？"

"有，还有几十斤洋芋粉，要不？"老尹笑眯眯地转身进屋扛出来一个编织袋，"好得很，看看嘛，少了不卖哟。"

"哈哈哈，好的，一手交钱一手交货。"

拿到这么地道的山货，下单的客户们也很满意："明年我们还要哟。"

"要得，欢迎你们明年来岚天旅游，带点儿农产品回去，绝对绿色环保，没有使用任何农药化肥，只用农家肥。鸡都是敞放的，猪只喂苞谷、洋芋和猪草。"

"好的，留个电话加个微信，我要看饲喂现场哟。"

"没问题。"

农户们个个都十分高兴。我就这样一家一家走，一家一家看，一家一家收购，为魏玉德、尹具祥、曾修明、汪先贵等贫困户通过消费扶贫销售农产品8万余元，增加了村民的收入。

通过帮村民买卖农特产品，打开了驻村的口子，其他各项工作都好开展了。三河村地处高寒地带，植被丰富，自然环境优美。村民居住分布较广，几乎是散住在大山里。在充分论证基础上，三河村确定了短线搞特色种养殖，长线培育乡村旅游的发展方向。

在接下来遍访农户规划产业的过程中，围绕乡村旅游，各家各户根据自己的实际情况发展产业，有的种生态蔬菜，有的养跑山猪，有的养山地鸡，有的种洋芋，有的发展中蜂，有的规划外出务工……到处是一派繁忙有序、生机勃勃的景象。

驻村快两年了，家家户户变了样。这其中最有代表性的是黄启玖。

黄启玖以前是三河村出了名的"懒汉""疲沓混"，到村后我三天两头去他家唠家常、讲发展，还给他家卖出去一串腊肉，愣是把他给跑勤快了。

"黄启玖，今年有什么打算呢？"

"我已经联系好了，到山西矿山务工。"

"做什么呢？有好多收入？晓得政策不？"

"刁书记考我呀。第一，外出务工有车船交通补贴；第二有收入务工补贴，最高可以补助 2000 元啊。"

"还有什么？说来看看。"

"娃儿义务教育、医疗、住房、饮水都有补贴，发展产业也有，去年你们还帮我们卖了好多农产品。原来我的房子是土瓦房，一下雨外面下好大屋里就下好大，连坐的地方都没得，衣服、粮食啥子都遭水泡起。现在你们帮我进行危房改造后修了两楼一底的楼房，还开了农家乐，多好啊……"说着说着，黄启玖眼中泛起了泪光。

"好了，因为政策好，我们才有缘千里来相会呀。黄启玖，人啊，就应该有想法，给自己定个小目标，一个一个去完成，

△ 2021 年 3 月 5 日，刁兵（左一）在岚天乡三河村走访贫困户肖安玉

我相信你一定成，并且还可以成为我们村里的致富带头人！"

"嗯，我一定努力！"

是啊，人人都得有目标。我的目标呢？我想身为驻村第一书记，我的目标就是要圆满完成党和人民交给我的任务，让全村村民过上好日子，脱贫致富奔小康！

在全村人的努力下，三河村脱贫了，但我们想向更好的方向发展。慢慢地，村里的旅游有起色了。来游玩的人越来越多，村里农特产品在家门口就能卖出去。

没有比人更高的山，没有比脚更长的路，第一书记永远在路上。

17 我与李思银的不解之缘

——周溪乡凉风村第一书记 李大川

◁ 2019年8月，李大川（左二）入户走访五保户

2017年4月，组织派我到周溪乡凉风村担任驻村第一书记。

一辆快要退休的越野车艰难地行驶在去凉风村的村道上，望着窗外零散的土木房，我内心充满了疑惑与不安。

"川书记，还有3千米就到了。"老丁一语打破宁静。我望了望同行的"70后"老丁，再看了看身边若无其事的"90后"小朱和小刘，虽说我到村最晚，却成了带领全村人脱贫致富的"领头人"。面对这支年轻的驻村队伍，我毫无信心，到村的第一晚就失眠了。

第二天，驻村工作队开始了走访。按照分组，我所在的小组负责走访凉风村最远的一社和二社。进社道路没有硬化，没有护栏，车辆通行受阻，我们足足步行了一个小时才到第一家。偏偏倒倒的木架房，泥泞不堪的道路，我们几个懵懂无知的"90后"哪里见过这样的农村生活。连续走访几家下来，感触颇深，几个人脸上愁云密布，不知所措，想说点什么又不知道说什么。

大家疲惫不堪地拖着脚步来到了社长彭国华家。还没进屋，老彭的妻子李思银便迎了出来，用微弱的声音招呼着："几位领导快进屋喝茶。"一行人进了屋，我仔细打量着室内的环境：有些年头的木墙壁被烟火熏得漆黑，灶台边沿早已裂了口，李思银用破旧的抹布在板凳上擦了擦，让我们坐下。

老丁问："你们家有没得啥子困难哦？"

"领导们，我从来没有向你们诉过苦，也没有叫过累。本来不该向你们叫苦的，但是我们家是真的有困难。"说到这里，李思银声泪俱下。

3个不明世事的"90后"懵了，驻村稍久的老丁没说话。经了解，彭国华家有6口人，老人常年患病需要照顾，3个孩子分别读小学、中职及高中，其中一个孩子还患有肾衰竭，一家人的生计全靠彭国华一人在外务工维持。但老彭腰椎间盘突出，不能干重活儿，收入微薄。

"你们家的情况我们已经记下了，我们回去进一步研究你们家的实际情况，别着急啊。"怀着惴惴不安的心情，一行人离开了彭国华家，但李思银的哭声犹如一把尖刀插在我心里，疼痛不已。她家的情况也一直萦绕在我脑海里，久久不能散去。

那会儿正赶上动态调整，我与驻村干部、村"两委"商议，在征求党员、社员、义务监督员的意见后，决定按程序将彭国华家的情况提交研究。经过评议公示，彭国华家被纳入贫困户。我主动申请帮扶他家。

先要解决住房问题。我为彭国华家申请易地扶贫搬迁补助资金7.2万元。经过3个月紧张有序的建设，在没有欠债的情况下，一家人搬进了新家。

迁新居那天，李思银拉着我的手说："感谢李书记，能住上这么好的房子。感谢党和政府的好政策啊！"我内心也乐开了花，心里感叹"两不愁三保障"的政策好。扶贫就是要帮助像李思银这样的贫困户，让他们有遮风挡雨的住所，医疗、教育有保障，能吃得饱，穿得暖。

教育和医疗一直是老彭和李思银的一块心病。被纳入贫困户后，他家3个孩子都享受了教育扶贫政策，免了学费、住宿费，每学期还

△ 2018年3月，一社召开社员会宣传政策

补助生活费。彭国华和孩子生病的医药费也得到更高额度的报销，极大程度减轻了家庭经济负担。家庭没有大额支出，日子一天天好起来，李思银脸上露出了久违的笑容。

一直以来，老彭家都以务农为生，收成听天由命，没有稳定的收入。"他腰椎不好下不得重力，我一个女人家又干不了啥。"听到李思银这样的表述，我内心五味杂陈，下定决心帮助她找一份稳定的工作。

我了解到村里的妇联主席一直都空缺着，内心打起了小主意。在与村"两委"开会讨论妇联主席人选时，我极力推荐李思银，由她负责带动村里的妇女群众，为全村发展贡献一分力量，最后大家也一致同意她担任村妇联主席。

能担任这一要职，李思银很高兴，也很珍惜，她很快投入村里的工作中，人也变得自信了。

"农村要想富，还得靠门路。"这是我经常给李思银唠嗑时说的话，我告诉她："咱在家，就得有农村人的样子，不能光靠男人在外挣钱，我们得尽力在家门口搞收入。"

后来在村里指导下，李思银把妇联工作做得有声有色。带头组织全村妇女种植独活、魔芋、党参等经济作物，发展肉牛、山羊养殖业；组建了妇女志愿服务队，整治村容村貌，引导全村邻里互帮互助，帮助独居老人打扫卫生。现在的她真正从一个"哭穷女"变成了一位带领全村人民脱贫奋斗的"女强人"。

李思银还主动向村党支部递交了入党申请书。用李思银的话说："我也得向组织靠拢。党和政府在拉你，自己不奋斗怎么行！"听到这样的话，我知道，我的努力没有白费。

傍晚，火炉噼啪作响，饭菜上桌，喝着醇香的苞谷酒，我们说过去，聊现在，谈将来。看着老彭家和全村的变化，我忍不住乐呵起来，老彭和李思银也跟着笑了起来。

现在我这个"90后"，也是一名老扶贫干部了。我很庆幸能和广大基层群众一起畅饮山泉，手握黄土，涉足大山，让自己在基层广袤的土地上丰富了阅历，磨炼了意志。提高了本领。我坚信在以习近平同志为核心的党中央坚强领导下，我们凉风村一定会发展得更好！

战胜贫困
——我的扶贫故事

贰

- 庞启渊
- 张 勇
- 涂生伍
- 王 悦
- 陈同伟
- 舒 强
- 高桂芳
- 艾守军
- 曾 堰
- 方进华
- 屈 波
- 余 君
- 田帅辉
- 罗 燕
- 何宜成
- 张传明
- 王旭东

18 四双胶鞋一颗心，阔别昔日穷山村
——记沿河乡北坡村第一书记 庞启渊

······ 中国青年网记者 张 群 ······

◁ 2015年8月，庞启渊（左一）在北坡村4社山顶走访贫困户

"我受了灾，报答不了你，只有这只鸡了，你别嫌弃。"村民邓贤坤一边说着，一边把鸡往庞启渊手里塞。

庞启渊是重庆市城口县沿河乡北坡村驻村书记，驻村一年多来，致力于帮助村民脱贫致富，解决疑难困惑，深受当地群众爱戴。春节前夕，曾受他帮助的村民邓贤坤从自家院子逮了一只大公鸡，专程从山上跑到山下送给他。

"山路又远又难走，我怕拒绝他会伤害他的感情，就买了一条香烟悄悄塞进了他的口袋。"庞启渊说，春节前，很多村民都打听他的住址想给他送些年货，但都被他婉拒了，因为他认为帮助村民是自己的义务与责任，是理所应当的事。

深入访村民，扶贫路上困难重重

"县里决定派你到沿河乡北坡村任第一书记，你有什么意见？"作为党员干部，庞启渊牢记自己身担为老百姓服务的重任；作为一名农村娃，他更加为自己有机会深入农村一线做些实实在在的事而感到荣幸。

思考了片刻后，庞启渊坚定地说："好，保证完成任务。"

2015年8月10日，庞启渊来到了北坡村，成为帮助村民脱贫致富的驻村书记。

"震撼。"走进北坡村的那一刻，庞启渊被眼前的景象惊呆了。

"很多路就在悬崖边上，烂泥路又窄又滑，一不小心就会滑到山崖下，十分危险。"庞启渊介绍说，村民进进出出活动，几乎全靠两条腿走。而且，山路很危险，甚至有一次，他的脚一滑，差点儿就掉下去。现在想起来，庞启渊还是一身冷汗："幸好我的向导村民眼疾手快，一把拉住我，把我拽了上来。"

而走进村民家中，倾斜的木架房破旧不堪，上面长满了青苔；石头房则四处漏风，破塑料纸一层又一层地糊在窗户上，用木板固定住。屋内，被熏得漆黑的墙壁结满了蜘蛛网，农具、木柴四仰八叉地分散在各个角落。家徒四壁的房子里像是经历了一场浩劫，像一个颤颤巍巍的老人，似乎风一吹，就会倒下。

这，就是北坡村留给庞启渊的第一印象。

50多岁的张明礼是位盲人，一家5口人：老父母年过70岁，一个未婚兄长和正在上大学的女儿。因为上民办大学，女儿昂贵的学杂费让家里人作难，老弱病残的一家子生活举步维艰。

"年前，我帮他们家卖100多斤猪肉和20多斤蜂蜜，价钱还不错。"庞启渊高兴地说，村民如果什么东西卖不动的，他就动用自己的人脉，主动帮忙联系买家。

在北坡村，同样贫困的家庭不在少数，开展脱贫工作困难重重。全村82户贫困户中，有42名二三期硅肺病人，10多名35岁以上的单身汉。房屋基本还是木结构，因为没有公路，运输费用高。村里空心化问题严重，除了笋竹，缺乏有效增收产业。

四双老胶鞋，消除老百姓的信任屏障

摸透村子情况，才能打响脱贫攻坚战。庞启渊来到北坡村的第一件事，就是挨家挨户走访村民，这是他进入工作状态的必由之路。

"庞书记，你这个工作要做多久？"北坡村历史矛盾较重，村民对干部有一种不信任感。庞启渊刚到北坡村时，曾被村民这样问道。甚至，他还听到村民在背后偷偷议论："搞形式的人来了。"

"至少到2019年，等村子脱贫后。"庞启渊认真地回答道。

家庭人员、庄稼牲口、健康状况、收入情况……每到一户人家，庞启渊都认认真真地记录下来。除此之外，他还跟村民们掏心窝子唠家常，告诉他们自己也是农村娃，家就在坪坝。

有一次，庞启渊一行天一亮就出发，一路上先走访了两户群众，下午1点多才抵达贫困户刘尚国家中。

"这么远，你们怎么来了？你们太辛苦了……"看见庞启渊前去家里走访，刘尚国黄中带黑的脸上满是笑容，满脸的皱纹堆在一起像刚捏紧的饺子皮。他双手紧紧握住庞启渊，激动地反复说着。

刘尚国60多岁，是个五保户，孤苦

伶仃一个人住在山头。

严重倾斜的木质框架房屋，墙体垮塌的牛圈，角落处已经霉烂的半截柱子……这就是他的家。

他一边笑呵呵地招呼着庞启渊，一边将墙上挂了许久的半袋米取下来，随后又拖着佝偻的身躯张罗着抓鸡，准备做一顿丰盛的午餐，俨然一副过大年的架势。

"这米来得太金贵了啊！我吃不下。"庞启渊坚决不肯吃，啃了几口随身带的干粮填饱肚子。

经走访，庞启渊了解到，刘尚国患有多年的腰椎疾病，平时只能靠止痛片缓解疼痛。"对当地人来说，治病是一件奢侈的事情，他们往往难以承担高昂的治疗费用，只能硬扛。"庞启渊深叹一口气说道，心里很不是滋味。

北坡村有8个社，且相隔甚远，为了方便在崎岖、泥泞的山路顺利行走，节省路上时间，庞启渊买了四双胶鞋：一双解放胶鞋、一双作训胶鞋、一双加棉作训胶鞋、一双水靴。这四双鞋陪伴他度过春夏秋冬，历经寒风斜雨，走遍北坡村的每个角落。

经过半年多的努力，村民们逐渐信任他，亲近他，他也因此被亲切地称为"胶鞋书记"。

补贴修路齐上阵，穷山村正华丽转身

因为当地交通不便，经济发展缓慢，为了更好地谋生，大部分村民都外出打工了，到广东、河南、陕西等地的矿井、工地干些体力活儿。

"太多青壮年外出打工，导致北坡村成了空心村，这不是脱贫致富的长久之计。"庞启渊的语气里有一丝无奈，他顿了顿说，"不过，为了吸引外出务工人员返乡营生，我们已经启动了各种补贴政策。"

笋竹栽植补贴，贫困户产业发展专项补贴，婚房建造补贴，搬迁补贴，生猪、山羊、山地鸡、黄牛、土洋参等产业奖励等，这些补贴政策极大地提高了北坡村村民主动脱贫的积极性。2016年，绝大部分村民扩大了种养殖规模。

"除了笋竹和毛猪，我光土鸡就喂了100多只，还有几窝小鸡就要出壳了，防

△ 2016年1月，庞启渊（右一）走访北坡村8社村民

疫也已经做好了。"贫困户谭发礼就是众多受益者之一。

除了发展农副产业，修建公路也成为北坡村的重点建设项目之一。

庞启渊刚到北坡村时，只有1社和3社之间通有公路，而由5、6、7、8社组成的老柏树地区，交通尤其不便，最远的住户距离公路有8千米多。

"近一半的路在悬崖上开凿而成，并且有大量半隧道和一个山洪冲击点，至今已有7人坠崖死亡。"崎岖的山崖路严重影响到村民的生命安全。

同时，不能通车，农林产品的运输和生产生活物资的运输只能靠骡子，但是每200斤需要60元的运输费对很多村民来说还是承担不起。而且，交通不便还给村民带来基础教育和医疗卫生的困扰。

"路通了，思想也就通了，很多问题都会迎刃而解。"在庞启渊的不断争取下，村子已经申请到公路建设资金，目前公路已建设完成。

一年多来，庞启渊为了老百姓的事尽心尽力，跑前跑后，老百姓也不把他当外人，遇到难处就主动向他寻求帮助，逢年过节也都惦记着他。

对北坡村的事，庞启渊如数家珍。可是，对于自己家里的事，他的心中却有着遗憾和惭愧。

2016上半年，庞启渊家里装修房子，三个月他只看了两次，买材料、找水电工、室内规划……都是妻子一人在操劳。

"今天听妈妈说你成绩不好，爸爸心里很难过。"2017年1月6日，庞启渊在给儿子的一封信中写道。原来，正在上三年级的儿子成绩下滑得很厉害。"你不是说，结婚后孩子的教育问题你包了吗？"妻子伤心地抱怨道。

庞启渊以前是一名教师，可是现在自己孩子的学习却出了问题。对此，他承认自己确实对孩子的关心越来越少，但身上寄托着一个村子几百口人的信任与幸福，他不得不暂时减少对家庭的照顾。

"为政者，当以清明廉洁为志；为业者，皆以奋进图强为本。"在这篇《城口红军赋》中，庞启渊写下了心中的坚守与担当。

19 坪原村那些可爱的人

——高燕镇坪原村第一书记 张 勇

◁ 2020年3月，张勇（左三）到悦来集团为坪原村申请新冠病毒防疫物资

在镇上开完脱贫攻坚调度会，又是晚上9点多了，朦胧的雨，泥泞的路，我独自驱车回村。到坪原村一年多，不知道怎么的，我已经养成了认床的习惯，不管多晚，只想回到村里，因为只有回到村里才能睡得踏实。我也喜欢上了独处，因为在独处的时候，才能安静地感受村里的变化，想想村里的人和事儿。

村里有位贫困户叫钟仁军，这儿大止在灵芝基地旁挖鱼塘，张罗着养冷水鱼，还专门打电话说请我去看看。这让我感到非常意外，他以前可是我们村里公认的烂酒鬼，能把修猪圈的钱都拿来喝酒的懒汉，现在居然想发展家庭产业了。

记得刚到坪原村时，上任第一书记陈欢跟我对接工作介绍村里情况时，专门提到了钟仁军，讲了他的一个故事。钟仁军的帮扶责任人王世朗主任到他家走访时，他说自己想养猪，但缺钱修猪圈。王主任一听，这贫困户想发展产业了，缺资金，赶紧把钱包里的700元现钱全给了他，让他先买材料，不够的下次来再给补上。好了，等王主任下次来看猪圈时，老钟却醉醺醺地躺在床上。王主任问："修猪圈的砂石砖怎么还不买？怎么没动静？"老钟眯着眼睛说："我要吃饭喝酒，钱用完了，没钱再去拉材料了，如果王主任再支援点儿我就修。"几句话差点儿把王主任给气个半死。

就是这样一个角色，打电话说养鱼，那我就去看看。那天是下午3点多，艳阳高照，钟仁军穿着背心、光着膀子在灵芝基地上培土，满脸汗珠，黑背心都浸透泛盐白了。我递给他一瓶矿泉水，他咕噜咕噜几口就喝完了，我问："哪个想起来要养冷水鱼？"

"张书记，你晓得我身体差，出门找活路难得很，总要想办法搞点儿啥子。"

"挖鱼塘要几千，还要买鱼苗子，投入上万了，舍得嗦？"

"张书记，胡安令（村集体经济组织理事长）给我说了，只要我养，他就帮我卖。冷水鱼几十块一斤，整得到钱，一年就回本了，哪个舍不得嘛。"

"村里人都说你是个酒鬼，现在哪个变得恁个勤快了？"

"政策恁个好，张书记，胡安令你们几个又恁个支持，还不整不成了傻子了！"

看到村里的懒汉变成勤快人，我倍感欣慰。在上任第一书记陈欢向我讲了老钟的"懒人轶事"后，我特别留意了这一户。看来这一年多的政策宣传，一次次苦口婆心的劝说，终于开花结果啦。

提到钟仁军，那就不得不提村集体经济组织的理事长胡安令。2019年为实现产业上山，村里成立了村集体经济组织，主导村产业发展，需要一位有能耐的理事长。贫困村嘛，本来就缺能人。我和村"两委"班子把村里的人从村头到村尾筛选了一遍，最终确定了在外面做农特产采购销售工作的胡安令。联系上后，他很犹豫，"前几年村里毛天佑整椴木香菇整熄火了，让我们种板栗也整熄火了，整一样死一样，我要是来又整死了……"

为了给胡安令建立信心，我联系到悦来集团及所属子公司的工会和食堂，以消费扶贫方式拿来30余万销售订单，同时购买货架、冰柜、真空打包机，先把扶贫超市在坪原村搭建起来。接着我再去找他："你看，村里都是亲戚，我们几个一起来想办法搭个平台，让村里的穷亲戚有个挣钱的门路，要的不？我们搭伙干！你看我把扶贫超市都整起了，要亏钱我陪你一起亏！"多次上门拜访，胡安令感受到我的诚意和决心，他也是想给村里办点事的，最终答应担任村集体经济组织理事长，并快速成立了农业公司，专门帮村社员销售农特产。

△ 2020年5月，张勇（左一）给贫困户李中明送鸡崽和饲料，帮助其发展家庭产业

在初期，胡安令碰到许多困难，不但要做包装设计，办理生产许可、SC认证，还要去跑销售市场拉订单。这时有个别群众说三道四，说回城里做生意算了，要不然要走毛天佑的老路，亏死你。这话不中听，但是事实。为了壮大村集体经济组织，为了让村社员重新建立信心发展家庭产业，他本来年收入二十几万，在2019年变成贴钱做事儿，倒贴了十几万进去。

但是，为了一个承诺，为了村里的产业发展，胡安令自始至终没有动摇过，坚持了下来。在2019年半年时间里，经他协调，坪原村引入灵芝种植，开展中药材种苗培育和山地鸡养殖，为群众销售农产品上百万元。在2020年年初，他还说服在广东已进入管理层的哥哥胡安东返乡一起创业，发展和壮大村里的中药材和灵芝种植产业，以推动坪原村的产业发展。

都说"打虎亲兄弟，上阵父子兵"，通过胡氏两兄弟的带动，现在坪原村家家户户都种有中药材，养有山地鸡。在胡安令的推动下，坪原村集体经济组织到2020年年底建成了7个产业基地，1个农特产加工车间，引入8家企业，形成以中药材、食用菌、山地鸡、生猪为主导，以加工销售为配套的生态立体种养殖循环生产链，可为村里增收70万元以上，为坪原村脱贫攻坚工作交上了满意的答卷，为乡村振兴打下了坚实基础。

榜样的力量是无穷的。2020年年初，受新冠肺炎疫情的影响，一个号召，全村群众就为武汉捐款11444元，为悦来集团捐蔬菜、腊肉近2万元，户均170元。在外务工的张以林、杨志友高价从广东买来口罩捐赠给村"两委"使用。在家党员张毅、群众张定凯自发在全村开展消毒工作。坪原村的干群关系相当融洽，群众认可度达到99%，这是多么可爱的一村人啊。

作为第一书记，在村不到一年，就收到军人家属覃纯翠为我定做的保暖棉鞋，妇联主席江喜菊为我纳的鞋垫，李流祥大哥送给我父母的降压酒，李国均、张守清、杨应权伯伯送给我的老腊肉、土鸡蛋，还有张少林大哥的蜂蜜，李安洪大哥的野香菌……虽然我只是象征性地收下一点儿，但留下了许多美好回忆，更感怀乡亲们那种纯朴，感激乡亲们对我工作的认可。

这几年驻村经验告诉我，是人的改变，促进了整个村庄的改变。是坪原村所有人的共同努力，促成了全村更好的发展。我将永远记得，坪原村那些可爱的人。

20 倾注真心真情，做好小事实事

——东安镇鲜花村第一书记　涂生伍——

◁ 2020年4月9日，涂生伍（右一）到伍先太家中查看饮水情况

2019年5月6日早晨6点，海拔1000余米的鲜花村天色微亮，乍暖还寒，群山笼罩在细雨浓雾之中。

按照约定，我早早地驾车来到村主任袁训华家，等候刘汉平、孙焕亮夫妇一道前往开州区关面乡。

刘汉平是鲜花村62户贫困户之一。刘汉平本人智力二级残疾、肢体三级残疾，无劳动能力，在家种地、养蜂，收入微薄。妻子孙焕亮患精神疾病，无劳动能力。父母年迈，无劳动能力，两子女年幼，均在读小学。全家生活主要靠低保兜底。

在我驻村首次全覆盖走访中，对刘汉平及其家庭情况印象尤为深刻。一则因家庭缺少劳动力，贫困程度较深；二则他对走访存在明显的抵触情绪，认为走走问问，解决不了实际问题，都是在搞花架子。在谈及存在哪些具体问题时，他带着恼火的口气道出了其妻孙焕亮未能享受低保政策、多次反映无果的问题，直言不满意村"两委"及帮扶人的工作。

回村后，我与村"两委"及帮扶人就刘汉平反映的问题深入了解核实，得知孙焕亮未能享受低保政策的关键因素是没有户籍。为落实孙焕亮户籍问题，村"两委"及帮扶人也一直在积极努力，但均因孙焕亮本人无法正常交流，相关信息甚少，问题没有得到解决。

我将孙焕亮户籍问题列为我驻村必须突破的第一个问题。通过将近一个月的反复走访、多方打听、无数次电话联系，终于搞清楚，原来孙焕亮系开州区白泉乡人，18岁嫁到开州区关面乡小园村，后因患精神疾病离家外出24年至今。在政府集中更换第二代身份证时，由于本人没有到所在地派出所录入影像信息，系统自动对其进行了户籍屏蔽，必须要本人回关面乡小园村开具人口信息证明，然后到所在地派出所恢复户籍。

在经过近5个小时的山路颠簸后，我们于当日上午11点左右到达开州区关面乡小园村。由于事先进行了电话对接，我们一行受到了小园村村委的热情接待，顺利拿到了孙焕亮的人口信息证明。

当我们马不停蹄赶到开州区白泉乡派出所时，已是中午12点，派出所户籍民警下班了，要等到下午两点上班后才能办理。

怎么办？刘汉平家里老人、孩子需要照顾，养殖的家禽需要照顾，必须确保当日返回。情急之下，我直接与在外出差的白泉乡派出所所长联系，争取开设绿色通道。后又与开州区公安局反复电话沟通，落实具体办理事宜。在开州区公安局、白泉乡派出所两级公安机关的高度重视和大力支持下，当日下午一点，孙焕亮户籍得以恢复，并当场照相办理了第二代身份证。

我们回村已近晚上7点，鲜花村烟雨朦胧，炊烟袅绕，一派安宁祥和。刘汉平、孙焕亮夫妇搀扶着走在回家的乡

△ 为孙焕亮办理了身份证，恢复了户籍

村小路上。看到这一幕，我和村主任袁训华陡生满满的幸福感。帮助他人，真能快乐自己。

之后，我又两次到开州区法院落实了孙焕亮与前夫的离婚判决执行证明。在联系村领导、帮扶人庞仁洪同志的接力帮扶下，刘汉平、孙焕亮夫妇相继补办了结婚证，办理了户口迁移。

2019年10月，孙焕亮开始领取低保金，每月414元，全家生活又多了一份保障。

孙焕亮家生活的改变，是鲜花村贫困群众日子变化的一个缩影。

蔡仁国县外就医未报销、张贵成帮扶责任人走访次数少、杨厚刚手术费缺口未解决、朱方德患病医疗费用开支大、七社通信保障能力弱、伍玉贵家无通信端口电压弱、喻吉兴刷板栗树工资未兑现……驻村扶贫，就是把一户一户的小困难解决好，下一番绣花功夫。

针对群众特别是非贫困户满意度普遍较低的问题，我先后协调派出单位重庆交运集团为修建村民文化广场捐款7万元；协调重庆交运集团领导两次入村开展帮扶慰问，累计慰问农户17户，发放慰问品、慰问金价值15000余元。

我协调重庆交运集团万运公司党委，与东安镇党委联合举办"庆七一、颂党恩，促脱贫、奔小康"庆祝建党98周年文艺演出，丰富村民精神文化生活，提振群众精气神。在我组织下，村里连续两年开展"金秋助学"活动，为全村21名大学新生资助助学金10500元，激发群众重视子女教育，阻断贫困代际传递。

看着都是小事，都是小笔的资金，但汇聚成的力量是巨大的。

重庆交运集团万运公司城口分公司入村开展爱心捐赠活动，为全村80名在校儿童捐赠了总价值10840元的书包等学习用品。重庆市西南机动车驾驶员培训中心为村里环境整治捐款2万元。一系列帮扶活动配合有效的党员会、社员会、院坝会教育，让鲜花村的群众满意度、认可度从之前的不足90%提升至95%以上，如期顺利通过了重庆市验收和国家抽查、普查。

一年多的驻村帮扶让我深刻体会到，群众利益无小事。只有用心用情把群众的小事做实、实事办好，真心实意关心群众、帮助群众，群众才不会拿你当外人，各项工作才能顺利开展。

脱贫攻坚战打赢了，有了这样好的群众基础，鲜花村的未来，一定会如鲜花般绽放。

21 当彼此成为习惯

———— 左岚乡东风村第一书记 王 悦 ————

◁ 2020年2月,王悦(左)到低保户冉从权家走访

2015年8月,我从城口县公安局到左岚乡东风村担任第一书记。从此,我就成为全村、全乡,甚至全县第一个"警察书记"。

每天在村里忙碌,穿梭于这家那户,农家、院坝,留下了我的身影;田坎、庄稼地,也留下了我的脚印。我随时提醒自己:我是驻村第一书记!

驻村以来,我全身心投入第一书记这个角色中,把扶贫的事当成头等大事,把百姓的每一件小事当成自己的大事,为群众排解一个个忧愁,解决一个个困难。渐渐地,我得到了群众的信任和支持,与当地群众建立起深厚的感情。群众有不明白的政策,都向我打听咨询;群众遇到困难,都找我寻求办法;群众遇到纠纷,都请我帮忙调解。遇到高兴的事,他们乐意和我分享;碰到焦虑的事,他们愿意请我帮忙;甚至连一头猪病了,一个灯泡坏了,都要向我诉说。

东风村里,最困难的一户是方元礼家,他家是五保户。方元礼60来岁,老伴儿徐家并小时候因眼疾导致双目失明,唯一的儿子几岁时就因病夭折。方元礼体弱多病,加之年事已高,不能从事任何劳动,平常的生活就靠"瞎子老婆"徐家并一个人打理。徐家并凭着对房屋的极度熟悉和良好的空间感,仅用一根棍子在房间里踱来踱去,既要洗衣做饭,又要打水扫地,还要照顾不能自理的丈夫。对于一个盲人老太婆来讲,她是何等辛劳地操持着一家两口的生活，何等艰难地维护着这个家啊！

第一次入户走访，我被震撼了。老两口居住的房屋破陋不堪，墙壁四处裂缝，地面坑坑洼洼、高低不平，屋内空间狭小且阴暗潮湿。

看到这样的场景，我感到非常心痛。我坐下来，和老两口聊了起来。当天我就和村干部、驻村工作队一起，将老人家床单、被套、衣物进行了全面清洗，并给二老洗了头，换了衣服，还帮他们准备了近期的柴火，装满了水缸里的生活用水。临走时，老太婆拉着我的手哽咽地说："王书记，你才好哦，没得哪个这么关心过我们……可惜……可惜我儿……不在了。"说完，老太婆那没有眼珠的眼睛里流出了泪水，她久久拉着我的手，不愿放开。

从那以后，无论有多忙，我都坚持每周到她家去一次，哪怕只和老两口儿寒暄几句，唠一阵子。徐家并看不见，但听得到我的声音，每次她都眉开眼笑地攥着我的手不让走。

2019年，老两口的房子得以改造，老人家住进了崭新的房子。可是，天有不测风云。刚住进新房不久，方元礼因病情加重突然去世。当我赶到现场时，徐家并哭得一塌糊涂。听到我说话的声音，徐老太突然停止哭泣："王书记？是王书记来了吗？"我一把拉住她的手，徐老太就像抓到救命稻草一样扑在我怀里。老人伤心过度，没了力气，从我身上滑了下去，紧紧地抱着我的腿，一边哭一边说："王书记，我的命苦啊……这下我一个人咋个生活……"我赶紧一边扶起她，一边安慰："您放心，您以后的生活，我来负责！"

把老头子送上山以后，我联系乡民政办和养老院，在征得徐老太同意后，最终安排她住进了养老院。现在，我还是坚持每周去看望她老人家一次，哪怕只是寒暄几句，唠一阵子。

有一次，当我又到敬老院看望徐家并的时候，敬老院的同志对徐老太开玩笑说："徐家并，王书记就要调走了，以后没人来看你了，你习不习惯呢？""不，不习惯。"随后她又转过头对着我说："王书记，你不能走，要走……你也一定要等我死了以后再走啊……你想嘛，

△ 2021年2月，王悦（左）给贫困户周宜富讲司法知识

我这把老骨头，也活不了好久，耽误不了你多长时间。"说着说着，徐老太的声音就开始哽咽，我也跟着一阵心酸，泪珠在眼眶里直打转。我握着她的手说："您放心，我不会走的！我会一直都在。"

是的，我习惯了定期去看望徐老太，徐老太也习惯了被我定期看望。

村里像徐家并这样家里困难的还有好几户，只是各家的情况不一样。贫困户徐声华家，由于妻子精神失常，家里两个孩子都快到入学年龄了还没有户口。我六七次上门，最终把户口问题给解决了。

这几年无论是修蓄水池，还是修路，群众都习惯了有一支队伍带着他们，习惯了有人想着他们。

我在派出所从事的是治安管理工作，跟农村工作有所联系的就只有调解民事纠纷。驻村之前，我还担心自己工作做不好。到村后，一家一户走访完，看到老百姓纯朴、期盼的眼神，我就心里有谱了。驻村工作，千丝万线，都离不开一份爱。在干脱贫工作的时候，只要我们真心实意地帮助群众，把为群众办事当成一种习惯，自然，群众也会真心实意地对我们。

当我们和群众彼此都成为一种习惯，群众会不认可我们吗？我们的脱贫之路还会远吗？

22 驻村扶贫，传递温暖

——治平乡新红村第一书记 陈同伟

◁ 2019年7月，陈同伟（右）到贫困户贾从坤家走访

距离除夕越来越近了，年味儿也越来越浓，外出返乡的人在家门口卸下大包小包，进屋喊一声"妈，我回来了"……想想此情此景，我的心也飘回久违的故乡。

我想，开完2019年的年终总结会，我也可以回家与老爹老娘团聚了。

2019年腊月二十八，新红村年终总结会如期召开。"2019年我们村49户贫困户全部越线脱贫，实现整村脱贫出列；水、电、路、讯等基础设施建设发生巨大变化，配套公共服务设施也得到优化；今年我们村集体经济组织净利润近20万元……"听着李主任报告新红村在2019年取得的一项项显著成绩，我心里充满了前所未有的自豪感，这也将我的思绪拉回到三年前。

2017年3月，我接到组织的任命，到治平乡新红村担任驻村第一书记。说起扶贫，我感同身受，因为我也是贫困家庭长大的孩子。我的老家在河南，家里有3个孩子，上学负担重，每年村里评困难户都有我家。我清楚记得，1997年大年三十下午，天下着鹅毛大雪，全家人都围着火盆烤火，突然传来"咚、咚、咚"的敲门声。这么冷的天，谁来串门呢？

爸爸把门打开，两个中年叔叔带着一个崭新的书包走到红彤彤的火盆前："老陈，马上就要过年了，我们乡村干部来看望大家。"说话间，戴眼镜的中年男子从身上掏出了一个信封，塞到爸爸口袋中，又把那个崭新的书包给我背上："小朋友，今年期末考试得了几个奖？"

"考了第三名。"我低声回答，用手指了指墙上的奖状让他们看。

"老陈，你要克服眼前的困难，让几个孩子好好读书，把他们送出去。"戴眼镜的那个叔叔鼓励父亲。看过躺在床上的爷爷后，他们就离开了。现在我还记得，他们风雪中远去的背影是那么伟岸。事后，父亲告诉我们，刚才来家中的是村支书和驻村领导李委员。

在国家的帮扶和支持下，我家的家庭状况逐渐好转。2010年5月，盖了房子；7月份，我大学毕业后顺利考上城口县大学生村官。在后来的几年时间里，我光荣地加入了中国共产党，转为公务员，随后选调到县市场监管局。

脱贫攻坚战打响之后，我被派驻到新红村担任第一书记。成长于贫困家庭的我，曾经是多么迫切地想改变命运。如今我也担任驻村第一书记，我愿意俯身为牛，带着感恩的心努力工作，投身脱贫攻坚战，回馈党对我的帮助。

驻村期间，印象最深的就是贫困大学生小芬。2017年，城口县组织开展贫困大学生暑期勤工俭学，我们村的小芬也报名参加。她不太爱说话、比较安静，晶莹的眼睛中闪动着对暑期工作的期盼。在带领小芬和其他几名来自贫困家庭的大学生从培训会返回新红村的路上，我介绍着自己，询问他们的专业，讲解村里的工作，同时勉励他们珍惜机会好好干，利用暑期勤工俭学来减轻家庭负担。

经过几天的接触，我了解到，小芬家2014年因学致贫被识别为贫困户，妹妹

△ 2019年4月，陈同伟（左）在新红村查看小木耳产业发展情况

在读初中，父母靠务农及在本乡打零工来养家。望子成龙的期待，并不富有的家庭，面朝黄土背朝天的父母，这简直就是昔日我家的情境再现。

不让一名贫困学生在求学路上掉队，作为驻村第一书记的我更是责任在肩。在勤工俭学期间，我用标准的"河南普通话"多次向小芬讲述个人圆梦篇，激励她借力国家好政策，用知识改变命运、创造美好的明天。话不多的她点点头，那渴望学习、追求知识的双眸仿佛在说："我一定好好学习，用知识支撑家庭的后续发展，回报社会。"

功夫不负有心人。2019年小芬师范毕业就考上城口特岗教师，幸福的生活从此开启新篇章。2020年春节前两天，小芬家杀了过年猪，小芬的父亲还邀请村"两委"、驻村工作队到家中吃刨汤肉，在畅谈2020年增收规划和产业发展时，放寒假在家的小芬双眸中充满了感恩与幸福。

我就这样真心实意地走进乡亲们心里面，把他们当成自己的亲人，把他们的困难当成自己的困难，"坐灰儿坑""摆龙门阵""喝苞谷酒"，扯老百姓最容易接受的话题再引入脱贫攻坚，和村"两委"因户施策，攻克一个又一个难关。1000多个日子里，我用脚步丈量新红村的每一寸山山水水，用心用情用力服务好每一位群众，解决了农户一个又一个柴米油盐难题。

年终总结会还在继续，村党支部书记于良治在会上讲道："虽然2019年我们村脱贫攻坚工作取得了好成绩，但2020年依然重任在肩，脱贫攻坚普查、国家抽查即将来临，突然而至的新冠肺炎疫情，也给高质量打赢脱贫攻坚收官之战带来了重大考验。"

面临新形势、新任务，春节回老家陪父母过年的计划再次搁浅。怀揣着内疚与歉意我拨通了老家的电话："爸，今年春节期间我将和村里的干部一起坚守在疫情防控第一线，过年就不回去了。"

"儿啊，你已经两年没回来了，家里知道你忙、任务重，我和你妈不怪你。我们家有现在的生活你要记住是怎么来的，要懂得感恩，那里也是你的亲人。你是一名党员，要服从组织的安排，好好工作，同时把家庭和孙女照顾好。"

电话这头的我已经泪流满面，"不破楼兰终不还"，我愿意把党的温暖传递下去。

23 当阳村里人气旺

——蓼子乡当阳村第一书记 舒 强

◁ 2019年12月，舒强（左一）给村小的小朋友赠送体育用品

"舒书记，好样的！老百姓对你评价非常高，说你驻村后当阳村发生了翻天覆地的变化！"在2019年重庆市对县脱贫攻坚成效考核中，我所在的蓼子乡当阳村名列全县前茅，一位带队组长对村里工作给予肯定。

驻村一年来，我们当阳村的扶贫工作交上了一份满意的答卷。2019年，当阳村在蓼子乡13个村社区综合考核中从2018年的第10名，跃升至第2名，脱贫攻坚工作考核位列第一，村党支部被评为先进基层党组织，旧房提升作为典型在全县推广，脱贫攻坚档案资料作为样板在全乡交流。

2019年3月，我刚到当阳村，面对的是班子作风涣散、村主任准备辞职、综服专干缺人、本土人才刚到、驻村工作队员缺乏等问题，村干部对电脑几乎一窍不通，脱贫攻坚档案不全、底数不清，老百姓怨言多。面对这样的局面，我心中确实没底。

"干事创业摸清情况是基础，找到问题是核心，对症下药是关键。"凭着多年人事工作经验和对工作认真负责的态度，我迅速进入工作状态。用一个月左右时间遍访了全村所有贫困户，三个月时间完成了对全村所有农户的遍访，迅速建立起全村所有人员的信息档案，每一户是什么情况我了然于心，全村情况我信手拈来。

摸清情况后我发现，前面工作之所以做得不好，主要是因为全村村民没有拧成一股绳，向心力不够，凝聚力不强。找到症结后，我采用"整体推进、各个击破"的方式，一步一步解决。

在提升全村村民凝聚力上，我首先从"两委"班子入手，加强作风建设，针对提出老百姓反映的问题"当天有答复，三天给回音，七天抓落实"，树立为村民服务的思想，逐渐建立起与村民的信任机制。同时，通过农民运动会、院坝会等方式不断提升村民爱村建村意识，推进村民自治，形成了"小事不出社、大事不出村"的良好氛围，"崇德向善、开拓奋进"的当阳精神正逐步形成。

村子要发展，只具备良好的思想素质还不行，还需要过硬的能力水平。村级班子绝大部分人不会计算机，不会写文稿，不会做表格，我就充分利用自己的特长，编教材、做课件，给村"两委"和有意愿的村民做培训。从计算机基本应用到相关文稿的写作，手把手地教，一字一句地改。经过近一年的培训，村"两委"人员慢慢都能独当一面，履职能力大幅提升。

在全村村民能力提升上，我从培养致富带头人入手，采用"致富带头人+合作社（集体经济组织）+农户"产业发展模式，带动全村产业发展。邀请相关领域专家来村，对农业产业进行指导，培养老百姓科学种植、生态种植的能力。驻村以来，我们先后培养了生猪繁养殖、中药材种植、劳务经济发展5名产业发展致富带头人，带动了30余户建卡贫困户发展，年收入达到90余万元。2019年，全村农业产业收入达到260余万元，是2018年的近3倍。到2020年，新建生猪养殖基地2个，白酒酿造厂1个，中药材合作基地1个，带动全村经济发展年均近500万元。

当阳村一直是产业"空壳村"，没有一个支柱产业。为激励致富带头人返乡创业，我凭借经济方面的专业知识，从市场调研到形势研判，从技术学习到落地实施，从地块协调到融资投产，都全程参与并带头示范，营造良好的营商环境，激励致富带头人返乡创业。2019年当阳村生猪养殖基地建成后，带动了全村产业发展，为农户增收100余万

△ 2021年2月，舒强（左）走访村民胡广荣，听取其相关意见

元。2020年二期、三期现代化的生猪基地工程已全面投入运行，每年将出栏生猪5000头以上、猪仔2000头以上，产值将达到2300余万元。

村子要发展，需要全体村民都自力更生谋发展。

"舒书记，我也应该吃低保。""舒书记，我家也应该是建档立卡贫困户。""舒书记，我的那个钱没拿到。"入户走访听得最多的就是老百姓相互攀比吃低保、要补贴的问题。

一年来，我走得最多的就是全村的问题户、困难户、吊远户、满意度较低户。面对群众"等靠要"思想严重的情况，经过仔细研判、集体讨论，我们取消了部分不符合规定农户的低保，并连续五天到其家里做工作，帮助其树立劳动致富的观点，让其靠自己的双手脱贫。

一年下来，原来村"两委"认为的矛盾突出、农户满意度低、长期悬而未决的事情都逐步得到了解决。全村所有的大小事务我们都采用线上与线下相结合的方式，利用现代信息手段在全村范围内进行公开，主动接受老百姓的监督。我们与老百姓的信任关系逐步深化，老百姓现在有了事情都会主动找我们。如今，当阳村风清气正，群众满意度维持在99%以上。

如今的当阳村，已经成了我的第二故乡，我对这片为之奋斗过的土地，有一种特殊的感情。

24 罗得富没有被遗忘

——东安镇德安村第一书记 高桂芳

◁ 2019年11月9日，高桂芳（左二）在德安村7组为贫困户陈伦祥搬运建筑材料

在东安镇德安村三组一排有着浓厚时代印记的老供销社房屋后，有一间不起眼的小屋，房前不大的院坝里杂草丛生，房屋更是破旧不堪，就连在旁边居住的人也很少想起房子的主人。

"罗得富回来了。"2017年年初的一天，村支书一大早就对我说道。

"村里这么多人，谁回来谁走了，有什么大惊小怪的。"我在心里犯着嘀咕。见我没有动静，村支书继续说道："听说现在他得了尘肺病，都已经到三期了，现在回来除了一身病，什么都没得了。"在矿山工作过又管理煤矿多年的我，自然清楚尘肺病三期意味着什么。我再也坐不住了，立即和村干部一道前往了解情况。

到村任第一书记有半年了，我早已走遍全村所有贫困户。但走进罗得富家时，眼前的一幕还是让我震惊了。"这哪里像个家啊！"原来，罗得富早年就外出务工，二十多年没有回来过了，似乎已经被人遗忘了。外出这些年他一直在山西煤矿务工，开始靠着自己的劳动生活还算过得去，出去后在外也成了家，还生了一个儿子。眼看日子越来越好，但好景不长，随着儿子一天天长大，他总感觉自己孩子与其他孩子不一样，2011年去医院一检查，发现孩子患有先天性精神疾病。这一结果如同晴天霹雳，让他蒙了。冷静下来后，他并没有放弃，一边挣钱一边带着孩子四处求医。

没多久罗得富便花光了所有积蓄，生活越来越艰难。然而就在这个时候，看不见希望的妻子不堪重负，选择了离家出走。那段时间，是罗得富人生最艰难的日子。屋漏偏逢连夜雨，在矿山工作多年的他又被确诊患上尘肺病，而且已经到了三期，万念俱灰的他在漂泊半生后选择带着儿子回家"等死"。

了解情况后，来不及更多地讲解宣传政策，我对罗得富说："现在正开展扶贫对象动态调整，你写份申请，我们立即按程序识别，将你家纳入建档立卡贫困户。"他喘着粗气喃喃自语道："我都这个样子了，扶贫也没用。"我告诉他："你出去这么多年了，又刚回来，对现在的政策可能不清楚，你先按我说的做，后面我们再慢慢给你讲解。"

回到村委后，我们立即研究措施并向领导汇报。2017年7月，罗得富被精准识别纳入贫困户后，我们又立即一边开会提名将其纳入最低生活保障对象，一边为他申报危房改造。一个月后，房屋改造就完成了。搬进新房那天，罗得富望着我，用他那依旧喘着粗气的声音说："终于有个安稳的家了。"

本以为他的生活又燃起了希望，不料，厄运并没有怜悯这个多难的家庭。2017年年底一个寒冷的夜晚，罗得富儿子半夜突然向外跑，黑暗中惊醒的他慌忙起身追去，刚一下床，脚下一滑重重摔倒在地。这一摔他就没能爬起来，不知挣扎了多久，才挪动到床边摸到电话，胡乱拨了一个号码求救。

天亮后村支书才接到消息，我一同赶去，联系了救护车，送往医院救治。这一摔让罗得富大腿骨折了，在医院治疗一段时间后只能回家休养。在医院倒还好，有医生护士照顾，回家后自己要卧床养伤，还要照料儿子，一时间也不知如何是好。我先安排村妇联主席帮忙照顾，又协调动员附近农户轮流帮忙照看。

转眼已临近春节，我准备回家过年了，

△ 2020年1月13日，高桂芳在德安村6组为贫困户贴春联

回家前我和大学生村官一起买了点儿东西前去看他，一番嘱咐后，我们就离开了。

在回村委的路上，我越想越放心不下。春节是我们中国人最看重的传统节日，家家户户欢聚一堂，可他们父子俩怎么办呢？回到村委后我没有马上收拾东西回家，而是带领村干部，再次前往他家，并找到他的兄弟以及小组的社长共同商议。

说明我的担忧后，没想到他哥哥却说："他的死活我不得管，要管你们管。"说完就准备起身离开，那一刻我没有压制住心中的愤怒，指着他毫不留情批评了一顿。尽管如此，他仍然扬长而去。

那一刻我失落极了，抽了两支烟后，我又对他弟弟说："度尽劫波兄弟在，相逢一笑泯恩仇。在万家团圆的时候，我们出钱出物，你看在一母所生的情分上，过年你吃什么就给你哥哥和侄儿端点什么，让他们春节吃碗热饭、喝碗热汤，就真的做不到吗？"大家也你一言我一语地说了起来，最终他弟弟同意节日期间代为照顾。

经过较长时间的休养，罗得富可以挂着拐杖出门了，慢慢地又拾起了对生活的希望。

转眼又一个春夏秋冬，临近春节，帮扶单位送来春联，我们挨家挨户发放，有些家庭我们就帮忙贴上。在罗得富家，帮忙贴好春联后，我习惯性地去厨房、卧室看看。走进卧室，当我掀起床单准备看看棉絮够不够时，再次惊呆了。这哪儿是床嘛，就几块砖头撑着几张木板。看到这样的场景，我立即安排一同走访的村干部，去购买新床和衣柜，又安排村妇联主席请来几个女同志收拾房间。弄好房间后，我们又从村里送来无烟煤，生上火，换上更亮的灯，还在窗户上贴上两个"福"字，在墙上贴了挂历。这个家，终于像个样儿了。

从漂泊半生到失落回乡，罗得富没有被生活的坎坷所压垮。从"有个家"到"像个家"，罗得富没有被遗忘。我相信，这一切他都能感受到。

脱贫没有捷径，唯有埋头实干，为群众撑起一片晴天。我是城口县应急管理局派驻的第一书记，我愿意发扬应急人"对党忠诚"的信念、"纪律严明"的作风、"赴汤蹈火"的决心、"竭诚为民"的情怀，带领全村人以崭新的面貌、昂扬的斗志阔步向前，向着乡村振兴再出发！

25 倾家荡产干扶贫

——高楠镇丁安村第一书记 艾守军——

◁ 2020年11月，艾守军（左二）指导丁安村完善资料

产业扶贫是稳定脱贫的根本之策。在高楠镇丁安村担任第一书记期间，为了扶持起村里的脱贫产业，我几乎把身家性命都投了进去。

时间倒流到2015年8月，我接受组织安排，到高楠镇丁安村担任第一书记，从此与这条山沟里的土地结下不解之缘。

初到丁安，我起早摸黑，用两周时间走完全村。群众的"两不愁三保障"或多或少都有问题，但更让我揪心的是，村里没有像样的产业，如何稳定脱贫？

我深知驻村第一书记的担子有多重。要想彻底改变贫困面貌，必须找到持续增收的产业。只有把村里的产业做大做强，百姓才能增收，脱贫才有希望。

丁安村适合发展什么？我在思考，村"两委"一班人也在想办法。丁安村处于高楠场镇后山侧，位于几条狭长的山沟上，可供种植的土地不多，传统农耕为主要耕作方式。为了能够找到一个适合村里发展的产业，我到网上查阅资料，跑农委各科室咨询，向群众取经。

发展生猪、山地鸡、山羊养殖？丁安村大部分处于自然保护区，办不了证，上不了山，建不了圈舍。种植中药材？有种植大户干过，没有成功，失败的教训调动不了贫困户的积极性。丁安村能干什么呢？我彷徨了。

一天，听朋友讲河南灵宝、卢氏等地，气候、海拔条件与丁安相似，那里家家户户常年种植香菇，已走出一条致富之路。我仿佛在暗夜中看见了一丝微光。

得知消息的第二天清早，我踏上了前往灵宝的列车。经过考察，通过比对，我更坚信香菇产业能给气候条件优越的丁安村带来脱贫的希望。香菇种植需要大量劳动力，村里的老人，留守在家的妈妈们都有了用武之地，一方面能解决种植用工问题，另一方面还能带来务工收入，而种植香菇本身就是生态产业，与养殖相比，更利于保护耕地，保护绿水青山，保护良好的自然生态，可谓一举多得。我兴奋得睡不着觉。

选好项目后，得引进企业来村里投资建厂才行。我和村里一帮人利用各方面的人脉资源，到陕西、河南、重庆、四川等地寻找合作伙伴，希望能够引进一家企业落户丁安村发展香菇种植。但事与愿违，效果很不理想，来来去去的几拨人到村考察后，都因交通、地理条件、原材料远等多种因素，借口离开了。

那段时间里，我寝食难安，夜不能寐。之前在村里做前期动员工作，村民听说要建香菇厂，都很支持，愿意把土地流转出来，难道就这样半途而废了？此时我也在村里听到一些闲言闲语："部门派来扶贫的，还不是走走过场，一两年就回了，还能指望他们干出个什么名堂？"听了这些话，我心里真不是滋味。也想过干脆放弃算了。但驻村第一书记的使命告诉我，不能半途而废，必须证明自己能行，能把这件事办好！村民们是穷惯了，不相信能把产业搞起来，不相信在家门口也能挣上钱。大家都在看，我这个县里派驻的扶贫第一书记到底有多大能耐。我不能失去组织对我的信任，不能丢了单位的脸。

通过初步预算，发展香菇20万袋，建厂房、冻库，搭建大棚，生产香菇菌袋，流转土地，

△ 羊肚菌产业硕果累累

前期人工工资等需要100万元左右。这可不是一个小数目。村里没有钱，村委一班人想入股，可资金紧张，不能及时到位。我们四处打听，终于说服几个外出务工的村民入股。可通过有意向合作的资金初步估算，还差60万左右。我把村委一帮人召集起来，商量怎么办。

大家都望着我："艾书记，你是部门下来的，办法多、人缘广，你来想想法子。"我沉默了一会儿。看着大家期待的眼神，我下了决心："好，剩下的钱我来想法！"大家顿时都露出了笑脸。

其实，我在算计自己。我家里还有房屋拆迁款近六十万元，本来是留着换新房子用的。在村里筹钱建厂的紧急关头，我就那么头脑一热，把自己全部"家当"算了进去。村民高兴地喊我"艾董事长"，其实，我心里在滴血。

我动用自家拆房款入股丁安村香菇种植一事终于被妻子知道了，她大哭大闹，持续了很长一段时间才消停。她说："这日子没法过了，跟着你一起没过上好日子，你却拿一家人的幸福做赌注。"她说得没错，我上有老下有小，在一家眼巴巴指望买新房住新房时，买房的钱却不翼而飞了，住进新房成了泡影。"那就租房住吧，又不是没租过。"我说。

"搞农业的没有补助，没有几个不是亏本的，风险的确很大。但只要赚了钱，全丁安村的人都会感激我。扶贫啊，我是第一书记啊。"我安慰妻子，"我们的钱会回来的。"其实，我心里知道，发展产业赚钱了是好事，做亏了，亏的可是自己的钱，全村人也许还会怪你。我这一冲动，确实就把家庭置于风险中了。

既然这样，我就必须把香菇种好。

接下来，签订协议流转土地，搭建厂房、冻库、大棚，各项工作有序开展。由于得到群众鼎力支持，我们的产业进展很顺利。

为了厂房的事，我又连续几周没有回家了。天下着蒙蒙细雨，八月的高楠镇有点儿凉，"注意安全，保证质量。"我对正在施工的领头儿交代道。"七月的风，八月的雨……"电话铃声响个不停。

"喂，你好！艾书记吗？我有事情给你说，又不知道怎么开口。"最先入股的村民给我打来电话，"我们几个现在资金紧张，恐怕一时半会儿到不了账，怕影响你的工期，我们几个入股的事情就算了哟，提前给你说一下，见谅哈！"接着就听见对方挂断电话的声音。这情况犹如晴天霹雳。我脑子里一片空白。我一屁股坐在石头上，久久没有回过神来，耳边只有雨滴答……滴答……落在塑料板上的声音。

接下来，所有施工项目暂停下来。我在村里大醉了几天，也睡了几天。

开弓没有回头箭，再大的困难都会有解决的办法，群众还望着呢！资金不够再想法子，活人还会被尿憋死？我又开始东拼西凑。村里人也许被我感动了，他们拿出仅有的积蓄，入股到企业里面。

天气晴了，香菇厂房盖起来了。村民进大棚劳动了，好一幅热火朝天的景象。

时至今天，我、村委、村民共同入股建设的大棚已达100余个，群众因流转土地、基地务工、集体经济分红所得到的利润户均超过一万元，直接惠及20余户贫困户和60余户一般家庭农民。丁安村的香菇产业成了名副其实的脱贫产业、致富产业。

今天，我已卸下驻村第一书记的担子，成为扶贫工作队的普通一员。我站在丁安村的土地上，看着活起来的村子和蓬勃发展的产业，感到从没有过的满足和自豪。当初，作为丁安村的第一书记，我没有辜负总书记的嘱托，没有辜负党组织的期望。我的决策是对的，香菇产业已经在丁安落地生根，它将带动丁安群众稳定脱贫，并逐步走上幸福的小康大道。我庆幸当初的"幼稚""冲动"，是它们让我和丁安村的人民紧紧地站在一起，并在我的人生履历上写下光辉灿烂的一笔。

祝丁安村的未来越来越美好！

26 我的乐山扶贫记

——明通镇乐山村第一书记 曾 堰

◁ 2019 年 3 月，曾堰（右一）在乐山村向群众宣讲乐山村村规民约。

明通镇乐山村青山如黛，一条小河穿村而过，静谧蜿蜒。"仁者乐山、智者乐水"的村牌矗立在村口，它默默地注视着、记录着这里发生的一切。

走进乐山，屋舍整齐、村容整洁，一片祥和的气氛。然而，过去的乐山村人并不"乐山"，基础条件薄弱，"一年打工一年花，头年花了二年差"是群众生活的真实写照，一段时期甚至有部分群众争当贫困户，抢当贫困户。

2018 年，城口县委调整优化驻村第一书记时，我主动请缨，从机关到一线，担任乐山村第一书记、驻村工作队队长。从那时起我下定决心莫让群众在背后戳我脊梁骨，多为群众做好事、办实事，努力奔走，及时为群众排忧解难，既要办好眼前事，也要计好身后评。

当驻村第一书记前，我已经总结出了一套精准扶贫的"便签工作法"。这得从我当帮扶责任人说起。

2015 年腊月的一个周末，我去看望老友苏叶祥。苏叶祥是我的结对帮扶户，那时候到苏家，要爬 4 个小时的山路。山路不好走，有时要手脚并用，爬到半山腰向下看眼晃，向上看心慌。我体验到了上坡靠爬、下坡靠滑的感觉，当时心想，万一不小心滚到山沟沟去了咋办呢！下山后自己还在微信朋友圈发了"山高人为峰""行者无疆"的话来自我鼓劲。

　　第一次到苏家走访的情景，依然记忆犹新。因山高路远，为了不麻烦别人，我自备干粮和苏叶祥共享午餐。"你是家里的顶梁柱，全家的希望都在你身上。要注意身体，一定不能垮了。"聊着聊着，聊到了他的心头事，泪水湿润了他的眼眶。苏叶祥家的情况，我看在眼里、记在心里，临走时还将自己身上穿的外套脱下来披在了他身上。这个黝黑的庄稼汉子再也没有忍住，眼泪哗哗直流。

　　回到单位，我拿出便签把苏叶祥家亟待解决的问题记录下来，贴到桌子上，提醒自己一定尽力帮扶。如今，苏叶祥一家已经住进了山下的新房子，教育、医疗都有了保障，发展了魔芋、红薯等稳定增收的产业，日子一天过得比一天好。我把我的方法总结为"便签工作法"。

　　当上村里的第一书记后，从帮扶一个家到帮扶一个村，人员多了，问题多了，需要解决的事情也多了，我的"便签工作法"同样发挥着作用。

　　刚开始，千头万绪的工作总在脑袋里打转，越想越混乱，群众反映的问题都有些打脑壳，工作一忙就可能遗漏群众的大事儿。我沿用过去写工作便签的习惯，把需要解决的问题贴在寝室最显眼的位置，睡前思、晨起看、白天办，时时提醒自己马上办，尽快办。"动员老任家的儿子外出务工。""如何解决本村产业薄弱问题？""走访发现有的群众连菜都没有种！"……所有便签中，除了问题，还有解决的办法和办结的情况。

　　群众的事情等不得，群众的事情无小事。在排查问题上做加法，在消化问题上做减法，一个一个办，问题总会越来越少。5年多的时间，我的民情日志记了十几本，上墙的便签也有几百张，足迹遍布乐山村，踏进了乐山村每户人家。我时刻告诫自己，第一书记首先在第一线，工作要争第一流，面对群众解决问题是第一个，这样才无愧对驻村第一书记的使命。

　　在村里待久了，我发现很多贫困户不是不能干，而是不想干。我采取了树典型的方法。

　　贫困户高方友和老伴儿都患有严重的风湿病，没法干体力活儿，生活举步维艰。村里给予了许多政策支持，老

△ 2020年6月，曾堰（左）向贫困户伍玉德宣传脱贫政策

两口宁愿苦干，不愿苦熬，在帮扶人和驻村工作队的大力帮助下，建起了生态鸡舍，搞起了庭院经济，每年能卖出200多只鸡，一年下来吃穿不愁。

我为他家撰写了"兴家创业勤奋贵于心，饮水思源洪恩当报党"的对联贴到大门上，鲜红的对联格外醒目。对联上门那天，高方友喜滋滋的，看了又看，还到处夸耀。

我借此机会深入每家每户，鼓励其提炼自家的家风家训，并为贫困户书写励志春联，让群众天天见、对照干，激发群众的内生动力。

经过一段时期，有的群众还想当贫困户。我发挥宣传思想工作主阵地的优势，坚持"尊重群众、唤醒群众"的理念，开展脱贫家庭星级评定以及我是乐山小主人、摆田坎龙门阵、围炉夜话、践行村规民约等活动，设置环境卫生红黑榜等不断改变群众思想上的贫困。贫困群众自主脱贫意识被唤醒，涌现出一批自愿脱贫户，群众的精神面貌越来越好。

唐友权家就是一户自主脱贫户。2015年他家还住在高山的危房里，近几年在帮扶下，成为村里中药材种植技术能手，不仅自己脱了贫，还带动了10余户贫困户增收。

思想的疙瘩解开了，群众动起来了。我们工作队跟村"两委"谋划着，怎么发展产业。村里必须要有产业，让产业在村里生根，才能确保一方水土能够养活一方人。

可是，想象总是抵不过现实的残酷。我们做工作时发现，过去乐山村发展产业吃过亏，老百姓把刺黑竹种好了，但是企业垮了，村民们是"一朝被蛇咬，十年怕井绳"，不敢瞎折腾。

群众想不通，观念转变不过来，就无法动员群众同心干。我就带头挨家挨户做工作，讲清利弊得失，讲清近期目标和远期愿景，和企业讨价还价，最终与天宝药业达成协议，联合打造中药材示范种植基地，辐射带动中药材种植400余亩。

现在，乐山村已经形成以中药材种植为主的高山产业带，以红薯种植为主的中山产业带和以蔬菜种植为主的低山产业带，另外还建成了蜜桃基地。

我想我已经和乐山村的山、水、林、田、草等融为了一体，和这里的人们打成了一片，这个有着美丽名字的村庄，已经实现脱贫出列，成为我生命中不可分割的一部分。

27 我是全村人的第一书记

—— 巴山镇龙王村第一书记 方进华 ——

◁ 2019年8月,方进华(左)了解王正太家庭医疗支出情况

2018年8月,我被选派到巴山镇龙王村担任第一书记。在接下来的两年多时间里,我和龙王村,和这里的老百姓结下了不解之缘。

我到村时,龙王村的73户贫困户中还有15户、61人未脱贫。那段时间,我和驻村工作队的同志们一户一户走,一家一家问,一个问题一个问题记,用了将近两个月时间,把全村贫困户的家庭情况、主要困难、发展能力等都摸了个清楚。

之后,我走到哪家,都能根据哪家的情况和村民打招呼,拉家常。"听说你屋老大今年在广东挣到钱了哦,给你老两口怕是寄了不少钱回来吧。""你上次说想养中蜂,下周有一个养蜂的培训,你可以先去学一下。""大娘,我记得你降压药快吃完了,今天顺便给你带了两盒。"

要想斩断穷根,"等靠要"是没有出路的。为激发贫困户的内生动力,我们坚持白天入户,认认真真地帮他们做规划,仔仔细细地算收入账。晚上开院坝会,和大家一起聊家常,谈思路,话发展,讲政策,传党情。

2019年,龙王村集体经济组织成立已经一年了,有的却仅仅是一块牌子和一枚印章,我们面临的最大问题是到底该干什么?龙王村位于大巴山湿地公园内,一面靠山,一面临湖,耕地面积只有1500多亩,传统的农业产业规模化发展非常困难。

正在我们犯难，对产业发展方向没有头绪的时候，政府鼓励发展药用连翘栽植。连翘不挑地，易成活，好管护，费时少，有市场，不愁销路，但问题是短期不能见效。根据政策，种植前两年会给予补贴。几番讨论后，村里认定这是一个机会。

经过动员，通过集体经济组织承包荒山和村民自家种植两种方式，全村共栽了1000亩连翘，村民挣到了管护费用，集体经济也算是走出了第一步。之后，我们抓住这几年政府对集体经济组织大力扶持的机遇，在村里建果园、种药材，集体经济实现从无到有，全村人看到了希望。

2019年年底，龙王村集体经济组织给全村村民分红10万多元。村民们脸上洋溢着幸福的笑容，老人们也都在感叹："我们赶上了好时代，现在我们不用给国家交钱，还倒给我们分钱！"

村子要发展，没有人是不行的。刚到村里时，村上只有3个村干部，平时的工作主要就靠他们。我和支部书记商量后，认为我们首先要把队伍搞起来，解决人的问题。我们把重点放在村里的毕业大学生身上。

一个贫困户家中的孩子进入我们的视线。为了能让他来村里工作，我和支部书记轮番去他家做工作，带着他跟我们一起去走家串户，让他感受老百姓的真诚。经过一段时间的接触和交流，他最终选择了加入我们的队伍。2019年，又来了一名大学生。村里队伍一下壮大了。在我们这样一支吃苦耐劳队伍的带领下，两个年轻人成长得很快，成了我们的得力干将。

驻村帮扶，一定要下得了功夫，才能出成绩。当我们村最后一户未脱贫户旧房换新颜，还养了32只羊和80只鸡后，

△ 2020年8月，方进华（左）和贫困户陈明成一起制作菌架

我松了一口气，多少辛苦总算没有白费。

回想刚到村的那段时间，我最难受的是每天晚上给家里打电话。那时我妻子离预产期只有不到三个月时间，我却不能在身边照顾她。

直到现在，我想到自己妻女时，心中总会有一份歉疚——陪她们的时间太少。有一次回家，我激动地从我妈手中抱过女儿，结果她一下就哭了，不要我抱。我妈随口说了一句："叫你老是不回来噻。"我当时心里真不是滋味。

一直以来，我总是自责，因为我让父母和妻子替我承担了所有的家庭责任，对这个家而言，我是不负责任的。可是当老刘的儿子考上了大学让我一定去家里给参考参考填报哪所学校，老冯家搬了新房邀

△ 2019年5月方进华（右二）走访贫困户王正学，了解产业发展情况

我一定要去喝上一杯，老冉家杀了年猪喊我晚上去吃刨汤的时候，我心里的负担仿佛一下轻了不少。那时我明白了，我是全村人的第一书记。

我的扶贫故事没有轰轰烈烈，我也只是干了大家都在干的事。我很荣幸，能在脱贫攻坚这一伟大历史进程中留下了自己的身影。

28 两个"茅坪"

——复兴街道茅坪社区第一书记 屈 波

◁ 2020年1月，屈波（第一排右一）与社区文宣队员一道录制视频为辖区居民拜年

2018年4月，我从县上"五大攻坚战"中的城市建设攻坚战转向脱贫攻坚战，按照街道党工委的安排部署，担任非贫困村茅坪社区的第一书记。

工作分工下来，我的内心还是有些忐忑，因为自2015年打响脱贫攻坚战以来，茅坪社区调整了3名第一书记。尽管不是贫困村，"两不愁三保障"对于茅坪社区的居民来说不是突出的问题，但居民的文明程度、重点工作的推进、社区的环境卫生、积存的历史遗留问题、信访问题等都是影响脱贫摘帽的"顽疾"。

在城口县城，每每提及"茅坪"二字，听的人都要翘翘嘴巴，摆摆手，送上六个字："不敢惹，惹不起！"对于这些评论，我早有耳闻。我的家就与茅坪社区毗邻，常常听到周边邻居关于茅坪人"打架斗殴""小狗碰瓷""拦车敲诈"的传言。我在参与城市建设攻坚战时，亲耳听到同事们谈及茅坪的征地拆迁之难：不讲政策，漫天要价，还强行务工，导致县上的重点工程不能如期开工。

尽管内心忐忑，但想到自己有过曾经担任社区主任的经历，多少积累了一点儿做群众工作的经验，我暗暗给自己定了一个目标：我要通过脱贫攻坚战，让茅坪社区的乡风文明和各类陈旧恶习得到改变，让居民在共享脱贫成果的同时，在社区的大家庭中获得存在感和幸福感。

刚到社区，我翻看了46户建卡贫困户、民政四类对象的档案资料，听取了社区支部在近3年来脱贫攻坚的工作推进情况、存在的困难和急需解决的问题。社区干部们纷纷表示：茅坪社区居民依托城市建设中的征地拆迁，解决了养老保险，46户贫困户在2017年全部脱贫，重新盖了新房或者还迁了商品房，过上了好日子。

这都是惠民的好事啊！然而，很多居民并不理解，甚至有居民在微信群里辱骂社区干部，社区干部的辛苦工作并没有换来居民的满意。一些干部委屈地说："这股风气要刹住，干部也是人，驻村的书记来了要给我们撑腰。"

没有调查，就没有发言权。接下来的日子，我与驻村工作队员一道，调研走访，发现问题。在走访中，我们与居民一道拉家常，问家庭收入、就业、健康情况；进厨房、进卧室、进卫生间，仔细看住房安全、卫生习惯、生活习惯情况；把每一个居民提出的需求，给每一户做的规划都一一记录下来；与每一户的合影都拍摄下来，把每天的走访心得写出来，让居民了解我们在想什么，在做什么。我还把与他们一起劳动、一起当志愿者的视频在微信群里分享。

第一轮走访下来，有的居民在我分享的心得中看见自己得到了表扬，兴高采烈地说："我还要加把油，把环境卫生搞得更好，保持得更好，不给社区抹黑！"

在社区遍访中，我始终带着这个疑惑："社区干部这么辛苦，干了这么多的好事，为什么居民的满意度不高？"慢慢地，居民给了我答案："少数党员在重点工程建设中没有发挥先锋作用，还有拖后腿的现象。"于是就有居民时常在微信群中泄愤。

随着走访的继续深入，我了解到支部的少数党员思想落后，党员参加支部的组织生活不积极，不认真，不严肃。针对这些问题，我从习近平总书记关于扶贫工作的重要论述中找到了答案——送钱送物，不如帮助建个好支部——这为我开展第一步工作明确了方向。

我记得在社区召开的第一个大会就是支部党员大会。会上，我首先点出了以前在别人眼中的茅坪社区的乱象，也一针见血地指出，出现的种种不良行为，每位党员是有责任的，说明我们的支部党员发挥的作用不明显。其次，我组织党员学习了《农村基层党组织工作条例》，特别强调了党员参加

△ 屈波走访入户，记录村民生产生活难题

组织生活的纪律，也提出把党员参会情况和平时生产生活情况纳入考核，并定期在全社区进行通报，接受居民的监督。最后，我还要求党员开展"亮身份、亮承诺、亮家风"活动，要求年轻党员必须为居民办一件好事，每月在支部大会上汇报思想。

那天的支部大会开得很成功，有些老党员说我讲的话都说到他们心底里，说到问题的根源上去了，很多党员都认识到自己的不足，也愿意服从组织安排，为社区的重塑形象发挥自己的作用。

党员思想统一，支部就有了凝聚力和战斗力。接着，我们建立了党员志愿者队伍、道德评议会、新时代文宣队、红白理事会协会、巾帼志愿者和大学生志愿服务队，明确了各支队伍的任务，不搞形式，不搞花架子，也绝不纸上谈兵。

能否解决矛盾是党员队伍建设成功与否的试金石。茅坪社区4组居民蒋远政、蒋远康是亲兄弟。两家人因家事分歧，兄弟视如仇人，十年不相往来。2019年8月的一天，两家更是差点儿动刀互砍。在工作队和社区党员一起调解下，两家人结束了十年的恩怨，久违的亲情重新回归。

感动的故事很多，不能一一地写出来。茅坪3组残疾人夏高润，家里屋顶漏雨，社区发动党员志愿者，用一天时间解决了她多年的困境。道德评议会成员董兴腾，自从参加了社区的志愿服务活动后，改善了婆媳关系，大家庭变温馨了。空巢老人杨明权，在我们每次走访后离开他家时，都依依不舍地给我们挥手告别。

慢慢地，社区居民微信群里发杂音的少了，给社区干部点赞多了；党员志愿者队伍壮大了，参加的居民越来越多，越来越踊跃了；社区开会热闹起来了，再不愁人员不齐了；居民的矛盾纠纷少了，邻里互帮互助的多了；实施的重点工程都顺利进场了……2019年脱贫攻坚指挥所成立以来，我们共组织党员开展"不忘初心、牢记使命"主题教育志愿服务100余次，召开居民院坝会20场，解决居民反映的住房、教育、医疗、就业、环境卫生等热点难点问题200多件。

破解基层治理难题，就要牵住党建的牛鼻子。现在的茅坪，已经成为"扶贫扶风气"的代名词，提起茅坪，听的人都说"变化了""不敢认了""跟两个似的"。

要问这变化是怎么发生的，"宣传得好""矛盾调解得好""环境管得好"，说法有很多。但最说到点上的，还是社区居民那句话：

这都是第一书记党建抓得好啊！

29 驻村帮扶的三个关键词

——厚坪乡麻柳村第一书记 余 君

2020年5月，余君（左）走访贫困户，向其宣传医疗救助政策

如果把每个村比作一艘船，驻村工作队和村"两委"就好比两边划船的队员，只要大家心往一处想，劲儿往一处使，就能让这艘船朝着正确的方向驶得更快、更远。脱贫出列就是其中一个码头，作为驻村第一书记，我就是这艘船的舵手，带领群众向着正确的方向前进。

关于我的扶贫故事，我想用三个关键词来诠释。

自 强

麻柳村山大坡陡，人均可用耕地有限，可以说是一方水土养不活一方人，村里大多数青壮年常年外出务工，肖学号就是其中的一名打工仔。

初见肖学号，是在两间破土墙房子里。二十几岁的小伙子一表人才，却没有老婆，问其原因才晓得他没有房子，只能借住在亲戚家。虽然在外打工多年，手上却没有余钱，脑壳里想的是一人吃饱全家不饿，有没有房子便无所谓了。

年纪轻轻的，还有这么"佛系"的？多次走访发现，他其实是家里穷惯了，啥也不敢想。扶贫先扶志，我给肖学号讲扶贫的政策，鼓励他修建房屋，实现搬迁。但他还是退缩了，一是自己没钱，二是不愿意向亲戚低头，三是怕房子建好后负债。

大小伙子，前怕狼后怕虎，怎么过日子？我通过反复走访，找信任的人给他讲道理，和村干部一道给他讲易地扶贫搬迁和宅基地复垦政策……任他是木头也要开窍了。2017年，肖学号易地扶贫搬迁住进新房。

住上新房了，精气神也有了。这小伙儿跟换了个人似的。我在村这几年，他找上了媳妇，开起了农家乐，还与移动公司签订合同成为一名网络维护工人，日子过得有声有色。目前，麻柳村通过政策帮一帮、自己发奋图强实现房屋改造的农户有20余户，现阶段已实现全村村民住房有保障，我悬着的心也放下了。

自 立

"余书记，别人家都有人外出务工，我家只剩下老弱病残妇，还有三个学生……我们啷们办嘛？"向守琼家有两个老人、一个特困人员、三个学生、一个患结核病的丈夫，家中的劳动力就剩眼前说话的这个女人了。这样的家庭如何实现脱贫？我万分焦虑。

家里的低保、大病救助政策都落实了，但这不是长久之计，要靠自己努力才行。我和村"两委"认真商量后，征求向守琼本人意见，协助她申请了扶贫小额信贷，发展生猪和土鸡养殖；同时组织她和丈夫参加中蜂、生猪、土鸡放养技术的培训，帮她联系销路，打消销售难的顾虑。

有了扶贫上的支持，向守琼家全家有能力的都参与了进来。2019年，她家光卖商品猪和猪崽就收入4万余元。2020年，她家又饲养了7头猪、9桶中蜂、50多只土鸡，收入进一步增加。

只有吃苦耐劳，自立自强，才能改变家庭的贫困现状，日子也才会越过越好。现在，向守琼家已经成为村里不等不靠努

△ 召开资助贫困学生，助推精准脱贫欢送会

力脱贫的典型，每逢村里开会，我都会讲述她家自力更生脱贫的事迹，引导树立良好的村风。

自　治

如何让群众自治促发展？如何让群众通过自治促乡风？如何通过自治让群众听党话，跟党走？我不断思考着。作为县委政法委机关干部，实现法治、德治、自治的乡村治理模式也是我一直思考的问题。

自2015年担任第一书记以来，我和村"两委"通过定期走访村内党员，听取建议；召开院坝会，交流想法，碰撞火花；通过"走出去"，学习先进经验，组织村"两委"健全完善村规民约、红白理事会制度、新时代文明积分超市制度等5项村民自治制度，让群众自治制度深入人心，老百姓从思想自觉到行动自觉。

截至目前，麻柳村通过大力开展扶贫政策宣讲，入户走访、宣传，累计召开院坝会、村民小组长、群众代表会达50余场次，学习党的方针政策、党的富民惠民政策，讲授法律常识，引导贫困户转变观念，增强贫困户发家致富的信心和决心，让群众真正明白惠在何处、惠从何来，不断增加党的感召力。同时，麻柳村也通过村民总结评选出三个感恩文化阵地，知党恩、感党恩、颂党恩的感恩文化深入人心，全村乡村文明蔚然成风。

2020年，麻柳村建档立卡贫困户全部实现吃、穿不愁，基本医疗保障实现全覆盖，义务教育实现全覆盖，都住上了安全住房，喝上了放心水，贫困发生率由2015年的17.9%下降为0，无一返贫户，脱贫攻坚取得明显成效。

从驻村帮扶的那刻起，我立足本职，恪尽职守，从入户走访，到为群众排忧解困；从业务学习，到为政策宣传；从上下协调，到产业项目发展——扪心自问，我无愧于"第一书记"这个光荣的称号。

30 高山生态水田三部曲

—— 蓼子乡新开村第一书记 田帅辉 ——

◁ 2020 年 9 月，田帅辉在收割水稻

  2019 年 3 月，我从重庆邮电大学来到城口县蓼子乡新开村担任第一书记。美丽的新开村地处大巴山国家自然保护区内，海拔在 1300 米以上，层峦叠嶂，森林覆盖率高，自然环境十分优美。山大、沟深、坡陡，村里多是"巴掌田、鸡窝地"，耕地贫瘠而稀少。

  庆幸的是，新开村 3 社堰塘湾还有一块约 60 亩的集中连片高山生态优质水田，在这里可以种天然无公害、优质的高山生态水稻，简直就是天赐良田。

  2019 年 9 月，我和驻村工作队员卫生一起帮助贫困户汪云康收割水稻。看着堆满院子的、金灿灿的稻谷，我心里乐开了花。但抓一把捏了捏才发现，稻谷特别轻，很多都是空壳。

  "汪叔，今年怎么这么多空壳？"我问。

  "是呀，田书记，今年稻谷收成不行。"汪云康一边搓着稻谷，一边无奈地对我说。

  "啊？什么原因呢？"这出乎我的意料。

  "太旱了，水田的水量不够，影响了稻谷的收成，我那几块水田产量也不行。"站在旁边的贫困户黄绪才跟着说道。

  "那片水田旁边就是苍溪河嘛，长年流水不断，水田怎么会缺水？"

  "田书记，主要是水田旁边的堰渠没有硬化，年久失修，都长满了草，水还没从河里流下来就已经渗到地下了。我们都很着急,你看能不能给政府申请下帮我们修这个堰渠,这可是涉及 3 个社 20 户的 60 亩水田啊!"3 社社长凌发权急迫地说。

看着村民们急切的目光,望着河坝边上那片金灿灿的水田,我心里打定了主意。当天下午,我便召集村"两委"、驻村工作队、社长和村民代表开会研究 3 社堰塘堰渠维修事宜。经过集体研究、充分论证后,大家一致认为该项目将大大提升堰塘湾水田灌溉能力,能够提高水稻产量。我们便立即上报联系村领导和乡党委政府申请维修堰塘堰渠项目。经深入调研、论证后,项目纳入 2020 年项目库。

2020 年 2 月,堰渠维修项目获批。整个堰渠项目共包括 600 米的堰沟维修、1 个拦水坝和 1 个沉水池修建等,总投资 12 万元。听到这个好消息,村里有水田的户心里乐得开了花,盼星星、盼月亮终于盼来了,大家仿佛已经看到潺潺的流水顺着堰渠从河坝流向水田。

"谢谢你们,谢谢党委政府。"汪云康紧紧握着我的手说。

该项目交由村集体经济组织实施,项目不大,但实施难度极大,原因在于该水田靠近河坝,距离主干公路比较远,只有一条窄窄、陡峭的生产步道连接,河沙、水泥、施工设备等运输难度极大,转运成本费用极高。

为了把这工程建成群众满意、经得起考验的民生工程,我要求必须要有一名负责任、懂技术、懂管理的人负责该项目,同时还要做好与水田相关的农户协调工作。通过村集体经济组织理事会、监事会讨论,大家一致同意由村主任、集体经济组织理事长曾尧权牵头负责,理事康正荣负责技术指导,3 社社长凌发权组织现场施工。

大家不辞辛苦,积极推进项目进度,端午节都没有休息。

△ 2020 年 5 月,田帅辉与村"两委"、驻村队员检查堰渠项目实施情况

为了做到心中有数，不管刮风下雨，我每周都要到施工现场查看施工进度和施工质量，用皮尺测量堰渠的长度、深度、宽度和厚度，看是否符合技术合同要求。

为了当年水渠能用上，即使期间经历多次暴雨袭击，我们也没有停歇。7月9日，水渠顺利通过验收。

谁知道，几天后的7月15日，蓼子乡、明中乡等地突降大雨，河水暴涨。堰渠项目能否经得起这次洪水的冲击和考验？我心里着急，冒着雨第一时间飞奔到堰渠现场，此时水虽然很湍急，但堰渠依然岿然不动，我总算松了一口气。

堰渠修好了，水也来了。但我们发现，村民种植水稻比较随意。驻村工作队员陈登伦是农技出身，对种植水稻比较在行。能不能搞块田，用科学的水稻种植方法进行试验，看产量能不能提上去？我们驻村工作队3个人思索着。

打定主意后，工作队流转了一块0.5亩水田进行水稻科学种植试验，美其名曰为"驻村工作队科学试验田"。

我们严格按照技术指导，根据分蘖期、孕穗期、灌浆期、结穗成熟期等水稻不同阶段科学地管好水量，加强稻瘟病、钻心虫、卷叶虫等病虫害防治，同时在水稻齐穗至灌浆前施用叶面肥。从犁田、栽秧、拔草、收割等，工作队三人一样都没落下，有时候弯腰干活儿久了，身子半天都直不起来，有时蚂蟥来凑热闹，咬得双腿鲜血直流。

2020年9月26日是个难忘的日子，水稻要收割了。我组织15名村民一起收割水稻，村民们乐得连嘴都合不拢。其实，我的心里很忐忑、很紧张，我们试验田的水稻产量是否能够显著提高？是否达到预期的目标？

最终结果喜人。得益于水田灌溉能力的提升，今年水稻整体产量至少比往年提高了20%。而我们的试验田产量更是拔得头筹，半亩水稻毛重达到500余斤，去壳后净重达400斤，比其他水田产量高了30%。成功了！

为了更好地推广水稻科学种植，在陈登伦的指导下，我们驻村工作队整理出高山生态优质大米的简明种植技术要点，从选种、育苗、苗床管理、平整田、秧苗移栽、大田管理及病虫害防治等方面做了详细介绍，分发给村民们。"明年我们也要用驻村工作队的技术种田。"贫困户黄绪才说。

下一步，我将通过电商平台、朋友圈、熟人等各种渠道将我们村高山生态水稻销售出去，让村民们有更好的收入。未来，我们计划在高山生态水稻中发展稻花鱼养殖，提高单位亩产的价值。同时，我们计划将水田周边的基础设施进一步完善，环境风貌进一步美化，着力建设美丽乡村，发展乡村旅游，打造田园综合体，邀请四方宾客到我们新开村切身感受真正的乡土气息，呼吸高山深处新鲜的空气，体验乡村振兴的美好。

31 "软磨硬泡"在联丰

—— 龙田乡联丰村第一书记　罗　燕 ——

◁ 2019年4月，罗燕（右）到残疾户付芝兰家中走访

我们，是一个团队，是联丰村的工作人员。

记得刚到村不久，发生的一件事让我明白"锅儿是铁打的"，也终于明白农村工作的不容易。

那天，我接到村民老杨的电话："罗书记，你们这些当官的一碗水端不平，帮着小冯来欺负我。"

我一头雾水，那边又接着开骂了："你们官官相护，我要去告你。"

"怎么回事？"放下电话，我的眼泪就流了下来。想想来村半年，我对每个父老乡亲都是用心用情用力，给乡亲们找项目、办实事，可还得到这样的评价。

事后，我们去了老杨和小冯两家，听他们各自把事情缘由讲了，为了还原事情真相，我们还特地找来当年的见证人郭会计。十二年前是郭会计给他们拟定的房屋买卖合同。按照合同约定和现在农村宅基地政策规定，我们几经周折，终于为他们的房屋复垦一事达成调解协议。

老杨是一个怎样的人？他家是贫困户，但确定帮扶责任人的时候，没一个人愿意帮扶他，因为他自己都说自己是一个记不得别人的好，别人只要对他有一点儿不利，便会记恨一辈子的人。

我深刻地领会到，脱贫攻坚困难重重，并不是一腔热血就可以解决的。后来我便成了他的帮扶责任人。在接下来的几年中，跟他进行了长期的"软磨硬泡"，每一次，都不能回避问题和矛盾；每一次，只要能够感染他，一刻也不放松，时间久了，老杨的思想开始渐渐转变。

矛盾就像脓疱疮一样，越晚治疗，就会越严重。村里一位张姓村民，以前当过村干部，在村里还有一定的影响力。退下来后不安分守己，经常搞恶意串通，和村委对着干。村委商量必须转化他。

村里进行滑坡整治，要占用他家的林地，涉及的十户村民有九户都已签字，可他的工作就是做不通，我们跑了数十趟，都是无功而返。"这件事情我们不能让步，要一把尺子量到底，涉及十户人，不能让无理取闹的人得便宜。"我们跟他暗暗较劲儿，针对他的情况开了多次专题会，统一策略，定下了统一基调。通过认真分析，我们对他的每一个不合理主张提前预判，找到法律依据，心里越来越有底了。

那天，我们来到这户家里，和他面对面坐在一张饭桌两边，那个阵势有点儿像"和平谈判"。他心里明白林地耕地不能强占，是我们求着他，加上工期也等不起，态度就是"石头不招凿子"。我们对他这个态度早有预判，李书记、刘支书、我和他唇枪舌剑，周主任这会儿请来乡里国土所负责人跟他妻子讲道理，认认真真给她算账，他的家属心里有所改变。这个时候派出所来人了，带着社保局滕局长也来了，调查追究他家领取空饷社保金的事情，让他慢慢明白，做任何事情都要依理依法。在这种周密布置的"软磨硬泡"包围下，他放弃了无理要求，在协议书上签上名字。现在二期移民点危岩治理已经顺利完工。

另外有一次，村里面发生一起房屋边界纠纷，矛盾双方都是村民认为惹不起的人。乔家婆婆上了房顶阻止施工，黄家老头强势霸道，村民都说这事情不好协调，是两头受气的事。有村民给我们出主意，让他们打官司去吧，别去理他们，马打死牛，还是牛打死马，装作不知道。"不行，我们必须管，还要管好，他们都是我们的

△ 2019年12月，罗燕在联丰村4组查看水管结冰情况

村民。"我们早早来到施工现场,到场一看,基本上明白了哪个不对,怎样协调,村委碰头有了方案。村主任易主任上房顶把乔老婆婆请下来,刘支书把黄老头也叫到一边,紧张局势先缓解一下,告诉双方明早来村委会协调此事。这是我们的战术,让双方都回家冷静想一想,各自的问题在哪里,第二天协调工作就容易一点儿。

利用这一天时间,我们分头行动:咨询四组组长刘胜忠,弄清楚老屋基界限;咨询国土所、城环办工作人员弄清楚改建房不能"膨胀";请教住建委的主要领导弄清楚采光问题规定,寻找适用的法律法规。

第二天,双方来到村委会时,我们请来的明事理村民代表、乡司法干部、乡城建办工作人员都已经到位。协调工作在公平、公正的氛围中进行,最终达成协议。乔老婆婆拉着我的手说:"你们是帮村民办事的好干部,我家儿子儿媳没在家,有你们给我们当家做主,我谢谢大家了!"黄老头也做出退让,说以后一定要学法守法。村民群里纷纷评论这事,说这个班子是能为大家办事的。直面问题,解决问题,打有准备的仗。化解问题不出村,这是我们的追求。

飞入百姓家,衔泥筑春巢。作为一名第一书记,在联丰,我们组织实施垃圾分类,村规民约规范无事酒,集体经济发展中药材产业……每一项工作大家都是"软磨硬泡"换来的,不断转变老百姓的顽固思想,不断纠正无理要求。点点滴滴,硬泡出绿水青山;颗颗粒粒,软磨出小康之路。

32 无悔的选择

——厚坪乡白鹤村第一书记 何宜成

◁ 2020年4月，何宜成（左一）到复兴街道走访未脱贫户王德中

深夜，我梦见自己回到了阔别已久的绿茵操场，熟悉的面孔与我相见，问候："你回来了，攻坚任务完成啦，恭喜你！"这一切，仿佛一下子把我带回了那感人肺腑、催人奋进的昨天。

我带着组织的希望，走进了厚坪乡白鹤村，担任第一书记兼驻村工作队队长。说句心里话，虽然当过兵扛过枪，上过讲台拿过粉笔，但要当好这个第一书记我心里却没有底。虽生在农村，长在农村，但未曾从事过农村工作。特别是脱贫攻坚关键时期，如何在村"两委"支持和配合下，带领全村群众脱贫摘帽奔小康，将是我人生的又一个新课题。

犹记得那是芒种时节，我第一次踏上了下乡之路。我深知，这是一条铺满荆棘的路。为了精准掌握全村情况，我遍访农户，了解他们的生产、生活状况，听心声、拉家常、了民意，收集汇总各类信息，在村"两委"、驻村工作队共同探讨下，因村因户施策，制订脱贫计划。

环山群抱的白鹤村就是这大山中的一片净土，玄生、葛根、连翘、独活等中药材遍布各处，很多珍贵药材在这里都能见到。我问村里人："这里的药材多好啊，大家的种植收成如何？"村民老吴向我说："这里的中药材是好啊，但就是没多少人种，有人嫌麻烦，也有人不识货。"周围的乡亲们七嘴八舌地说着。

我的工作获得了月峰村主任梅可书的认可。

因在基层工作过，我深知想要从根本上解决贫困问题，首先要靠近老百姓，我必须花更多时间去了解和认识村里的农户。扶贫期间，我在月峰村的日子，比在家的时间要长得多，孩子总是念叨："50多岁的人了，工作那么拼命干吗？你以前年轻每天泡在村里咋现在还每天都往村里跑？"我说："扶贫是一块难啃的'硬骨头'，一定要下功夫才行。"

进驻月峰村以来，我积极协助村"两委"推行"一约四会"村民自治体系，激发贫困群众内生动力。我组织和参与文艺巡演6场次，编排小品等宣传社会主义核心价值观，歌颂党恩，传承文明。

月峰村的工作也在我们工作队和村"两委"努力下，取得了不错的成绩。持续开展"讲卫生有脸面"卫生家庭评比活动，切实抓好全村环境卫生整治，做到了求新、用心、创新。全村各阶段68名贫困学生实现资助全覆盖，实现门诊医疗救助39人次、19万余元，完成家庭医生签约全覆盖，完成83户贫困户住房改造。实施农村四好公路建设1千米，村级道路硬化7.5千米，入户便道硬化5740米，安装防护栏6.34千米。核桃、板栗低效林改造1000亩，办公室扩容100平方米，完成村级幼儿园维修整治。

我所帮扶的贫困户颜长春，一家3口人，户主患硅肺病无劳动能力，妻子是云南人，其女因多方原因一直未上户。我在入户走访了解到该情况后，帮助其完善手续，经村"两委"、乡计生办、民政办等科室协调得以解决。我到颜长春家中走访，老两口那一声发自肺腑的"谢谢"，就是我"为什么每日每夜干扶贫工作"的最好答案。

月峰村要脱贫致富，发展产业是关键。我对此有着清醒的认识。月峰村与太平社区相邻，地势平坦，适宜发展食用菌产业。有了这个思路，我主动对接北屏乡党政主要负责人，交流沟通发展思路，依托奇缘农业、松坤菌草，探索"支部+新型经济主体"模式，大力开展"三变"改革，成立何仙姑食用菌股份经济合作社，积极争取单位帮扶资金10余万元，着力建设全县食用菌菌袋生产基地，2019年实现集体经济分红15万元，全村经营性收入人均增长1000余元。

△ 2020年12月24日，张传明走访慰问贫困户颜长春

33 这样的付出，值得

—— 北屏乡月峰村第一书记　张传明 ——

◁ 2020年6月7日，张传明组织开展月峰村扶贫政策宣讲会

自接到组织通知担任月峰村第一书记的那一刻，我是又激动又紧张：激动的是，我从基层走出来，又回到基层，回到我曾经日夜工作的地方；紧张的是，我知道扶贫工作任重而道远，必须带领月峰村的全部村民脱贫致富。

"欲知山中事，须问打柴人。"我深知，扶贫就像医生看病，只有找准病因，才能取得良好的疗效。要想找准病因，让月峰村摆脱贫困，就必须到群众中去。只有深入了解群众的所需所想所盼，让每家每户认识我、信任我、依靠我，才能因地制宜，带领群众闯出一条增收致富的路子，从而把帮扶工作做到实处。

刚到月峰村，我就随身携带"三单一本"：农户大名单、贫困户名单、低保危房户名单和民情日志本，利用晚饭后的时间走村串户，随身详细记录下每家每户的生产生活情况和存在的困难问题。短短一个月的时间，红红绿绿的数字和名字就记满了一个笔记本。全村64户建档立卡贫困户的家庭住址、家庭成员、经济收入等基本情况，我都了然于胸。

"张书记经常带着工作队的同志来家里，很关心我们，尤其是对我家发展食用菌的情况特别上心，帮我解决了不少发展难题。"贫困户张寿成心怀感激地说。

"村里哪家是什么情况，有哪些困难，张书记都清楚得很，总是想尽了办法来帮忙。"

医院，安排其住院，并和村干部一起到医院看望。当老郑激动地握住我双手的那一刹那，我看到了他眼里闪烁的泪花，听到他用颤抖的声音说："感谢国家，感谢政府，感谢党，感谢你们。"大半年后，老郑妻子可以拄着拐杖走路了，在他们的脸上，我看到了久违的笑容。

产业扶贫是基础，精神扶贫是关键。在提高村民收入的同时，我们开始带动群众改善精神面貌。通过爱心超市的鼓励和红黑榜的公示，村民的内生动力被激发了。现在村里好吃懒做的人少了，自力更生的人多了。接着，我们在村里开展了一系列的文化活动，群众的获得感、幸福感和安全感得到显著提升。截至2019年，全村涌现自愿脱贫户26户，贫困发生率从2014年年底的17.83%降低到2019年年底的0.9%，群众满意度由70%提升为99%。

从学校到农村，从课堂到田间，500多个日日夜夜，为我上了一堂生动的人生课，也为我增添了新的人生阅历。在这特殊的课堂里，我自豪，我无悔，我在用实际行动践行人生的价值。

雄关漫道真如铁，而今迈步从头越。我将在为民服务的路上当好孺子牛，在干事创业中当好拓荒牛，在艰苦奋斗中当好老黄牛，为乡村振兴演绎更精彩的故事。

"要发展，药材种植基地必须搞起来！"村里一番讨论后，我们下定了决心。

接下来，我开始号召和动员全村群众拓宽种植中药材，向各家各户宣传中药材知识，鼓励村民积极响应。最终，全村种植药材600余亩，户均增收1500余元。2019年7月，全县中药材现场大会在厚坪召开，村里的药材基地作为一个参观点受到与会领导的充分肯定，极大鼓舞了村民种植药材的信心。群众第一次看见了脱贫的曙光。

产业发展项目在逐步进入正轨，在接下来的走访中，几家重点贫困户进入我的视野。易地搬迁户郑怀松，山下没有可以耕种的土地，因交通不畅，也无法发展产业。妻子常年疾病缠身，生活自理能力较差，两个孩子正值读书年纪，经济负担十分沉重。看着这个风雨飘摇的家庭，我的心里五味杂陈。

这不就是需要下力气帮扶的对象吗？我给郑怀松介绍高山产业计划，讲解特色产业。说到未来的收入与发展，老郑满眼希望。在帮扶组的带领下，老郑加入其中，

△ 2020年4月，何宜成（右二）和村委一道走访易地搬迁户郑怀松

养殖山地鸡，种植香菇。2018年，老郑药材和养殖收入近3万元，他于同年被纳入公益性开发岗位，年底实现稳定脱贫。与此同时，在县农委和乡政府的支持下，村里创建百亩川乌药材基地，利用"两闲置两不兜底"的模式，发挥驻村党员干部到基地开展义务劳动和主题教育活动，壮大集体经济组织，这极大地鼓舞了村民脱贫奔小康的信心。

作为第一书记，弯下身子和群众打成一片，把惠民政策贯穿于日常之中，拉近干群距离，才会发现群众的所思、所想、所需、所盼。特困户冉从康，80多岁高龄，患有风湿疾病，以前的村干部曾多次动员他下山居住，屡次被拒绝。这样的户，不搬迁下来是没有出路的。我和村支书持续上门做他侄子的思想工作。

精诚所至，金石为开。他最终同意搬迁，我们找人将其从山上抬下来，送医院治疗，送上棉被衣物和生活物资，他的生活起居得到根本解决，他也真正感受到了党和政府的温暖，逢人便说："党的政策就是好啊。"

贫困户老郑一家我时常牵挂。老郑年近七十，患有耳疾，妻子摔伤后无法行走，因贫困未得到及时的医治。了解他们一家的实际情况以后，我劝说老郑带着妻子到县医院医治，并告知他医院有爱心帮扶独立行走的项目，可免建档立卡贫困户的任何费用。最终，在当年的5月中旬，我把老郑夫妇送到县中

在各方努力下，月峰村发展高山晚熟猕猴桃150余亩，带动30户群众增收致富。发展劳务经济，组织开展厨师、森林人家礼仪接待、竹编工艺等培训8场次、250余人次，累计组织248余人外出务工，实现务工收入600余万元。

在发展集体经济的同时，我把发展到户产业作为脱贫增收的重要途径来抓，引导有意愿、有能力的农户大力发展生猪、山地鸡、中蜂等特色产业，实现户户见产业。

而今，月峰村到户产业、基础设施得到较大改观，农户收入明显提升，贫困人口精神面貌明显转变。老百姓日子越来越好了，脸上的笑容越来多了，腰包也越来越鼓了。看到月峰村的这些变化，我觉得，几百个日夜的坚守都值了。

△ 月峰村食用菌大棚

34 杨大哥"活"过来了

——高燕镇红军村第一书记　王旭东——

◁ 2020年11月，王旭东到杨庆怀家走访

我是2019年4月第一次见到杨大哥的，在专程拜访他之前，我认真做了功课。这个瘫痪多年的男人，也曾是红军山上的一条响当当的汉子，读过中学，在当地就算文化人，而且身强力壮，能说会道，特别能喝酒，有点儿豪气干云的架势。

按他自己的话说，要不是血压偏高那么点儿，他早就当兵了。看来，他对自己只当过几年社长是不满意的。

屋漏偏逢连夜雨。自从他瘫痪之后，儿子在外打工，儿媳妇生下两个娃后就悄悄跑了。现在家里，一个残疾人，两个娃娃，唯一健康的就是年近60岁的老婆婆。5口人的吃喝拉撒，庄稼牲口，娃儿上学，全靠老婆婆。这日子怎么过？

杨大哥躺在床上脾气一天比一天暴躁，说话全靠吼，吊命全靠酒，想站站不起，想死下不得手。老婆婆累死累活，还要看他的脸色，两个娃儿在家都不敢抬头看他。每天，他一个人在床上除了叹气就是莫名其妙地骂，好像眼前所有的东西都和他有深仇大恨。本来有个手动的轮椅，这些天也干脆不用了，睡在床上不起来。

我能理解杨大哥的心情，任何人遇到他这些坎坷，都可能被压垮。

我推开杨大哥的卧室门，一股霉尿气味儿直堵喉头。床上睡的人，脑壳朝墙角，一动不动。我喊了一声"杨大哥"，还是不动。我把给她孙女香儿带的衣服放在柜子上，对着他的后脑勺说："杨大哥，我看你来了，这是给香儿的衣服。"

"有啥看头，活起比死了还造孽的东西。"他头也不回地说了一句。

"我是王旭东，是你们村新来的第一书记……"

我话没说完，他又说一句："见得多了，能让我站起来吗？"

"只要你愿意，我就能帮你站起来！"我说。

那个后脑勺转动了，他面向我。我心里陡然一阵兴奋，连忙问他喝不喝水。他说，喝酒，边说边伸手把抽屉上的玻璃瓶操在手里，拔开瓶塞咕咚咕咚两口，还问我整不整一口。我说："要整这样整，哪怕是一盘花生米，也得正正当当坐在桌子上整。我晓得你不但有点儿酒量，年轻的时候也是个顶天立地的男人。坐起来，我两兄弟整一杯就是。"我边说，边给他把裤子递过去，那裤子上一圈圈的尿迹印，臭得熏人。他有些尴尬。我把轮椅推过去，靠在床边。他撑着坐了上去。我把他推到地坝里："你看，外头空气好新鲜，你一天捂在屋头都捂臭了，要多出来转转。"

"巴掌大个坝坝儿，簸箕大一块天，有啥转头？我这儿到公路上没得路，即使有路，坡坡陡了，轮椅也上不去。我只能坐井观天等死了。"他居然用上了成语，我发现了他内心的那点儿不灭的活力。

"我给你修一条三米宽的水泥路接到公路上，再给你换个电动轮椅。你能活得像个人样吗？"我在没来之前就想好了怎么解决他的困难。

"真的，王书记？"他眼巴巴地望着我，又怀疑，又期待。

"真的。但是，你现在这个样子出门也丢人，你得像年轻的时候一样，干干净净，精精神神地出去。"

这次谈话之后，我着手给他修路，并且弄来了一台电动轮椅。杨大哥从这一天起，确实变了，每天按时起床，自己把被子叠好，坐着轮椅把自己衣服裤子洗干净，还能洗碗，打扫地坝。

通路那天，杨大哥把自己打扮得像个新郎官。穿着当家衣服，头发洗得干干净净、梳得整整齐齐，衣兜里还揣了一包烟。他坐着电动轮椅在红军村转了一圈，像大王巡山，逢人就热情打招呼散烟，喜笑颜开的。

我知道他活过来了，但是，这种状态只是短暂的，因为家庭困难还没从根本上解决。他

△ 2020年11月，杨庆怀在自己开办的小卖部卖货

得有收入才行，否则，就是经不起风吹的灯草。我和他商量，在他家后面的旅游步道旁边开一个小卖部，房子和垫底的资金我帮着解决，他负责经营好，不能开垮了。他满口应承，还给我讲他有哪些生意经。

如今，杨大哥的小卖部就要开张了。他早就带着孙子孙女把小卖部里里外外收拾得干干净净整整齐齐，也早就改掉了"说话靠吼、吊命用酒"的习惯，孙子孙女像他的小尾巴，一家子其乐融融。村里有短工的时候，我会通知大嫂去做，能挣几个活钱解决急需。

杨大哥逢人就说，是我给了他第二次生命，我对他最好。其实不是这样，一个人，只要让他看到希望，调动起他的精气神，他就会爆发出无限的活力。

回顾这一年多来在红军村的日子，我满怀感恩之心。我感恩红军村的父老乡亲，每一个人都把我当成自己的亲人。我感恩当地各级政府，给予了我最大的信任和支持。我感恩两江新区，在这一年多不遗余力地投资1500万元，才有红军村翻天覆地的变化。我感恩年老的父亲、病弱的妻子和听话的孩子，他们不仅没让我有后顾之忧，还全体出动到红军村来火线支援。

我很清楚自己终究会离开红军村，但我也很清楚，我永远都是红军人。

叁

战胜贫困——我的扶贫故事

- 张鹏飞
- 陈 鑫
- 詹世雄
- 朱大为
- 张策澜
- 张 聪
- 陈华学
- 奚政令
- 张良伟
- 杨夏麟
- 黄韵瑧
- 杨华强
- 张如双
- 李 博
- 陈学彬
- 卢 春
- 黄小川

35 去挖井就挖出水来

——周溪乡鹿坪村第一书记 张鹏飞——

◁ 鹿平村第一书记张鹏飞到五保户吴万芝家了解生活情况

说实话,当扶贫任务下达给我的那一刻,我内心是矛盾的,因为我深知基层工作的艰辛。我害怕!怕自己能力不足,怕群众对我的工作不理解,不支持。

军人出身的我,骨子里不服输的劲儿激励我迎难而上。既然组织让我去挖井,我就必须得挖出水来。就这样,我来到了鹿坪村,开始了我的帮扶工作。当真正沉下去融入老百姓的时候,我才体会到扶贫工作的酸甜苦辣。这里有做不完的事,说不完的话,还有道不完的情。

以前的鹿坪村是一个交通闭塞、观念陈旧、生产生活极贫极弱的高山贫困村。这里群山莽莽,林峰苍翠。尽管连绵群山如锁链一般束缚着一代代山里人,但踏山而行,攀岩而立,一直是他们抗争贫困命运的呐喊与行动。

我的结对帮扶对象是彭兰付,他们一家原本居住在毛坝子,只有一条崎岖蜿蜒的山路与外界相通。交通不便本就容易导致贫穷,而彭兰付家的情况更是糟糕,一贫如洗不说,他还患有精神疾病,绝望的妻子狠心抛下两个正在上学的孩子离家出走,从此杳无音信。

屋漏偏逢连夜雨,2018年,彭兰付母亲的手奇痛难忍,长期夜不能眠。我知道后,赶紧联系她在外务工的孙子彭贵祥,建议把老人带到大医院去检查。检查结果出来了:恶性肿瘤,必须截肢。但是根据政策规定,共计5万元左右的手术费,他们自己要承担

3万多。这对本来就困难的家庭而言，无疑是一笔巨款，一家人再度陷入困境，老人甚至打算放弃治疗。

怎么办？贫困户就是我的亲人啊！亲人有难，我们必须支援！一方面，我自己拿出2000元钱；另一方面，我及时将情况反馈给村委会负责人。村委会立即召开社员大会，评议通过将彭兰付母亲和继父纳入了低保户，让其享受低保政策，这就解决了彭兰付母亲和继父的后续生活难题。

老人手术后，彭兰付两个儿子继续外出务工，我也加强了对彭兰付家庭产业的发展指导，督促彭兰付一家人及时栽植了5亩独活，当年便增收6000余元。

2019年，彭兰付的两个孙子将要接受学前教育，为了让孩子有个好的学习环境，他们家人想把孩子送到明通镇上幼儿园。但两个小孩的户口不在当地，没法报名。教育是摆脱贫穷的有效途径啊！我了解情况后，立即到明通镇去帮他们联系好学校，并帮他们申请了廉租住房。

老人生活有保障了，孩子教育不用担忧了，我也时时刻刻关注着这一户。2019年通过宅基地复垦政策，他们家得到了近6万元的补助。收入越来越高了，日子越来越好了，大儿子彭贵江买了小轿车，小儿子也快成家了，全家人的生活已经奔向了小康。

入户走访时，我来到1社另一户建卡贫困户家中。只见一位老人坐在塑胶凳上，两眼呆滞地望着远方，泪水缓缓从眼角流下，嘴里不断地念叨着什么。老人名叫向可芝，刚刚经历了白发人送黑发人的悲痛。老人的儿子叫宁顺义，前些年患有硅肺病，无法从事体力劳动，仅靠妻子刘开芝外出务工补贴家用，加上家中有两个孩子读书，因此比较贫困。

2019年的一天，宁顺义身体不适去医院检查，查出已是肺鳞癌晚期。这个晴天霹雳

△ 张鹏飞到建卡贫困户家中核对子女上学情况

击垮了宁顺义，他从此卧床不起，仅经过两个多月的化疗便撒手人寰，留下了70多岁的双亲、读大学的女儿以及刚步入社会的儿子。

顶梁柱的倒下使全家人陷入悲痛，也令全家陷入绝望。女儿读书怎么办？两位老人谁来照顾？全家人靠什么生活？一系列问题摆在了这个沉浸在悲痛阴霾的家庭面前。

作为鹿坪村第一书记的我，这时候或许就成了他们的后盾和支柱。我坚持三天两头前往照看，做好其父母、妻子和子女的心理疏导，劝其要尽早走出悲痛的阴霾，及时为家庭以后的发展做好规划。经过持续的心理开导，两位老人渐渐释怀了。

之后我了解到他们家庭面临的实际困难，及时与村"两委"成员进行商议，将刘开芝一家人纳入民政兜底进行救助，保证他们一家人的基本生活。同时，为了让宁顺义女儿顺利完成学业，我向局党组汇报了他们一家的情况，局领导对此高度重视，协调多方资源，很快为其女儿筹集了2万元的学费和生活费，并叮嘱她一定好好学习，一定要懂得感恩，有能力了一定要回馈社会。

此外，刘开芝要照顾两位老人，无法外出务工，我为刘开芝申请了公益性岗位，并介绍她到鹿坪养鸡场务工，这使得她们家每月增收3000元。

精准扶贫，就是要具体到每一户。作为第一书记，我的责任就是把政策落实到最困难的户，让党的春风，温暖最寒冷的家庭。每每看的一户的日子变好了，我就很欣慰，这是挖井，挖出水了啊。

家家有本难念的经。扶贫期间我母亲查出患有食道癌，在重庆大坪医院做了手术，住院50多天。但因脱贫攻坚正处于关键时期，我没能陪伴她。面对含辛茹苦养育我的父母，我内疚至极，心痛至极。但每当想起鹿坪村那一张张淳朴的笑脸，一句句由衷的感谢，一声声亲切的"张书记"，我就觉得，这样的付是值得的。

36 "土味儿"书记扶贫记

——沿河乡迎红村第一书记　陈　鑫

◁ 2019年10月，陈鑫一行帮助困难群众陶庆明从高山上搬家到坪坝

"大嫂，住上了新房，日子过得还安逸不？"

"你们来了，日子过得不咋地。"

进村第一天，我就遭遇了尴尬。

在村干部的点拨下，我才恍然大悟。原来村民口中的"不咋地"，在当地就是还不错的意思。

这次小插曲让我明白了做群众工作，更须扎根基层，走进群众。

"'不咋地'是不好的意思，怎么是'还不错的'的意思呢？"刚开始学习城口当地的方言，我还为此纠结了很久。

用当地方言跟群众交流，这是我驻村扶贫的制胜法宝，尽管蹩脚的发音常常会引来哄堂大笑。

只有干部掏出"心窝子"，群众才会打开"话匣子"。驻村以来，我从"城里来的干部"变成了百姓们的"家里人"。进村入户，尽量说本地话，和群众面对面拉家常，才能零距离与群众畅谈，群众才会把你当自家人。

"'区马黑'是光线有点暗的意思，'一躺爬'是摔跤的意思。"平时和群众交流时，我也会跟着学一些当地词儿。一来二去，我的城口话说得也有那些"土味儿"了。

驻村以来，我进村入户宣讲，用土话广泛宣传党的方针政策，走遍了村里的各个角落。

几年来，迎红村也从我最初印象里那个荒凉、闭塞的山村变成了一个希望之村。67 户贫困户、285 名贫困人口"两不愁三保障"问题基本解决；实施易地扶贫搬迁 30 户、134 人；改造农村 C、D 级危房 14 户、51 人；组织困难群众参加中小企业创业人员培训 61 人次，实现 6 名贫困人口转移就业。百姓的精气神出来了，生活也越来越有盼头了。

先说路。

2019 年 6 月，振奋全乡的"沿双"公路实现全线贯通，这条路连接万源高速，让我回城的时间节省了 30 分钟。

对我而言，这条路缩短的是回家的距离，对于沿河乡的群众而言，这条路则是一条希望之路。

2014 年，迎红村仅有 0.7 千米的乡道，6 个村民小组仅第 4 村民小组有公路通达，其余村民小组公路通达通畅率均为零。由于交通落后，迎红村有一个村民小组的乡亲们整体从山上搬迁到了外乡。

对此，迎红村村民刘文美感触颇深。早在十几年前，她就开始做竹笋收购生意。那时到村民家收购竹笋，只能用摩托车运。一趟 100 多斤，车费要花 50 多块，一天最多也只能收 200 多斤。除去成本，赚不了多少钱。现在不一样了，一车一次能拉几千斤。

修路，是迎红村，乃至沿河乡村民们多年的愿望。我们把这个愿望实现了。

再说水。

与出行难相比，饮水难，也是一直笼罩在迎红村十几户村民心头的阴霾。

十几年前，周忠礼和十几户村民从山上搬迁到这里居住，问题也接踵而来。原中溪乡场镇和迎红村共用一个水池，因迎红村所在位置较高，用水高峰期，就会面临没水用的困境。周忠礼吃尽了没水的苦头，长期断水，一断就是一两个星期，有时过春节一个月都没水用，只能到河沟里挑水。迎红村 90% 的人口都是老人，平均年龄在 65 岁以上，没有能力修水池。

△ 2019 年 3 月，陈鑫走访贫困户李官寿，为其讲解低保政策

饮水保障成了居民最大的期盼。

群众事无小事。2019年4月，我走访时了解到了这一情况后，多方争取资金，带动群众一起翻新了迎红村附近的两个旧水池，再拉上新水管，居民的吃水问题迎刃而解。

"盼了十几年的老大难问题，终于得到解决，现在再也不担心没水吃！"说到这儿，周忠礼脸上露出满足的笑容。

2019年以来，迎红村已新建及改造人饮工程11处，集中供水点1处，铺设饮水管道1.5万多米，实现农村安全饮水保障率100%。

说起我们村的发展，不能不提产业——民宿。

2017年，在市纪委、监委扶贫集团和市规划自然资源局的帮扶下，城口县沿河乡引进金科集团，以巴渝民宿为平台，在迎红村杉木湾打造以生态康养、休闲避暑为特色的巴渝民宿项目。

巴渝民宿也是我们迎红村实施"三变改革"的重要实践。按照清产核资、量化确权、股权管理、收益分配、健全制度的路径，我们村里成立了集体经济组织。

迎红村集体经济组织以金科迎红巴渝民宿项目区土地、林地、房屋等资源作价以及财政投资的配套基础设施项目折算出资入股，金科集团、巴渝民宿公司等企业以资金入股，共同组建金科迎红巴渝民宿公司，民宿产权由公司持有。其中，迎红村集体经济组织享有民宿公司20%的收益分配。这样，迎红村不仅能壮大集体经济组织，村民还能获得分红。

如今民宿已经开始运营建设，项目规划修建7栋巴渝民宿，客房89间，配套有公共接待餐饮区、休闲娱乐区等，可接待近200人居住。

如今，迎红村的巴渝民宿已成为乡村旅游中的一抹亮色，激活乡村发展新动力，日子一天更比一天好。

"作为第一书记，第一次这么近距离面对乡亲们，让我一辈子终生难忘。这些工作经历让我深刻理解到，党中央举全国之力打脱贫攻坚战的初心和决心，就是要让乡亲们在全面建成小康社会的道路上，日子过得不咋地！"2019年7月12日，在扶贫工作重要论述微宣讲决赛现场，我秀了一把"土话"。

现在沿河人的日子真"过得不咋地了"，我也成了地地道道的沿河人。

37 "老黄牛"再奋蹄

——高观镇东升村第一书记 詹世雄

詹世雄（左一）到地里察看嫁接核桃苗的长势

"老詹，有啥必要来这穷山村吃苦头，瞎操心啊？在家享清福算了。"

"这也没什么苦不苦，我这人就这命，在家闲着也是闲着，不就是游山玩水吗？和你们一起才热闹嘛。"刚驻村那会儿，时不时有村民来"热心劝导"，我开着玩笑跟老乡们聊。

2015年，城口县全面吹响脱贫攻坚决战决胜号角，全县90个贫困村，需要派驻90名贫困村第一书记。当时我还有两年退休，就主动申请前往条件艰苦、贫困程度深的高观镇东升村，第一批投身脱贫攻坚中。

参加工作后，我先后担任过乡长、所长、副局长、局长，对老百姓有感情。眼看要退休了，我这头"老黄牛"还有把力，要扬鞭再奋蹄，再为老百姓做些实事。一到村后，我就盘算着怎样带领大家脱贫致富。

从进村第一天起，每天天刚亮，吃完简单的早餐，我就带着笔记本向大山深处进发。贫困户大多居住在不通公路的高山上，且居住分散，有的户要步行20多千米山路才能到。晚上回到村办公室的简易宿舍里，就挑灯夜战，整理当天笔记。

东升村辖区面积28平方千米，全村420户、1195人，其中建档立卡贫困户63户、201人。两个月的时间，周末不休，终于走访完63户贫困户，磨烂了3双胶鞋，走访情况整整记满了4个大笔记本，谁家有几口人几亩地，哪家有几只鸡几头猪，我都一清二楚。

这样的走访有很多好处，不但摸清了基本情况，还拉近了干群关系，深得村民信任，为下一步制订扶贫计划奠定了坚实的基础。

常言道："人穷志不穷。"要扶贫，必须先扶志。只有充分激发贫困群众的内生动力和内在潜力，摒弃"等靠要怨"等思想，让精神先富有了才能创造富裕的物质生活。

我也是农村长大的，小时候靠自己砍柴卖钱挣学费读书。驻村后，我常和乡亲们坐到院坝里，讲我过去的故事，引导他们树立自主脱贫的信心，激励他们奋发图强。除此之外，我还常常宣讲中央、市、县的利民政策，鼓励大家勤劳苦干，大胆创业。只要讲得对，老百姓是愿意听的。勤劳致富渐渐成了大家的共识。

"我肯定不得去申请贫困户。现在政策这么好，很多项目都有补助，已经足够了，我们无话可说。"张贤兵家是非贫困户，靠着自己勤劳的双手，已经把原来的危旧房改造成了漂亮的乡村小洋房。

之所以要花大力气消除村民的精神贫困，是因为我始终相信，知识改变命运这一真理。我时常给村民灌输一个理念，教育就是最大获益的投资、最长远的产业发展，重视教育才能有前景。

"老杨，女儿应该是读高二了吧！成绩还是班上第一名吗？"杨兴杰夫妻俩都有残疾，年迈的母亲卧病在床，女儿杨成艳在重庆七中上高二。"班级第一，年级第五，不出意外，应该会考个重点。"杨兴杰喜忧参半，女儿考不上大学恼火，考

△ 詹世雄（右二）到贫困户王地国家帮其制订脱贫计划

上了也恼火，老母亲的药费开支大，眼下还得修房子解决居住问题。

了解到这些，我先给算了一笔经济账："老母亲生病，农村合作医疗报销一部分，自己花不了多少钱。房子的事情，村里通过一事一议决定对你们进行差异化补助，这就不愁了。孩子明年考上大学了，生源地助学贷款解决一部分，政府再想想法子，你自己再借一点儿不就解决了吗？"再给算思想账："说一千道一万，孩子考上大学，多有出息啊。"听了我的一番话，杨兴杰家一心支持女儿考大学。

要致富先修路，路修好了才能更好地搞基础设施建设，才能让产业更好更快发展，才能实现产业上山、产品下山的梦想。但我驻村伊始，东升村除城巫路过境之外，只有几段破破烂烂的断头路。

因此，我下定决心要把路修通。在各方支持下，村里新修两条公路7.5千米，硬化两条公路1.7千米，还加宽改造抱溪河公路。村社道路修建后，基础设施建设也跟上来了。不到一年的时间，村里修建水池4口，硬化入户步道4千米，新建铁索桥2座，新建青龙峡旅游步道2千米，改造危旧房38户，新挖山坪塘1口。

精神富裕了，基础建设跟上了，没有骨干产业也不能脱贫致富。根据前期走访每户的情况，我引导各家各户发展不同的产业。

"我和老伴儿都70多岁了，娃儿在外地打工，我只能喂鸡养猪。"贫困户胡开翠向我倾诉。对于像胡开翠这样的家庭情况，我引导他们发展养殖业，投入少，易操作，周期短，见效快。

而因病致贫的丁先云家就不一样，他家虽妻子常年有病在身，但他自己正值壮年，儿子初长成人，我引导他家依靠核桃、板栗等干果产业和养殖中蜂脱贫致富。

到我驻村满两年的时候，东升村已新栽植核桃1250亩，嫁接核桃芽头近5万个，嫁接板栗100亩，新发展山地鸡1.5万只，发展中蜂500余桶，补植观光茶园300亩，实现家家户户产业发展全覆盖。

"詹书记真是一头永远闲不住的'老黄牛'，他是一个放得下架子、沉得下身子、谋得出点子、摘得下贫困帽子的第一书记，是一名淡泊名利一心为民的优秀共产党员，是更多共产党员学习看齐的一面旗帜。"驻村两年期满了，离开的时候，这是村里给我的评价。对我而言，这样的评价，是对我多少年工作的一个总结。作为一名有着几十年党龄的老党员，我愿意做一头"老黄牛"，把一生奉献给城口这片我挚爱的土地。

38 家在金六

—— 明通镇金六村第一书记　朱大为 ——

◁ 2018年10月，朱大为（左二）和水利局职工帮助贫困户徐代忠挖红苕

五年，天堑变通途，高路入云端；五年，脱贫成效显，旧貌换新颜。五年前，离开熟悉的单位，带着憧憬和一丝惴惴不安，带着"指点江山，粪土当年万户侯"的意气，我来到了金六村——这个山明水秀、民风淳朴的小村庄。那时的我绝不会料到，我会对这个曾经不太习惯的地方产生如此深深的依恋。随着金六村日新月异的变化，老百姓生产生活条件越来越好，我想：再苦再累，也是值得的。

"既来之，则安之，日出而作，日落而息的农村生活应该不错吧！"在得知自己被选派到明通镇金六村当第一书记后，我在自己的日记本上写下了这样一句话，带着一份对未知的期待和不安，走进了金六村。

金六村是明通镇北部的一个贫困村，全村贫困户有87户、232人，占总人口近20%。第一次下村到户的窘状我至今记忆犹新。那一天刚下过雨，我和村支书朱熬沿着泥泞的村道，忍受着蚊虫的叮咬，不时拨开灌木丛与蜘蛛网，经过接近两小时的跋涉，才抵达农户吴应全家门前。

吴应全家的条件之差，深深印在了我的脑海里。昏暗的房间里，满是木质房屋受潮后的味道刺鼻，房屋中间的柱子歪歪斜斜，我一时间既为贫困户艰难的生活境遇感到心酸，又觉得自己手足无措。这时候，村支书朱熬就像进自己家一样，自然地与吴应全拉起家常，细致浅显地向户主宣传政策，了解近期情况。

第一次入户让我认识到驻村的严肃性、任务的艰巨性。要让全村88户、232名贫困人口越线脱贫，时间紧、任务重，更让我感到压力巨大。如何才能像村支书那样熟悉情况？

万丈高楼平地起。我决定从入户开始。由于到金六村的时间正好是一年中最热的时节，不论是村干部还是普通百姓，都抢在清晨和黄昏忙农活儿，所以我也跟着他们的生活节奏，清早就到地里或坡上帮助农户干活儿，边帮助农户劳动边向他们了解情况，休息时间便同村民围坐在一起进行面对面交流，谈想法，提意见，说要求。慢慢地，气氛一天比一天轻松，内容一天比一天广泛。

通过走访，我不仅进一步拉近了与村民的关系，还摸清了老百姓的想法、要求、期盼和工作的重点、难点，工作思路也从毫无头绪变得慢慢清晰了。

有了第一手资料，我和驻村队员一道，多次召开院坝会，宣传扶贫政策，并与村干部、党员和乡亲们一起理思路、商对策、谋规划，制订和完善了具体的帮扶措施。帮扶措施草稿完成后，我和村干部反复征求村社干部、党员代表和村民代表的意见建议，给全体村民提交了一份满意的脱贫帮扶措施规划，规划涵盖了交通建设、水利设施、住房改造、村容村貌等10余个项目。

初到村里时，村民看到我很年轻，在背地里议论纷纷："这是来镀金的吧！"但随着项目一个个落地落实，乡亲们对我的看法慢慢变了，看我的眼神一天比一天亲切。

"朱书记，又下村吗？进来坐下喝口茶再走！""朱书记，才煮的苞谷，尝一下，很新鲜！"每每听到乡亲们亲切的邀请，我心里总觉得热乎乎的。金六村的日子让我真正感受到村民朴实善良，只有把心交给群众，群众才能把我当"咱们村的人"。

慢慢地，村里变了。变化体现在一家一户的日子上。

现在贫困户彭绪良和身体有残疾的老

△ 2016年3月，朱大为到农户王远清家了解产业发展情况

伴房屋敞亮且通透，屋内电视机、洗衣机等家用电器齐全，离家几十米的地方还有个小院子，里面养着40多只山地鸡。很难想象，我刚到村的时候，彭绪良和老伴还生活在老山上自建的土坯房中，一到雨天屋里就会漏水进来，居住条件非常恶劣。

彭绪良家房屋差，但担心欠债，不愿意参加危旧房改造。当初为了说服彭绪良搬家，我带着村里的干部前前后后至少劝了七八次。我耐着性子给彭绪良讲解相关补助政策，算明白原地重建和山下购置新房的经济账，让他不用担心因为房屋改造而背负无法承受的债务。慢慢地，老彭想通了。

"感谢朱书记，帮助我们解决了特别多困难。"如今，彭绪良一家不仅住上了新房，还在工作队的规划引导下养起了山地鸡、生猪还有蜜蜂，加上村里安排的公益性岗位上每月获得的500元工资，彭绪良成功脱了贫。

我知道，要让金六村走出目前的困境，离不开帮扶单位的力量。几年来，我充分依托县水利局这个"娘家"，紧密联系明通镇党委政府，积极协调项目，帮助金六村改善基础设施条件。

现在金六村已经发生了翻天覆地的变化，村级公路硬化11.3千米，曾经的土路变成历史，大大方便了村民们的出行。全面完成饮水安全巩固提升工程，有效解决了村民饮水安全问题。完成老街河堤建设672.2米，两岸村民生命财产安全得到保障。所有贫困户统一解决了合作医疗、大病医疗补充保险和小额人身意外保险，享受到党的好政策。通过政策落实和贫困户自身的努力，贫困户全面实现"两不愁三保障"目标任务。

黄金百战穿金甲，不破贫困誓不还。转眼间，当第一书记快五年了，我早已没有了先前的茫然、担心和惧怕。五年的驻村时间里，有过辛苦，有过疲惫，有过烦恼，有过压力，有过委屈，但更多的是对这段时光心存感激。金六村，已成为我的第二个家。

39 身上有泥土，心中有百姓

—— 沿河乡北坡村第一书记　张策澜 ——

◁ 2019年1月6日，张策澜（右一）与市纪检委帮扶集团驻乡工作队同志走访吊远户雷友怀

"尽心履职，不负使命。"在担任沿河乡北坡村第一书记这天，我在日记本的扉页上写下了这八个字。一路走来，这八个字始终在鞭策着我，监督着我。我始终相信，扶贫路上，在一双双渴望幸福的眼睛里，尽心便无愧，不负便有为。

2019年一月，城口温度骤降。连续下的几场大雪，让北坡村老柏树地区成了一个白色孤岛。望着山上的皑皑白雪，我坐立难安，山里老人们的生活状况如何？水管是否冰冻？村民有没有水吃？

1月6日清晨，我和驻乡工作队的队员决定踏上进山的路。山路狭窄，山高坡陡，有部分雪已经开始融化，道路泥泞不堪，让本来难走的山路又增添了许多危险。路程艰远，车辆不能直达，我们一行人徒步将近4个小时才抵达村民雷友怀家。

房屋又老又旧，家里摆设简陋，两个佝偻的老人蜷缩在屋内。只有燃着的地簧火，给这个简陋的家带来一点儿温暖和生气。眼下的场景，让我内心深受触动，眼角一下就湿润了。雷友怀是北坡村6社村民，今年70多岁，与老伴生活在一起，目前老两口为村里低保户，独自生活在深山里。

"没想到你们能来！党的干部好啊！"看到我们一行人冒着雨雪，翻山越岭来看望自己，雷友怀激动不已，用粗糙的双手握着我的手，久久不放。雷友怀期盼的眼神，以及发自肺腑的话语，让我深知自己肩上担负的责任。

雷友怀是低保户，政策上没有为他们设立脱贫帮扶人，但是，我把自己当成他们的帮扶人。没有衣柜放衣物，我为他买了布衣柜。粮油不足，我就送油米上山。眼睛发炎，我多次为他们送去眼药水……在北坡村工作的这段时间，我心里一直惦记着雷友怀老两口，数次和驻村工作队员去家里看望他们。

为解决雷友怀和片区群众水源不足、季节性缺水、蓄水池年久失修、水管老化严重等饮水问题，我带领驻村干部一起用双脚实地丈量了17个饮水问题点（户），与群众一起翻雪山、爬陡坡、钻野猪穿行过的荆棘刺笼，用尺子、竹竿一米米丈量水源地到群众家的距离。目前，北坡村所有饮水问题已明确解决措施，对村级无法解决的饮水问题已申请由乡党委、政府统筹解决。

从2019年7月5日开始，每天早上9点半，北坡村一社建档立卡贫困户谭化周家总会出现一批人。他们不仅帮他打扫卫生、陈列家具、叠放被褥，还现场督促他和家人洗脸、换衣服，做好个人清洁。7月9日开始，则是两天到三天去一次。直到现在，他们仍然每周会不定时去一次。他们就是北坡村驻村工作队的成员，我就是其中之一。

如此频繁的到访，是因为我在一次入户时了解到，谭化周由于个人卫生习惯不好，家里脏乱差，这种状况不仅会影响一家人的健康，还会影响下一代的成长。扶贫工作，输血不如造血。但是，比教会"造血"更重要的，那就是扶起贫困群众的精气神。为了把帮扶工作做实做深，我组织北坡村率先落实以"看得整洁、吃得健康、睡得舒服"为主要内容的"三得"整治工作。

△ 2019年4月26日，张策澜（左一）带领驻村工作队到康大奎家走访

三个月以来，我围绕谭化周家里的厨房、厕所、床铺以及生活习惯等，开展卫生清洁、居住环境改善、不良生活习惯转变等整治活动。不仅组织院坝会开展家庭卫生的宣传、讲解，还带领工作队同志走进谭化周家里，对家具陈列、厨房用具摆放、卫生间清洁、被褥叠放等进行现场指导。

"张书记和干部们尽心尽职的指导，让我很感动，自己再不改变就说不过去了。"驻村工作队的数十次走访，让谭化周自己也觉得不好意思了，他慢慢开始改变了卫生习惯。

现在，谭化周家在卫生整洁方面已经发生了很大变化，基本养成了良好的生活习惯。

产业扶贫是脱贫攻坚的重中之重，然而北坡村产业基础薄弱，村集体经济未能激活，农民家庭依靠产业增收比重平均不足20%，根本谈不上产业致富。初到北坡，我就在想，脱贫必须有产业，致富必须靠产业，没有持续产业，一切都是空谈！为此，我与村"两委"干部一起经过深入分析与研究，在有效保护环境的前提下，探寻"向空间要效益"的产业路子——发展多层笼式鸽子养殖。

肉鸽养殖不是一拍脑袋想出来的，我前期做了很多准备工作，先后到四川、陕西、山东、新疆和重庆武隆考察。北坡村山多、人稀、地少、海拔高、空气好，周围环境安静环保，利于肉鸽养殖。这让我坚定了发展肉鸽产业的决心。最终，在各方努力下，我们建立起了1个养殖基地，并带动数个小规模化的农户进行养殖。对于未来肉鸽产业的发展模式，我也充满信心。肉鸽可以开展网上直接下单，或与门店合作。同时，还可以与附近的特色餐饮企业联合开发鸽子菜品，并为他们供应鸽子，共同打造具有影响力的鸽子餐饮连片经营区，形成品牌效应。

接下来，北坡村将打造"河坝旅游+漂流"的旅游线路，以景观河堤作为度假主题，沿途的餐饮店都属于鸽子配送一小时圈，届时会有更多的游客到北坡来，也会带动当地的消费。

如今的北坡村，山梁上，蜿蜒的水泥路通到了村民家门口；蓄水池里，清澈甘甜的饮用水通过管道输送到村民家灶头；坡地上，笋竹、木耳等产业项目呈现出勃勃生机。

日记本越用越薄，扉页上那八个字却从没有褪色。

40 三十而立，"立"在枇杷

——修齐镇枇杷村第一书记 张 聪——

◁ 2017年12月17日，张聪与贫困户面对面核对基础信息，了解易地搬迁户情况

在修齐镇，有一个枇杷村，村里没有枇杷，倒是有好几十亩的稻田和成群结队的稻田鸭。

2017年，单位选派机关干部下基层担任扶贫第一书记，因为我有较长时间的基层工作经历，被确定为第一人选。2009年从西南大学育才学院毕业后，我便到了明通镇大塘社区居委会工作，工作生涯的第一站便选择了农村，成了一名村干部，一步一步，从居委会主任到党支部书记，一干就是6年。2015年，我考上了公务员，被分到复兴街道，不久又兼任了复兴街道柿坪村第一书记，再次走进了基层，走进了农村。

这次再派我到农村，刚开始我心里是有抵触情绪的，主要是因为孩子还不满一岁，心疼妻子，不舍孩子。但我有农村工作经历，在脱贫攻坚关键时刻选择我，是组织对我的认可，我愿意把党的扶贫好政策落实到村里。短暂的思想斗争后，我还是毅然接受了这一光荣而艰巨的任务。

"上面又给我们村新派了个第一书记，年纪轻轻的行不行呀？"刚踏上这片陌生的土地，村民便给了我一个下马威，语气里满是质疑和戏谑。

想要立起来，先得扎下根。面对群众的质疑，我没有辩驳，而是选择了脚踏实地去行动。贫困户刘世成年迈的老母亲独居在年久失修的危房中，我多次上门劝导却毫无成效，这让我百思不得其解。在被"晾"了好几次后，我终于靠着真心诚意打动了刘世成。原来，因为第一次经过他家我却没有去他家走访，让他觉得自己被轻视。找准了症结，我便对症下药，三天两头去他家里，开诚布公地与他交流，终于慢慢让他发生了转变。现在的刘世成常常对村民说："张书记就像是我们一家人一样！"

在枇杷村，曾经流传着这样的顺口溜——"枇杷枇杷，穷得掉渣"。由于基础薄弱、条件恶劣，村民祖祖辈辈靠山吃山，土里刨食，面朝黄土背朝天，身子一躬就一年，年复一年栽种着玉米、土豆、红薯这"三大坨"，这里是有名的穷村、弱村、深度贫困村，被形象地称为"白纸村"。

致富产业"白纸"，村民守着一亩三分地，种着"三大坨"，产业效益低下；基础建设"白纸"，移民聚居点建了一半，却没有一条硬化路；群众精神"白纸"，懒散不为，无理取闹，大吵小闹时有发生。

如何在这张白纸上描绘出一幅美丽的乡村画卷？我决定以产业为第一支画笔，村委会前30多亩稻田吸引了我的注意。村里一直有种植贡米的传统，我便带着村民发展优质生态水稻，同时，选用合适田块养殖的优质麻鸭，打造了独具特色的稻田鸭产业模式。经过三年发展，枇杷村这张白纸，绘上了绿稻清波。而现在，我们正带着村民大力发展圣桃、枇杷、冷水鱼等特色种养项目，推进农文旅融合发展，打造"春赏菜花、夏捉泥鳅、秋收稻米、冬品稻鸭"的乡村旅游品牌，让村里产业再添上更多颜色。

△ 2018年，枇杷村新貌

第二支画笔就是基础设施建设，想方设法加快易地扶贫搬迁移民点建设，统一设计，统一实施，粉黄外墙、灰色瓦顶、褐红栏杆的居民住房与周围景观相得益彰。全力推进村社公路硬化，延伸的公路如同勾勒的线条，串联出图画脉络。

最难的是绘上干群精神这抹色彩，面对复杂的群众工作，我始终坚持执行政策公平公正公开、一把尺子量到底。同时，对群众动之以情，晓之以理，通过一件件小事、一件件事实，逐步获得了群众的信任和认可。在此基础上，我带领村"两委"班子，广泛发动群众，在全县率先开展自治、德治、法治"三治"融合乡村社会治理试点。如今，枇杷村村庄整洁，民风淳朴，干部群众和谐共融，美美与共。

如今的枇杷村，由原来的一张白纸，变成了一幅绚丽多彩的风景画，产业兴旺，基建大兴，精神大振。而我自己，却从刚到村时白白净净、如同书生的"小干部"被晒成了皮肤黝黑、面如包公的"黑汉子"。我比较看得开，绘画需要描线，我现在这么黑，正好可以去当画线笔，我还要给村里画一个大图样出来。

如今，如果夏天来枇杷村，这里是一幅美丽画卷。粉黄外墙、别墅风格的易地扶贫搬迁集中安置点房屋排成了街道，如同阶梯排列在数十亩稻田旁，蓬勃生长的稻苗泛着醉人的绿意，小雨淅淅沥沥落在稻叶上，稻叶随之摇曳。

在大家的共同努力下，枇杷村实现整村脱贫，我还荣获了"2019年重庆市乡村振兴贡献奖先进个人"。这个奖，沉甸甸的，比这个奖更重要的是老百姓脸上的笑容。成为第一书记三年来，在家里我更像一个常年不在家、回家便睡觉的外人，但在老百姓心里他们拿我当亲人。

都说女儿是父亲的小棉袄，但我4岁的女儿却跟我不是很亲，常常挂在嘴边的一句话是"你都在村里呢"。年迈的父亲生病在床，无计可施的母亲打电话给我，问的第一句话是："你现在忙不忙？"妻子工作繁忙，却还要每天照顾孩子，从没有过一句抱怨……对家人的亏欠，让我满心愧疚，可我从不后悔。人生之事，难能两全，让村子脱贫、群众致富，才是我的三十而立。

41 脱贫全靠老检官

——明中乡木瓜村第一书记 陈华学

◁ 2020年8月5日，木瓜村第一书记陈华学（右二）在木瓜村4社入户走访，看望空巢老人（宋明银、何昌珍）

　　2016年，脱贫攻坚战全面打响，五十开外的我，虽然两鬓染霜，层层梯田修满额头，加之不死之癌——痛风困扰，但我仍然主动请缨，到全县最边远、贫困程度最深、脱贫难度最大的明中乡木瓜村担任第一书记，为家乡父老全面小康，为自己的初心和使命，甘洒汗水，奉献余晖。

　　八月末的城口，金风送爽，天高云淡，枫叶满山，玉米金灿。我迎着初升的太阳，望着翠绿的山峦，开着自己的爱车，哼着本地的山歌小调，信心百倍地朝木瓜村飞驰而去，准备大干一场，显显我这第一书记的能耐。

　　不到两个小时，我来到村委所在地。哎呀，我的妈哟，出发时的高兴劲儿烟消云散，仿佛喝了冰水般透心凉。村委办公室是崭新的，但建在人家的地盘上，里面唯一的家当就是两张办公桌、一台电脑、一台打印机，因年久失修不能正常使用。入村道路狭窄，坑坑洼洼，如遇大雨必然泥泞不堪，无处下脚。此情此景，我心中像打翻的五味瓶，说不出是啥滋味儿。过了片刻，我终于冷静下来，开始计划我的工作。

　　常言道："火车跑得快，全靠车头带。"我不就是来做车头的吗？于是我找来了村支书，让他和我一起挨家挨户地走访，仔细询问群众的困难和想法，收集每个社员的意见，多次邀请乡里的领导实地查看，辗转县里相关部门协调，写好切实可行的报告。

召集帮扶单位，组织捐献了 3 万多册图书，开办了农家书屋，又多方筹集资金，购买办公用品，平整了村委院坝，创办了便民服务中心，为打赢脱贫攻坚战筑牢了坚实的基础。

"少年强则中国强"，扶贫先扶智，……孩子是祖国的花朵，民族的……学，是脱贫攻坚的……周运录，40 来岁，……性格粗暴，对儿子整天是一副恨铁不成钢的架势，动辄拳脚相加，导致了正处于青春叛逆期儿子的不满。儿子一气之下，甩掉所有教材，跑去外面打工了。2019 年 8 月 23 日，我东找西寻，八方打听，终于在县城崇阳茶餐厅将孩子找到，经过三个多小时的劝说，他勉强同意跟我回家继续读书。我看着他半信半疑的眼神、稚嫩的脸庞和偶尔露出的苦涩微笑，便知道孩子有难言之隐。

回到村里，我又找到周运录，和他进行了一番朋友般推心置腹的交谈，指出了他教育方式的不对，并详细地给他讲解了《义务教育法》和《未成年人保护法》，父子两重归于好。我和老周一道，将孩子送到了大塘口学校读书，久悬心里的一块儿石头总算落地了。

天有不测风云。10 月 24 日深夜，一阵急促的电话铃声把我从梦中惊醒，周运录打来电话，说孩子不见了，学校没人，也没回家。当时正下着雪，寒风呜呜地吹着，我急忙开车前往，找来村主任和两个社员，从村委办公室出发，沿着公路寻找。两个时后，在老明通大桥附近，看到了冻得发抖的孩子。我急忙脱下身上的羽绒服，把他包得严严的，几个同行人，一齐把他扶上车，缓慢地开回了家。此时已经四点一刻，不时能听到几声鸡鸣。

第二天上午，雪后初晴，太阳露出了笑脸，我买了两盒牛奶、一袋饼干，还有娃娃最爱吃的豆棒，给他父亲带上两瓶江小白，来到周家。和他们一起围坐在火炉旁，开始嘘寒问暖，促膝谈心。古语说：精诚所至，金石为开。心与心的交流，情与情的碰撞，真爱的火花终于绽放，孩子说出了内心的真实想法，父亲认识到了自己的错误教育方

△ 2020 年 5 月 7 日，陈华学（左二）入户走访，了解群众的生产生活需求

式。孩子又一次同意上学，但他想到职教中心去学技术，不想继续在大塘口学校读初中。

这个难题摆在了我的面前。10月26日，我驱车回县城，到县教委、城口县职业教育中心（"城口职中"）进行协调，解决了孩子的各项费用，傍晚转回周家告诉孩子结果。他终于高兴地笑了，这次笑得是那样灿烂和甜蜜。透过笑容，我仿佛看到他美好的明天！

10月29日，是我难以忘记的日子，我亲自开车护送孩子来到城口职中。一路上，我千叮咛，万嘱咐，比当妈的还唠叨，希望他能完成学业，有一技之长，在未来的人生路上越走越顺！

四月的城口，草长莺飞，万木葱茏，一切都是新的。我担任第一书记已三年有余，扶贫工作不能说得心应手，也算轻车熟路吧。这几月痛风也赶热闹，关节一直疼痛难忍，走路一瘸一拐的，原本准备去县医院检查一下，然而正在这个时候，贫困户李鲜德的老屋被山上的滚石打塌了半边，情况紧急。我立马掏出手机，接通了村主任和扶贫专干杨本丰的电话，不顾了这痛那痛，径直奔向李家。

实地查看灾情并如实登记好所有损失，安排他们转移到亲戚家暂住，分配人员找帐篷，买大米，搬家具……我向老李保证，吃的、穿的、用的、住的，党和政府都会管。

经过八天的艰辛和努力，李家房子修好了，他们家恢复了往日的宁静，过上了踏实的生活。老李带着妻子老小来到村委，送上一面锦旗，右书"翻身不忘共产党"，左书"脱贫全靠老检官"。朴实的语言，是真情流露，体现了群众对我这个第一书记的认可！

好不容易有了两天的空闲，在乡领导的再三催促下，我来到了县医院，检验了我的膝盖，确诊为半月板损伤，主治医师叫我卧床休息，不能再蛮干，否则后果严重。我说："给我开点儿药就行。我这个人命硬，这点儿小病拿不下我。在这几年里，马蜂蜇过我，也只肿了几个包包；野狗咬过我，也只用药包了一下；飞石擦过我，也只是弄了点儿小皮皮。"医生拧不过我，只好给我开了药。

说句大实话，人都是爹妈生的，身上长的都是肉，哪有不怕痛的。但想到我扶贫的木瓜村，想到老乡们还有许多困难，想到我发过的誓，想到"初心、使命"，我又义无反顾地回到了木瓜村。

42 在平凡中奋进

——左岚乡幸福村第一书记 奚政令——

◁ 2020年4月，奚政令（左一）在大坝村3组走访贫困户

在左岚乡这方热土上，我担任扶贫第一书记3年了。

刚开始，对于第一书记是什么，要做什么我深感茫然，认为第一书记不就是过去的工作队队长吗？随着脱贫攻坚的深入推进，对脱贫政策的大量了解后我才猛然惊醒，脱贫攻坚是政治任务，是民生实事，不流几身汗，不掉几斤肉是完不成任务的。

心系群众，做实走访是当好第一书记的基础。已记不清多少次顶烈日、冒酷暑挨家挨户走访和调查，深入民众，了解群众疾苦，和所有贫困户耐心交谈。经过重复访、反复问，不论哪家的情况我都了然于胸。

我向他们宣传政策、解读文件，为他们解答疑惑，喝他们漆黑的土木茶，握他们粗糙而带泥的双手，坐他们满是灰尘的板凳，让他们知道我是真心驻村的人，他们才愿意给我讲实话，说实情，交实底。

事实证明，入户调查走访是密切干群关系最为有效的方式之一，没有什么比走访来得更直接，更有效。

求实效，讲实干是当好第一书记的关键。扶贫工作喊不出成绩，吹不出实效，唯有脚踏实地，一件一件去解决，一件一件去落实。一年半载给群众干了什么，群众心里是有本账的。因此，实干是第一书记的立身之本。整治环境卫生要手把手地去教，实打实地去督促，长期去提醒；完成住房保障要家家户户去查看，每家每户因户施策去推进；群众反映的具体事项要实地去了解，想方设法去化解，化解不了的要做好解释疏导。

你实他便真，你虚事难成。说一千道一万，群众只看你是否在干事，是否能办事，是否干成事。不实不行，不干不行，干了效果不好还不行。群众看问题就这么简单，所以夸夸其谈，纸上谈兵当不了第一书记，也当不好第一书记。

扶贫中苦，救危中难是当好第一书记的重点。2015 年左岸 1 社贫困户吴明兵，上有 70 多岁的老父母需要赡养，下有 3 个孩子尚未成年，最大的孩子才上小学，妻子做脑瘤手术花了 10 余万元，瘫痪在床需要照顾，吴明兵是这个家唯一的支柱。天有不测风云，吴明兵在骑摩托车时又摔断了大腿，支柱折了。在这风雨飘摇的危难之际，我第一时间赶赴现场，听着全家老小的哭声和吴明兵痛苦的呻吟，我的心凉了半截儿。他的小儿子含着泪花用稚嫩的手拉着我，颤抖地说："奚叔叔，救救我爸爸吧！"看着孩子期许的眼神，环顾这个不幸的家，作为第一书记，我该做的就是尽全力帮助他们。我拍着胸脯坚定地对他们说："孩子别哭，请你们放心，有政府和组织在，我们不会坐视不管，你爸的腿无论如何要保住，这是你家的希望。"

那些天，我一直忙碌在左岸村场镇、沿家河周边，走村串户组织各种形式的募捐，筹集到捐款 5 万余元，还向民政争取了 3000 元的临时救助。吴明兵的手术做了，腿保住了。支柱不倒家就有希望，如今他家已于 2016 年顺利实现了脱贫，吴明兵也逢人便说党的政策好。

幸福村的贫困户冉洪刚，患有三期硅肺病，妻子陈国春眼睛不好，几乎看不清东西，小儿子脑瘫加上间歇性癫痫，大儿子读高中。冉洪刚去世时留下了两封遗书

△ 2018 年 7 月，奚政令在大坝村召开社员会，宣讲政策

藏在床头，一封是写给大儿子的，要他努力学习成才成人，长大后要记党恩，跟党走，不要忘记贫困路上所有帮助过他家的人。另一封是写给妻子的，要她照顾好自己和小儿子。

作为第一书记，我在冉洪刚的小儿子被火烧时，为他们争取民政临时救助3000元，争取到帮扶单位鼎兴公司1万元，在网上组织募捐，筹集到款项2万余元，解决了小儿子的医治问题。现在，一家人的生活有保障，孩子上学难的问题也得到解决。

回顾在脱贫路上走过的风风雨雨，着实经历了太多太多，3年中我为他们解决了住房、就医、读书、增收等方方面面的问题和困难，记不清为贫困户办了多少事，也不知熬了多少夜，加了多少班，这些都是最平凡的小事，但正是点滴小事的办理让村里群众看到了希望。

看着贫困群众住进安全保障房。饮用安全的自来水，走在干爽的水泥路上，踩在安全的桥上，听他们亲切地喊一声"奚书记"，入户的时候给我热诚让座、端茶递烟，实诚相邀留下吃饭，我想我的工作和努力没有白费。

这就是我，一个普普通通的扶贫第一书记。虽然并没有给老百姓带去万贯家财，也没有轰轰烈烈的感人故事，但在柴米油盐与鸡毛蒜皮中，却服务了群众，也赢得了群众的信任和期盼。

正是这种信任和期盼，让我干劲儿十足，让我知道，驻村的年华没有辜负。

43 有青山绿水见证

—— 北屏乡苍坪村驻村工作队队员　杨夏麟 ——

◁ 2020年8月，杨夏麟（左一）看望贫困户冉维才，鼓励其发展生猪产业

北屏苍坪村地处大巴山腹地，平均海拔高度1400米，森林覆盖率高达90%，群山环抱，层峦叠嶂。这里是城口最北端，拥有神田草原、六缸洞等自然景观。这里也是渝陕交界之地，在建的城开高速公路、规划中的渝西高铁将贯穿全境。

苍坪村是县级贫困村，因人均耕地稀少、交通条件落后等原因长期处于贫困状态。2019年9月16日，秋雨淅淅，我踏上了苍坪的土地，开启了我的驻村扶贫生涯。

刚到村里时，我还是丈二和尚摸不着头脑，对于脱贫攻坚只是粗浅的了解，并不知道具体的工作要求和内容，加上2019年城口县计划退出摘帽，时间紧任务重，工作压力如大山一样压来。

但好在我不是一个人在战斗。第一书记带我一起走访贫困户，让我对村情民意有了初步的了解；工作队同事指导我查阅档案资料，更让我对村级总体情况有了把握；周例会、动态调整工作部署等会议，明确工作任务，责任落实到人，工作队和村支两委协同配合，深入推进脱贫攻坚各项工作，我也在过程中逐渐成长为一名合格的驻村工作队队员。

老百姓的信任和理解是实现脱贫必不可少的力量，然而，少数老百姓因传统观念和生活习惯的差异，对扶贫工作不配合，不支持，甚至抵触对抗，一句"我过我的日子，你们管这么多，干啥子嘛"让我们吃了不少闭门羹。但越是这样，越是坚定了我们做好扶贫工作的决心。

中心寨在苍坪辖区内海拔近1200米的山顶上，山高路陡，崎岖蜿蜒，一些路段都快成90度的直角了，从山脚爬到山顶往往要一个多小时，令人气喘吁吁，大汗淋漓，累得双腿打战。年近70岁的苍坪村3社村民袁天翠，因与子女生活习惯存在差异，长期独自生活在中心寨的危房中。联村领导、驻村工作队、村支"两委"曾多次上门劝说她搬至山下居住，她都搪塞过去，坚持独自在山上。

为彻底解决这一难题，切实保障群众住房安全，我和文乡长、赵书记、袁支书、莫警官、袁天翠的儿媳等一行人去中心寨劝袁天翠。好不容易爬到山顶，意料之中，又是一盆冷水——"不，我不下去！"我们轮番上阵，讲现实，摆道理，说政策，还根据她提出来的问题，现场帮助解决，她的态度反反复复，经过三四个小时的劝说，老人终于答应下山，我们趁热打铁将她送到了新家。最终老人安心住上了安全的住房。

苍坪村地理条件优越，植被资源丰富，辖区内生长有对人体有益的名贵珍稀中药花草，出产的蜂蜜蜜色如琥珀，口感清爽，富含多种能被人体直接吸收的微量元素，营养价值高。我们决定主推蜂蜜产品，以消费促增收。

2019年11月初，我们在第一书记赵勇的带领下，到重庆高速集团开展"消费扶贫·爱心购买"活动，销售苍坪蜂蜜，推介城口彩叶风光，我在其中负责PPT制作、商品码放、代收记账等。

活动当天，我们早早码放好蜂蜜，挂好展板，积极向过往员工推介苍坪蜂蜜，人们纷纷驻足购买蜂蜜。之后高速集团工会又专门组织召开会议，号召各单位积极采购蜂蜜。那次消费扶贫活动获得圆满成功，现场销售蜂蜜300余斤，销售额3万多元，累计销售1100余斤蜂蜜，销售额13万余元。

作为一名基层扶贫工作者，除了关注"两不愁三保障"、产业发展、村容户貌

△ 2020年12月，杨夏麟走访贫困户张孝国，了解其家庭情况

等重点领域，往往还要帮助贫困户解决棘手的难题。

2020年5月一个阳光灿烂的下午，袁支书突然找到我说："贫困户罗平的孩子，偷偷玩游戏充了一万多块钱，你看能不能帮他们找回来。"罗平一家四口，其父因年事已高丧失劳动能力，其妻因患有精神疾病长期住院接受治疗，孩子还在读小学，养家糊口的重担全落在罗平肩上。但是家里的情况又让罗平无法出门务工，只能在家务农。可想而知，要攒够这一万多元，这一家人多么不容易，可想他们该有多着急。

事不宜迟，我赶紧向罗平和他的孩子了解事情经过。原来疫情期间，为了方便孩子上网课，罗平给孩子买了一部旧手机，不承想孩子趁着家长下地干活儿不在家，在周围小伙伴的怂恿下，开始充钱玩游戏，关键是罗平还没有收到交易信息提示，于是，一笔两笔三四笔，孩子越充越多，直到罗平去银行取钱才发现这个晴天霹雳。

未成年人游戏充值问题在媒体报道中有退款的案例，罗平的孩子是未成年人，加之是首次出现这样的问题，所以我有信心帮助他申请到退款。只是我也从来没有遇见这样的难题，于是我先在网上查找资料，了解申请退款的流程、内容等信息，之后协助罗平准备申请退款材料并提交，最后联系平台客服人员，跟进事件进展，准备并提交补充材料。经过大半个月的努力，游戏充值款大部分退回来了。罗平终于露出了山里汉子才有的憨厚笑容，连声对我说："谢谢杨同志了，谢谢杨同志了。"那一刻我感受到莫大的幸福，也让我明白了"想群众之所想，急群众之所急"的含义。

驻村以来，我们驻村工作队与村"两委"心往一处想，劲儿往一处使，充实而忙碌。我很荣幸成为驻村队伍中的一员，为消除绝对贫困出了一份力。

现在苍坪村达到了"两不愁三保障"的标准，村子亮了，水通了，蜂蜜也卖得好。回望苍坪，郁郁葱葱。青山绿水见证了我们扶贫人的付出和收获。

44 不眠的雪夜

—— 治平乡阳河村驻村工作队员　张良伟 ——

◁ 2019年10月，张良伟（右一）在建卡贫困户包中翠家走访，了解其生产生活情况

　　故事发生在2019年的一个大雪纷飞的夜晚。9点多，县政协派驻阳河村第一书记杨兴平、村支书阳纯波、工作队队员张良伟，也就是我，还围着村委会的火炉，兴致很高地讨论着当天社员会上收集到的问题。窗外，雪纷纷扬扬地下着，大山白茫茫的一片。阳支书收到家里嫂子催促的电话好几遍了，但因讨论的事还没"扯明白"，一时半会儿回不去。

　　阳支书的手机又响了。"这个婆娘才讨嫌啰。"阳支书一边嘟囔了句，一边拿起手机来看："是方明玉屋头打来的哦。"阳支书有些诧异。方明玉是贫困户，这么晚，这样的雪夜，他妻子打电话干什么？

　　贫困户半夜三更打电话，准有什么要紧事儿。在这几年的扶贫驻村工作中，半夜到贫困户家紧急救援，已不是一次两次了。我心头有些发紧。

　　"阳支书，不得了了啊，我家房子垮了……方明玉遭埋在里头了……"电话那头声音很大，几乎是在喊叫，隔着火炉，我也听见了电话里焦急的呼救。

　　"人怎么样？……你莫急……我们马上来！"阳支书突地站起来，一面向我们招手，一面快步奔向屋外。我们紧跟其后，冲出屋外。

　　大雪漫天纷飞，丝毫没有停歇的意思。公路上厚厚的积雪，把入夜时的车辙印覆盖得严严实实。

阳支书爬上他的皮卡车,我连忙用手去扫挡风玻璃上的积雪。车子发动了,车轮滚动,压在雪上,发出吱吱呀呀的声音。

阳支书一手拨弄着方向盘,一手不停地打电话,向乡镇汇报,找村里人,调兵遣将指挥救援。皮卡车疾驰在前往方家的路上。冰雪不时地让车屁股甩一下,我的心紧了起来。

我脑中不时闪现方家的情况。这么大的雪,房子塌了,人还埋在底下,那是怎样一种悲惨的场面啊!我脑海中不自觉浮现出灾难片里女主角孤苦无依地站在废墟前瑟瑟发抖的情景。

村委会到方家的路可不近。关键是还有一段笔直的上坡路。这样的雪夜,车怎么上得去?

车子一路都在打滑,阳支书沉着坚毅,沉默地驾驶着汽车,给人信心和力量。

"车上去不了哟。"车至陡坡处,杨兴平书记提醒道。

"我试一下。"阳支书沉着地回答。说完,加足马力朝坡顶冲去。糟糕!车行至半坡,轮胎打滑上不去了,还开始往后滑。

"赶快下车!"阳支书喊。杨兴平书记打开车门,一脚踩出,一个趔趄跌倒在雪上,摔出几米远。车轮继续向后滑动,眼看要碾着他了,他顺势向侧边一滚避开了车轮,然后撑着地面站了起来。危情还没解除。好在阳支书胆大心细技术好,车歪歪扭扭,最后居然滑到坡底稳稳停住了。我们没来得及跳车的也是惊魂未定,心在狂跳。

虽然差点儿把命丢了,但使命还没完成。来不及感慨,我们继续徒步前行。也许是刚摔跟头,杨兴平书记没跑几步,又是一个趔趄,跌倒在雪地上,并迅速滑向路边。幸好护栏挡住了他。我吓得汗水都冒了出来。"抓着护栏走!"阳支书吼道。我们抓着冰冷的护栏,小心翼翼地走在足有半尺深的积雪上,一脚踩下去就陷个深坑,雪从裤管钻进鞋子,先是一阵刺痛,然后就没得知觉了。本想加快脚步,但脚就是不听使唤,心里更是充满了紧张和焦急。

约半个小时,眼前出现了一处微弱的灯光。一两个人影在房前来回不停地晃动。

阳支书连忙吼道:"不要乱动,我们

△ 2019年12月,张良伟(左二)同单位领导们一起在结对帮扶户游玉伦家中走访,帮助其解决实际困难

来看了再说。"

"不得，不得，就是不敢动，怕又垮啊。"这声音不是别人，正是之前给阳支书打电话的女人——老方的妻子。

我气喘吁吁地来到地坝前，跑进屋去，只见地上一片狼藉，到处是散落的瓦片和杂物，一棵水桶粗的板栗树倒在废墟上，压得严严实实。伙房后头的一间屋子已经被砸开了一个巨大窟窿，大片的雪花从天空中飘落下来。墙角一个碗柜，几块木板撑起一个夹角，老方就埋在下面。

我又开始冒冷汗。阳支书吼道："小张，出来，看不清情况，垮了不得了。"我赶紧跑了出来。

杨书记开始呼喊："老方，你怎么样？"

"脚着压起的，有点儿麻，翻不到身。"里面传来老方痛苦的呻吟。

"那你能不能出气？"

"得行，脑壳这头还有空隙。"

"你莫怕，大部队在路上，你不要着急，你死不了。"

里面没有回话。我们都暗自着急，七嘴八舌说着营救方案。附近闻讯赶来的几个村民也聚拢过来，手里提着油锯、斧头、钢钎……看样子准备向板栗树下手。

"先搁到起，莫去动，首先把情况摸清楚。"阳支书大声说道，"两个人到房子后头去看情况，其他的人先清理四周的杂物。"

我和杨书记爬上屋后的土坡，这里是一片整齐的树林，一颗巨大的树桩还有一米多高，露出狰狞的面目，倒下部分足有40米长，死死地压在房屋上。树尖一端已刺进屋，枝丫上还挂着冰凌。这场灾难的罪魁祸首是这棵大树，如不及时排除还有往继续坍塌的危险。我深吸一口冷气，擦了额头的汗珠，暗自为老方祈祷。

这时，山坳处出现一片明亮的灯光，整个山谷都被照亮了，乡镇应急救援的大部队来了。

现场救援指挥部迅速成立，乡上李书记眉头紧锁，站在院坝中间与救援人员和乡村干部一起研判处置方案。村民们聚拢过来，七嘴八舌地说着各自的想法，一片嘈杂。

"把树子锯断，把人刨出来。"一个村民说。

"不行！树太粗了，不容易锯断，只要一动还要往下塌。"杨兴平书记反对道。

李书记脸拉得老长，嘟起嘴，牙齿咬着下唇边，微微左右晃动了一下脑袋。其余的人不再说话了，现场特别的安静，老方在屋内传来痛苦的呻吟。

这时，阳支书打着手机电筒从屋内冲出来，边跑边喊："脑壳这头是空起的，大腿在床上，把他睡那个木床的床脚锯了，就可以把他从下面扯出来。"我这才反应过来，原来阳支书已经钻到废墟下去摸清了情况。

"莫让上面的树子往下滑。"李书记发话了。大家纷纷四散开去。有的拿着老虎钳和铁丝去固定大树；有的找来木杠子去搭支架，为老方撑起空间；有的打电筒，有的当起了前敌指挥。救援人员钻进老方被困的夹角里，敲断里面的床脚，小心翼翼地把废墟中的老方拉了出来。

老方被救了，抬上了救护车，山谷慢慢恢复了宁静。第二天得知，老方除了大腿被压出一块瘀伤，安然无恙。

那一夜，我们在方家屋基上点起篝火，像劫后余生一般述说着对命运之神的感激。老方的妻子精神恍惚，泪水夺眶而出，一双颤颤巍巍的手一会儿去抹眼泪，一会儿放在胸口，一会儿又紧紧攥住衣角。嘴里不停地念叨着："感谢你们啊……感谢啊……真的感谢啊，要不是你们……"

杨兴平书记说："要感谢就要感谢共产党。是党用脱贫攻坚把我们紧紧联系在了一起。"

那一夜，寒风呼啸，雪花飞扬，夜晚显得特别长。我们从老方家的突然遭灾，聊到了脱贫致富奔小康，还聊到了方家的灾后重建。

杨兴平书记说："我和小张是政协派下的干部，但我们也把这里当成了家。以后，即使不驻村帮扶了，我们还会经常来。"

阳支书咧着嘴笑道："你们还真不把自己当外人，还要来回忆这样惊心的场面嘛。"

45 二百九十万分之一

——岚天乡三河村驻村工作队员 黄韵臻

◁ 2019年2月，黄韵臻（右）在贫困户汪先杰家开展春季大走访

全国共派出25.5万个驻村工作队、累计选派290多万名县级以上党政机关和国有企事业单位干部到贫困村和软弱涣散村担任第一书记或驻村干部，目前在岗91.8万，特别是青年干部了解了基层，学会了做群众工作，在实践锻炼中快速成长。很幸运，我作为一名青年干部，成了这290万分之一。

"95"萌新，前来报到。

2018年，刚刚大学毕业的我考入城口县人大常委会办公室，成为一名公务员。在机关工作没多久，我便接到任务到岚天乡三河村开展驻村扶贫工作。

《论语》里有句话叫"四体不勤，五谷不分，孰为夫子"，刚到岚天乡三河村的我便是这样的"夫子"，也曾因为错将小葱当作韭菜而闹出了笑话。虽出生在农村，但自小学起我便来到县城上学，很少回农村，导致对于农村的认识很模糊。接到驻村扶贫任务之初，也曾肤浅地认为驻村无非就是换个地方上班而已，直到真正"驻"进三河村后，我才知道农村工作的特殊性和复杂性，也真切地感受到农村工作确实能够让人有所作为，并且迅速成长。

"脚下沾有多少泥土，心里就沉淀多少真情。"对于一名驻村工作队成员来说，走村入户是开展精准扶贫的关键环节。然而两年前，这对我而言，还是一件极伤脑筋的事。

初到岚天乡三河村，村干部告诉我，全村共有275户、998人，其中贫困户79户、323人，村里人主要以务农为生，是由以前的中云村、长安村、花园村合并而成的，辖区面积达到了58平方千米，人口居住很分散，只有依靠村干部领着才能入户。

一个多月后，一张"三河村农户住宅分布图"渐渐形成，红色五角星代表村便民服务中心，黄色圆圈代表村民聚居点，黑色粗线代表村主干道，主干道分支出中云、长坪、殷家湾、康家湾等多个聚居点，沿路清晰标注出来每户贫困户所在的位置，全村贫困户所在地一目了然。

随后的工作中，我凭借着这一张手绘地图，走遍了全村每户贫困户，详细了解了他们的生活状况、致贫原因，在帮扶中有针对性地制订措施，为他们解决生活中的难题。如今，两年过去了，即便没有了这张地图，我也能知道谁家怎么走，谁家产业发展怎么样，谁家怎么样才能脱贫。

深山结亲，困难户变热心人。

2018年10月，时任三河村第一书记李锋告诉我给我找了个"亲戚"，我当时还很疑惑，后来才知道是村上新纳入的贫困户老甘一家，以后就由我来帮扶了。

初到老甘家，他们一家人就忙个不停，老甘在找烟，蒋姐在倒水，他们女儿则拿着一个盘子爬到了阁楼上，给我和陪同我来的村主任抓了一大把核桃、板栗下来。第一次同老甘一家的见面，我算是彻底领会到了他家特有的热情和厚道。

"只要自己得行，就不得靠别个"，老甘虽然没读几天书，但很是倔强，自己在年轻时，因为割漆从漆树上摔下来，导致腰部受伤，无法再干重活儿，妻子又患有侏儒症，但两口子一直勤勤恳恳，靠着双手和几把薅锄把女儿拉扯大。但在2018下半年，女儿要到城里读高中了，花费将比以前大大增加，老甘才终于鼓起勇气跟村里提出申请，最终通过"八步两评议两公示一比对一公告"程序，成为2018年三河村新增的3户贫困户之一。

全家3口居住在一间20年前建成的土坯房里，自1980年修建完成后就未进行过大的修缮，厕所设在了屋外的垛木猪圈里，厨房也很是简陋，一个火坑和一张高板凳架着破门板做成的案板，

△ 2020年4月，黄韵臻为在县城务工的贫困户张孝芬宣传产业到户扶持政策

胶盆上盖条毛巾就成了碗柜，卫生状况也不容乐观。

为此，我同三河村"两委"、驻村工作队的同志商量，决定帮助老甘改厨改圈改厕，解决掉"无法讲卫生、不便讲卫生"这个硬性难题。随后发动老甘的女儿引导父母定期打扫卫生，督促养成"讲文明、爱卫生"的好习惯。在村上进行的"爱卫生讲脸面"卫生评比活动中，更是让老甘直接担任所在片区评比小组的成员，增强了他的荣辱感和责任感。

渐渐地，老甘家的环境卫生变得越来越好，在农闲时还常常独自手持火钳和铁桶穿梭在村道两旁，捡垃圾、扫落叶、除路障，成了村民眼中的热心人。

脱贫攻坚战打响以来，三河村前前后后已有79户、323名贫困群众陆续脱贫，并于2016年实现村出列。在2020年2月，三河村又接受了重庆市对县退出评估验收组的检查，交出了"0反馈问题"的答卷。但是"摘帽子"不能急于"撤摊子"，全村还有2户、5人未脱贫，还有2户、9人属脱贫监测户，还有1户、7人属边缘户。

作为一名驻村工作队队员，绝不能因为扶贫工作取得了一些成绩，就歇歇脚，甩包袱，甚至卸担子、撤摊子，而是要按照总书记的要求，做好脱贫攻坚与乡村振兴的有效衔接。

作为290万驻村干部的一员，我一定与脱贫战线上的同事一道坚持从贫困群众的角度出发，让贫困群众鼓起钱袋子，摘掉穷帽子，过上好日子，在乡村振兴的道路上走得更远。

46 把脉问诊扶真贫

—— 高楠镇黄河村驻村工作队员 杨华强 ——

◁ 2019年11月，杨华强在冉启刚家为黄开琼看病

2019年9月，我被派驻到高楠镇黄河村担任驻村工作队队员，开始了我的扶贫生涯。作为一名临床医生，我对农村工作是非常陌生的，但我坚决服从组织的安排，尽心尽力做好扶贫工作。

刚进驻黄河村，我们工作队开始全村遍访。在遍访中，我来到一个名叫段贵元的贫困户家中，刚到门口，便看到段贵元靠墙坐着，一副痛苦的表情。交谈中了解到，段贵元夫妇两人都已经60多岁，患有风湿痹病（关节疼痛变形），长期靠服止痛片止痛，现在病情越来越严重。段贵元的老伴能在室内做点儿轻巧杂活，他自己就只能拄着拐杖在平路上行走。大儿子已去世10多年，儿媳改嫁留下一子走了，现在孙子已读高中。二儿子患三期硅肺病，完全丧失劳动力，有一女在读初中，二儿子一家靠妻子务工和享受低保维持生活。家庭的窘境让段贵元一家治病只能就近就简。

看着段贵元被病痛折磨的样子，我觉得应该为他做点什么。从我的医学专业来说，中医在基层是可以不需要仪器辅助检查就能开展诊疗活动的，而我对风湿痹痛中医药治疗有一些经验。段贵元虽然以前服过中药，但效果不明显。

虽然有"医不自荐"的说法，但我还是问段贵元愿不愿意尝试服用我开的中药治疗。知道我是一名医生，他欣然接受了我的诊治。过了几天，他给我打来电话说效果还可以，疼痛减轻了，希望我能继续给他看病。在乡卫生院抓药的时候，发现那里缺一味中药，我便在县医院把缺的药给他带去。这样持续治疗近三个月，段贵元能下地干农活儿了。

段贵元是个勤快人，能动了，就天天在地里。2020年春节后开展大走访，我见他家一院子全是葛根，赶紧嘱咐他注意休息，不能再伤了身体。

某天，我听到网格管理民情调查反馈说，贫困户杨昌维家满意度不高。杨昌维家是老人户，家属李从珍长期患慢性病肺气肿，稍不注意就咳嗽、喘息，一年至少要住5次院，虽然都享受了健康扶贫政策，但经常咳嗽还是很痛苦。我想主动上门为他治病。

我约第一书记来到杨昌维家，交谈中了解到，李从珍恰好知道我给段贵元看病的事，也就非常高兴地接受了我的中医处方。一周后，她给我说，服了我开的中药感觉要轻松些。就这样，李从珍后来经常找我为她看病。这一户的满意度一下提高了。

驻村一两个月后，工作队就把我当成了队医，我能为村民做点儿事，也很有成就感。有一天，工作队老汤打来电话问我什么时候有空，他走访的一家大病户的母亲李于秀想找我看病，因为脚痛走不了路。

当天下班后我们一起来到李于秀家。李于秀69岁了，走路都要拄着拐杖，家庭经济条件比较差，不愿花钱吃药。检查后发现李于秀膝关节变形，我为她开了处方，嘱咐她这是慢性病，要多吃一段时间中药，效果才会好。2020年春节，李于秀已经能下地走路了。

经过一段时间在农村为村民看病，我发现了一个现象，由于经济或者其他原因，好多村民一般小病都不愿意吃药，在家里

△ 2019年12月，杨华强在余明飞家为余光顺夫妇看病

硬扛着。贫困户吴自品的母亲冉翠龙得了重感冒，不想吃饭，发冷，全身疼痛，但没有吃任何药。工作队老汤走访时发现了情况，向吴自品推荐了我。

听到情况，我赶紧往吴自品家去。到的时候，看见吴自品的母亲蜷缩着身子，坐在火儿坑旁边的长凳上，精神萎靡。由于老人家有胃病，很少吃西药，我为老人家开了中药处方。吃了一段后她说效果很好，我就又为她开了一次治疗胃病的处方。

慢慢地，村里传开了，知道工作队里有个大夫，一看就好。贫困户余光顺夫妻俩都是慢性病肺气肿患者，基本丧失劳动力。一般不发作时不吃药，一发作就只有住院。在看到我给患者治疗的效果后，也主动找到我要看病。其实余光顺夫妻俩的病目前来说是不可逆，但通过中药调理及平时保养是能够缓解疾病程度的。

能为村里人看病，我也很高兴，这是自己的专业。也因为把脉问诊，增强了工作队和村民的关系，村里各项工作开展得顺风顺水。

47 驻村扶贫的那些事儿

—— 蓼子乡当阳村驻村工作队员 张如双 ——

◁ 2020年3月，张如双（右一）核对农户紫薯种苗领取数量

2017年10月，我作为驻村队员到蓼子乡当阳村参加脱贫攻坚工作，从驻村至今，俨然已成为一个当阳村人。

我是在农村长大的，现在又回到农村工作，就像回家一样，所以回"家"的心情是非常高兴和激动的。能走出机关，走向基层，这是一次难得的锻炼机会。

当天乡领导带我与村干部对接，他们详细介绍了工作进展情况和目前存在的问题。随后，我们又与他们一道走访了几户农户，晚上再到3、4社开社员会，会场上我听到几个大姐在讨论庄稼收成的事儿，几个大哥在谈做了小工结账的事儿，还有婆婆带着孙子在角落坐着，你一言，我一语，出点子，谋思路，共同为脱贫致富献计献策，这种感觉让我信心满满。

我到村后，正好当阳村首条长约6.5千米的村级主干道完成硬化。路修通了，但我发现，公路两旁的村民房前屋后物品堆放杂乱，院坝草丛横生，部分群众个人卫生习惯较差，尤其是处在中高山一带的居民。

现在路通了，环境更要美。我积极向生态环境局汇报，得到了派出单位的大力支持，生态环境局捐赠水泥80吨，用于"户貌六改"改善工作。改院坝，改阴阳二沟，改厕所，改厨房……不到一年时间，当阳村共计118户农户完成了环境整治工作。

陈某是当阳村的一名建档立卡贫困户，他经常说自己家中的残疾妹妹智力低下，喜欢乱丢物品，打扫干净后也根本无法保持。了解情况后，我同村"两委"多次入户，动员他清理房前屋后，都没有效果。后来我才了解到，残疾妹妹只是借口，自己懒才是真正的原因。

治懒得用巧办法。于是我找到村里的公益性岗位，组织了一支浩浩荡荡的队伍，多次来到他家，一边帮着打扫卫生，一边给他进行着思想教育。久而久之，陈某被触动了，觉得面上无光，自觉将房前屋后收拾得干干净净。

村里产业如何发展，也常挂我心头。2017年以前，当阳村村干部鼓励村民种植金银花，但由于不懂技术，费时费力，加之当地的地理条件不适合金银花的生长，种植最终未能成功。

因未挣到钱，村民种植药材的积极性大大降低，甚至对发展中药材产业产生了抵触情绪。我和村干部一道，一户一户讲解政策，将发展的道理给村民讲清讲透，在明确了提供技术服务和销路保障的前提下，村民的顾虑才渐渐消除。

在摸清了村里产业发展情况和意愿后，我再次向局里申请，对当阳村的土壤和水质进行检测，最终确定了种植独活和紫薯，并帮助申请解决了3万余元的种苗钱。同时在养殖业方面大力助推生猪产业的发展，帮助溯源农业发展公司进行环评备案，将乡上下达的8.4万元产业扶持资金入股到生猪养殖产业中。

基层工作以"繁、杂、累"为主要特点，面对的群众较多，工作和生活的条件十分艰苦，我作为县上派驻蓼子乡驻村的唯一女队员，发挥女同志心细的特点，和村里、工作队的干部一起把工作做得更细。

老张是村里的一户贫困户，家中4口人，妻子智力较低，只能从事简单的劳动，两个孩子还小，且小儿子患有地中海贫血症。了解到情况后，我同村支两委一道帮助他申请易地扶贫搬迁，改善居住条件。在修建房屋时，老张妻子发生意外，从房屋上摔下来，将腰椎骨摔断，这让原本困难的家庭雪上加霜。我忙前跑后，积极争取政策救助和保险报销，前后跑到县医院和保险公司咨询报销流程，出证明、签字、

△ 2019年12月，张如双（右一）帮助贫困户李六方整理床铺

盖章，最终帮助贫困户解决了 1 万余元大病救助和 9 千多元的意外保险赔付，帮助他的家庭减少了开支。之后，还将他纳入公益性岗位，让他家里有了一份稳定收入。

2019 年 11 月 17 日，重庆市成效考核组来我们村检查扶贫工作。检查组指定贫困户入户走访，村支书带路，不许任何人相随。访谈、座谈，在多层次严格检查后，认为各项工作都没有问题。那一刻，我觉得多少个日夜的付出没有白费。贫困群众日子的变化，是有目共睹的。

随手翻看了手机相册，便又浮生起诸多感慨。数百张照片的背后，每一张都是见证，每一张都诠释着驻村干部的喜与忧。有领导调研的，有入户走访的，有帮扶慰问的，有勤于工作的。每一张都有一个暖心的故事，都是一个美丽的瞬间，也终将会成就一份美好的记忆！

在我们共同努力下，当阳村如期脱贫，工作得到了群众认可，获得了各级好评。工作成效好，拼的不是运气和聪明，而是努力、坚持，这是驻村教会我的道理，工作若此，生活亦若此。

48 扶贫路上的"李老师"

——东安镇兴隆村驻村工作队员 李 博

◁ 2020年8月,李博(右三)查看兴隆住房提升工程情况

我很荣幸成为东安镇兴隆村驻村工作队队员,到了脱贫攻坚战前线。2016年9月7日,我整理好洗漱用品,背上铺盖卷来到了东安镇报到。听闻兴隆村这个名字已经很久了,因为城口黄安坝就在她的怀抱中,但我从未到过兴隆村。

兴隆村位于东安镇西北方向,地域面积136平方千米,全村辖九个村民小组,共322户、1330人,其中建卡贫困户90户。

进村当天,我就在驻村工作队的带领下,开始逐户走访贫困户,一访就是四五天。几天中,我见到了住在老朽木屋里的失独单身户,见到了父亲年老、儿子智障的父子,见到了身残志坚的七旬夫妇,见到了身患肺气肿的老婆婆与患有白内障的孙子,见到了乐观勤劳的孤寡老人,见到了母亲出走、女儿争气上大学的贫困父女……

他们的贫困状况着实令我感到意外而震惊,沉重而揪心,那时我才真正感受到扶贫工作的艰难。我决心把改善他们的生活现状当成头等大事。

2016年的9月,雨水比往年大。从9月26日开始,连续的几天大雨,让村里唯一一条出村的道路多处塌方,把村里与外界的联系中断。听闻这一消息后,我立马赶赴现场,做好安全标示。然后赶回单位黄安坝亢谷景区管委会向领导汇报了这一情况,并协同领导向公路局打了报告,短短几个小时施工队就赶到了现场。"李老师为我们办了件大好事！""李老师是我们兴隆的福星啊！"村民们七嘴八舌地表达感想，都向我投来了赞许的目光。慢慢地，我也融入了兴隆村这个大家庭。

初次来到贫困户龚大爷家里，走进院坝，看到的是破旧的房屋，小小的院子，地上稀稀疏疏地晒着一小堆玉米。夫妻俩在院落边专心地整理玉米，晒干的玉米棒摊开在地上。龚大爷腿脚不便，地上放着拐杖，但他依然在忙碌着，一粒一粒剥玉米。我在旁边坐下，顺手也拿起一个玉米拨弄着。通过摆谈，了解他家里的情况。

龚大爷夫妇七十多岁了，龚大爷因患病致残，常年拄着拐杖，佝偻着背。老伴骨瘦如柴，体弱多病，老两口每月医药费要一千多元。儿子出门打工已经两年没有回来了，即便这样，两个老人还种了一亩多地。看到此情此景，我的内心五味杂陈，同情、忧虑、敬佩兼而有之。我们常常赞美破茧而出的蝴蝶，悬崖边绝壁上盛开的鲜花，因为他们代表着一种力量。而现在，在这对夫妻身上，我也看到了这种力量。

我下定决心要改善两位老人的生活状况。那之后的每个月我都到龚大爷家里，两三次看"六改"情况，了解他们需要什么，我思考着种种能够帮助这一家的方法。因为健康支出比较大，我向他们讲解了大额医疗补贴政策以及特殊病症的办理条件和流程。此外，我还介绍了种植养殖技术上的培训以及农业上的各种补助。对于能够享受到的扶贫政策，两位老人特别感恩，嘴里不停说着感谢，脸庞上洋溢着微笑，眼神真挚而又清澈。帮扶责任人还买来50只小鸡，为他们出思路谋发展。

通过半年的努力，龚大爷家也发生了变化，人居环境整治好了，还新盖了一间猪圈和一间卫生间。"六改"验收时，龚大爷拉着我的手，眼睛湿润了："李老师，感谢你，感谢党和国家的关怀，我一定奋发图强，早日脱贫，绝不拉后腿。"

△ 2020年7月13日，李博（右二）在兴隆村了解乡村旅游服务情况

贫困户王德善家住 7 社，到他家要走两个小时的山路，通信也不畅通。为了帮助这一户摆脱贫困，更好地发展产业，我们驻村工作队商讨决定，动员他家让移民搬迁到山下来。10 月 9 日，我们驻村工作队整装出发前往王德善家。通过两个小时的长途跋涉，来到王德善家中了解情况，动员搬迁。回到村上已是晚上 7 点多了，打开手机十多条短信，全是家属打电话未接通的来电提醒。

我急忙拨回去，儿子在电话里哭着对我说："爸爸，你的电话怎么打不通啊，妈妈病倒了，今天在课堂上都晕倒了。""儿子，叫你妈妈听电话。""老婆，怎么了？""今天腰椎疼得厉害，课堂上晕了，同事送我去医院检查医生说是腰椎间盘突出，没什么大事，你安心工作，记得星期五回来开车慢点。"听着老婆的一席话，我的泪水打湿了眼眶。一旁的村主任调侃我说："李老师，眼睛怎么红了？"我把事情给他们讲了，刘镇长对我说："小李，明天回去看看吧！""没事，今年我们村整村脱贫，现在正是忙的时候，这周工作还没完成，老乡们都指望着我们呢，这里也是我的家。"

每周扶贫回家的路上，我都会听一听《壮志在我胸》这首歌，为自己在扶贫的路上打气鼓劲。2016 年年底，我驻的兴隆村顺利通过了精准脱贫验收。两年多的驻村扶贫工作，让兴隆村发生了巨大的变化，困难群众收入提高了，吃穿不愁了，危旧房改造了，村容村貌变整洁了，村民们脸上的笑容更多了，致富的门路更宽了，奔小康的劲头更足了，对新生活充满了更多的憧憬和向往。

我这个村民口中的"李老师"，也真心为这种变化感到开心。因为，我也为促成这种变化贡献了一分力量啊。

49 扶贫日志与白公主

—— 双河乡天星村驻村工作队员　陈学彬 ——

◁ 2019年6月22日，"白公主"（中）带领城口县委党校支部和县示范幼儿园支部成员去看她的新家

　　2015年8月，我作为城口县第一批派驻贫困村的驻村工作队员，来到双河乡天星村。驻村后，我习惯随身带上一个笔记本、一支笔，凡是看到的、听到的、想到的，都一律记在本本上。当时，进村入户只靠坐摩托车，路太烂、太颠，好几次连人带车摔倒在地，自己爬起来了，笔记本却被泥浆糊得面目全非。后来，为了好保存，我开始在QQ空间里写日志记录。

　　前两天整理个人空间，通读了一遍自己零零碎碎的记忆，发现在我的扶贫日志里，出场较多的人物是"白公主"。她是一户贫困户家的孩子，虽然不是我的帮扶户，从她还在妈妈肚子里开始，到现在背上书包走进幼儿园，4年多来始终是我牵挂的对象。下面，选取一些日志片段，这或许算不上我的扶贫故事，却能简单真实地反映了一个孩子的成长历程和一户家庭的变迁。

2015-12-28 23:25

　　今天白天和村"两委"一起入户走访，在摩托车上感受到了冰天雪地里的摇摆舞，真心佩服几位村干部的骑车技术。载上绍强主席这个大胖子，竟能在这样的路上穿梭自如，眼看车轮就要滑出路外，他们轻松一拐又回道上了。更佩服他们的心理素质，遇上太陡太烂的路，我常因为害怕而不停叽里呱啦，但这丝毫不影响他们的正常行驶。今天我们走访的七户中，最让人揪心的是白大哥，住房条件差，出行不便，吃水困难，难怪49岁了才成家，老婆春英快要生了，但婴儿用品什么都没准备。春英比白大哥小20多岁，初次见她，总感觉她和常人不大一样，听徐支书说，她是外地来的，精神有问题，这就更让人焦心了。

2016-3-2 22:45

白大哥老婆生了，是个公主。前两天在QQ群里发出的婴幼儿衣物用品收集信息，很快得到众多朋友的大力支持，特别是婴幼儿用品专卖店老板李伦秀，打电话让我今天直接去店里挑选。进店之后，感觉自己像进村的"鬼子"，真想将这个店里的东西一卷而空，又觉得不好意思！李姐貌似看出了我的心思，一股脑儿拿了大小百多件，整整三大箱，包括产妇和孩子穿的、用的，一应俱全。今天，收获满满，除了感动还是感动！

2016-3-23 23:15

连续十多天针灸，扭伤的脚不再那么痛了。医生说，伤筋动骨一百天，建议再休养一周。但白公主的衣物迟迟没有送去！今天，在老公和徐支书的帮助下，沿途几经周折，汽车转摩托车最后再步行半个多小时，总算把几大箱衣物用品送到了白公主家。这让我真切感受到，交通才是最大的"门路"，路通了，一切问题都将迎刃而解。

2016-6-29 21:58

白公主四个月大了，样子乖巧可人，眼珠子滴溜溜转，小手小脚很少停歇。越是可爱，越是不忍：尽管有妈妈，但生下来就得不到母爱，春英就像陌生人一样，对自己的孩子似乎毫不在乎！看到白大哥的母亲，我更不忍：七十多岁了，左眼失明，但还要不分昼夜拉扯这个小家伙！我想，要是有一个婴儿推车，老人就轻松多了，至少不用一直抱在怀里。一直以来，QQ群、朋友圈是我求助的好地方，因为在那里能找到一大批爱心人士。没想到，昨天信息发出去，今天一早徐声朗就将一辆崭新的婴儿推车送到了党校。我随即和徐支书一起送到白大哥家，把白公主

△ 2016年6月29日，陈学彬将白公主轻轻放进崭新的婴儿车

从他父亲自制的竹椅抱到婴儿推车上。拥有了人生第一辆新车，小公主并没有感受到，但她的父亲和奶奶却乐得合不拢嘴！

2016-9-21 22:34

白公主生下来只能吃奶粉，白大哥说，幸好在政府的支持下，自己喂了几十只山羊和几头牛，要不然真供不上。昨天，白大哥在电话里告诉我，白公主已经在添加辅食了，很多时候，给她单独煮粥，实在忙起来了，就用大人吃的饭，将就喂点儿。我想到了我家里的豆浆机，快捷、方便，豆浆、米羹都可以做，而且打出来就可以吃，但今天送去，教了好几遍，白公主的奶奶都不会用，只有让她姑姑先来学了，再慢慢教白公主的奶奶。

2016-12-15 23:19

上午，陪村里的小王到保健院做两癌筛查，从排队挂号到检查结束，已是中午。下午跟党校刘校长和双河乡余书记一起到县医院，看望白大哥。二十天前，一场意外让这个原本经不起任何风雨的家雪上加霜，白大哥被意外倒地的大树砸中，颅脑损伤，多处出血，昏迷半个月后才醒来，医生说，是否能站起来，暂时说不清！幸运的是，有政府和帮扶单位的重视，还有社会上无数好心人相助，要不然，可苦了白公主，还有她的奶奶！

2017-6-6 23:27

今天和县妇联一起到天星村，给村里0至6岁的贫困孩子发婴幼儿米粉，县妇联了解到白公主的情况后，特意多给了我们两份，送给白公主。到家时，白公主赤着双脚，在堂屋里跑来跑去，见到我们，立即躲进奶奶的怀里，想看我们，又不敢看我们，拿到米粉，白公主和她的奶奶都好开心。白大哥出院了，但智力远不如以前，只能拄着拐杖走路，但愿他能慢慢恢复。

2017-6-21 23:55

今天到天星村逐户给农户发放花种，希望家家户户百花盛开，村里就没啦。从茅坡返回，路过白大哥家下面的公路上，看见两辆警车，正纳闷，一行人带着春英出现在我们面前，上前询问才知道，是广西警方联合重庆市公安及城口县公安，要将她接回广西。他们告诉我，这个叫春英的女子在广西结婚并生有一个孩子，她的家人四处寻找，报警后，才找到走丢的春英！白公主的奶奶背着白公主伤心欲绝，拽着一名警察不放，而春英却笑着坐上警车离开了。这突然出现的场景，让我好难过，为这个家难过，为这个刚满一岁却突然失去妈妈的白公主难过，更为这个或许和女儿永别了却一点也不难过的母亲难过！

2017-12-2 22:36

在双河乡党委政府的重视下，白公主终于离开那个偏远的黑黢黢的破旧的土坯房，搬进了宽敞明亮的新家。和原来的家相比，房子是新的，居住环境也是新的：房屋四周平坦，自来水直接进家里，厨房功能设施齐全，有单独的能冲水的卫生间，出门就是硬化的公路，附近还住着许多小伙伴，比以前住的地方热闹多了。白公主长高了，也长胖了，只是手上和脸上脏脏的，还有一些小皱裂，希望我买的"香香"能起作用。

2018-11-9 22:06

一晃白公主两岁多了，除了耍泥巴石子，就是家里的饭瓢调羹和户外的花花草草。今天，我到文具店买了橡皮泥、幼儿读物、写字板以及拼音和数字画报等，开车给她送去，我一样一样教，既教白公主，也教她的爸爸和奶奶，但白公主似乎只对我买的书包和橡皮泥感兴趣，难道我的启蒙教育太早了？

2019-6-10 00:13

趁周末，和老公开车上天星村，看看徐大哥家的包包菜长得怎么样，然后将买的牙膏、牙刷，洗脸洗澡的盆子、毛巾和洗发水还有一袋零食给白公主送去。见到她时，她正和父亲站在门口，穿着一条背带裤，走近才发现，是一条棉裤，而且还是开裆裤！我的天，这都夏天了，我们都穿短袖了！早就对白大哥说过，姑娘都这么大了，不能再穿开裆裤，不能只图方便……白大哥说，她奶奶于十天前去世了，这是小女自己穿的。听到这消息，心头一阵发颤——那是最疼白公主的人！现在，她还这么小，没有妈妈，奶奶也不在了，谁来照顾她？白大哥说，从奶奶去世后，她每天都会一个人到奶奶的坟前去十多次，去了不说话，就是一双小手不停地在坟上摸……正说着，白公主转身又要去找奶奶，我想拦住她，老公说："不要阻拦，让她去，

阻拦，她会更想奶奶的。过段时间，她会慢慢淡忘的。"见我们跟在后面，她指着前方说："奶奶在那儿，奶奶在那儿。"可怜的娃，希望你快快长大！

2019-6-22 23:57

今天，周六。县委党校党支部和城口县示范幼儿园党支部一起，带着共同筹集的爱心救助金以及书包、儿童读物和文具等，走进天星村，共同关注村里包括白公主在内的困难儿童，我们赶到时，已有近二十名儿童和家长等候在村委办公室了！说真的，现在生活条件好了，已不愁吃和穿，但怎么教育培养好孩子，是天底下所有父母都愁的事情，对农村父母来说，培养教育孩子更是一个难题。所以，除了捐赠，今天的另一个主题是唐园长给家长们讲如何与孩子沟通和平等相处，如何鼓励孩子和教育孩子。唐园长分组与家长交流，了解教育困惑并提出建议，很受家长喜欢。会后，我们开车送白公主回家，看到白公主的样儿，既可爱又可怜，大伙儿都想亲亲她、抱抱她、与她合影，一时间，白公主俨然成了大明星！

2019-11-14 23:49

白公主上幼儿园了，曾几次想到学校去看她，都错过了时间。今天，来得刚刚好，正赶上幼儿园放学，校门口已经有很多家长等候在那里，包括白大哥。铃声响了，在众多的"小不点"中，我们发现了白公主，老公急忙上前抱住了她。幸好白大哥在，要不然，别人还以为我们是来抢孩子的呢。住在场镇，进了学校，白公主

爱干净了。

2020-3-12 23:59

因为疫情，春节过后，我一直未进村入户。现在，城口疫情已基本得到控制。今天，单位全体职工进村开展大走访。近两个月没见到他们了，村里人见到我们都好亲热。本次走访，无论贫困户非贫困户，只要是村里的人，一律进行走访，既核查脱贫成效，又督查环境卫生，还要宣传政策，查找问题。我们共走访了11户，"两不愁三保障"基本上不存在问题，种养殖业发展正常，环境卫生比去年更好，只是本次疫情对很多常年外出务工人员的收入有一定影响。利用本次走访，我重新给白公主买了洗漱用品、学习用具、零食和水杯，还有一包口罩。

……

现在，白公主家脱贫了，他们家在一天天变好，白公主在一天天长大。未来，她将继续走进我的日志里，但我更期望，她走进更多人的视线里，走进更多人的心里。

50 最有意义的两年

——咸宜镇咸宜村驻村工作队员 卢 春

◁ 2019年10月，卢春为贫困户吴盛桃家中送去数字电视并为其安装

2018年8月26日，我来到了咸宜镇咸宜村，成为一名驻村扶贫干部。多年来我一直生活在县城，突然来到一个陌生的穷山村，尤其是想到自己有长达二十多年的哮喘，心里有些许茫然，一丝苍凉。

陡峭绵长的山路，时不时出现的简陋窄小的房屋，村里路边的老人和孩子的眼神，入村给我的印象是深刻的。我是一名扶贫干部啊！我感受到了沉甸甸的责任和期许。我想到了自己尚在襁褓之中的小儿子，"老吾老以及人之老，幼吾幼以及人之幼"，我热切期望投入这场战役中，帮助需要帮助的人。

接下来几天，我跟着咸宜村第一书记袁书记，到村里走家串户，熟悉环境，了解村里的贫困状况。咸宜村在大山里，到处都是沟沟坎坎，走访的路途中，哮喘病使我三步一停，五步一歇，累得上气不接下气。袁书记和其他同志都劝我回家休息，生性执拗的我回答大家："我可以的，如果我连贫困户的家里状况都不亲自去了解的话，那还算什么扶贫干部呢。"

凭着这股子韧劲儿，我硬是跨过了一道道沟，爬完了一个个坡，去了所有贫困户的家中。慢慢地，我掌握了村里的贫困状况，尤其是对我所帮扶的户更是了如指掌。在这些家庭中，有的孤儿寡母无依无靠，有的亲兄弟为一寸土地争吵不休，还有的贫困户身患残疾生活无法自理……眼看着这一切，作为一个有同情心的普通人和身负扶贫重任的驻村干部，缠绕在心间的迷茫和苍凉瞬间消失殆尽，我更坚定了进村之初努力的方向——奋力打赢脱贫攻坚战，不获全胜，决不收兵，成功实现贫困户"两不愁三保障"，让群众碗里有肉吃，身上有衣穿，心中有希望，脸上有阳光。

2019年7月5日，我到贫困户吴盛桃家中走访。一进门，吴盛桃向我诉说家里的难处："大孙女詹钱马上读大学了，小孙女詹梨也已读高二，她们妈妈走得早。如今我已是70多岁的人了，没啥用，全家人的重担全压在她们父亲身上。虽然学费能享受国家资助，但是两个女娃每月的生活费仍然是一笔不小的开支呀……"听到这些，我下意识地把自己全身的口袋摸了个遍，把仅有的500元现金塞给她，希望多少能帮上点忙。她再三推辞，我再三劝说，最后她勉强收下了我的这份心意。

这对一户家庭来说，到底是杯水车薪呀！我在心里急切地琢磨着该如何进一步帮助他们解决难题。

我忽然想起远在新疆的小学同学，她之前说有个朋友在资助贫困学生，已有10多位贫困学生接受帮助。想到这里，我连忙拿出手机，拨通了小学同学的电话，把吴盛桃家的具体情况告诉了她。通过一个多小时的交谈，她给了我一个比较肯定的答复，说是吴盛桃家的情况可以给予资助，但是那位朋友要进行实地考察。

之后是一段焦急而漫长的等待。

就在离学校开学只剩下半个来月的时候，同学回信了，她正好从新疆回家探亲，顺便带着朋友来家里看下。我喜不自胜，同学回来后，我开车去到鸡鸣乡她家里把两个人接上，带到了吴盛桃家中。与吴盛桃沟通后，她们决定资助。随后她们联系到新疆天顺供应链股份有限公司总经理王继利，向他介绍了吴盛桃家的经济情况以及两个孩子的学习情况和品行状况。写情况介绍，建立档案，发送资料……我完成这一系列工作并与资助人再次对接，最终成功为吴盛桃家争取到了每年5000元的资助。吴盛桃感激涕零，连连说："这下我不焦了，不焦了……你们是真的好，真的好哇……"

在开展贫困县脱贫验

△ 2021年3月27日，卢春与咸宜村4社村民一起采摘茶叶

收准备工作时，我们挨家挨户检查环境卫生。杨坤信家环境卫生极差。他有两个孙女在读书，儿子离异后在外打工，家中仅剩他一人，由于病痛缠身，每天打扫卫生对他来说不是一件容易的事儿。这户需要帮助啊！我立马把情况向单位领导及其帮扶责任人进行了汇报，没过两天，县交易中心的领导和干部职工就用时 2 小时、驱车 80 千米，专门从县城来到杨坤信家中，和我一起帮助他完成了一次大扫除。这次扫除不仅扫去了杨坤信家里的尘垢，也扫去了生活压力给他们一家人心灵上蒙上的那层阴霾。看到重新恢复整洁敞亮的房间，杨坤信眼里似乎也闪烁着亮光，脸上洋溢着温暖的笑容。

"李老板，你家油桃好多钱一斤？"

"这桃子看着不错啊！""我来两斤。""给我称 5 斤！"

2020 年 6 月 4 日，热闹的咸宜镇街上，一个商贩跟前围着不少顾客。走近一瞧，原来是咸宜村贫困户李文全在销售自家种植的油桃。这个李文全，是咸宜村一社贫困户，年轻时外出务工遭遇事故，从此便在轮椅上艰难度日。2015 年 3 月底，城口县公共资源交易中心自筹资金在咸宜村青龙嘴引进种植了 50 亩经济桃树，计划通过春赏花、夏乘凉、秋摘桃、冬赏雪的观光体验模式，打造一个桃花主题乡村旅游地，帮助贫困户持续增收。为了做成这个项目，我们帮李文全种植桃树，帮他剪枝，教他培育，花了许多心思。如今，他家的油桃已经卖了四年，增收了数万元。

我觉得，只要脱贫过好日子的思想不滑坡，撸起袖子加油干，油桃还会给他带来更多的收益，幸福生活指日可待。

脱贫攻坚的日子过得很快，眨眼便是两年。两年来，我和咸宜村的村民们吃在一起，住在一起，干在一起，常常走家串户，了解贫困户的情况。两年来，我与贫困户以及其他村民互相鼓励，携手并进，共同破解了一系列发展生产持续增收的难题，渐渐地，我和他们像亲人一样，甚至比亲人还亲。

烈日炎炎下，滂沱大雨中，听着他们一声声的"卢同志，你又下村来了。""卢同志，这么大的太阳你们还在跑。""卢同志，坐下来歇会儿，喝口水吧。""卢同志……"我的心就被填得满满当当的，似乎得到了一张张奖状。

小康不小康，关键看老乡。我很欣慰，在我和其他村干部和咸宜村人的共同努力下，咸宜村高质量脱贫了。贫困户李文全一家过上了小康生活，主动申请脱贫；吴盛桃的大孙女詹钱以优异的成绩考上了大学，给了他们家奔向美好生活的新希望；固执的袁乐华在我们的劝说下，最终还是选择住进了女儿宽敞的楼房；詹庆云建立扶贫制衣车间，带领部分贫困户脱贫致富奔小康……咸宜村的生产发展了，生活宽裕了，乡风变得文明了，村容变得整洁了，管理也变得民主了。

想到这里，我忽然意识到，担任扶贫干部这两年，是自己过得最有意义的两年。

51 密水缘

—— 东安镇密水村驻村工作队员　黄小川 ——

◁ 2019年4月2日，黄小川（右三）在密水村双坝移民安置点协调土地问题

密水，一个富有诗意的地名。听到这个名字，总让人联想到迷彩服，联想到原始森林，联想到野外生存，联想到神秘隐蔽、万木争荣、遮天蔽日等词语。

对！东安镇的密水村与你这样的联想非常契合。

2018年9月，我接受了一项光荣而又艰巨的任务——担任密水村的驻村干部，为脱贫攻坚贡献自己的绵薄之力。的确，我皮肤黝黑，其貌不扬，不熟悉我的人都认为我浑身"匪气"。其实，熟悉我的人觉得我更像张飞，重情重义，疾恶如仇，有时也粗中有细。或许性格使然，我的文字同样粗犷豪迈，我的扶贫故事不能娓娓道来，只能情景再现。

初到密水，走访密水

车子从县城出发，经过修齐—高望—青龙峡，然后下车，步行。山路蜿蜒曲折，在崇山峻岭之间穿梭，一边依悬崖绝壁，一边临万丈深渊。溪水潺潺流动，树木葳蕤茂密，偶有虫鸣沙沙，虽然自然景观迷人，但是十里不见人，五里不同天，条件绝对艰苦。

爬了一两个小时，终于到达密水村委办公室。当天正好迎接检查，村委工作人员忙得不可开交，不知道我这不速之客是来干吗的。等到晚上8点多，大家泡了几碗方便面，饿得前胸贴后背的我才有机会和大家详细摆谈。

接下来两天，到各家各户走访，发现密水虽然人烟稀少，但家家户户淳朴热情，特别是哪家有个红白喜事，修房造屋，大家都积极帮忙，特别团结。看到这些，我瞬间看到了希望，也坚定了信念。

此后的日子，我开始认真学习政策，走家串户拉家常了解情况。密水的住户分布不均，东边一户，西边一户，户与户相隔可达几千米。每天步行 10 千米以上，虽然脚磨出了泡，但我特有成就感，因为不到 20 天，我就走完了所有住户。而且我长相谈吐都很接地气，让他们没有什么距离感，因而群众信任我，乐意跟我吐露他们最深层的问题，还文绉绉地称我为"黄同志"。

扎根密水，建设密水

景色撩人的密水山，晶莹澄澈的密水河，淳朴善良的密水人……这些都让我豪情万丈，我决定从此扎根密水，好好为密水服务。

2019 年 6 月，东安镇仁河社区山体滑坡，进入密水的入境通道被阻断，密水里面的项目无法实施，基础设施难以恢复。这一断就是几个月，直到农历八月十五了，改道线路才基本打通，放行三天。密水项目需要建设，材料运输是最大的难题，但因为新路颠簸崎岖，没人愿意开车到密水。

当务之急，我立即申请组织运输队拉材料。可能是我为人豪爽，大家都信得过，第一天居然就找了五辆车，早上八点出发，晚上九点到达，车子坏了四辆，总算拉了 50 吨水泥和两车砖头，可再没人愿意进山了。

怎么办？怎么办？密水急需建设，作为驻村干部的我急得像热锅上的蚂蚁。不到最后关头绝不轻言放弃！但凭着丰富的生活阅历和不屈不挠的性格，我利用多年做工程积累的人脉，厚着脸皮求人、自己担保，再次组织车辆运输材料、安排车辆、线路协商、材料核算。在这三天时间里共计拉水泥 130 余吨、沙石 120 方、砖头 5000 余块，基本满足了前期基础设施建设的材料。

材料有了，可当地没人进行施工建设，年轻力壮的都外出打工，留在家的不是老弱就是病残。在征得镇上同意后，我又从村外请进了一批工人，

△ 2019 年 8 月 8 日，黄小川（左一）在双坝移民安置点梁传孝家宣传人居环境整治政策

推进各类项目建设。

中秋节到了，我只能跟大儿子"千里共婵娟"，他听说我拉完材料又自封为密水项目建设的总指挥，负责住房新建、住房提升、扶贫车间、人居环境时，开心地说："老爸，给你点赞！"

密水村综合服务专干施友全，也跟我开玩笑说："你就是一头犟牛，你要是不这么犟，项目建设就停摆了。"

爱上密水，治理密水

密水建设的初步成效让我愈加热爱这个秀美的地方，但扶贫工作不可能全是甜蜜，还有很多酸辣苦涩难以诉说。

一社有一户姓王的老人家住在一个破旧的土坯房里，而这个"房屋"令人担忧：穿眼漏孔的房顶，千疮百孔的墙壁，坑坑洼洼的泥巴地板，阴暗潮湿，破旧不堪。唯一的儿子常年在江苏务工，两个老人也是去年才回密水。

百善孝为先啊！年轻力壮的子女怎能让老父老母如此遭罪？同样为人子，我必须得跟他好好聊聊，让他重新给父母亲修建一所房屋，哪怕一两间也好。通过各种渠道，好不容易找到他们儿子的电话。哪知道我话音未落，他立马在电话的另一头吼叫起来："我没得钱，村里比我发财的，一年补助都有那么多，我修不起，要修你们政府修。"

"你年轻力壮，劳动力强，并且在江苏还有商品房，也不符合那些补助条件啊。大家都反映你蛮能干的，在江苏都有自己的房子，还有存款。"

后来我们又劝导在家的老王，希望能够说服他拿钱出来修房子，可老两口不听。我极力解释脱贫攻坚的相关政策。哪知道老头子恼羞成怒，拍着桌子叫嚣："国家的钱，别个用得我也用得。我要到上头去闹，把你们几爷子弄下课……"我实在忍不住跟他争执了几句，他竟扬言要去告我，第二天一大早真的跑到村委办公室大吵大闹。

冤枉，愤怒！心头五味杂陈。我这铁骨铮铮的七尺男儿哪曾受过这等委屈，可作为驻村干部的我，又怎么能把火气往老百姓身上撒，只能压住怒火，吞下委屈，想尽一切办法解决这一难题。

精诚所至，金石为开。在我无数次跟老王掏心掏肺摆事实、讲道理、谈政策、说后果，并一起商议资金筹集办法后，他终于拿出自己的存款，加上我们为他家申请的资助，老两口住上了新房。住了一辈子烂房子的老两口乐开了花，年近七旬的他每次见到我都要蹒跚着从新房子里出来，就为了给我一支烟，叫我一声"黄同志"，而我，扶贫工作中吃的所有的苦在这一刻都变得香甜如蜜。

如家密水，希望密水

两年的驻村工作，密水早已融入我的血液，这里是我的家我的牵挂，这里的人都是我的家人我的亲人。家人需要运输核桃、板栗、洋芋、苞谷到山外去卖，我乐意找车；家里老人出行，学生上学放学，我乐意接送；家人有摩擦矛盾，我乐意调解……

2019年年底，密水村成功脱贫出列。如今的密水，环境整洁、风景优美、产业兴旺，大家正迈着稳健的步伐向小康生活前进。虽然我现在已调回大巴山旅投公司工程部，但密水和我的缘分永不过期，我相信，不久的将来，那里定是一个更加和谐美丽更加繁荣富裕的新农村。

战胜贫困
——我的扶贫故事

肆

张勇
刘磊
韦杰
彭洪
何以蓬
徐先容
詹同波
王旭
邓亚丽
吴娟
王先福
印玺
王浩
余宇
黄伟
田胜铠

52 驻村帮扶，无怨无悔

——沿河乡北坡村驻村工作队员　张　勇

◁ 2018年12月，张勇（右一）在北坡村2社吴启才家旁边协调社级公路建设问题

2018年8月6日，是我从县委办公室选派到沿河乡北坡村驻村的日子。这次驻村帮扶是我主动请缨，要求到脱贫攻坚第一线的。我是一个土生土长的农村娃，有着13年乡村教师经历，对于基层工作我做好了充足的准备。

进村第一天，我去看望了简宗亮，他是我的帮扶对象。2017年年底，简宗亮不幸摔伤，生活自理都比较困难，半年多来恢复差不多了。当看到我时，我从他的眼神中感受到了欣喜。驻村之前，我每月最少去他家走访一次，每次下来他都要留我吃饭，但我都拒绝了。当得知我现在要长期"三在村"的时候，简叔惊喜的神情挂在了脸上，激动地说："以前每次叫你吃了饭再走，你总是说忙，没有时间，那这总能抽出时间了嘛！"我也很高兴，之前总是对简叔家不放心，以后可以隔三岔五就去走走了。走访回来后，我为简叔订购了一副拐杖，准备下次入户再带给他。

扶贫工作不是走过场，只有我们付出真情，才能获得群众的真心。老百姓对我们抱着这么大的希望，我们更要加油干！当天晚上，我和另一名驻村工作队员在极为简陋的单间中开始了"住在村"的第一晚。躺在床上，辗转难眠，思绪万千，这一天很充实，但我明白，这仅仅是无数个日夜中微不足道的开始，还有许多困难和挑战在等着我们。

在接下来的日子里，我们聚焦"两不愁三保障"，向深贫宣战，留下了"小雨不停工，大雨撑棚棚"等一幕幕热火朝天的攻坚克难场面。

其中，解决徐本义家生活困难的场景至今历历在目。徐本义老两口是北坡村5社非建卡贫困户，作为留守老人，常年居住在大山深处，一年下不了几次山，每逢上街往返一次至少需要8小时。在一次大走访、大排查时，恰巧赶上徐老家自来水断流了。为查明断水原因，我们一行人穿丛林、踏荆棘、跨沟壑，顺着水管摸排，最终发现，水管被野生动物严重损坏。

回村后，我们第一时间向乡上反映了徐老等吊远户的实际困难，乡上为了治标治本，彻底解决他们的问题，决定组成工作组再次实地踏勘，因户施策确定解决方案。

在沿河乡党委书记吴雪飞的带领下，我们开始了探望吊远户之行，历经4个半小时，再次来到徐老住所。考虑到吊远户外出不便等实际情况，详细了解情况后，吴书记当即决定启动沿河乡北坡村养老服务站加层项目，整合帮扶资金、社会捐助资金等解决留守老人生存难题。在短短三个月的时间里，加层5套过渡安置房如期完工。

驻村这3年、1000多个日子里，最大的变化，还是大家思想观念的转变和精气神的提振。以前，一些"等靠要装"的人不在少数，如今我们在"支部做堡垒，党员树旗帜"以及"发扬中溪精神，争做北坡先锋"等一系列党员带头的活动开展下，不等不靠的群众越来越多了，大家的干劲儿也更足了，发出好声音、传递正能量的群众随处可见。

△ 2019年9月，张勇（右）同贫困户康大奎交流

7社低保贫困户康大奎就是其中一个。他两耳失聪，和他交流只能靠吼。2019年9月19日，早饭过后，我们正准备带上方便面、矿泉水，到老柏树片区查看危房改造进度。康大奎找上门来了，为了克服语言交流的障碍，我们工作队和村里干部一道，采取"以文会友"的方式，从危房改造意愿，到家庭经济收支，再到发展规划愿景，开始了一场长达3小时的无声畅谈。

　　原本想哭穷的他，在这次促膝长谈后，或许是被我们的真心触动，发生了完全改变。那之后，康大奎经常在北坡村微信交流群中发出好声音，诸如"不是干部不爱你，而是你不懂得人间真爱，贵在知心""文斌弟弟，请你相信党、相信政府、相信这些日夜操劳的好干部"等话语。他的每一句话语，每一个改变，都让我感受到艰辛的付出得到了回报。从这些朴实无华、情真意切的语言文字中，我近距离地感受到了老百姓的淳朴与善良，也更加坚定了我无悔扶贫路的信念。

　　3年来，面对深度贫困的北坡村，我们经常是"五+二""白+黑"。上有父母、下有两个孩子的我，实在是不称职，没有尽到作为人子、人父的责任，更不是一个合格的丈夫。

　　在2019年12月22日，虽是星期日，但这是连续3个周末加班未回家了。深夜，带着浓浓的倦意躺在床上，当翻阅微信朋友圈信息时，发现怀胎7月的老婆在朋友圈中发了一张在医院输液的照片。那一刻，我五味杂陈，内心一阵酸楚。身怀六甲独自一人带娃读书，上医院住院输液，身边都没个人陪伴，那是多无助啊。第二天，我下定决心请假一天回家看看，当我给老婆说我的想法时，她却轻描淡写地回了句："这几年，你家里面一概不管，不还是过来了吗？"我知道，这既是无助的抱怨，更是无声的支持。

　　驻村以来，付出很大，但收获也颇丰。辛苦换来的是"脱贫路上一个都不能少"的诺言的落实，留下的是给简宗凯搬家赶猪、与康发成据理力争、为杨显付设身处地建新房等一个个感人至深的扶贫脱贫故事。我白天爬城上坎，越丛林、跨沟壑，晚上加班加点，做规划、谋出路，亲眼见证了北坡村翻天覆地的变化，水、电、路、信、房等"硬件"都在旧貌换新颜，可以说是捷报频传，喜讯连连。

　　在"软件"上，北坡村党建品牌创建、社区营造、新时代文明实践正在如火如荼地进行着，北坡村也于2019年年底实现了村出列，在2020年年底实现了90户、360人建档立卡贫困人口全员稳定脱贫，在产业兴旺、生态宜居、乡风文明、治理有效、生活富裕发展态势上，形势一片大好，前景一片光明。

　　2019年是脱贫攻坚与乡村振兴接续发展的关键之年。我笃信，唯有继续实干、苦干、巧干、乐干，才能实现脱贫攻坚完美收官，推动乡村振兴有效衔接。

　　驻村帮扶，无怨无悔。

53　扎根鹿坪，以村为家

——城口县规划和自然资源局　刘　磊

◁ 刘磊到鹿坪村建卡贫困户罗锦元家中了解生产生活情况

　　记得刚到村上的时候，正值秋暑。在那个晴日多风、万物繁茂的时节里我告别亲友，暂别爱人和孩子，来到了单位帮扶贫困村——周溪乡鹿坪村，担任驻村工作队员。初到鹿坪，对一切都很陌生，工作没有头绪，心中有忐忑，有不安，仿佛压着千斤重担。并不是脱贫攻坚的任务让我感觉到艰难，让我忧虑更多的是，自己能否真正地了解我们需要帮助的村民，能否真正地帮到他们，得到他们的认可，不辜负这一段即将开始的乡村生活。

　　古人云："宜未雨绸缪，勿临渴掘井。"脱贫攻坚是一项系统性的工程，涉及政策多，直接面对农户，事情纷繁复杂，必须要有清醒的头脑和灵活的处事方法。从一开始，我便牢记磨刀不误砍柴工的道理，不急于求成，时刻不忘多听、多问、多了解。就这样，拉开了我基层工作的序章。

用脚步丈量"民情"，迅速掌握全村基本情况

　　为了能尽快熟悉全村基本情况，有效开展工作，刚到村第一周，我先从村委办公室的资料入手，了解全村概况、贫困户的构成，对鹿坪村有了大概的认识。后面几周时间，我几乎天天与村干部、第一书记一起走村入户，奔走在房前屋后，田间地头，逐户走访

贫困户，了解每家每户的实际情况，并通过组织院坝会、社员会、党员会等方式宣传政策和收集民情民意。在此期间，我接触到了一个个不同的家庭，同他们拉家常、问情况、摆问题，每个家庭都有自己的故事以及不同的难处和致贫原因，我都一一记录在笔记本上。通过走访，我发现鹿坪村不论是干部素质还是群众基础都很好，这让我工作起来感觉十分惬意和放松，慢慢地我与村民都熟络了起来，对村子里贫困户的情况都能如数家珍。

在进村走访过程中，我摔过跤、淋过雨，鞋子被磨破，偶尔还会被村里的狗追，但我渐渐找到了工作重心，感受到脱贫攻坚不仅仅是任务，更重要的是要沉下身子，深入贫困户家中了解他们的困难，通过不断的交流，相互认识，相互了解，拉近彼此的距离，真正与他们结成亲戚。经过约莫两周的时间熟悉资料和入户走访，我对鹿坪村有了比较深入的了解。

用真心解决"民困"，帮助贫困户重树生活信心

随后的时间，我们将走访和开会时发现的问题进行了梳理，通过村"两委"和驻村工作队共同商议后制定了帮扶措施。在走访过程中，有些故事让我记忆尤为深刻。

吴孝均是我到鹿坪村村走访的第一个贫困户，他的妻子很热情，招呼我坐下后便打开了话匣子："以前我们老两口住的房子是土木结构的，一下雨就漏雨，村里说属于什么C级危房，很危险，后来国家政策好，给我们搞了危房改造，现在房子结实了，住着冬暖夏凉，舒服呢。村委会在生活的方方面面也给予了很好的照顾，现在的生活放在以前，真不敢想哩。"

宁顺义是鹿坪村的一名贫困户，因早年在矿山上打工染上了硅肺病，家庭生活本不富裕，今年检查身体时被确诊为肺鳞癌晚期，顶梁柱倒下了，整个家庭也陷入了黑暗，眼看正在读大学的女儿要开学了，全家人陷入了为学费发愁的困境。当我了解到她家情况后，及时与自己所在的帮扶单位进行了汇报，单位十分重视教育扶贫，经过多方筹措，开学前期，我们将筹到的2万元学费交到了他女儿手上，解决了这个家庭的燃眉之急，让他们重新燃起了对生活的希望。看着他们久违的笑容，我有种说不出的激动。

△ 刘磊到凉风村建卡贫困户高泽美家中开展帮扶活动

贫困户陈思才常年在家照顾孙女上学，家里的主要经济来源是儿子陈学有在外务工，家庭生活比较困难。正值周溪乡发展中药材产业的有利时机，我考虑到种植中药材成本低，可持续，就上门做他的工作，让他种植几亩独活试试。刚开始他害怕自己不懂技术、独活成熟后没有销路，不愿意尝试，通过我多次做思想工作，他终于答应种植几亩试试，今天他家的独活产量相当好，每亩地盈利一千多元。当他拿到钱时高兴地说："谢谢刘同志呀，明年我还要多种几亩！"

用实效带来"民惠"，不断提升村民获得感

刚到鹿坪村，村内的基础设施建设才刚刚起步，曾经落后偏僻的村落渐渐有了新的面貌，村民的生产生活条件得到了很大的改善，作为一名国土战线上的老兵，我十分关心基础设施建设的实用性和绩效发挥。

恰巧村里刚刚要实施一起土地整治工程，其中要建设一个规模比较大的集中晒坝场，土地整治作为我的业务工作，我充分发挥自身优势，仔细翻看了工程设计方案，结合鹿坪村农户分散的实际，发现建设集中晒坝场的实用性不高，不能充分发挥作用。带着方案我再次入户走访，征求村民意见，最终决定将集中晒坝场融入村民的房前院坝，用分散代替集中，让每家每户都有自己的晒坝，晒坝完工后村民都十分满意，整体村容村貌得到了极大改善。

紧接着，对土地整治出来的高质量耕地，村"两委"与驻村工作队商议决定利用土地发展产业，建设高山蔬菜基地，大家一边忙碌买种子、与村民协商，一边联系市场收购，忙得不亦乐。

当年鹿坪村的包菜喜获丰收，村民喜笑颜开得到了真正的实惠，对我们更加信任了。通过晒坝和蔬菜基地建设让我体会到，只有脚踏实地地务实工作，时刻为群众着想，切切实实让他们受益，才是我们最应该做的事儿。

为了做好驻村帮扶成效，发挥派驻单位的行业优势，我全过程牵头，通过实施收储，让地票收益惠及全村16户"十三五"易地扶贫搬迁贫困户，兑现资金73.66万元，每户得到了4.6万元的真金白银，解决这几户建房资金不足的燃眉之急。

同时，根据鹿坪村实际情况，策划组织村内实施了1个农村建设用地复垦项目，获得收益94万元，惠及20户农户，实实在在增加了农户收入。所做的这些事，不仅让农户得到了实惠，还改善了全村生产生活条件，更提升了村民的满意度和获得感。

"千淘万漉虽辛苦，吹尽狂沙始得金。"在鹿坪村驻村的时间是我最繁忙、最辛苦的日子，也是最充实的日子。有协调未果的失落，有被人误解的委屈，有对家人的亏欠，但只要想到村里发生了这些变化和村民们幸福满足的笑容，觉得自己所有的付出都是值得的。其实我就是想为百姓扎扎实实地办点好事，办点实事。

54 一分耕耘，一分收获

—— 明中乡木瓜村驻村工作队员　韦　杰 ——

◁ 2020年12月20日，木瓜村驻村工作队员韦杰（右一）入户走访贫困户朱申付，为他讲解法律知识，宣传扶贫政策

　　木瓜村是位于城口县南部明中乡的一个贫困村，村子里的一部分人住在乡镇上，一部分人住在沿河岸边，还有一部分人住在山里的老木瓜村中，年轻人大多在外务工，老人在家务农、带娃。

　　木瓜村交通条件相对落后，山高坡陡地贫。驻村前，我没有在农村工作的经验，又比较年轻，心里不免有些不踏实。单位黄斌检察长或许是看出了我心里的担忧，对我说："别想得太复杂，跟着你们的第一书记好好干就行了。"

　　木瓜村由检察官陈华学担任第一书记，我和另外一位干警王坤川担任木瓜村驻村工作队队员。

　　我到木瓜村工作1年多后，村子里还有一些村民叫我韦同志、韦队员，并不知道我的全名，但是说起陈华学，马上答道："我知道，陈书记啊，陈书记对我们好啊。"我印象最深刻的，就是陈书记跟村里人打招呼的时候，无论什么人都笑容满面地上前招呼两句。就算在开车的时候，也会停下车来，摇下车窗跟对方聊上两句。虽然都是小事，但我深刻地体会到，年轻人虽然有干劲儿、有冲劲儿，但和群众真正打成一片，必须放下架子，真正为群众的利益着想才行。

　　从那以后，我继续保持着年轻人踏实肯干的活力，在干事上多出力，也多学习观察陈书记的言行举止，学习和群众打交道的方式方法，从群众中来到群众中去，了解他们需要的是什么，看自己能帮他们做什么，竭尽全力做自己力所能及的事。

木瓜村有10户贫困户，家里主要是因学致贫。或许是因为近些年隔代抚养的情况较多，孩子容易产生逆反心理，时不时就有孩子辍学。

有一年暑假刚过，村里的贫困户老周找到我们驻村工作队，说他家的二儿子已经一周联系不上了，打电话一直不接，让我们给他想想办法。我用自己的手机打给了小周，但小周一听是村里的人，立马挂断了电话，根本不和我们沟通。

这时我突然想到老周家的帮扶人吉红，她是我们检察院的老干部了，在帮扶老周家的几年时间里一直对老周家的情况十分关心，经常走访看望，也和他家里儿子关系很好。我立马打给了她，在说明了情况后，她也立即和小周取得了联系。原来小周这时在县城的一家发廊打工，因为老周那天喝酒后打了他，本来厌学情绪就严重的他离家出走到县城打工。

在得知这一消息后，我们工作队立即带上老周去了县城，在路上我一直和老周沟通："孩子读书的时候一定要和孩子有积极的沟通，要做好身为父亲的榜样作用，你也不想孩子以后肄业找不到工作只能在家里待着吧。酒一定要戒了，多为自己的家、自己的儿子做些事。待会儿见了儿子一定不要打骂，只有他心甘情愿地回家读书才有效果，不然都是治标不治本。"

在县城，我们和帮扶人一起到了小周打工的地方找到了他，一开始小周似乎很怕见到父亲，躲在了帮扶人吉阿姨的背后，不想见他。老周看着自己的儿子，也没说什么，慢慢走了过去，一把把他拉了过来。我以为老周又要打小周了，刚准备上去拉住他，老周却紧紧抱住了小周，闭着眼说道："对不起，我们回家吧，以后我戒酒了。"小周望着父亲的脸，眼眶慢慢湿润了，嘴巴一张一合没说话，然后点了点头。

在回家的车上，小周说，那是父亲第一次给他道歉，他感受到了父亲内心对他的感情以及自责，不管怎么样，他都要回去好好学习。看着团圆的父子，我不禁感

△ 2021年2月21日，韦杰（左）入户进行产业摸底统计，宣传产业奖补政策

慨，要摆脱贫困，不仅需要物质生活的改善，也需要精神世界的丰富。让下一代受教育，就是为了斩断贫困的代际传递。

2019年的一天，我们在村委会得到消息，有人住进了腾空的危房。我们工作队立即前去相关房屋查看。那是在木瓜环山路上的一处老旧房屋，下车后要走半个小时的山路才能到达，早已无人居住。但当我们到达时，却看到了一个触目惊心的景象：一座摇摇欲坠的老旧房屋顶上，一位满头白发的老人正在一个人补修缺漏的房顶。我们立马喊老人下来，同时上去扶住楼梯，保证老人的安全。

老人姓游，这处房屋曾是游老的住房，但在多年之前游老已经搬去了明通镇上与女儿一起居住生活。当我们问到游老为什么回到这处老房子来住时，他却怎么也不愿开口说话了。

我们决定将游老送回女儿处，游老却怎么都不愿意跟我们一起回去，陈书记对他说："今天你不回家我就在这儿陪你一起住，至少肯定不能放你一个人在这儿。"游老听了之后，态度有了转变，陈书记驾车将游老送回了明通镇女儿家。

我们从老人女儿口中得知了事情的原委。明通镇这处住房是前些年买的，游老和其女儿一起生活居住，但当女儿一家有了孙子之后，被拥挤的生活所困，四代6口人住在不到100平方米的房里，显得十分拥挤。一次游老与后人因琐事争吵后，搬回了自己的老房子。

我们立即对双方进行调解。要让游老女儿认识到老人住危房的危险，不能再让游老回到老房子里去住了。游老也对我们说，到老房子里去还是顾忌家庭困难，不希望加重女儿家庭的负担。

找到了症结，我们有针对性地劝说，最终取得了他们的信任，成功让老人打消了再回危房的打算。游老的女儿也对我们保证再也不让老人回危房里去居住。

一分耕耘，一分收获。几年的驻村生活下来，我成长了很多。现在村里的老百姓也认识我了，见了我都能喊出我的名字。扶贫工作说难也难，说不难也不难，只需我们用心用情为老百姓办事，一切问题都会迎刃而解。

55 我和一碗刨汤肉

—— 坪坝镇瓦房村驻村工作队员 彭 洪 ——

◁ 2020年12月20日，瓦房村驻村工作队队员看望老党员和群众代表

2019年深冬，为了补齐攻坚短板，瓦房村村委列出了几户重点户名单，老曹就在其中。

老曹居住在瓦房村8社，距离村委会不足一千米路程，家里有5口人，夫妻俩在家务农，儿子在外务工，儿媳是贵州人，在家带孩子。老曹家养了1头母猪、12头生猪和50多只鸡，主要的生活来源是生产经营性收入和务工收入，住房是两层砖混结构的水泥平房。按理说，老曹的家庭条件还算不错，怎么会对我们的工作不满意呢？

吃了个"闭门羹"

这天，依稀下着小雨，刚到老曹家时我看到他嘴里叼着一支香烟，蹲在屋外水池边清洗红薯，动作利索。我与往常一样开始打招呼、自我介绍，老曹见有人前来就立马起身，甩了甩手上的泥水，在胸前的衣角上来回搓了搓，递给我一支烟，我看见他长满了老茧的双手冻得通红，顿时心里一阵酸楚。我清楚地知道，眼前明明就是一个勤劳淳朴的农民大哥形象，怎么会满意度不高呢？

他十分热情地找凳子领我们到火炉边坐下，嘴里催喊道："老婆婆，倒点开水来。"我在想这么有人情味的一家人，今天这个工作肯定好做。

简单寒暄之后,我开始问家里产业发展、务工收入等情况,有没有困难需要我们解决的。他很不耐烦地说:"我上半年把楼脚的猪圈改造了,当时村头的干部宣传了改圈有点补助,下半年又来说'改造不合格,不能享受补助',我倒不指望这点钱,但是别个都是这么搞的都能补,为啥子我的不能。""你们问的这些问题之前村头和镇上的干部也来问过好几次,都是拿几张表填哈,也没起作用,说的都是空话,整些空经。"气氛突然变得紧张起来,我也只能"灰溜溜"地离开了。

从不信任到"不咋地"

原来,第一次验收时他家的猪圈改造尚未完工,要等第二批验收后才能给予补助。我把这一情况打电话告诉他,他仍不相信:"我是个直喇叭人,说话做事都是直来直去的,之前村上的干部都是忽忽哄哄的,很多事情不了了之,你是新来的干部莫搞那些虚名堂,你只有把钱拿到我手里了,我才相信,你给我解释这些都是些空话。"群众的这种不信任让我无比痛心,我们和群众何时才能真正成为一家人成了我的一块心病。

在日后的工作中,我经常到他家拉家常,到田间地头看庄稼,到圈舍看生猪养殖情况,宣传务工收入绩效奖补、种养殖业产业奖补等政策。"一回生、二回熟",我们的关系越来越近,以往的不理解甚至气愤也渐渐在消失。

没过多久,村里组织了第二批改圈验收工作,我特意拿着他家的改圈申请表到圈舍拍照、收集户主的银行卡号等信息,成功兑现1000元改圈补助资金。老曹说:"我觉得你这个干部还'不咋地',能做点实事。"此刻我感到无比欣慰。

多了一个亲戚

在接受市级脱贫摘帽验收前一周,帮扶单位开展了"大会战"行动,进一步查漏补缺,实现问题清零。到老曹家时已经是傍晚时分,进屋一看,一大桌人正在吃晚饭,老曹说:"择日不如撞日,都来坐起吃个便饭。"但是我们工作组毕竟有五六人,决定去镇上吃完饭再去。

再返回时,老曹家的客人也已经散去,闲谈之际,桌上又摆起了香肠、血粑、土洋参炖土鸡,还有一壶冒着热气的苞谷酒……他自豪地说:"今天是我家杀过年猪的日子,一共杀了5头,卖了4头,今年收入还不错,凑起来的几万块钱准备给后人买个小车。"其乐融融充满温馨的大家庭氛围感染了我们所有人,本来不喝酒的我,冲着这几个好菜,在生拉活扯的劝说下喝了点啤酒,我们也不知何时就改口称他为曹大哥,他也把我们喊兄弟。

曹大哥是个好强的人,生活中从来不会认输,说到喝酒吃肉左邻右舍找不到对手,说到发展种养殖业总是津津乐道,有讲不完的土方子。我在想,这就是他们为什么世代坚守着这一方水土的原因吧。临别时曹大哥拉着我们的手约定,待他的儿子从外地回来后,还要杀两头猪,到时候邀请我们到家里来吃一次真正的刨汤肉。

明年继续来吃刨汤肉

半个月后,按照村里走亲戚的习俗,我买了牛奶和啤酒去大哥家吃刨汤肉了,这次可能是沾亲带故吧,就没有强求让我喝酒,但是必须选择喝酸奶和吃肉,标准就是一口酸奶或一块肉换一杯酒。我发现吃肉也不是个好差事啊,碗里总有吃不完的肉,我真有种喉咙管冒油的感觉。从头到尾我们都有说不完的话,上谈国家大事,下论柴米油盐、鸡毛蒜皮,有意见相左时争论得面红耳赤,也有看法一致时高喊喝酒吃肉。曹大哥说得最多的一句话就是:"共产党好啊,现在国家的政策也好,我们老百姓的生活与过去相比发生了翻天覆地的变化,以前屋头一年要缴上千元的农业特产税,现在搞发展不缴税不说,政府还要给奖补,相信我们的生活会越来越美好。"离别时曹大哥叮嘱我们:"等明年杀过年猪时一定要再回来吃刨汤肉。"

△ 2020年5月16日,彭洪到网格区域开展走访,核对户档案信息、宣传扶贫政策

扶贫工作还在继续,感人的扶贫故事也天天发生在我们身边,我坚信只要我们沉到基层一线干工作,走进群众心坎解难题,抱着必胜信念,有着为民服务办好事的情怀,充分调动广大群众的积极性、主动性和创造性,激发群众的内生动力,一定能过上脱贫摘帽奔小康的美好生活,实现中华民族伟大复兴的中国梦。

56 我是贫困群众的农产品推销员

——城口县政务服务中心 何以蓬

◁ 2020年3月，何以蓬（左）在贫困户康高升家，了解农作物播种情况，并送去一袋化肥

按照单位的帮扶安排，我与蓼子乡新开村的贫困户康高升结缘。第一次寻亲上门是个雨天。从县城乘车前往，由于沿路不断落石，我们用了近3个小时才抵达新开村村委会。到村委会后，距离康叔家还有4千米没有硬化的村级路，坡陡路不平，加之雨天，更加泥泞难行。虽然有安全隐患，但我仍从村委会徒步前往，踏出了结对帮扶的第一步。

这段村级公路真叫一个险啊！靠外面一边全是深沟，一不留神就可能滑下去，艰难前行大半天，才抵达康家小院。出现在眼前的是已历经半个世纪风雨的土木穿夹房，康叔早已在大门口等我。在康叔带领下，我里外看了一遍，房屋里的光线很暗，潮湿发霉的味道很浓，穿过地面隆起很多小包的正堂屋，就是厨房和卧室，基本没见到什么家具。大门口的一盆兰草，是康叔从山里移植的，养得很旺盛。从小院出来，我了解了康叔家的产业，洋芋、中药材、板栗、生猪、山地鸡和蜂蜜，都给我留下了深刻的印象。我觉得康叔虽然年迈，产业却发展得不错，真的很不容易。

第一次走访，康叔多次感叹高山上农产品销售难的情况，让我一直记挂在心上。

从康叔家回来后，我夜里常想，如何为新开村的贫困户多做些实事？如何为康叔的农产品找到销路？经过好几个夜晚的反复思考，我认为虽然我个人的购买能力有限，但可以通过朋友圈来帮助康叔，寻求农产品销售渠道。就这样，我便开始尝试利用同事和朋友关系来拓展销路，在自己的微信朋友圈，发了一些康叔家的农产品照片。

"小何，给我带两只鸡公20斤洋芋""蓬哥，我要5斤蜂蜜""帮我留10斤洋芋粉哈"，微信朋友圈刚发不久，同事和朋友的购买留言就来了。我兴奋地跳了起来，都有点不敢相信。慢慢地，我发现，高山上的土蜂蜜、土鸡备受城里人的青睐，有了大家的支持，我更有信心了。

第二次去蓼子乡帮扶，一路上阳光明媚、鸟语花香，我提前给康叔联系，准备好今天要带回城的农产品。这次入户走访，康叔一直非常高兴，农产品装上车后，康叔激动地说："我们这高山上，收购商嫌路程远，价格出得低，农产品没有好的销路，大家生产发展的积极性受挫，现在有小何同志帮忙卖，推销到城里，我发展产业就有信心了！"

功夫不负有心人。在接下来的几次帮扶走访中，我用同样的办法，很快就帮助康叔把这季的农产品卖光了。这个时候，康叔家周边的贫困户也来让我帮忙推销，我也很乐意成为他们的一名农产品推销员。

随着户数的增加，我发现个人的精力有限，要想持续下去，帮助更多的贫困户，得培育本土的带头人才行，才能切实解决新开村高山农产品销售难问题。通过挖掘，老家在新开村2组的肖英，是一个合适的人选。肖英30岁出头，长期住在县城桂花苑小区，在家专职带两个小孩读书。肖英也很愿意帮村里销售农产品。而她的丈夫康正荣，是新开村的致富带头人，也是新开村合作社的法人，因合作社业务需要，长期在县城和新开村往返，有自己的皮卡车，正是我想要的运输渠道。

三人的想法不谋而合。按照分工，我负责在同事、朋友和自己居住的小区群里转发新开村农产品信息，收集他们的农产品需求，建立农产品供应台账。康正荣负责按照台账，提前对接新开村贫困户农产品，等需要办理自己合作社业务进城的时候，顺便将农产品一并带进城。肖英则负责县城内送农产品上门和售后服务，积极建立自己的长期供应关系。就这样，新开村线上线下农产品销售链条逐渐形成。

这种模式很快得到了大家的认可，我单位的同

△ 2020年8月，何以蓬在县城桂花苑小区门口，帮助贫困户销售洋芋

事也都积极帮忙转发农产品信息，帮结对帮扶户把农产品卖到县城。彭春香家仅洋芋产业就增收1500元，胡仁传家的100多斤蜂蜜提前卖完，石代宽家的土鸡蛋只有提前预订才能买到。肖英激动地说："能够把老家的农产品推销到县城，我自己非常高兴，真心希望老家的农产品飞出大山，卖得更远。"

一天晚上，我在同学群转发新开村农产品时，毕业留校工作的大学同学杨漾跟我说："母校重师大对口帮扶城口，如果能够在网上卖，把购买链接发到群里，发动母校师生都来购买和转发，推销的效果肯定会更好。"在网上销售新开村农产品，我曾经也想过，但考虑到城口距离主城区较远、快递费用昂贵和农产品缺少包装等因素，一直没有具体实施。

那个周末，当我给肖英说起网上销售时，肖英表示非常愿意试一下电商模式。我们说干就干，第一步，我来联系县城内各大快递店，寻找运费最便宜、速度最快的合作伙伴。最后找到了邮政公司的EMS，每月寄农产品在100单以上，就可以享受协议价3公斤运费3.5元，同时为农产品还提供包装盒；对于重庆主城的订单，承诺24小时送达。第二步，肖英在手机上开店，她将康正荣的城口县森梦中药材种植销售股份合作社的营业执照，用来在微店、淘宝和拼多多注册网店，很快就开店成功。我们及时上传新开村农产品信息，图片文字编辑现学现卖，农产品发布完成。第三步，我

们一起全面转发农产品购买链接，做到每一个微信朋友和微信群不遗漏，并拜托他们帮忙转发购买链接。

本来大家都还在担心，在网上销售到底行不行。忽然，"叮咚，您有新的订单，请您及时发货""叮咚""叮咚"，肖英的手机不断响起这样的声音，大家都笑得合不拢嘴。开店第一周就销售200多单，其中，新开村洋芋最受欢迎，一抢而空，就一直处于预售状态。"从明年开始，我将继续在网店上加大投入，把家乡的农产品搬到网上销售，盘活老家经济，努力带动大家致富增收。"肖英兴奋地说。

线上销售，让大家看到了新开村农产品销售新的希望，虽然农产品在店铺入驻上受包装、品牌等限制，目前只能得到平台的部分流量，要想进一步扩大线上销售，还必须进一步探索。但就目前的销售情况来看，线上线下同步推进，我们已经迈出了新开村农产品销售模式的第一步。

最近的一次走访，我意外发现康叔家那盆兰草开花了，那淡雅的芳香沁入鼻翼，我似乎嗅到了未来的气息。

结对帮扶工作不是一锤子买卖，还有很多事情需要去做，新开村脱贫致富归根结底要依靠产业发展来支撑。我也将继续探索更多的推销方式，通过寻找销路助力贫困户持续增收，为服务乡村振兴贡献力量。我相信，在我们大家的共同努力下，新开村的日子一定会越过越红火！

57 乌窑湾扶贫记

——巴山镇第二中心小学 徐先容——

◁ 2017年7月8日，徐先容（左）到李才兴新家了解务工情况

2015年初冬，随着精准扶贫任务的下达，我校全体教职工各自接到对口帮扶的贫困户名单。我的帮扶户是家住巴山镇黄溪村六社的李才兴。在这之前，我与这地方的人一点交集都没有，更不用说熟悉和了解。手捧责任书，我决定星期天和该村的干部一道走访，先摸清基本情况再说。

那天，下着淅淅沥沥的冬雨，我早早地联系了该村村主任罗德全，他爽快地答应和我一起去。我们从庙头出发，约莫半小时就到了张家湾。

五年前的乡村，别说公路，连骡马道都没全通，更不用说家住黄溪村最高山头的李家了。一路上，罗村主任一边在前面带路，一边给我介绍李才兴家中的情况。"他家住在'乌窑湾'，屋后有座山，名'倒牵牛'……""乌窑湾""倒牵牛"？我忘记了沿途的疲劳，笑问道："好稀奇的地名。""你不知道，'倒牵牛'就是山的尽头了，牛放到此处就必须往回牵，不然会摔下岩去。""是吗？'乌窑湾'呢？""那里是早年人们到老山上砍柴烧炭，挖得有炭窑，每天乌烟袅袅，故名乌窑湾。""哦，我明白了。"不知不觉我们已来到了"蜂桶梁"，不用问，当年这里一定有很多人养蜂吧。行走将近两小时，来到了一处笔陡的山林下面，村主任说这里名叫"火石丫"。这真是地如其名，巴掌宽的小路全是红色石子儿，像被烧过的一样，十分险峻。我们行走更加小心，随时提防着，还好，路边的一些枝条、荆棘能助力我们一路攀爬而上。罗村主任不愧是土生土长的人，他走走等等，随时提醒并不时帮助我爬坡上坎。

山路时而弯，时而缓，沿着山顶蜿蜒而上。走着走着，初冬的寒意已消去，头上也冒出了汗珠，更令人欣喜的是，已依稀看到了远处的几处木房。村主任告诉我："乌窑湾快到了。"紧走一阵，心里也更热乎起来。因为，终于快要到李大哥家了，看看时间，已临近中午。

自我介绍后，我不住地环视着他家的环境，破旧的木屋，是用木棒搭建起来的，木壁上到处是钉钉钩钩，挂着衣服、农具、包包、袋袋，一眼观尽几间屋。厕所呢？我示意女主人，想方便一下，不想她大声问我："你是要'解手'吗？那边。"她指了指猪圈，我表示不明白，她忙解释："我们这里没有厕所哦，就是在猪圈解手，屋后树林也行，方便得很，你莫怕焦人嘛。"

能说什么呢，这就是百姓生活，也就是山村现状，这也就是我应了解和要为他们解决的问题吧。一边和主人拉家常，一边把更多的问题做好笔记。原来，居住在大山上的李才兴以往真的是靠山吃山，他说后面那倒牵牛山上长着多种药材，他们的油盐钱都是山上出的，自己还种些庄稼、蔬菜，喂猪喂鸡，不愁填饱肚子，

但造成家庭贫困的主要原因是三个孩子读书，老大在重庆主城读，除了每年几千元的学费，每月还要给她寄800元的生活费；老二在职中，每月400多元的开支；老三读小学花费小些，每月200元左右。

了解到具体情况后，我和村主任一道回来与其他干部一起商量帮他走出贫困的措施：一是通过政府各种优惠政策从助学等方面给予帮助；二是要想方设法让他通过易地扶贫搬迁走出困境，能进城打工挣钱更好。计划既定，于是，我再上乌窑湾，做起李大哥的工作来。

"李大哥，通过对你家庭情况的了解，我作为你的帮扶人，认为走易地扶贫搬迁

△ 2019年9月5日，徐先容（右一）到李才兴家帮助其核算经济收入

这条路，能尽快帮你走出困境，先到城里去租房找零工干，嫂子和你都勤快，我也打听到像你这样的勤快人，在城里好找活干，挣钱也快。""啥子啊，进城？徐老师，你开黄腔哦，我两口子大字不识几个，到城头去，估计还不如叫花子，到城里去只会丢人现眼。"只见他不停地摇头、摆手，眉头都拧成了疙瘩，"再说，我们这里柴方水便的，倒牵牛那山上我还能找几个钱，不得去，不得去哟。"没想到刚说出我的想法，就遭到他的强力抵触，我一时无语，心想，这倒还真像条大倔牛……

不过，我也没轻易收兵，想了想，轻言细语地对他说："好吧，不搬就不谈搬，那你明天送我进城一趟，到我家要一要好吗？我不都到你家做客了吗？互相走动一下嘛。"没想到这招还真灵。"那要得嘛，不过晚上我就要回来哟。""好的好的。"

第二天进城，我有意带他到南大街走一转。街上背着背篓找活儿干的人多，而且很吃香。"师傅，帮我干。""师傅，今天帮我干。"招工主人都称他们为师傅。其中一人看到了李大哥："李才兴，你好久来的哟？看，我们每天都在这里找活儿干，有时还忙不赢呢，你来不来？有时一天要挣四五百哟，上来跟我们一起干，你看，熟人多得很。"跟他说话的是我事先安排的他认识的乡亲，没想到听了乡亲的话，他眼睛一亮，停下了脚步，问这问那，我装着和别人说话在一旁等他。半小时后他走过来叫我："徐老师，要得，我听你的，进城租房打工，刚才碰到好几个熟人，他们都劝我呢，我看他们都整得不错哦。"

就这样，在他回去后的第四周，我三上乌窑湾。这次我的心情比之前轻松多了，我一边帮他收拾衣物，一边跟他交流进城后的打算。打完包，让几头骡子把东西驼下山。下山时，他一步三回头，好像对他的房屋，对乌窑湾、倒牵牛怎么也看不够。然后，一辆货长安载着他们进城了。

在城里，他勤劳肯干，很受人欢迎。一年以后，他开始跟别人学泥水匠，工资越来越高了。他妻子也找了份清洁工的工作，这样，孩子也转进了城里就读，大女儿寒暑假回家也帮着做一些家务，家庭情况越来越好了。几年下来，有了余钱，在政策支持下，搬到了县城里。

如今，他家生活幸福了，每逢我去看他，他都会说："徐老师，多亏你当初的良苦用心，要不是你，我现在可能还在乌窑湾，可能还上倒牵牛，可能还是贫困户。"他边说边笑，我听着也笑了起来。

我以为这下万事大吉，我可以光荣地说我的扶贫任务完成了。可有个星期天早上，我还没起床，就听到门"砰砰"响个不停，我忙起来开门一看，李才兴黑着一张脸坐在门口，我忙请他进屋坐。见到我，他嘴巴像放鞭炮："徐老师，不公平，不公平，是那几个村干部在搞鬼经，人家那些搬迁户除了享受几大万，另外还有7500元的补助，我怎么没得？肯定是村干部贪去买了烟，怕是又逼我回乌窑湾哦……"他一说一大串，我半句话插不上，等他说够了,我递给他一杯茶水:"李大哥,先莫发火,有理慢慢说嘛,吃了饭我和你一块去村委办公室了解情况后,再做评判行不行?"见我和颜悦色,他没再说什么。

就这样,吃过早饭,我带他到村委办公室,村主任耐心地讲明白了缘由,原来别人的7500元是危旧房改造,不在他所享受的政策范围之内。村主任语重心长地对他说:"老李,我们要相互理解,你心中装着你家,我们心中装着大家,不会亏待任何人。"他听了不再生气,也主动对自己的言行道了歉。

思前想后,帮扶工作不光是帮助困难户有吃有穿有住,要帮的还有很多很多,做好政策的解释工作很重要,可以避免很多不必要的误解。看着李大哥在城里稳定了下来,儿女也有出息了,我的乌窑湾扶贫也画上圆满的句号了!

58 从此，我又多了一家亲戚

——城口县委宣传部　詹同波——

◁ 2020年6月，詹同波（左）同刘叔拉家常

刘叔一家两口，是我的帮扶户，住在明通镇平安村的半山腰上，距县城将近70千米。在当地党委政府的带领和村"两委"的支持下，刘叔和妻子邓姨经过自身努力，在2016年年底摘掉了贫困户的帽子。刘叔已年过半百，一级听力残疾，同他交流只能用手比画。如何与他们更好地交流，进一步巩固好脱贫成果，是我在帮扶中一直摸索、思考的问题。

2018年7月24日晚，我压制住自己心中的一丝不满，拿起妻子的手机，拨通了邓姨的电话。

就在给邓姨打电话前的半小时，我接到明通镇易书记的电话，他说镇上开展电话调查，我帮扶的刘家对帮扶人的工作不是很满意，希望我多沟通一下。跟易书记通完电话，我有些茫然，心情也变得糟糕起来。在近一年的帮扶里，按照单位和镇里的要求，我每月都入户走访帮扶，比回老家看望年迈父母的次数还要多。宣传政策、引导打扫环境卫生，也送过米和油，前不久还送了粽子。"规定动作"一样都没少，可他们为什么还不满意？

"喂！"电话那头传来邓姨的声音，但她没听出电话这头是谁，我也没告诉她。刘叔还在砂场务工，她一人在家。"你觉得你的帮扶人怎么样？"在简单拉了几句家常后，我终于问出了憋在心里的话。邓姨停了一下，回答说："一般的嘛，我们也没得到啥子！"

通过交流，我了解到很多信息，包括他们买房欠下的部分债务、两个女儿的家庭情况、刘叔在砂场的工作、今年庄稼的收成等。之前那么多次入户走访，我怎么就没摸清楚这些情况呢？

问起两位帮扶人（我之前的帮扶人是一名村上的干部）是做什么的，邓姨的语气显得有些不好意思："我还不晓得，没过细问他们。他们经常来看我，还给我们送了菜油、粽子，对我们还是不错。"邓姨还说，她想咨询下养老保险和双女户的一些政策。

挂断电话，我发现自己心中的不满已荡然无存。原来，沟通也没想象中那么难。我想，我知道接下来的帮扶工作该怎么做了。

2019年10月17日，正值第6个国家扶贫日，我和单位同事一同去刘叔家走访。屋旁的小路很干净，柴草也堆码得整齐。屋前的花儿开得正艳，几只勤劳的蜜蜂正在花丛中忙碌。

邓姨系着围裙，一见是我们，笑着把我们迎进了屋。刘叔还在砂场务工，最近一次回来还是在一个月前。走进客厅，之前的凌乱物品已被整理得井井有条。沙发布套刚刚换过，茶几上铺着之前我带来的报纸，玻璃瓶里还插着几枝屋前长的鲜花，怒放的花朵红里带白，花香弥漫着整个房间。

走进厨房，灶台整洁，厨具和调料都摆放有序，但光线不是很好。开了灯，暗黄的灯光也没能起到多大作用。记得一个多月前来走访，考虑到农忙时节很多人会不在家，我和同事一早就从单位出发。到刘叔家时还不到九点，邓姨特意为我和同事煎了鸡蛋。我们围着桌子吃早饭时，一个同事提议拍照留个纪念。照片里，几个人都面带笑容，但昏暗的光线让人觉得很不舒服。

今天我是有备而来的。我从包里掏出特意买了带上来的节能灯，在同事的帮助下很快就把旧灯泡换了下来。拉下开关，整个厨房顿时变得亮堂堂的。同事打趣地

△ 2020年9月，詹同波查看帮扶户玉米收成

对邓姨说："你的帮扶人才好哦，给你们带来了光明。"邓姨笑了，直说："好！好！"邓姨坚持要塞钱给我，说是买灯的钱。我拉着她的手，打笑说："我上次吃鸡蛋也还没给钱呢。"听完我的话，在场的人都笑了。

临近2019年年关了，有一次我去刘叔家走访。刚到附近，就听到热闹的声音。走近一看，原来是刘叔家在杀年猪，刘叔的弟弟和几个邻居正在忙碌。

见我们走近，刘叔的弟弟上前打招呼："詹同志，今天你们就别走了，我们喝两杯！"他住在场镇，平日里忙着跑运输。上次刘叔眼疾发作，我们在镇医院见过。就在前不久，我还请他帮刘叔收集申报务工绩效奖补的资料。

走进厨房，邓姨正在忙碌，还请了一位邻居大姐帮忙。刘叔的母亲忙着烧水，热情地留我们吃饭。我坐在火塘边烤了烤手，邓姨告诉我，屋后的人行步道就快动工了。看得出她很高兴。这事还要说到几个月前，一次不小心，邓姨在屋后面的土路上摔了一跤，老人特别希望有一条水泥步道。但刘叔长时间在砂场务工，缺材料也缺劳动力，我走访时得知这个情况后，向驻镇、驻村工作队反映了情况，村里计划在硬化入户便道时一并解决。

前几天刘叔在城口县人民医院做了嘴角肿瘤切除手术，报销减免后自己只承担了300多元。

了解完情况，我和同事准备走了，刘叔和邓姨坚持要留我们吃晚饭。我告诉邓姨："我们还要到另外几户看看，有事儿您给我打电话。"当我们坐上车离开时，发现刘叔和邓姨还站在路口，一直望着我们离开的方向。夕阳下，树林、房屋、人，一瞬间感觉这一切都是那么美，那么温暖。

2020年2月20日，在快下班的时候，我的手机响了。一看，是邓姨。邓姨很关心地问了很多："春节过得好不好？""最近忙不忙？""小孩听不听话？"这关心，有朋友的牵挂，也有亲人的嘱托。

电话里，邓姨说了很多。有扶贫政策的好，有对各级干部的感激。说到收入，刘叔去年在砂场务工有2万余元的工资，申请的1000元绩效奖补已打到银行卡上。为刘叔弟弟养的年猪，按市场价算有5000多元；半年的公益性岗位工资有2400多元。此外，还有退耕还林、生态补偿金等各类补贴。问到打算怎么用这些钱，邓姨笑着说："先存起来，要用的时候再去取。"

说到今年的计划，邓姨说："现在的政策这么好！我们要再加把劲儿，一定要把日子越过越好！"我想，这是邓姨发自内心的话。

我感觉刘叔和邓姨真是把我当成了他们的亲人，从此，我又多了一家亲戚。

59 与贫困户的一次无声畅谈

——城口县委办公室 王 旭——

◁ 2019年9月，王旭与康大奎交流

2019年9月19日，星期四，沿河乡北坡村，阴转小雨。我看了看这乌云笼罩的天，很是担心老柏树片区七八社新建房、新建厕所等工程的施工进度。简单吃了个面条，时间已是7点21分，我们驻乡、驻村的工作队带上方便面和矿泉水，准备出发去看看。

正要动身，一个熟悉的身影向村便民服务中心走来。看见我们提着东西、背着挎包要出门的架势，他三步并作两步凑上前，双手紧紧握住我的手，支支吾吾地说道："王主任……王主任，好！""好，好啊，大哥你好！早啊！"我凑到他耳朵边，用高于平时至少20分贝声音回答道。

他用右手赶忙从上衣兜掏出硬盒香烟，烟盒底部在左手掌心轻轻一磕，香烟从裁剪规整的烟盒中滑出，开始给在场的人递烟。开始我不知他为啥从香烟底部开口，想了一下，他应该是考虑到递烟时不用手接触过滤嘴。还真是个讲究人！在场的人不约而同地相互看了一眼，心里盘算着他又准备唱哪一出。

他，就是沿河乡北坡村7社低保脱贫户康大奎。康大奎两耳后天因病失聪，和他交流基本只能靠吼，同时还要配合手势进行比画。都说有些耳背的人是顺风耳，有时候听得到，有时候听不到。嘿嘿！几次交道打下来，还真发现康大奎也有这个特异功能，我暂且称为"选择性失聪"：讲政策、谈变化，他可以不理不睬（也可能是真没有听见）；

但说到底保、产业补助，他心里就有一本明账。他还特别喜欢用自己和老婆是残疾人的处境来获得他人的同情，不管家里来客是谁，只要他觉得是"说得到话的人"，一进院子口，他就把客人带到房前房后、屋内屋外、楼上楼下参观一遍，然后拿出夫妻的残疾证，又说房屋漏水，又说家庭困难，反正就是不管别人说什么，他只顾说完自己想说的话。

康大奎的老婆也是言语残疾，但劳动不成问题，女儿远嫁他方，儿子高职毕业后在外务工。康大奎夫妻二人勤劳简朴，每年都要喂4到8头大肥猪，上百只土鸡，他头脑也相当灵活，能说会算，能识字写字，有时候说话还文绉绉的。

我们都知道，今天他又是无事不登三宝殿。我心里想，既然他都来到了村委会，先看看他有什么诉求。为了便于交流，克服语言交流的障碍，我把他领到了办公室，找来了纸和笔，与驻村队员张勇、邱荣华一道，来了一个"以文会友"。

我凑拢他的右边耳朵："康大哥，捡瓦队已经开始从帽儿顶上面那几户捡瓦了，你自家的瓦准备得怎么样了？"看他没有反应，我在纸上写下这句话。

"我就是说这个事情，我没有钱，还没有准备。"

"我们考虑到老柏树片区里面全是年老体弱的，上房捡瓦不安全，才请了捡瓦队免费帮你们捡瓦治漏，但瓦得你们自己准备。"

"我没得钱啊。我母亲生病住院花了不少钱，我们两口子耳聋道听的，我长期头晕，女的也经常生病吃药。我们全靠低保和干部扶持。"

"据我们了解，你母亲生病住院大部分钱是你兄弟出的，你只转了500块，你母亲追悼会后你还分到了一部分钱。"

"我知道，这些都是我兄弟告诉你们的。"怕引起他们兄弟之间的不和睦，我随即写道："你兄弟倒没有说什么，我们是通过大数据比对和了解存款信息，发现你名下还有点存款哟！"

我们交流到这里时，他下意识地停顿了一会儿，这时他内心可能在进行思想斗争：为什么要比对了解我的存款？为什么会知道我的存款数量？会不会因为这件事

△ 2019年11月，王旭到贫困户家中了解脱贫政策落实情况

把我的低保取消？干部会不会认为我是在欺骗？片刻之后，他小心翼翼地写下了这句话："实话说，我还有一些存款，是为了儿子的终身大事，以备不时之需。"当我看到他写下这句话时，我知道，这个人秉性是实诚的，是对我们敞开了心扉的，他心里的疙瘩解开了。

经过强烈的思想斗争，康大奎顿悟了：也许他想到了以前出行时穿荆棘、翻高山、爬悬崖，走骡马栈道时要手脚并用，借着藤子或绳索冒着生命危险穿越死亡之谷；也许他想到了曾经看上去和自己一样弱不禁风的"大落大漏，细落细漏"的穿架房；也许他想到了自家当年吃了上顿没有下顿的苦日子；也许他想到了村"两委"帮助他家改造危房、接通自来水、实施环境整治忙前忙后的付出；也许他还想到了帮扶责任人顶着烈日冒着寒风，入户关心真情帮扶的身影……

最后落在纸上的是这样两句话："谢谢理解、我以前也有些不良作风，望各位领导放心，我会改的。""我再一次感谢各级领导对我全家的照顾！"

两个多小时的无声畅谈，我们由衷地为康大奎身残志坚、勤俭持家竖起了大拇指、送上了赞许的目光。在这次无声长谈后，每当有人在北坡村微信交流群中发牢骚和抱怨的话语时，总能看见他发出的声音："不是干部不爱你，而是你不懂得人间真爱，贵在知心""文斌弟弟，请你相信党、相信政府、相信这些日夜操劳的好干部""不善待帮扶干部，真是猪狗不如。"

2020年3月5日，他主动为抗击新冠疫情捐款100元。4月初，在老柏树片区疫情后第一个社员会上，他的一个举动让我再次体会到了他身上满满的正能量，当我们帮助群众填写产业申报表时，一位老年人记不住自己的电话号码，他第一时间心领神会地拿起这位老年人的手机拨打他自己的手机，然后指着自己手机上的电话号码向我示意，在我记录下这个电话号码的同时，他满足的神情跃然纸上。

现在回想起来，他的每一句话语字字有情、句句在理，从这些情真意切的语言文字中，我近距离感受到了老百姓的淳朴与善良，他的每一个举动发自肺腑，他的每一次行善之举感人至深，让我感受到艰辛的付出终于得到了回报，驻乡、驻村帮扶工作终于让老百姓思想有了大的转变，这也更加坚定了我无悔扶贫路的信念。

60 释放青春的萤火之光

—— 蓼子乡人民政府 邓亚丽 ——

◁ 2014年7月，邓亚丽（右）在蓼子乡当阳村给老人讲优惠政策

2011年7月，我作为大学生村官来到了城口县蓼子乡的一个贫困村。多少年来，我一直扎根基层，以微薄之力帮助贫困地区群众改善生产生活条件，为扶贫奉献萤火之光。

我是蓼子乡第二个女大学生村官，所驻村离乡政府比较远。在参加工作以前，我没有农村生活经验：五谷不分、肩不能挑、手不能提，还有小洁癖。我所进驻的当阳村自然环境恶劣，基础设施很差，父亲见环境太差、条件太艰苦，劝我离开城口，劝了半年我都没听——自己选的路，不能当逃兵！我凭着一股不服输的倔劲坚持了下来。

到村之后，我从头开始学起，从学讲当地土话开始，穿胶鞋、拄木棍，有摩托车坐摩托车，没有摩托车就走路，在丛林中穿梭，在大山里摔倒后又爬起来，在河沟边上的窄路上手脚并用，一步一步走访，一户一户了解情况。我咬牙坚持着努力做好工作，在艰苦的环境中一点一滴地积累农村工作经验。没有奢侈品，没有小资生活，我慢慢地适应了匮乏的物质环境和枯燥的业余生活，把每一天都当作汲取养分、增加工作经历的宝贵一天。

在亲朋好友的眼中，我是一个名副其实的工作狂，常常加班到深夜，遇到工作和生活发生矛盾的时候，我总是以工作为先。2016年初一次下村走访，因为村级道路的坎坎和颠簸，当时已经怀了两个月的宝宝差点流产，我在床上躺了一周不能下地。宝宝出生后刚满两个月，因为乡上工作需要，产假还没有休完我就回到了工作岗位上，白天在村上开展脱贫攻坚工作，晚上在机关办公室加班处理业务已经成为常态，只好给孩子断了母乳。

2018年5月，我父亲病危，当时正值脱贫攻坚大走访的关键时期，我只请了半天假赶回开州看望父亲，当天深夜又赶回了乡上。不久父亲就过世了，我连最后一面都没见上，这成为我心中永远的遗憾。

在脱贫攻坚这场战役中，我给自己的定位是当好一颗螺丝钉，拧紧乡党委、政府与村社区、村民之间的距离，服从大局、服务大局，努力做到户户有增收项目、人人有脱贫门路。

当阳村原来的产业比较薄弱并且很零散，我就和村干部一起努力寻找适合的产业发展项目，积极与外出务工人员沟通协调，做了大量工作后，成功引回本村优秀外出务工人员返乡创业，在当阳村成立了农业发展公司，采用"公司＋农户＋基地"的模式连片种植中药材，带动农户增收。结合当阳村在外务工老板、包工头多的特殊情况，村"两委"积极与他们保持联系，为本村村民争取到更多务工机会，且绝大多数能在本村包工头处务工，自此形成了外出务工收入和中药材种植两大主要增收渠道。

2018年4月，我服从蓼子乡党委、政府的安排，跳出了工作7年的"舒适村"到了一个陌生的村——梨坪村。当时梨坪村已经靠发展旅游脱贫了，基础条件较好，因此工作要求更高，内容更多，难度也更大。

基层工作纷繁复杂，我的性格很要强也很直，遇到困难不喜欢回避。在刚调整到梨坪村工作后的一次检查中，通报出来贫困户档案资料有多处不准确，我认识到问题的严重性，连着两天早上5点多钟起床到村，带着村干部一起逐户逐户走访，找出贫困户身份证、户口本、房产证、林权证等材料，一项一项核对，对基础信息进行了一次全面核对。在村支书请了半个多月病假、其他村干部懒散的情

△ 2020年1月，邓亚丽（左）在蓼子乡长湾村脱贫户刘朝林家中

况下，我主动站出来牵头主持村上工作，统筹调度，最终成功地承办了一场县级现场交流会，取得了较好效果。

在我们村社干部、驻村工作队一起辛苦努力下，近三年来，梨坪村新建生态蜂蜜园、生态蜂蜜养殖点、生态停车场、游乐场和特色产品销售门市等，为集体经济组织增加收入。相继举办了六届"城口县旅游四季歌"踏春赏花活动，"蓼乡梨坪"成为城口春季踏青赏花旅游的重要目的地，有效带动了乡村旅游发展及特色农产品销售，切实增加了农户收入。

"利民之事，丝发必兴；厉民之事，毫末必去。"我始终认为群众生活无小事，虽然基层是条件艰苦的地方，没有大城市的繁华热闹，接触得更多的是田间地头的村民，办理的都是些琐碎的业务，处理的也是些鸡毛蒜皮的邻里小事，但让我实实在在地感受到了基层的温度和感情。我始终坚信，以真心换真心，以真情扶真贫；我始终坚信，萤火之光虽弱，但触手可及、温暖人心。

在梨坪村第一次参加社员会后，我发现少部分社员"等靠要"思想比较严重，便和村"两委"一起组织村民、建卡贫困户等代表到蓼子乡深度贫困村进行交流学习，让大家走出平时生活的小环境，看看其他村的情况，学习他们的优点，反思自己的不足，并由参加了学习的村民在村民大会上给大家讲他们的所见所闻所想，达到了让这部分群众用自己的所见所闻去宣传、引导、教育其他群众的目的，收到了良好效果。

当我遍访梨坪村贫困户后，看见他们家里的各类证件等档案资料到处乱放，便自己出钱定做了30个有梨坪村特色的手提袋，送到每户贫困户手中，让他们把家里的所有证件装在一起，方便翻阅。

我常常利用休息时间帮他们做一些补课、销售农产品等力所能及的小事，村民们渐渐就把我当成了自己的亲人和朋友，从"娇小姐"变成了村民口中的"幺女儿""幺妹儿"。

有一次在一个村民家休息，当我起床时，发现自己满是泥巴的运动鞋被女主人刷得干干净净，在那一瞬间，我被她的淳朴和真情深深地打动了，我感悟到了自己工作的价值所在。所以，四年前当我有机会调回开州区工作的时候，我犹豫了很久之后选择了留下来，我要留在这里，我要参与城口的建设，我要见证城口的飞速发展，这才让我有参与感和成就感。当我看到一户户贫困户生活越来越好，一个个村民笑容越来越灿烂的时候，我觉得自己的坚守和付出是没有白费的。

我坚信，"星星之火，可以燎原""萤火之光，也能光芒万丈"，我不仅要发出自己的光，更要让自己的光芒照亮身下的一方土地，照到群众心中。

61 罗叔叔用上了洗衣机

——城口县规划自然资源局 吴 娟

◁ 2017年5月,吴娟(右)看望贫困户罗兴云

我的帮扶对象名叫罗兴云,是一位年过七旬、耳朵有点背的老人,我称呼他为罗叔叔。

第一次去到罗叔叔的住所,他并没有在家,映入我眼帘的是一座只有25平方米左右的砖瓦平房,一方小小的水泥院坝。院坝不怎么干净,在院坝前有一块大概三亩左右的农田,房屋旁还养了十几只鸡。

时值早春,气温比较低,海拔1700多米的凉风村显得格外萧瑟。看着眼前的情形,我不禁回忆起外婆家那由6户共墙围起来的大院,每到夏夜,大人手摇蒲扇,聊天喝茶,孩子们你追我赶,打闹玩耍。这是多么巨大的反差啊。

回过神来,我下意识地走到正门前,看了看门旁墙上的帮扶明白卡,上面写着这一户的文化程度、健康状况、致贫原因、居住人口、生产生活状况等。虽没见到本人,但我对罗叔叔的情况已经有了数:这是一位患有慢性病的空巢老人,居住在深山里,除了靠低保救济,基本上算靠天吃饭。想到这里,我心头一酸,在我的认知里,一位年过古稀的老人,应该已经儿孙满堂,颐养天年,而不应该是一个人惨淡度日。随后我站在门前拍了张照片就离开了。

第二次来到罗叔叔家,正碰见他在烧火准备做午饭。尽管阳光明媚,屋里却还是有点昏暗,在黯淡的白炽灯光下,坐着一位消瘦而憔悴的老人,头上戴着一顶破旧的帽子,露在帽檐外边的头发已经斑白，身上穿的是一件有些年代的深蓝色中山服，一条沾满泥土的裤子和一双破破烂烂的胶鞋。这应该就是罗叔叔吧。

见我们来了，他起身迎接，我忙打了个招呼："罗叔叔好，我是您的帮扶责任人吴娟。""啊？""我是您的帮扶责任人吴娟。""吴轩？""吴娟。""我耳朵不行，听不到。""呃……"后来我扯着嗓子又对他吼了几句，他总算清楚了我是谁，来干什么的。说实话，我的内心多少有点崩溃，他听不清楚，我怎么和他交流呢？

这种情况影响了后面几次的走访，基本无法提前联系到他。有一次入户，旁边邻居说他在家睡午觉，我和同事，一个在前面拍门，一个敲卧室的窗。前门一拍后窗户都在抖，但就是没人应。有一次也是邻居说在家，没辙了，我们做了一次"窗上君子"，翻窗进去查看无人，正准备离开的时候，罗叔叔突然出现在我面前。我问他："罗叔叔，你从哪里钻出来的？""啊？我吃了饭的。"我和同事哭笑不得。

罗叔叔虽然耳朵不聪，但说什么没有问题，在一次走访中，他给我讲述了自己的情况。老人本来有一个幸福的家庭，有一个贤惠的妻子和两儿一女。可是天有不测风云，老伴儿在多年前去世了，勤劳的小儿子也不幸去世了；大儿子身患疾病，因为一些变故而家庭破裂，如今自顾不暇；女儿是个勤劳善良的人，常年在外打工赚钱，但有两个正在读书的子女，需要她支持以完成学业，这让她难以更多地顾及父亲。

命运多舛，老人承受了太多的痛苦和不幸。原本低头倾听的我，不禁抬起头来，望着他饱经风霜的面庞，深陷的双眼却又那么深邃，炯炯有神。罗叔叔这种坚强让我肃然起敬。虽然经历了那么多不幸，那么多磨难，但是他并没有向命运低头，也没有被磨难击垮。虽然能听清楚的内容少，但罗叔叔知道国家政策好。他说，只要自己还有口气，就会勤勤恳恳地做下去，不给子女增加负担。

在那之后，我在心里暗暗鼓励自己：在我帮扶的日子里，一定给予他晚年生活一些美好的回忆，为他带来更多温暖、希望和摆脱贫困的信心，让他体会到自己并非孤身一人。我也愿意代替他的子女承担

△ 2020年5月，吴娟（左）在贫困户罗兴云家走访

一些力所能及的义务，让老人的生活过得更舒适，更丰裕一些。

接下来的每次走访，我都会跟老人拉拉家常，听他讲讲自己的身体状况、农忙情况，帮他计算收支账目、谋划产业等。从他的神情，我能看出他期待着我的到来，愿意与我聊天，我把他看作自己的长辈，他也把我当成女儿。

罗叔叔常年一个人居住，又是烧柴火，家里熏得很黑并蒙上了一层厚厚的柴灰。家中物品的放置也有些乱，寝室里随意放置着猫窝和猫吃食用的碗，衣物杂乱地堆放在床上，院坝经常有鸡食和鸡屎。他原本是个勤劳且爱干净的人，但随着年龄增长和体力的衰退，也逐渐疏于打扫。

为了帮他改掉陋习，营造一种健康清洁的生活环境，我左思右想，想到了一个解决之法。我自带毛巾，演示如何给房屋"换脸"，我让他仔细看我如何整理衣物，如何将衣物分类折叠放进箱子里。我一边说一边简单地比画，与我同行的同事也撸起袖子帮着清洗锅碗瓢盆和打扫院坝、厕所。我们边做给他看，边告诉他这样才是整洁的家。

经过那次实战演练后，我再去走访时，看到的是干净整洁的床铺，一尘不染的柜子和排列整齐的物品，院坝也变得干净了许多，家里也显得明亮起来。环境一变，人也变了，穿的比以前干净了，手上还带了块手表，还是晚上有夜光的那种，我还打趣他："耶，开始爱乖了……"那之后，罗叔叔的脸上经常洋溢着幸福的笑容。

后来，我问老人有什么心愿需要我帮助完成的。他说没有什么，就是想要一台洗衣机，冬天太冷了，手冻得厉害，很羡慕那些有洗衣机的人家。听完，我心里有点犯难，但是没告诉他，扶贫政策要求不能简单地送钱送物，送洗衣机这种大家电更不行。

我思索了很久，想想罗叔叔一辈子省吃俭用，培养子女，到现在也没能过上好日子，或许这是他一辈子唯一最大的心愿，如果这都不能成全他，实在于心不忍。后来，我向同事请教后知道，有一种既不违反政策规定，又能完成老人心愿的方法——众筹。我向亲戚朋友说了老人的情况后，大家都表示理解和支持，并愿意捐献了自己的一分力。

就这样，汇聚各方力量购买的一台半自动的洗衣机，就送到了罗叔叔家里。看到洗衣机时，老人激动得热泪盈眶，开心得像吃了蜜糖的孩子。我把大家的心意告诉他后，他更是不知该如何表达谢意，嘴里一直说着谢谢，看得出他激动的心情久久不能平复。

"为别人点一盏灯，也照亮了自己。"看到罗叔叔如愿以偿的样子，我的内心夜感到很满足。这样一位勤劳善良的老人，虽然生活清贫，但他的内心世界比许多人都丰富和明亮。我相信，凭借我们的努力和罗叔叔的勤劳善良，他的晚年生活一定是安适而幸福的。

62 帮扶路上两段情

——城口县退役军人事务局 王先福

◁ 2020年7月，王先福（右）在"权哥"家里与孩子们一起做饭

2017年3月，根据组织安排，我结对帮扶巴山镇民生村贫困户陈启专。

首次见到老陈，我的第一印象是，不爱整洁，爱睡懒觉。为了睡得安逸，老陈可以一天只吃一顿饭，吃过的碗筷当天不洗，两三天集中洗一次。老陈家四口人，妻子带着两个孩子在广东一家鞋厂务工，平时就老陈一个人在家。里里外外都一个人，生活也变得没有了规律，白天睡大觉，家里也不收拾。我每次去都跟他说要勤劳才能脱贫，他也听。但只要不督促，就又回到原来的样子。

为了彻底改变老陈睡懒觉的坏习惯，在一次走访中，我叫上了村干部和他的亲戚一道去家里走访，深入宣传脱贫是需要实干才行，幸福生活是干出来的，不是等出来的。临走时，我特别说了一句话："如果下次我过来你还在睡懒觉，我硬是要整个条子打屁股。"我说这话时，他面子上已有些挂不住了，说："王局长你放心，我一定改掉睡懒觉的坏习惯。"

老陈还真改了。人勤快了，家里环境卫生在村干部和帮扶责任人的督促下也得到了极大的改善，基本达到环境卫生"五干净六整洁"的要求。2020年年初，新冠肺炎疫情暴发后，在外务工受影响，老陈的妻子马隆珍决定回家发展种植和养殖业。3月我去他家里走访，发现老陈已与妻子早早去工地上了，夫妻俩正忙活着建设生猪养殖场。按照自家的产业规划，老陈一家决定第一年先进行探索性的养殖，全年计划养殖生猪6头。同时，为了满足养猪所需饲料，他还收回了自家的部分承包地，种植了玉米、红苕、油菜等农作物，为真正实现稳定脱贫奠定基础。

2021年春节刚过，我就接到了老陈的妻子马隆珍的电话，她给我讲了去年以来的生产生活情况。她的一个孩子在四川一家企业打工，全年收入了3万余元。养殖的两头母猪，其中一头母猪生下了9只小猪，目前尚未出栏，预计可实现收入1.5万元以上，另外一头母猪也将于近期产下小猪崽。还杀了一头大肥猪准备自己过年吃。除了母猪外，另外还有两头肥猪计划在5月份左右出栏，预计也将收入1.4万元以上。老陈的妻子马隆珍高兴地告诉我，现在我们能致富，全靠党的政策好，去年养殖母猪成功了，今年打算扩大养殖规模。

同时，准备把送出去的承包地全部收回，种植农作物，提供养殖所需要的饲料，增加养殖纯收入，真正实现致富奔小康！

听到电话那头传来的兴高采烈的声音，我也笑了。想想以前爱睡懒觉的老陈和现在忙来忙去的老陈，以前到处乱糟糟的家和现在里外都利索的家。这日子，还是得靠干啊！

我的另外一户帮扶户是巴山镇新岭村的熊林，这是一户因学致贫的贫困户。在接手帮扶之前，熊林的大儿子即将大学毕业，加之熊林夫妇十分勤劳，属于脱贫享受政策的户。由于家庭条件相对较好，帮扶工作中，我主要是宣传政策，提供信息帮扶，更多是通过大走访，建立深厚的干部群众鱼水深情。

熊林的大儿子大学毕业后选择留在重庆主城一家企业打工，工作没有节假日，属于计件工。一天工作10个小时以上，

△ 2020年11月，王先福（右）在查看养殖户家中母猪待产情况

虽然月收入能达到六七千元，但是除去房租、生活费，剩下的钱也不多。为此，熊林夫妇希望为他儿子在本县找一份工作。我认真地为他分析得失后，尊重他儿子的意愿，在县内一家企业为他联系了工作。虽然后来他儿子自己找了一家更好的单位而没有去我联系的这家单位上班，但熊林家人仍然非常感激我。

我们帮扶工作中的点点滴滴，都被熊林的父亲熊心全（我称他父亲"全哥"）看在眼里，记在心里。2020年腊月间，我应邀在熊林的父亲熊心全家做客，酒过三巡后，熊林的父亲动情地说，真想让他的孙子做我的干儿子，这样，脱贫攻坚工作结束后，我们还是一家人！我说，你们对我的认可，着实让我感动！这份感情我一定会记永远在心里。做不做干儿子并不十分重要，广大人民群众对我们党员干部的真感情、真认可才是最重要的。

熊林在当地一家矿山企业务工，并且是矿上的兼职安全员，收入比较高。在走访交流中，我给他谈得最多的是安全生产问题。我常常嘱咐他，安全工作要牢记心中，一出事就是大事。他父亲过生日，我带着妻子开着自家小车专程前去为老人家祝寿。后来，老人生病了，我听说老人爱吃苹果，就特地从县城买了最好的苹果去看望老人。老人家去世时，我因故没能前去悼念，后来到村走访时，我专程到老人家的墓前悼念。通过几年的真情帮扶，我与熊林一家人之间实现了心与心的交流，建立了深厚的感情。

几年的脱贫攻坚，我和全县人民一道，在县委、县政府的坚强领导下，做了一些工作，工作中的许多细节至今让人感动。通过几年脱贫攻坚工作的开展，我深深地感受到人民群众对党和政府的拥护，对干部的爱戴是真诚的，这一点我永远不会忘记。

63 "一荤一素"打造脱贫样板

——城口县市场监管局 印 玺

◁ 2016年11月10日，印玺（左二）和村支"两委"、企业负责人规划新红村主导产业

2015年8月，按照组织安排，我们单位结对帮扶治平乡新红村。治平乡，典型的两山夹一沟山地地形，"巴掌田"无"掌"，"鸡窝地"无"窝"，四散的民居贴在两山的边坡上，农民世代靠天要饭吃，靠山求生存。简而言之，这里自然资源先天不足，要在规定的时间内实现稳定脱贫，难度非常大。

到底怎么搞？怎样才能把这一把火烧旺起来？这些问题成了我心中的块垒。接下来，我用脚力向大地要答案，短时间内遍访了新红村的所有农户，深入田间地头实地踏勘，在一张表上密密麻麻记下了农户的困难、需求，以及土地资源、气候特点、适合的种养殖项目等。

深入调研后，我发现治平乡辖区主要是深山边地，因地制宜发展养殖配套腊肉加工、高山蔬菜配套药材种植的"一荤一素"或许是突破口。

2015年年底，我将新红村种植的"脚板苕"送到农科院进行了营养检测比对，检测结果证明，其营养成分要优于野生山药，这一惊人发现更加坚定了我实地调查所得出的想法：治平乡的高山蔬菜、生猪养殖等特色种养业具有独特的品质优势，借助充裕的劳动力，以大户带动形成生产、加工、销售全产业链，提高自身的造血功能，实现稳定脱贫只是时间问题。

根据我的实地调研和"脚板苔"检测结果,经综合研讨,市场监管局最终确定了帮企业带产业、以产业促就业、以就业带民富的帮扶路子,助推新红村做大做强"一荤一素"主导产业项目,实现"输血"与"造血"功能双提升。

说干就干。很快,我帮助城口绿意浓蔬菜种植股份合作社、城口县泽远农业有限公司申报标准化产业项目,2018年、2019年新红村腊肉加工标准化厂房、治平乡高山蔬菜第九批国家级农业标准化示范区先后获得验收通过,撬动政策注入产业奖补资金40余万元,使土地集约成片,使农民抱团发展,变贫困户为产业工人,新红村特色产业开始走向规模化、标准化、产业化之路。

2017年,一场大雨裹着山洪将城口县绿意浓蔬菜种植股份合作社推到了"悬崖边上",几乎面临崩溃。为最大限度地恢复种植能力,使带动农户不受影响,我第一时间向市质监局申请,获得专项资金20万元帮助企业顺利渡过了难关,企业生产秩序得以迅速恢复,供销渠道得以保全,避免了多方受损。

2018年,城口县泽远农业科技有限公司在申办食品生产许可证时遇到一些审批政策前置门槛,眼看就要错过一年的黄金生产季,我多次深入现场指导,力争不漏掉一个环节,不留半点安全隐患,确保了验收的顺利过关。在各方努力下,新红村高山蔬菜获得国家级农业标准化示范区项目,老腊肉入围市级农业标准化示范区项目,两个项目均入围治平乡股权化改革项目,共获得奖补资金400多万元,新红村"1+N"连片农业标准化示范区基本成形,"一荤一素"主导产业项目初具规模。

有了一定规模,接下来就是怎样将规模转化为效应,建立生产、加工、销售全产业链条。我与企业一道铆定重点,一步一个脚印,在生产环节,指导新红村流转180多亩土地给城口县绿意浓蔬菜种植股份合作社;用足圈舍改造政策,协同乡政府在新红村全面完成生态猪圈建设,解决了农户因养猪造成的人居环境差的老大难

△ 2017年11月,县市场监管局指导帮扶的新红村主导产业——国家级第九批高山蔬菜种植农业标准化示范区项目获批挂牌

问题，促成企业与农户签订合同，解决了企业生猪收购难的问题；在加工环节，多次邀请金质质量认证有限公司、重庆市检验检测万州四分院等到治平开展检测、服务，提升高山蔬菜、腊肉等农特产品质量稳定性；在销售环节，协调陶然居为城口县泽远农业科技有限公司在九龙坡免费提供300平方米生态食材展示厅，打通产品销售最后一公里，让产品顺利走出去，对接大市场。

通过四年多的努力，新红村"一荤一素"主导产业全产业链已初具雏形，为彻底实现生津造血形成长效机制，我每年领着企业在西部农交会、农展会等平台频频露脸，治平乡特色农产品的推介力度持续升温，市场占有率日益增大，指导企业走品牌化道路，提高产品附加值，让更多农户享受到品牌红利。

2017年5月新红村的四季豆、辣椒、西红柿等六种蔬菜获得了农业部安全中心颁发的无公害证书；大巴山植物熊掌一亮相便走红、走俏第十六届中国西部（重庆）国际农产品交易会；九重原乡土猪腊肉、姑爷肘子等产品走入了五斗米的宴会厅堂，走上了中石油集团的餐桌，并远销至湖北、山东、河北、四川等地。

全面小康，一个不能少；共同富裕，一个不能掉队。经过几年时间的深耕细作，"一荤一素"业已成为治平乡实现稳定脱贫的驱动引擎，各专业合作社发展积极性空前高涨，一张张土地流转协议、生猪收购协议、劳务用工合同变成了流入农民荷包的真金白银，企业与农户的利益连接机制日趋紧密，"合作社（公司）+基地+村集体经济组织+农户"的发展路子与脱贫攻坚主旋律实现同频共振。

几年来，新红村高山蔬菜标准化示范区年均流转土地300余亩，带动周边农户种植100余亩；腊肉加工标准化项目带动周边500余户养殖土猪，年均提供9000多个劳务工时，解决近200名农村剩余劳动力就近务工，为当地带来年均70余万元的劳务收入，上交村集体经济收入6万余元。

这些数字的背后，是老百姓的满意度和获得感的提升。我们在治平乡的帮扶，也打造出了两山夹一沟地形的脱贫样板。

64 最是泥土香

—— 河鱼乡人民政府　王　浩 ——

◁ 河鱼乡党委书记王浩参加平溪村7.27抗洪抢险

脚下沾有多少泥土，心中就会沉淀多少真情。这是习近平总书记对扶贫干部的深情寄语，也是对我们莫大的鼓舞和鞭策。

作为一名出生在农民家庭的乡党委书记，我始终对农村土地、农民、农业饱含着深厚的感情。我十分珍惜现在的工作岗位，热爱着河鱼乡的每一寸土地、每一位村民，我坚信能带领河鱼乡4000余名群众携手奔向小康！

我与陈明祥的第一次见面，是在2018年年初。那天，我与镇机关干部和驻村工作队到大店村入户走访调研，一行人在村委会查阅了脱贫攻坚工作资料后，准备实地考察中药材种植基地。这时，大店村的一名村干部指了指公路对面一处破败的土墙房，告诉我："那户叫陈明祥，刚从外面务工回来，家庭情况十分恼火。"

时隔不久，因陈明祥的帮扶责任人工作调动，我便毛遂自荐成了他的帮扶责任人。从此，我便和陈明祥结下了不解之缘。

第二次见到陈明祥，是组织确定我为其帮扶责任人的第二天。我入户走访了解到，早些年陈明祥在外打工，不仅没挣到钱，还患上了肺结核，为了看病，他把老家的房子变卖了，回乡后居住在别人的废弃房屋中，靠左邻右舍救济过日子。

得知这一情况后，我第一时间与村"两委"取得了联系，帮助他申请了危房改造。

因家里缺劳动力，我协助村里帮他盖起了两间50平方米的房子，极大地改善了居住环境。

房子是换了，但只换掉了"面子"，没换掉精神的"里子"。陈明祥时不时流露出悲观情绪，他说，自己对生活没什么激情，"没得啥子奔头了，媳妇也跑了，我和娃儿也得了肺结核，只会给政府增添负担"，得过且过。

怎么帮他树立起对生活的信心呢？当时我们乡正在发展山地鸡产业，何不让他试试？于是我一边鼓励他不等不靠，自力更生，一边手把手帮助他发展山地鸡产业。

实践证明，陈明祥是养鸡的好手。

2019年，陈明祥出栏了300余只山地鸡，除去成本后，年均增收2万余元。尝到甜头后，陈明祥干劲儿更足了。今年还要准备多买些鸡苗，扩大养殖规模。前两天，我接到陈明祥的电话，他高亢的调子从电话那头传了过来："王书记，啥时候一定要来我家坐坐。"听到这番话，我知道陈明祥的生活有了改变，打心底里为他高兴。

时间回拨到2019年7月27日，河鱼乡平溪村遭遇百年一遇的特大暴雨。当时我正在县里对接工作，听到这个消息，脑子里一片空白。回过神之后，我立即驱车赶往河鱼，平时50分钟的车程，硬生生地被我开成了30分钟。当我和抗洪抢险先遣队一同到达现场时，山清水秀的平溪村已经成为一片汪洋，洪水肆虐的痕迹随处可见，农耕文化体验场没了，群众的致富产业基地没了，部分群众的房屋被冲毁了。

我强忍住悲痛，调整好情绪，带领村"两委"成员和机关干部迅速开展抢险救灾工作，一方面积极对接县级部门报告受灾情况，另一方面迅速统计全乡受灾情况。在经过几个小时的紧张救援后，终于迎来了一个好消息："没有出现伤亡情况。"一直悬在我心里的那块石头终于落了地。

在接下来10多天的抗洪救灾工作中，我也不知道自己红了多少次眼眶，晒坏了多少层皮肤，有多少个昼夜连轴转，很多同志都来劝我说："王书记，你的身体也不是铁打的，你歇一歇吧。"我深知平溪的老百姓在看着我、河鱼乡的干部队伍在看着我，我要给他们做好榜样，决不能临

△ 河鱼乡党委书记王浩（中）走访贫困户

阵脱逃。经过党员干部和群众的不懈努力，平溪村于9月底基本完成了灾后恢复和重建工作，百姓的生活又回到灾前的平静、祥和。直至现在，我对于这场暴雨洪灾仍心有余悸，但我也为拥有这样一支关键时刻拿得出手的党员干部队伍而感到无比骄傲和自豪。

时间嘀嗒嘀嗒不停流逝。我始终牢记习近平总书记殷切嘱托，先大家后小家，为大家舍小家。虽然妻子在县城工作，相距不远，但由于工作繁忙，回家见面机会很少，就算休息一天，手机铃声也总是响个不停。妻子有时会抱怨："扶贫有多忙？一个星期也不回家一趟，就算回来了也总是电话打个不停，能不能给我和孩子留一点时间？"我很理解她的抱怨，我一心扑在脱贫攻坚工作上，家里上下都需要妻子操劳，家中两个小家伙正是需要父母陪伴的时候，而我却总是在外奔波。

记忆最为深刻的是2019年的一个星期五，我才回到家不久，就接到电话，必须马上赶回乡里处理工作。在我踏出家门的那一刻，两个孩子抱紧我的双腿，边哭边说："爸爸，我们都很想你，你不要走。"我强忍住泪水，对他们说："幺儿幺女听爸爸话，爸爸有事忙呀。"说完便驱车赶往乡里。我深知我是一名共产党员，要牢记全心全意为人民服务的根本宗旨，要以坚定的理想信念为河鱼乡4000余名群众谋福祉。

脱贫攻坚的道路上，勇者在前，庸者在后。作为一名乡党委书记，我始终牢记习总书记的殷殷嘱托，在工作中勇挑重担，敢于攻坚克难，时刻急群众之所急，想群众之所想。在全乡干群的共同努力下，我们河鱼乡4000多名老百姓已经彻底摆脱了贫困。我相信，在乡村振兴的建设中，我们一定能做得更好！

65 我和我刘叔

——咸宜镇人民政府 余宇

◁ 2019年1月，余宇（右）帮助贫困户刘恒才扛柴

记得2018年第一次到老刘家，走了接近两个小时曲曲弯弯、坑坑洼洼的山路，运动鞋都变了颜色。一路上我不停地喘着粗气，汗水也浸湿了衣衫。路上我问一同前往的村干部，我的帮扶户老刘是一个什么样的人。"老刘是个能干人！"

终于到了离山顶不远的老刘家，像是进入了世外桃源。

老刘家坐落在空旷的山坳里面，山坳里全是老刘种植的庄稼和药材以及零星的果树。农作物有玉米、土豆、番薯、四季豆……老刘把我所能想到的农产品几乎都种遍了，有些我都叫不上名字，但印证了村干部的话，"老刘是个能干人"。

走过庄稼地，是老刘的房子和院坝，院坝看来是打扫过的，没有一片落叶，凳子摆放得规矩整齐，四季豆也像是列队的士兵站在角落晒太阳。房子虽然算不上破旧，但是比起砖混的板房还是略有差距。这时老刘出来了，满头的白发足以看出老刘上了年纪，满脸的皱纹也写尽了沧桑。他身着朴素的蓝色中山装，纯黑色的长裤，蓝色的胶鞋上还点缀着零星泥土。

我伸出双手主动邀请握手，但老刘连忙说道："手脏！"我说："没事！咱交流一下感情。"我能感觉到满是茧巴的手上充满了力量。握手后老刘连忙引我们进屋，屋里很黑，只有进门的一点光亮，白天老刘都舍不得打开电灯，见我们拿着资料，老刘便打开了客厅里唯一的电灯。

这也就算是初步认识了。

通过了解，我基本弄清了老刘的家庭情况。老刘今年已经71岁，家中有一个患病的妻子，育有两个孩子，儿子因为年少不懂事，欠下一笔高利贷跑了，至今杳无音信，女儿外嫁他乡。老刘家主要的收入来源是靠务农，家中养了20桶中蜂和两头母猪。这在农村也算不上富裕，是典型的自给自足家庭。

我笔记本上不停地勾勾画画，聊到儿子，老刘沉默着不说话，他的妻子长长地叹了一口气说道："儿子欠下高利贷，出门再也没回来过。"我也忍不住叹气说："家里这种情况，怎么忍心不回来好好孝敬你们！"老刘默默地坐在墙角落泪："他现在可能生活也比较困难吧，我非常感谢国家的帮扶，自己也能做一点事，已经足够了。"语气中透着心酸和无奈。一位年过70岁的老人本应享受天伦之乐，却指望不上自己的孩子，还要自己赚钱，照顾患病的妻子。听到这儿，我和村干部都沉默了，没继续说下去。

时间过了一年，期间无数次到老刘家开展帮扶工作，每次老刘都是准备好自己种的茶叶等着我，生怕我爬山口渴。这一年老刘家的情况发生了巨大的变化，公路一直修到老刘家门口，给妻子看病也方便了。通过农村危房改造，老刘家的住房由原来的木结构房屋变成了现在的砖混小楼。看到老刘对未来生活充满了信心，我的心里也着实为他高兴。

9月的一天，电话响起，一看是老刘，我接过电话，电话那头喘着粗气，我连忙

△ 2020年9月，余宇讲述扶贫故事

问:"刘叔,有事吗?"通过询问得知老刘的妻子生病住进了医院,我连忙放下手中的工作到离政府不远的卫生院看望。

"是老毛病了。"老刘说。看着病床上的阿姨,我拿出两百块钱递到老刘的手里。老刘这时很激动:"别,余同志,我不要你的钱,你这是自己的钱,我不要!"我劝老刘半天,老刘才把要扯烂的钱塞进最里面的兜里。老刘流着泪对我说:"怎么要得,我自己的亲生儿子从来也没给我拿过钱。"我说:"从今以后您就是我叔叔,您的事情我尽我的力量来帮您。病没事的,慢慢治!"说到这儿,老刘哽咽着说不出话来了。

10月的一天,我约好去买老刘家的蜂蜜,喝了几口茶,聊了几句,老刘把用罐子装好的蜂蜜拿了出来。我拿过蜂蜜,按照市场价格把钱掏了出来拿给老刘,老刘竟然说不要钱,说是要送给我爸爸吃。这时我才想起来,原来第一次到老刘家看到他的蜂蜜时,我不经意地说了一句我爸肠胃不好,早上有吃蜂蜜的习惯,想不到老刘竟然还记得清清楚楚。"这怎么得行?这是你辛苦养蜂,拿来卖钱的,不给钱我可不能要。"我说道。老刘这时有点生气:

"我给你拿一点蜂蜜吃怎么了?"局面渐渐陷入僵局,我反正是不给钱我不要,他反正是要给蜂蜜不要钱。我索性也要起赖来,我坐到板凳上说:"反正今天这个蜂蜜钱,不要我不走了!"老刘彻底生气了:"那你以后就不要来看我了,拿啥子东西给我我也不要了!"听到这句话,我知道我再坚持工作纪律,就伤了我刘叔的心。我给老刘说道:"刘叔,工作纪律,这蜂蜜我给钱肯定要给的,你看这样行不行,我给一半,另外一半算你送我的!"

终于在几次"友好协商"下,双方都同意了这个不违反工作纪律,也没有违背人情的方案。我没想到,在陌生的工作环境有一位陌生的人成了我的叔叔。我和我刘叔也在那次买蜂蜜之后,相互间更有了一层亲戚的关系。他家里有什么困难,家里发展哪方面做得好,都会跟我讲,时不时给我打打电话。

现在刘叔家脱贫了,但我们还时不时会在电话里畅聊一番,我打心底里为老刘高兴。能够见到自己帮扶的一户人家日子有盼头了,这是对我工作最好的肯定吧。全国千千万万这样的人家脱贫了,全面小康不就实现了吗?

66 丁大哥帮扶记

—— 城口县规划自然资源局 黄 伟 ——

◁ 2019年8月，黄伟（右）到贫困户家中走访

2015年6月，我作为国土房管系统的一名干部，结对帮扶周溪乡凉风村丁与发家。2015年7月17日，我第一次到丁与发家走访。当时的凉风村是周溪乡最偏远、落后的一个村，通村公路是一条刚刚修成的黄土路，没有护栏和任何警示标志。看着公路里侧那些张牙舞爪、随时可能掉落的石块和公路外侧深不见底的陡崖，我们一行终于理解什么叫胆战心惊。一路搬搬捡捡，我们硬是花了两个多小时才到凉风村村委会，直到下车站定后忐忑的心才算落地。

到村后分组，各去各的帮扶户。丁与发一家居住在凉风村2社，距离村委还有4千米远。这是一条刚挖建的土路，刚下过雨，泥泞得汽车进不去，我和当时驻村的第一书记苏锐只好深一脚浅一脚徒步前往。当时二社还没有移动信号，手机基本上只有看时间的功能。第一书记苏锐开玩笑说，凉风村二社现阶段处于一个"治安基本靠狗、交通基本靠走、通信基本靠吼"的状态，到周溪乡场镇下个街、赶个场，要走两个多小时才能到。一路走下来，我感受到了扶贫任务的艰巨。

走了近1个小时后，我终于来到了帮扶户丁与发的院坝外。一列低矮的木质穿架房早已被烟火熏得漆黑，跨进门槛，一个火塘、几条长凳、一张看不出年龄的桌案，极其简单的陈设让我恍惚回到了三十多年前的老家。土质地面坑坑洼洼，木板墙歪歪斜斜，贫瘠沧桑中略带着那熟悉的烟火气息。

"苏书记，你们坐，你们坐。"随着丁大哥的招呼，我才从老家记忆中惊醒，心中有着万般感慨和触动。"丁大哥，这是县国土房管局的黄伟同志，是帮扶你们家的。"苏锐开始介绍。

"丁大哥，这次我们来，就要想听听你的困难，看有没有需要我们跑跳和帮忙的地方。"我也迅速进入角色，将我的想法告诉丁大哥。"嗯，嗯，说起不好意思啊，这几年屋头负担有点重，两个娃儿读书花费大，加上你大姐长年身体不好，地里的活路不多干得行，我这岁数也一天天大了，出门打工也没得人要，加上有个老的，一年就出不到门了，给国家拖后腿了。"随着交谈的进行，我大致了解了丁大哥一家的生活状况。

不知不觉两个多小时过去了，我们的交谈还在进行，听着丁大哥朴素的表述，我的心里突然生出许多感动，正是这些农村群众通过他们的双手，创造了丰富的物质，真应该为他们做点力所能及的事。

贫困落后不是他们所愿，只是实际条件给了他们太多限制。丁大哥是土生土地长的凉风人，这个已习惯脸朝黄土背朝天的庄稼汉子知道知识改变命运的道理，不管生活多艰难，不管打工多辛苦，他也要让子女多读书。当时，他的儿子丁尚超已本科毕业，女儿丁尚琼正就读职业技术学校。

丁大哥、彭大姐朴实的语言和单纯的想法深深打动了我，也感染着我，作为结对帮扶干部我能帮他们做些什么，帮他们解决什么，是任务，是挑战，也是考验。我在思考应该通过什么样的措施帮助他们，和他们一道摆脱贫困。

第一次入户走访后，我真正理解了"小康不小康，关键看老乡"和"脚下沾有多少泥土，心中就沉淀多少真情"的含义。

在接下来的帮扶中，我通过募捐方式向社会爱心人士筹

△ 2020年7月，黄伟（右）与贫困户在田间地头

集了 2 万元资金，帮助丁大哥家寻找和修建了新的水池，解决了附近 11 户农村群众的季节性缺水和饮用水质量问题；帮助解决了扶贫搬迁所购买房屋的产权过户和办理问题；帮助丁大哥就近务工就业增加了家庭收入；购买公考相关的学习资料，邮寄给在广东务工的丁尚超，通过电话和微信联系，鼓励和倡导其回城口参加考试，目前丁尚超已返回城口并在凉风村村委会从事基层工作；关注丁尚琼读书及健康问题，力所能及的给予了帮助和照顾，并在 2020 年帮助选择学校和报考专业，现就读于重庆科技职业学院。

几年的帮扶，拉近了我与丁大哥一家心与心的距离，现在他家脱贫了，我也结了一门亲戚。

通过亲身参与脱贫攻坚，我真实感受到丁大哥一家的朴实善良，我也清楚地认识到，人与人、心与心的距离仅在方寸之间，再困难的事，如果当作自家的事来办，都不难。沉下身子参与脱贫攻坚原来如此简单！

67 苦菜花，迎来了春天

——城口县高观学校　田胜铠

◁ 2016 年 10 月，田胜铠（右）前往高观镇看望贫困户代富贵

妻子见我身体已无大碍，又快放暑假了，几次催促我再次回访曾经帮扶两年的帮扶户，以了却多日未遂的心愿。

摩托骑行约十四五分钟后，徒步下一面松林坡，绕行一段玉米地，再上一面苦菜花、芨芨草丛生的荒坡，就到了。

堂屋门大敞着，我连喊几声，无人应答。循着堂屋右侧一道半开耳门里细微的柴火爆裂声摸索进去，趁着火光，隐约看见代老伯正在火塘边打盹儿。"代老伯，代老伯——"他猛然惊醒，左顾右盼地寻声找人，看清是我后，他一只手撑在板凳上，一只手伸出来抖抖地摸索着，极力想站起来却又力不从心，我知道他耳背且行动不便，赶紧示意妻子把提着的东西放下，上前搭把手扶着他不要起身。艰难沟通后得知，他的儿子代伦中（户主）刚出门，做啥去哪他一概不知。

我问候过老人，然后给代伦中打电话，等他回来。接着到房屋外散步，我和代家的一幕幕往事在脑海中浮现……

2016 年秋季，刚接手帮扶任务时，我心里十分憋屈："我因痛风致肝肾衰竭都要人帮扶呢，还给我找个麻烦！"鉴于这是政治任务，我又是党员教师，还当过多年领导，有怨只能烂在肚里。

前任帮扶人退休教师老安向我简单介绍了帮扶户情况：户主代伦中，男，34岁，单身；母亲陈宗秀，残疾，73岁；父亲代富贵，76岁。两位老人智力方面都有问题。

那是秋日的一天下午，我第一次走访，代伦中向我讲述了他家的经历："闹饥荒年代，祖辈追随着城口'洋芋大碗大、苞谷尺多长、顿顿吃饱饭'的传说，从云阳迁至城口县渭河乡东红村5组，城口、巫溪交界的大山深处，偏僻荒凉，离乡场镇也有四五十里，老高山，老阴坡，老岩嘴，土地贫瘠。以前差饭吃，土地下户后庄稼有起色了，猴子、野猪成群，未到秋收就已遍坡狼藉，一地光杆杆，还是差饭吃。种药材卖吧，不够运费，其他啥门路没得。母亲先天残疾，父母又多病，偶尔挣几个钱，不够药费，有了病也是硬拖。那时候啊，家里穷得舔灰，肚子里没油水，身上没遮羞布，跟讨口子差不多……家里一穷，我和姐姐（同母异父）都没读书，姐姐早早就出嫁到巫溪新店，一有人给我提亲女方就甩脑壳，30来岁了，鬼都没得上门的……"

说着，他直摇头，眼里泪光闪闪。我安慰的话说不出口，竟想起歇后语：黄连树下种苦瓜——苦到一块儿了——根苦，枝苦，叶苦，花苦，果也苦啊！良久，他回过头，继续讲述："退耕还林后，眼看猴子野猪步步紧逼，附近为数不多的几家都搬走了，全家不得不咬牙决定：搬家。2013年，我完全靠借贷买下这个屋，终于告别了穷窝窝，搬到现在的高观镇高观村松树包。4万块钱买下这个土墙屋，翻渣裂口的，还落不了户，永远当吊脚蜂（现渭河乡已并入高观镇，但入户已成历史遗留问题），搭售的一亩半坡地不是薄瘠就是吊远。当时，人们议论纷纷，说我傻得可以！看似吃亏，但吃亏赚钱我心里明白，你看，低山，土地肯出食；野物少了，糟蹋少了；出门不走稀路了，三病两痛上医院近了；打工的地方多了……"

经他这么一说，相比之下现在的条件是要强得多。我连连点头，不等我插话，代伦中又接着说："买房子又欠了一屁股账，我们就成了贫困户。我真还不愿当这个。从那时起，我就到处找活干，老板看

△ 2017年3月14日，田胜铠为帮扶户打扫卫生

我勤快、老实，找我的人多。一天有一百多块收入，除去正常开支，多少还能存点。我只用三年时间把账还清了！我家是今年（2016年）首批脱贫户！"

从他满是自豪的语气里，我看到了一个瘦弱的巴山汉子与生活抗争的坚毅和顽强，情不自禁地竖起大拇指为他点赞！然而，他忽然话锋一转，无可奈何地摇着头说："唉，算计不打算计来！刚摘帽，父亲前不久从火塘板凳上滑下，摔断了股骨，时时要人照顾，端屎端尿，抱进抱出。你看，陈账才了又欠新账，我也一时半会出不了门，恐怕又会成为贫困户。这不，害得你们又花钱又爬坡上坎。我东一句西一句莫见外哈……"

说到这里，他坦然中透出些许迷茫。而我惊讶的是，他一路负重前行，却并没一蹶不振，我除了本能的同情，更多的是对这位勤劳善良、忠厚孝道、面对困难不等不靠的硬汉肃然起敬！我的困难与他相比，又算得了什么！仅这点，他就堪为我的榜样。

我赶紧安慰他："志不穷意不倒就有希望！从今往后，你就把我当作亲人一样，有啥困难尽管说，我们一起来想办法，共渡难关好不好！"接着，我建议：眼前养好二老身体一马当先，然后养好猪种好菜勤打扫园子，生活才有着落，该享受优惠福利保障政策的一定要积极申报争取，最后还要找个对象成个家……那天，我们推心置腹从眼前的困难，谈到解决办法，谈到今后的长远规划，直谈到秋月爬上对面的山垭。最后，我嘱咐他，今后我随时要来看你做到了没有哦，代伦中若有所思地点点头。

第二天，我送去了菜油、衣服、跌打油和两百元钱。代伦中父子俩说啥也不要，推推搡搡半天，他们才不好意思地收下。

我明白了，面对代伦中这类在脱贫与返贫间徘徊的帮扶户，缺的不是自强自立的精神，也不是一味地同情和微乎其微的施舍，缺的是关心、鼓励和迷茫中的指引。从此，整整两年，一月一次（甚至几次）例行走访：多次是拐杖支撑着我到户查看，规划、盘算、督促落实……风里来，雨里去，妻子甘当贤内助，我病复发她上前！一项项落实，一天天转变，如蚂蚁啃骨头，如愚公搬大山！平时不善言谈的代伦中也真把我当作家人一样，无事不摆，无话不谈。他们成了我心中随时牵挂的人，先前的暗自抱怨早抛到九霄云外。

遗憾的是，2018年11月，我患糖尿病，住院16天。镇里根据学校汇报，把我的贫困户调整给了镇政府的一位张姓工作人员，我竟然有些不舍，曾多次想找领导要回来。得到的一致答复是："时间紧，任务重，怕你身体吃不消！"我和妻商量："一定经常到他家去看看！"由于身体还未完全恢复，加上疫情、网课以及今春开学后的紧张繁忙，想到代伦中家看看的愿望一直没有实现……

正想着，代伦中回来了。黝黑的汉子，从夏日的庄稼地里走来，充满了力量。

战胜贫困
——我的扶贫故事

伍

- 喻朝琼
- 李 治
- 温开梅
- 何 香
- 陈 松
- 欧正宽
- 余强谣
- 李帮志
- 王 敏
- 周 顺
- 喻晨玺
- 邱守坤
- 陈 义
- 陈相全
- 曾天号
- 杨华良
- 张 满

68 一名基层乡镇干部的扶贫心路

…… 治平乡人民政府　喻朝琼 ……

◁ 2017年6月，喻朝琼（左二）参加脱贫攻坚表彰文艺会演

2020年的农历已经进入十月。往常，秦巴深处早已迈入寒冬，今年的冬天相较以往要来得晚一些，虽然草木早已凋零，但秋高气爽的天气舒适惬意，时常让人忘了季节，只有枯草上覆盖着的白霜时常提醒着人们深秋已然来临。

连续晴了几个星期，今天终于下了一场雨。俗语说："一场秋雨一场寒"。接下来可能气温骤降，正式迈入冬季。为预防极端天气，上周五单位就已通知职工带好衣物，做好防寒准备。虽然县城并不远，只有40分钟车程，但大家严阵以待，周末都留在乡里，以便全力做好脱贫攻坚收官工作。

10月17日是第七个国家扶贫日，为了更好地展现脱贫攻坚成果，鼓舞人心士气，县、乡两级都在大规模开展先进表彰活动，我们也不例外。提前联系歌舞团排演节目，评选脱贫光荣户、产业带头人等先进典型，一时间大家都忙得不可开交。我已经快忘了做过哪些事，时间也就在这不经意间悄然流逝。

我是脱贫攻坚历程的一个见证者，也是参与者。我出生在农民家庭，祖祖辈辈都在务农，父母曾经为了谋生活远离家乡，我和哥哥从小与父母分开，成为成千上万留守儿童中的一员。爸爸是个农民工，做的是体力活儿，在工地上几次负伤，险些丢了性命。那时候的我们无可奈何，只能听由命运的安排。中学时期，差点儿因为没钱而放弃学业，许多和我年岁相仿的女孩子早早辍学打工结婚，好在我们兄妹俩坚持，加之父母的辛勤努力，我们终于读完了大学。回首漫长求学路，我深深认识到教育对于改变一个家庭的贫困状况有着多么重要的意义。能够参与脱贫攻坚，看到莘莘学子都迈进学堂，看到那些重症患者重新找到生存希望，看到那些破败的茅屋变成一间间安全舒适的平房。我想，这便是时代赋予我们的历史使命。

2016年，我走出校门成为基层干部队伍中的一员，那个时候的我懵懵懂懂，对社会一无所知。2017年3月，我加入阳河村驻村工作队。阳河村是一个贫困村，虽然已整村脱贫，但贫困人口基数大，产业薄弱，巩固后续脱贫成果任务艰巨。村干部都是本地人，在村里工作多年，熟悉本村的情况。村支书大我十几岁，是一名退役军人。村主任已年近60，每天风雨无阻地往返在三社的家和一社的办公室，头发花白，岁月在他身上留下了明显的痕迹，但他是一副老而弥坚的样子，完全没打算低头认输。

刚刚进村工作时，大多时候都是在走访，一户一户地走，每户都要做好记录，以便排查风险。走访并非一帆风顺，有的群众面对干部来访积极配合，热心招呼；有的胡搅蛮缠，一味哭穷；更有甚者，唱反调，搞对立。村干部告诉我，这都正常，要我以平常心对待，能够疏通的咱好好说，说不通的慢慢来，总有被感化的一天。最让我佩服的还是村支书，一个村民对政策有疑问，他居然拉了一个小时的家常，硬是把这个农户给说通了，而这样的情况并非个例。走访完成后，就是分类整理，汇总上报，然后再核对再更新，以防返贫。村里的干部见我是刚走出校门的学生，想让我发挥优势给群众宣讲政策，结果我对惠民政策不熟悉，对理论知识的认识又太浅薄，群众听不明白，我自己也没了方向，这才意识自己的差距。

和我一同在阳河驻村的还有文化站的一位同事，我们私底下都称呼他郭大哥，他不仅工作敬业，而且待人随和，我们都很尊敬他。他是驻村干部，也是城建业务骨干。记得有一次为了排查危房，我们徒步走上黄连坪。在路上，我看到因缺劳动力致贫的游家老两口改造了危房，养的鸡一个个涨红脸在奋力高歌，还有整齐地摆在后山的蜂箱和咩咩叫的山羊。老婆婆直接端出一碗蜂蜜让我们品尝，我吃了一口，甜得酿人。通过近两个小时的徒步行走，终于抵达目的

△ 2019年2月，喻朝琼（左一）参加环境卫生整治

地。黄连坪整个匍匐在月亮坪脚下，一大块平地被人们分割成一块块耕地，地里面长着零星的漆树和核桃树，树与树之间拉着藤条，挂着已经风干的萝卜菜。早春三月有些微冷，新栽的土豆还未破土，绿油油的蒜苗在初春十分显眼，毛茸茸的鸡仔花随风摇曳，暗示着春天即将来临。走到尽头才看到几座川架木屋，房屋主体已与大地融为一色，覆盖在房梁上的青瓦时不时钻出缕缕青烟，房前散落着竹丛，如果不是来扶贫，我可能会误以为自己闯进了桃花源。

在黄连坪就可展望阳河村全景，十分壮观。记得当时郭大哥跟我说，黄连坪其实是一个好地方，如果能通上公路，那么这里的人们发展产业将有极大的优势。后来经过县、乡两级的规划和实施，两年以后，一条公路窜上黄连坪，接通了2社、6社。现在阳河村的人们再也不用绕着三角形来往，大大缩减了出行时间。暑期，不少学生到村里参与社会实践增加基层阅历，这对于他们来说是很好的鼓励。乡里也在组织人大代表视察脱贫攻坚，上午开完人代会，午饭后就顶着烈日出门，下午的太阳火辣辣的，整个大地都耷拉着没了生气，大家都很困倦，可还是圆满地完成了走访工作，晚上加班加点整理报告，收集代表建议，形成专卷。家庭医生和帮扶责任人也在不厌其烦地走访、讲政策，大家一同扛起了脱贫的重担。

我也是一个帮扶责任人，我有三户帮扶户，其中一户在新胜，因残而贫，户主姓张，我便叫他张叔。张叔家里原本只有3口人，现在已经有5口了，去年他的儿子娶了媳妇，今年儿媳生了小孩，祖孙三代其乐融融。在他刚刚建档立卡的时候，却是另外一番景象，一家人都挤在矮小破败的危房中，他本人又有残疾，儿子还在上学，妻子每每和我说起都会泪流不止。建卡后，张叔获得危房改造款，直接在老房子旁边建起了新房，因为有医疗兜底政策，他的病可以得到救治，不用为药费发愁，村里还给他申请了户貌整治，房前屋后被整理得干干净净。在村委的帮助下，妻子也去工地上务工，一家人的日子渐渐好了起来。从家里到场镇的公路也硬化了，出门十分方便。现在张叔的儿子在家里养了很多兔子和土鸡，每个都肥肥壮壮，由此还获得了产业奖补。张叔告诉我，明年就要让儿子去学养兔子的技术，争取多养一些，在家里发展产业，一家人共同陪伴小孙女成长。

另外两户在岩湾，因学而贫。在岩湾村走访是一种享受，村里的大街小巷，甚至是河堤上的小道都非常干净，每家每户更是一尘不染，有的家庭还在门前种满了鲜花，成为一道亮丽的风景线。这几年的帮扶工作还算顺利，我们的相处如朋友一般，有时候能从他们身上感受到家人的温暖。让绝望的人都看到生活的希望，让贫困家庭有了共同的奋斗目标，让原本各奔他乡的人不再遭受颠沛流离之苦，我想，这就是扶贫的意义吧。

69 为了退伍老兵的揪心事

——修齐镇人民政府 李 治

▷ 2020 年 6 月 10 日，李治（右）看望贫困户樊关云刚做完手术的儿子

认识樊叔是在 2019 年国庆节后的第二天。一上班，修齐镇人大主席兼东河村驻村干部黄太山就到我办公室，开门见山说道："小李，昨天开例会，班子成员讨论，安排你帮扶一户新识别的贫困户，就在我们东河村。"

"要得，明白。"扶贫是镇上的重点工作，我满口答应，但心里直打鼓：马上就要摘帽验收了，这时候新增的贫困户，要么是屋里有人患重病，要么是其他突发情况，能不能帮他们如期脱贫，心里完全没底。

"莫担心，你这户贫困户脱贫没得大问题，户主叫樊关云，是个能干人。"黄主席似乎看出了我的担忧，对我说，"这家一直在厦门打工，每月有四五千工资，要不是治娃儿的病费用大，他也不愿申请贫困户，这刚回来没两天。走嘛，我带你去见一下。"

收拾收拾，我们就出发了。"樊关云家里有 4 个人，老伴患有帕金森，时不时就全身发颤，啥活路都做不得，大儿子樊锐患肌功能障碍，打小走路就是歪着脖子走，就靠老樊和他小儿子出去打工赚钱养家。两个儿子都二十好几了，还没女朋友。你和他娃儿年龄差不多，叫他樊叔就可以了……"一路上，黄主席详细地给我介绍樊关云的情况，让我对帮扶户有了大致了解。

"老樊开门，来客人了哟！"还没到樊关云家门口，黄主席就远远吆喝道。"哎哟，

"黄主席，来来来，快进屋坐。"门打开，一个头发花白、身材高大、腰背挺得笔直的老人出现在面前。"老樊，这就是上次我给你说的帮扶人李治，你们好好摆下龙门阵，以后有啥解决不了的问题都可以找他。"黄主席边往里走边介绍。

"欢迎欢迎，还是党和国家政策好！"一坐下，聊了几句，樊叔就介绍起了自己的情况。"我是一个退伍军人，当了6年多的兵，说真的，这么多年，没想过给国家添麻烦，不是因为媳妇和大娃的病，我硬是不想当这个贫困户，最让我揪心的就是大娃。大娃4岁的时候生了场病，那时候忙着赚钱，以为只是普通感冒，就没管他，结果恶化了，得了肌功能障碍，腰杆就再也没有直起过。这几年，我带着大娃到处看病，大医院、小门诊都跑遍了，没得办法，唉……"谈起家庭，樊叔刚毅的脸上显出伤感。

"黄主席、李同志，喝口热水。"樊叔的老伴端着两纸杯水，颤颤巍巍走过来。

"这是我老伴，得病后菜刀都举不起，平时说晕就晕，一直在吃药控制。现在出去打工放不下他娘儿俩，有时候活路没那么多，就回来看下，每年来回车费都要好几千，一年忙下来除去他娘儿俩医药费开支，只能勉强过日子。"樊叔叹了口气，继续说道，"前段时间，

△ 2021年1月，李治（左）在贫困户樊关云家宣传产业发展政策

重庆医科大附一院的医生打电话来说，大娃这种情况可以在他们医院做脑起搏手术，但手术费、材料费、药费加起来，保守需要30万。我哪里找得出这么多钱哟，但大娃才二十几岁，现在我还动得，等我老了，他怎么办？村里考虑到我家确实困难，给我打电话让我申请贫困户，看能不能在医疗费上减免点。"

樊叔的一番话，让我鼻子不由地发酸。这是一家不愿意给国家添麻烦的人啊。家里有两个病人，但不伸手向政府要一分钱。如果不是这次医院说有机会治好他儿子的病，恐怕连贫困户申请书都不会填吧。从樊叔家出来，一个自力更生、自强不息的退伍军人形象就深深地印在我心里。"这样的人更应帮他渡过难关！"我暗暗下定决心。

为了帮樊叔家减轻生活负担，我先到镇上咨询了低保政策，再带樊锐到县医院做了残疾鉴定。3个月后，樊锐一级残疾证和低保都申请下来了。但樊锐的医疗费问题始终困扰着我，几十万的医疗费即便能报销一部分，但有些药物不在报销目录内，最终的自付资金对樊叔家来说，是一笔不轻的负担。

正发愁间，一次偶然机会，我看到朋友圈有人转发网络众筹的链接。众筹可以啊，动员社会力量参与扶贫嘛！我赶紧给樊叔打电话，告诉他治疗的钱有着落了。当天，我就帮樊锐申请"360大病筹"，提交资料介绍、上传医疗证明，审核通过后，我赶紧转发朋友圈，一周以后，筹集到4000元。

这有点杯水车薪啊，还是差太多。为了让樊锐尽快接受治疗，我把樊叔家的基本情况详细地向镇党委书记报告，恳请同事们帮忙转发、分享、捐款，短短三天时间，筹集资金54129.48元。

最终，治疗费用的大头，通过贫困户健康扶贫政策报销了，其他部分靠众筹解决了。樊锐顺利完成了手术。"小李同志，谢谢你，你帮了我大忙，手术很顺利。"手术后，樊叔给我挂了个电话，声音里满是感激。

再见樊叔已是2020年的6月初。樊锐做完手术回家不久，我去家里走访。见我来了，老人热情地端出一碗已剥好了的核桃："小李，这是我战友专门从新疆寄给我的核桃，好吃得很，来，多吃点儿。"

"樊叔，樊锐恢复得怎么样了？"我看了看睡熟了的樊锐，脖子已没原来歪得那么厉害。

"很好，医生说大娃再休养半年就可以跟正常人一样了。"樊叔满面笑容地拉着我说，"小李，多亏你，这'心刺'拔掉了，我做啥子都有奔头，等大娃把身体养好了，我就带他去打工，把娶媳妇的钱赚到，我就啥也不操心了……"没说完樊叔就笑起来，希望的光芒和对未来的期待在他眼中闪烁着。

临走时，樊叔硬塞了一包核桃让我带着："这核桃味道好，拿回去吃！"推脱半天，实在拗不过他，勉强收下，我想，这就是以心换心结下的果吧。

70 没有拒绝融化的冰

——城口县委宣传部 温开梅——

◁ 2020 年 11 月，温开梅（左）和帮扶户一起翻晒稻谷

  回忆起我这几年帮扶贫困户郭正元的点点滴滴，可谓五味杂陈，百感交集。虽说都是些零碎的小事，但退休前将之记录下来，也算"此情可待成追忆"吧。

  郭正元家在明通镇平安村，几乎是村里最偏远的一户。第一次到他家里走访是在 2016 年年初，那会儿上山的公路刚开建，坑洼不平。多半的路还要徒步，上坡下坎，步步丈量。好在我的脚力还不错，临近目的地时，带路的平安村刘支书简单介绍了郭正元的情况：1981 年出生，没文化，人勤快，挺老实。就这点信息。

  见到郭正元，我无法相信他是仅比我儿子大 7 岁的年轻人。他看上去像个 60 来岁的小老头，身体单薄的他胡子拉扎，蓬头垢面，目光呆滞，话语很少。

  了解后知道，他小时候不小心滚进火塘被烧伤，由于没得到及时医治而留下残疾。现在下巴到颈部留下一块很大的疤痕，下巴和颈部粘连，看上去怪吓人的。由于自身残疾，他养成了孤僻的性格，平时很少与人沟通，问一句答一句，有时问几句才回答一句。

  家里的状况实在是不好：屋檐下阶沿上，到处是杂物和鸡粪，几乎找不到一处下脚的地方，一进屋，一股子令人窒息的难闻气味扑鼻而来。

  我本想捏住鼻子，但又害怕伤害他的自尊心，就屏住呼吸跟着他走进厨房。我的那个天啊，未洗的碗筷堆码了一案板，锅盖的油垢厚厚一层，变色变味了的剩菜剩饭乱七八糟地摆在桌子上，桌上、桌下和墙角到处都是空酒瓶。再看卧室，仅有的一张床，铺盖和衣服混码在一起，苞谷洋芋四处堆放。

看着他这个光景，住在这样的环境里，我着实心疼了，我想，正元要是我的孩子，那我该怎么对他？正元的日子不能这样再过下去了！该用什么办法去改变他？如何对他进行帮扶？我思考着。

回到单位，我把所了解的情况和想法汇报给领导和同事们。大家纷纷建议，首先要让他开口说话，了解其所思所想，让他改变生活习惯，积极治理个人及环境卫生，从而重塑生活的勇气。

最简单的道理，脱贫终究靠自己。

千里之行，始于足下。首先扶志，树立信心。

沟通是世间最好的钥匙。在与郭正元交流后得知，他早年丧母，孤苦伶仃，吃了这顿不管下顿，过着得过且过的日子。我如何做好他的帮扶人呢？

在交往中，我不知不觉地就把他当自己的孩子看待了。我要从教会他改变生活习惯和环境卫生入手，让他懂得自尊，学会爱自己。必须让他的生活得以改善，否则我的良心会不安。

可这谈何容易！以后无数次我和同事同波、熊玲、邓琼一起，带上洗洁剂和扫帚，去他家里帮忙打扫卫生。先把他房前屋后打扫干净，室内家具抹净并摆放整齐，苞谷进仓，洋芋堆放整齐，找来菜刀把锅盖油垢刮下再进行清洗，把碗筷洗干净堆放整齐，然后把他床铺上的衣物分类放进衣柜里，再把脏的衣服放进洗衣机清洗。一次卫生做下来，手已起了血泡，还得边做边教他。我连哄带吓地说，下次来你家要是还是脏乱差，少不了要吵你骂你。

看着整洁的房屋，他脸露微笑。估计他也体会到了，改变贫困竟然可以从清洁卫生的小事做起。

我要把我的爱心变成他的脱贫信心，这个办法似乎奏效，但这需要持续的用力。

2017年7月的一天，我和熊玲、康明去家中走访。因修公路，汽车无法行进，只好下车走路。太阳辣，气温高，几个人走得实在太累了。这时路上来一辆工程车，我们招了手，说明情况，司机知道我们是扶贫的，愿意捎上一程。上车又是个难题，康明年轻，先挤进了驾驶室，熊玲个儿小爬不上去，康明在上面拉，我在下面推，熊玲才勉强上去，他们又一起将我拉上去。我坐的位置靠边，看到车子在悬崖边上颠簸行驶，心里陡然悬空，一阵心悸。

万一掉下去……怎么跟同事的家人交代，他们都是为了我的帮扶工作才与我一路同行的呀！心里犯着嘀咕，不敢跟同事说，只有闭着眼，强作镇定，心里默默地祈求一

△ 2020年11月，温开梅（左）和帮扶户一起打扫卫生

路平安。在脱贫攻坚战场上，千千万万个扶贫人在无私奉献，甚至流血牺牲，想到这，觉得自己这点辛苦也算不得什么了。

2018年8月的一天，我和同事邓琼、熊玲一起又去家中走访。那天下着雨，道路多处塌方，汽车无法前进，只好下车前行。行至一处大塌方前，上面还在滚落石头，我们只能一边观察落石，一边迅速通过。穿过塌方，一棵倒下的大树又挡住了去路，我们只能互相帮助，手脚并用，翻越树干，才能勉强通过。到达正元家时已浑身是泥，疲惫至极。

2018年腊月，眼看要过年了，我特意去看正元。天寒地冻，路陡结冰，汽车无法上去。同事劝我，路上结冰危险，打个电话询问下就行了，但我觉得快过年了，得去他家看看心中才踏实，他也念叨着我呢。于是我搭乘摩的上山，寒风如刀片刮在脸上，羽绒服也挡不住寒冷，坐在陌生人的摩托车后面，又不敢紧搂他，土路颠簸外边又是悬崖，我心里害怕极了。

终于到了正元家，我和他一起收拾完屋子，进行年前大扫除，看得出来他很高兴。卫生做好已近晚上7点。冬日的高山，黑夜来得特别早。我必须赶回镇上去。我脚下生风似的往回赶，边走边打电话给自己壮胆。山里信号时有时无，当同事和领导听到我一人行走在山路上，非常担心，马上安排同波到汽车能到的地方接我。

天越来越暗，恐慌不时涌上心头，路边树林传来"扑"的一声，只看树叶不停地摇动，我心跳加速，细看，原来是我的脚步声惊了林中的小动物。对了，唱歌能壮胆，我又不敢大声唱，怕惊了林中的其他动物，只能轻哼，自己听见就行，一个多小时里，没碰到一个人和一户人家。当我听到汽车喇叭响起的时候，泪水不争气地流了下来。是同波到了。

前不久，再次来到正元家时，我惊奇地发现，他家室内室外整整洁洁，正元精精神神，穿着干干净净，而且洋芋堆码有序，数千斤玉米和稻谷全部进仓。看见我们的到来，他放下手中喂猪的桶，笑着说，这么大的雨，你们好辛苦。

郭敏掀开冰柜盖子，里面储藏着腊肉、鲜肉等食品。上百斤腊油挂在火儿上（土火炕），猪圈里三条肥猪欢快地吃着食。房前路边上，一头肥壮的水牛在啃着青草，母鸡带着小鸡悠闲地啄着食。什么叫六畜兴旺？眼前的情景就是最好的解答。

他乐呵呵地对我们说，趁猪肉价钱好，路也硬化了，准备将一头两百来斤的猪宰杀后拿到镇上卖了，再买回小猪喂养。村里给他安排了公益性岗位，他自己农闲时还能出门打点工，粮食、家禽都能变成钱，这日子越过越好，要是能讨个老婆就更好了。

从不爱说话到有想法，到主动谋划发家致富，这是多么大的飞跃！是的，前面的路还长，甚至会坎坷不平，但他有了信心，这就是希望。

看着那张满是喜悦的脸，我知道他已经变了，这块冰终于被融化了，我觉得这几年的付出，值了。

71 起死回生的王姐

——左岚乡人民政府 何 香

◁ 2020年8月，何香（右）和王姐一起割猪草，聊家常

王姐，名叫王菊，我的结对帮扶户。其实王姐已40多岁，孙子都有了，我理应叫她孃孃或阿姨。因第一次见面，见年龄比我大，又担心把人家叫老了，就尊称她为王姐。后来叫顺口了，王姐就一直叫到现在。

曾经，王姐一家虽算不上富裕，也说得上舒适满足。两楼一底的房子高大宽敞，耕种了一两亩田地，喂了些牲畜家禽，存折上还摆着几万块存款，在村头算是活得体面的人。

天有不测风云，2015年，王姐得了严重糜烂性胃炎。王姐的病由于发现太晚，已经出现了胃出血的症状，轻则疼痛难忍，重则昏迷甚至危及生命。王姐曾多次昏厥被送医抢救，差点没能醒过来，用王姐自己的话说，那叫"把往鬼门关的路都跑宽了"。为了治病，王姐一家人一趟又一趟地奔波于城口县各家医院，药罐罐、药瓶瓶吞噬了家里大部分积蓄，可病情始终不见好转。

考虑到王姐病情的复杂性，我多次建议她到重庆主城的大医院去做个全面检查，可王姐不是说农活儿忙，就是说身体差坐不了汽车，到重庆主城看病的事一拖再拖。后来我才了解到，她迟迟不看病的原因，主要还是心疼那几个钱。

为了动员王姐到重庆看病，我与她软磨硬泡了好几个月。终于在一个周末，我以顺便陪我到主城去检查身体为由，驾车将王姐带到了一家大医院。那天，我陪王姐在医院跑上跑下忙活了整整一天，医生为王姐做了全面检查，并开了两大包西药。晚上，我带王姐坐轻轨，逛步行街，吃路边小吃……那天，王姐就像个孩子一样，拉着我的手，脸上露出难得的笑容。

回家的路上，我开着车，王姐坐在副驾驶的位置，她不止一次说这次带她出来看病，费了我的心，耽搁了我周末休息时间，还花了我的钱。一路上好几次，她从口袋里拿出几张百元钞票硬要塞给我，每次我都以影响驾驶安全为由挡了回去。王姐说："谢谢何小妹儿，我的亲人都没有这么好对过我……我虽书读得少没得见识，但我吃盐晓得咸淡，知道谁对我好，以后我一定慢慢谢你。"从王姐断断续续的语句中我能够感受到，面对一个没有任何血缘关系的帮扶责任人的真心帮助，她是发自内心感激的。

从重庆主城回到家的第二天，我偶然发现包里多出500元现金来。自从习惯手机支付后，我身上基本找不出现钱。不用说，这钱一定是王姐偷偷放我包里的。我拨通王姐的电话，没给她狡辩的机会就直接问："王姐，你咋不听我话呢？硬是要跟我犟吗？什么时候把钱放我包里的？你这么做我肯定会生气的，赶快来把钱领回去吧！"王姐见我语气不对，连忙尴尬地解释："小妹儿，你的工资也不高……还经常为我们买这买那，我们这个家已经花了你不少钱了，你说我怎么好意思嘛？"后来，在我走访的时候，将这500块钱退还给了王姐。

从重庆医院回去，王姐的病情开始慢慢好转，王姐一家很是开心。可屋漏偏逢连夜雨。那天中午，正躺在床上休息的王姐接到儿子打来的电话："妈，我手指被压断了……"原来，儿子在重庆压膜板厂务工时，不慎将指头塞进压膜机，右手四根指头当场被切成两截。王姐挂了电话就昏迷了。

儿子受伤不能劳动，女儿考上大学需要钱，自己又失去了劳动力。一家人的重担全靠身体单薄的丈夫一个人承担着。要强的王姐看在眼里，急在心里，却没有任何办法。此时的她，只有对自己，对丈夫，对家庭深深的无奈和愧疚。的确，王姐自己身体不好，不能干重活儿；丈夫随着年龄的增长，身体每况愈下；儿子因肢体残

△ 2020年8月，何香（右）和王姐一起打扫卫生，聊家常

疾生产生活中也有诸多不便，自从受伤后就天天窝在家里，想着自己残疾又没读过多少书，总觉得干不了什么工作，内心充满自卑，整个人萎靡不振。王姐不光花完了家里的所有积蓄，还欠了一屁股外债。那段日子，王姐总是一副灰心丧气、破罐子破摔的模样，对我说得最多的就是"这辈子没得救了"，就连左邻右舍也都说："王菊这个家庭看着看着就要垮架了。"

我也是一个土生土长的农村人，父母面朝黄土背朝天，日夜操劳，忙里忙外，从没过好好休息过一天。那时，父亲总是告诉我说："幺儿，人穷志不能短，自己想要的自己努力去争取，爸爸妈妈虽然穷，但会用勤劳的双手让你们越过越好。"后来我真的做到了。我想贫穷并不可怕，可怕的是因贫穷而放弃追求更好生活的信心，连努力的方向都没有。

从王姐的角度，我深知一个农村妇女面对家庭困境的无奈。从王姐丈夫的角度，我理解他作为一个家庭顶梁柱而支撑不起家庭的沮丧。我的家庭情况也让我更加明白，作为一个帮扶责任人，如何才能在王姐脱贫致富、战胜困难的过程中尽到自己的绵薄之力。

王姐的身体刚刚开始康复，总不能又让她精神开始生病吧？"让王姐振作起来"是我头脑里萌生的第一想法。那段日子，我一下班就往王姐家赶，陪她聊天摆龙门阵，跟她分享自己的成长故事，帮她做些简单的家务。为了帮王姐走出阴霾，我还专门搜集了很多感人的励志故事，每次去王姐家之前，就先悄悄学习两篇，等到了王姐家，就讲给她听。有时候，我也把那些具有正能量、能够催人奋进的身边的励志故事集中起来打印成册，带到王姐家读给她听。

有时候王姐留我吃饭，我就和她一起下厨，一起洗碗；有时候，我专门从县城买些菜到王姐家打平伙，王姐也把腊肉硬塞给我让带回家；有时候天色晚了，我也就顺势留下来和她同床共枕，趁机"吹枕头风"。那段日子，我和王姐推心置腹，无话不说，就像亲姐妹一样。

现在到王姐家，她总是拉着我的手说："感谢妹儿，你不光治好了我身体的毛病，还帮我驱散思想上的雾霾，让我重新找回了生活的勇气、树立了生活的信心，不然我们这个家庭就糟糕了。"王姐逐渐变得开朗了，自信了，在身体持续好转的同时，也甩开了思想包袱，越来越振作了。

现在人人见到王姐都说她像变了个人似的，用邻居讲得最多的话说："王菊总算起死回生了。"

72 倾心帮扶，重拾希望

——周溪乡人民政府 陈 松——

◁ 2020 年 8 月，陈松（左）走访患病贫困户刘正高，核实医疗救助政策落实情况

我仍清晰地记得，2018 年 8 月份，当得知自己被选派到贫困村驻村帮扶时，心里那种忐忑又激动的心情。忐忑的是自己对农村工作缺乏经验，担心自己进入状态太慢；激动的是我能参与到脱贫攻坚战，到一线去锻炼。

驻村之前，我已习惯了部门线性工作方式，初到村里，一时有些反应不过来。我没料到，农村工作的面如此大，需要处理各类纷繁复杂的事情。慢慢地我意识到，驻村帮扶不能仅靠工作热情，更需具备农村工作的能力和办法，思想和行动都要接地气，多为老百姓办实事办好事，才能得到他们的认可。有了这一番认识上的进步，在之后的驻村工作中，我时刻不忘多听、多学、多想，村里的干部、田间的农民、走访的群众都成了我的老师。我逐渐积累了一些经验，开始适应自己的角色。

驻村帮扶的故事有很多，一个一个的故事串成了我两年多的驻村生活，像脱贫攻坚这一宏伟画卷中微小的一抹色彩，点缀着我的人生旅程，成了我生命中一笔不可多得的财富。

记忆最深刻的当属大榜村唐远清家了。

第一次来到唐远清家中，我被眼前的场景震惊了：破旧的木架房屋，黑漆漆的屋内，除了一台布满灰尘的老电视，家里没有一件像样的家具，各种杂物堆得到处都是，几乎没有一处可以下脚的地儿。唐远清老人热情地张罗着我们坐下,端茶递水,很是周到。通过聊天,得知老人今年已经70多岁,身体状况一直不是很好,儿媳妇前几年因为忍受不了家里的贫困,外出务工就再也没有回来,留下四个还在读书的孩子。儿子唐一海自从妻子离开后便精神错乱,一直待在家。

了解清楚后,我深深为唐远清家感到担忧:老人年纪大了,找不到赚钱的门路,儿子因为精神问题,也只能干些简单的活儿,家里有4个孩子,虽然通过教育资助政策解决了学杂费问题,但每月的生活费也是难题。平日里,一家人就靠着务农维持生计,生活的全部重担压在了这位瘦小的老人肩上。

几次走访下来,老人与我已经很熟悉了,我们常坐下来拉家常,老人喜欢讲述自己的人生经历,从自己打工到成家,从地里的庄稼到未完成的心愿等。老人患有硅肺病,说话比较吃力。聊天中,他时不时夸国家的政策好,由衷地感谢党和政府。老人说,自己享受了大病医疗救助,孙子也享受了教育资助,除了日常开销和孙子的生活费用,其他方面不想给政府添任何麻烦。他最大的心愿就是能让孙子们住上宽敞明亮的新房子,挪一挪这个穷窝,彻底摆脱贫困的命运。村里也根据他的实际情况,给他申请了易地扶贫搬迁。

可事与愿违,老人没有等到新房建成就离世了,建房的事情也因为料理老人后事耽搁下来。之后,我们找到他的家人,动员他们修建新房,并给他们讲解易地扶贫搬迁政策。孩子们都盼望住新房,但出人意料的是,唐一海不同意,他坚持要守住旧房一辈子,任谁来劝说也无济于事;而父亲离世又使得唐一海的病情加重,他整天在家念叨吵闹,有时候甚至打骂几个孩子。正读高中的老二一度产生了厌学心理,不愿再去读书。几个孩子更加沉默、孤僻,本来就困难的家随着老人的离去变得风雨飘摇,这个家庭的未来让人忧心。

△ 2020年5月,陈松走访建卡户曾伦奎

为了帮这个家庭改变现状，实现老人和孩子们的新房梦，我和村里商量解决办法。唐一海的病不能耽搁，要尽快联系医院治疗，建房的事情再找他的几个亲戚和孩子商议一下。通过努力争取，乡上帮忙联系到了县外一家医院可进行住院封闭治疗，于是便安排人和车将其送过去。家里没有了吵闹声，渐渐恢复了生气，老二也在我们多番劝说下重新走进了校园，一切都在向好的方向发展，剩下的就是建房了。

建房对于农村来说是一件大事，但此刻这个家庭已经没有了主心骨，要建房谈何容易。考虑到这些，我和村里商议，决定由村里承头，找来他的几个亲戚负责房屋的具体建造。经过多次做工作，他的亲戚终于同意帮忙把这个房子盖起来。

之后，我参与了房屋的选址、设计和部分建设过程，房屋修建的速度比我想象中的快，一个月不到，一栋一百平方米的平房的主体框架就建成了。正当大家沉浸在房屋建成的喜悦中时，新的问题又出现了，建房已花去政府易地搬迁补助款的绝大部分，而剩下的房屋装修费用还差一大截。

这样一个家庭日常维持已属不易，根本拿不出任何积蓄，钱的问题成了难题。了解到这一情况后，我及时汇报给了所在单位。通过商议，我们决定以村委和驻村工作队的名义拟一封倡议书，利用单位人脉资源呼吁社会捐助。

让我们感到欣慰和感动的是，倡议书发出后我们就接到了各方面的捐款，钱有了着落，压在大家心中的石头终于落地。

房屋建成后，我借集中走访的时机去唐家的新家看看。崭新的橙黄色屋面迎着阳光，透露出无限的希望。唐一海早已恢复出院，正忙着扫地，精神看着不错，脸上挂着笑容。屋内打扫得很干净，家具不多但摆放得整整齐齐，这大概就是老人临走之前梦寐以求的场景吧。唐一海兴奋地告诉我，这房子很宽敞，设计得好，住着敞亮又舒服。他又告诉我，大女儿已经大学毕业，找到了合适自己的工作，他也托人在附近找了一些活干，还能兼顾家里的农活，其他几个孩子学习很努力，大家搬进新家后都很开心。听着他的话，我一阵欣喜和感动，一家子为着这美好的生活共同努力着，这不正是扶贫的真正愿景吗？

如此困难的一个贫困家庭，都可以通过脱贫攻坚燃起新生活的希望，这给了我很深的启迪。我想，扶贫干部，不仅是政策的传播者，更应该是他们的精神引导人。我们能够通过扶贫工作使他们具有积极向上的人生态度，增强他们脱贫致富的信心和决心，让他们重树新生活的愿景。

"日日行，不怕千万里；常常做，无惧千万事。"我只是一名普通的扶贫干部，从最开始对扶贫工作无从入手，到现在赢得了农户的感激和信任，我感到一切都值得。

脱贫攻坚终将是一场载入史册的伟大工程，我有幸参与其中，百折不悔。

73 桃园深处结亲人

——蓼子乡第二中心小学　欧正宽

◁ 2019年6月，欧正宽（左）在陶友林家指导香菌培植

2015年的初夏，于我而言，应该算是遇到了喜事。在政府的牵线下，我与贫困户陶友林结成了亲戚，他是对象，我是帮扶责任人。政府的"红娘"给我介绍帮扶对象时说："你是学校的领导，平时工作忙，给你考虑了一下，安排近一点的。"我心中暗自叫苦，因为我是"土著"，对陶家的贫困情况有所耳闻。

当天下午，在几位同事的陪同下，我与陶友邻开始了结亲之旅。

既然是帮扶贫困户，按照传统，手里还是要有"遮手"的。于是，我买了一袋米、一桶油、一箱奶，就踏上了去陶友林家的山路。从公路到他家，上坡路足有一千米，这时我才发觉我们全校几十号老师的帮扶户只有我这一户没有通公路。如果我一个人走这条路，也不费多大劲儿，花不了多少时间，但同行的几位教师是外县的，根本就没有走陡峭山路的经验，再加上是石果路，还没走多远，我身后的一位女老师就来了一个前扑，我去搀扶前扑的，走在前面的一位又来了一个侧翻。既要扛东西，又要注意同事的安全，搞得我手忙脚乱，狼狈不堪。一千米的山路足足走了一个多小时。

这是怎样的一个家呀！

虽然我对陶友林家的贫困状况早有耳闻，但现实中陶家的景况更凄凉，在狗吠声中，陶母出来迎接了我们。她很热情，又是呵斥狗子，又是端茶，又是搭凳子。我向其说明了来意，她不好意思地接过我带来的遮手货，矜持地连声说："那怎么好意思哟！硬是花些钱，还让欧校长来帮扶我们，那怎么要得？""可惜陶友林不在家，他要在家的话看到你来了，一定很高兴。"

一番交谈后，我开始审视这个家庭：两间木质结构的瓦房呈倾斜状，仿佛向我们诉说曾经的沧桑和困境，三间用木棒架起的猪圈恰似风湿病人的手，不规则地扭曲着。

去之前，我听说户主陶友林在当年的正月犯过一次病，病因是甲亢，一发病就口吐白沫，人事不省，在县医院花了上万元才捡回一条命。我仔细观察他的妈妈，他妈妈右眼明显比左眼大很多，外突，晶状体一片深蓝，是典型的甲亢病患者的特征。

在陶母的带领下，我走进了他们的火儿屋。从外面走进屋里，光线暗了，再加上没开灯，也没攒火，屋里显得格外暗。正往前走，身后突然"哇"的一声，一位老师双手紧紧箍住我的左手膀。我侧脸看过去，屋里一把竹编的藤椅上坐着一个人，头上戴着一顶毛帽子，双目紧闭，脸色苍白，一声不响。同行的一位女老师被吓到了。

陶母连忙介绍，这是陶父，已中风多年了，半身不遂。我对陶母不禁油然起敬，是啊，少是夫妻老是伴，互相扶持一辈子。

一家三口人两个甲亢，一个瘫痪，一对半都是病人，此时此刻我真正理解了家徒四壁、山穷水尽的含义。我对这个家庭的不幸境况产生了深深的同情，暗暗发誓，一定要竭尽全力，帮助陶有林一家早日实现脱贫的愿望。

我开始跟陶母详细了解她家庭的负债情况，产业情况，陶友林的务工情况、愿望等。陶母思路很清晰，她对我说，想给儿子找个媳妇，搬到街上去住新房子，也希望儿子的病早点康复。

在回来的路上，我心中已有了帮助陶家脱贫的计划。这个家暂时看起是很困难，但只要陶友林的甲亢病长期有药物治疗，且能够报销药费，他就不会发愁，就能务工挣钱，她妈妈的梦想就能实现，他家脱贫的目标也就不成问题了。

当晚，我拨通了陶有林的电话，与他进行了深入的交流，并为其制订了一份脱

△ 2020年3月右欧正宽在陶友林家询问其父病情

贫计划：一是寻求医疗扶贫帮助，将甲亢病纳入大病报销序列，将其自付的7000余元药费予以报销；二是对其家庭实施易地扶贫搬迁；三是寻找适合的技术活儿务工，增加家庭收入；四是让其家里种植食用菌，动员学校食堂尽量采购；五是鼓励其生活的信心，增强其脱贫的内生动力。陶有林对这个计划很认同，我告诉他，有什么困难一定要第一时间告诉我。

在乡脱贫攻坚指挥部开会的时候，我将陶友林患甲亢的事给乡卫生院院长讲了，并希望得到他的帮助。没想到这事居然成了。甲亢病不久就纳入了大病报销序列，陶有林吃甲亢病药基本不用自己拿钱了，之前自付的药费也得到了报销。每当给我谈及这个事时，陶友林总是不忘说一句话："党的政策硬是好哇，我从来就没想过吃药基本不用花钱。"

在与陶友林结亲的五年多来，他的甲亢病再没犯过，这让他能持续在外务工，同时也证实了我当初给他制订脱贫计划的可行性。

2016年年末，陶友林给我说，桃园场镇有一家房子要卖，他和家人都觉得房屋条件及价钱方面都比较满意，需要我给他帮点忙，一是看易地扶贫搬迁政策力度能否大一点，二是购房时帮他写一下合同。面对他的要求，我明白陶友林真正地把我当作了亲人。我当即就将陶友林购房的事情和想法向乡党委牟书记做了汇报，牟书记也非常高兴，他说："这种自力更生、主动脱贫的农户，政府要大力支持，还要加强奖扶力度。"在政府的大力支持下，陶友林一家于2017年8月搬进了在场镇买的新房，住房和吃水都得到保障。虽然除去国家补贴陶友林还欠了点账，但他兴奋地对我说，这点账已经不算什么了，他打算用一年的时间外出务工来还清，只要两位老年人在有生之年能住上新房，他当后人的在外面务工也放心。

在后面的走访中，陶母对我说："新房子住着很好，邻居对他们也很好，感谢党和政府。儿子不准许我干农活儿了，只叫我一天在家弄饭吃，照顾他爸爸，打扫卫生，这个日子过起很安逸。"看到她幸福的样子，我为这伟大时代由衷地点赞。

2019年，金秋十月，陶有林给我发来一个请帖，邀请我参加他的婚礼。我很是惊喜，答应一定准时参加。原来，在他务工的地方，有个姑娘看中了陶友林勤劳善良的品质，主动要求与陶友林携手一生。陶友林婚礼那天，我早早起床，把自己精心打扮了一番。妻子调侃说："又不是你要结婚。"我说："陶有林一家能迎来今天这样的幸福生活，我比谁都高兴，因为我是他家的亲人。"

在婚礼现场，陶母拉着我的手说，"谢谢你哟，你帮了我们的大忙哦，你是我们家的亲人哦。"一声"亲人"，让我幸福异常。其实，在陶友林一家走向脱贫的路上，我并没做多少，我只是将国家的扶贫政策宣传到了他们家中，为他们出谋划策，鼓励他们，幸福生活还是他们自己奋斗出来的。

74 我这一辈子都不会忘记

—— 城口县委组织部　余强谣 ——

◁ 2017年5月，余强谣（左）与贫困户邓大娘交谈

每一个重要的时间节点，都是一次转身，亦代表着一段全新旅程的开始。

这几年，全国各地的大小村庄都在发生着前所未有、翻天覆地的变化，水泥硬化路通往每户人家，太阳能路灯照亮夜行回家的路，以前的破旧土房如今焕发新颜，各村因地制宜走上产业化道路。

2017年3月，我回到家乡城口参加工作，按照相关要求，单位所帮扶的乡镇安排了一户贫困户，由我结对帮扶，从此我便正式成为扶贫路上的一员。我们基层干部是脱贫攻坚阵线上的"排头兵"，在扶贫工作中，扮演着十分重要的角色。从踏上这条扶贫路开始，一幅画满绿水青山、人物万象、暖心故事、殷殷情怀的长卷正徐徐展开。

从生涩到熟络

那是一个艳阳高照的午后，空气中弥漫着草香，同事带着我到帮扶户家，从省道旁的一条小道走上去，大概十几分钟的路途。

我的帮扶对象是一位年近古稀的老人。记得初次见面的时候，她坐在门口的藤椅上，深情地望着对面的大山，似乎在思考着什么。在她的身上，我看到的是岁月留下的痕迹，满头银发，佝偻着身子，靠墙而立的是一根褐色的拐杖。

"邓大娘，这是您的新帮扶责任人。"同事在给她介绍我。我微笑着站在一旁，有点儿拘谨，毕竟这是我第一次从事帮扶工作，第一次真正走进基层和群众打交道，还不确定自己是否能够胜任。

老人很和蔼，伸出手来想要和我握手，我迟疑了下，双手接过她那双娇小瘦弱的手。这是一双历经沧桑的手，是一双充满故事的手，我感觉这双手的背后肯定会有很多故事等着我去探寻。

"邓大娘，您就叫我小余吧。"我和老人开始攀谈起来，从家庭人员构成情况开始，再到吃穿住用、生产生活等基本情况，我想通过这次机会把老人家中的基本情况一一摸清楚，在此基础上再因户施策解决难题。

走的时候，老人给我拿了些核桃，让我带着路上吃。我选了几个放在兜里，对她说："以后我会经常来看您，您平时要注意保重身体，有事就给我打电话。"我知道，我们的初次见面是成功的，我和邓大娘之间的陌生感已经在闲谈中消除殆尽。

有欢笑有泪水

作为一个刚踏入社会，参加工作的新人，我全然不知此项工作的重要程度和紧迫性。但两年时间已经过去，扶贫路上的欢笑与泪水，幸福与辛酸，我已经了解得足够多。

这是一条风景优美的小路，道路两旁种满了马铃薯、玉米一类的庄稼，一路上有虫儿低鸣，也有鸟儿高歌，两旁高耸的山峰像一块巨大的屏幕，各种植物随着四季变换，走在路上风景如此让人心旷神怡。

之后的每个月我都会去看望老人，给她带点生活用品，给她宣讲扶贫政策，帮她打扫房屋卫生，但多数时间还是在拉家常。她喜欢和我拉家常。

老人待我如亲人一般，在我面前无话不谈。每次入户，老人都会和我聊很久，聊到年轻的时候是如何精力旺盛地干一整天农活儿，聊到生活最艰苦的时候是如何满山挖着野菜过活，聊到现在的生活正如何发生着令人不敢想象的变化。每当聊到这里，她总是抓着我的手深情地说道："现在不愁吃，也不愁穿，生活条件好了，是

△ 2018年7月，余强谣走访贫困户

国家的政策好啊！是共产党好啊！"

有时候也会觉得这条路难走，老人年迈没有劳动力，也发展不了什么产业，收入是个问题。老人身体也不好，年轻时候的劳累辛苦积累到现在，各种病痛随之而来，我也为此感到担心。

老人古稀大寿的时候我去看她，她满脸洋溢着笑容。那时候的她，笑得那么灿烂，那发自内心的笑容至今在我心里萦绕。

不说再见

扶贫工作难做，但当我感受到来自帮扶对象的善意时，即使条件再艰苦，工作再艰难，也会长舒一口气，殊不知我们与他们之间早已建立起了一种难以割舍的联系。

2019年春节，老人突然病重，陷入昏迷，虽送到医院抢救，病情有所好转，但还是无法下床走动，也说不出话来。

我到医院去看望她，她躺在床上，意识虽然清醒了，但还是无法说话。我坐在病床边，告诉她不要多想，放宽心好好养病，住院的开销也不用担心。她望着我，虽然没有之前的你一言我一语，但我从她湿润的眼眶中分明看到了些许感动和安慰。

这次住院后，老人似乎一下子变得苍老了许多，连拄着拐杖走路的力气都没有了。她一直躺在床上。那段日子去看她，我都是坐在床边，给她说着些什么，她总是深情地望着我，认真听我说。

2019年8月，漫长炎热的夏日季节，老人终究没有熬过。

虽然已经做好准备，但事情发生了依然很难受，毕竟两年相处，我已经把她当作我的家人。当晚，我去老人家中吊唁，听她的后辈说她走的时候很安详，这在一定程度上减轻了我心中的沉重感。我想，老人也不希望我那么伤感吧，就如她常对我说的，"人这辈子没啥过不去的坎儿"。

每一次碰面，每一句交谈，每一个笑脸，都在我脑海留下了深刻的印象。两年时间，恍然若梦，短暂得像一场两个小时的电影。

这条风景如画的小路，我走了整整两年。坐在屋前望着对面山景，和老人畅聊的画面，我这一辈子都不会忘记。

75 蜕变

——左岚乡人民政府　李帮志——

◁ 2020年11月，李帮志（右）在贫困户徐华家中走访

　　第一次见到徐华，是在他的老房子里。他蓬头垢面、胡子拉碴，正坐在火炉前吃午饭。火炉边放着一张破旧的方桌，桌子上除了一碗白净的面条外，还放着用刻度瓶装着的半瓶白酒和一个老式清香酒杯。

　　见我们进屋，徐华赶忙一边将杯子里剩下的白酒倒进嘴里，一边向老婆吆喝："来客了，快把碗给收拾了。"

　　去之前，一起去的东风村主任说过这家的情况。徐华的老婆是多年前在外面打工"捡"回来的，外人看不出毛病，其实脑壳有问题，到现在都没有谁知道她叫什么名字，包括她自己。她生活勉强能自理，能做些简单的家务活。

　　我到另一间堂屋看，屋内没有粉刷，阴暗潮湿的角落里摆放着两张破旧的木床，木床的两头分别用凳子支架着。一个角落里堆了些大大小小的洋芋。墙上凌乱地钉了些长短不一的铁钉，零零散散地挂满了锄具、塑料袋和衣物。

　　房屋里这个样子，让我一时没回过神来：真是穷啊，家里还真是不讲究。脑海里闪现出"穷脏乱差"四个字。

　　在东风，徐华是出了名的"酒坛子"和"懒汉子"。他性格倔强，鲁莽孤傲，除了游手好闲、好吃懒做外，还酗酒成瘾、打架闹事，曾经被派出所治安拘留过。乡村两级干部为此做了大量工作，但始终没取得效果。邻居们提起他都直摇头，表示不愿跟他打交道，有的人用"一年四季不思劳作，一日三餐喝得烂醉"来调侃他，挖苦他。

那天入户，我认真了解了徐华家庭的具体情况。他母亲去世得早，妻子精神有问题，两个孩子还小。为了照顾家庭，他出不了远门，平时在附近做些零工，收入低、不稳定，日子过得有些恼火。在生活无助的时候，他开始自暴自弃，借酒消愁。用他自己的话说，就是"走投无路的时候，喝醉了，就什么也不用思考了，轻松些"。

通过悉心交流，我发现徐华就是典型的物质贫困加精神贫困，自身发展底子薄，基础差，又不愿吃苦耐劳，总认为现在政策好，自然会有政府和干部来管的。但同时我也发现徐华并不是群众所说的那么一无是处。其实，他也渴望改变命运，做一个顶天立地的男子汉，给妻儿一个温暖幸福的家，让人瞧得起。

扶贫先扶志。我和工作队、村干部等一起，与徐华一道从住房改造、产业发展、促进就业、内生动力等方面制订了详细的帮扶方案和脱贫规划，村里关系熟的干部，还对他"痛斥"了一番。大家又是善意批评又是真心帮助，让徐华眼睛里闪起了光。

住房问题是最紧急的问题。大家兵分几路、各负其责，帮助选房址，联系施工队，同时要求徐华本人投入劳力，参与其中。与此同时，我们不定期组织志愿服务队伍上门为他讲解政策，帮其打扫卫生、清洗被褥，还为他两个孩子送去衣物、书籍和文具。大到修房造屋，小到洗头换衣，我们对徐华给予了"全方位无死角"的真心关爱和精准帮扶。

当然，徐华也很争气，他一边跑上跑

△ 2020年11月，李帮志督促徐华妻子打扫家庭卫生

下忙于修建新屋，一边忙里忙外照顾一家大小，哪怕做什么饭炒什么菜，甚至煮饭要盛多少水、炒菜要放多少盐都要他把关定夺。徐华说："忙起来的时候，我要下地干活，还要照看老婆孩子，很多时候几头都忙不过来，都巴不得多长两只手。"我完全能够理解徐华作为家庭顶梁柱身上的担子有多重，也能够感受到徐华面对自己家庭状况的焦虑与无奈。老实讲，徐华是很辛苦的，承受的压力是很大的，甚至可以说，换成其他任何人处在这种环境，也不见得比他好到哪里去。

看着徐华忙碌的身影，一方面我们觉得他很累很辛苦，悯惜他、心疼他；同时觉得他知奋进、懂事了，又感到很欣慰。其实，在我心里早已改变了对徐华的认识：他并不是别人嘴里的一无是处，其实他也是一个有血有肉有担当的人。

三个月后，徐华一家就住进了梦寐以求的新家。

住进新房那天，村上的干部为他家送去了新床、棉被和对联，左邻右舍也去祝贺，场面很是热闹。当我们要离开时，徐华紧紧握着我们的手热泪盈眶："感谢各位干部和邻居，感谢党的政策，我徐华这一辈子都没想到能够住进新房子……以前给大家丢脸了，但从今以后，我一定振作起来，靠自己的双手勤奋劳动，把日子越过越好。"

男儿有泪不轻弹。看得出，徐华的眼里充盈着内疚和惭愧，也装满了感激和感动。倔强鲁莽的男子汉瞬间就像变了个人似的。

后来，村上为徐华安排了公益性岗位，让他负责一段公路的养护和一个村民小组的环境卫生督促检查工作，他总是在每季度的考核中位居第一。他不仅把所负责路段的路面、排水沟打扫得很彻底，就连沿路邻居的院坝都一并清扫得干干净净。他总说："我现在的生活是干部和邻居给的，为大家做点小事，算是我对大家的一点补偿和感谢。"

除了干好公益性岗位的工作以外，徐华在家庭环境卫生、邻里互助、知恩图报等方面都取得了长足进步。在季度全村"十星级文明户"评选中，徐华又新收获三颗星，还在精神扶贫"红榜"中被通报表扬。

今年，徐华把荒废了多年的土地开垦出来，栽种了两亩核桃、桑薯和一些中药材，再在附近做些零工，一家人的生活虽然过得不算富裕，但实在而又充满希望。

"徐华变了，精气神更佳了，上进心更强了。""徐华更能吃苦耐劳，有正义感、懂得感恩了。"群众对他的看法也随之发生了180度大转弯。

其实大家都已发现，无论是精神面貌、荣辱观念，还是思想觉悟、进取意识，徐华硬是完成了一次活脱脱的人生蜕变。

76 这家人"站"起来了

——城口县林业局 王 敏

◁ 2019年6月,王敏(左一)到贫困户徐延辉家中了解情况

2015年,按照工作安排,我结对帮扶鸡鸣乡金岩村贫困户卢贤东一家。记得第一次到他家里走访,是和金岩村驻村工作队员一起。映入眼帘的是不知哪年修建的破旧简陋的砖木结构房屋,家徒四壁,没有一件像样的家具。

憨厚淳朴的卢贤东热情地接待了我们,她详细地介绍了家里的实际情况:一家7口人,两个风烛残年的老人瘫痪在床;患食道癌已到晚期的丈夫早已粒米难进,只能靠喝点米汤维系生命;孙子在鸡鸣小学读书;女婿徐延辉本该是家里的顶梁柱,却也身患双侧股骨头坏死,根本不能从事体力劳动;卢贤东也身患严重的胃病,但她必须撑起这个摇摇欲坠的家。让人聊以安慰的是,她在外务工的女儿时不时汇回一点儿钱贴补家用,然而对于这样一个处处需要钱的家庭来说,简直是杯水车薪。

从卢贤东家里走出来,我心里宛若架上了一副沉重的石磨,喘不过气。看着卢贤东大姐瘦弱的身影,眼里透露着无助的目光,再看看破烂不堪的房屋,我知道要想让这个家庭摆脱贫困,实现脱贫目标实在是太难了。但我必须挑起这个重担,不能眼看着这一家人就这样倒下。我暗下决心:既然结对帮扶了她们家,再难我也要尽力去帮。

在接下来不到两年的时间里,卢贤东的父母和丈夫先后因病去世,不仅给这个贫困家庭带来了情感上的伤痛,还留下了5万多元的债务。这对于这样一个贫困的家庭来说,更是雪上加霜。

随着脱贫攻坚工作不断向纵深推进，我与卢贤东一家人的感情也随着几年的帮扶工作越来越深。我知道，要想让这个家庭摆脱贫困、奔向小康，治好卢贤东女婿徐延辉的病是关键。

徐延辉三十出头，正值壮年，本应是一家的主心骨、顶梁柱，却在几年前患上了双侧股骨头坏死，完全丧失了劳动能力，不仅不能挣钱养家，还要长期吃药，花光了家里所有积蓄，欠下几万元的外债。

我劝说徐延辉去做手术，这样就可以重新站起来。他绝望地说道："我没钱支付昂贵的手术费和医药费，妻子在外打工是唯一能为家里挣点钱的人，我不忍心让她回来照料自己而断了经济来源。更何况我以前听医生说过，这个手术做早了的话，以后还要做一次，哪来这么多钱？我还不如等到50岁后再去做手术。"

他又何曾不想尽快战胜病魔，为这个快要破碎的家庭遮风挡雨，可是贫困只能让他选择如此下策，这是何等的无奈？徐延辉常常怀着复杂的心情彻夜难眠，寝食难安，身体也日渐消瘦。作为一个七尺男儿，每当他与我说起病情就潸然泪下，他说："我对不起家人，对不起妻子，我的病无法再进行治疗了，家里的钱都被我花光了。"

一个男人不是懒惰，而是因病不能撑起家而内疚。看着徐延辉失落的表情，我内心也十分难受。我心想，我要做的不仅仅是日常的关心和物质上的帮助，更应该做的是帮助他重新"站"起来。

我先后找到县医院外科陈主任和易和医院的赖主任，咨询做双侧股骨头坏死手术的相关情况，并把徐延辉的病情做了详细介绍。两位大夫明确答复，手术能够成功，这给了我足够的信心。我心想，解决了治疗困难，还要解决治疗费用问题，于是我又去县民政局、县医保局、县卫健委、县医院等单位咨询了解费用报销问题。县民政局回复，对这样的大病贫困户，会按照政策尽可能给予最大帮助和支持；县医保局、县卫健委、县医院答复，像徐延辉这种情况，手术费用按政策可以报销90%，贫困户只需自付10%。

前期工作做好以后，我再次来到卢贤东家里。"王同志，快来坐，喝茶、喝茶。"卢贤东热情地招呼着我。

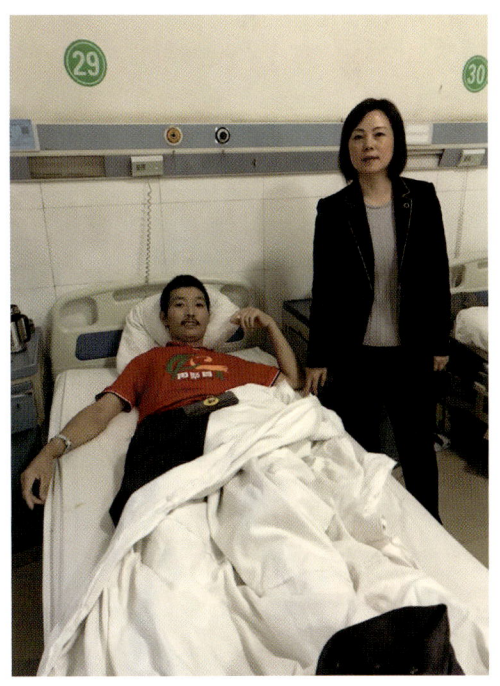

△ 2019年9月18日，王敏到医院看望徐延会，叮嘱其术后注意事项

"要得、要得，大姐呀，这次来我还是想劝劝你女婿赶快去动手术，我找专家问了，股骨头坏死是可以治愈的，治愈后只要保养得好，还是可以从事基本劳动的。"这已是我第四次劝说他们了，不出所料，他们再一次沉默了。眼前这个身材瘦小的中年妇女显然已经撑不起这个即将破碎的家了。徐延辉不能重新站起来，这个家何时才能脱贫致富啊？看着满眼无助的卢大姐和垂头丧气的徐延辉，我决定，我给他们"当回家"。

我再次给徐延辉说："你的病情不能拖了，你担心的问题我都会负责解决。"精诚所至，金石为开。卢贤东一家人终于同意手术，徐延辉也激动不已。

其实我心里非常清楚，万一手术不成功，我是有责任的，即使他们不怪我，我自己的良心也难安。但医生的话和部门同志的支持给了我巨大的力量，促使我愿意冒这个险。

我建议徐延辉就在城口县人民医院做手术，并替他预约了最好的主治医生。我详细了解了手术的风险、注意事项以及术后康复等方面的情况，将其一一记录好并转述给徐延辉。

2019年8月20日，我帮徐延辉办理了入院手续并陪同他做了术前检查，送去了住院期间的生活用品、衣物、现金等，由于他是双侧股骨头坏死，需分两次手术，8月23日顺利完成了第一次手术，9月9日完成了第二次手术。在徐延辉住院的一个月，他的妻子向小玲在江苏务工，我没有让她回来，因为来回的路费要花几千，还要找人代替务工，代工费每天100元，这样不划算。我考虑到徐延辉住院期间生活没有人照顾，便主动承担起这个任务。一个月里，我常常一下班便匆匆赶去送饭，风雨无阻，我从未感到辛苦，更没有怨言，我已经把贫困户的事当作自己的事，只希望这个小伙子能尽快痊愈。

9月19日，徐延辉出院了，一共花了治疗费67000元，需要自付6700元。但这笔费用对于徐延辉一家来说也是一笔巨款。于是我又找到县卫生健康委的相关科室工作人员和分管领导，详细说明徐延辉一家的特殊情况。在县卫健委的支持下，这笔自付医疗费通过社会救助的方式得到解决。最终，徐延辉的手术没有花家里一分钱。

送他回家时，他握着我的手，哽咽着说："王孃孃，谢谢你！"除此之外，激动得再也说不出其他话。看着眼前这个大男人，想着他不久就可以恢复健康，我感觉这个家有了脱贫的希望，开心地笑了起来。

这就是我的帮扶故事，一个普普通通的人做的一件普普通通的事。我想等徐延辉完全恢复了，在县城给他找个单位做个门卫之类的工作，他就有了一份固定收入。

我再去卢贤东家走访时，卢大姐脸上洋溢着笑容，徐延辉也扔掉了拐杖，热情地迎接我进屋喝茶聊天。

我知道，他们一家人，"站"起来了。

77 盲人老袁的脱贫路

——城口县水利局 周 顺——

◁ 2020年5月，周顺（左）在贫困户袁胜礼家走访

2015年的夏天，按照脱贫攻坚工作的统一安排部署，我接到了一份结对帮扶名单，上面写着我的帮扶贫困户是袁孟祥。

利用周末时间，我拿着帮扶手册，找到了龙泉村的村支书老徐。我说："徐支书你好！我是袁孟祥的帮扶负责人，你能够给我简单介绍一下袁孟祥的情况吗？"当时徐支书还调侃道："他屋头就住得有点远哟，起码走路都要走一个多小时，你一个20出头才参加工作的大学生得不得行哟？"我怀着忐忑的心情在村干部的带领下踏上了我的扶贫之路。

跋山涉水一个多小时，第一次来到结对帮扶户袁孟祥老人家中，我被眼前的场景震惊了：破败的房屋黑漆漆的，除了一个用旧了的电饭煲，家里几乎找不到一样像样的家具，各种杂物堆得到处都是，几乎没有一处可以下脚的地儿。老人热情地招呼我们坐下，端茶递水，很是周到。

通过聊天，我得知老两口都快80岁了，身体每况愈下，老爷爷双目失明，行动很是不方便，老奶奶也是年老多病。儿子当天到邻近的乡镇打零工去了，家里有一个孙女在镇上读小学，由于没有放长假，来回又要坐车花钱，平时就借宿在亲戚家。儿媳妇前几年因为忍受不了家里的贫困离家出走了。

多次上门了解情况后,我深深为袁孟祥家感到担忧,老两口没有劳动力,儿子为照顾父母,只能就近务零工。一家没有稳定的收入来源,日常开支和药费,就是一笔不小的负担,日子过得捉襟见肘。

随着多次走访后,老人与我已熟悉了,他甚至能够通过听声音就知道是小周同志来了。我们坐下来拉家常,老人给我讲述自己的人生经历。他时不时夸国家的政策好,由衷地感谢党和政府。

老人说,年初,村里根据他家庭的实际情况,给他申请易地扶贫搬迁和低保,政府现在已经在审批了,自己和老伴享受了医疗救助政策,孙女也享受了教育资助政策,除了日常开销和孙女的生活费用,其他的不想给政府添任何麻烦。见我和其他镇村干部几次三番地上门,他还总劝我们别常来,来一趟真不容易。每次都留我们吃个便饭,弄几个农家菜喝两杯再走。但是我心里知道老袁家里的情况,除了仅剩的几只下蛋母鸡和在火堂屋里熏得油水直流的几块腊肉,就没有什么拿得出手了。如果我们留下吃饭,少不了宰只鸡再炖上一块腊肉,这样会让我心不安,所以每次我都婉言拒绝。

2016年10月集中走访,我到龙泉村村委办公室去拿我的帮扶手册时,徐支书兴奋地告诉我:"小周同志,好事好事,你的贫困户袁孟祥搬迁到大公路边上喽,你再也不用走这么远的山路咯哟。"我听到这个消息,连忙拉着徐支书让他带我去看他们,在路上还顺带买了一些新房屋可以用的物件。两位老人和他儿子见到我来了显得很高兴,又见到我手里面提着东西又有点犯难,赶忙招呼我坐下。我说:"你们搬家怎么不给我打电话呢?"老人眼睛湿润了:"小周同志,怕辛苦你呀,你已经帮了很多忙了。"

更让老人感到安慰的是,儿子通过政府开发的公益性岗位找到了合适的就业岗

△ 2018年6月,周顺在贫困户袁孟祥家走访,与其拉家常

位，前不久，还找了个女朋友。老人的话让我一阵欣喜和感动，大家为着这美好的生活共同努力着，这不正是扶贫的真正愿景吗？

那是 2017 年 11 月的一天，我像往常一样在办公室忙碌着，同事跑来告诉我，说是我的帮扶对象袁孟祥的儿子来了。我很意外，还以为是老人家里遇到什么事情了。跑出去一看才知道，原来袁胜礼为了补贴家用，把家里的蜂蜜拿到集市上卖，赶完集后过来看看我。袁胜礼看见我，忙从一个花口袋里提出一罐蜂蜜，憨厚地说："周同志，你看这是我们自己取的蜂蜜没有掺半点假，我给你提的。"我婉言拒绝："不用，不用，心意我领了。"但是他又说道："你经常来看我们，对我们巴心巴肠的，这是我们一家人的一点心意，你看不起我们就不要嘛。"听见他这么说，我觉得我再不收下他们心里不知道多难受。我问他蜂蜜卖得怎么样。他不好意思地挠挠头，说是蹲了一上午只销出去 1 斤多蜂蜜。我看着没有卖完的蜂蜜，整齐地码放在地上，用小桶一桶一桶地装好，心底不自觉地生出一丝悲凉。

中午留袁胜礼吃饭，我利用食堂就餐时间，当了一回推销员。大家一听是贫困户自家的农产品，纷纷上前抢着购买。一会儿工夫，袁胜礼剩下的蜂蜜就一售而空了。面对大家的热心帮助，袁胜礼感动得不知所措。我告诉他，这也是我们大家的一份心意。见大家那么真诚，他一再表示感谢，说是家里还有些板栗，等熟了一定要拿过来给大家尝尝。

从最开始对扶贫工作无从下手，到现在袁胜礼眼神中的信任和感谢，我的扶贫终于迈出了实质性的一步。最让我觉得兴奋的是，袁胜礼变得很有想法了。他告诉我，他家里还有土板栗、菜籽、红薯等，东西都是自家种的，绝对放心，可以让我帮忙拿到社会扶贫网上销售，也可以放到朋友、同事们那里帮忙推销，他保证不会高于市场价。我们的想法不谋而合，我就常常帮他卖些山货，能卖出一些是一些。挣钱是一方面，关键是袁胜礼一家变得特别有干劲。

这样一个贫困的家庭，人穷志不穷，我想作为他们的结对帮扶责任人，能做的不仅是政策的传播者，更是他们精神的引导人，引导他们形成积极向上的人生态度，增强他们脱贫致富的信心和决心。

在扶贫工作中，我深刻地明白，贫困不可怕，可怕的是被现实的困难磨灭了奋斗的意志。所以在与袁胜礼一家人的交流中，我都会鼓励他树立脱贫的信心，现实再困难，只要意志不倒，办法总比困难多，何况现在国家有这么大的脱贫决心和这么好的扶贫政策，何愁摘不掉贫困户这顶穷帽子！

现在袁胜礼家已经脱贫了，这一段扶贫之路，成了我人生中不可多得的一笔财富。用心、用情、用力，我相信在之后的工作中，无论遇到什么事，我都会心里装着老百姓。

78 为贫困户打 Call 的那些事儿

——双河乡人民政府　喻晨玺

◁ 2019 年 12 月，喻晨玺（左）与向仕权的母亲在新建房前合影

2018 年 9 月，作为一名选调生，我正式迈入工作岗位，成为双河乡的一名扶贫干部。

2018 年国庆过后，我跟着永红村村支书去帮扶户向仕权家走访，听说他刚从浙江温州打工回来。第一次与自己的帮扶户见面，我心里难免有些激动，或许是一种莫名的使命感使然。我坐在村支书的摩托车后座上，心里暗下决心，一定要尽自己所能做好帮扶工作。

因为头天下过一场雨，地面泥泞，摩托车在土路上会打滑，为了安全，村支书让我下车，跟他一同步行。两人左一脚稀泥，右一脚稀泥来到帮扶户屋门前。走进院坝，一栋破破烂烂的穿架房映入眼帘，黑黢黢、脏兮兮的木门框旁，一位中年男子叼着烟斗盘腿坐在柴草堆上，院落里一些农具七零八碎地散落着。

"家里穷，老婆早跟他离了婚，没了音讯，就他一个劳动力，身上又有风湿病，供两个男娃读书，不容易。"这是后来我听村干部给我讲的。

"向叔叔，你好，我是你的结对帮扶人，我姓喻。"

"嗯，晓得了。"没有多余的言语，他转过头抖了抖烟斗里的烟灰。临别，他只轻描淡写地说了句："你一个小女娃帮我个啥。"

古人云："精诚所至，金石为开。"一次闭门羹激发起我心里的倔劲儿。我想，帮扶工作还得继续，怎么也得先与他说上话吧。于是我趁他在家这段时间，三天两头往他家里跑。一开始我跟邻居家的老婆婆家长里短地聊，他坐在旁边听着不作声，慢慢地他也会参与进来聊上几句。也不知什么时候，他像父母一样吼我："丫头，莫喝冷水！"

2019年6月，动员向叔重建房屋成了村里"最难啃的硬骨头"。他家的房子评定为D级危房。为了供养两个孩子上学读书，向叔家开支一贯都坚持能省则省，尽管他对家里那栋穿架房的衰败也看在眼里，但是由于自己常年在外，孩子也多在住校，家中没人管，便是铁了心不愿建房，于是这事就一直耽搁着。那会儿，他已回温州打工。

从村里听说此事后，我就一边跑去城建办问情况问政策，一边和向叔讲明优惠政策，算清经济账，规划长远打算，算清养老账，又几番同城建办的同事、村干部前往实地规划查勘。在五六次长时间的电话沟通里，向叔终于决定代建新房。

9月份新房建好，他全权委托我这个"丫头"从村委会取来钥匙接了新房。接房后，我特意拍了几张新房照片，向叔没有微信，我便用彩信发给了他。晚上他结束了工地上的活儿，高兴地给我回了电话，结束通话前他说："丫头，空了记得给我打磕。"我琢磨着"打磕"是啥意思，还没反应过来，向叔大笑道："你个丫头哟，还说是学英语的，打Call就是打电话啥啊！"听着电话那头的笑声，我已不知打Call的正解，只知向叔把我当家里人了，内心暖意融融。

最近些天向叔打电话时常常念叨一句话，"他努力读书，我使劲挣钱"，语气里底气十足。是读高中的小儿子期中考试成绩进步让向叔更坚定了信心。过去向叔总是抱怨生活艰辛，孩子成绩进步了，向叔像变了个人。

说起向叔小儿子上高中的事，还真是一桩子事。向叔的小儿子初中毕业考试时，成绩高不高低不低，填报学校让向叔犯了难，读个职高没有问题，但想上城口中学却差一截，按说，选择职高是最佳选择。

成绩出来后，向叔郑重其事地打来电

△ 2019年2月，喻晨玺（左）到贫困户向仕权家走访

话，向我讨主意。我更倾向于念高中，将来上个好大学。最终，向叔还是决定送儿子上城口中学。"读书改变命运"，我想向叔是深知此理的。

但如何点醒这个少不更事、缺乏上进的小伙子，让他明白向叔的良苦用心呢？

那会儿正值暑期，我来到向叔家，敲门没人应答，隔壁婆婆给我指了指屋后的斜坡地，只见一个瘦高的小伙子正赤膊挥着锄头挖地。穷人的孩子早当家呀，我顿时感慨。

等他回到屋，我们在板凳上坐下，我问他："要上高中了，什么打算？"

"没啥打算，读书啊，就那样。"

"那可是你爸的血汗钱呀！"我愤愤地说道。

他默默起身从屋里给我倒来水，半晌我们都没再说话。

"爸爸有风湿病，吃药都舍不得花钱，他一个人在外挣钱，以前我总怕让他失望。"沉默良久，他说道。

我说："只有当你努力过了，才有资格说失望。"

他点点头，开始聊起初中毕业纪念册上班主任的评语；聊起高中的文理分科；畅想着大学要选喜欢的化学生物……我发现这个农家少年的梦想熠熠生辉，我也看到了这个贫困家庭的未来。

那之后我每次上门，都不忘问问孩子的学习。慢慢地，孩子不再沉迷游戏，成绩也进步了。现在，他成了向叔干劲儿的来源。

没有比脚更长的路，没有比人更高的山。如今的向叔一家，全家共同奋斗，共同筑家，在脱贫的路上奋勇前行。孩子知道上进了，晓得读书好。新冠肺炎疫情稍有好转，向叔便响应复工复产的号召，成为第一批归队返岗的工人，一心扑在工作上，努力挣钱养家。

"自信人生二百年，会当击水三千里。"芳华正好，我青年一辈身逢盛世当不负盛世，生逢其时定奋斗其时，让青春之花在脱贫攻坚一线绚丽绽放。在当下的语境里，这种奋斗，就是从为一户贫困户打 Call 脱贫开始的吧。

79 朝着幸福生活大步迈进

—— 城口县委办公室　邱守坤 ——

> 2018年9月4日，邱守坤（右）查看康大奎家房屋情况

我共有3户帮扶对象，分别在沿河乡北坡村、柏树村。其中两户的情况比较好，对他们的帮扶，主要是帮助解决一些临时困难、帮助务工就业、宣传政策等。这里，我主要讲一讲帮扶北坡村康大奎的情况，有些片段让我印象非常深刻。

城口地处大巴山腹地，山高坡陡，路挂在山上，山耸入云端。而山之陡峭、路之艰难，首推沿河乡。沿河的山壁立千仞，上面灌木丛生、少有大树，站在山脚下，看到的天只有一线。谁见了都会忍不住感叹，这样的地方怎么会有人居住？

康大奎就住在这样的地方。我是2018年开始帮扶他家的，北坡村7组，从山脚下走路上去大约需要两个多小时。当时正在修上山的公路，那之前，最宽的路是骡马道，大多是羊肠小径。

第一次上去，有办公室同事代月鹏、周福山、张松同行。我们沿着弯弯拐拐的毛坯路向上走，尽管路面很宽，但外面是陡坡，让人不敢向外多看。大约走了半个多小时，我们穿过一个漆黑、狭窄的隧道，因为地面有积水，而且没有硬化，鞋和裤脚都湿透了。过了毛坯路，已是晌午了。我们顶着烈日，沿着羊肠小道又走了一个多小时，才到康大奎家。其实走山路我也很在行，并不觉得辛苦，但是这里的山路不仅狭窄，一湾连着一沟绵延数里，最恼火的是很多路都在悬崖上，丝毫不敢大意。沿着山坡爬上来，大家都是汗透衣背，感觉非常累。傍晚回去时，因为挖掘公路，原来的小路有些地方已被渣土淹没，我们只好抓着草爬上去，可是泥土是松的，一踩就滑，下面又是陡崖，我只好先爬上去，再用树根把同事拉上来。有句歌词叫"这里的山路十八弯"，我不禁感叹，这里的山路岂止十八弯？交通是制约这里发展的最大的瓶颈。

  康大奎家的房屋是土木结构穿架房，已经很老旧了，据他自己讲，有80多年历史了。从檐柱和下面的石墩来看，当年修建这房子的时候，房屋主人家庭条件应该是很优裕的，在那个年代，这栋房子是很气派的。时过境迁，今天这房子已是破败不堪。屋内外到处坑坑洼洼。土墙上随处可见空隙裂缝，房顶上到处穿眼漏孔，屋内杂物遍地，畜圈更是破烂不堪。可以说，这栋房子是雨可以进，风也可以进，唯独人不能进。房前屋后没有挡墙，杂草丛生，岩石突兀，蛇鼠常见。据康大奎自己讲，到了夏天屋里经常有毒蛇出没，他睡觉的时候手指还被蛇咬伤过一次。居住在这样的环境里，想想都瘆人！

  康大奎的人生是不幸的，从小双耳失聪，被评为听力二级残疾，他的家属同样也是听力二级残疾。当我与他们接触以后，发现他们都很朴实、勤劳，对人热情大方。特别是康大奎，非常精明，脑子灵活，而且能识字写字，有时候发信息还有点文绉绉的。虽然他们家里非常困难，但是他勤劳，在想方设法挣钱、攒钱，比如家里每年要养几头猪、几十只鸡，还要种很多农作物，家里还有一些存款。更重要的是他们懂得送子女去读书，这一点，我是发自内心地佩服。他们的孩子康正程现在已大学毕业，在重庆主城工作，收入还不错，给家里稳定脱贫出了一把力。

  可能是源于对政策的不理解，康大奎时不时会抱怨，因此在有些问题上难以沟通，这是我比较头疼的问题。

  我认真分析了康大奎家里的情况，主要存在两方面的问题：一是居住环境需要改善；二是精神面貌需要提升，需要加大政策普及力度。针对这两方面问题，我采

△ 2019年10月21日，邱守坤了解康大奎家庭收入情况

取了有针对性的措施。

一方面，我把他们的居住情况详细地向村委、乡党委政府、县委办公室做了汇报。应该说，村里对他们的居住条件是非常了解的，但可能是由于交通不便以及他本人对房屋是维修还是搬迁摇摆不定等诸多原因，一直没有深入开展工作。也正是这个问题，原本他家计划2018年脱贫，结果推迟到2019年。后来，在县委办公室领导的高度关注下，在指挥长、驻乡工作队长、县委办公室主要领导、乡党委政府领导以及村干部多次现场踏勘后，又充分征求了他本人的意见，决定对他的房屋进行C级危房改造。

首先是对屋内外、院坝、阴阳二沟进行硬化。在施工的那天，我与王旭副主任专门到他家里去了。看到热火朝天的施工现场，再看看康大奎夫妻俩脸上洋溢的笑容，我们心里特别舒坦，深刻地感受到能为老百姓干一些实事，真的很幸福。过了一段时间，我们又组织将其房屋进行了修缮。在涉及房顶补漏的问题上，我给他说，要自己出钱购买铁皮或者是瓦片，不能全靠政府。我原本以为他还不愿意自己出钱，但是他很爽快地答应了。这里我很明显地感受到他心态上的变化。后来，我们又给他修建了卫生间、厨房，安装了自来水，我自己出去给他买了衣柜，整个屋子内外发生了巨变。这一番下来，老康家的房子风进不得，雨进不得，人可以放心进去住。

另一方面，我注重精神上的帮扶。我经常嘘寒问暖，关心他们的身体健康，逢年过节也会送点东西，增进我们的感情。家里人生病了，我给专门买药送去。家里水管坏了，我马上买一根给装上。春耕的季节，送些肥料；春节来临，送几副春联；有时走访顺便从他家里买几只鸡，给他们增加些家庭收入，等等。他们也经常邀请我在他那儿吃饭，偶尔还给我送些鸡蛋。我也不客气，偶尔与同事一起在他家吃一顿饭。这样时间久了，我们建立了深厚的感情。

同时，我还经常与他的孩子们沟通，孩子们一直都非常感激我。我也经常耐心地给老康讲解政策，晓之以理，动之以情。渐渐地，我能明显地感受到他心态发生了变化，精神面貌焕然一新。比如，他一直要求把公路修到家门口，经过我们耐心解释后，他不再提及此事。再如，他问我乡里发电视机的事，我说你有电视没必要再要一个，再说你自己也可以买一个嘛，后来他也不再提及了。之前，他一直对村、乡干部不太满意，经常发些牢骚。但是现在，他经常教育别人要感党恩，还经常关注时政新闻，常说共产党好、党的政策好、党的干部好。

目前，康大奎家吃穿不愁，住房、医疗、教育、饮水都没有问题，公路到了家门口，房屋旧貌换新颜，米袋子有保障了，菜篮子也丰富了，钱袋子逐渐鼓起来了，孩子大学毕业有工作了，日子一天比一天好，一家人正朝着幸福的小康生活大步迈进。

80 不舍信念，终将拥抱幸福

—— 城口县税务局 陈 义 ——

◁ 2018年6月14日，陈义（左一）第一次见到因病致贫的张长华一家

2018年3月12日，是平凡而又不平凡的一天，这天我被安排结对帮扶高燕镇星光村一组的张长华。

村里的同志告诉我，张长华由于前期养殖失败，欠下几十万外债，大女儿从小身体就不好，寄居在浙江大姑家里，更不幸的是，他的爱人常正芳又于2017年11月查出患有乳腺癌，且已处于中晚期，急剧恶化的病情和大额的医疗开销给这个本不富裕的家庭沉重一击。

从星光村委会出来后，我便马不停蹄赶往张长华家。刚下车，我第一眼就看到一个阿姨蜷缩着背，倚坐在门口的凳子上。看到我们来了，她本想起身迎接，却没得气力，勉强挤出一丝笑容。那天她侧身还绑着一个袋子，看起来状态很不好。

一位衣着整洁的中年男子客气地给我们打招呼："感谢你们来，我就是张长华，这是我家属常正芳，身体不好，站不得。"说完便手忙脚乱地招呼我们在门前坝子坐下。一番交谈后，我才发现，这个被疾病压垮的家庭，比村里人告诉我的更糟糕。我仔细地观察常阿姨，发现她身体很虚弱，不怎么爱说话，身上背着几根管子，脸色黑黄，手背又黑又干。我摸了摸她的手，右手僵硬着，几乎不能动弹，只能左手无名指及掌腹能轻微活动。

面临巨额的外债和重病的妻子，又无钱请人看护常阿姨起居，张叔叔只得边打零工边照顾家里。但打零工挣的钱仅仅是杯水车薪，别说后续治疗费用，日常开销都没有着落。一次探访中，我们正好碰到这样一幕。2018年以来，张叔叔每隔一段时间就要带常阿姨到重庆化疗，以预防病灶的扩散。眼瞅着这次去重庆化疗的时间就要到了，可是，连车费都没得着落，何谈治疗费用？作为顶梁柱的张叔叔兜里只剩400元钱，这还是早上80岁的老母亲给的，男儿坚毅却红了眼眶。

2018年1月，张叔叔一家因病被纳入了建档立卡贫困户。扶贫政策规定：贫困户住院报销只需要自付10%，还可以先住院，后报销。这让常阿姨可以安心看病了。2019年年初，一大早，张叔叔就焦急地打来电话说："不晓得什么原因，你常阿姨在重庆住院后无法报销出院，医生说是医保断缴了。"掌握情况后，我第一时间通过驻村干部了解到，因村里未及时将信息汇总划转到社保局，导致医保卡断缴处于冻结状态。我随后将这个情况电话告知了张叔叔，安抚好在外担惊受怕的张叔叔一家。村里也连夜为张叔叔一家的医保卡进行了医保费划转。一直等到顺利报销出院，我的心里的大石头才落了下来。

这次小插曲过后，我很自责，开始反复查询新出台的贫困户救济手册，害怕老两口有什么不清楚。我特意在一次走访时仔细询问，是否还有相关政策没享受的，张叔叔顿了顿，把端在手里的杯子转了两圈，面露难色地道来："去年是有人打电话通知说，县妇联可以给乳腺癌等大病的女性患者发放2至3万元的救济补助，当时我们喜出望外，就连忙把材料交给了中医院，但是2017年11月得病后，交过去材料都好几个月了也没个回复，我们去中医院打血蛋白的时候问过几次，也是说已经上报给妇联，一直拖到现在也没等到这笔补助。"搞清楚情况后，我联系到了县妇联，原来是还在走程序。通过努力，妇联在一周后就将补助调拨发放至常阿姨手中。

△ 2020年1月17日，陈义（左一）和贫困户张长华一家合影

记得那是一次出差后回到单位上班的第一个工作日，常阿姨打电话来，激动地说补助收到了："陈义，你真的是个好女儿，对我们的事情这么上心，常嬢嬢不会说话都不晓得怎么来感谢你！"电话那头，颤抖的声音传来，我在电话这头也是百感交集，安慰道："这就是我该做的，反正我离得近，不管懂不懂我多问几遍多跑两趟就是了，只要能把事情办好多跑两趟没有关系。"

转眼两个月过去了，2018年5月中旬的一个早晨，张叔叔打电话给我说："常阿姨癌症化疗要用靶向药，家里没钱，准备把住房卖了给你常阿姨治病。"我当时只得在电话里安慰他："先不要急于做决定，不能卖房，卖了你们去住哪里！你先不要着急，我来想办法！"上班后第一时间我就给单位领导进行了汇报，说了想要为他们一家众筹和捐款的想法。当即就得到了领导的支持，后续一周时间，我们为张长华一家共筹款6500元，解了燃眉之急。

至今回想起来我还感觉后怕，要不是张叔叔给我打电话，都不晓得情况如此紧迫，我深深自责自己没有足够的关心。从那过后，我去张叔叔家的次数就更多了，因为张叔叔家里的女儿才11岁，我就自觉担起了姐姐的角色，常常给常阿姨买些牛奶、植物油等。

2019年国庆节后，张长华告诉村干部此次手术十分成功，如果继续保证治疗，常阿姨身体有望恢复。这是张叔叔笑得最开心的一次。后来又陆陆续续进行了几个手术，常阿姨的身体状况越来越好。为了方便观察了解常阿姨的身体状况，我每次去看望常阿姨都和她拍一张合照，时间过得飞快，一年多的时间照片已有几十张。慢慢地，我发现常阿姨的头发也长出来了，腰背直了，能做些简单的家务活了，最明显的是，她脸上的笑容越来越灿烂了。一次我们单位驻村工作队员反馈给我说，工作队大走访的时候，常阿姨拉住队员的手说："你们税务局的陈小妹儿，真是比个人的亲女儿还要好啊！"

2020年，县里对未脱贫户实施"1+1"的帮扶模式，张长华的帮扶人又增加了陈钢局长。病情缓解了，还得发展产业才行。我们鼓励张叔叔实干创业，张叔叔满心欢喜说："这下我没得负担了，不想再给政府添麻烦，我要整点产业养殖挣钱。"我们把养殖技术员请到张叔叔家，帮助他规划了中蜂养殖和山地鸡养殖两个项目。仅仅半年通过售卖中蜂蜂群，一家获得经营性收入就8000余元。2020年6月，我走访张叔叔家，干爽整洁的鸡舍已搭建好，已打过3次疫苗的山地鸡200羽，正陆续入栏，按照3个月的出栏周期，预计能获得纯收入2万余元。我想，这下张叔叔家真的是吃穿不愁了。

只要有美好的生活信念，所有人都终将拥抱幸福。

81 给你一个温暖的家

—— 修齐镇人民政府　陈相全 ——

◁ 陈相全为困难大学生申请教育资助

"你这个小伙儿挺能干的，要常来家里看看，我们现在很好。"一次偶然的机会，我再一次见到了安德春，她愈发消瘦了，但气色却好了很多，她有些激动，紧紧拉着我的手不放，絮说着生活的变化。

初相识

安德春是修齐镇香坪村的一名建档立卡贫困户，当时她家的生活条件还比较困难。作为一名选调生，我被镇党委委派到香坪村做村主任助理，2017年9月1日，镇党委的罗委员带着我第一次在村里开展走访，就这样我认识了安德春。她们一家住在香坪村石河口一个小山坡上，那天烈阳高照，山路崎岖不平，我和罗委员走了许久才翻过一座山丘到达她家。一个土墙房撞入我的眼帘，房顶是几根圆木搭成的房梁，墙面是用土筑的，多年的风吹雨淋，显得有些斑驳，与新换的瓦片看起来极为不协调。院子里，安德春的丈夫罗恩胜，跨坐在长凳上摆弄着一些叫不出名字的草药。

"我们来看望一下安德春，她最近情况怎么样了？"罗委员率先开口打开了话题。罗恩胜抽动了下嘴角，笑了笑，一边说着"还是老样子"，一边顺手推开木门，带着我们走了进去。

站在安德春的床前,借着微弱的灯光,我勉强看清了她的样子:花白的头发有些散乱,脸颊瘦黄,像是被生活重重地打了一拳,深深地凹陷下去;她眼神有些空洞,仿佛只能看到一片无垠的黑暗,涣弱无神。看见我们的到来,她情绪激动,眼里闪动着泪花,支吾了半晌,才用一种近乎嗫嚅的声音说道:"谢谢罗委员,你们工作这么忙,还要抽时间来看我。"罗委员熟练地理了理安德春的被褥,坐在床边上,拉着安德春的手说:"上次给你们申请的低保下来了,残疾补贴也要记得去取,年底的时候还有镇上花菇扶贫车间的产业分红,你就安心躺着养好身体,钱的事情我们给你想办法。"

渡难关

回去路上,罗委员感慨万千地给我说起了安德春家里的情况。之前安德春一家的生活还算不错,他们夫妻俩都很勤劳,但在一次务农回家的路上,安德春不小心从山坡上跌落,导致下身瘫痪,从此家庭的重担就只能由年迈的罗恩胜一个人扛起。

了解到安德春的情况,我的心情有些沉重,忍不住说:"他们现在家里没什么收入,只能通过低保维持生计,再加上病痛的折磨,罗恩胜也60多岁了,她家还住在半山腰,平常人上下都不方便,去一趟医院更是困难!"

"现在不是有易地扶贫搬迁政策吗?可不可以把他们搬下来?"

村主任袁慎江告诉我,村里本来就想让她搬下山来,但他们担心搬不起,就一直没有同意,这个问题就搁置了下来。想到安德春憔悴的容颜和那段崎岖的山路,我决定再跟袁主任一起想想办法。

"搬起走我们又没得钱,补助款只

△ 陈相全参加脱贫攻坚普查

够打地基，再加上我们挣不到钱，搬起走了粮食没得吃的，我晓得你们是为我们好，但是我们这个情况确实是没办法搬家啊！"再三追问，罗恩胜说出了自己的难处。

好在之前已经与袁主任进行过沟通，我们告诉他，县里一直在推进易地扶贫搬迁安置点建设工作，在联建点不用单独挖地基，并且可以将老房子进行复垦收储，也能补助一两万元。同时我们还可以结合易地扶贫搬迁后续扶持政策，免费在安置点周围为他们提供一块菜园地，供他们种植日常食用的蔬菜瓜果。

2017年11月20日，结合着新一轮大走访活动的开展，我和村委所有人坐在安德春院子里的两根条凳上在院坝里开起了短会。"安置点离这里不远，他们搬过去之后，还能把原来的土地继续利用起来种一些经济作物。罗恩胜之前不是会养鸡嘛，再孵一些鸡苗，养大后自己吃一些还能再卖一些，而且我有时候还能给他介绍点活路，也能赚点生活费。"余书记说完，罗恩胜脸上已经笑开了花。

换新家

没过两天，我就接到了袁主任的电话："明天要给安德春家搬家了，到时候一起来帮忙。"第二天，当我赶到安德春家里的时候，他们家来了很多人，都是周围的党员和群众，大家知道安德春不方便，便一起过来搭把手，帮安德春搬家。2019年1月份，安德春一家搬到了新家，我只记得那天躺在新床上的安德春十分高兴，脸上洋溢着幸福的笑容，尽管起不了身，但她嘴里不停地说着："谢谢！谢谢！"

"同志，我真的要感谢你们！我们没什么能力，这些土鸡蛋你们一定要拿回去，算是我们的一番心意！"罗恩胜赶紧从某个角落捧出了一个布袋，小心翼翼地递了过来。袋子鼓鼓的，我们都知道安德春家里养的母鸡不多，这么多鸡蛋一定是存了很久，甚至自己都没舍得吃！我忙说："罗叔，你们的心意我们知道了，你还是把这些鸡蛋留给安大姐补一补身子，你们能过得好一些就是对我们最大的回报！"我们眼眶里都泛起了泪花，坚决地推开了布袋。

如今，由于安置点配备了一些公共服务设施，镇里又给他们安排了公益性岗位专门维护公共设施和公共环境。安德春一家不仅搬进了新家，更有了新生活。随着各项帮扶措施相继落实，安德春一家也真正实现了"搬得出、稳得住、能致富"的目标。

82 做老百姓身边的"老黄牛"

—— 高燕镇人民政府 曾天号 ——

◁ 2019年8月23日，曾天号（左）走访贫困户，为其宣传扶贫政策、了解其收入情况

脚踩胶鞋、挽起裤腿、夹着笔记本，走在红军村高山水稻基地，我又开始了一天的工作。

"你们这块地耙得好哦，秧苗看起来也壮实，一定会出好稻谷。"

"是哟，今年秧苗好哦。管得好，长得也好。"

和村民们互相问候，一问一答间，我了解着村民们产业的发展，他们回馈给我坚定的信心，伴着汗水的笑容里满是和谐融洽。

2016年5月，我被高燕镇安排到河岸村担任驻村工作队员，开始了长达4年的脱贫攻坚一线战斗生涯。

第一步是要找准情况，就像哑巴吃汤圆——心中要有数。我拿起笔记本，对照脱贫标准，一户一户摸排走访，针对不同情况进行准确、翔实的调查。一双胶鞋，踏过高山越过溪涧；一顶草帽，迎来日出送走黄昏；一本笔记，记满数据划满标识。夙兴夜寐奋战多日，终将情况逐一摸清后，我更加觉得肩上担子的沉重。

河岸村困守大山腹地，交通不便，基础落后，群众矛盾突出，再加上产业薄弱，脱贫之路可谓任重而道远。人总不能被困难吓倒，只要肯干，只要敢于挥洒汗水，我相信绝对能够摘掉"贫困帽"！

村里基础设施建设薄弱，我和同事们勘察公路线路，寻找饮用水源；村里产业薄弱，我和村支干部多方联络，因地制宜建起了产业基地；村容不整环境卫生差，便大力宣传，全面整治。

经过我和同事们艰苦奋斗，河岸村在安全饮水、村容整治等方面取得了显著成效，花椒、党参等产业也遍地开花，奠定了坚实的脱贫基础。2017年，河岸村整村通过脱贫验收，脱贫出列。

工作没有结束，2017年10月，我担任红军村第一书记。

比起河岸村，曾经的红军村自然条件差，地理位置偏僻，是一块难啃的"硬骨头"，也是全镇脱贫攻坚的主战场。

备好金刚钻，才揽瓷器活。我按下了"复印键"，再一次开启了摸排、学习模式，仅仅一个月便摸清红军村的情况，有了经验，做起来就更加熟门熟路。我对村里贫困原因进行了深度剖析，一户一户找准了致贫病灶，而后对症下药，因户施策，精准发力，积极创新，找准脱贫路子。

每一个矛盾调解现场，每一个特色产业基地，每一个困难群众家里，我都要到场了解。我要做一颗螺丝钉，钉在脱贫攻坚战场上，不成功不松劲儿。2019年，红军村终于顺利实现整村脱贫！

"曾书记，快过来坐。"我再一次去帮扶户刘朝付家中走访，隔了老远，看到我走来，刘朝付就热情招呼起来。曾经的刘朝付，不仅内生动力不足，对上门干部也是爱答不理，对扶贫工作满意度也不是很高。

针对这种情况，我对他进行了定点攻坚，不仅时常上门为他宣传政策，引导其转变观念，还帮助他解决一些具体的困难。慢慢地，刘朝付发生了转变，与我成了一家人，不仅满意度大幅提升，内生动力也激发了出来。帮扶是我分内之事，帮助群

△ 2020年6月12日，曾天号（左二）雨后清理村级公路背水沟

众解决具体问题,让大家过上好日子,就是我最大的职责。

曾经的红军村和河岸村由于没有水源,一直存在季节性缺水问题,到了枯水季节,村民饮水就成了大问题,虽不至于滴水贵如油,却也只能省之又省。

解决饮水问题成了当时最迫切的工作,我和乡里村里干部、技术人员一道,四处寻找饮用水源,翻山越岭,在没有道路的密林里穿行。功夫不负有心人,经过多方探查,在距离村子十几千米,海拔1800多米的龙洞湾找到了一个合适的水源地。经过一个多月的施工,铺设14千米的管道,将水引到了山下的蓄水池,两个村2000多民村民饮水难问题得到彻底解决。

河岸村半山腰上有一块地很适合发展产业,却没有道路,我和村里积极争取,一遍遍在山林中勘察路线,终于修通了一条6千米的产业路,地里即将种上30亩天麻,为河岸村摘掉产业薄弱村帽子奠定了基础。

脱贫攻坚以来,高燕镇前前后后修建了70多千米的入户生产生活便道,我全程参与。为勘察路线,验收道路,每天要在路上奔走,胳膊、背都被晒脱了皮,同行的人笑着说:"你都晒成老黄牛了!"村民听说这个故事,亲切地给我起了一个外号"黄牛书记"。

这个外号,是乡亲们对我工作的认可,也是对我的勉励,更是对党的扶贫政策的拥护。

"扶贫工作是平凡而艰辛的,没有闪烁的霓虹,没有鲜花掌声,也不需要豪言壮语,需要的是像蜡烛一样默默燃烧,点燃贫困家庭的希望之火。"这是我写在日记本上的一句话,也是我的战斗宣言。

我甘愿做一头"老黄牛",扎进脱贫的泥田,做老百姓真正的贴心人。

83 扶贫要扶"志"和"智"

—— 城口县水利局 杨华良 ——

◁ 2016年9月23日，杨华良（右一）到贫困户王彦俊家走访，了解新房建设情况

7月的城口县明通镇龙泉村青山为伴、绿水相陪、万物葱茏，我走进了贫困户王彦俊的家。王彦俊家坐落在半山腰脚下的公路边，亮丽的新房穿着白色灰边的外衣，在青山绿树的掩映下特别醒目。

我的到来，在王家引起了小小的轰动，照顾王彦俊的堂弟热情地招呼着我进屋喝茶。

看着眼前青砖白瓦、宽敞明亮的家，以及坐在沙发上笑着的王彦俊，我回想起6年前第一次到王彦俊家帮扶的情况，顿时感慨万千。

2015年10月，我作为王彦俊家的帮扶责任人，带着好奇和兴奋踏上去他家的路。下车后，远远的一处斜坡上，一座长约6米的瓦顶屋和长8米的茅草屋映入我的眼帘。

这就是王彦俊的家？走近屋正面一看，一间瓦屋为泥土砌片石屋，另一间为土墙屋；8米长的茅草屋一间为泥土砌片石屋，另一间为垛木围栏。整个房子较矮，只有一个窗户，另有三个"猫洞"窗。

外围的环境已经深深地刺激着我的神经。

走进屋内，打开电灯环顾四周，首先看到的是烧柴火炕的厨房，墙壁用旧衣服和废旧的化纤口袋填满了缝隙，无窗无通风设施，在靠外墙壁下方安放了一张自搭的架子床，这就是王彦俊夫妇休息的地方。原来这间屋子是垛木猪圈改造的，房子鉴定为C级危房。

看到这样的居住环境，我心里顿时五味杂陈。一是为这样贫困的家庭脱贫捏着一把汗，二是深感自己帮扶责任的重大。

王彦俊一家4口人。王彦俊年近80岁，患有阿尔茨海默病，还伴有脑梗心梗；妻子唐吉东近70岁，常年小病不断。儿子王先成是一家唯一劳动力。王先成6年前在广东打工认识了一个女子并住在一起，女子在王先成老家生完孩子不久就离家打工去了，一去就杳无音讯。孙子王祖清刚满4岁。

摸清了家庭状况，我找到了这家致贫的症结，"两不愁三保障"主要是住房无保障。

于是，我鼓励王彦俊一家建房。对于建新房，王彦俊一家人不是没有想过，但在老屋地基建房，建筑材料二次转运费太高，增加了建房成本，在公路边又没有争取到一块屋基。王先成每年打工赚的钱除去一家人生活支出和医疗费用所剩无几，哪里还有余钱建房。

"我们有勤劳的双手，没有什么是干不成的。"我与唐吉东、王先成多次沟通，鼓励他建房改变现状，有了房子就有了奋斗目标，趁着年轻，咬咬牙，就挺过去了。有了房子，一切都会有所改变。

"兄弟，你不是一个人在'战斗'，还有我、镇村干部，我们一道想办法。"我的话说到了王先成的心坎上。

当年年底，我联系村干部多方做工作，也让唐吉东发动亲戚、左邻右舍，尽量协调在公路边的土地。最终，在各方共同努

△ 2020年11月16日，杨华良（左）到贫困户王彦俊家中走访

力下，终于在公路边争取到了一块地基，减少了建房成本，在住房建设过程中，我不仅给了王先成精神鼓励，还为其资助水泥13吨，同时与镇村两级干部密切联系，积极兑现建房补贴。

2016年8月，王彦俊一家终于搬进了新房子。在搬进新屋那天，王彦俊家里好不热闹，村里的人都来为他们祝贺。唐吉东用颤抖的手拉着我说："感谢杨同志，没有你的鼓励和支持，我们也下不了决心建房，如果没有党的好政策，没有你们这些好干部，我们一家永远也住不进新房，一家人永远'抬不起头'。"

2018年，82岁的王彦俊身体时好时坏，而唐吉东被查出患上了白血病，医治无效去世。当年，王家的家庭支出明显上升，我主动协调村委、镇政府，在大家的共同努力下，同年为王彦俊争取到低保金每年约5600元，缓解了其家庭经济压力。

去年，王先成在东莞务工，年收入3万元，家里的父亲和儿子由其哥代为照料，为了减少开支，王先成春节没回家，今年4月后，月收入约5000元。我对王先成说："老人、小孩安排好了，在外安心务工，再找一个合得来的人，组建一个家，做好人生规划，通过自己的辛勤劳动创造美好生活。"

"杨科长，这几年你对我的帮助太大，从精神上开导我，为我积极争取政策支持。"王先成激动地说，"我活了40多岁，从来没有现在自信，现在国家政策好，解决了家里的很多实际困难，我也不辜负你们的希望，努力工作，不给国家拖后腿……"

在扶贫的这条路上，一些家庭在面对生活的巨大压力时，有的选择积极面对，有的选择消极放弃，而改变命运的机会从来都不是等来的，是通过勤劳的双手创造出来的。

扶贫要扶"志"和"智"，才能助力贫困户奔小康。

84 退伍军人转战记

—— 高观镇人民政府　张　满 ——

◁ 2019年9月12日,张满(左一)代表全县退役军人在城口县欢迎退役军人返乡大会上发言

2019年9月,我怀揣着对部队的不舍回到阔别已久的家乡,通过转业安置,到了高观镇工作。

彼时的高观,脱贫攻坚激战正酣。初到单位,看到所有同事嘴里说的、手上做的全是扶贫工作,连吃饭、休息都在讨论帮扶措施,全都流露出决战决胜脱贫攻坚的信心和决心。

我被同事们为脱贫攻坚夜以继日的工作状态深深吸引和感动,同时我也有了强烈的失落感,像我这样经过部队培养十几年的军人,在脱贫攻坚最最紧要的关头,却不能像一个战士一样冲上一线,心里焦急万分。在和镇党委书记第一次见面时,我第一句话就是:"书记,我感觉我来晚了。"一周之后,镇里给我安排了脱贫攻坚任务:担任蒲池村的突击队员,帮扶白岩村两户贫困户。

帮扶户颜中明的家坐落在半山腰上,房子有两层,虽然简陋,但明显好于我脑海中勾勒出来的贫困户的居住环境。我当时还有些纳闷,这种好手好脚的人,怎么也是贫困户?一定是因为他好吃懒做才导致了现在这个境地。这样一想,不免对他有些失望。后来了解才知道,当初老颜自身条件不好,独自一人住在茅草土房里,没有稳定的生活来源,他家虽被纳入贫困户,但他并没有放弃,主动学习技术,在本地做小工赚钱糊口,用自己攒下的钱盖了新房,并在第二年就脱了贫。我不由得对老颜刮目相看,原来他是十分努力的人,并且对自己的人生有很好的规划。

初次见面聊得很愉快,了解了家里的基本情况,临走的时候,老颜送我们离开,但我注意到他起身都很困难,需要妻子搀扶,走路也一瘸一拐的。

之后的几天,我眼前总是浮现着老颜不太正常的走路姿势和他欲言又止的样子,想着有机会一定要弄清他的身体状况。一周之后,我再次到颜中明家走访,在简单寒暄了几句后,我就直奔主题,问道:"老颜,你的腿是怎么回事?干活的时候受伤了吗?"听了我的话,他低下头看了看自己的腿,没有说话,倒是一旁的妻子先开了口:"他这个腿有大半年了,吃了药也没什么效果,现在越来越严重了,经常痛得整晚睡不着觉,现在起床、上下楼都很费劲儿,去卫生院拍了片子,医生说是疑似双侧股骨头坏死,再这么下去,腿怕是保不住了。"说完她的眼角就泛起了泪花,手捂住嘴不出声地哭。

老颜坐着一句话没说,拿着手里点燃的烟,深吸了两口,叹了口气。我问道:"去县医院看过没有啊?"老颜妻子答道:"没有,大家都劝我们去县医院看看,但是大医院看病多贵啊,我们也没有钱,再说我们都不识字,去了医院也不知道要怎么办。"于是,我一边给他们讲政策,一边做工作,动员他去医院治疗。

经过我一番耐心劝说,老颜有些动摇了。看得出他们很想去治疗,但还是想再考虑一下,毕竟这么大手术,心里没底。

△ 2020 年 1 月,张满(右)走访颜中明,询问其术后恢复情况

是啊！其实我心里也有一丝顾虑：如果他们决定去做手术，目前城口又没有手术条件，就必须去重庆治疗。但他们又不识字，自己是去不了的，那我要送他们去吗？而且又是我动员他们去做手术的，这么大的病，万一手术不成功，我是不是还要承担责任？我犹豫了。

就在这时，我脑海中浮现出当初入党时自己做出的庄严承诺，我是一名党员又是一名军人，当兵十几年，死都没怕过，现在居然怕为群众做点事担责任，我羞愧极了，不由得狠狠抽了自己一耳光。

我下定决心，跟他们说："你们认真考虑一下，只要你们愿意去，其他的事情我来帮你们处理，你们放心，这事我会负责到底的。"随后的几天，我多方打听，一方面熟悉政策和看病流程，一方面看能不能帮他争取到一些医疗补助。

精诚所至，金石为开。在与镇卫生院沟通过后，我了解到县中医院有个山东对口帮扶城口的项目叫"站立行动"，可以免费为贫困户治疗股骨头坏死等疾病。于是我赶紧联系县中医院，经过核实，确实有这个项目，这无疑是个天大的好消息。我立即赶到老颜家中，把这个消息告诉他，他听后也很高兴，但还是有点犹豫。我知道他的顾虑，便安慰道："不用担心，我会送你们去医院，办理好手续，你们只管安心去手术。"听到这儿，他们才露出欣喜的笑容，爽快地答应跟我去手术。

12月20日，我向镇领导请了半天假，带着老颜和他妻子去了县中医院。医院积极安排他入院，经过检查，发现是双侧股骨头坏死，情况已经比较严重了，如果不及时手术，很快就会瘫痪。把老颜安顿好后，我买了一些日常用品和水果给他们，让他们安心做手术，不要担心。

手术很成功，半个月后医生就通知办理出院。我知道老颜行动不便，就主动到县中医院帮忙办理出院手续，接他们出院。我知道他们在医院一定没好好吃顿饭，就让家里人准备好饭菜，把他们请到家里做客。让老颜来家做客我还有一个目的，听医生说他的病主要是因为抽烟喝酒引起的，手术后一定要戒烟戒酒，才能好好恢复。但像他这种抽烟喝酒成瘾的人，我应该很难说动他，所以我想用我爸爸的亲身经历去说服他。在我家，爸爸讲起了他以前因为嗜酒差点得食道癌的事情，但现在戒酒后身体好了，饭量也变大了。经过爸爸的现身说法，老颜很有感触，从那以后，他也很努力地开始戒烟戒酒，身体恢复得也很好，现在走路已经可以不用拐杖了。

由于术后老颜没有了劳动力，妻子又要照顾他，家里没了收入来源。我又按照政策帮他们申请了低保，老颜的身体状况也渐渐好起来了，我相信他今后的生活一定会越来越好。

看着这一家子的生活因为我的努力发生了变化，我打心眼儿里高兴。作为一名曾经保家卫国的军人，咱现在又参与了脱贫攻坚战，何其荣耀！

战胜贫困——我的扶贫故事

陆

- 丁思源
- 杨雪娇
- 王娟
- 唐舸
- 王英
- 袁朝勇
- 马波
- 刘文菊
- 文道勇
- 伍东
- 胥言
- 王宇超
- 彭贤淳
- 徐加燕
- 周其勇
- 张履冬
- 李奕锦

85 用真情换真心

—— 双河乡人民政府　丁思源 ——

◁ 2019年10月，丁思源在贫困户家中询问孩子读书情况

我是双河乡一名农服务中心工作人员，2016年大学毕业后先在重庆一家银行工作，虽然工作环境优越，工资待遇好，但我始终感到空虚，有一种失落感。我从小出生在大山深处，大城市的车水马龙让我开始变得浮躁，我想念家乡的蓝天白云，秀水清山。

经过半年的深思熟虑，我辞去了高薪工作，毅然决然地回到了我日思梦想的家乡。2018年我有幸通过事业招聘考试到了双河乡农服务中心，也开始书写那个属于我自己的用真情换得真心的扶贫之路。

2018年11月，我与帮扶户赵叔家结对。我从扶贫办的同事那里了解到他家的基本情况：因病致贫，赵叔的妻子周姨2017年做了心脏手术；儿子赵光强又患有眼疾，也于2017年做了胬肉切除手术。这对于一辈子面朝黄土背朝天的家庭来说无疑是巨大的打击，手术费也是东拼西凑才勉强付清。术后周姨和儿子在家休养，66岁的赵叔在家务农是唯一收入来源。

说实话，当时了解到这些情况后，我都感觉到焦虑，如何帮助这样一个家庭脱贫？如何与他们建立感情？这对一个刚刚接触农村工作，毫无经验的女孩子来说，无疑是巨大的挑战。

我抱着紧张、茫然的心态第一次走进了赵叔家。到现在我都还清楚地记得，那天天气特别好，我在店坪村王支书的带领下前往了赵叔家。一路上王支书跟我说，他家庭原来还挺好的，算是自给自足，可是人算不如天算，接连的手术压垮了这个家庭。

一到赵叔家，王支书就招呼："老赵，这个女娃子以后就是你们的帮扶责任人了，她叫小丁，快来认识一下。"赵叔看了我两眼说："这么年轻的女娃子啊，一看就是城里人，哪儿晓得我们这些老百姓的疾苦哦！那怕是算了哦！"

当时我感觉就像被泼了一盆凉水一样愣在那里，还好王支书看出了尴尬，忙说道："老赵，这就是你的不对了，给你安排帮扶责任人是为了一对一帮助你脱贫。我也晓得你家里情况，但是我们村里这么多人，我也做不到长期关注你家里的情况，你也莫着急，有啥子事情就跟小丁说。"

这个时候我连忙走过去笑着说道："赵叔，我年龄是不大，但是和你能结对帮扶就是一种缘分，你就把我当小女儿看，都说女儿是爸爸的贴心棉袄，你有什么苦水都可以跟我吐，有什么困难都可以跟我说。我不敢说能帮你多少，但至少我可以传达一些政策，也可以把你的诉求上传给党委政府，对吧！"

赵叔听我这样一说，觉得有道理，便笑笑喊我们坐。我知道从他的内心来说还是没有接受我这样一个看起来年轻、毫无工作经验的女孩子，但是我深知帮扶工作不是一天两天的事情，冰冻三尺，非一日之寒。需要我用心、用情去做。我相信，总有一天，我会感化他的。

那天后，我隔三岔五就跑去他家，与他家人们聊天拉家常。看见院子里脏了，我主动拿起扫帚把院子打扫干净。缸里没有水了，我会把水缸接满。他们生活差了，我会买几斤肉带去……我真正给赵叔当起了小女儿。看着我做的一切，赵叔对我的看法渐渐地开始改变了，我们之间的距离慢慢也开始拉近了。

而获得赵叔家真正信任是在结对帮扶第三个月后的某一天。赵叔给我打电话说周姨的眼睛最近很疼，左眼看不到东西。当时我心一颤，周姨2017年才做了心脏手术，儿子眼疾还没好，如果这个时候周姨眼睛再出问题，对他们一家大的打击真

△ 2020年3月，丁思源在店坪村开展走访排查，把口罩送给老人

的是太大了。我安慰赵叔先不要着急，等我来接他们到医院看看再说。

我立马放下手里的工作，开车到他们家里，把他们接到卫生院。到卫生院后，我一直跑前跑后，忙上忙下。从挂号到检查我全程陪同。检查完后，卫生院的医生还真以为我是他们家的女儿，建议我们去重庆进行手术治疗。赵叔家里本来就没有钱，进医院的一切费用都是我缴的。从医生办公室一出来，周姨就开始抹眼泪。我就一直安慰她现在国家政策好，贫困户住院治疗自付费用才10%，同时我又立即联系在县医院上班的亲戚，立即开车带着他们去县医院，找到专业的眼科医生。经过一系列检查，医生说可以先吃药治疗，吃一两个月药再看情况。经过一天的折腾，这时候赵叔和周姨终于放下心来。

当我送他们回家后，赵叔红着眼睛对我说："谢谢你，小丁，今天真的麻烦你了！一直以来我们都觉得你一个小女娃子没得啥子用，是我们误会你了，你真是比亲闺女还亲啊。"

从那天后，赵叔一家人真正地开始信任我，有什么事情会和我沟通，他们也会听取我的意见。我明白，帮助脱贫增收才是真正的帮扶，现在为这个家庭规划好增收计划才是我的首要工作。经过一两个月的用药，周姨身体一天一天好了起来，可以分担一些家务了。我和赵叔一家人沟通，帮他们制订增收计划。首先是扩大家里的养殖规模。赵叔同意从原本的2头黄牛增加到4头，15只山羊增加到35只，再喂养生猪3头。其次是其儿子疝肉切除手术后恢复良好，应当外出务工，为家庭增收。这些都得到了他们一家人的同意。

那天，我和赵叔一家围坐在火炉旁边其乐融融，说说笑笑，红红的火焰映红了我们的脸膛。我们就像一家人一样绘制着理想的蓝图。当时周姨拉着我的手说了一句直到现在想起我都热泪盈眶的一句话："源源，我们真的把你当女儿一样了，你放心，我们定能靠我们双手脱贫，不让你担心！"当时我眼泪都出来了，是自豪，是高兴，更是感动的泪水！我知道，我用真情帮扶换到了真心。

2019年年底，赵叔家人均收入超过5000元，顺利脱贫，一家人身体也好起来，家里有稳定的养殖收入，其儿子赵光强在外还有务工收入，小家庭的日子开始一天天地红火起来。

快到过年了，赵叔主动给我打电话喊我去他家吃团年饭。下班了，我来到赵叔家，心里想起了第一次来的场景，那个时候一家人的消极、迷茫、质疑……现在他们一家人的生活开始好起来，对我也越来越信任，已经把我当成了亲闺女一样。面对此情此景，我感触良多。

我相信，赵叔一家的生活就像那一炉熊熊燃烧的火焰一样，会越来越旺。

86 凡事"问问姐姐"

—— 城口县委党校 杨雪娇 ——

◁ 2020年5月11日,杨雪娇(右)到贫困户陈明杰家走访

人生,总会有一些不期而遇的温暖,让人瞬间感动;人生,也总有一段段刻骨铭心的记忆,让人终生回味。

我,"80后"独生子女,在我从小生活的那座沿江城市看不到这样连绵的群山,只有一片片依江林立的钢筋森林。13年前,我辞别父母来到城口工作,对工作与生活万般设想,但万万没有想到,我的扶贫路,竟是一段"血亲缘"。

陈明杰、杨晓琴夫妇,与其说是我的帮扶户,倒不如说是在他乡给予我亲情和温暖的血肉至亲。

五年前的初见,杨晓琴一家惊喜于她和我的同姓、同年、同月的奇妙之缘,直呼"这是老天爷安排的缘分!"而慢热型的我微笑应承着,嘴上虽以姐妹相称,但内心还是保持着距离,彼时的我,仅仅将这当作工作的一部分。

随着相处的增多,他们一家带给我的,是一波接一波的感动和震撼!感动于杨晓琴夫妇对身患癫痫的妹妹陈明强数十年如一日的照顾;震惊于他们但凡有一线希望都拼尽全力带着妹妹四处医治的坚持;感动于他们夫妻相濡以沫、患难与共的深情;震惊于他们对孩子严格细致的教养。

慢慢地,他们用真情焐烫了我一颗慢热的心,我开始习惯将自己当作他们家的一员,主动参与到为妹妹陈明强买药、求医、发动网络筹款的过程中，参与到为侄女陈薇订购教辅资料，指导她学习的教育中，参与到指导他们一家发展生产、获得丰收的喜悦中，参与到杨晓琴二胎生产的全程陪护中。

他们，也越来越把我当作家里的主心骨，凡事"问问姐姐"，习惯于尊重我的意见，更把我和我的孩子当作自家人照料。

当得知我胃病严重，妹妹杨晓琴满山遍野地挖草药，风尘仆仆地为我送进城里。前年春天，我的儿子果果鼻炎久治不愈，老家的中医开了一剂药方，妹夫陈明杰骑着摩托车赶往万源白沙，只为帮我寻找那味在城口遍寻不得的药引"麦麸"。

和他们相比，身为党校教师的我，更像一个学生，而他们一家则在这场扶贫结缘中，为我上了一堂生动的党课，在这堂课中，和人民群众的"鱼水情深""血肉相连"，不再是讲稿中一板一眼的字眼，也不再是案例中榜样的先进事迹，我亲身经历并体会到了"鱼水情深""血肉相连"深刻而又丰富的内涵，也收获了作为独生子女一直缺失的手足情谊。正如妹妹杨晓琴说言："我们是一家人，一家人就要手牵手一起走！"

我的扶贫故事，还和牵挂有关。犹记得丈夫出征咸宜时，1岁半的儿子摇摇摆摆地迈着小短腿追着喊"爸爸，再见！"而今，儿子已长成小小少年，9月即将入学。

回望这五年来，一个人陪伴孩子成长，牵挂远方父母、爱人的点点滴滴，个中艰辛也许只有经历过的人才能体会。

孩子生病发烧的深夜，胆小怕黑的我总能化身硬核老母，背着他风里雨里冲往医院；忙碌的8小时后，回家"再上岗"陪孩子玩耍、学习、洗漱，哄他入睡后，

△ 2018年，杨雪娇在贫困户陈明杰的老屋检查饮水安全问题

继续强撑着疲惫挑灯写讲稿、文章；父母生病需要照顾的日子，一个人带着老人奔波于重庆主城求医；新家装修中的午休时间，奔忙于建材市场、工地，那难忘的慌乱和疲惫啊……

这五年，浸泡了太多的汗水和泪水，从最初的委屈、埋怨，到自己作为帮扶责任人下乡走访后的理解与心疼。

时间磨砺、岁月沉淀，我逐渐懂得了驻村干部的艰辛和不易，特别是在几位扶贫干部殉职后，我更感受到了驻村干部肩头那沉甸甸的责任和大爱，更担心着扶贫路上的爱人可安好。

如今的我，早已以爱之名站在丈夫身后，守护着我们的家，让他没有后顾之忧地为老乡们的小康生活竭尽全力。秉持初心，无悔奉献。待到我俩双鬓银发，再回味生命中这段分离的旅程，只求仍能记住当初那份坚持和拼搏！

而今，我坐在电脑前以冷静的笔墨细数流年，回首那段同心同力、丹心赤诚的扶贫之路。浅薄的文字难以勾画那年那月那时的初心，更难以描绘五年来虽平凡却美好的过往。

唯愿世间没有贫困，愿妹妹一家安好。

87 毕业返乡扎根基层真扶贫

——庙坝镇人民政府 王 娟

◁ 2020年7月，王娟（左一）组织志愿者帮贫困党员付启明干农活

2010年，我带着"离开边远穷的城口"的想法考入了重庆师范大学，把留在大城市工作、生活作为唯一追寻。但是，"到基层去，到边远地区去，到社区去，到农村去，到军营去"的号召，彻底改变了我的想法。

城口不就是最边远的地方吗？2014年毕业后，我不顾家人的反对，选择回到城口，通过考取选调生回到家乡，投身扶贫工作，立志要成为一名像父亲一样务实、担当、干净的基层干部。

本来瘦小斯文的我扑下身子，甩开膀子一干就是6年，当脱贫攻坚的号角吹响时，我主动请战当起了脱贫攻坚突击队员，驻村帮扶、拟定规划、申请项目、修通村道，利用九重山这座山、崩溪河这股水、樱桃溪茶这片叶搞起了农文旅融合，召集村民拟定"红绿灯"村规民约推进了"三治融合"，抓住三变改革契机破解空壳村发展难题，构建利益联结带动村民实现稳定增收，深入社区直面疫情促进复工复产复课……用双手记下每一户贫困群众的问题和期盼，用双脚走入农户的家门走进群众的心，用双肩托起家乡人的脱贫致富梦。

初心不改，真情不变

不忘初心，方得始终。从2014年参加工作以来，我便在党政办公室工作，在工作的6年里，面对办公室繁杂的工作，加班便成了工作常态，几乎每天都要工作到深夜。同事心疼，领导关心，都纷纷推荐我到县级部门去工作，但我都一一拒绝了。因为我从未忘记当初选择从事基层工作的初心，我喜欢基层农民的淳朴、热爱基层的创新实践，既然来了就要好好干，干出成效，所以即使是"5+2""白+黑"，干出了胃病，我也依然乐此不疲。

2020年新年伊始，新冠疫情突如其来，作为本地人，我放弃了春节休假，主动加入到村社排查。每天早上8点半便戴着口罩，拿着测温仪开始穿梭在村社，挨家挨户量体温、做登记、送物资，一个口罩一戴就是一天，有时候口罩都湿透了，也仍在继续排查。这个工作从大年初一一直持续到3月，中途从未断过。

听说村里和卫生院的口罩缺乏，我赶紧联系海外朋友代购，发动党员向红十字会捐款来保障物资。当县里恢复生机时，我每天都活跃在村民微信群中，动态宣传"六稳""六保"各项政策，生怕村民和企业错过任何一个就业信息和增收门路。在得知香溪村集体经济组织的茶叶因疫情滞销时，我立马发动帮扶干部带头购买，并引导4家电商站点代销。通过每一个微小的举动，来保障辖区126家门店和3所学校的顺利复工复课。

与此同时，我还承担了全县集中隔离点的人员登记、物资购买等工作。来了，就不走了，6年的基层坚守便是对初心使命最好的诠释。

群众不富，真心不走

都说小个子蕴藏大能量，我在担任脱贫攻坚突击队员之初，同时担任过两个村的驻村干部，也就是说同样的工作我得做两次，同样的话我得说两遍。刚开始因为个子小，群众都对我充满了不信任，觉得一个小姑娘干不了农村工作。面对最开始村民的不解和怀疑，我也有过放弃的念头。

△ 2019年10月，王娟（右二）和驻村工作队队员在贫困户刘汉平家走访

但当看着贫困学生求知的眼神时，我想到了一样从山旮旯走出的自己，最终咬咬牙选择继续前行，于是我走遍了村里的每一个角落、每一户群众，建立了2438名学生台账，成功劝返了5名因厌学而辍学的儿童，用心为两名重度残疾儿童送教上门。

村民白天干农活不在家我就晚上走访，村民有困难我就发动同事朋友尽力解决，听说村民务工没时间接孩子放学我就帮忙接送，得知村民饮用水质差便连夜与村干部一道寻找新的水源……半年的走访、半年的摸索，让我找到了村里脱贫致富的路子，争取资金修村道、建茶园、搞旅游，硬是把村里的那股水那片叶搞活了，仅一年时间便突破了集体经济收入为零的困境，户户增收3000余元。

产业发展起来了，可村民的思想素质却跟不上。要政策、等政策，甚至不支持工作的村民仍然存在。于是，我就一个社一个社地做工作，最终召集村民代表一道商量，制定了"红绿灯"村规民约，并在群众中开展先进代表评选活动，通过让村民"比一比""秀一秀"的方式，让村民的文明素养显著提升，让香溪村成了全镇的精神扶贫示范村。

无工不富无农不稳，为群众干点实事，再苦再累都心甜。当村民问我："我们现在脱贫了，王书记你是不是就要走了，再也不得驻我们村了？"我总会笑着回答："你们不奔上小康，我是不得走的。就算以后组织调整驻村队伍，哪怕是我的人走了，但我的心是永远都不得走的。"

底线不失，本真不忘

"君子为政之道，以修身为本。"作为一名党员干部，我始终不忘为民服务宗旨，认真践行使命，做到不贪、不占、不奢。在担任香溪村第一书记时，村民张大爷因各种原因导致房产证迟迟未能办理下来，我便到镇城环办、国土所详细了解情况，从用地到建房，再到办证等系列手续，都全程代为办理，并在3个月内将房产证送到了张大爷手里。张大爷拿到房产证时喜极而泣，用农村人的淳朴方式硬塞给了我100个土鸡蛋表示感谢，我推了一次又一次，最后无奈只能接受，然后借故上厕所将鸡蛋放在了鸡舍旁的背篓里，离开后才给张大爷打电话让他去把鸡蛋拾回。

农村这样的感谢我不知道遇见了多少回，罐儿鸡、刨汤肉……但是这样的赠礼没有一次被我接受过。因为我知道作为一名党员，解决群众的困难和问题是我应做的，底线不能失，也正因如此，让村民无论是在孩子求学、找对象、找工作，还是买房、搞产业时都会第一个找我商量。

凭借这份本真，我逐渐成了村民的贴心人，与群众同心、与时代同步，公道办事、坦荡做人，带领着村民跨过了一道道坎，爬过了一道道坡。群众也越发地喜爱上了我这个小个子，我也更是离不开这群可爱的村民。

回想毕业这些年，我在农村度过了自己的韶华，收获的是个人的成长和村子的可喜变化。扎根基层，青春无悔。

88 我与"林之汇"结了扶贫缘

——城口县供销合作社 唐 舸

◁ 2020年9月，唐舸（右一）向县领导介绍初级农产品深加工及包装情况

我自2019年3月调到县供销合作社工作，分管社有企业城口县林之汇贸易有限公司，主抓公司产销平台搭建，消费扶贫成了我的工作常态。

初到林之汇公司，公司的消费扶贫工作还处于起步阶段。消费扶贫是国家的大战略，特别是对城口山区来说，这是一个难得的机遇，县上指定林之汇公司作为统一的产销平台，我深感责任重大。为了摸清我县农业生产发展实际情况，我第一时间带领公司中层骨干深入基层开展实地调研。两三个月的时间，我基本上跑遍了全县所有乡村，到田间地头实地走访调查，与多个种养殖大户、合作社理事长进行深入交流，了解本地农产品销售、产能、品质和价格等情况。

通过调研，我发现本地农产品品类多、商品少、生产较为分散、市场价格波动大、风险高，多数合作社对农产品能否销售得出去心存顾虑。合作社的经营状况让我感到忧心，他们的困扰也是我的困扰，他们的殷殷期盼是我前进的动力。

在充分调研的基础上，经过多次在县社班子会上探讨，我们的思路也逐渐清晰起来，那就是建立"县农产品集配中心＋基地＋农民专业合作社"的生产销售模式，通过合作社积极发展订单农业，将本地廉价的农产品变为农商品，提高产品附加值，解决贫困户农产品销售难的问题，持续增加贫困户收入，推进城口山地特色农业更好更快发展。

合作社是国家大力倡导要发展的新型市场经营主体，在提高农民组织化程度、推动农户与现代农业有机衔接方面将会发挥越来越重要的作用，通过合作社带动贫困户增收也是最有效的途径之一，但是我县合作社还不同程度存在底子薄、发展不规范、经营效益不高的问题。在我看来，要想使合作社提质增效必须得转变观念，以市场为导向，按照"以销定产、以销促产"的思路生产符合市场需求的农产品。

根据各地特色产业发展实际情况，我公司开始紧锣密鼓地推进订单农业基地建设，优先与贫困户占比高、与贫困户利益联结机制比较紧密的市场经营主体签订订单合同。

2019年，按照"定点、定种、定质、定量、定价、定时"六定方式，我公司先后与全县30余家农业龙头企业、专业合作社、个体经营大户建立了紧密购销合作关系，与16个专业合作社签约发展土豆、大豆、高山蔬菜种植基地1000余亩，发展蛋鸡、山地鸡、生猪、中蜂养殖基地5个，并向市县争取项目资金，先后向各基地累计投入资金180余万元，对合作社生产产品实行回购包销，有效带动了合作社生产起步，直接带动农户1250户，其中贫困户400余户。

为做实做精订单农产品基地，林之汇公司尽其所能带动合作社发展。2019年，我公司多次邀请重庆农科院、畜科院的专家到我县指导合作社产业发展，为合作社把脉定向，赢得了很多合作社的赞誉。同时，我公司还积极寻求致富能人领办合作社，带动贫困户增收。

余光润是外出务工返乡青年，回家后一直无工作，是家庭较为困难的建卡贫困户。我公司了解其情况后，借助市县两级产业基地发展资金，帮助他成立了润锄农民专业合作社，指导他在修齐镇新华村租赁土地10余亩，建立生产用房60平方米，塑料大棚2200平方米，投入耕地机1台以及购买各类蔬菜种苗、有机肥料，建立了以种植包包菜、西红柿、青椒为主的生鲜蔬菜基地，该合作社目前市场前景良好，带动了20余户贫困户脱贫增收，现已成为我公司同城配送的定点蔬菜采购主要基地之一。

县内机关企事业单位、中小学食堂是消费扶贫工作的重要支撑点，我多次到县内机关、中小学食堂联系对接，将高山蔬菜、肉类、禽蛋等本地城口农特产品直供县内机关（企事业）单位、中小学食堂，有力地促进了本地农产品销售。2019年

△ 2020年4月，唐舸（左一）到高楠镇洽谈羊肚菌产品供应事宜

全县26所学校食堂、17所机关食堂累计实现扶贫定点采购600余万元。

市内帮扶集团是我县拓展农产品销售渠道的主攻方向。我多次率队到市纪委、市经信委、市国资委、市九龙坡区等帮扶集团对接"以购代扶"工作。为了节约时间，有时天不亮就出发前往重庆洽谈采购事宜，当天返回，半夜才回家。为将消费扶贫定点采购工作做实做细，我公司对市内采购单位货品实行专车专人配送，太阳下山时就是我们开启配送之时，凌晨返程，这样的上门服务是林之汇一直坚持的常态化工作，特别是新冠肺炎疫情期间，我们对市级单位员工个人扶贫采购货品实行逐一配送上门，一件也不例外。2019年重庆市级318余家单位累计实现扶贫定点采购600余万元。

我公司抓住水利部定点扶贫、山东临沂东西协作扶贫之机，将经过分级优选后品质优、价格廉的农特产品推介出去，借助市外推介作用，让城口农特产品走得更远。2019年水利部49家单位实现扶贫采购110余万元，山东临沂58家单位实现扶贫采购200余万元。

针对我县农副产品商品开发度低的情况，我想，仅凭自己摸索不行，得去兄弟单位取取经。在公司业务非常繁忙的时候，我还是下定决心花了一周的时间前往陕西、湖南以及重庆巫溪、梁平等区县供销社考察学习。看到他们的生产经营模式尤其是产品包装、品牌营销方面我颇为震惊，城口农特产品光生产出来不行，必须适当加工包装，提高卖相，也只有这样，才能使我县农产品赢得消费者的青睐，建立起消费扶贫的长效机制。

考察结束后，结合林之汇公司取得的干制蔬菜和干制食用菌SC认证生产线，我公司立即开展了一批食用菌和干制蔬菜的精深加工生产，进一步优化了产品单品、礼盒内外包装形态，将原来商品率和市场占有率较低的产品变为商品，提高附加值。

我公司作为为"三农"服务的社有企业，对巴山镇、沿河乡、河鱼乡、双河乡、北屏乡、岚天乡等乡镇贫困户滞销的产出低、品相差、无标准的初级农产品实行上门应收尽收。2019年夏季在沿河乡产出大量新鲜香菇有销路无冷链运输的情况下，我第一时间与沿河乡党委政府进行了沟通对接，安排专人专车熬更守夜多次往返于重庆主城、城口两地，全程所有费用均由林之汇公司承担，彻底解决了当地农产品物流配送的问题，提高了产品产值效益。

在林之汇公司所有人的共同努力下，城口县消费扶贫工作取得了显著成效，订单基地建设逐步扩大，农产品销售渠道不断拓宽，仅2019年一年就撬动农产品销售300余吨，实现销售收入1700万元以上。

扶贫的道路任重而道远，倾力打造农产品产销平台，着力解决农产品产销不畅问题将一直是我和林之汇公司长期坚持的重要工作内容。扶贫攻坚是一项功在当代、利在千秋的伟大工程，有幸投身其中，虽苦犹甜，我在坚持前行，林之汇公司也在努力践行。

89 热血扶贫，无悔芳华

——复兴街道柿坪村代理村主任　王　英

◁ 2020年9月3日，王英（右）看望留守老人杨正贵

2015年10月，我参加城口县本土人才遴选考试时遇到一道考试题：你为什么选择这份工作？当时我这样做答：我生在农村，住在农村，嫁在农村，我想工作在农村，我想做好这份工作，我想回报农村。很幸运我通过了这次考试。

2015年11月1日正式上班，我至今都清晰地记得上班第一天的情景。一到村委办公室，十二个醒目的大字映入眼帘，"为群众办好事，让群众好办事"，好简单又好复杂的一句话。

简单地在村委做了一番自我介绍，彭支书对我说："欢迎你的到来，村里急需有斗志有才干的年轻人，你就做我村里的扶贫专干，工作之一是负责整理各户的扶贫资料。现在我们准备进村入户，去了解贫困户的基本情况。你也需要尽快了解村里的情况，就跟我分一组吧，我给你做向导！"

第一次走进贫困户家中，我们步行了一个半小时，一进这家的门，映入眼帘的情景让我大吃一惊：

40平方米左右的危房歪歪斜斜，户主是一个老实巴交的庄稼汉；妻子精神残疾，生活不能自理；两个孩子上学，大女儿做了心脏手术，儿子做了唇裂修补手术。家中负债累累，户主没有工作，一家人靠种庄稼维持基本生活。我大为震惊，我也是农村孩子，但也没有看到过如此贫困的家庭，接下来一个又一个贫困家庭的境况冲击着我。

我该怎么做？

面对贫困群众增收致富问题，驻村工作队和村支两委研究制订了"短期能增收、长期能致富"的产业发展思路。经过一系列努力，柿坪村培育出种养殖大户，发展种养殖专业合作社，实现了从"一穷二白"到"遍地开花"，从"靠天吃饭"到"靠地赚钱"的嬗变。

为了引进农业龙头企业，实现产业"长效发展、长期增收"，我们克服种种困难把投入400余万元的养牛场争取到了柿坪村，又到四川简阳考察核桃产业，最终引进一家核桃种植龙头企业。

如今，柿坪村拥有3家农业龙头企业，流转土地林地2200余亩，带动110余户群众稳定增收。柿坪村人均收入从2014年的2706元提高到2020年的8403元，52户贫困户全部远远迈过贫困线，实现稳定脱贫。

2017年年初工作部署会上彭支书说：这场硬仗我们赢了一半，还有一半"最关键"就是巩固贫困户的收入，只有做到了收入稳定才算脱贫，这场硬仗还得继续。

然而，意外却发生了。

2017年6月29日，我和驻村第一书记何国权、驻村工作队队员李奎、党支部书记彭中琼一道前往村里开展脱贫攻坚入户走访工作，途中车子发生了侧翻，从几十米的地方摔了下去……

2017年6月29日是我永远都不会忘记的日子。那一天，一场车祸把我的三位战友带走了，唯独留下了我一个人。三位前辈倒在了那条扶贫路上，他们用生命铸成了扶贫接力棒，而我是那个接

△ 2020年8月21日，王英（左一）到贫困户家中走访

棒的人。在村民眼里我是一名扶贫干部，在家里我是妻子，是4岁孩子的妈妈。

　　对我自己而言，我还有一个重要的身份，那就是这场车祸唯一留下来的人，也是唯一听到他们遗愿的人，所以我要坚守在柿坪村，坚守是我唯一的选择！

　　其实，我也想过放弃，车祸给我留下了非常大的心里阴影，说不害怕那都是假的。但是，每当想起彭支书他们在车上讲的那些话，想起村民在他们灵堂前竖起大拇指，想起村里的贫困户都来医院探望我，希望我不要离开，我顿时明白，我们的基层工作不是因为需要而存在，而是因为存在被需要。

　　我告诉自己："王英，你一定要坚持下来，坚守在这里。"从坚持到坚守，仅一字之差，但这一个字之间却承载了太多东西：是三条逝去的生命，是克服死亡恐惧的巨大勇气，是不忘初心的使命。

　　接下来，我会一直坚守在我的岗位上，只要有一户贫困户没有做到真正意义上的脱贫，我都会坚持走在这条扶贫路上。

　　我告诉自己我的故事才刚刚开始，不忘初心，方得始终。唯有奋斗的青春最美丽。我告诉自己"我可以"。

90 初心不改，为民办实事

—— 葛城街道桂花井社区支部书记 袁朝勇 ——

2019年10月，袁朝勇（右一）走访六组居民，了解家中近况

我叫袁朝勇，现任桂花井社区支部书记，在众多的支部书记当中，我并不显眼。我文化水平不高，表达能力有限，不能像别人那样侃侃而谈。我从社区计生员一直干到支部书记，一干就是十多年。桂花井社区居民对我的印象最多就是憨厚、踏实。

精准扶贫以来，我认真学习贫困户识别和退出流程、标准，"两不愁三保障一达标""四进七不进""一出三不出"等政策，以便规范指导社区各类工作。

一份责任，一份担当，一份热情。社区待遇低，家人不支持、不理解，就连身边的朋友总对我说："社区干部有什么好干的，还不如你自己创业时的收入高。"

我也彷徨过，困惑过。

2017年元旦前夕，学艺体的女儿要到北碚艺术学校参加校考，她正值高三阶段，但是扶贫工作让我脱不开身，我只能为她准备行囊，准备好艺考所需要的衣物。作为父亲，我多么想送她去考试，见证她人生最重要的一次经历，陪陪她，给她加油打气，可是眼看着一场大雪就要到来，有更需要我的人在等着我。

社区五组有户贫困户谢都祥，眼见年关了，他家只有两个老人在家，我得去看看。女儿出行这一天，天刚亮，我就带领着社区的同志到谢都洋家查看过冬的柴火，检查房屋情况……最终我连送女儿上车都没做到。

由于袁池岭属于城市规划区，房屋破损严重，C、D级危房就有12户。2018年夏天连续下暴雨，我挨家挨户查看情况，排除险情。大雨将谢都祥家后檐沟冲塌了，我赶紧带领社区干部、居民小组长去清理。雨越下越大，房屋漏水严重，我买来遮雨布与大家一道先把房顶给盖上。大雨将我的衣服浸湿，回家第二天我就感冒了。

遮雨布终究不是长久之计，为了彻底解决房屋漏水问题，我多方筹措，询政策、找资金、报项目，为辖区12户C、D级危房的住户争取到危旧房改造工程。2019年中秋节，我利用小长假为谢都祥家的房屋改造做义务监督员。他家是猪圈如厕，想到老人不方便，我协调社区出资，给他改建了一个厕所。厕所不能纳入危旧房改造工程，我磨破了嘴皮子，施工队才同意义务改建。结果厕所改建到一半时，谢都祥的儿子节外生枝，提出一个非分的要求，让给家里买个热水器，否则就别修厕所。我和小组长一起做工作，但他儿子咬住不退让，当时我心中很委屈，甚至想将厕所停工了。但是党性让我不能不管，小长假后，我多次上门去讲道理、解释政策，最终他儿子才同意了改建。

谢都祥的妻子有些智障，但我每次上门她都会对我露出笑容，语无伦次地招呼我，给我倒水喝，那种热情淳朴让我觉得

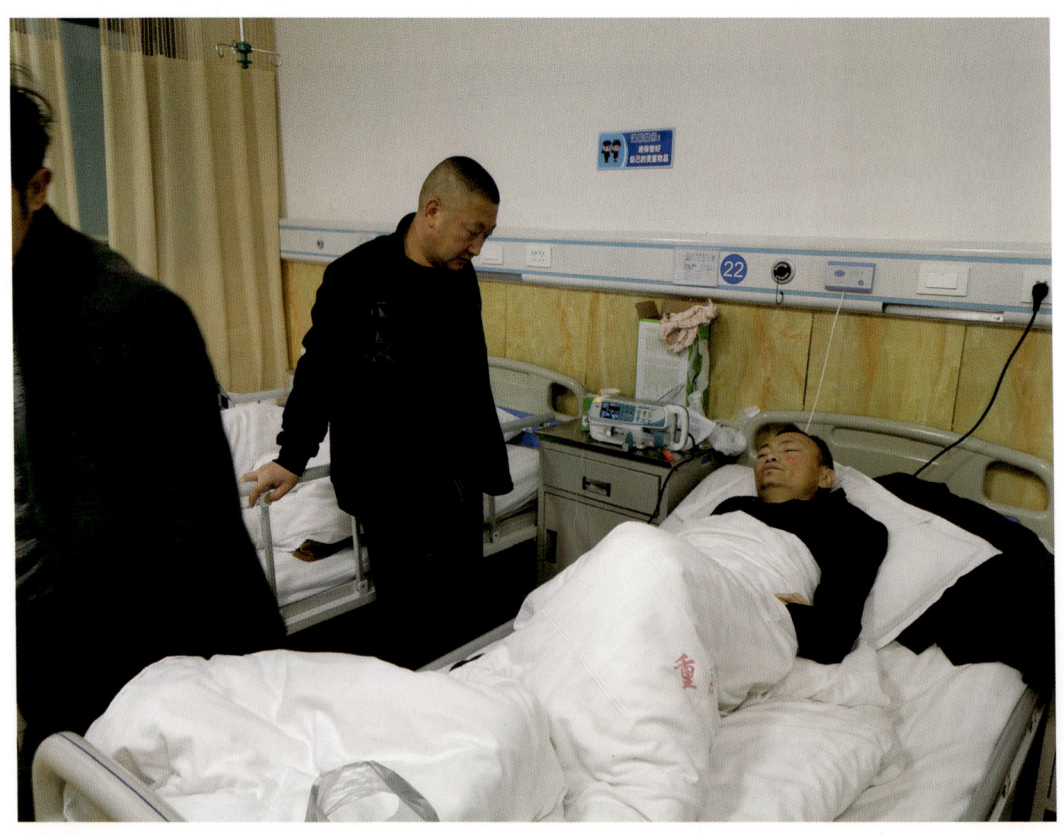

△ 2019年11月，袁朝勇看望住院的贫困户袁朝轮

一切委屈、艰辛、汗水都是值得的。

　　我心中时刻记挂着困难群众，哪家有什么困难，我都记在心，尽力去排忧解难。社区六组居民面临吃水难的问题，我就利用休息时间跋山涉水去找水源，最终在东二村找到了水源，为此还不慎扭伤了脚。水源找到了，但拉水管的路线还没定，第二天脚没好，我又带人一道去定路线，与东二村农户协调水管的铺设等问题。

　　当时还遇到一个困难。修建蓄水池需要占用东二村一户农户家的部分耕地，有2000元占地费后，这户也同意。但当水池准备开工需要签字时，这户又不干了。之后每次联系户主，对方都说在街上买菜，我就到菜市场去找，端早饭、送水，坚持两个月后，这户终于被我感化签了字。

　　水池建成了，水管安装进了农户家中，为了打消饮水不安全的顾虑，我请来水质监测站的同志现场进行水质检测，终于让农户吃到放心水。由于六组地理位置较高，修路成本高，以前一直是泥巴路，我联系街道、县上领导实地查看，最终决定将其路面加宽、硬化，并沿路装上路灯，解决了农户出行难的问题。

　　我的结对帮扶户喜欢喝酒，好几次醉倒在大街上，我都将他送回家，他由于喝酒找不到回家的路多次进入派出所，最后连派出所的警员都知道这是我的帮扶户，有事就联系我，好几次都是我半夜将他从派出所接回。

　　2017年4月8日，我帮扶户的那家父母在一场车祸中丧生。父母安葬后，他天天酗酒，一次喝醉了来到社区，到处骂人。等他酒醒后我对他说："你父母走了，我们都难过，以前因为你的残疾，你父母操了不少心，现在他们走了你还要他们不放心吗？"他回答我说："我妈老汉对我好，我对不起他们啊。我几十岁了，都没尽到孝他们就走了，我难受啊。"经过我多次苦口婆心规劝，他慢慢有了一定转变。就是这样的耐心，让一户贫困户发生了改变。

　　我始终保持责任心，为脱贫攻坚努力工作。在扶贫的道路上，有艰辛，有委屈，有困难，有汗水也有欢笑，我收获了亲情和友情。能为老百姓做点事我无怨无悔，会沿着这条阶梯一直往上攀登。

91 做村民的贴心人

——高燕镇河岸村党支部书记 马 波

◁ 2020年8月，马波（中）入户看望村民王碧秀

我担任高燕镇河岸村党支部书记五年多来，有困惑，有苦恼，有退缩，但更有成长中的坚定、挫折中的奋进和收获中的喜悦。

2016年8月，我经选举成了高燕镇河岸村党支部书记，从一个企业职工到基层的干部，我迅速转换角色，并以最佳的精神状态去迎接新的工作。

到任后我并没有着急争取产业项目，而是第一时间进村入户，了解整村基本情况和地理环境。很快，我弄清楚了全村基本情况。全村辖6个村民小组，258户、846人，外出务工129人。2016年贫困户53户、211人，五保特困户12户、12人，残疾户34户、34人，纳入重大疾病台账管理4户、4人，慢性病16户、16人。全村共有党员23名。全村年人均纯收入4646元，收入主要来源于务工。综合贫困发生19.4%，是集"高、边、穷、荒"为一体的贫困村，群众观念相对较为落后，市场意识淡薄，脱贫内生动力不足。

了解整村情况后，我立马入户宣传扶贫政策，到老党员、退休村干部、群众代表、致富能手和贫困户家中走访，了解他们的经济收入、种植养殖、外出打工、技术培训以及医疗教育保障等状况。经过一个多月的深入走访调研，我掌握了全村的基本情况和第一手资料，分析梳理了相关的材料。对于河岸村下一步发展什么，如何发展，如何带动贫困户脱贫致富，痛点、难点在哪里，我心中已开始有了发展规划。

我随即召集了村"两委"成员会议。经开会研讨，我们形成了"党支部联系致富带头人、致富带头人帮扶贫困户"的一联一帮工作思路，培养了马宗品、万山宝等致富带头人。

为了改善村里的基础设施建设，解决老百姓的实际困难和问题，我多次与上级党委政府衔接，争取解决了硬化路13千米，生产生活便道7千米，人行桥一座，解决了本村出行难问题，村名向泽林感慨道："在马支书的带领下，我们五、六社的出行发生这样大的变化，真不敢想象，以前步行需要穿水鞋，要是一下雨，车上不来。而现在家家户户有人行水泥路，公路全部硬化了，以后干农活，采购物资方便了。"

在我带领下，我们村改善人畜饮水两处，全村村民吃上了干净水，环境综合整治95户，有效地改善了人居环境，提升了整村形象，为乡村振兴奠定了良好的基础。在落实基础设施建设的同时开展入户走访工作，解决困难和问题50多件，调解群众之间的矛盾纠纷30余起。

乡村振兴，首先是要产业振兴。河岸村原来是名副其实的村集体经济"空壳村"、产业薄弱村，如何充分发挥好地方优势，发展好适合的项目，作为河岸村的支部书记，我积极联系市场主体，研究分析中药材种植项目，终于发现我们这里适合种植天麻、薇菜，于是采取集体经济组织＋市场主体＋村民的合作模式，以固定分红的模式抱团发展，投资100万元建设室外天麻基地30亩，投入100万元发展薇菜300亩，并借助市场主体技术优势，在全村52户种植室内天麻。

河岸村2组村民杨爱忠一开始完全不相信室内能种植天麻，当我第一次去他们家说起这个事情的时候，杨爱忠直接说："在室外都难以种植成功，在室内根本就是不可能的。"没过几天，我带上技术人

△ 2020年7月，马波（左二）查看贫困户覃纯林养殖业发展情况

员再次到他家，现场答疑解惑，又耐心给他讲解种植技术和优越的条件，杨爱忠抱着试一试的心态种植了3平方米，按照技术员的要求定期洒水，到第二年9月份，3平方米共收货天麻36斤，市场价值4320元，杨爱中激动地说："这4320元钱是在马支书多次动员下的收获。"

杨爱忠只是众多种植户的一个缩影，天麻种植以来，给村里每户带来增收3000余元。村里有了产业基地带动群众务工增加收入，入场务工55户每户平均增收3200元。现已完成年初计划集体经济收益达30万的目标，累计收益分红资金超40万。现在我们正积极争取户均增收超5000元的规划。集体经济组织取得这样的成绩，村民们纷纷夸赞是支书引领有方。

顶烈日、迎暴雨、顶风霜、下田间、跑项目、搞协调、筹资金……在走访日记里，我认真记录着村里的变化、村里的人、村里的事，同时也记录着我这一年基层工作的甜酸苦辣。

这些年我认识了一些人，经历了一些事，尝试了一些苦，悟出来一个道理：真心实意奋斗为群众干事，群众会记在心里。如果有人问，为何要如此辛苦？我觉得是想看到更好的自己，为了身上的责任，现在脱贫了，我愿意带来乡亲们过上更好的日子，让乡村振兴起来。

92 扶贫一直在路上

——厚坪乡红色村综治专干 刘文菊

◁ 2018年8月3日，刘文菊（右）帮助调节村民土地权属矛盾纠纷

我是红色村的一名专干，主要负责红色村的计生、扶贫、党建和食药品工作。说起扶贫工作，其中的酸甜苦辣只有深入其中才能真正体会，而专干是这里最贴近贫困户的一线工作人员。

初接触扶贫工作时，因为程序比较多，贫困户的识别和退出要严格对待，所以常常早上开大会，夜里开小会。业务培训、信息采集、入户走访等接踵而至，让我感到身体完全吃不消。

有一段时间我情绪波动非常大，孩子没时间照顾，家里无暇顾及，我心里常常疑问：我这么辛苦到底是了为什么？有天晚上，村里召开脱贫攻坚紧急至深夜。我回到家看到8岁的女儿一个人躺在沙发上，晚饭都还没吃，我含着眼泪立马给女儿做了碗面条，她吃得那么香那么有味。女儿突然说："这才是妈妈的味道。"此刻突如其来的愧疚感让我再次忍不住眼泪纵横。女儿感觉到我表情不对，立即走过来拉着我的手说："妈妈，你别难过，我没事，你好好工作吧。"

女儿的支持和鼓励给予了我很大的动力，我想用工作的态度告诉她，不管干什么，尽职尽责，善始善终。对党对人民忠诚为人民服务，是我们每一位党员干部的初心使命。

红色村是厚坪乡的北大门，村内两个片区共有贫困户40余户，摸清每一户贫困户的情况对我来说至关重要。由于有些贫困户白天出去干活不在家，晚上去晚了又睡觉了，所以我们只能是中午、晚饭前入户走访。胃痛、头痛发热对我们这些"女战士"来说，已经不算是什么大毛病了。

脱贫攻坚过程中我帮扶了3户贫困户，几年来，逢年过节我都要从自己微薄的收入中拿出一部分给贫困户购置慰问物品，坚持长期入户交心谈心，融和了感情，由于我的艰辛付出，他们在脱贫攻坚中，达到了"两不愁三保障"的目标，摆脱了贫困，我的心底更踏实了，工作也更轻松了。

然而在多次的走访过程中，在我的网格区内低保户李曰兴一家对我来说颇为忧心。他患有长期慢性病，妻子有智力障碍，在家里连一些普通的家务都没法做，语言沟通也很难。每次到他家里我都感到特别难受。两个老人住在一栋破旧不堪的房屋里，连最起码的遮风避雨都不行。他们俩只有一个儿子，30多岁还没娶老婆，但是他儿子在政府的帮助下在公路边修了一栋三层楼的房子。两个老人始终很倔强，不愿意搬去儿子的新房住。

2019年7月10日那天，我很早就去上班，我邀请了乡人大主席，和村支书一同去李曰兴家走访，动员两个老人搬下山来。我们和老人交谈了一上午，老人终于同意搬下山去，他的要求是让我把他家所有的东西都给他搬下来。我当场就同意了老人的意见，回到村里，我和我们村"两委"立即商议下午联系了车辆将老人的全部家当搬至其儿子李以志的新房。于是我

△ 2019年7月31日，刘文菊（右）走访贫困户杨学雷

组织村党员志愿服务队到他家去帮老人搬运物资。经过了三小时的辛苦劳动，终于把老人搬到新家了，我们把老人原来的破衣服、脏衣被全部换成了新的被褥，新的衣服，然后才兴高采烈地离开。

再次来到李曰兴家的时候，他妻子脸上满是笑容。她说："刘主任你来啦。"看着她穿得干干净净，简直和以前判若两人了，人也精神很多了。我想，这也许就是我为什么做扶贫工作的最好解答。不光是我，我们的村支书、村干部，对扶贫工作都没有一丝一毫的马虎。村支书在会上常说的就是，你得给所有的贫困户做出详细的措施，让贫困户知道自己能够光荣脱贫，怎么脱贫，让他们树立必须脱贫的自信感、获得感。

政策再好，贫困户不知晓，措施在实，没有落实到位，这都是我们扶贫工作的漏洞和欠缺，我们扶贫干部就是政策的宣传者、传播者。

每个人心里都有对幸福生活的向往。努力让每一项政策落实到位，让贫困户绽放笑脸，也是我今后扶贫路上最大的动力。

93 "摩托书记"来扶贫

—— 双河乡永红村党支部书记 文道勇 ——

◁ 2020年5月，文道勇（左）在永红村4组为老人洗水桶

我叫文道勇，城口县双河乡余坪村人，曾在双河乡硝水坝村担任两年的挂职本土人才，有较为丰富的外村工作经验与经历。2018年年底，正值决战决胜脱贫攻坚关键时刻，乡党委书记余鹏江找我谈话，问我是否愿意去永红村锻炼，当好永红村的排头兵，带领永红村向好发展。

永红村作为全县的贫困村之一，基础设施落后，贫困发生率高，村民收入较低，特别是曾有两届村领导班子受到过处分，村民对村干部满意度和信任度都不高，干群关系不好。我知道，我不是永红村本村人，村民对我没有了解，更谈不上信任，肯定面临特别多困难。但作为一名共产党员，深知当前正处于决战决胜脱贫攻坚最关键的时刻，我不能被困难吓倒，不能畏首畏尾，更没有理由不去当一名攻坚的战士。越是在这种关键时刻、重要节点，我越要冲锋在前。于是，我带上我的全部家当——一辆电动摩托，毅然决然地踏上这条扶贫之路。

我深知，要搞好永红村的工作，就必须要有坚定的政治信仰。我到村后，先带领村社干部补足"精神钙"，学习党的十九大精神和扶贫知识，促使村支"两委"班子坚定政治信仰，全力以赴推进全村发展。

有了坚定的政治信仰，只能提高我们班子的战斗力，要做好永红村的各项工作，还必须把村民凝聚在一起,感党恩、听党话、跟党走,齐心协力共谋发展。

作为一名从邻村"借来"的支部书记,必须和村民同吃同住,当好村民的贴心人、政策落实的明白人、富民强村的领路人、为民办事的公道人。进村第二天,我就在周边农户家中租用了房屋,保证吃在村住在村干在村,舍弃了与小家庭团圆聚会的日子,认真吃透各类政策,一门心思扑在脱贫攻坚战役中。

要致富先修路,在乡党委政府的大力支持下,永红村硬化了大窝塘公路、李家湾公路两条7千米,看着这一条条硬化的公路,我和村民们心里都乐开了花。对永红的村民来讲,这是一条脱贫之路、幸福之路,更是未来的小康之路。通过CD级危房政策、易地扶贫搬迁政策、房屋复垦拆旧建新,带领70余名村民逐步改善住房条件。在我带领下,永红村组建村集体经济组织,建成中药材种植基地1个,种植大黄、黄精、独活、党参、云木香等中药材合计500余亩,帮助村民增收致富;推动集体经济承接水保工程项目,为村民修建生产生活步道8000米,种植果树50000余株,待来日,永红村定是春有百花夏有果,秋日收成盼得着;修建太子坝休闲广场和污水管网,丰富村民文化生活,提高了村民人居环境,让村民有了幸福感、获得感。

随着工作的逐项推进,我开始思考如何提高群众的满意度和认可度,改善村干部不被村民信任的被动局面。

2019年10月,永红村1组村民范安祥在骑车过程中意外受伤,我第一时间赶赴现场,将其送往医院接受治疗。范安祥无妻儿,无人照顾,我积极动员其亲戚朋友轮番照顾直至康复出院。考虑到范安祥生活困难,我立即向乡党委政府请示报

△ 2020年9月,文道勇(右)在永红村2组为村民放水

告，帮助他入住敬老院，解决生活和医疗难题。2020年2月，新冠肺炎疫情肆虐，范安祥因外出办事，需居家隔离后才能返回敬老院。隔离期缺少生活物资，我带好生活用品和防护物资等再一次奔赴范安祥家中，帮他共渡难关。

事后，范安祥对我说："文支书，共产党好啊，你们这些干部也真的好，没有你们，我活不了命啊！"那一刻，我真真切切感受到永红村有了家的氛围。

范安祥一席话，让我独在异乡的心灵得到了莫大的安慰。不禁让我想起初来永红村时，一个人、一辆电动车，在冰天雪地里艰难地前行，在黑夜里孤独的奔波。之前对这一切是否值得、要不要放弃的疑问，在这一刻，都得到了肯定的答案，也坚定了我走下去的信念。村民朴实的笑容、真挚的感谢，在润物细无声中，让我对"若非一番寒彻骨，哪得梅花扑鼻香"有了更深层次的理解。

今年7月，双河乡出现强降雨天气，同时伴有短时强降水、大风等强对流天气，最大降雨量达242.5毫米，造成永红村13处道路、山体塌方，1处房屋受损，受灾群众达300余人。我带领村支"两委"、驻村干部一道，积极发动周边群众的力量，筑堤坝、通水沟、除塌方，竭尽全力保障人民群众生命财产安全。

自永红村任职一年多以来，我始终坚持发挥一名共产党员的先锋模范作用，带领"两委"班子努力工作，用我们的辛苦指数提高了群众的幸福指数、满意指数，逐步扭转了群众对村干部信不过的窘况，干群关系得到根本性好转。

一路走来，感触良多。两年多的扶贫工作让我懂得了"芝麻官，千斤担"的道理，感觉自己身上的担子沉甸甸的。面对组织的肯定、群众的信赖，我只有倍加珍惜、倍加努力，不忘初心、牢记使命，继续当好永红村的"摩托书记"，向着乡村振兴出发！

94 千千万万个我

——周溪乡凉风村党支部书记 伍 东

◁ 伍东在查看贫困户的食用菌种植情况

2016年以前,我一直在外做生意,回家的时候少。每次回家,看见乡亲们饱经风霜的脸、结满老茧的手,心里就很不是滋味。

凉风村山高地远,经济发展落后,村里人为了生活,或上山挖药材,或下地种植,或外出务工,别无选择地过着"锄禾日当午,汗滴禾下土"的日子。

那会生意做得还不错,有声有色的,也想着为村子的发展做点贡献。村里班子换届时,经过乡党委政府的推荐,我于2016年8月担任了凉风村党支部书记,踏上了建设家乡的征程。

上任后面临的第一个问题,就是缺人。村里当时只有一两个干部,凉风村住得又分散,从村委会出发到最远的一户,要走一个多小时。人都没有,怎么去解决村民的问题?犯难之际,组织上给村里派来了一名第一书记,加上几名驻村工作队员,差不多解决了人员短缺问题。

人员配备后,我们开始大走访、大排查。在近半个月的走访中,我们发现了大量的问题:教育、医疗未得到保障,饮水问题尚未解决,大多数农户没有产业,住房问题也迫在眉睫……我意识到,扶贫路上困难重重。

有一户人家让我记忆深刻,那就是王业奎家:一座破破烂烂的茅草屋,从屋顶的洞口能看见天空的云朵。一间不足70平方米的茅草屋里，居住着5口人：80岁的老母亲、王业奎夫妻二人和一对上学的儿女。王业奎本人患有腰椎间盘突出，夫妻两人只有普通劳动力，家庭收入来源主要依靠销售野生中药材和竹笋。

从王业奎家出来，我心情变得很沉重。在村里，像这样吃不好、住不好、学不好的农户共有30多户，扶贫工作压力很大。怎么落实扶贫政策？怎么让村民有稳定收入？各种基础设施建设问题又怎么解决？一连串的问题等着我们去解决。

办法总比困难多，何况我们有组织上强大的支持做后盾。我暗下决心，一定要让乡亲父老们过上好一点的生活！

当时正值脱贫攻坚动态调整之际，按照要求，根据"四进七不进"的原则，我们将贫困户全部录入扶贫开发系统，工作开始有计划地进行。具体问题具体分析，将住房、饮水、产业等问题逐个击破。

王业奎这一户是重点帮扶对象。我三天两头去他家，向他讲解扶贫政策："你家中首先解决的就是易地扶贫搬迁，搬到公路要道，生产生活才方便，教育和医疗同步推进，一方面让学生在学校安心学习，免去书本费，补助生活费，享受营养午餐补助，另一方面要加入新农合，这样就可以减少家庭支出，还要把自来水引到家门口……解决了这些难题之后，就可以自己动手

发展种养殖产业，增加收入。"可任我磨破嘴皮子，王业奎不为所动，反而说："要是过上那样的日子都是神仙了吧，算了，你们走，我坐在'黄金'山上饿不死，你们走吧。"

看着王业奎油盐不进的样子，我无计可施，只得离开。回去之后，我立刻召集村里班子成员讨论解决办法。为什么这么好的政策却难以落实？为什么村民漠不关心？讨论后发现，不是村民不想过上好日子，而是村民经受不起任何一次失败的后果。如果放弃了当下赖以生存的生活方式却得不到政策带来的收益，那么就等于断了一家人的生计，贫困的家庭经受不起这种波折。

△ 伍东为村民们送肥料

看到王业奎家微薄的收入和艰辛的生活，责任心促使我一定要让他有所改变。我们决定，要先让他看到实际收益、实际效果，只有他得到了实际的收入，才敢放开胆子来改变生活。经实地考察和调查发现，种苞谷洋芋并不是最佳选择，而中药材产业有着较大的发展空间。

精诚所至，金石为开。我们反复的宣传、讲解，终于打动了他，他抱着试一试的态度开始种植中药材。中药材产业的发展让王业奎得到了收益，现在，他一家人能吃饱穿暖了，也不用再整日担心生计问题。王业奎说："我要是再不能过上好日子，就愧对你们了！"说着便湿润了眼眶。

"这些还不够，我们要大力提升基础设施建设，比如你家周围的入户路、产业路我们都要硬化，将来我们每个人都是股东，都是老板，还会获得分红，我们要做新时代文明人，对社会有用的人。"我对他说。

就这样，走了一户又一户，政策落实了一次又一次，对策修改了一遍又一遍，我们尽力让每一户贫困人家都享受到政策的优惠。

村民们走在硬化的水泥公路上，我走在扶贫之路上。看见村民们日益美好的生活，感受到他们真真切切的欢喜，我的内心也泛起喜悦。我知道，在扶贫这条路上，我并不是一个人，有千千万万个我在贡献、在付出，是这样汇聚成的强大力量，让脱贫攻坚战取得了胜利。乡村振兴开始了，我会继续努力！

95 做好一瓶"万金油"

—— 坪坝镇前进村村主任　胥　言 ——

▷ 胥言（中）在查看社级路塌方情况

我是一名"90后"大学毕业生，和大多数年轻人一样，希望可以在大城市拼一拼，迸发自己的能量。毕业后，我在一家房地产公司上班，底薪加提成，每月能拿到近8000元。即便如此，父母还是百般不愿，强烈要求我回来。

人生在世，孝字当先。我义无反顾回到了生我养我的坪坝镇。2016年10月15日，在广大村民的支持下，我高票当选为前进村主任。时光荏苒，眨眼间我已经农村奋斗了四五个年头了，这几年里有彷徨，有泪水，有退缩，更有坚定和充实。

2016年上任后不到一周，我深感农村工作的复杂性与艰巨性。上面千条线，下面一根针，既要上级满意也要百姓幸福。正如很多人所说，村干部是基层"万金油"，但当好"万金油"，并不是容易的事。

前进村地处坪坝镇西北方，面积约17平方千米，全村共409户、1428人，建卡贫困户81户、341人，是坪坝镇贫困程度最深、脱贫难度最大的村。全村自然条件差，没有一块像样的连片土地，地是典型的"鸡窝地、巴掌田"，粮食产量低，用老百姓的话就是"春种一粒粟，秋收半颗籽"。

前进村虽然名叫前进，但通往镇里唯一的主干道是一条蜿蜒崎岖的泥土路。出行基本上是"晴天一身灰，雨天一身泥"，生产生活全靠肩挑背磨，打不得半点懒主意。路不好,村里也就没什么车,村民下趟街只能靠步行,来回就要三个小时,这时间基本上可以到重庆主城了。

记得有一次入户走访,遇到一名年近75岁的老人,肩上搭着一袋大米,手上杵着一根拐棍,气喘吁吁地站在路边,正准备将米放在路边歇气。我走上前去,一边询问老人身体状况,一边打听村里现在最需要解决的问题。

"现在最大的问题就是村里没有硬化的公路,干啥都不行,希望今后能够把路硬化了,虽然我们这辈人享受不到什么,但自己的子孙后代还居住在这里,希望他们能走上水泥路。"这是这位老人的愿望,恐怕也是大多数人的愿望,朴素而又强烈。我也暗自下定决心,一定让大家走上水泥路,要让大家出门有车坐。

每当我回想起那位站在路边歇气的老人,心里就不是滋味。那之后,只要一听说关于硬化路的消息,我就第一时间往镇领导办公室跑。

扶贫上的好政策终于来了。有一天我接到镇领导电话,领导急急忙忙地叫我去镇里,说县交通局到镇里来规划道路。村里情况我早有准备了,全面地向县交通局的同志做了汇报。在多方支持下,全村修出了硬化路,老百姓出门再也不用全靠肩挑背驮了。看着一条白花花的新公路,我打心眼儿感到高兴。

前进村山大沟深,土地贫瘠,没有什么主导产业,基本上种植土豆、玉米等经济价值较低的农作物,而且这些农作物基本上也是自己吃,没有变成商品,村民很难有经济收入。针对这些问题,我与村"两委"干部进行了讨论,制订了解决方案。

产业是实现脱贫和巩固脱贫最重要的抓手,要想增收就要发展产业,有了产业才有保障。通过前期的实地走访和了解,我们根据前进村实际情况,制定了以发展蔬菜种植、生猪养殖、山地鸡养殖为主导的产业布局。尤其是蔬菜种植,技术要求低、见效快、收益还高,并且家家户户都可以种植,既解决了自身的基本需求,又可以将多余的销售出去增加收入。

前进村为中山地带,养殖的生猪和山

△ 胥言为帮扶户规划水果产业

地鸡品质相较于低海拔地区要好得多。针对这一优势，我们在反复考察和探讨下，在村里成立合作社，发展订单式农业，同时找到帮扶我们村的城口县实验小学对接采购。这样一来，既解决了农户销路问题，又提高了农民抗市场风险的能力。

截至目前，前进村已经有60余户脱贫户发展种养殖产业，种植蔬菜10余亩，饲养山地鸡30000余只，饲养生猪400多头，实现户均增收5000元以上。为拓宽发展渠道，我主动出击，与城口县天珍农业建立合股联营的产业发展模式，利用企业的市场经营能力，将上级拨到我们村里的财政资金入股，由企业负责经营，贫困户获得分红。目前为止，前进村贫困户已实现每户增收1000元以上。

在这贫瘠的小山村，我可能看上去格外普通和平常，但我又充满了能量，因为我肩负着全村贫困人口脱贫致富的梦想。我想，这正是新时代基层年轻干部应有的本色与担当。

在村里工作，就要当好"万金油"的角色。只要咱老百姓嘴里称道，心里满意，那这所有的付出，都值得。

96 我最幸福的事

—— 东安镇仁河社区主任 王宇超 ——

◁ 2020 年 3 月，王宇超在办公室加班整理扶贫资料

我是东安镇仁河村社区主任王宇超，一名共产党员。几年前，我放弃了经营多年的服装门市，投入仁河社区的发展当中，暖民心、解民忧，全力决战脱贫攻坚。现在全国都脱贫了，我觉得最幸福的事，是看着我们社区也变了样。

我刚上任时，因为移民街建设、市政建设、安全饮水等问题，仁河社区很多居民对镇、村两级干部不信任，意见大，开展工作压力大。为了克服困难，解决问题，我坚持白天入户走访，晚上研究措施，逐户倾听他们的问题和诉求，逐项拟定解决方案，精准施策，光是记录问题意见和解决方案就记满了 6 个笔记本。

自 2014 年以来，我累计解决土地纠纷、邻里矛盾、家庭纠纷、垃圾收运、饮水保障、项目建设等涉及群众切身利益的大大小小问题 74 个，与同事们一起将仁河社区变成了一个干净整洁的幸福社区。

"堂堂正正做人，踏踏实实做事"始终是我的做事准则。在处理群众纠纷中，我始终坚持公平公正公开的原则，按章办事，接受监督。社区居民愿意将生活变得更好，再加上我们的带头作用，仁河社区村干部原本几个人商量了就决定的"老一套"办事方法，变成了以政策为依据、大家一起讨论、主动公开信息、接受群众监督的"新常态"，村干部在居民心中的形象不断提升。

作为村干部，要带头帮扶，挑最困难的户来扶。2015年，因帮扶人员不足，居委会干部每人必须帮扶5户贫困户，为减轻其他村干部的帮扶压力，我主动承担8户的帮扶任务。

贫困户胡畅凯的儿子胡崇明连件像样的衣服都没有，我每个季节都会给他购买新衣服，带给他们温暖。胡崇明在学校性格孤僻，不愿与人交谈，我就主动找他谈心，与他拉家常，渐渐地，他开朗起来了。2018年胡崇明以569分的好成绩被重庆医科大学录取的时候，他首先想到的就是把这个好消息告诉我。我也十分开心，因为这个家庭有希望了。

杨大清是我的另一户帮扶户。以前，他整天喝酒喝得烂醉如泥，喝醉了就耍酒疯，周边群众都不愿意和他打交道，很多群众都开玩笑说："王主任，你能把杨大清帮扶好，我们就服你。"我想必须先解决杨大清的酗酒问题。我天天入户走访，嘘寒问暖，对症下药。在多次聊天后，得知杨大清是因为妻子抛家弃子才变得心灰意冷。为了解决这一问题，我与他多次沟通，渐渐地，他意识到自己还是一儿一女的父亲，需要将两个孩子抚养成人，这也成功使他改掉了酗酒的毛病。

接下来的一段时间，杨大清的精神面貌发生了根本性的转变，每日都会与我协商怎么去增加收入，让儿女过得更好一些。于是，在征求他的意见后，我帮助他发展起山药种植，帮助他养鸡、养猪，让生活步入正轨。当他去医院做手术时，留的竟是我的电话，这种信任着实让我感动。

我通过大量细致的走访，认真摸排贫困户迫切需要解决的问题，精准帮扶，在短短一年期间，解决了8户贫困户的住房

△ 2019年11月18日，王宇超（左）帮助五保户杨仕春打扫卫生

问题，使他们住进了安全住房。

要持续稳定脱贫，产业是保障。随着亢谷国家AAAA级景区的发展，仁河社区居民发展产业的呼声日益高涨。趁此机会，我带领居民到东安镇兴田村、兴隆村、河鱼乡及其他乡村旅游发展好的地方进行实地考察，学习"森林人家"的经营管理经验。回到社区后，我便挨家挨户动员居民根据房屋实际情况，因地制宜改造大巴山森林人家或自助式客栈，抓住机遇，开展经营。

中蜂产业是东安镇的特色产业，许多居民都有养殖中蜂的想法，但因资金有限或缺乏养蜂的技术，养殖中蜂的居民不多。为了解决这一问题，让大家提高收入，我与上级部门、养蜂专业合作社对接，组织专家、养蜂专业户到社区实地培训。目前仁河社区已有31户居民养殖中蜂，数量达600群，中蜂养殖成了仁河社区居民收入的重要来源。

日子红火不红火，看乡亲们的精气神就知道。以前的仁河社区，居民娱乐活动匮乏，群众最常见的娱乐活动就是打牌，不仅起不到锻炼身体的目的，还常常引发家庭矛盾。

我觉得，我有责任改变这一状况。因此，我准备了话筒、音响、服装等，发动在家妇女晚上跳坝坝舞。刚开始的时候很少人跳，慢慢地，跳舞的人多了起来，如今坝坝舞已经代替打牌成了一种新时尚，社区广场也成了一个固定的坝坝舞场所，每天晚上来这边跳舞的居民络绎不绝。

不仅如此，为了进一步丰富大家的文化生活，我利用空闲时间，组织居民排练了《山沟沟》《今天是你的生日，我的中国》《幺妹住在十三寨》等节目。《山沟沟》等精品文艺节目成了仁河社区一张新的名片，多次应邀到村、镇、县里展演，受到观众好评，给大家带来了许多的欢乐。

当初我放弃经营年收入10万的服装门市，选择成为一名年收入仅2万元的村干部，我不后悔，我下定决心要服务仁河社区的居民。如今，仁河社区居民有什么困难，第一个想到的就是我。这，也是我最幸福的事。

97 甩开膀子种香菇

——鸡鸣乡祝乐村党支部书记 彭贤淳——

◁ 2020年6月3日，彭贤淳（右二）前往敬老院，慰问贫困户黎学付

我叫彭贤淳，是城口县鸡鸣乡祝乐村党支部书记。从2010年10月开始在村里工作以来，我已经为村民服务快10年了。10年里，我懂得了很多道理，增长了很多知识，人生也不断得到锤炼。同时，也见证了祝乐村化茧成蝶的过程。

脱贫攻坚开始之前，祝乐村有很多困难群众，产业发展几乎是一张白纸。我的祖祖辈辈都生活在祝乐村，对村里情况比较了解。祝乐村地形复杂，属典型的高山峡谷地形，是人口少、耕地少、收入少、山地多的贫困村。

我带领村"两委"，首先将主要精力放在修硬化路、建蓄水池、拉动力电、搭信号塔等基础设施建设上。几年下来，全村的基础设施得到完善，水、电、路、讯通达到户，"两不愁三保障"全面实现。

一个村子的发展，是一步一步的。基础设施建设在帮助村民脱贫的前期必不可少，但要让村民富裕起来，不再返贫，发展产业才是硬道理。

借着扶贫的好政策，我们又把主要精力放在发展产业上。2018年，重庆市经信委扶贫集团驻鸡鸣乡工作队协调中国人民银行城口支行和重庆农村商业银行，在祝乐村一共投入资金300万元，引入市场主体建成菌棒生产厂、香菇加工烘干车间、冷冻库和扶贫车间等，形成了香菇菌棒生产、香菇种植、香菇销售与加工以及废弃物循环利用的全产业链体系。2019年鲜菇产量约100万斤，销售菌棒20万根，产值约600万元。带动贫困户37人稳定就业，获得酬劳80余万元。

这是祝乐村发展的大好时机啊。2019年8月，我召集村"两委"开会讨论，决定利用现有香菇产业优势，带动家家户户种香菇。

随后，我向相关领导专题汇报了此事，得到鸡鸣乡党委政府和重庆市经信委领导的大力支持。2019年11月，重庆市经信委投入100万元，计划按1万元/个的标准搭建香菇大棚100个，以投入资金6%的比例每年向村集体经济组织分红。同时，村民首次购买香菇菌棒还可以获得一些补贴。祝乐村老百姓的第一个到户产业项目就这样从想法变成了现实。

当我告诉全村村民这一产业发展项目时，希望搭建大棚的村民十分踊跃，有近100户都想利用房前屋后的空地搭建大棚。原计划搭建100个，大家的需求是200多个，不让谁家搭建大棚都不好，怎么办呢？这可愁坏了我。

我只好挨家挨户去了解具体需求，寻找破解之法。结果发现，村里很多人把种香菇想简单了，以为只要把棚子搭好，放上菌棒，浇些水，香菇就长出来了，摘了就可以卖钱。其实并不是！针对这一现状，我把愿意种香菇的村民组织起来，到村里的香菇基地观摩。

观摩是件好事，但看完之后，村里人开始打退堂鼓了。他们发现，香菇种植是一项技术活，对温度、湿度要求很高，种出香菇很不容易。一些村民发现种植香菇对技术要求高，怕种不出香菇，没有信心搭建大棚种香菇了。几天时间就有90多户提出不搭建大棚。剩下愿意搭建大棚继续种植香菇的不到20户，需求的大棚数量不到50个。

前面是人太多，现在是人太少。怎么办？我想：打铁还需自身硬。看来只有我自己带头发展香菇种植到户产业，才能打消村民的顾虑。

△ 2020年5月27日，彭贤淳（中三）走访贫困户，了解暴雨过后的受灾情况

我这个村支书就甩开膀子种香菇了。我是村里第一个在自家屋前空地上搭建大棚的，同时也是第一个自掏腰包购买菌棒和菌棒入棚的。大棚搭好后，我去自家竹林里砍了几百根毛竹，用铁丝把菌架搭了起来。由于用力过度，我和妻子的手上都长满血泡，吃饭拿筷子都吃力。购买菌棒的3万多元中，有2万多元都是向侄女借的。

那段时间我白天在村里忙工作，晚上回家摆放菌棒。由于经常需要弯着腰才能放好矮处的菌棒，使得以前的旧伤腰肌劳损复发，走路直不起腰，一瘸一拐的。

苦心人，天不负。我家的3个大棚，在我的精心管护和祝乐村食用菌专业合作社的技术指导下，很快长出了香菇。第一天出菇就有100多斤，卖了500多元。看我种出香菇并卖了钱，先前有点信心不足的农户在我的动员下也下定决心，开始搭建大棚种植香菇。

现在，祝乐村已搭建香菇种植大棚100多个。其中，有20来户贫困户参与搭建60余个大棚。我通过协调村里的香菇菌棒厂，免费提供技术指导，出菇后统一收购，建立起通过产业发展带动贫困户及农户持续增收的长效帮扶机制。现在每个大棚的产值约为4万元，净利润1万元左右，全年将为村民增收100万元左右。

世上无难事，只要肯登攀。作为村支书，要懂政策，敢实践。无论是脱贫攻坚还是乡村振兴，我们村支书都能起到榜样作用。

祝乐村的香菇产业发展起来了，接下来我还要带领大家，把腰包鼓起来、腰杆挺起来，把乡村振兴起来。

98 村里来了位女支书

——高观镇东升村党支部书记 徐加燕

◁ 2020年7月，徐加燕组织东升村全体党员开展"庆七一"系列活动

"女书记能干啥？肩不能挑、手不能提……"2020年2月20日，在村民的质疑中，我正式担任高观镇东升村党支部书记，成为东升村的首位女支书。

虽说有着4年多的农村工作经历，但面对新的工作环境、新的工作伙伴、新的工作内容，心里还是有些紧张。我工作上是个要强的人，一心想为群众排忧解难，干点实事。面对质疑与压力，我暗下决心，一定要干出点样子。

不打无准备之仗。刚到村，我第一件事就是摸清全村的基本情况。东升村面积大，贫困户多，且居住分散，想要全面摸排不容易。虽说咱是女同志，但只要是为民办事，就有胆量，独自一人走夜路我都不害怕。冒着严寒酷暑，一段时间走访下来，收集的问题达30多个，其中有对村"两委"工作的建议，有项目已实施资金未拨付到位的问题，有村民务工工资未及时兑现的问题，还有部分老百姓要求道路硬化的诉求等，崭新的笔记本，已经记得密密麻麻。

1社社长张绍成作为村里的老党员、离任村干部，是一个党性修养好、敢于讲真话的人。我走访他家时，他向我提出三个问题：作为年轻的党支部书记如何带领村级班子谋求发展？作为年轻人到村担任党支部书记是不是单纯为了某种利益？针对前期遗留的问题有没有想到用什么方式方法解决？这三个问题让我陷入了深深的思考。我知道，他说的每一句话、每一个字都是在教导我不忘初心，为民服务。这更坚定了我的决心。

一周后的端午节，我去几户贫困户家走访慰问，顺便查看环境卫生和产业发展情况。走到一户贫困户家，打开大门那一刻，一股刺鼻的鸡屎味迎面袭来，我差点被臭晕过去，只见堂屋里鸡飞狗跳，杂物四处散乱。

户主杨开全前几年修公路的时候受伤，左腿被截肢，母亲未立秀已是82岁高龄，行动不便，身体也不是很好。他给我说："我们家环境卫生一直保持得非常好，但由于近期家中来了一只野猫，把家里喂养的半大鸡崽糟蹋了十几只，实在是没有办法，才把鸡关进屋里养着。"

"这怎么要得，臭味熏天怎么生活哟。"说着，我立马拨通了村里综合服务专干的电话，请他喊几个人过来一起帮忙。那天，在村"两委"一行人和热心村民的共同努力下，我们清扫了垃圾、整理了厨房、加固了鸡圈、转移了鸡崽。这样一个端午节虽然辛苦，但收获了群众的信任，也尝到了帮助群众带来的喜悦和幸福感。

群众利益无小事。村里连续的暴雨，导致郭老大家猪圈后山小范围滑坡。"这么大的雨，村上都来了两次了，也给你找了安全的避难场所，你就听话，跟他们一块搬下去住嘛。"面对郭老二的劝说，郭老大不为所动。那已经是当晚我们第二天到郭老大家。

晚上11点多，我始终放心不下他们一家人的安全，带村"两委"又一次冒雨去查看滑坡现场，劝说郭老大一家赶紧转移。郭老大被我们的诚意打动了，最终同意搬去避难场所。

第二天天刚亮，我就拨通了驻镇地质勘查员的电话，请他们到现场查看。经过镇领导的协调，我们在最短的时间内组织了施工单位确定治理方案。经过镇村两级

△ 2019年3月，东升村茶园茶叶采摘现场

共同努力，滑坡得到了有效治理，郭老大一家欢喜地搬回了自己的家。自此一直悬在我心中的石头，总算是落了地。

针对历史遗留问题，我按照"绝不回避、正面应对、逐步解决"的思路，逐一梳理问题，村里无法解决的问题及时上报镇里。为了尽可能地解决问题，我多次到农户家中，到镇政府请示联村领导，到业务科室咨询政策，寻出路找办法。最终在多方协调努力下，我和村"两委"一起解决了前期项目已实施未兑付资金的问题；5户农户因常年不在家，遗漏退耕还林的问题；疫情期间村民消毒资金的来源问题……就这样在短短的几个月里，我和村"两委"干部把历史遗留问题一个一个地解决了。

全心全意为民办事，点点滴滴温暖民心。我心想，"徐支书"不仅仅是一个称呼，更是一种责任。在工作中我始终坚持用真心换群众真情，学会换位思考，站在群众的角度考虑问题，用通俗易懂的文字宣传党的政策，用乐观豁达的胸怀迎接新的挑战。慢慢地，我在村里做事情也就得心应手了。

在东升村第一次党员大会上，我给全体村民做出了这样的承诺："在实践中发挥自己的长处、磨炼自己的意志、检验自己的品德，用实际行动证明自己是一个值得被尊重的人。"我相信，我一定可以做到！

99 他让岚溪村变了样

——记岚天乡岚溪村党支部书记谢朝登

…… 岚天乡人民政府 周其勇 ……

◁ 2019年端午节，谢朝登慰问岚溪村特困人员李栋佐

　　岚溪村位于重庆市城口县岚天乡，全村共有223户、927人，主要居住在海拔1300米左右的大山里，地理位置偏僻，交通不便，土地稀少分散，经济结构单一，多数村民不得不举家外出务工，是名副其实的"空壳村"。

　　脱贫攻坚战打响以来，岚溪村党支部书记谢朝登每天走村入户、问计民生、访民疾苦、解民所忧。翻开他的笔记本，一页页纸写满了他进村入户走访贫困群众的情况，厚厚的笔记本记录了他的工作足迹。几年下来，他用实际行动带领全村人通过产业发展走向致富路，让"空壳村"变成了远近闻名的示范村。正如村民们所说的那样，谢朝登就是岚溪村致富发展的领头雁。

　　俗话说："火车跑得快，全靠车头带。"决战决胜脱贫攻坚，实现乡村振兴，没有一支坚强的队伍是肯定不行的，身为村党支部书记的谢朝登深知这一点。参加工作以来，他深刻地认识到只有抓好村党支部建设，提高自身领导能力，让村委干部成为领导群众的坚强核心，才能更好地促发展、聚民心，才能提高全村人民的向心力、凝聚力和战斗力，所以他一直把党支部建设和党员管理教育作为村发展的头等大事，毫不懈怠。

　　"带出一个让党员和群众信服的好班子"是谢朝登抓党支部建设的主攻方向。为此，他通过拟定党支部书记、第一书记党建责任清单，严格落实"三会一课"制度、推进"两学一做"学习教育常态化制度化，认真开展党组织生活会，让村党支部规范化运行；他先后组织村"两委"干部到贵州塘约、重庆梁平等地考察学习农村"三变"改革、乡村旅游发展经验，通过制度约束和考察学习有效提高了村四职干部的工作效率，点燃了他们干事创业的火种；为了能让村党组织有新鲜血液注入，他还从全村致富能手、优秀知识青年中发展党员5名。

在谢朝登组织下，岚溪村大力开展党员"五个一"活动：当好一名联络员、带好一条邻居街、帮扶一家困难户、献上一技之长、做出一份奉献，密切了干群关系，提高了帮扶成效和群众满意度。

村里要发展，村集体经济一定要强。2017年，岚溪村成立集体经济组织，实施农村"三变"改革。但刚开始群众并不认可。"自己种地至少有庄稼可收，而土地入股后，要是发展产业亏了怎么办？""入股每年能有多少分红？有没有保障？"谢朝登说，刚开始百姓顾虑和担忧多，入股参与集体经济组织的积极性并不高。

"眼前就有破解'空壳村'，脱贫增收的好路径，群众积极性不高是不了解详情，一定要给群众讲清楚。"他便逐户走访，详细了解村民心中困惑，摸清了问题根源，讲明了利害关系，及时化解了"三变"改革工作中的矛盾。经过几个月的摸排，他们完成了全村资产核资、股权界定、股权量化等程序。

2018年年底，岚溪村集体经济合作社成立，全村223户集体经济成员领到了股权证。现在全村有大巴山乡村欢乐谷、大巴山水上乐园、草籽沟休闲观光步道等可经营资产8个，估价439万元。2019年3月，岚溪村召开分红大会，村民拿着手中的钱乐开了花，以前的"空壳村"变成了全市"三变改革"试点示范村。

长期以来，岚溪村由于山高坡陡，

△ 2019年，谢朝登在岚溪村2社召开社员会，商讨集体经济事宜

可利用土地稀缺，祖祖辈辈靠山吃山、靠水吃水，最主要经济来源靠种植"三大坨"——洋芋坨、苞谷坨、红苕坨，经济非常落后。谢朝登上任后，深知自己是一个村的"鸡母娘"，要让吃不饱、穿不暖的贫困群众走上脱贫致富路，责任重大。幸福不会从天降，好日子是干出来的。在他看来，村子发展才是硬道理，要想富，就得在旅游、产业发展、就业扶贫、生态资源上做文章。

谢朝登组织动员全村群众参加乡村旅游、奇石根雕、花卉种植、厨师、挖掘机、月嫂等培训，从根本上解决了群众"想干不敢干，想干不会干"的问题。为让所有贫困户"两不愁三保障"都能达到要求，他多次带队对全村贫困户进行全面摸底，组织村"两委"干部与驻村工作队一起研究制订全村贫困户产业发展计划，根据每户的具体情况，因户施策，因人施策。

在谢朝登的带领下，全村上下达成共识，提出"向贫困宣战、向大山要宝"的口号，充分发挥生态资源优势，深入挖掘农文旅融合发展潜力，把发展乡村旅游与乡村振兴结合起来，把田园风光、秀美乡村变成聚宝盆，把生态优势转化为乡村发展新动能，让村落面貌焕然一新。

自2015年以来，全村回引各行各业返乡创业能人40余名，创办实体经济项目38个，引导120余家大巴山森林人家提档升级，撬动社会资本1.2亿元，乡村旅游直接从业人数占全村常住人口的20%，间接从业人数占全村常住人口的60%，旅游旺季游客人数超过常住人口10%，年接待游客超过10万人次，旅游综合收入超过1000万元。

如今的岚溪村变了样，青山碧绿，溪水潺潺，村里民房错落有致，独特的翻新设计彰显了岚溪人民的勤劳淳朴。以前的"空壳村"一去不复返，现在的三变改革示范村名头响当当。谢支书一心为民的公仆本色没有停歇，他说："脱贫攻坚决胜后，我还要在乡村振兴上下足功夫，争取全村人民的收入能够更上一层楼。"

100 沿河儿女的回乡梦

—— 沿河乡红岩村综服专干 张履冬 ——

◁ 2019年8月，张履冬走访建卡户刘运坤，核对明白卡和扶贫手册相关信息

我从小生长在城口县沿河乡，"九山半水半分田"的喀斯特地貌陪伴了我无数个日日夜夜。记忆深处的沿河乡地理条件差，交通闭塞，导致我深爱的家乡始终贫穷、落后，大多数男青年选择了极度危险的矿工行业，女青年则全部成为南下大军，一时间"矿工硅肺带病归，凤凰向南终不回"成为多少沿河儿女的真实写照。

年轻的我也曾走南闯北，我深知出门在外打工并没有旁人眼里的那般荣耀、体面，反而充满了种种辛酸——远离亲人和朋友，收入也不高。2014年，家里亲戚朋友劝我就在家附近找个活儿干，这样不仅有收入，还能照顾老人小孩。带着试一试的心态，我回到了家乡。

记得刚回家，红岩村委正缺人手，想到老公在沿河跑运输，父母子女也在身边，加上村支书的热情相邀，我稀里糊涂走上了新的工作岗位。起初由于我不熟悉村委的工作情况，只是写写会议记录、填填表格等，虽然工资微薄，但是每天能够看到家人、朋友，我也倍感欣慰。

2015年年底，一场立下愚公移山志、咬定目标、苦干实干的脱贫攻坚战正式打响，过去那种不紧不慢的工作一去不复返了。刚开始我极度不适应，由于自身工作能力差、学习能力弱、文化水平低，在工作中屡屡碰壁。现在我还清晰地记得当时新上任的乡党委书记吴雪飞在给我们上的一堂党课上说的话:"脱贫攻坚是划时代的,中国几千年的绝对贫困问题,将在我们这一代人手中得到解决。没有比人更高的山,没有比脚更长的路,虽然我们这一路不知道要付出什么,但肯定不会很轻松,党领导我们要做的事,前无古人后无来者。"作为一名党员,这一番话听得我热血沸腾,因为我从内心认同。能够有幸参与脱贫攻坚战,我此生无悔,我也相信我们全乡人民一定会打赢这场没有硝烟的战争。

脱贫攻坚战,远比想象中的难。第一个面临的问题就是,群众争当贫困户的思想非常严重,不少农民很乐意当贫困户。明明达不到贫困户的识别标准,但还是说自己家有多么困难。脱贫攻坚有政策要求,群众有诉求,作为村干部,我们得挨家挨户去走访了解情况。记忆最深刻的就是本村的牟大叔,他家有4口人,因为和子女不和,孩子在县城里买了房子,他自己却坚持一个人住在老家的屋子里。每逢遇到乡村两级干部入户走访,他总是有诉不完的苦,还有着想当贫困户的强烈愿望。

记得有一次到他家走访,一进院坝,牟大叔就热情地迎了出来,邀我们去屋里喝茶。走进屋内看,物品摆放有序,室内干净卫生。我们询问他的基本情况,做好记录,问到还有什么诉求时,他突然答道:"我想成为贫困户。"这让我有点惊讶,甚至有点不解。但我还是做好了记录,并把贫困户的识别标准"两不愁三保障"的要求讲给他听,听后他低着头,没说话。

走访结束后,同事给我讲了牟大叔多次争当贫困户的事情,其他同事议论纷纷,周围的群众也想要看看我们村里怎么处理。我心里嘀咕着,事情总不能一直这么搁着吧。于是我把这个事情和付洪书乡长汇报了一番,付乡长当即说让我再去一趟,还特意叮嘱我说:"别怕麻烦,把事情了解清楚,如果他确实有困难,我们就要按照识别标准和程序给他建档立卡。"

去他家之前,我先到村里跟同他要好的人了解情况,想多知道一些关于他的情况。二入牟大叔家,他还是热情邀请我进屋喝茶,屋内依旧干净整洁。由于事先的了解,这次我比较有针对性地同他交流。果然在我说出他子女的情况时他再也坐不住了。他告诉我,妻子过世后,自己一个人在老家,儿子儿媳忙着在城里上班,还要带孩子,一年到头都来回家,自己在农

△ 2021年3月,张履冬日常走访村民

村待惯了，去城里住不习惯，看着其他贫困户有帮扶人，隔三岔五地就来一趟，就一直想要个贫困户来当当。

我顿时明白了，牟大叔并不是想当贫困户，只是说出了大多数农村留守老人的内心之痛。回到乡里我把这一情况给付乡长进行了汇报，他对我的工作给予了肯定。几个月后，在乡党委的支持下，红岩村的院落制度建立起来了，通过邻里之间互帮互助、相互扶持，老人、小孩留守的问题逐渐少了起来，邻里之间还开创了一些属于自己的院落文化活动，在扶智扶志的路上为我们乡村两级干部减负不少。

2020年年初，村"两委"班子人员变更，最熟悉村里情况的老一辈逐渐退出原有的工作岗位，但经过脱贫攻坚的锤炼，我们这一班年轻人已经准备好了，我们坚信一定能把红岩村打造得有模有样。

"天地之功不可仓促，艰难之业当累日月。"脱贫之路虽艰辛，但一路风景美好，我自己也得到了成长。现在我们村脱贫了，看着年轻人回村了，我知道我们沿河乡已经不一样了。

101 愿以真心换真情

——记河鱼乡大店村党支部书记刘琼

······ 河鱼乡人民政府　李奕锦 ······

◁ 大店村党支部书记刘琼（左一）走访贫困群众

在大店村的田间地头，在农户的家中，大家总能看到一个熟悉而忙碌的身影。他风里来，雨里去，顶着烈日，不畏严寒，不辞劳苦地为农户增收和村党支部建设出主意、想办法，挥洒着辛勤的汗水，奉献着对农民群众真挚的爱。几许牵挂，砥砺前行，他用真心换来真情，用实干扎根基层。

他，就是河鱼乡大店村党支部书记刘琼。

刘琼始终讲政治、顾大局，紧扣大店村高质量脱贫摘帽目标，不懈奋斗。刚到村工作时，很多村社干部认为他只是个毛头小子，成不了气候。为了消除这种疑虑，他与村"两委"成员挨个谈心谈话，敞开心扉，打开心结。他经常说："我是来和你们一起解决实际问题的。"刘琼始终以饱满的工作热情和务实的工作作风，推动各项工作扎实开展。

在脱贫攻坚战全面打响后，面对集体经济缺失、主导产业薄弱、贫困人口缺乏劳力等种种困境，如何因地制宜、因户施策培育好大店村的产业？这是保障群众增收的大事，刘琼陷入沉思。他外出考察了几个项目后，与村"两委"商议，本着当前有基础、市场有需求、群众有意愿的原则，最终决定发展山地鸡养殖产业。

项目确定了，资金从哪里来？鸡苗从哪里来？如何预防疫情？销路如何拓展？又是一堆现实的问题。刘琼找到第一书记熊扬高，表明想借助武装部的平台优势，争取上级资金支持的想法。熊扬高当场同意，通过多方做工作，终于争取到上海虹口区武装部帮扶资金50万元，这解决了山地鸡产业的燃眉之急，让山地鸡产业也从一个一般产业成长为主导产业、优势产业。

为保证产业发展可持续，刘琼决定再向虹口区武装部争取资金。当他得知上海虹口区武装部苗政委在武隆调研时，主动请缨，与第一书记熊扬高一道马不停蹄连夜赶到武隆，硬是把行程满满的苗政委请到了大店。看过产业，看到村"两委"的精气神，苗政委当即表态，再帮扶大店村50万元。

为满足群众发展山地鸡的需求，保障鸡苗供给，刘琼与村"两委"在细致比对价格和品种后，决定从周溪乡购入鸡苗。为不耽误白天的工作，到周溪买鸡苗的时间约定在晚上。大店村离周溪乡鹿坪村路途遥远，开车来回要8个小时左右，每次购入鸡苗回村时，天已经快亮了。为节省投资，刘琼找到驻村工作队队员张生勇，请求他发挥自身技术优势，帮助防控疫情。他率先带头，带着张生勇和其他技术人员，到每一个鸡舍消毒，给每一只鸡做防疫。目前，大店村已建成16平方米标准化鸡舍84间，全村山地鸡养殖规模达到3万羽，山地鸡产值达到300万元。

刘琼始终情系群众，是群众的知心人。2019年7月27日，晚上9点左右，河鱼境内突然狂风大作，电闪雷鸣，遭遇百年一遇的特大暴雨。刘琼看在眼里，急在心里，因为极度担心群众的生命财产安全，他与村"两委"商议，提议兵分三路，对地灾点进行巡逻巡查，转移受灾群众。在大家冒雨连夜奋战下，受威胁群众全部安全转移，妥善安置，平时木愣的符必祥看到刘琼和村"两委"的付出流下了热泪。

第二日天刚亮，才从一线回来的刘琼

△ 刘琼参加平溪村抗洪抢险

收到消息：平溪村受灾严重，村域公路被冲毁，群众生产生活物资损失惨重。他随即组织党员、群众40余名，马不停蹄赶往平溪村开展抢险救灾，连续奋战两天，为15户农户清除了屋内淤泥。

刘琼心里始终装着群众，是群众的贴心人。2019年8月16日，他与第一书记熊扬高、驻村工作队队员张生勇走访贫困户张代贵、张代文时，了解到他们家原来的电视已经损坏，无法收看节目。为尽快实现两位老人再次看上电视的愿望，几个人拿出自己的工资为两位老人买了一台32英寸的液晶电视和一台电视接收机，并亲自安装调试。重新看上电视的张代贵、张代文两兄弟由衷地感谢道："你们真是好人。""我们希望刘书记、熊书记、张科长你们一辈子都在大店村。"

陈先兰于10年前嫁到大店村，因为陈先兰原来的婚姻关系一直没解除，人口普查时被公安机关进行销户处理，到大店村后，户口问题一直没得到解决，入不了扶贫系统，医疗保险也没法交，这让刘琼很犯难。2019年9月、10月，刘琼利用周末、国庆休息时间，自行开车前往开州3次，专门解决陈先兰的户口问题，最终顺利地给陈先兰上了户口，交了医疗保险。

刘琼担任支部书记后，坚持吃在村、住在村、干在村，走访了大店村所有农户，家家户户都留下了他的身影。他的13本厚厚的笔记本详细记录了全村人的家庭流水账。2018年中央脱贫攻坚巡视组到大店村抽查脱贫攻坚工作，当巡视组看到刘琼对所有问题对答如流时，向他竖起了大拇指。

刘琼就这样日复一日，年复一年一心扑到大店脱贫攻坚工作中，用实际行动诠释了"舍小家、顾大家"的高尚情怀。

战胜贫困
——我的扶贫故事

柒

- 陈清斌
- 袁开元
- 曹贝贝　袁 红
- 周 令
- 许启兵
- 王 宇
- 陈 鑫
- 谢模燕
- 蒲云权
- 雷为民
- 赵宇飞
- 彭 瑜
- 陈 林　彭 瑜
- 周立
- 周善良
- 彭 林
- 李晓东
- 张志泽

102 脚踏实地，务实为民

—— 高楠镇岭楠村党支部书记　陈清斌 ——

◁ 2020年1月，陈清斌看望老党员苟世贵

　　我是城口县高楠镇岭楠村党支部书记陈清斌。岭楠村是个2000多人的大村，建档立卡贫困户也是全镇最多的。几年前，全村交通条件极其落后，只有一条公路延伸到本村，村民出行十分不便，许多村民还住在山上，破旧房屋居多，生产生活物资运输困难。要想摆脱贫困，在当时看来比登天还难，这些我都看在眼里，愁在心头。

　　2017年，易地扶贫搬迁项目启动，我主动承担起岭楠村易地扶贫搬迁的重任。

　　易地搬迁是一项大工程，刚开始我也没有头绪。千里之行，始于足下。我筛选出全村的贫困人家，然后挨家挨户走访，给他们宣传易地扶贫搬迁政策。起初还有些搞不清政策的村民不同意，我就把易地扶贫搬迁政策用大白话讲给他们听："就是让你们搬到更好生活的地方住，哪个还不想活得舒服些，上学也近了，买菜也方便了。"听了我的劝说，他们也都纷纷同意搬迁。

　　现如今，易地扶贫搬迁安置点一排排整齐的黄墙灰瓦房屋格外醒目，村民的居住环境得到极大改善。还记得我们村段友宣住上新房子后十分感激地说："陈支书，我们一家五口能从山上搬到这里，可是多亏了你啊。"我回答说："我只是做了点小事，要谢还是要谢党和国家的好政策！"

　　2020年2月26日凌晨2点多，睡梦中忽然一个电话吵醒了我。我还有些迷糊，也没来得及看显示的名字就接了电话。"陈支书！我家房子着火了！"我这才看了眼手机，是岭楠 5 组村民夏章琼。听她简要说明情况后，我二话没说，立刻向镇安监办报告，同时穿上衣服给其他村干部打电话一同赶赴现场。到现场后，整个房子火光冲天，浓烟滚滚，边上是夏章琼的父亲。老人一脸绝望，他之前有些精神问题，我生怕他会萌生轻生的念头，便先安抚他到邻居家休息。最后火虽然是灭了，房子却只剩下残垣断壁，一家人望着烧毁的房屋一筹莫展。

这场火灾给夏章琼家造成了巨大损失。为了缓解她家的困难，我多方联系施工队，谋划房屋重建工作。随后，积极协调高楠镇政府，申请困难临时生活救助，并将此事告知了他的帮扶人徐从明。他得知后对我说："陈支书，我还有办法，县扶贫办给每个贫困户都买了农房保险。"我听后心里也跟着好受多了，和帮扶人一同联系县扶贫办、保险公司，将受灾情况如实报案，帮助其获得保险公司 35000 元的理赔，极大地缓解了夏章琼一家的经济压力。现如今，他们的房子已经重新修建好，一家人的生活也恢复了正常。

"陈支书，我家门前河堤被洪水冲垮了，请求你们想办法救援！"又是一个漆黑的夜晚，外面下着大雨，我接到岭楠 7 组苟显书的电话，听到电话那头语无伦次的话语，我赶紧披上雨衣就往外走。雨还在哗哗下，走在路上随时都有危险，但为了人民群众的安全，我别无选择。40 分钟后我来到苟显书家，把居住在危险地区的两家人安排到安全的地方，安排好相关事宜，一直忙碌到了凌晨 4 点多。休息片刻后，又开始写报告向上级反映河堤冲毁

△ 2020 年 12 月，陈清斌看望监测户刘昌恒

情况。

不知不觉，我在岭楠村任党支部书记已有4年多了，我深感稳固脱贫攻坚成果责任重大，任务更加艰巨。乡村要振兴，产业必须兴旺才行，由于本村的发展不平衡，集体经济发展滞后，大部分村民靠的是务工收入。为了更好地增加经济收入，提高村民幸福生活指数，我决定在岭楠村1社打造一流规范化香菇种植基地。

有了想法后，我主动与党委政府联系，积极规划产业发展，在不懈努力下，项目落地了，然而具体现场实施难度也很大，都知道田坝1社的老百姓爱地如命，都不愿意把土地租给合作社。我自发组织了政策宣讲团，挨家挨户给老百姓做工作，宣传集体经济发展的重要性，发展集体经济给老百姓带来的利益和好处。大家看到了发展集体经济带来的红利的同时，也被我的执着和为人民群众办实事的决心打动了，纷纷同意把地租给合作社。现已建成标准化产业大棚，不仅解决了剩余劳动力的务工问题，也让部分贫困人口实现了脱贫。

几年来，我带领村"两委"开拓创新，发展壮大集体经济组织，让老百姓享受了更多的红利；因地制宜规划好老百姓的产业布局，把上级的惠民政策用在刀刃上。今后我还将继续做好精神文明建设，充分发挥岭楠村新时代文明实践站的作用，打消群众等靠要的思想，在全面小康的路上让他们更加幸福。

103 东东带乡亲们向前冲
——记庙坝镇香溪村党支部书记刘汉东

……庙坝镇人民政府 袁开元……

◁ 刘汉东（左二）入户了解贫困户家庭情况

在城口县有这样一个村，以前说起这个村，知道的人都头疼，要钱没钱，要人没人，穷得叮当响。现在说起这个村，大家都竖起了大拇指，这村里光公司就两个，还发展乡村旅游。这个村，就是庙坝镇的香溪村。这变化，得从现任村支书刘汉东说起。

香溪村原本是一个党组织软弱涣散的村子，党支部找不着党员，党员找不到党支部，村"两委"选不到能人。镇党委看在眼里，急在心里，挨家挨户走访。一个叫刘汉东的名字反复在村民口中出现，大家说他很踏实、有脑筋，在外地搞苗木生意赚到钱了。镇党委邀请他回村带领大家创业，他说："苗木基地倾尽了我半生的心血，我舍不得这些小树苗，要考虑一下。"镇党委耐心做工作，把乡亲们的期盼、发展的前景、党和国家的政策逐一传递给刘汉东。

最终，刘汉东心动了。他想为乡亲们做点事。不顾家人反对，他把苗圃基地承包出去，带着80多万元资金毅然回到了香溪村。

回村不久，脱贫攻坚动态调整工作就启动了。刘汉东带着村干部挨家挨户走访，一边了解贫困户的生产生活状况，一边帮助群众解决安全饮水、危旧房改造等群众最急最忧最盼的问题。在一趟趟进家入户的走访中，在一场场促膝交谈中，刘汉东拉近了与村民的距离，赢得了大家的认可。2016年换届选举中，他成功当选为香溪村的支部书记，并为新一届村"两委"定下了"一年甩掉后进帽子、两年甩掉空壳帽子、三年甩掉贫困帽子"的发展目标。

香溪村山高坡陡,青壮年大多外出打工,村里没有什么产业,刚回来的刘汉东也束手无策,甚至有些气馁。正当此时,镇党委通知他参加农村"三变"改革政策培训班。培训班如及时雨,让刘汉东看到了希望,他回到村里立马和其他村干部、党员群众代表合计,决定向镇党委申请"三变"改革试点,先盘清家底再干。

一盘点,村里除了零散的土地,能拿得出手的就只有一片荒了多年的老茶山了。老一辈人都有种茶、采茶、制茶的传统,留守在村的人都会精心照顾好自家的小茶园,每年采制一些茶叶供自己喝。土生土长的刘汉东常年在外,最想的就是老家的那口茶,每年清明回乡祭祖都要带几包,新茶一泡出来工友们都会循着茶香来争着喝。刘汉东决定充分利用现有茶山、调动乡亲好茶的热情、挖掘村民的传统工艺。通过实施"三变"改革试点,村里争取到股权化资金100万,成立了城口县幽峡茶叶有限公司,为209户村民配股782股,发动大家梳理老茶林、实施技改。同时,刘汉东还用自己多年育苗的经验,建起育苗铺,为村民扩大种茶规模提供茶树苗。到2016年年底,全村发展茶叶产业达800余亩。

为进一步扩大品牌效应,提升产业品质,香溪村还注册了自己的品牌"樱桃溪"茶,定期对有种茶和制茶经验的村民开展技能培训,把闲在家的农民变成了产业工人,带动33户贫困群众在茶叶公司务工,实现户均增收近5000元。群众都说:"香溪村茶叶终于有公司统一经营管理了,在家门口就能打工了。"

好山好水出好茶。养出"樱桃溪"茶

△ 刘汉东(中)入户了解贫困户家庭情况

的水在崩溪河。夏天的崩溪河，平均温度比其他地方要低10度左右，每年6至9月前来纳凉避暑的人络绎不绝。但由于缺乏统一管理，河道污染严重，垃圾遍地，崩溪河一度变成了污溪河，游客也越来越少了。有了经营茶园的经验，刘汉东又以香溪村集体经济组织的名义成立城口县旺香旅游开发有限公司，以面上保护、点上开发的原则对崩溪河进行生态旅游开发，配套建成5200平方米的停车场、20多个乡村旅游配套设施，添置3辆观光车和11个移动售货亭，公司日均营业额1000元以上，有10家美食店铺入驻。

经营管理中，村里让贫困户优先享有承包旅游设施的权利，优先把务工的机会让给困难群众，先后为群众提供固定就业岗位5个，灵活就业岗位10个，困难群众户均增收500元。通过刘汉东的踏实经营，香溪村集体经济健康发展，产业布局紧密结合全村发展规划，受到村民一致好评，大家一致推选他为市人大代表。

香溪村旧貌换新颜，"茶""水"生意都红火起来了，以前的后进村成了先进村，以前的落后村成了富裕村。

刘汉东知道，做好蛋糕，还得分好蛋糕。在县级有关部门和镇党委、政府的指导下，经多方听取股东代表意见，刘汉东组织召开股东大会，最终形成了合理的村集体分配方案。香溪村农户刘地述以土地入股获得股份，次年集体经济组织分红得到1.1万元。拿到分红后，他高兴地说："这样的集体经济才是集体的，才是大家的经济，我们村种地的农民都有份！"

为管长远、治根本，香溪村还制定了村民自治章程——"红绿灯"村规民约、村民代表会议议事制度，建立起村干部、全村党员和村民的行为规范。凡违反"红绿灯"三条及以上规定的村民，列为闯"红灯"，取消其一年之内集体经济组织100%的股权利益分配，同时列入"黑名单"进行管理；违反"红绿灯"两条规定，列为闯"黄灯"，取消其一年之内集体经济组织50%的股权利益分配。列入"黑名单"管理的村民一年考察期满后，经村民代表大会考察合格并同意消除"黑名单"后，列为"绿灯"管理，方可继续享受村集体经济组织股权利益分配。通过亮灯管理和利益联结，重塑了农村治理新格局。

在香溪村党员队伍里流传着这样一句话："我们支部书记叫东东，带领百姓向前冲。"正是有刘汉东这样的党员同志，不计个人得失，心系全村发展，敢想、敢闯、敢干、敢管，才让村民摘了贫困的帽子，才让村庄焕发出新貌。

如今香溪村已经成为全县集体经济组织发展示范村、乡村治理示范村。刘汉东也得到了党员群众的高度认可，他不仅担任村支书，还是重庆市人大代表，可村里人还是习惯称他为"东东"。

104 脱贫一线洒芳华

——记龙田乡卫星村党支部书记张润

·······龙田乡人民政府 曹贝贝 袁 红·······

◁ 2020年5月，张润在卫星村食用菌基地查看生产情况

清晨6点半，吃过简单的早饭，龙田乡卫星村党支部书记张润，骑着电动车向村办公室驶去，开始了她一天的工作。5年来，无论刮风下雨，这样的场景从未间断。

2015年，全国上下吹响脱贫攻坚战的号角，刚刚大学毕业的张润，作为一名本土人才加入卫星村的工作队伍，这一年，她22岁。

到村工作后张润发现，村里的干部基本不会使用电脑，平时登记走访信息、开展各项工作都是手写纸质件，档案管理也不规范，往往"各种表单一大抱，用时啥都找不到"，甚至出现数据前后不一致的情况。张润决定改变这一现状。白天，她和村干部一道挨家挨户走访，晚上回到办公室，她一个人用电子表格汇总采集的数据。

三个多月日出日落，加班加点，张润基本摸清了全村300多户、1300余人的情况，形成较为全面准确的脱贫攻坚档案资料，相关的表册几乎烂熟于心，她也得了一个亲昵的称号——表姐。

在入户走访的同时，张润不忘宣讲党的各种政策，解决群众的具体问题，上山下坎的路上、田间地头院坝里，都有她给群众解惑释疑的身影。

"群众对政策都是一知半解，这就需要我们干部学通学透政策，然后俯下身子通过具体事例给群众讲清楚，帮助他们办好每件事。人心都是肉长的，长此以往，没有不理解不支持的。"张润说。

就这样，张润的工作得到村里干部、党员和群众的一致认可。2017年，经过支部推荐和组织考察，她光荣地成为一名共产党员。这一年，她24岁。

2018年底到2019年初，卫星村先后两任村支书和村主任因为身体和家庭原因离开工作岗位，卫星村村委一下子就陷入了半瘫痪状态，各项工作推进缓慢。这时，经历4年基层工作考验，褪去了稚嫩和青涩的张润进入组织的视野。经过征求村里干部、社长和党员的意见以及多方考察，组织最终决定任命张润担任卫星村党支部书记并主持村委会工作。这一年，她26岁。

就任后，脱贫攻坚、产业发展、环境整治等工作纷至沓来，前所未有的工作压力也激起了年轻女支书勇于担当、战胜困难的斗志。她迅速完成从听命行事到主动思考、从筹划一隅到谋篇全局、从"被管"到"管人"的角色转变。

因为工作经验欠缺，张润主动向领导、老同志学习取经，成立由联村领导、驻村干部和党支部书记组成的"卫星三人组"共同商议、安排各项工作；充实完善村里的考勤、学习、工作等各项制度，严格执行；根据群众干部分布将卫星村分为4个网格，主动认领贫困户多、工作任务重的网格；组织党员开展"双亮三联四认领"助力脱贫攻坚行动，将全村46名党员划分为4个党小组，调动农村无职党员参与中心工作；加强考核落实村民小组长工作职责。

在张润的带领下，卫星村的各项工作逐步走向正轨。2019年，卫星村65户、198名建卡贫困人口全部顺利实现脱贫，2户边缘户也得到有效保障，全村"两不愁三保障"问题全部解决。

△ 2020年5月，张润为紫玉兰树浇水，挂营养液

几年来，因为有好的带头人，卫星村的各项工作稳步推进。

产业发展方面：2019年，卫星村集体经济组织流转、整治群众土地53.65亩，新建食用菌大棚108个，引进市场主体，当年上架食用菌14万袋，相关群众实现土地流转收益16.2万元，务工收益36.05万元，集体经济组织实现分红收益7万元；流转土地51亩栽植桃树6000余株，建成琅琊绯蜜蜜桃基地，相关群众实现土地流转收益15.6万元，务工收益3.2万元。

环境整治方面：先后动员150余人次，对主干道、村道沿线的白色垃圾、卫生死角进行了两次全覆盖式清理；完成2社排水沟、污水池改建；清除无用垃圾池8处，购买大号垃圾桶170个，规范垃圾倾倒；清除了主干道沿线的废旧标语、"牛皮癣"；就地取材，沿主干道新建竹栅栏1700余米；为辖区内群众发放悬挂灯笼、张贴对联，营造祥和氛围；动员督促90户农户完成户貌整治。

乡风文明方面：引导群众文明用水，逐一召开人饮工程受益群众会议，成立用水者协会，根据群众意愿分别落实收费专人管理、不收费轮流管理的后续管护制度；建立卫星村新时代文明实践站爱心超市，根据群众参与宣讲学习、文化活动、环境整治、志愿服务活动以及夫妻和睦、孝老敬亲等情况给予积分，以积分兑换相应奖品，引领群众"正三观、扬正气、树新风"。

兢兢业业的付出，换来的是群众的拥护和组织的认可。2019年开展的各项脱贫攻坚验收、督查工作反馈工作，卫星村的各项工作都得到了群众的肯定，受访群众满意度达100%。在龙田乡2019年度工作考核中，卫星村被评为龙田乡产业发展先进集体、环境整治先进集体。

张润也获得龙田乡脱贫攻坚先进个人称号。在卫星村的几年里，张润也从一个青涩的小姑娘成长为办事雷厉风行的女支书。芳华最美是奉献。卫星村脱贫了，张润还要带着父老乡亲们，向着乡村振兴，再出发！

105 从"零"开始,接受新挑战

——治平乡新红村副主任 周 令

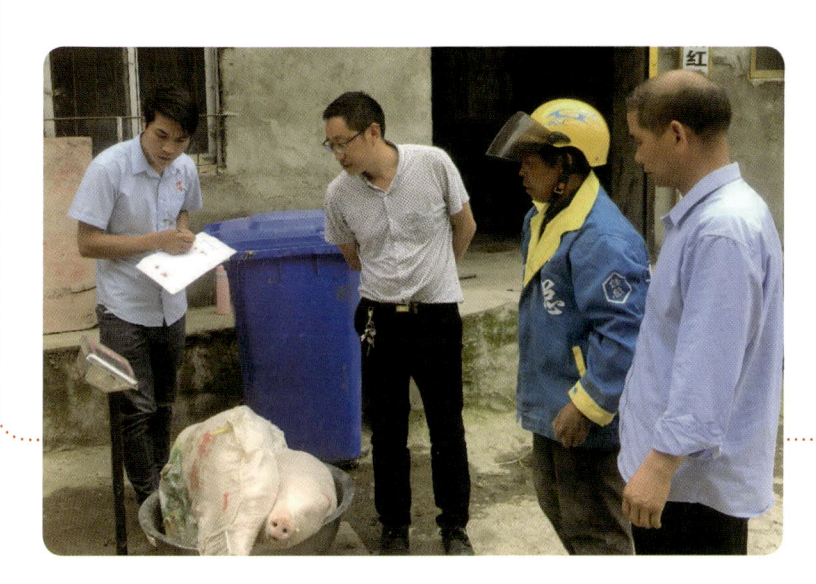

◁ 2019年4月,周令(左一)给村民发放猪苗

新红村位于治平乡东部,南与治平乡阳河村接壤,北与修齐镇毗邻,西连治平乡惠民社区,东与厚坪乡红光村交界。全村群众祖祖辈辈守着"巴掌田、鸡窝地"为生,没有主导产业,村集体没有任何的收入来源。2017年10月,村委会换届选举,我被选举为村委会副主任。正值脱贫攻坚关键时期,村里支柱产业、集体经济收入都没有,但我暗下决心,定要和贫困斗争到底,带领全村人民一起奔向小康。

贫困户评选、精准扶贫政策、帮扶措施、扶贫手册、明白卡等一系列概念,我之前都没有接触过,非常陌生,一时间不知如何下手。为了尽快熟悉扶贫工作,我仔细梳理扶贫资料,认真向村里的老干部和驻村工作队队员咨询扶贫工作中的疑难问题,同时迈开步子入户走访,了解他们的家庭成员情况、收入状况、生产生活情况。

入户了解后发现,村里贫困户的致贫原因主要是"因病、因学、因灾",而且多数贫困户缺乏产业支撑,劳动力外出打工又没有较为稳定的职业,基本上"打一枪换一个地方",老弱病残在家里守着两块土地不足以维持生计,严重缺乏稳定的收入来源,更难以抵挡突如其来的变故。

如何斩断穷根为全村人民谋福利?重点还得发展产业。过去有句老话说:"黑毛猪儿家家有。"在走村入户了解情况后,我发现许多贫困户盖起了标准化猪舍。一个想法在大脑中萌生：何不创办一个腊肉加工企业？这样既解决了老百姓生猪销售难问题，又在村里发展了产业，还能提供务工岗位。

我先后考察了县内外部分腊肉加工企业，发现腊肉加工项目有前景。于是我把在外务工的兄弟叫回来，创办了城口县泽远农业科技有限公司，专门做城口老腊肉精深加工。为保证有足够的生猪存栏数量，我鼓励全村农户发展生猪养殖。许多贫困户在养殖初期没有启动资金，我便让公司为贫困户垫付仔猪成本，提供技术指导及养殖保险服务，对贫困户养殖的生猪，每斤高于市场价1元进行回收。

一年下来，发展生猪养殖的贫困户户均增收一万余元。见有贫困户尝到甜头，2020年又有几十户要求养殖生猪，养殖户数从2019年的40户增加到了90余户。同时，腊肉加工产业提供就业岗位40余个，解决了贫困户剩余劳动力就业问题。现在生猪养殖成为全村的支柱产业，前景喜人。

雷礼广是我的一个帮扶对象，他一家有3口人。雷礼广肢体有残疾，行动较为不便。夫妻两个年近六旬，儿子雷章利20多岁，初中文化水平，在外务工收入偏低。通过我们多次入户走访，全面了解他家的基本情况，针对性宣传解读扶贫政策，他们对扶贫工作有了更加深刻的认识。2018年，村里为雷章利争取到厨师培训的机会。通过参加厨师培训，他取得了证书，成为一名技术工人，如今每个月可以拿到4000多元的工资。2019年，在政府的帮助下，他们家进行了农村D级危房改造，家里盖起来新房，同时申请了环境卫生整治项目，将房前屋后进行了硬化，人居环境得到极大改善。一家人眼看日子有了奔头，觉得苦点累点都值得了。

△ 2020年10月，周令（左）帮助贫困户做家务

到他家里走访,我总觉得他门前还缺点什么,于是我自己花了一千多块钱买来材料在他家门前建上一排花台,一来解决了田坎的安全隐患问题,二来可以种些花草蔬菜。雷礼广开玩笑说:"有了新房有了花草,我还要再多喂几个猪儿,来年再接个儿媳妇回家!"

2018年,全村推行农村"三变"改革,成立集体经济组织,但注册资金为零,是一个名副其实的"空壳"村。我和全体村干部、党员群众代表商议,决定把发展集体经济作为决战三年、摆脱贫困的重要措施:一是整合土地资源集中流转,引进蔬菜种植企业,让天麻种植企业扎根新红;二是争取股权化改革资金,入股企业,发展壮大生猪养殖专业合作社;三是组织群众参与农村环境整治、道路工程建设,让群众赚取劳务费的同时增加集体经济收入。

在这一系列措施实施后,2019年到2020年我们村的集体经济收入实现了纯利润50余万元,户均增收2000余元,打破了"空壳村"没有集体经济收入的历史。

回首扶贫路上,我深深地意识到,扶贫不仅仅是任务,也是一份责任,更是一种爱的传递!只有拥有一颗爱心,才能拉近干群之间的距离;只有通过无微不至的关怀,才能使一个个贫困家庭看到希望。因此,在扶贫的道路上,各级干部要有为人民服务的情怀,用心去帮扶,用爱去滋养!

道虽迩,不行不至;事虽小,不为不成。我们村脱贫了,接下来在乡村振兴中,我一定从身边的小事做起,踏实做人、扎实干事,带领全村人走向美好的生活!

106 愿以辛苦换甘甜

—— 明通镇乐山村党支部书记　许启兵 ——

◁ 2019年7月，许启兵（左一）给贫困户邓成友送衣柜

挂在安乐山的乐山村，住户星星点点的，或布在山坡上，或镶嵌在山沟里，有的还形成小院落，鸡犬相闻，乡亲们相互熟悉，都带着亲、连着故呢。村里大人小孩我都认识，大家也熟悉我。

2010年，我随南下打工大军来到鹏城深圳，原以为会鹏程万里，结果还是和大多数山村进城务工人员一样，干的是些体力活儿。在深圳我主要从事建筑行业，后来逐渐找到了一些门路，在建筑工地上搭建脚手架，凭着自己一身力气，又能吃苦，带着几个同乡，一年也能挣个十几万。这样一干就是3年多，长年在外跑，看着自己生活的小山村和外面的差距，心里总觉得不是滋味，感觉少了什么。

2013年，我正式进入乐山村"两委"班子。有人问我，是什么让我回来，愿意在村里干，这个问题我想了好久。我是土生土长的乐山村人，家在村子里，这里有我年迈的父母，待哺的儿女，是我搬不走的家。我爱这里的山山水水、父老乡亲，我对村子有特别的感情。

2015年，脱贫攻坚战正式打响，村里人信任我，选我当村主任。那个时候，乐山村的3社、4社还不通公路，我就带着驻村干部和工作队用脚步丈量土地，挨家挨户协调修路，在2016年实现了每个村民小组通路，入户便道硬化，同时实现了通动力电、通网、通信。

刚回村我买了一辆摩托车，便于走村入户，也便于长期给村民带东西。后来，随着道路硬化，为了更好完成脱贫攻坚任务，我购置了一辆二手皮卡车，便于走访和进组入户，方便给群众带些生活日用品、农资农具。甚至有时候有年老村民专门等我，请我帮忙带东西，我感觉这是乡亲们对我的信任。

原来我学过修电器，还在镇上开过修理铺，乡亲们都知道。入户的时候，乡亲们总是请我检查修理电器。我父亲还是个老中医，乡亲们都爱找他拿个脉，一来二去我也开始给一些人带药，村里老人的电视调试要找我，有的家庭电线路有问题要请我，谁家有事也请我帮助拿个主意，水管堵塞也要找我帮忙。

有一次连续暴雨导致山体滑坡，堵塞了3社的蓄水池，我冒着雨去修水池，全身都湿透了。原驻村工作队队员顾守荣说："许支书，吃得苦，肯吃亏，像是我们村的青年保姆。"乡亲们爱找我帮忙，我觉得这是沉甸甸的信任，虽然有些累，我也欣然接受。

2017年，原村党支部书记因为车祸离开工作岗位，组织安排我接任村党支部书记。我一下子感觉肩上的担子更重了，从第一天开始，我就给自己定了个规矩，就是带着大家"跟我上"。自己在最基层，首先是自己要带头干，再是带着大家一起干。最艰难的时候我一天要打200多个电话，入户50家，有时疲倦得站着都能睡着。

2018年，我和驻村工作队一道来到家住乐山村4社的贫困户向以兵家里。老向50岁了，是个单身汉，用本社小组村民的话说，他就是"一个人不喜全村人、全村人也不喜他"的人。为了改变他，我和驻村工作队花了一番心思。我们几乎每月去他家一次，硬化院坝、住房提升、产业规划、公益岗位覆盖，针对他家制订了详细的帮扶发展计划。向以兵在一次一次的帮扶走访中渐渐地改变着。如今他种植了10多亩魔芋，还想扩大种植规模，真是应了驻村干部说的"从坐等到主动奔跑的蝶变"，我看到他一天天的变化，心想自己的努力没白费。

△ 2019年11月，许启兵（右二）在贫困户项朝忠家走访

贫困户王明方是我的帮扶户，他见同村有人在新疆种棉花挣到了钱，就找到我，说自己想到新疆种棉花。我说服妻子，把自家留给小孩读书用的钱给他借了3万元，帮助他在新疆创业，现在王明方在新疆的种植园已经有了起色。村里发展集体经济，好多村民持观望态度，我就挨家挨户动员，打消村民顾忌，引进市场主体，召开理事会、监事会，硬是把村集体经济建起来了，并在次年实现了盈利。

2019年，在实施贫困户住房提升期间，贫困群众又找我，要我帮忙。因为我是这个村里公认的技术比较好的泥水匠。我连续两周没回家陪伴父母妻儿，在贫困户家中住，和贫困群众一起，硬是在规定时间保质保量完成了任务。

2020年10月17日，我获评"城口县脱贫攻坚先进个人"称号，这是组织上给我的荣誉，也是对我的一种认可。回想自己这几年，从在建筑工地上搭脚手架，到回乡担任村支书，我自己成长了，也为生我养我的村庄做了一些事。看着父老乡亲的生活发生改变，我心里也甜滋滋的。

107 一分耕耘，一分收获

——记明中乡木瓜村党支部书记张尤才

………… 明中乡人民政府　王　宇 …………

◁ 2021年3月3日，张尤才（右二）入户看望失明老人，了解其生活情况

在明中乡，要问哪个村支书最能干，知道的人会告诉你，是那个"三过家门而不入"的张尤才。张尤才是木瓜村的村支书，自上任以来，凭着强烈的事业心、责任感和勇于开拓的进取精神，带领木瓜村六百多名群众实现了脱贫致富，而自家的屋子漏雨，他却顾不上。

木瓜村面积大，山高沟深，信息闭塞，交通十分不便。面对艰苦的条件，张尤才没有退缩，也没有埋怨，而是时时刻刻严格要求自己，以饱满的热情，全身心投入脱贫攻坚工作中。

木瓜村只有一条泥土公路，住房改造难、出行难、饮水难、上学难、就业难、增收难……各种困难重重。为了有针对性地做好脱贫攻坚工作，张尤才经常走村串户，多次深入每一户贫困家庭调查研究，认真细致地调研摸底。

没有调研就没有发言权。张尤才靠着一双铁腿，踏遍了木瓜村的山山水水、一沟一壑，精准地掌握了第一手资料，对本村基础情况、经济发展现状、道路状况、群众脱贫愿望和脱贫攻坚规划等有了深刻的认识。

榜样的力量是无穷的。张尤才的扎实的工作作风、务实的工作态度带动和感染了驻村工作队和村"两委"成员。班子一起动真情、动真格、扶真贫、埋头苦干，明晰了脱贫攻坚工作思路。

  2015年脱贫攻坚战打响，木瓜村有50户建卡贫困户共计168人，其中危房户45户。为了让贫困群众早一日住上安全住房，张尤才第一时间凝聚村干部、协调第一书记、和乡领导，带领村"两委"班子勇挑重担，科学谋划、精心选址，在李家湾及环山公路一线建设危房户搬迁安置点。

  张尤才对住房质量的要求几乎到了苛刻的程度。他组织房屋建筑工程队昼夜施工。为了保证质量，墙外用塑料布遮风，屋顶用锯末面保温，室内用煤炭火升温，使3个月新建的房屋在零下3度的低温环境中能防寒保暖。

  白天监督并参与施工，晚上加班加点做资料，一天工作18个小时以上，没有星期天，没有节假日，顾不上回家，这样一干就是三个月。在木瓜村"两委"和工作队夜以继日的奋力拼搏下，2016年1月上旬，木瓜村45户房屋成功改造，建房过程中的先进经验得到县委县政府以及各部门的认可。

  张尤才家里人说："他有时候打个招呼说去村里或者乡政府了，就几天再也看不见人，他不是去走访贫困户，就是在村里加班做各种资料。"没在家里，就在贫困户家里。作为村里最熟悉情况的人，张尤才带着工作队走访贫困户，通过社员会、院坝会及时向贫困户宣传解读政策，鼓励贫困户勇敢面对生活，积极帮助他们发展生产。

△ 2021年3月5日，张尤才（右）在木瓜村6社，指导群众规范种植中药材

由于一门心思扑在工作岗位上，张尤才自家种植的中药材也只能抽不加班的晚上戴着矿灯挖。尽管如此，2019年他家仍有4亩玄参未能及时收回，烂在了地里，遭受了不小的经济损失。

舍小家，为大家。2019年5月，张尤才常年生病的妻子突发面瘫，在重庆务工的大儿子负责照料，直到国庆节张尤才请了三天假去照料生病的妻子。看着病痛的妻子，这个耿直的汉子哽咽了："我这辈子最对不住的就是我的妻子，虽然她很支持我，但是心里没有埋怨是不可能的。但是木瓜村是今年脱贫的贫困村，这个'大家'还需要我，我的'小家'虽然有很多困难，但是和大多数贫困户相比，总要强一些，只有搞好了木瓜村的工作，带大家脱了贫，我才能安心去搞好自己的家庭。"

"张支书，你好久没回家了，这几天落雨，你屋头到处都在漏水，你还不回去看下，你把贫困户屋头的房子搞好了，你自己的房子莫垮了哦。"邻居李大哥遇到正在贫困户家走访的张支书，把他老家的情况告诉了他。张尤才却说："最近事情太多了，实在没有时间回去，等这几天忙完了贫困户动态调整再回去把屋顶翻修一下。"

等张尤才忙完了手里的事回到家，家里四处是被雨水浸泡的痕迹，被子和棉絮全部被雨水浸透，已经无法再使用。

一分耕耘，一分收获。在张尤才的带领下，木瓜村已经实现高质量脱贫。乡村振兴的道路上，木瓜村群众的心里最有谱，"跟着张书记就对喽"！

108 爱上百姓的好支书

——记北屏乡新民社区党支部书记贺书林

………北屏乡新民社区　陈　鑫………

◁ 2020 年 12 月，贺书林（左）向贫困户王举祥了解产业发展状况

2019 年冬天的一个深夜，贺书林的电话响起，社区居民反映说，家中老人下午上山砍柴一直未归，现在又下雪了，担心出现意外，希望社区帮忙上山寻人。撂下电话，贺书林从床上跳起来，穿上衣服就往外走。他边走边召集社区干部上山寻找。通过几个小时的全力寻找，终于在一处山崖下找到了因天黑而迷路的老人。回到家时已经是凌晨 5 点多，他的衣服裤子都湿透了。可是贺书林并没有休息，稍做调整后就驱车前往雪灾点排查险情。

一直在路上。手机从不关。随时待命。这是北屏乡新民社区党支部书记贺书林的日常状态。

1600 多个日夜，他的心中总是装着社区，装着群众，一心为社区谋发展、为群众谋福利，使社区的工作逐步走到全乡前列，受到乡党委政府的认可和群众好评。

在贺书林带领下，新民社区先后获得 2016、2018、2019 年度村（社区）目标考核一等奖，他本人也荣获 2018 年乡"脱贫攻坚先进个人"、2020 年县"脱贫攻坚先进个人"、2020 年县"先进河长制河长"、2020 年"集体经济先进提名"等荣誉称号。

一心一意为群众办实事，时刻挂念群众安危冷暖。工作实践中，贺书林总结出"走、准、实、帮、想"五字工作方针。

"走"，每年开展多次群众遍访工作，带领社区一班人，主动牺牲节假日，进村入户开展大走访，了解群众生产生活情况，宣传讲解各项惠民政策，为群众排忧解难，持续增进同群众的血肉联系，确保群众受益一个不漏。场镇居民王著良，其房屋因前些年失火又年久失修存在严重的安全隐患，但因其经济条件有限，始终不愿排危修整。为保障他的居住安全，贺书林先后多次入户劝说其进行排危无果后，无偿调来自家挖掘机为其房屋排危。

"准"，就是确保扶贫有关数据的准确性，每项事关扶贫、事关惠民的工作都自己带头、反复核查、反复询问，确保群众的利益应享尽享。"我也是农民出身，我深知农民的利益需求。"这是贺书林时常挂在嘴边的一句话。社区低保户袁成芳，家中有残疾人，无固定收入，两个孩子处于义务教育阶段，属于特殊困难家庭。贺书林每月多次入户了解其家庭的实际需求和困难，并自掏腰包资助两个孩子的学业。

"实"，就是开展"重实干、强执行、抓落实"专项行动，深化干部作风建设、重塑社区干部形象，转变思想作风，各项工作取得显著成效。在2020年初的疫情防控战中，贺书林率先动员集结社区的民兵联队、志愿者队伍、党员先锋队，对辖区的出入口进行了封闭排查，并对全乡5个村（社区）公共区域每日进行两次消毒。

"帮"，就是为巩固脱贫攻坚工作成效，增加贫困户稳定收入，提升贫困群众满意度，增强居民对党的认同感、归属感。为了带领农户发展产业增收致富，贺书林与社区"两委"班子认真研究讨论，针对社区的实际情况，决定以产业为突破口，发展原生土长的本地产业。为了不让

△ 2020年7月，贺书林（右）给贫困户袁永芝送橱柜

农户因盲目发展产业造成亏损，2018年，贺书林提议社区干部自掏腰包先行先试，通过流转农户土地20余亩，栽种葛根10余万根，在2019年通过各方渠道又发展了山药、魔芋80余亩，已带动贫困户40余户100多人次，稳定增收10余万元。

"想"，就是通过为群众谋出路，为社区谋发展，不断提升群众的获得感。在2019年贺书林组织成立村集体经济组织，规划修建了公共墓场、健身广场及旅游步道，动员群众集资捐款安装了监控保护河道资源。"居民能和社区干部想在一起、站在一起、干在一起，这是我当支书以来，最有成就感最骄傲的事。"提到社区群众这些年的变化，贺书林如是说。

五个简单的字，诠释的是一颗为民的心，是一种对老百姓的爱。

为了更好地服务群众，贺书林组织社区干部针对不同类型的居民建立了专用微信群，特别是困难群众和空巢老人及行动不便的对象，一旦有困难需要帮助时通过微信群联系，社区干部第一时间就能赶到居民家中。这几年，通过这种方式帮助群众解决了大大小小的事情1000余件。

哪里有问题，哪里有需要，贺书林就出现在哪里。

109 背着药罐办教育

——记重庆师范大学附属城口实验中学校长付长波

…… 谢模燕 ……

◁ 2020年3月，付长波与帮扶对象余显桃交流

扶贫必扶智，在精准扶贫精准脱贫的国家战略中，教育扶贫承载的是根除贫困、创造未来的希望。随着脱贫攻坚的纵深推进，抓好教育是扶贫开发的根本大计，已成为广大教师和教育工作者的一致共识。

付长波，就是这样一位教育工作者。他不顾病痛缠身，背着药罐，怀揣着对教育事业的情怀，义无反顾地来到大巴山深处的城口县，投身城口教育事业。几年来，他从组建团队开始，带领团队发扬艰苦创业精神，坚持改革提质、传承创新，用真抓实干的工作作风，带领重庆师范大学附属城口实验中学（"重师大城口附中"）走出了一条内涵发展道路，为城口教育事业注入了新的活力。

城口县位于大巴山深处，地处重庆最北端，属于典型的高寒深石山区，贫困程度深，教育，更是一直以来的发展短板。城口是市纪委扶贫集团的对口帮扶点，重庆师范大学作为市纪委帮扶集团成员单位，积极发挥其教育资源优势，大力支持城口教育事业发展。

重师大城口附中是县人民政府与重庆师范大学于2017年采取"协议管理、整体委托、自主创办"的创新模式，按照省级重点学校的标准，共同办学的一所高标准、高质量、实验性、示范性公办完全中学。该校于2017年9月正式招生投用。

一所学校的组建筹备工作千头万绪，一个得力的领头人是做好一切工作的基础，也是一个集体航行的方向。

学校筹建期间,重庆师范大学向全国发出"校长招募令",但应聘者听说是来城口,大家都打起了退堂鼓。

校长招募,无果而终。就在重庆师范大学校领导一筹莫展时,时任重庆师范大学对外联络办主任、有病在身的付长波挺身而出,主动请缨来城口"挑大梁"。

考虑到付长波的身体原因,校领导没有同意他的请求,家人也极力反对。他即将高考的儿子说:"爸爸,我在学校不需要你照顾,但你不能不要你自己啊!"

付长波鼻子发酸,但还是向家人表明了心意。出生于四川省阿坝州的付长波,对山区、对贫困有着自己的切身体会。从2012年第一次来城口,付长波便觉得城口的自然生态与自己家乡接近,面对城口的教育短板,面对孩子们对知识渴求的眼神,他觉得自己一定要为城口的教育事业做点什么。

面对付长波的一再请求,家人只得让步。

"家人知道,我一旦决定的事情就很难改变。"付长波说,在接下来的三个月时间里,妻子陪着他四处求医,帮他调理身体。

待病情稍微好转,付长波带着妻子为他准备的紫砂壶药罐,来到了城口,投身城口的教育事业。

"要做就要将事情做好。"这是付长波的一贯做事风格。

"怎样的重师大城口附中才适合城口?""要怎样用好用活重庆师范大学的优质教育资源来补齐城口的教育短板?""重庆师范大学的优质教育资源怎样才能与城口教育实际有效融合?"这些都成了付长波思考的问题。

为切实履行好重师大城口附中校长职责,付长波在没来城口之前,就对城口教育进行了为期三个月的深入调研,进一步摸清了城口教育短板究竟短在什么地方。

从《种子计划调研报告》到《烛光跨越行动纲领》,付长波为怎样当好重师大城口附中校长下足了功夫。

到城口后,组建教师队伍、招聘学生、

△ 2018年1月,付长波看望留守儿童

开学前家访……付长波都亲力亲为，干在实处，走在前列。特别是开学前夕，各种工作千头万绪，他依旧坚持通宵达旦亲笔为全校1024名新生书写《录取通知书》，他要让每位学生都能收到校长亲自书写的录取通知书。

日常工作中，付长波总是身体力行。为让同学们养成良好的阅读习惯，冬天的清晨，都能看到他在校园里高声朗读《滕王阁序》等经典作品，开始只有他一个人，第二天多了两三个，第三天就有了一大群……经过一年多的不懈努力，重师大城口附中在全县2018年上半年期末统考中，7门功课均居全县第一。

这样成绩的取得，离不开付长波辛劳的付出。夜以继日的工作、千头万绪的事情、身体力行的引领，让身高一米八几的付长波，短短几个月时间，体重从202斤直降到了162斤。

为了让新招录的教师尽快适应岗位，付长波除了让新进教师与老教师一起到重庆师范大学参加集体培训外，还为新教师联系重庆一、三、八中等学校，让他们去进行两个月的顶岗训练，并让新教师与"老带新"指导老师建立长久友好关系，便于业务请教。

除此之外，付长波积极联系城口对口帮扶地区，山东临沂市和重庆九龙坡区，请他们支持城口教育事业发展。山东临沂市已选派12名教师，其中4名临沂市骨干教师，九龙坡区选派5名教师，前来重师大城口附中支教，进一步提高了学校的教育教学水平。

学校还建立了新进教师与支教老师帮带机制，让新进教师与支教老师签订拜师协议，让新老师的每堂课都得到支教老师签字首肯。通过一系列措施，新进教师迅速成长，可以为孩子们提供更好、更优质的教育和服务。

不仅如此，重师大城口附中坚持"传承经典文化、奠定人生基石"的教学理念，坚持"塑造完整人格，成就每位师生"的办学目标，极力推行"2+4+N"的教学改革，切实为每一位学生提供丰富的学习内容，切实为学生一生的可持续发展奠定坚实基础。

一项一项举措，换来的是山区孩子成绩的进步。

2017年秋季开学时，小升初入学考试两门学科相加不到50分的学生占30%，不到100分的占60%。经过一年时间的努力，2018年上半年期末统考，重师大城口附中及格率和优生率均居全县第一。

孩子的变化有目共睹。这些成绩的取得，让孩子们喜欢这位校长，家长们信任这位校长。付长波也用自己的实际行动，为这个大巴山深处的贫困县的孩子们，照亮了未来的路。

110 劝返复学工作有感

——城口县职业教育中心 蒲云权

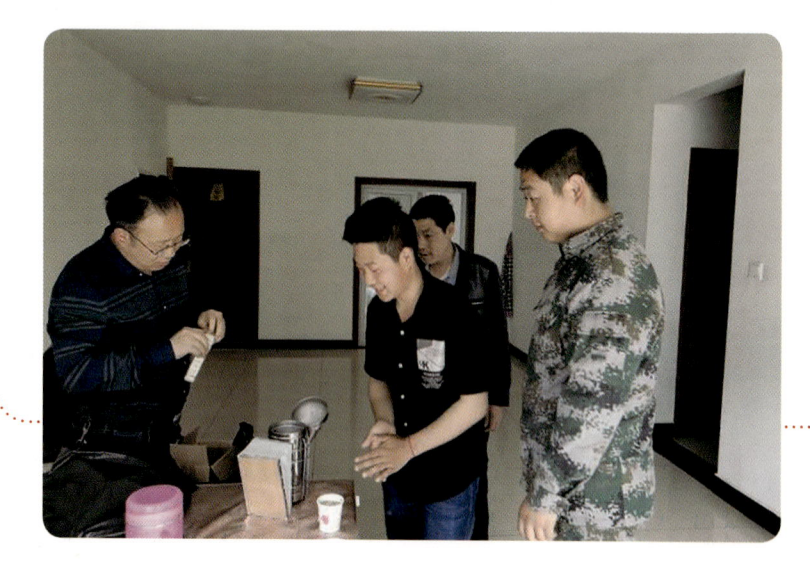

△ 2019 年 10 月，蒲云权（左一）自己购买一套养蜂器具送到学生刘道松家中

每一个问题学生，背后都有一个问题家庭、一个心酸的故事、一行辛酸的泪。不让一个孩子失学辍学，拯救一个孩子，挽救一个家庭，改变贫困地区农村人口文化水平偏低的现状，阻断贫困代际传递，是贫困山区教育人肩负的历史使命。

学生刘某，由于家庭贫困，3 岁时母亲抛家弃子不知去向，父亲由此一蹶不振，颓废无聊，整日游手好闲，饮酒消愁。70 多岁的爷爷面容憔悴，身躯佝偻，拖着多病的身体抚养这个年幼的孙娃。当我们一群人来到他家的时候，这个贫困户家里最抢眼的是门上窗户玻璃上到处贴着的桃符。老人说："这些年，家里人不顺趟得很，找一个道师给我们收拾，心里踏实些！"他那满是皱纹的脸上仿佛雨过天晴似的露出了久违的微笑，然而，转瞬之际，乌云又罩在了脸上，似乎有一肚子的辛酸和委屈。眼眶里闪着晶莹的泪花，不轻弹的男儿泪，顺着苍老的眼角缓缓流下。

那一刻，我们的心里也像打翻了五味瓶，只能说一些安慰的话。原来，儿子没有文化，没有技术，外出务工只能从事一些简单而繁重的体力活，而且工资极低。加之孙子辍学，整天东混西玩，养成了许多不良习惯，老人焦虑不安，心急啊！乡村干部多次到他家解决"两不愁三保障"问题，最终让他们搬到了装潢一新的安居房里，也拿上了低保，有了最低生活保障。

我们的关怀，打消了孩子放弃读书的念头。2019年9月10日，碧蓝的天空万里无云，九月的骄阳延续夏日的温度。一群帮扶干部汗水湿透了衣服，把刘某送到了职教中心初级职业技能培训班这个新家。从干部们的表情中可以看出，他们虽然疲劳至极，但内心却非常舒畅。

安顿好了刘某的食宿，老师又和刘某亲切交谈，从刘某木然的表情上不难看出，他还是没有安心读书的打算。通过交谈，一直不开口的孩子从嘴里蹦出几个字："我来读几天试试。"这也是劝返工作成功的第一步。

班主任进一步走进孩子的内心，细心倾听孩子们的要求，给孩子讲学校在生活和学习上方方面面的细节。慢慢地，孩子的精神状态产生了明显变化。

在这个特殊的班集体里，大部分学生由于闲散在家或在外务工，缺少父母的管教，养成自由散漫，不守纪律，打牌、吸烟、喝酒等不良习惯。他们的性格大多叛逆。作为班主任的我采取了攻心为上的策略，发自内心对他们关爱，时常陪伴他们到深夜，嘘寒问暖，促膝谈心，把他们当朋友、当亲人，走进他们内心世界，让他们信任我，能给我讲实话，道真情。

针对这些学历层次参差不齐的学生，我们采取分层教学、因材施教的方式传授知识，确保每个学生学有所获。同时，我们也给这些不同年龄和不同认知层次的学生量身打造课程体系，以综合活动课和技能操作课为主，由于大部分学生喜欢"汽车驾驶与维修"和"计算机操作与运用"，我们就以这两门课程为主。

学生双双是癫痫病患者。刚到校时只认识自己的名字，通过一学期的学习，他不仅能背诵部分古诗词，还能背诵乘法口诀并进行简单的计算，同时还能在计算机上进行简单的操作。由于在学校学到了汽修的基础知识，他能够在节假日到汽修厂上班，每个月能拿到1500元的薪水。

学生宝儿，是镇乡村干部做工作带到学校的。他本人根本不想来读书，来校第二天就回家了。由于交通不便，我步行了一个多小时，迎着秋风，冒着冷雨来到他

△ 2020年5月，蒲云权徒步3小时到学生刘道松家养蜂场地指导其养蜂技术

家劝返。通过了解，我们发现他爱好书法，小学时书法竞赛曾获得过县级奖励，我们就让他继续发挥这一特长，平时让他加入学校书法社团，班上也给他提供许多发挥特长的机会，让他找到读书的乐趣和自信。

学生张某，在县中医院做眼科手术，当时既没有父母在他身边，也没有一个亲戚来照料他，我们就发动同学轮流到医院去照顾。看到老师同学们纷纷买礼品去看望他，他的内心受到触动，病好后在老师的引导下积极主动改正了许多坏习惯。

……

劝学难，管理难，授课难，留住他们更难。我们多方关怀，让学校成为他们温暖的家。针对这些缺乏父爱母爱的孩子，我们在生活学习上给予无微不至的关怀，让他们感受到学校就是他们温暖的家，老师就是他们慈爱的父母，尽量弥补孩子们心灵上的创伤。

特别值得一提的是，刘某现在已经在家养了22桶中蜂，他现在一边养蜂一边上学读书。看着孩子露出微笑的脸庞，看着一群群飞来飞去的蜜蜂，我仿佛看到了这个孩子幸福的明天，觉得自己的付出都弥漫着浓香。

几十名学生，就有几十个故事，故事中的酸甜苦辣让我感慨万千。他们不一定金榜题名，但也有可能成为栋梁之材。他们虽是一棵棵无名的小草，顽强而倔强地生活着，但仍然是家庭的希望。

每个学生前进的一小步我们都要付出百倍的努力。他们今天的一小步，是未来人生的一大步。愿每个学生在党的温暖怀抱中，在祖国的大家庭里都能茁壮成长。

111 让山区孩子享受更优质教育

——2019年九龙坡区对口帮扶城口支教教师 雷为民

◁ 2019年4月，雷为民在教室听课

孩子，是一个家庭的延续，是一个家庭的希望，更是一个家庭的未来。良好而优质的教育，是孩子成长成才的保障。

2019年上半年，我所在的学校发布到城口支教的公告，我抢先报了名。我是一名人民教师，有着丰富的教育教学经验，先后荣获过"九龙坡区优秀教师""九龙坡区德育工作先进个人""九龙坡区优秀共产党员""九龙坡区优秀德育工作者""九龙坡区高中教育教学成绩突出教师"等荣誉称号。从教近30年，我先后带过九届毕业班，也培养过多名清华、北大等名校学生。我愿意为大山里的孩子做点事情。孩子们都是雏鹰，我要让山区的孩子也能展翅飞翔。

8月31日，我和同行的4名支教老师一起，历时5个多小时车程，穿越一座座大山，第一次来到城口，走进学生已入住但尚在建设中的重庆师范大学城口附属实验中学。

那会儿学校操场还没完工，从外观看有点儿破烂，我顿时心疼起孩子们。进了校园，心情舒畅多了，虽然学校的基础设施还不完善，但校园文化氛围浓郁，学生个个精神饱满、谦虚有礼，学习劲头十足，令人感到欣慰。

通过一个星期的接触，我更加深切地感受到孩子们的勤奋质朴。虽然重师大城口附中高中部的学生大多来自乡村初中，学习成绩参差不齐，但学生们"比学赶超"的学习氛围浓厚。

最令我感动的是，城口的孩子们上课从来不偷偷耍手机，大家都聚精会神听讲。

不仅是孩子们，家长也对支教老师们的到来感到兴奋和珍惜。中秋节，一位家长从乡下给我送来了自家种的猕猴桃。我拗不过家长的心意，只得收了下来。家长走后，我打开包裹，里面除了猕猴桃，还有一张纸条："尊敬的雷老师，感谢您不远千里来到城口给我的孩子上课，谢谢！"简短的文字，质朴的语言，那一刻，我热泪盈眶，更加坚定了培养教育孩子的决心。

家长淳朴的行为、质朴的话语，在我的脑海中一直挥之不去。我觉得，唯有将孩子教好，助他们成长成才，才是对家长最好的回报。

一年的时间很短，如何让优质的教育在城口落地生根，我能做些什么？这是我一直在思考的事情。

助推家校共育。到城口后，工作之余，我通过实地走访、电话沟通等形式开展家访，更多地了解山区孩子们的学习生活情况。我发现，城口的学生留守现象普遍，自信心不足，建议家长要多关心、陪伴孩子，不要让他们在成长的道路上孤立无援；家长要大胆地鼓励孩子，帮助孩子建立强大的自信心。

传授优秀的教学经验，实现教育可持续发展。来城口后，我收了一个徒弟，是今年从重庆师范大学毕业的云阳籍学生杨兴平。我毫无保留地将自己近30年积累的优秀教育教学经验传授给她，当我发现杨兴平教育孩子出现"偏差"时，就悉心加以指导，共同商讨教育之策。

刚开学那会，杨兴平所带的班级有一个比较调皮的学生，上课时，他总是喜欢

△ 2018年9月，雷为民在师徒结对仪式上签约

哗众取宠，扰乱课堂秩序。杨兴平实在没办法，有心生放弃的想法。我知道后，教给她"冷热交替"的方法：即当学生上课哗众取宠时，"冷处理"，让学生自觉没趣；当发现学生做得对时，大加鼓励。在"冷热交替"下，那名学生的坏习惯得到了改正，成绩也有了明显进步。

"这些事看似很小、实则关系孩子一生发展，不管什么时候，都不能轻易放弃每一名学生。"杨兴平说，"雷老师对教育的那份热情，对学生的那份耐心，对教学的刻苦钻研的精神，真的值得我们学习。"国庆假期，杨兴平没有回家，而是在学校看书、备课，了解城口的地理人文，通过更深入的了解，她对城口这片红色土地爱得更加深沉，立志通过不懈努力，接过接力棒，让优质教育在城口落地生根、开花结果。

2020年，重师大城口附中从重庆师范大学、西南大学、宁夏大学等高等院校，招录各类教师30余名。和我一样，从山东临沂、重庆九龙坡区前来城口支教的十几名骨干教师，正手把手传授这批新老师教育教学方法，重师大城口附中"传承经典文化，奠定人生基石"的教育理念正在不断深入。

我们坚信，全县人民尊师重教的浓厚氛围一定会越来越浓厚，我们山区的孩子，一定会有更好的未来。

112　生命，定格在脱贫攻坚一线

——追记城口县明通镇金六村扶贫干部王华

...... 新华社记者　赵宇飞 ......

◁ 王华（右）到贫困户家中走访

　　大山深处的城口县明通镇金六村，近一个月的阴雨后，天空终于放晴。但久违的阳光，却无法驱散村民们心中的哀伤。大家在怀念一个月前去世的驻村扶贫干部王华。

　　2018年9月20日，城口县水务局派驻金六村扶贫干部王华，在连日的劳累之后，查看暴雨灾情时突发脑溢血不幸离世，50岁的生命定格在脱贫攻坚一线。

无悔的抉择

　　城口县，地处渝川陕交界，秦巴山脉横贯全境。多年来，城口县综合实力在重庆市位居末位，是全市脱贫攻坚任务最艰巨的区县之一。

　　8月初，县水务局决定派干部到明通镇金六村驻村帮扶。县水务局局长施玉楼想到了王华，王华在基层水务所工作20多年，群众工作经验丰富，非常适合脱贫攻坚工作。但王华的母亲80多岁体弱多病，妻子也有膝盖囊肿等疾病，无法从事重体力劳动。

　　他完全有许多理由推脱。但王华毫不犹豫地说："我服从组织安排。"

　　回到家后，妻子廖瑞芳不理解："你不要命啦？你去驻村工作，痛风发作了怎么办？"

　　"我也是农村人，知道农民有多苦，没理由推辞。"

　　8月27日，王华正式到金六村工作。

城口县属于典型的喀斯特地貌，高山地区的村民普遍"吃水难"。金六村山高谷深，是当地贫困程度最深的村之一。看到金六村部分村民吃水困难，王华主动要求上山寻找水源。

路途遥远，同事劝他留守办公室。王华坚决不同意："找水源我是行家，我这把'老骨头'没问题。"

王华手持砍柴刀，带着同事们，在荆棘丛生的山上边砍边摸索前行，跋涉两个多小时后，终于找到一处稳定水源。如今，这项水利工程已经收尾，村民们也将告别吃水难。

"那是没日没夜地干啊，他白天一大早就出发，查看贫困户产业发展情况，宣传小额扶贫贷款政策，晚上又在办公室熬夜熟悉档案资料。"金六村第一书记朱大为说。

金六村党支部书记肖加云说，20多天里，王华只休息过一天。"他说看到还有很多村民生活困难，心里很着急，睡不着觉。"

9月中旬，连续多日的暴雨，造成金六村多处发生塌方，王华又投入到没日没夜的抗灾抢险工作中，每天睡眠不足4小时。

9月20日天刚亮，王华与同事们再次冒雨上山，查看灾情。中午时分，王华回到村委会吃饭时突然晕倒在地，后抢救无效去世。医院的诊断为：因劳累过度引发突发性脑溢血。

贫困户的亲人

事实上，早在三年前，金六村就已成为王华的"家"。

在城口县，干部都有扶贫结对帮扶户，金六村6组的袁胜菊就是王华的扶贫结对帮扶户。

"多好的人啊，在我心里，他就是我们的亲人。"67岁的袁胜菊，听到王华牺牲的消息时，手中的盆"咣当"一声掉在地上，眼泪止不住地流。

王华家住坪坝镇，到金六村必须转一次车，需要颠簸两个多小时。但3年来，王华每月必到金六村看望老两口，家中油壶、米缸空了，王华就自掏腰包买油买米；老人生病了，王华就主动联系医生上门治疗。

2015年冬天，袁胜菊家水管冻裂，要走一个多小时山路去挑水吃，老两口的儿子长期在外务工，断水几天后，袁胜菊试着拨通了王华的电话。王华二话没说，一路颠簸赶到金六村，购买了200多米的水管，亲自动手维修，让老人重新吃上了自来水。

同时，王华还帮老两口规划了养殖产业。如今，袁胜菊养的土猪、土鸡已成为市场上的俏货，摆脱贫困指日可待。

9月5日，王华生前最后一次到老人家中探望时说："我现在到村里工作了，以后可以经常'回家'了。"

"他说过要常回家的，现在怎么说话不算数呢？"面对记者，袁胜菊哭着说。

王华驻村工作仅 20 多天，却已成了村民们心里的亲人。

贫困户周关奎种植中药材缺乏资金，王华帮他申请小额扶贫贷款；贫困户李天明不懂养殖技术，王华手把手传授养殖技术；老党员沈茂友家的危房改造，王华帮忙规划、组织施工……

"当时他说，等房子修好了，他一定来看看。"沈茂友红着眼圈说，现在房子修好了，他却走了……

水利扶贫的"拼命三郎"

王华是有名的"拼命三郎"。王华生前所在的坪坝片区管理所管辖的 4 个乡镇都在大山深处，部分高山贫困村至今尚未通路，而水源多在深山中，王华只能在悬崖边狭窄的小路上跋涉，为贫困群众寻找水源、规划饮水工程。

王华步行到辖区内的深度贫困村沿河乡北坡村寻找水源。在路上，王华痛风发作，疼痛难忍，他吃了几颗随身携带的药，坐在地上休息了一会儿，又一瘸一拐走了 3 个多小时，才找到一处稳定的水源。

这对于王华而言只是"家常便饭"，甚至他这条命都是捡回来的。2012 年夏天，坪坝场镇及周边的贫困村因天气干旱严重缺水，王华上山寻找水源，跋涉一个多小时后，他一脚踩滑掉下十几米的山崖，他从昏迷中醒来后，连滚带爬地回到了家。家人将浑身是血的王华送到医院，他开口第一句话却是："这一跤摔得真值，终于找到新的水源了……"

五年来，王华所在的坪坝片区管理所，共为片区贫困群众安装管道 9.5 万米，修建蓄水池 26 口，大部分群众已告别"靠天吃水"的生活。

同时，保护河道安全，守卫绿水青山，也是王华等水利工作者的职责之一。

五年来，王华累计出动巡查 1200 余次，其中节假日 300 余次，夜间 200 余次，河道非法采砂等破坏生态的违法行为已得到有效遏制。

"王华舍小家、顾大家，无私奉献的精神，将永远激励着我们继续努力，将他未完成的事业变成现实。"施玉楼说。

113 柿坪红

——追记复兴街道柿坪村扶贫干部何国权、李奎、彭中琼

重庆日报 彭 瑜

复兴街道柿坪村何国权（左二）到贫困户家中走访

这里海拔1300米，当天天气阴沉，但低保户任登春心里暖暖的——一大早，他得知柿坪村第一书记何国权、村支部书记彭中琼要来和他商量危房改造的规划设计。

上午10点过，任登春没等来扶贫干部，却接到一个噩耗：何国权一行人乘坐的车子，在柿坪村通社生产便道一处叫张家坪的地方发生侧翻，何国权、彭中琼和驾车的复兴街道畜牧兽医站站长李奎不幸遇难，柿坪村专职干部王英受伤。

任登春惊呆了，他不敢相信这是真的。他家的墙角，还堆放着彭中琼前几天送来的大米、食用油等。

任登春说，扶贫干部实实在在帮助大家增收脱贫，如今却倒在了扶贫路上，"他们是用生命为我们铺实脱贫路啊"。

何国权：本已退居二线的他，被派到村里担任"第一书记"。

柿坪村距离城口县城只有8千米，但由于山高坡陡，村里的产业发展一直滞后。2014年，全村农民人均纯收入只有4425元，有建卡贫困户44户、195人。

2015年，新一轮脱贫攻坚战斗打响了。经过两年奋战，柿坪村新建村级公路3千米，硬化公路11千米，人行便道硬化6.5千米；新建饮水池2处，铺设饮水管道2千米，解决了贫困户出行难和饮水难问题。

与此同时，柿坪村发展起了山猪、山地鸡、山羊、笋竹、中蜂、中药材等产业。2016年年底，全村农民人均纯收入达到7403元，柿坪村实现整村脱贫，44户贫困户越线脱贫。

柿坪村党员高必清说："原以为整村脱贫后脱贫的事儿就完了。没想到今年初，街道又将本已退居二线的何国权派到了村里担任第一书记，继续带领大家增收，巩固脱贫成果。"

何国权到柿坪村后，很快精准识别了任登春、高顺云、钟正学等6户贫困户。何国权说："只有巩固脱贫，才能实现稳定脱贫。这6户贫困户虽然享受低保兜底脱贫，但他们居住的房屋破烂而且危险，随时有可能返贫。"

为危房改造筹资、为建新房选址选材料……为了让任登春尽早搬出危房、住进新房，年近60的何国权一次次翻山越岭，每次都要往返5千米山路，帮着他张罗危房改造的事。

任登春不相信何书记出了车祸、人不在了："这么好的人，为啥说走了就走了呢？"

"何书记是个实在人，搞扶贫工作有股狠劲，从不马虎。"柿坪村主任焦国中说，何国权自从担任村里的第一书记以来，每次遇到下大雨，都要与村支两委成员上山巡路。哪里有塌方，哪里有泥石流，哪里行人不能走，哪里车辆通行危险，他都要设置警示标志，并用手机拍照片；现场解决不了的，他也会立即打报告，然后与大家一道排险除障。

最近，何国权刚被街道评为优秀帮扶责任人。

李奎：钻鸡舍、翻猪圈，为家禽家畜打疫苗。

惊闻噩耗后，柿坪村四组村民张良桥伤心不已。张良桥不是贫困户，但他养了3000多只鸡，还带动龙世刚、吴月祥等9户贫困户养鸡脱贫。李奎还到他的养鸡场打过疫苗。

△ 李奎深夜到贫困户家中进行动物检疫　　△ 彭中琼生前探访贫困户

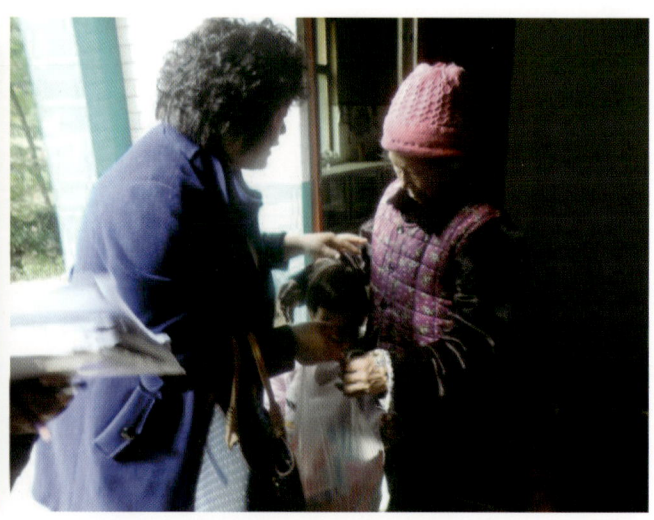

"忘不了钻鸡舍的'眼镜'。"张良桥清楚地记得李奎的模样：敦实的身体、白皙的皮肤，戴着一副眼镜。张良桥说："李奎讲起养殖技术、防疫方法来头头是道，让人觉得是一个斯文人，但他钻进鸡舍打疫苗，手脚却麻利娴熟，一点也不怕脏、怕累、怕臭。"

李奎45岁，身高1.68米，体重145斤，戴着350度的近视眼镜，翻猪圈、钻鸡舍并不轻松：有的圈舍门很矮，护栏很高，李奎得半蹲下身子，先伸进去一只脚，再猫着腰将头顺进去，最后将另一条腿抽进去，很吃力；碰到护栏较矮的圈舍，李奎基本上是攀着护栏，翻身滚落进圈舍内，常常折腾得满脸通红，一身汗水。

复兴街道兽医站职工袁加国与李奎共事19年，他告诉记者，李奎吃得苦，即便后来担任了站长也没架子，翻猪圈、钻鸡舍的事情常常是带头干。

脱贫攻坚战打响后，贫困村、贫困户都将猪、牛、羊等作为脱贫的重点产业，兽医站要为产业发展提供技术支持，李奎就负责柿坪村、红坪村、友谊社区等3个村居的畜牧技术服务。

"说是3个村，作为站长，其实全街道他都在跑。"复兴街道党工委宣传委员杨谦回忆，李奎曾到阳坪村核实农户产业发展情况。九组村民苟兴国在山顶养羊，上山要爬两个小时山路。有人建议，打个电话问问就行了。李奎担心羊生病，最后，他坚持上了山。杨谦说："那天，李奎是打着手电筒摸黑下山的。"

彭中琼：关爱贫困儿童、贫困家庭，时时将群众的事放在心上。

贫困户龚庭润65岁，儿子早逝，儿媳离开了这个家，留下一对孙子，大的8岁，小的7岁。

"大孙子的'爱心嬢嬢'也走了。"龚庭润口中的"爱心嬢嬢"叫彭中琼，就是柿坪村村支部书记，结对帮扶龚庭润的大孙子。

龚庭润说，孩子穿的衣服，吃的糖果，背的书包等都是彭中琼买的。平时一有空，彭中琼就会带着孩子去逛街，顺便谈心交心，鼓励孙子热爱学习，孝敬爷爷奶奶。"彭书记的关心，让孙子的性格变得开朗起来。"

在贫困户甘国权心中，彭中琼就是他家的主心骨。2012年，甘国权因工伤丧失劳动能力，后来儿子打工时右手又残疾了，家里还有两个孙子，日子过得很艰难。

"不要因为残疾就丧失脱贫的斗志。"甘国权回忆，他们家被确定为建卡贫困户后，彭中琼登门和他商讨如何脱贫。在她的建议下，甘国权的儿子、儿媳外出打工，他和老伴在家种田、照看两个孙子。现在，甘国权的儿子儿媳在主城打工，每月收入总计超过5000元。

"将群众的事放在心上，群众就把她记在心中。"复兴街道办事处主任田军介绍，彭中琼52岁，已连续两届担任村支部书记，深受群众拥护。特别是在脱贫攻坚战中，她更是雷厉风行，今天计划干的事绝不拖到明天。"去年，她率领柿坪村在扶贫、农业工作方面获街道一等奖。"

这几天，彭中琼在急着办两件事，一

是陪何国权落实 6 户贫困户的危房改造，他们担心暴雨来临，会延缓改造进度；二是跟踪去年脱贫的 44 户贫困户的产业发展情况，以便兑现产业发展垫底资金，做好巩固脱贫工作。焦国中说，没想到任务还没完成，彭中琼就走了。

在这次事故中，受伤的王英是一位"90 后"青年。街道干部告诉记者，作为年轻人，王英干工作也总是任劳任怨。因为在扶贫工作中表现突出，她还被街道评为优秀专职干部。

114 大山里，那片平凡的"绿叶"

——追记城口县高望初级中学党总支书记、校长何宜刚

------ 重庆日报记者 周 立 彭 瑜 ------

◁ 何宜刚（右一）到学生家进行家访

9月9日，教师节前一天。

下午放学后，一批又一批家长涌向位于城口县高观镇的高望初级中学。他们面色凝重，有的掩面而泣。家长越来越多，达到五六百人。

校园内，一个简短的告别仪式正在进行——在劳累数天后，当天凌晨，高望初级中学的党总支书记、校长何宜刚心脏病突发，与世长辞。他的生命，定格在41岁。

同事回忆，还原了他生命的最后几天。

> 曾经在党旗下举手宣誓，就必须信守承诺。要明白做官是苦的，不是乐的；是利人的，不是便己的。
>
> ——摘自何宜刚生前日记

从8月29日起，何宜刚就没停过：行政工作会、职工大会、学生报到、家长联席会……一件件大大小小的事，加上操场和电子阅览室建设工地的诸多事宜，他每天都忙到深夜。

9月2日在食堂吃早餐时，何宜刚突然一阵眩晕，筷子滑落桌上，他试图去捡，却动弹不得，半小时后才稍微回过神来。高观卫生院医生建议他尽快去重庆的大医院检查。

"好说歹说他总算答应了，可出发一个小时后，他又回到了学校。"副校长王立春回忆，"他说开学事情多，趁周末在城口检查算了。"

9月5日，周一，何宜刚返回学校，对同事们说检查结果"一切指标正常"。

从这天起，何宜刚就没回过家。一直在忙碌。

9月8日一大早，何宜刚的身影就出现在工地里，他发现堡坎旁一处基桩挖得有些深，便要求施工方当天必须完工，加固后再挖其他基桩。这一整天，他都在担心这堡坎会不会垮塌伤了学生。

晚上9点过，何宜刚像往常那样和教导主任陈昌品一起巡查学生寝室后，回宿舍休息。

陈昌品没想到，他竟是何宜刚生前见过的最后一人！

9月9日早晨，有老师发现，何宜刚倒在宿舍的床上，已没了呼吸。

法医推测其去世时间是9日零点至2点，并初步推测死因是过度劳累导致心脏病突发。

监控显示，8日晚9点45分，何宜刚在教师宿舍楼道里接了个电话。

"电话是我打的。"何宜刚的妻子李云清流着泪告诉记者，"他平时都住在学校，周末才回家。我告诉他，我准备了他最喜欢吃的老黄瓜炒青辣子，还买了鸡……"

副校长李文才回忆，当晚10点，他曾接到何宜刚的电话，要他一定筹备好毕业班工作会。

两分钟后，何宜刚发出了他生命中最后一条信息。"短信里给我说了两件事。"校办公室主任邹兴平回忆，"一是说下周一要走访学校的贫困生。二是埋怨我不该将他推荐到市里参评全市乡村少年宫优秀负责人，该把机会留给年轻教师。"

"学校教师宿舍紧张，为让外来老师都有寝室，何校长一直和我挤一个狭小的套间。"学校工会主席张瑞华说，何宜刚选了条件最差的房间，靠近锅炉，在顶楼朝西方向，夏天很热。"8号那晚我请假没住在学校，否则，何校长也不会……"

直到9月12日，王立春才从城口县人民医院医生田渝那儿得知，何宜刚去拿检查结果时，田渝就告诉他："心脏有严重问题，必须马上去重庆主城大医院做进一步检查。"何宜刚说"这几天忙完了再去"，但他隐瞒了实情，对所有人，包括妻子。

从学习到生活，他像父亲一样帮了多少山里孩子，没人数得清。

没有爱就没有教育。我们1%的教育教学失败，就可能导致一个家庭100%的失败。
——摘自何宜刚生前日记

何宜刚去世的消息，很快在城口县教育系统，在他的学生及学生家长的朋友圈中传开了。

"他就像我父亲。"今年考入城口县

职中的王井平接受采访时泣不成声。

王井平家住东安镇兴田村，父母多病，家庭异常贫困。

"从2014年起，何校长就经常来家访，还请电工将我家老化裸露的电线全部换了。"王井平说，这两年，何校长前前后后拿了好几千元帮助她和她的家庭。

"他去世前一天，还在跟我说王井平的学费问题。"王井平以前的班主任王克江告诉记者，"他说关爱要继续，让我抽空去趟职中，请校方减免这孩子每年6000元的学费。如果不成，这学费，他来想办法。"

"仅仅在我们村，何校长就帮助了好几个学生。"王井平说。但她不知道其他孩子的姓名，其他老师也不知道。

在何宜刚留下的日记中，记者看到了这些名字：田秋、田琼、刘代琼……有的，是中小学生；有的，是附近的贫困村民。

在对村民刘代琼一家的帮扶笔记中，他这样写道："已请工匠加装玻璃窗，下一步要整修出行道路，改善生活环境。靠什么产业脱贫——党参？玄参？"

"我知道他资助了一些人，但具体情况不清楚。"李云清说，丈夫还发动朋友一起来做这事，但到底是哪些朋友，帮助了多少家庭，她也不清楚。

城口县位于大巴山深处，是国家级贫困县，也是新一轮脱贫攻坚战中全市最难啃的"硬骨头"。多年来，山民们大多选择外出务工，他们的孩子，就成了留守儿童。同样在贫困中长大的何宜刚，对这些学生怀有特殊的感情。

陈昌品记得，有次巡查学生寝室时，何宜刚对他说："看到这些孩子，我就想起自己的童年。父母和家庭不能给予的教

△ 何宜刚（右一）看望贫困户

育和爱，我们要在学校给他们补上。"

2003年，何宜刚还在城口县修齐初级中学任数学老师和政教处主任时，就探索出一套农村学校寄宿制管理新模式，每年都会举办"新生生活技能大赛"。他像父亲一样教新入学的孩子们如何正确叠被子、刷牙、洗衣服，让学生学会生活自理。还请女老师给女生讲生理期卫生知识，并从心理上辅导进入青春期的孩子。

"那些年我们就住在学校附近，我正好下岗在家。他就不时把住校学生带回来，让我做饭给他们打牙祭。每次一来就二三十个孩子。"李云清说。

他十多年前的创新举措，有些至今仍在全县中小学推广沿用。

> 不断创新教育模式，让每位学生享受适合自己的教育，不需要走出大山就能享受到老百姓所期盼的优质教育，这就是我心中的教育梦。
> ——摘自何宜刚生前日记

在何宜刚的遗物中，最引人注目的，是六七十本记得满满的工作笔记。另有几本日记，记着他摘抄的一些语句，涉及自身修养、教育工作和"党的群众路线教育实践活动""两学一做""脱贫攻坚""创新驱动"等内容。在每段摘抄后面，还附有自己的心得体会。记者粗略数了一下，有300多条。

修齐初级中学副校长袁卫中回忆，何宜刚2003年时就结合山区学校实际，在全县创新开展"警民共建校园"活动，倡导随手捡垃圾的"弯腰行动"，他还推行学生自治管理，通过"临点行动"随时抽查学生是否违反他们自己制订的班规校规，使校园风气得到明显改善。

何宜刚十多年前的这些举措，有些至今仍在全县中小学校沿用。

2011年到高望初级中学任校长后，何宜刚又引入中干竞聘上岗机制，并提出"文化立校"，通过文化润泽来提高学生的综合素质，使得这所乡镇初级中学竟然跻身县内一流学校行列。

在课堂上，何宜刚大胆创新教学方法，他提出的"分层异步教学法"让每个学生都能享受到适合自己的教育。他教的班级，每次数学统一考试，成绩都在全县前三名。

"以前学几何时，觉得很抽象。当时又没有教学辅助工具，何老师就让我们带洋芋来上课，在课堂上切成各种形状，大家一下子就明白了。"何宜刚曾经的学生、高望初级中学语文老师林莉说，何老师多次告诉她们，"在课堂上，老师是导演，学生是演员，而不是观众"。现在，她又将这句话告诉她的学生。

在何宜刚留下的日记中，写着这样一句话："花的事业是尊贵的，果实的事业是甜美的。让我做叶的事业吧，因为叶的事业是平凡而谦逊的。"

是的，何宜刚短暂的一生没有轰轰烈烈，他只是一片平凡的绿叶。

115 做有教育情怀的"摆渡人"

——龙田小学 陈 林

◁ 陈林正在为罗安松讲励志故事

有这样一个孩子,他因患"重症肌无力"而不能到校学习。本该活蹦乱跳的花样年华,他却只能坐在轮椅上,忍受孤独,羡慕地看着同龄的伙伴去上学,自己幻想着校园生活。

龙田乡仓房村1号移民点。我走入院子,用期待的目光寻找着我的送教对象。我之前没有见过重症肌无力的病人,心里一直在想象这个孩子是什么样的。在移民点的背阴处,一个坐在轮椅上的人,背对着我。罗宝菊面带微笑喊了一声:"罗安松,给你上课的老师来了!"那个轮椅上的孩子,下意识轻微动了一下。还未等他转头,我已经走到了孩子的旁边。

这个孩子今年13岁,圆圆的脸庞,一双大大的眼睛,如果能够站立的话,身高应该在一米六左右,虽然手和脚都失去了运动机能,但语言表达和思维都很正常。看着眼前这个一动不动的孩子,我的心里顿时涌现出一种说不出的心疼和心酸。于是蹲下身来,一只手轻轻扶在孩子的肩上,一只手握着罗安松的手,与他交流起来:"你好,我是龙田小学的陈老师,以后我每周都会到家里来给你上课,你欢迎吗?"

可能是第一次见面,罗安松的脸一下子成了红苹果。他又大又圆的眼睛,不敢直视我,总是躲闪着,语气轻轻地回答道:"欢迎。"我看出了孩子的胆怯与害羞,于是语气更加轻柔了:"安松,你是个男子汉,别怕羞,以后陈老师要和你做好朋友,你愿意吗?"

罗安松继续躲闪着，"嗯嗯"地回应着。

长年的静坐加上很少与人交流，罗安松已经变得沉默寡言。我问道："安松，你还记得曾经在学校读书的事情吗？给我说说吧。"罗安松眨了眨眼睛，"记得……"我与罗安松第一次的见面，安静平和，每字每句都发自肺腑。我要用爱，让这个轮椅上的孩子感受到生活的意义和快乐。

从学校出发，到罗安松的家里，接近15千米的路程。这条路要经过水库、没有照明的隧洞、村级机耕道，路况极差。但是每周一次的送教工作从未间断过。

针对罗安松的实际状况，我在送教上门之前，进行了精心安排，落实各自任务，景老师负责语文阅读课程辅导，王老师负责数学课程辅导，我负责心理和手指运动方面的辅导。坚持每周送教一次，坚持做到送教上课之前备好教案。将送教上门工作人员名单、工作职责、送教上门工作方案等，全部上墙公示在罗安松同学的家门口。另外，我还自行购买了专用小黑板、粉笔、黑板架子、二年级语文数学课本、魔方玩具等等，决心要把课堂安放到罗安松的家中，让这个重症肌无力的孩子，真正感受到学习的快乐。

每周的送教内容，我们都准备了四个教学环节：讲述励志故事加强心理健康辅导，帮助他树立战胜困难的信心；按语文数学课本讲读，教授基础知识；带他阅读，让他感受到世界的美好；促膝谈心，增进情感沟通。

罗安松家里的堂屋、移民院的空坝子，都是上课的地点。放好黑板，板书课题，准备好课堂教具，与罗安松聊天，这些都是每次送教的课前准备工作。"罗安松，我们又要开始上课了，你准备好了吗？"我笑着提醒安松。坐在轮椅上的安松，一边"嗯嗯"地点头答应着，一边向我靠过来。因为要加强训练安松的手指灵活性，我给他买来了魔方玩具，由于安松的手指长期没有运动，我用自己的大手握着一双小手，一遍又一遍地教着。安松觉得这个玩具非常有意思，嘴角流露出快乐的微笑。

训练手指活动结束后，我继续下一个课堂教学内容，讲述励志故事。

"安松，今天，陈老师给你讲美国作家欧·亨利在他的小说《最后一片叶子》里的一个故事。"

"老师,我觉得树上的叶子也有生命。"

△ 陈林指导罗安松阅读课外书籍

"老师，病重的老人是树叶给他了启发。"

安松津津有味地听着励志故事，不时提出自己的看法。看着这个轮椅上的孩子，我多么希望他能够站立起来，多么希望他的生活中没有痛苦和困难。

在一如既往的坚持中，罗安松全家人对送教工作非常满意，我和这个家庭之间也建立起了非常深厚的感情，这份感情源于信任与认可。通过坚持不懈的送教辅导，罗安松同学取得了很大进步。他从一个闷闷不乐、少言寡语、胆小自卑的孩子，变得乐观自信了。每次进出他的家门，罗安松总会面带微笑迎送。"陈老师，再见！""陈老师，慢慢走！"他对二年级语文数学知识掌握较好，能够阅读一些简单的课外书籍，加减乘除的计算口诀也牢记于心。最大的进步，是能够拿起笔，在课本上书写数学答案，对于一个重症肌无力的病人来说，这是对生活充满信心的顽强信号。

"送教上门"既是一项平淡无奇的教学服务方式，也是一段值得珍藏一生的记忆。如果说教育是一艘船，那么，送教上门就是鼓起帆的风，而我们教师就是那位"摆渡人"。

116 打造一支"带不走"的医疗队

——2019年山东省第二批派驻城口支医专家队队长、临沂市肿瘤医院检验科主任 周善良——

◁ 2019年7月17日，城口县人民医院微生物室培养出一例铜绿假单胞菌

作为临沂人，在此之前，我从未想过此生会与大巴山、与重庆城口结缘。

2019年，作为东西扶贫协作的对口帮扶市，临沂市要向城口选派第二批支医专家队。就这样，从北到南，从沂蒙山到大巴山，我来到了城口，并成为2019年山东第二批派驻城口支医专家队队长。我们这支队伍共21人，其中省立三院医生2名、临沂市医生19名。

到城口后，我被分配到城口县人民医院检验科工作。检验科微生物室是医院刚成立不久的一个科室，新科室刚起步，还有许多需要进一步优化的地方。我便根据自己多年的从医经验，协助科主任从规范管理、完善工作标准、健全规章制度等入手，提升科室科学化、规范化、精细化管理水平。我从微生物检验入手，帮助同事提高工作能力。半年过去，痰、血、尿以及各种分泌物细菌培养都可以做了，我带领的四个微生物室检验专业人员，在实践中提高了技术水平，均能独立发出检验报告了。在现有条件下检验科也按标准化流程进行了部分优化，一切为了病人的服务理念在逐步形成。

城口地处重庆，位于山区，气候湿冷，饮食习惯、语言等也与北方地区有着极大的不同，这给我们医疗专家队的工作与生活带来了极大不便。我作为队长，担子自然要重一些，但在攻坚克难的道路上从未退缩，不仅平时积极开展各项工作，休息日、夜间也展开网上会诊,以便及时对临床检验做出诊断,方便患者就诊,得到了患者和医院的好评。

对于每一名山东支医队成员来说,城口的气候环境,基础设施,发展水平,医疗条件等,甚至是风土人情,饮食习惯都是陌生的,但是我想得最多的是如何在这半年的时间里让城口的医疗服务水平有显著的改善,实现整体脱贫的目标。半年来,我克服了语言沟通上的不便,生活上的不习惯。在这期间,带领队员们几乎走遍了城口县的 25 个乡镇的乡村院落,除了大部分时间在县里医院上班外,周六周日多次到基层医院义诊,到农民家里做家庭医生,在各自的岗位上做了不少填补空白的工作,我和我们全队的目标就是一个,"打造一只带不走的医疗队"。

2019 年 7 月 7 日,我们医疗队去巴山镇卫生院义诊,县医院全体山东支医专家都参加了活动。在诊疗活动中,有一位七十多岁的男患者,听说我们医疗队的专家来了,因为老人的腿不便来就诊,走了一天一夜的山路才赶到了镇卫生院,当我们看到老人为了看病走了这么远的路时,心头一酸,感叹他的不容易,其实老人就是积劳成疾引起的关节炎,后来我们又给老人仔细地做了其他检查,赠送了一些相关治疗药物,并把他送回了家。在这次义诊中,我们重走了一次长征路,也体会到了老一辈革命家在那种艰苦条件下不畏艰难险阻勇往直前的精神。

2019 年 9 月 25 日,我在城口中央新城义诊,与葛城卫生院妇科医生沟通时,得知一个有宫腔积液的病人叫杜勤

△ 2019 年 7 月,城口县人民医院检验科医护人员在一起学习

翠，62岁，老是发烧。我建议做个积液培养，当天下午把积液送到县医院微生物室，第二天培养出革兰氏阴性杆菌大肠埃希氏菌，根据药敏试验对病人进行了有效治疗，五天后病人康复出院。

还有一次，我去重症监护室会诊，一位行气管切开术的重症病人高烧不退，会诊时我建议送痰液培养，经过培养发现优势菌是霉菌孢子，劣势菌是金黄色葡萄球菌，将药敏结果通知临床医生，为病人争取了最佳的时机，病人得到了有效治疗。

半年来，城口的医疗发生了巨大的变化。2019年12月28日中央检查组来城口检查验收脱贫摘帽工作，我代表山东医疗队向专家组做了医疗扶贫汇报，我详细汇报了半年来我们医疗队在城口方方面面的医疗扶贫工作，并对城口县的医疗现状进行了分析，找出短板，并提出了合理化建议，建议在某些急需专业，加大扶贫派遣力度，尽快在输血的基础上实现自己造血，汇报完毕后专家组的领导紧紧地握着我的手说："谢谢您了，老同志，您都这么大年纪了，还来城口支援老区的医疗工作，您辛苦了！"医疗扶贫获得了满分，而城口县人民医院也在今年顺利通过了二甲医院的评审。

"一个专家带动一个科室，成熟一个团队"，我们是这样想的，也在不断努力着。在我们的队伍里，宋磊为城口带来了腹膜透析新治疗方法，杨志永带来了广泛子宫切除及盆腔淋巴结切除术，王爱华带来了幼儿异物取出术、内镜下钛夹加注射止血术、内镜下食管支架植入术，黄传萍带来了中医药技术，杨俊玉带来来ICU新技术……

作为有机会直接参与东西部扶贫协作的共产党员，我深感使命在肩、无上荣光。虽然支医期结束了，但鲁渝情仍在继续，我将继续发扬好沂蒙精神，继续关心城口的卫生事业，继续加深鲁渝两地人民的感情，用责任谱写医者仁心。

最后用四句话总结我们半年的支医之行：

帮扶中沂蒙山大巴山两山结下友情，
工作中大医院小医院两院缩小差距。
六个月支医入城医人两方形成共盼，
脱贫了齐鲁人巴蜀人共同感谢党恩！

117 一心为民，一直向前

——庙坝镇南坪村驻村工作队驻村帮扶纪实

庙坝镇南坪村第一书记　彭　林

◁ 2018年7月，庙坝镇袁开元（左二）与南坪村驻村工作队队员王鹏（左一）走访贫困户王从才

南坪，又称为兰坪，位于庙坝镇东南方向，距镇政府驻地10千米，总面积12.5平方千米，下辖10个村民小组，耕地1856亩，林地5238亩，2014年识别为贫困村，2016年整村脱贫。

整村脱贫，离不开这样一支队伍，他们怀着一心为民的情怀，走遍了南坪村的角角落落，留下了一个个感人的故事。这是一支由市、县两级派驻的干部组成的工作队，原第一书记是县政府办公室的一位年轻小伙子，工作积极有热情，现任第一书记是一名教授，备受村民爱戴。一张蓝图绘到底，一任接着一任干，老中青同上阵，带领南坪村高质量脱贫。

变化从最困难的户发生。南坪村3社的贫困户赵图孟，2014年新识别为贫困户。那时候他住的房子是几片瓦、几根木头搭建的简陋土坯房，不仅漏雨透风，还存在一定安全隐患。政府决定拆除重建时，问题也随之而来，赵图孟说什么也不肯搬出来，不愿意重建房屋，哪怕政府补贴2万多块钱也不愿意，甚至躲在屋里，将工作人员拒之门外。驻村工作队与其交涉，劝说20余次，最终让其拆掉土坯房，住上了有安全保障的新房。

从过去的土坯房，到现在的砖瓦房；从满脚稀泥到路面硬化；从家中没有一件电器到新电视、新冰箱，赵图孟家生活被彻底改变。

回想驻村工作队刚到南坪村的时候,与村民的第一次见面会上就被泼了一盆凉水。"斯斯文文的能干什么?""小伙子恐怕还没我家孩子年纪大吧,吃得下这个苦吗?"群众的质疑声不断,可丝毫也不影响这支队伍的热情。

在熟悉整村基本情况后,工作队便开始着手解决"人"的问题。原本就是大学教授的第一书记,以他的职业特长,与每一名村干部单独进行了交谈。细心、亲切,更像是一位知心朋友,从工作到家庭,从生活到梦想,再从专业到特长,大家都聊得很愉快。根据村干部、驻村工作队队员的特长明确职责和分工,以对接镇上各科室工作,满足本村日常事务的需要,从根本上解决脱贫攻坚、村党务、政务日常运作过程中"三线"分治、多头负责的问题,有效地提高了工作效率,提高了村党支部在各项事务中的领导能力。

要立足精准,就要扣好信息精准这第一颗扣子。10个村民小组、330户、920人,在前期工作的基础上,工作队精确了户籍人口数据,建立起南坪村33户、116人建档立卡贫困人口各类台账和电子数据档案,包括7户、9人五保户台账,15户、31人低保户台账,45户、51人残疾人台账等,同步建立的还有329户安全住房台账。按照识别精准、算账精准、审核精准、退出精准的要求,经过300多天100%全覆盖走访,从务工收入到几个学生读书,从是否进行了户貌改造到养了几头猪、几只鸡……每一户的家庭情况、基本诉求写满了驻村工作队员的笔记本。用工作队的话说,信息精准是大家用双脚"走出来"的精准,用嘴巴"问出来"的精准。

为了树立勤劳实干的精神,驻村工作队巧妙地组织脱贫光荣户、卫生之家、好婆婆、好媳妇等一系列评选活动,"南坪

△ 2021年2月,南坪村第一书记彭林(左一)走访老党员

村积分超市"与"南坪村警民联系点"也应运而生。

群众可通过积极参加社员会议、村集体活动、主动参与解决矛盾纠纷等方式获得积分,用积分到超市换取油米盆等物品的人员已达20余人;借鉴"枫桥经验"成立的警民联系点,通过构建以村党支部为龙头、警民联系点为纽带、社为基础的社会治理体系,组建起由党员、驻村工作队、新乡贤、驻村民警组成的矛盾调解队伍,形成了一张覆盖全村的社会服务网络,已成功化解矛盾纠纷25起,代办业务59项,教育引导群众20余人,畅通了服务群众的"最后一公里"。

"天下顺治在民富,天下和静在民乐。"解决好了"人"的问题,紧接着就应该解决"钱"的问题。

集体经济组织的实力同农村基层组织的凝聚力、战斗力紧密相连,发展壮大集体经济,不仅能巩固基层政权,还能激活村级集体资源和农村生产要素,带动区域特色优势产业兴起,从根本上扭转农村经济社会长期贫穷落后的局面。南坪村集体经济起步晚、底子薄,缺乏强有力的扶持措施和优惠政策。

经过驻村工作队努力争取和多方不懈努力,终于争取到东西协作扶贫资金200万、股权化改革资金50万、试点资金50万、互助资金15万,合计315万用于发展壮大南坪村集体经济组织。同步推进与"金多祥农业开发有限公司"合作,签订村集体土地流转协议,建立长效利益联结机制,实现集体经济资产积累。

产业兴,日子旺。工作队结合南坪村实际情况,创新机制、因地制宜,通过采取自主发展、当地龙头企业带动或直接入股分红等多种发展模式,拓展"党建+特色旅游"模式。驻村工作队挨家挨户做工作、讲政策,鼓励村民修缮房屋发展旅游民宿、农家乐,种植无污染绿色蔬菜、养殖优品山地鸡等。几年发展下来,"丰舟苑""福人居""美祥农家乐"几家极具本土特色的大巴山森林人家招牌纷纷出现在旅游公路的两旁。

增加就业是有效的脱贫方式。驻村工作队通过前期的遍访,对每家每户的就业务工情况心中已经有了本账。在坚持政府主导,继续实行农村保洁、护林、公路养护等公益性岗位来解决贫困家庭就业的基础上,积极争取到县、镇两级的职业技能专项培训名额,包括挖掘机技术培训、厨师培训、月嫂培训等,使贫困劳动力掌握至少一项就业本领。

早上8点,太阳升起,新的一天又开始了。驻村干部、村"两委"所有人集中在一起,像这样20分钟的早会,似乎早已成了定律,更像是这个脱贫攻坚一线指挥所全体队员的默契。南坪村脱贫了,但乡村振兴的远景让人振奋。一心为民,一直向前。这支久经沙场的队伍又忙碌起来了。

118 走进村庄，走进心里

——高燕镇星光村驻村工作队驻村帮扶纪实

——— 高燕镇星光村第一书记　李晓东 ———

◁ 2018年，李晓东（左一）在星光村宣传扶贫政策

　　老刘家又要进一批鸭苗了，老黄家要孵两窝鸡仔了，老耿和他邻居为菜园地争嘴吵架了，易地搬迁点高楼的水压又小了，张家反映水池的水有点浑浊了，徐家的孙女闹情绪又不想上学了，村级路、河道又该巡查了，单位又来联系采购农产品了，五保户的卫生又该打扫了……

　　我们的驻村工作就在一件件的鸡毛蒜皮、柴米油盐的小事情中日复一日地进行着，但看似平常生活点滴小事情，却关系百姓对我们工作的满意度和认可度，关乎困难群众的幸福感。走进村庄，从做好每一件小事情起，重点是要走进老百姓的心里，感受他们的感受，想他们所想，急他们所急，提高他们的满意度，获得他们的认可。脱贫攻坚这件大事就是通过做好无数的小事干好的。

重细节，树形象
——我们是一支战斗队

　　记得 2018 年 8 月 23 日到星光村报到，隔了一个星期到镇上参加第一次镇党委扩大会，当时的镇长、现任党委书记高军同志，挂着一副拐杖进了会场，坐下来开场白就是："我脚断了都跑得，有的就跑不得吗？"吓得我一抖，让我印象太深了。原来，在前次入户走访中他伤了脚踝，但一直坚持县委要求的一线工作法，哪怕跛起脚也要到所联系的村开展工作。他说得这么严厉，其实就是要求每个领导每个同志都要驻进去、沉下去、用心去。了解当地领导的务实作风以后，我暗暗下了决心，一定要带好工作队，用心做好工作，不给组织和派出单位丢脸。

所以，在实际工作中，我们工作队从进驻到基本熟悉村情民情，只用了一个月时间，跑完了全村417户，在此过程中村民有理解、有盼望、有支持，也有冷遇、有白眼、有牢骚，但我们工作队一概打包全收下，回来后同村委一起分析研究，对症下药，做好群众思想交流和沟通工作。

这个字就一切尽在不言中了。

要解决思想上的问题，先要解决村委工作队一帮人的吃饭问题。刚到村里，仅有的几间屋是脏乱差，会议室的灰尘有二指厚，唯有村里那几个人办公的那间屋卫生好一点，没有伙食团，村干部都是点个卯或百姓打电话请才来。这都是懒出来的，责任心不到位，缺乏使命感造成的。我问："为什么不打扫出来？多的房间可以建成伙食团嘛。"有人回了一句："打扫出来有球用，没得钱买东西。"但是我没生气，因为我理解其中的难处，我只是带起工作队的同志，一有空闲就打扫房屋，头两天村委的看在眼里，第三天，支书带头加入了打扫行列，最后，全部人员齐动手，一

抓党建，强作风
——我们是一支督促队

一个村支部如果没有发挥应有的战斗堡垒作用，那么一定是人的问题，肯定不是电脑或打印机的问题，不是桌子沙发的问题，而是人的思想出了问题。所以，我们工作队到村以后，我先观察支部书记，因为支部书记就是基层组织的负责人领头羊，先察其言、观其行，然后只提一个要求，向我看齐，党员的模范先锋作用也好，工作纪律生活纪律廉政纪律也好，我做到什么样子，那你支部书记也就做到什么样子，不用说"抓"这个字，用好"做"

△ 2019年11月，李晓东（左）到村民李光友家走访

周时间几间屋打扫得干干净净。

自家屋子打扫干净了,我和支书一起向镇上及我的单位打报告,两个上级组织立即做出回应,一个出一半的资金,半个月就建立起了伙食团,大家自己动手,争着生火煮饭,工作队挤出经费加强补助团,于是,吃着香喷喷的饭菜,村委的笑了,工作队的也笑了,吃饭问题一解决,干劲一下就上来了。因为被感动、被触动,所以有了凝聚力,也就有了战斗力。

甘吃苦,愿受累
——我们是一支劳动队

组织部和派出单位税务局下达驻村命令时,都不约而同强调了一点,那就是吃苦受累,因为这是一场伟大的战役,我们是一线作战的战斗人员,那么就是要做到甘吃苦,愿受累,敢拼命。

我们税务局的陈钢局长、黄正勇总经济师,在每个月开的脱贫工作专题汇报会上,都要问我和兰福兴同志苦不苦、累不累,我们只回答了一句,请税务局党委和同志们放心,我们不会给单位抹黑不会给同志们丢脸,因为我俩都是党员。

在此军令状的激励下,我们协助县局超额完成了以购代扶消费扶贫任务,2018年九月至十二月,单位及个人购销农产品3万余元,2019年购销农产品5万余元。

我们完成了县局大额资助村民种植药材丹参的任务,投入资金3万多,鼓励和引导群众多产业、多途径进行创收增收。

我们完成了指导帮扶责任人高质量帮扶贫困户的任务,做到了让每一户帮扶户都满意。

边学习,边传授
——我们是一支技术队

驻村两年来,工作队人人都练成了多面手。群众咨询喂鸡要注意的技术要点,好的,不懂,马上查资料;群众问喂猪注意事项,好的,不懂,马上查资料;群众请教如何给鸡鸭打防疫针,好的,不懂,这个还真不能查,好吧,那就联系专业部门来辅导来培训。

工作队从进驻到村那一天开始,就代表了上级党组织,你和群众交了心、生了情,群众信任了你,肯定了你,就会敬重你。我们要尽其所能,边学边做,或请求后援,都要尽心尽力解决好各种疑难问题,让群众觉得你值得信任、值得尊重。获得群众如此这般的认可和满意,这也正是我们撸起袖子加油干的初心的体现,和使命的真正意义所在。

驻村工作有说不完的故事,但更有新的工作目标和任务在等着我们。让我们走进村庄,走进百姓心里,继续将党的政策、党的关爱,送到每家每户,送到田间地头,送到群众的心坎上。

我们工作队会继续在各级组织和部门的领导和指挥下,保持优良作风,保持旺盛战斗力,保持初心,谨记使命,勇于担当,敢于冲锋,坚决完成上级下达的各项工作任务。

119 心系群众解民困　铁肩担责践初心

——原双河乡余坪村驻村工作队队员　张志泽

◁ 2018 年 5 月，张志泽（右）在余坪村验收退耕还林的路上

2012 年 7 月，我通过重庆市"三支一扶"考试被分配到了城口县双河乡，只身一人来到这个偏远的小县城，当时这个县城给我的第一印象就是环境艰苦、交通闭塞。但是我从小在农村长大，眼前的环境并没有吓退我，我毅然选择留了下来，并积极地投入工作。

余坪村位于双河乡东南部，由于生态环境恶劣、交通闭塞、教育资源匮乏等诸多原因，贫困问题严重，村民靠天吃饭，靠地为生。我作为一名年轻干部于 2015 年 3 月被选派到扶贫工作队开展驻村扶贫工作。

当清晨的第一缕阳光洒向大地，我便开始了一天的工作，到农户家调查走访，对农户遇到的困难进行分析，宣传党的扶贫政策方针。天黑前要回到办公室，将获得的信息进行整理、存档，思考帮扶工作的方案。年复一年，日复一日，在艰苦的环境中淬炼，我与群众建立起深厚感情。我喜欢我的工作，每日的工作充实且有意义。

2015 年时，进余坪村的路，坎坷而又艰险，下村走访只能靠骑摩托车，没有摩托车就走路，一步一步走访，一户一户了解情况。我到现在都能回忆起走访第一户贫困户的情况，当时天空下着细雨，我穿着支书找来的水鞋，地面泥泞不堪，一步三滑，行走艰难。衣服被雨水打湿了，裤子上全是泥泞，但是我没有抱怨。当时的支书还感叹："这个小伙子不错！"就这样，在短短几个月的时间里，我几乎把整个余坪村走了个遍，完成了对50户贫困户200人次的走访和全村204户非贫困村民的走访工作，并针对每个贫困户制订了帮扶计划，为企业后续精准扶贫规划、扶贫项目决策掌握了重要的第一手资料。精准扶贫无小事，只有把群众的脱贫工作放在心上、抓在手上，才能真正将扶贫工作做实、做细、做到位。

凭着多年积累的工作经验，驻村后没多久，我就迅速和村民们打成了一片，把各家各户的情况摸得一清二楚，从刚开始接待村民，到调停邻里矛盾，再到国家政策解读、致富道路指点迷津……从产业扶贫、技术帮扶、消费扶贫、智慧帮扶等方面逐一入手，开展各项扶贫工作。用故土之情回馈乡民，用大爱之心改变贫穷，是我的梦想。

我清晰地记得，2017年3月，在解决结对帮扶户罗举元住房问题时，罗举元一直不愿意新建房屋。我面对如此"顽固"的罗举元，主动吃透党的扶贫政策和相关法律法规条文，积极主动去罗举元家给他做思想工作。我想，去一次不行就去两次，两次不行去三次，就这样来来回回到罗举元家跑了五次，给他做思想工作、讲政策、算经济账，解读农村宅基地复垦政策，终于说动了罗举元，他最终新建了房屋。

在亲朋好友的眼中，我是一个名副其实的"工作狂"，当工作和生活发生矛盾的时候，我总是以工作为先。2019年10月，我父亲因病在重庆住院3个月，我忙于工作一直没有时间去医院看望父亲。

驻村以来，我坚持入户走访，召开座谈会，实地调研，和贫困户贴心交谈，亲如一家。道路坎坷，却挡不住我的赤诚之心，我要用实际行动履行党旗下的庄严承诺：共产党员就是

△ 2020年2月，张志泽（左一）在双河服务区防疫检查站排查人员及车辆

要干实事解难题,带领群众过上好日子!

多年来,我深入了解群众所关心的热点、难点问题,听取群众对本村经济发展的意见、建议,详细了解群众当前真正想什么、盼什么,需要帮助解决哪些问题,真实地了解到群众生活的现状和全村实情。入户走访调查,和群众"一对一""面对面",收集整理村内历史遗留问题和当前扶贫工作上存在的一些问题,全面掌握村情民意,并对收集的问题逐一整改。我配合帮扶单位制订了切实可行的总体帮扶方案和年度帮扶计划,并做到户有卡、村有册,迅速掌握了扶贫工作的第一手资料。

余坪村七组罗兴敏,是一户偏远户,他每次参加村民小组会议都会大发牢骚。我和村干部一同去他家了解情况。我问他:"老罗,你是怎么回事,开会的时候发那么大的脾气?"罗兴敏向我反映了几年前没有解决的水管问题。于是我自己从包里掏了300元钱让罗兴敏买水管,解决了罗兴敏吃水难的问题,也消除了罗兴敏对驻村干部的误会。

像我这样的驻村扶贫干部,双河乡还有很多很多,我们一起绘就着一幅幅温暖的画面,我们是坚守在扶贫一线脱贫攻坚的缩影,用我们的实际行动展现着扶贫干部的责任和担当。为了不辜负党委、政府在决战脱贫攻坚、决胜全面建成小康社会的关键时期委以的重任,我们将服务广大人民群众,带领百姓走上致富小康之路作为工作职责和使命。任重而道远,我们将砥砺前行。

编写说明

《战胜贫困（上册）——我的扶贫故事》一书记录了城口一线扶贫干部在脱贫攻坚中的感人事迹、心路历程、创新举措、帮扶成效、收获体会等。

本书收录了驻村第一书记、驻村工作队队员、一般帮扶干部、村四职干部等的扶贫故事共119篇，讲述了"我"与贫困户相识相知相助，通过真情帮、真心扶、真解困，增强贫困户自身"造血能力"，提振精气神，实现"真脱贫、脱真贫"的过程。书中细节描写生动、人物饱满鲜活，真实展现了一线扶贫干部在脱贫攻坚中的经历和思考。

本书内容真实可信，书中人物皆为本名，插图皆为人物真实肖像，大多由当事人提供。

在此，对在本书编写过程中给予大力支持的单位和个人致以诚挚的感谢。

中共重庆市城口县委宣传部 ◎ 主编

战胜贫困

（下册）

我的脱贫故事

西南师范大学出版社
国家一级出版社
全国百佳图书出版单位

图书在版编目（CIP）数据

战胜贫困. 下册, 我的脱贫故事 / 中共重庆市城口县委宣传部主编. — 重庆：西南师范大学出版社，2021.8
　　ISBN 978-7-5697-0949-0

　　Ⅰ.①战… Ⅱ.①中… Ⅲ.①扶贫—成就—城口县 Ⅳ.①F127.719.4

中国版本图书馆CIP数据核字(2021)第150059号

战胜贫困（下册）——我的脱贫故事
中共重庆市城口县委宣传部　主编

责任编辑｜何雨婷
责任校对｜李晓瑞
装帧设计｜闰江文化
排　　版｜黄金红
出版发行｜西南师范大学出版社
地　　址｜重庆市北碚区天生路2号
邮　　编｜400715
电　　话｜023-68253705
经　　销｜全国新华书店
印　　刷｜重庆市国丰印务有限责任公司
幅面尺寸｜185 mm × 260 mm
印　　张｜16.25
字　　数｜300千字
版　　次｜2021年8月 第1版
印　　次｜2021年8月 第1次印刷
书　　号｜978-7-5697-0949-0
定　　价｜198.00元（上、下册）

目录 CONTENTS

壹 立志

/001

01. 艾中建　勤劳的双手让生活更美好 /003
02. 蔡芝兵　失去双手也能当上"脱贫光荣户" /005
03. 陈明祥　"我不能一直等、靠、要,现在我有信心把日子越过越好" /007
04. 代月银　"脱贫光荣户"带动21户贫困户脱贫 /010
05. 丁尚林　直面困境,人贫志气存 /012
06. 苟显林　乘精准扶贫好东风,做劳动致富新农民 /014
07. 郎代成　独腿迈上致富路 /016
08. 李官朋　"读书"是脱贫最好的办法 /018
09. 李隆万　贫困"打工仔"变身"工程师" /020
10. 刘恒孝　重病压不垮的增收"引路人" /023
11. 刘胜祥　不甘贫困,做脱贫致富的先行者 /026
12. 刘志令　逆流而上,在小乡村实现大梦想 /028
13. 罗国清　发展森林人家,走上致富之路 /031
14. 马宗兰　奋进在脱贫路上的"女棒棒" /034
15. 彭时俊　一个懒汉的蜕变记 /036
16. 彭中向　且看"懒汉"如何变"富农" /038
17. 苏瑞成　自力更生种藕致富 /040
18. 王国军　坚定不移跟党走,脱贫致富奔小康 /042
19. 王仕刚　自力更生拔穷根 /044

20. 文玉刚　昔日贫困户，养牛致了富 /046
21. 吴俊培　不等不靠不要，走上致富之路 /049
22. 向春权　身残志不残，脱贫不掉链 /052
23. 杨开全　单腿蹚出脱贫路 /054
24. 杨证浩　人病志不短，抬起头做人 /057
25. 袁宗文　因病致贫不屈不挠，终成核桃种植大户 /059
26. 曾品文　自尊为"拐"，自强为"杖"，走出新时代农民脱贫致富的康庄大道 /063

贰　立德

/065

27. 陈国容　巾帼不让须眉，养蜂创业脱贫 /067
28. 古国英　弱女子自立自强奔脱贫，培养大学生建设家乡 /069
29. 何　令　"吃水不忘挖井人" /071
30. 简文会　脱贫先立志，幸福靠奋斗 /074
31. 李发强　"脱贫主要靠自己，不要让人看不起" /076
32. 李子贵　"不等、不靠、不要"，争做新时代脱贫致富人 /078
33. 李祖纯　"假"社长争当脱贫光荣户 /081
34. 刘纪忠　用笑容治疗创伤，用勤劳托起希望 /083
35. 刘玖元　靠电动三轮车"代步"发展产业的脱贫户 /085
36. 卢有均　留守妇女的脱贫致富路 /087
37. 罗德宽　勤劳苦干才能脱贫致富奔小康 /090
38. 邱光明　贫困户脱贫致富变身"农场主" /093
39. 唐太学　养子尽孝侍养父，自强立业感党恩 /096
40. 汪云康　六旬老人脱贫致富，成为志愿者服务乡亲 /099
41. 王小花　坚忍顽强的王小花 /101
42. 吴大红　患难夫妻的脱贫之路 /103
43. 肖世国　七旬夫妻身体抱恙不当闲人，紧跟时代步伐奔小康 /106
44. 袁其兵　憾失机遇不失落，乐观奋斗换幸福 /109
45. 张由均　不当贫困户，要做脱贫带头人 /112
46. 周世桃　周世桃的"甜蜜事业" /115

叁 立业 /117

47. 包中成　培训专业户的脱贫路 /119
48. 陈国友　摩托车驮出的"脱贫榜样" /122
49. 程远清　等不是办法，干才有希望 /125
50. 范安东　养殖黄牛有赚头，致富之路不用愁 /127
51. 甘业洪　脱贫不甘掉队，致富不忘乡亲 /130
52. 桂本明　不遗余力，为美好生活奋斗 /132
53. 何发勇　党员干部帮我家脱贫，我回来参加乡村振兴 /134
54. 贺家模　脱贫路上的半里泥泞 /136
55. 胡德红　发展养猪业，生活有奔头 /138
56. 卢开波　"酿"出脱贫致富"金"产业 /140
57. 卢友龙　返乡创业敲开致富门，勤劳打拼创造幸福家 /143
58. 彭付刚　山沟里飞出的"黑凤凰" /146
59. 冉维虎　幸福村里产业旺，"幸福路"上奔小康 /148
60. 唐友权　唐友权种药材成了"唐有钱" /151
61. 汪成军　"旧院落"变"黄金屋" /154
62. 王才喜　王才喜的"甜蜜"脱贫路 /157
63. 王定洪　发展产业致富，携手共奔小康 /159
64. 王发财　王发财发了财 /162
65. 王业全　给个拐杖要往起爬 /164
66. 吴甫碧　大巴山里快乐的老板娘 /166
67. 吴显兵　脱贫路上不"等靠要"，致富不忘感党恩 /168
68. 肖德菊　从"嫁妆一只羊"到"电商领头羊" /170
69. 谢良树　扔掉"铁饭碗"，靠勤劳脱贫致富 /173
70. 尹光学　幸福不会从天而降，勤劳苦干才能脱贫 /175
71. 尹海周　重新上山找钱路 /178
72. 于光润　兄妹事业学业双丰收 /180
73. 詹同兵　贫寒学子的新生活 /183
74. 周远秀　吃上旅游饭，走上致富路 /185

肆　立家

/187

75. 陈世友　贫穷则思变 /189
76. 程前顺　谋产业、摒陋习，不等不靠摘"穷帽" /192
77. 甘国权　浴火之后，向阳重生 /195
78. 高　浩　外出务工实现脱贫致富梦 /198
79. 黄启玖　"懒汉"也有致富的春天 /200
80. 黄由田　平凡贫困户走出不平凡的脱贫路 /202
81. 林英豪　解放思想和双手，抓牢政策的藤蔓努力攀爬 /204
82. 刘立明　50年"安居梦"今成真 /206
83. 马光勇　一间杂货铺带来了新气象 /209
84. 冉维平　乡野满诗意，拙笔绘脱贫 /211
85. 吴应全　铁脑壳终于搬下了山 /214
86. 夏泽洪　铲掉穷面子，过上好日子 /216
87. 杨华清　老杨闪婚记 /219
88. 叶庆奎　坚定信心，用双手铺就脱贫致富的道路 /222
89. 于其涛　幸福生活是干出来的 /224
90. 余代平　"独臂乡贤"只手摘"穷帽" /227
91. 张国玖　魔芋也能具有致富的魔力 /229
92. 张瑞波　张瓦匠为啥自愿脱贫 /231
93. 张维彬　七旬老羊倌的自强不息 /233
94. 张维东　感党恩，跟党走，脱贫攻坚路上显身手 /236
95. 张尤敖　迎难而上，种魔芋、养山羊，脱贫致富好榜样 /238
96. 张尤恒　大山深涧里的神仙日子 /240
97. 张增清　我和我的熊竹村，一起走向更加美好的明天 /243
98. 张长宝　自力更生奔小康的"单身汉" /245
99. 周昔国　一个穷山沟易地扶贫搬迁户的新生活 /247
100. 邹传国　自力更生拔穷根 /250

战胜贫困——我的脱贫故事

壹

立志

01 艾中建

勤劳的双手让生活更美好

—— 陈 双 ——

艾中建，39岁，家中一共9口人，家住城口县明通镇平安村2组。讲起艾中建，街坊邻居无不竖起大拇指称赞。她勤劳肯干，团结邻里，乐于助人，热心公益，夫妻和睦，还有一对懂事孝顺的儿女。

艾中建是独女，十几岁时母亲不幸离世后她同父亲艰苦度日。她早早成家，支撑起整个家庭，婚后虽然生活清贫，但也过得快乐。而这种日子并不长久，丈夫意外去世，留下了她和年幼的娃。

在如此痛苦的情况下，艾中建坚强地挺了过来，她一肩挑起家庭重担，从小练就的韧劲儿支撑她度过艰难的每一天。街坊朋友都叫她向政府申请救助，但她坚定地回绝道："苦虽苦，但日子还过得下去，不能光想着找政府解决问题，要靠自己的双手让生活过得更加美好。"

几年后，经人介绍，艾中建与田柏六重新组建了家庭。为了能让家人过上更好的生活，田柏六毅然决定外出去矿山打工。但没过几年，他患上了硅肺病，这使本就贫困的家庭雪上加霜。

2015年，经村民选举评议，艾中建被评为建卡户，但她并未因为自己被选为贫困户而高兴，她说："我感谢大家将我选为贫困户，但这不是一件光荣的事。我虽然被大家选为贫困户，但我是不会拖国家后腿的。我不会坐享其成，只等待党和政府的帮助。我要摆脱现状，争取早日脱贫越线。"

说到就要做到，用实际行动证明自己。在各级政府高度重视扶贫工作的大环境下，艾中建全家乘着这股东风，不等不靠，努力发展产业。丈夫田柏六虽然患有硅肺病，但他说："现在不严重，在我能动的时候，我还是要外出打工，补贴家用。"艾中建是热心公益事业的人，在干完自家农活儿之后，她积极参与村级公路的维护，在方便自己出行的同时，也方便了别人。

在2017年的动态调整会议上，艾中建在大会上主动申请脱贫，她说："在我成为贫困户的这几年，我一直都在努力摘掉这顶帽子。在各级政府及村支'两委'的共同帮扶下，我家的日子越来越好。现在我已经达到脱贫的标准，我相信靠自己的努力，今后的日子还会过得更好。"

艾中建就是这样一个知恩感恩、勤劳肯干的人。她乐于助人，热心公益事业，她不等不靠，自力脱贫，创造美好生活。

02 蔡芝兵
失去双手也能当上"脱贫光荣户"

——王 伟

说起城口县修齐镇石景社区的蔡芝兵，不少居民都会竖起"大拇指"。2016年蔡芝兵被评为县里"脱贫光荣户"，一个"失去双手也能干起甜蜜事业"的故事在十里八乡传开了。

不幸受伤失去双手

要问蔡芝兵是如何失去双手的，还得从1994年说起。那年，蔡芝兵刚满22岁，在山西一个煤矿打工，在一次井下放炮作业中，因工友操作失误，蔡芝兵双手被炸，全身受伤。

"我这辈子就这么完了？"苏醒后的蔡芝兵哀叹自己的不幸，又对以后的日子充满迷茫。

躺在病床上的大半年，蔡芝兵大小便都不能自理，生活上几乎事事需要父母、兄弟照顾。蔡芝兵自卑，自怨，自弃，一家人也心力交瘁。

几年前，修齐镇干部了解到蔡芝兵的家庭情况和具体困难，除了送来慰问品，还常登门和蔡芝兵拉家常，说发展。慢慢地，蔡芝兵开朗起来了！

"我的路还很长，未来再不能这样颓废下去！"蔡芝兵暗暗地发誓"要重新找回双手"。

学习生活自理，找回自信

找回双手，从学习生活自理开始！

首先解决吃饭的问题。最初，蔡芝兵用皮筋把筷子缠在手臂上，经常是饭没到嘴边，就撒了一桌子。把筷子换成勺子，也经常会把汤泼到自己脸上。

大半年时间，每天数不清的练习，终于，蔡芝兵能熟练地自己吃饭了。

找回自信，用自己的努力让家人都过上好日子！

他用工伤赔偿金买了一套二手房，还利用临街的两个小门市开起了小卖部。由于地段不佳，也不懂经营，生意很是冷清，勉强撑了几年就关了门。后来，蔡芝兵又打过临工，但都没有达到他期望的成功。

养蜂创业，成功脱贫

2004年的一天早上，蔡芝兵家里飞来一群蜜蜂，停留在他家橱柜里。蔡芝兵喜欢这群不速之客，特意腾空橱柜，方便它们安家，这一住就是5年。

2009年3月，蔡芝兵舅舅来家做客，听说了这件趣事后，帮蔡芝兵做了5个蜂箱，将橱柜里的蜜蜂转移到了蜂箱之中。那时，蔡芝兵也没把养蜂当一回事。可出乎意料的是，两年后，5个蜂箱竟取了足足40斤蜂蜜，收入上千元。

这个意外的收获让蔡芝兵迷上养蜂，慢慢地，他的蜂箱发展到了25个。

养蜂是个辛苦的职业。为了更好地招蜂，蔡芝兵把20多个蜂箱分别安放在附近的各个山头。从家里到蜂场，要走两个多小时的山路，来回一趟就要5个小时，几乎每天只能吃早晚两餐。

养蜂，还是个技术活儿。但是，蔡芝兵不知到哪里能学到专业的养蜂技术。当他一筹莫展时，修齐镇扶贫工作队给他雪中送炭，专门请来技术员，带来养蜂技术资料。县里、镇里组织的免费培训，每次都给他留着名额，让他参加学习。

除此之外，扶贫工作队还帮他联系了附近的养蜂大户，指导蔡芝兵提高养蜂技术。在强大后盾的支持下，蔡芝兵掌握了中蜂疾病预防以及如何留住蜂王等关键技术。

2016年7月，20多箱蜂取蜜约300斤，收入近2万元。蔡芝兵不仅顺利实现脱贫，还被评为"脱贫光荣户"。

如今，蔡芝兵的养蜂场规模进一步扩大，预计年收入可达4万余元。

"我对未来充满自信，今后的日子一定会越来越好。"蔡芝兵笑着说。

03 陈明祥

"我不能一直等、靠、要，现在我有信心把日子越过越好"

——汪德云——

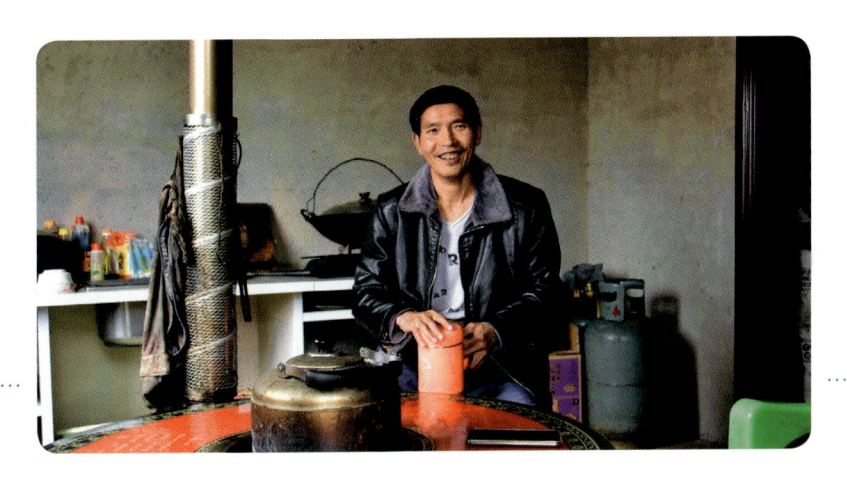

河鱼乡位于城口县东北部，距县城 39.8 千米，辖区面积 133.8 平方千米，下辖 4 村 1 社区、1522 户 4891 人。其中，贫困村 3 个、非贫困村 2 个，系统内建卡贫困户 197 户 740 人，贫困发生率从 2014 年的 20.7% 下降到 2019 年的 0.17%，河鱼乡大店村村民陈明祥就是在 2019 年脱贫的。

"兜兜转转，还是家乡好。"陈明祥一直觉得，回到家乡是他最正确的选择。

四处漂泊，无以为家

在早些年，大店村交通不便、经济萧条，靠着种庄稼的那点儿收入，完全养活不了一家人，很多年轻人为了养家糊口，不得不背井离乡，外出打工。

"在外漂泊十几年，依然没有一个家。"陈明祥回忆起这些年的打工经历，眼里净是辛酸。这些年走南闯北，陈明祥进过铁矿、煤矿，在海南割过胶，即便每天忙得昏天黑地，也仅有七八十元的收入，依然只能勉强维持生计。

"想过要回来，但总是牵绊太多。"当记者问到为什么没有早点儿选择回乡的时候，陈明祥也很无奈："儿子还在上学，转校需要慎重考虑，况且在外打拼这么多年了，回家也需要很大的勇气。"就这样，陈明祥在外辗转了十几年。

长期不健康的工作环境，让他染上了肺结核，再无新工作单位肯接收他，失业的他经济条件每况愈下，加上治病花的钱，自己微薄的家底全被掏空了。

"生活已经看不到希望，至少要魂归故土。"得了肺结核、外出务工四处碰壁的他，准备回乡聊度残生。

返乡养病，希望渐生

2018年年初，心灰意冷的陈明祥带着儿子回到故土。离家这么久，陈明祥高山上的房屋已经垮塌，无法居住。看到这般景象，他内心更加绝望。这时候，政府给陈明祥点燃了希望之灯。

考虑到陈明祥既无存款，又无住房，当地政府和帮扶单位帮他落实了住所，在春节期间为其提供了500元慰问金，并启动低保程序，将其纳入建卡贫困户。在低保补贴发放前，当地政府又为其发放了临时救助金，帮助陈明祥一家渡过难关。

"遇上这么好的政策是我的福气。"住房不愁了，医疗也有了保障，本以为治不好的病渐渐好转，陈明祥毫无生机的面色一天天恢复红润。

"在脱贫攻坚的道路上，精神扶贫是一个难题。"陈明祥的帮扶责任人王浩是河鱼乡党委书记，针对陈明祥的情况，王浩其实有点儿担心他一蹶不振。

那时正值隆冬，王浩在走访中发现陈明祥家中并无火炉，他当即联合该村干部为其落实取暖用具。得知此消息的陈明祥赶紧自掏腰包买了火炉。"我已经受了政府那么多照顾，这点儿小事我能解决，不能给政府再添麻烦！"经此一事，王浩提着的心放下了。

发展产业，主动脱贫

陈明祥的身体渐渐好转，在当地政府的帮助下，生活质量也不断提高。"但一直接受政府补助也不是办法，我要靠自己的双手赚钱。"他开始和河鱼乡政府一起，思考如何从根本上脱贫。

2019年6月，陈明祥在河鱼乡政府的帮助下，开始学习山地鸡养殖技术。驻村工作队队员每季度为河鱼乡建卡贫困户培训一次，乡内网格员每日都会走访贫困户，收集并及时解答养殖中遇到的问题。

在养殖过程中，政府对前期投资、中期养殖、后期销售等流程进行全帮扶。鸡苗由村合作社供给，负责鸡苗购买、山地鸡饲养的资金由对口帮扶河鱼乡的县人武部提供。

在销售环节，若村民能找到购买渠道，则自行交易；若村民销售有困难，则由村合作社按市场价购买山地鸡，再由村合作社帮忙销售。而无论山地鸡以何种方式售出，村民都可得到补贴。

"在外务工也学习过一些养殖技术，

小问题都可以自己解决，再加上政府的帮助，我很有信心可以干好。"刚尝试山地鸡养殖大半年的陈明祥，便卖出了200只鸡，收入6000元，尝到了甜头。2020年春节刚过完，他便扩宽了自家的养鸡场，并在村里抢先预订了200只山地鸡，准备乘胜追击。"这只是第一批，之后还会养殖第二批、第三批……"

山地鸡养殖，只是陈明祥收入的来源之一。他还在河鱼乡政府的帮助下，担任护林员，每年又有6500元收入。2019年年底，他主动向乡里申请脱贫。"我不能一直等、靠、要，现在我有信心把日子越过越好！"陈明祥说。这么多年步履的艰辛，成就了岁月的充实与厚重，也成就了日子越过越好的陈明祥。

哪里有榜样的力量，哪里就有万千新气象。如今在城口，越来越多的扶贫对象成为脱贫榜样，越来越多的脱贫榜样感染带动着身边的扶贫对象，共同奔小康。

04 代月银

"脱贫光荣户"带动 21 户贫困户脱贫

…… 彭 瑜 ……

在城口县蓼子乡桃园社区，代月银出名了！她不但自己脱贫当上了"脱贫光荣户"，还开办电商服务站为 21 户贫困户销售农产品，带动他们一起脱贫。

"我年纪轻轻，又有点儿文化，当贫困户丢人！" 32 岁的代月银接受记者采访时说，"党和政府帮助我家渡过了难关，自己就得自力更生想办法脱贫。有了增收渠道，当然得帮助村子里其他贫困户。"

2006 年，代月银与丈夫丢下刚满周岁的女儿，到深圳一家制鞋厂打工。由于经济不景气，鞋厂后来倒闭了。随后，夫妻俩又辗转到湛江，进入虾厂剥虾。虾厂工资虽然高一点儿，但双手必须长年累月浸泡在水里，代月银患上了皮肤病。

"这日子哪个过哦！"夫妻俩在外打工不顺，公公婆婆在家身体也不好。后来，夫妻俩又生了小儿子，负担更重了。丈夫胡广超感到了前所未有的压力："老的生病，小的读书，打工收入又低。"

新一轮脱贫攻坚战打响后，代月银一家被精准识别为建卡贫困户。通过一系列帮扶，家里的情况终于有了起色。

"你们莫要乐于当贫困户哈!"代月银对家人说,要过好日子还得靠自己打拼,"我们要努力挣钱修房子,送孩子读书,为老人看病,让一家人过上好日子。再说了,我俩还年纪轻轻的,还得为孩子树立个勤劳自强的好榜样。"

2015年,在乡、村干部的帮助下,代月银在公路边修起了一栋两楼一底的钢筋混凝土房子。之后,代月银不再外出打工,她一边利用自己家的门面做起了副食和服装生意,一边照顾多病的老人和两个读书的孩子。而依然在外打工的胡广超学会了木工技术,每年务工收入约6万元,加上代月银的家庭副食店收入,一家人慢慢还清了修房的欠款。

2018年,代月银成为蓼子乡第一批主动申请脱贫的贫困户,并被评为城口县"脱贫光荣户"。

"我自己脱贫致了富还不够,我还要带动村民脱贫。"后来,代月银见农村电商发展势头好,就利用自家的门市成立了穴沱村电商服务站,增设了秦巴生活馆、农业银行便民取钱点、快递收运中转点等便民业务。同时,她还与21户贫困户签约,帮他们销售农产品。

2019年5月28日,村民游中灯给代月银打电话,说想把家里的50斤腊肉卖掉。考虑到老人一大把年纪,背着腊肉下山不容易,代月银就冒雨骑着三轮车去取腊肉。哪知回家的公路又陡又滑,三轮车刹车失灵,车子滚下崖底报废了,代月银被送到医院接受了一个月的治疗。

有人问代月银后悔吗。她摇头说:"发展农村电商就是为了方便群众,帮助乡亲们增收,自己能为贫困户脱贫做点儿事,很有意义。"

2019年1至9月,代月银的电商服务站实现农产品销售额约10万元,其中很大一部分来源于那21户和她签约贫困户家的农特产品。

05 丁尚林

直面困境，人贫志气存

—— 朱 黎 ——

周溪乡凉风村平均海拔在 1700 米以上，山高坡陡，交通基础设施落后，2014 年被识别为贫困村，全村 117 户就有 47 户被识别为建卡贫困户。全村只有一条土路，晴天尘土飞扬，雨天泥泞不堪。受交通限制，房子基本都是 20 世纪 80 年代修建的穿架房、土坯房，没有像样的厨房、卫生间，吃水靠提，出行靠走，购买生活物资极其困难。丁尚林就住在该村的 4 社，家庭人口 6 人，3 个孩子，2 个高中，1 个初中，住房陈旧，居住卫生条件极差。

贫穷不可怕，可怕的是存在得过且过、不思进取的思想。精神上的"软贫困"比物质上的"硬贫困"更加顽固和复杂，也更加考验扶贫干部的耐心和智慧。好在丁尚林没有这精神上的"软贫困"。

被纳入建卡贫困户后，他不安于当贫困户，觉得"贫困户"这顶帽子不光荣，自己要踏实苦干，希望在驻村工作队员、帮扶责任人的帮助下，早日走上致富道路。"幸福不会从天而降"这话从一位贫困户口中说出，听着确实让人感到欣慰。

按照县发改委规划要求，序时进度实施 2017 年易地扶贫搬迁工程。但凉风村村级公路还未硬化，住房修建成本较高，大多数贫困户修建住房的意愿不强烈。在村支"两委"的宣传引导下，丁尚林身先士卒，率先实施易地扶贫搬迁，改善居住环境，勤耕苦做，起早贪黑，仅仅用了四个月就把新房子修起来了，还专门修建了独立卫生间和厨房，彻底改善了居住条件。比较以前用石头泥巴垒的房子，他觉得不可思议："真是做梦也没想到能住上这么好的房子。"

针对丁尚林易地扶贫搬迁户的身份，结合他家的实际，村支"两委"研究并给了他夫妻俩两个公益性岗位。这让夫妻俩觉得肩负起了村委和村民的信任，在履职期间，丁尚林夫妻兢兢业业、认真负责，爬山路、下坡坎任劳任怨，顶着大太阳，按照村委要求，打扫公共卫生，高质量完成村委交代的每件事情。虽然工作辛苦且工资很低，但他们从未抱怨，以踏实的工作态度做好每一项工作，给家庭带来收入，为家庭的未来贡献着自己的力量。

所谓扶贫先扶志，发展才是硬道理。真正的脱贫需要解放思想，不走老路，在国家政策的大力扶持下，结合自身的实际情况，利用优越的自然条件和生态资源，努力发展优势产业，争取早日脱贫致富。丁尚林夫妇在村干部和帮扶责任人的帮扶规划下，结合自身实际，积极加入了核桃专业合作社，按照短期能见效、长期能增收的产业布局，种植了6亩核桃、6亩独活、2亩广香，养殖山羊20只、土鸡20只，发展产业增收。同时，他俩不忘以身作则教育孩子，刻苦学习，自爱自强，几个孩子的成绩都非常优秀。

丁尚林自己也表示："有党委、政府的关怀，有政策的支持，我心里很温暖。接下来，我会加倍努力，经营好种养殖产业。我相信生活从不会亏待任何一个勤奋努力的人。"

06 苟显林

乘精准扶贫好东风，做劳动致富新农民

—— 廖代芳 ——

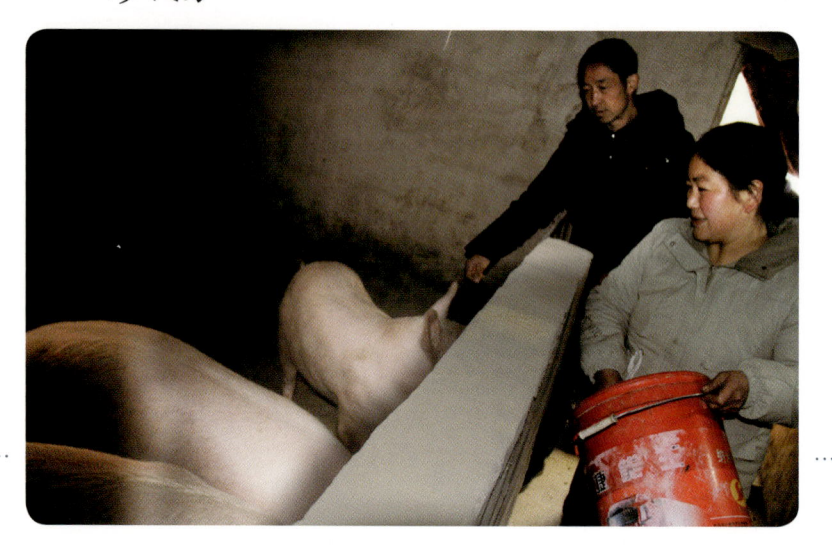

船迟又遇打头风

苟显林出生在世代为农的家庭，家里一直都是靠种庄稼维持生计。家里上有老下有小，妻子李玉珍既要照顾老人又要照顾小孩，家里的经济负担落在苟显林一人身上。2014年，他家被评为建卡贫困户。

前几年苟显林在矿山上打工，生活还算过得去，然而近两年矿山资源整改，矿山打工一年不如一年，维持生计都已困难，加上积劳成疾，患有严重的腰椎间盘突出和胃病。2015年3月，苟显林从山西矿山回到老家高楠，在家附近打点儿零工，收入微薄。就在这时候，妻子又被查出患有高血压，需要长期依靠药物治疗，医药费用开支很大，家里的生活日渐走上了下坡道，生活异常贫困。

自主脱贫意识萌芽

2015年7月，一个喜讯降临，大女儿苟云英被重庆工程学院录取了，老苟和妻子拿着女儿的录取通知书很是欣慰。但是看着那笔不菲的学杂费，他们又陷入了沉思，虽

然国家有扶贫政策可以申请一部分助学贷款，可这不是长久之计。再看着父亲留下的石墙房子，又破又旧，像样的家具都没一件，夫妻俩暗暗下定决心商量另谋生计。想到政府正在发展产业扶贫，便想着也来发展产业，可是自己是"擀面杖吹火——一窍不通"。

苟显林的责任帮扶人在一次下村走访调查中，了解了苟显林夫妻的想法后，语重心长地对他说道："想要脱贫，仅仅靠政府是不行的，只有自己的心强烈向往脱贫致富，夯实'我要脱贫'的迫切愿望，政府、社会的扶贫才能事半功倍，而非陷入'一扶就脱贫，不扶又返贫'的循环。"

精神的力量是无穷的。贫困户的志气一旦被激发，观念一旦更新，脱贫的动力就足了，致富的办法和干劲儿自然就有了。有了鼓励和支持，苟显林想要脱贫的信念更加坚定了。

不等不靠摘"穷帽"

夫妻俩合计准备发展种养殖业，首先考虑了种植。但在那山沟沟，坡度大，不易灌溉，发展种植不现实。两口子又想养殖，但养什么成了难题。正当夫妻俩拿不定主意的时候，帮扶人结合高楠镇的地理条件，考虑到两人的文化程度，便建议他们养猪。

由于没有资金，他就把姐姐家的母猪先赊了一头来，自己又和朋友借钱买了一头母猪，连同家里的一头共三头母猪开始搞仔猪繁育，第一年就有了一笔可观的收入。这时候苟显林开始筹划扩大规模，但资金又成了一道难题。在帮扶人的大力支持和高楠镇镇政府的鼎力帮助下，几经周折终于筹到了扩大规模的资金。

到2017年5月，他家能繁母猪已达到20多头，卖出的仔猪让他有了一笔不菲的收入。他将赚来的钱再投入养猪，将养殖规模再扩大，他正朝着养猪致富一步步迈进。

如今，苟显林一家四口不用再挤在破旧的石墙房子里，而是搬到了漂亮的小洋楼里。苟显林说道："我要感谢我的帮扶责任人，还要感谢党委、政府，没有国家政府的大力扶持就没有今天的我。我会继续努力发展好养猪产业，等技术成熟了，我会帮助同村其他贫困户，带领他们一起发展养猪产业，让我们全村都能奔向幸福的小康生活。上学改变命运，知识挖掉穷根，我会教育两个孩子学有所成，回报社会，回报国家。"

07 郎代成

独腿迈上致富路

...... 王　宝 ......

"我今年养了 80 只山地鸡，2 头猪，还种了 20 亩中药材。你们看那些小鸡崽都是自家的母鸡孵化出来的，整天漫山遍野到处跑，活跃得很呢！"郎代成声音洪亮，脸上挂着灿烂的笑容。

48 岁的郎代成，听力二级残疾，妻子熊宗莲常年体弱多病，家里还有一个儿子。2015 年，郎代成在巫溪务工时意外受伤，右脚被索道机器绞断，装上了假肢，从此成了一个跛脚汉。这些遭遇让这个贫困的家庭更是雪上加霜。

身残志坚，奋力前行

郎代成一家居住在柳家村二社，以前，家里的主要收入来源就是地里的庄稼和十来只鸡。儿子朗佐超初中毕业后，本以为家里的支出可以降低了，但是妻子身体却一天不如一天。本就不多的经济收入，大部分都用来给妻子治病了，日子也就过得越来越清苦。

村里的人常说，郎代成是个不倒翁。妻子熊宗莲常年生病，儿子还在上学，郎代成本来只是耳聋，现在脚又瘸了，然而不论身处怎样的困境，郎代成都靠着他仅有的一条腿奋力前行着。他用自己的双手发展产业，种植中药材，养殖山地鸡和生猪，努力增加收入，改善家庭经济境况。

主动学习，勤劳致富

帮扶干部根据郎代成家庭的实际情况制订了具体的帮扶措施。在国家扶贫政策的引领下，郎代成更是坚定信心，克服身体上的缺陷，积极发展产业。他主动向乡政府申请参加中药材种植培训，认真学习种植技术，开始种植中药。

种植期间，由于自身身体缺陷，他总是用双倍的努力来赶上其他人。别人一天挖的地他要用两天，别人干一小时的活儿他要两小时，别人站着能完成的工作他必须跪着才能完成。与其说他在地里干了一天活儿，不如说他是在地里爬了一天。

郎代成种植了4亩独活、2亩党参、6亩云木香、3亩藁本、3亩魔芋，还养殖了80只山地鸡、2头生猪。郎代成带着笔者参观他种植的药材和养殖场，眼里满是自豪和幸福。笔者问他："你一个人发展这些产业觉得苦吗？""一点儿都不苦，甜着哩。产业发展好了，日子也越过越红火，让我这个跛脚汉看到了生活的希望，嘿嘿嘿……"郎代成憨笑着回答。

示范引路，带动乡亲

看着郎代成的产业发展得越来越好，不少村民都来向他学习，请教经验。郎代成从不吝啬给其他人传授种植中药材的技术，不管村民的地有多远，他都愿意一瘸一拐地走过去，热心指导，帮助他人，带动了周边村民积极种植中药材，发展产业。

2016年，通过郎代成的坚持不懈、勤奋努力，家庭年收入达到脱贫标准，实现脱贫，被评为"脱贫光荣户"。

同年，郎代成一家通过易地扶贫搬迁住进了宽敞明亮的大房子，这让郎代成高兴不已。"以前，我从来没有想过能住进这样的大房子，真的是做梦也没梦到过，实在是太感谢党和政府了！"郎代成激动地说着，眼里也泛起点点泪花。

郎代成靠着自己的双手，独腿走上了致富之路，村里的年轻人也常常感叹："郎叔真是我们年轻人的榜样！他听力不好，还只有一条腿，常常跛着脚在山上忙活，我们从山下看上去，就感觉他是脚踩着地，头顶着天的啊！"

08 李官朋

"读书"是脱贫最好的办法

—— 李清政 ——

城口县治平乡岩湾村有这样一户人家，虽然家中人口不多，但人人都在积极寻求脱贫致富的方法，时时刻刻都在争取早日摘掉"贫困户"的帽子。

家中4口人，年迈的爷爷和在读书的孩子全无劳动能力，还需要照顾，妻子在家照顾老人和孩子，家庭的重担全都落在了李官朋的肩上。2014年，本就贫困的家庭却因妻子的一场重病更是雪上加霜。

妻子患了肺结核，对这个经济基础薄弱的家庭来说简直是无法想象的灾难，高额的医疗费用让这个家庭入不敷出。虽然在医疗政策的帮助下捡回了一条命，但由于错过了最佳诊疗时间，妻子不能再进行高强度的体力劳动，就业范围大幅度缩小，这进一步加重了家庭的负担。

爷爷年迈，生活不能自理，孩子即将入学，缺少经济来源的家庭不堪重负。通过精准识别，这一家人成为建卡贫困户。幸得国家政策扶持，孩子才能入学。虽然是贫困户，但人穷志不穷，他们并没有放弃自力更生脱贫致富的信念，"等靠要"的思想更是为他们所不耻。这家人认为，要想获得幸福生活，国家政策扶贫是一方面，更重要的是靠自己勤劳的双手。

　　李官朋思前想后，决定外出打工。妻子虽身体病弱，却依然咬牙坚持着打些零工补贴家用。孩子每日回家也会主动帮助分担家务，减轻家中负担。日子虽然清贫，但充实而快乐。

　　虽然一家人都在努力拼搏，但起色并不明显。为了供孩子上高中，妻子不得不到城里打工。夫妻俩每天辛勤工作，无奈缺少技术和经验，只能做着最辛苦的工作，仅仅把生活维持下去。

　　但是，他们从来不会让孩子的学习受到丝毫影响，因为所有的努力就是为了孩子有一天能够通过教育，斩断贫困的根。

　　命运总是不公，疾病再次降临到这个家庭，年迈的爷爷瘫痪在床。父亲不能外出打工了，一家人再次陷入困境。幸运的是，在这个贫困的家庭背后，有党和政府这座强大的靠山。

　　在爷爷瘫痪的这一年里，他们家获得了社会各界的帮扶和政府扶贫政策的帮助，一家人重新找到了发展的信心，重新树立了生活的奔头。夫妻俩积极参与政府组织的种养殖技能培训，努力寻找发展机会。

　　政策的帮扶从未停下脚步，乡党委为这个家庭配备了一名帮扶责任人，每月定期走访了解家庭情况，纾困救急。孩子上高中的学费、书费、生活费获得了不同程度的补助，极大地减轻了家庭的经济负担。

　　政府为一家人包干了医疗保险，家人治病的费用得到较大比例的报销，一家人再也不用为医药费发愁。产业补助资金更是为发展产业注入了强有力的力量，一切都变得好起来了。高考战场传来喜讯，孩子顺利考取了师范大学，获得国家的资助，未来会回到山区成为一名人民教师，继续为山区建设出力。

09 李隆万

贫困"打工仔"变身"工程师"

—— 邓 丹 ——

我家住在双河乡硝水坝村,我是一个 70 年代初出生的农二代,高中毕业后一直辗转于各地矿山务工,虽不富裕,但吃穿不愁。我 23 岁成家,妻子为我生下乖巧的大女儿,一家人平平淡淡却很幸福。

2005 年,妻子生下小女儿,一家四口的日子更加热闹。靠着打工攒下的钱,我们盖了新房,虽然有一些借款,但一家人都沉浸在喜悦中,一切都充满希望。

一夜返贫

妻子一直有嗜睡、四肢无力等症状,但我俩从未重视,直到 2008 年,她语言功能出现下降,甚至智力也开始退化,我才意识到问题的严重性。我带着妻子四处检查,最终在西南医院被确诊为"甲状腺功能低下"。虽然不致命,却是个富贵病,一年的治疗费用足以让我们倾家荡产。

听着医生的解释,昔日美好的憧憬立刻化为了泡影。我顿时傻眼了,两个女儿要上学,建房子的借款也没还清,妻子治疗费用一次就要好几万,我一个月 2000 多元的工资简直是杯水车薪。

在我最需要帮助的时候，亲人朋友都伸出了援手，妻子的病得到了有效控制，但债台也越筑越高。最高时候，我家累计债务达17万元。上有老，下有小，妻子病，2011年，我家成了村里的建卡贫困户。

"嚼烂"10余斤新书籍的"老考生"

巨额的债务和必需的家庭开销，让我不得不在妻子生活基本能够自理后就再次出门打工。这一次，朋友介绍我到中铁16局跟着搞公路工程试验检测。

一开始，我什么都不懂，师傅指哪儿打哪儿，干些没有技术含量的杂活儿，一个月工资只有2000多元。我很卖力地埋头苦干，虽然学到了一些技术，可没有职称和技术证书，只能打下手。

后来，公司要选一批人去天津培训参加执业资格考试，师傅对我说："你年纪虽然大点儿，但高中生还是有底子的，你去学习下。"看书学习一直是我的软肋，何况放下书本这么多年，我一点儿信心都没有。师傅又说："考上了工资要高很多哟！"听到这话，想到家里的一切，我立刻燃起了斗志。

39岁的我和一帮20出头的小伙子一起上课、自习，大家都叫我"大师兄"，开始还觉得不好意思，后来倒也放下了包袱。这还是其次，最痛苦的是我不懂函数，不懂几何，更不懂电脑，一切都像是"天书"。

大家看一遍就懂的基础知识，我要看上至少3遍，他们一节课就能记住的公式，我要多花上半个晚上的时间，甚至有的知识，我还要从零学起。就这样，我每天只睡三五个小时，其他时间都跟书和题"死磕"。

这期间，我学会了用电脑查资料。

半年时间，我看的书堆满了小桌子，做过的题都有10多斤，我心里默默地想着：必须考上，考上才能拿更高的工资去养家还债。

工程师摘掉"贫困帽"

2010年，我和其他同学一道参加了公路工程试验检测师职业资格考试。功夫不负有心人，我顺利拿到了人生中第一个资格证，这可比贫困证光荣多了！

得知自己考试合格的时候，我怀着激动的心情把消息告诉了妻子，也感谢了学习期间帮助我的"师弟"们。我做梦也没想到，不惑之年的我从头学起，从一线的杂工竟成了工程师。从那时候起，我的工资就翻了一倍，我更加相信，靠着不断的努力，我一定能让我们家焕发生机。

后来，我回到了城口，应聘到重庆腾顺路桥工程有限公司，作为公路试验检测工程师，参与了城万快速通道和诸多通乡通村公路的建设。其间，我又考取了中级工程师职称、专职安全生产管理员等证书，为我的职业发展奠定了基础。

2015年10月,我每个月已经有近5000元的收入,外债逐年减少,于是主动找到村支"两委"要求脱贫。我成了村里第一批脱贫户,还被大家评为"脱贫光荣户"。2016年,村民们选我当社长,希望我为大家带头领路。

知识改变命运,知识摘掉"穷帽"。回首10多年来的艰辛历程,我感慨万千,只有把知识装进头脑,才能把幸福迎进家门。

10 刘恒孝
重病压不垮的增收"引路人"

——杨鹏飞——

干净利落的短发，瘦削的脸庞棱角分明，中等个头，身板挺拔，眼睛有神，笑声爽朗……看到刘恒孝的第一眼，你绝对看不出这个精神抖擞的产业大户会是一名重病患者。

不惑之年的刘恒孝是咸宜镇李坪村人。早年外出打工，颠沛流离，不幸患上肝硬化，为治病负债累累。但他始终乐观向上，充满干劲儿，凭着这股子不服输、不怕苦、不放弃的劲儿，回乡创业。虽经历失败与挫折，但刘恒孝自强不息，刻苦钻研，一步一步地发展成了产业大户，不仅自己摆脱了贫困，还带动周边居民共同增收。

他说："一个人摆脱了贫困这不算什么，大家一起摆脱贫困，增收致富，才值得骄傲。"

颠沛流离患上重病，乐观向上直面"病魔"

城口地处大巴山腹地，九山半水半分田。在这样的背景下，外出务工便成了农村青壮年挣钱养家的第一选择。刘恒孝自然也不例外。

1997年，年仅18岁的刘恒孝就成了广大"农民工大军"中的一员。由于只有小学文化，他四处碰壁，颠沛流离，先后到深圳、东莞、福建等地从事建筑施工工作。

2004年，刘恒孝终于在深圳横岗五金抛光厂找到了一份好工作：朝九晚五，工作稳定，收入也还不错。生活渐渐平稳下来，日子也慢慢有了盼头，可刘恒孝没想到，意外悄然降临。

"上班的时候，总感觉腹部某个地方隐隐作痛，刚开始也没当回事，以为是肠胃不舒服，胡乱买了一些药吃就算了。"后来，刘恒孝到医院检查，发现自己得了乙肝大三阳。

"自己文化不高，从没听说过这个病，再加上症状也不是十分明显，觉得没什么大不了，听医生说能治好，就更没放在心上了。"住院治疗了一段时间，医生告诉他已经治好，他便再也没有上心，但这为之后的大病埋下了"祸根"。

就这样一直到了2011年，这一年，他开始精神不振，吃不下饭，到医院一检查已经转化为肝硬化。

都说"病来如山倒"，但"病魔"却没能打倒这个坚强乐观的汉子。他始终笑着面对生活，前前后后治病8年，住院、买药、化腹水，从不要家人照顾。他说："生个病有什么大不了，我不怕它，乐观生活，这么多年了依然可以过得很好，我依然是家里的顶梁柱。"

多年治疗负债累累，永不言弃创业成功

俗话说："攒钱犹如针挑土，花钱好似水淘沙。"治病更是一个"无底洞"。刘恒孝前前后后花了四五十万元治病，家里负债累累，60多岁的老父亲眼睛都哭肿了。2014年，他家被评为建卡贫困户。

"被评上了建卡贫困户，我很感激国家的好政策。但是，不能光指望国家。别人拉你，自己也要抬脚。我虽然有病，但也不是没有能力做事，我要找事做、挣钱，自己摆脱贫困。"刘恒孝说。

说干就干，本身就会驾驶技术的他，借钱买了一辆轻型卡车，开始到各村镇走街串巷售卖蔬菜水果。后来，他又用这辆车四处替人拉货物。来来往往中，他发现了一个商机，引发了自己创业的想法。

原来，他的顾客中有一名开州的养蜂人，经常叫他拉着蜂桶四处"放蜂"。一来二去，刘恒孝慢慢了解到养蜂利润不错，再加上老家有一片坡地正好适合，他下定决心养蜂。

2016年，他迈开了第一步，到开州买了30桶中蜂，开始当起了养蜂人。但由于没有经验，不懂技术，蜜蜂还没开始结蜜就生病死亡。

"当时觉得很心疼，但是我不放弃，就是要发展产业。"失败没有打倒他，反而激起了他的斗志。一咬牙，他又买了12桶蜜蜂回家。为了学技术，他四处找

人请教，走进深山现场观看，慢慢地总结，再回家一点点儿地摸索试验。

有志者事竟成，苦心人天不负。这12桶蜜蜂当年就产出了蜂蜜100余斤，卖了6000多元，之后还分出了30桶蜜蜂。于是，刘恒孝将分出的蜂桶卖给别人10桶，不仅赚回了本钱，还有一定剩余——刘恒孝赚到了"第一桶金"。

"成功后，信心更足了。"慢慢地，两三年过去，刘恒孝的技术越来越成熟，蜂桶越来越多，如今已发展到100多桶，每年可产蜜1000余斤。

向上的人一直都在奋斗的路上，创业成功的刘恒孝没有就此停步不前。他经过四处考察，又栽种了10亩魔芋，成了一名名副其实的产业大户。

摆脱贫困不忘乡邻，带领发展共同增收

日子慢慢好起来了，产业发展有声有色。从小在农村长大的刘恒孝，看着周围还有很多群众，尤其是贫困户日子过得十分艰苦，他觉得自己应该做一点儿事情。于是他萌发了一个想法——要带动大家一起发展产业，让大家都能摆脱贫困。

第一步就是从自己最擅长的养蜂开始。很多人来找刘恒孝学养蜂技术，他毫不保留，倾囊相授，免费提供技术，售卖成型蜂桶给他们。他带动吴胜军养殖30余桶中蜂，带动曹志秀发展了20余桶中蜂，加上其他散养户，在全镇范围内带动发展了300多桶中蜂，每户平均能增收3000余元。

同时，刘恒孝再次开上自己的轻型卡车，到咸宜、鸡鸣等地收购魔芋，带动群众种植魔芋。为保障货源稳定，他还定点跟订单回收贫困群众产出的魔芋，激发群众参与种植魔芋的主动性和积极性。

"众人拾柴火焰高嘛，等种魔芋的人多起来了，产量大了，我计划建一个烘炕房。"他说，建成了炕房，就可以收购更多的魔芋，栽种的群众就不用四处寻找销路，还能提供更多的务工机会，大家的发展劲头就更足了。

"我做梦都在想着那天，那时候大家一定会过得比现在更好。"提起未来，刘恒孝信心满满。

11 刘胜祥
不甘贫困，做脱贫致富的先行者

—— 梁伦鑫 ——

刘胜祥，男，64岁，河鱼乡大店村人，家中因缺技术致贫。2015年通过精准识别正式建档立卡成为第一批享受精准扶贫政策的帮扶对象。驻村工作队和帮扶责任人不断地给他扶志、扶智双鼓励，帮助刘胜祥早日脱贫。为了不负党和政府大好政策，也为了一家人能摆脱贫困，过上小康生活，刘胜祥鼓足了干劲儿，主动寻找脱贫办法，通过积极发展中药材种植增加收入，于2016年年底光荣脱贫。

暗下决心，拔掉穷根子

刘胜祥家祖祖辈辈都是农民，全家人仅靠几亩地维持生计。父母非常勤劳，每天天不亮就起床去地里干活儿，天黑了才回家。尽管如此，靠这种方式生活，仍难以让一家人摆脱贫穷。父母的艰辛和家里的贫穷让刘胜祥看在眼里，读完小学后，刘胜祥选择了辍学，在家帮助父母干农活儿。

每天面朝黄土背朝天的辛勤劳作，也没有换来生活的一丝好转。刘胜祥是一个闲不住的人，也是一个不甘落后的人。怎样才能摘掉"穷帽"？夜深人静时，刘胜祥常常辗转难眠。在国家扶贫政策精神的鼓舞下,刘胜祥下定决心要改变现状,拒绝"等靠要"思想,劳动才能致富,一定要摆脱贫困,走向富裕。

发奋钻研,拓宽富路子

"家里几亩地种的传统粮食作物根本卖不了多少钱,我要将土地有效利用起来,让它发挥出更大的效益。"刘胜祥突然萌生了这样一个想法。说干就干,全县脱贫攻坚战号角吹响之时,借着契机,刘胜祥开始了解国家的精准扶贫政策,不断学习相关技术,发展起种植业,种植中药材贝母、党参、重楼4.5亩。

那段时间,刘胜祥白天在地里观察琢磨,生怕中药材出现一点儿问题,晚上在网上查找资料,向专家请教。功夫不负有心人,在刘胜祥的精心管理下,中药材长势喜人。同时,他还新建了两间鸡舍,实现分散养殖,山地鸡发展到100余只。因为利用荒坡山地科学散养,他养的山地鸡吃起来味道更加纯正。如今,他家饲养的山地鸡市场供不应求。

共同富裕,装满钱袋子

凭着"一定要脱贫"的精神,刘胜祥一家在政府帮扶下,种植贝母、党参、重楼等中药材4.5亩,饲养山地鸡100只、生猪1头,种植的板栗树更是年产1500斤、核桃树年产500余斤。2019年,家庭人均年收入1万余元,越过了贫困线标准,成功摘掉了"贫困帽"。

下一步,刘胜祥将继续扩大种养殖规模,将村里的特色农产品卖出去,带动更多群众一道发家致富。在自己脱贫产业稳步发展的过程中,刘胜祥觉得日子越来越有奔头了。"扶贫先治懒,扶贫先扶志",这句话在刘胜祥的身上得到了充分体现。他表示,自己已经脱贫了,应该把贫困名额让给更多有需要的人。他也愿意和政府一起帮助许多像他以前一样困难的家庭。现在的他信心十足,将来会继续扩大自己的种养殖规模,并为其他贫困户在种养殖方面提供技术帮助。

12 刘志令

逆流而上，在小乡村实现大梦想

——— 王小玉 ———

"露从今夜白，月是故乡明"，在远方和故乡之间，有人选择闯出一片天地后再衣锦还乡，也有人选择抱朴守拙在家乡努力打拼。2016年，通过自己的努力终于学成归来的刘志令，回到家乡双河，开始了自己的创业增收路，在小乡村完成大梦想。

家境贫寒，雪上加霜

刘志令的父母是地道的庄稼人，依靠传统的农业种植勉强填饱家人的肚子。2002年，刘志令父亲刘国坤突发疾病，患上了脊背肿瘤，让这个原本就风雨飘摇的家庭更加摇摇欲坠。

为了给刘国坤治病，一家人砸锅卖铁、东拼西凑，病情终于得到了控制。看着一天天康复的父亲，即使负债累累，一家人依然满怀希望。

"在家休养的时候，父亲看到母亲一个人那么辛苦，在身体还没有完全康复的情况下就争着做农活儿，结果病情恶化，导致自己小便失禁，被鉴定为二级残疾。"刘志令告诉记者，从那以后，家里的顶梁柱彻底倒下了，一切经济开销只能依靠母亲一个人来维持。

"那个时候，孩子他爸生了病，什么重担都压在我一个人肩上，既要照顾病人，又要照顾两个小娃儿，还要努力挣钱，感觉天都要塌下来了。"母亲宋加奎提起往昔，泪水止不住往下流。

"当时，家里养牛，母亲天不亮就要起来割牛草。父亲也会因为家里这样的窘境发脾气，甚至想不再拖累这个家。"那时刘志令年仅7岁，家庭的窘境牢牢地印刻在他的脑海中。"每天晚上躺在床上的时候，我老是想我家真不幸。"

寒窗苦读，学业有成

家庭的环境磨炼了刘志令坚强的意志。刘志令说，那时候起他就明白，能够改变命运的唯一方法就是好好学习，学有所成。

"看着母亲没日没夜地操劳，而我自己却无能为力，那种无力感我这辈子都不想再体验。"刘志令说，他曾经也和母亲商量过退学的事情，自己作为一个男子汉不能让母亲一个人承担所有，要回家帮母亲做点儿事。但话没说完，就遭到母亲一顿打。

宋加奎像疯了一样骂他，他依然记得那句"不读书你要像我们一样没出息吗"！

刘志令除了帮家里干活儿，其余时间都在学习。他知道唯有学到本领才能给自己家带来新的希望。

高中毕业后，家里已经无力再供刘志令继续上大学。但刘志令赶上了好时代，当时国家已经出台了助学贷款政策，他申请到助学贷款，继续完成学业。

大学期间，当同学们都在外面游玩的时候，他便去做兼职，挣生活费，帮家里减轻一些经济负担。

回乡创业，脱贫增收

愉快而丰富的大学生活结束了，对于大多数学子来说，能够留在大城市工作是第一梦想。刘志令也不例外，他在重庆主城找到一家建筑公司，干着一份月薪5000多元的工程测量工作。刚毕业能够有这样的机会很难得，所以刘志令也格外珍惜。

"当时，和家人视频，分享我的喜悦。但是当我慢慢看到昏暗的灯光、生病的父亲、满头银丝的母亲、年幼的弟弟……我发现，好像什么都没有改变。我不在身边的时候，他们依然在经受苦难。"经过一番考虑，刘志令毅然走上了回乡之路。

如何通过山区有限的条件致富？2016年9月，回到家乡的刘志令开始琢磨起这个问题。

"城口山地鸡肉质细嫩鲜美，被誉为'野味之王''动物人参'，其蛋白质含量是普通鸡肉、猪肉的两倍。"刘志令向家人介绍城口山地鸡在外面市场上的独特地位，并在了解政策、学习经验、实地考察后，瞄准了要做山地鸡养殖项目。

2016年12月，经过自己的努力和政府的帮助，刘志令拥有了一个130平方米的山地鸡养殖场,购回900只鸡苗,第一批山地鸡就获利近6万元。

　　尝到甜头的刘志令并没有满足,在发展山地鸡的同时,他还不忘发展山羊养殖、种植中药材,将家里的产业越做越大。

　　"脱贫不是口号,是辛勤的付出,坚持不懈的努力。"刘志令产业发展起来后,还带动乡亲共同致富,为需要发展养殖的村民提供技术。同时,他还用自己的事迹鼓励部分周边在外务工的青壮年回家乡发展。

　　"下一步,我还打算办一个土特产加工厂,做腊肉、山羊、中药材精深加工,提高产品附加值。"说到未来计划,刘志令信心满满。

13 罗国清

发展森林人家，走上致富之路

—— 张立立 ——

建卡贫困户罗国清，家住双河乡余坪村4组，"学""病"是他家主要致贫原因。2014年，中国北温花卉带苗木种源基地落地该村，并开始九重花岭景区建设。罗国清瞅准商机，利用自家所处的良好居住地段，毅然掀了自己的烂危房，盖起了一幢三楼一底的农家小洋房，通过参加专业餐饮服务培训，不等不靠断穷根，走上经营"大巴山森林人家"脱贫致富的道路。

断穷根，从贫困户到老板的华丽变身

从县城出发，进入双河乡，沿着有66道拐的余坪村红色旅游公路盘旋而上，一幢幢农家小洋房坐落在林间花丛，格外显眼。而在一年前，这里还是一个实实在在的贫困村，如今一排排"大巴山森林人家"错落有致地点缀着这个"山间花园"，形成了一道风景线。罗国清也是其中一户"大巴山森林人家"的老板，曾几何时，他也是尝尽了贫困的苦。

早年家境贫寒，罗国清迫于生计，背井离乡，四处打工挣钱。外出务工条件艰苦，生活无规律，让罗国清患上了严重的胃病，也让他实实在在成了一个肩不能扛、手不能

提的病人。那些年的罗国清，只能在家靠绣十字绣打发无聊而漫长的时间，3个孩子读书急需用钱，全家5口人要生活，重担全压在妻子李三平身上。

"因为没文化，做的都是最苦最累的体力活儿，也没赚到啥钱。"回想过去，罗国清止不住地摇头，"当时，一年1万多元的收入要喂饱全家五张嘴巴，自己身体一垮，收入来源就彻底断了。"

"他生病的那几年，我就出门打工挣钱。有一年在新疆捡棉花，挣了8000块钱，可8000块钱怎么养活一家人。"李三平回想起那段打工的日子，眼中闪着泪光。

后来，这条旅游公路打通了这个贫困村与外界的联系。伴随着九重花岭景区的开园，双河乡党委、政府大力鼓励农户发展乡村旅游，就当大伙儿还持观望态度的时候，罗国清看准了背后的机遇，决定改造自己现有的房子，发展"大巴山森林人家"。

2015年6月，罗国清向亲朋好友借款20余万元，再加上政府的贴息贷款，大巴山森林人家"海棠苑"正式挂牌营业。同时，在政府指导扶持和学习培训的帮助下，罗国清的生意蒸蒸日上，从贫困户到名副其实的老板，罗国清实现了华丽变身。

奔脱贫，发展"大巴山森林人家"走上致富路

"一年前，九重花岭景区还未开园，那时余坪乡村旅游还在发展初期，旅游配套不够，没有什么接待能力。在去年4月郁金香开花的时候，众多游客到九重花岭赏花，因为上面没有休闲吃饭的场所，所以很多游客都是自带食物上去赏花。"罗国清说，"我的家正处于公路沿线中间地段，游客进入景区必须经过我家，妻子做农家饭的手艺还算不错，当时我就萌生了自己办'大巴山森林人家'的想法。"

"俗话说'人穷志不穷'，人家都有胆量干，都相信能干好，我们又怎能落于人后呢？"李三平说，"在外四处打工毕竟不是长久之计，在家办好'大巴山森林人家'既能照顾家又能挣到钱，何乐而不为呢！"

经过一段时间的经营，罗国清发现要想发展好"大巴山森林人家"，其实不是一件容易的事，这里面有着大大小小的学问。"刚开始，在经营中就遇到了好多自己都想不到的问题，例如农家菜肴不够精致，口味上也没什么特色等。"罗国清说，"农家菜肴必须要讲究口味，要有自家特色，否则就没有回头客。"

为了把"大巴山森林人家"发展好，罗国清夫妇绞尽脑汁寻突破，不断向乡里有经验的同行请教，不断创新菜品，打造招牌菜，不断听取游客所提出的建议，热情真挚地服务，赢得了游客的一致好评。开业六个月，罗国清家的"大巴山森林人家"就获得纯利润3万元，成功实现脱贫致富，并于2015年脱贫越线。

罗国清一家的生活条件得到了明显改

善，每当谈到创业的成功，罗国清夫妇都非常感谢党委、政府的支持，身边亲朋好友的雪中送炭，以及最初说干就干的勇气和坚持。谈及下一步规划，罗国清表示，将再接再厉，更加精心经营好"大巴山森林人家"，带动更多的群众一起走上致富路。

14 马宗兰

奋进在脱贫路上的"女棒棒"

—— 胥 菠 ——

马宗兰是高燕镇坪原村村民，2014年因丈夫患病丧失劳动力，照顾家庭及供养两个孩子上学的重担全落在了她一人身上，一家人生活十分困难，马宗兰一家因此被纳入建档立卡贫困户。

不等不靠是宗旨，努力摘掉"贫困帽"

成为贫困户，马宗兰一家每年享受了不少政策补助，生活条件也有所改善，但她的心里还真有些"不情愿"。"我们夫妇俩年纪轻轻就成为贫困户，别人说不定认为我们是自身懒惰，不愿意努力奋斗，听起来叫人笑话。"马宗兰这样说道。

马宗兰暗暗下定决心，自己一定要不怕苦不怕累，多学政策，多找门路，找到脱贫致富的"法宝"，摘掉头上这顶帽子，靠自己的努力成功实现脱贫，走上幸福之路。

医疗支出有保障，再也不怕看病贵

"村上的干部给我们讲解了政策，说我们贫困户的基本医疗保险都是由政府筹资补助的，我们一分钱都不用交，政府还为我们买了脱贫保险，真是好啊。"

以前，丈夫的医疗费是马宗兰一家最头疼的事，现在医疗救治得到了保障，马宗兰更加坚定了自力更生、脱贫致富的信心。

孩子的教育是最重要的事

马宗兰自己没有念太多书，但她深知只有读书才能彻底改变一家人的命运。马宗兰常常教育孩子们，只有好好读书，考上好学校，才能改变自己的命运，美好的未来必须靠自己努力创造。

就算家里农活儿再忙，马宗兰也总是嘱托孩子们完成作业才下地帮忙。自己再忙再辛苦，马宗兰也从不曾缺席孩子们的家长会。马宗兰经常对孩子们念叨，现在条件好了，你们上学也有政府的补助，不需要花钱，要加倍用功，才不辜负国家的培养和父母的期望。

发展产业是脱贫致富的关键

马宗兰被评为贫困户以来，她时时刻刻都在思考，如何才能摘下"贫困户"这顶帽子。作为一个地地道道的农民，马宗兰首先想到的就是把自己手头的产业做好。

马宗兰决定养殖山地鸡和山羊。坪原村是山地鸡种源保护基地，发展山地鸡养殖业有很好的基础，也不愁销售渠道。马宗兰积极参加镇上组织的山地鸡养殖培训，向村里的养殖大户讨经验，在一点一滴的探索中掌握饲养方法。现如今马宗兰每年要喂养上百只山地鸡和20来只山羊，收入可观。

光靠发展产业还不够，因丈夫患病不能干重活儿，马宗兰让丈夫在家喂养山地鸡和山羊，自己到县城务工增收。因缺乏知识技术，马宗兰找不到合适的务工渠道，但常年干农活儿让她有一身的力气。因此，她决定在县城当"棒棒"，靠自己的力气来挣钱。

"虽然我是一个女人，可我一样有力气，男人能干的活儿我都能干，只要能挣钱，我从来不怕累。"

马宗兰虽然文化水平不高，但她明白一个道理：幸福不会从天而降，好日子都是奋斗出来的。在镇上干部入户走访时，马宗兰说："我们都知道贫穷的滋味不好受，但不能只懂得享受国家的政策而放弃自我发展，被评定为贫困户不是荣耀，是一种激励，只有努力实现脱贫致富才是对自己负责的表现，一味地'等、靠、要'，不生产劳动，不付出汗水，永远脱不掉贫。"

"现在的日子真是好啊！以前村里不通路，出行、吃水都困难，地里的庄稼也卖不了几个钱，家家户户的日子都不好过。现如今，村里的路越修越多，自来水直接可以接到家里，各家各户陆陆续续搬进了干净、整洁的小楼房，我们自家养的山地鸡和种的香菇、向日葵等农产品足不出户就可以销往全国各地，大家的日子是一天比一天红火。"说起村里的变化和自家脱贫致富的经历，马宗兰滔滔不绝。

15 彭时俊

一个懒汉的蜕变记

—— 毛光顺 ——

2019年11月14日清晨，河鱼乡河鱼社区5组贫困户彭时俊拉着他刚宰好的猪出门了。今年猪肉行情好，应该能卖个好价钱，彭时俊心想。

到达菜场时，各商家的叫卖声此起彼伏。彭时俊随便找了一处摊位，就开了卖场。因品质好，他的猪肉十分受大家欢迎，不到半天时间就被抢购一空。彭时俊数了数，今天一共卖了12750元，彭时俊笑得合不拢嘴。

"这已是今年第二次出售猪肉了，第一次卖出9275多元。另外，养羊卖出4000多元，还有中蜂、重楼等。今年通过发展养殖业收入可突破3万余元。"而这在以前，是根本不可能的事。

"家里有田不愿种，外地有活儿不愿做。"社区乡亲是这样形容彭时俊的，懒汉的名称跟了他大半辈子。2014年，因收入不达标，彭时俊被评为贫困户。"老彭这回好了，被评上贫困户，啥都不用干就等着国家给钱花。"个别乡邻私下里说着。

听了这些话，彭时俊心里很不是滋味，感到脸上火辣辣的刺痛。他想：我是想得到帮助，但不是等帮助啊。我要靠自身努力，早日摘掉"贫困户"的帽子。

有了目标就有了干劲儿。在帮扶责任人的帮助下，发展种养殖在他心里发了芽。就这样，他开始养殖生猪，种植中药材，饲养山地鸡。

刚开始，由于技术的欠缺，山地鸡吃得多、长得慢并且存活率不高。但是，这并没有消减他饲养山地鸡的信心和勇气。他多次主动参加山地鸡培训，主动向畜牧兽医站技术员询问饲养方法。慢慢地，他掌握了山地鸡"高架房、勤消毒、善观察、食量足"的饲养方法。

通过不懈努力，2015年至今，他每年饲养山地鸡200余只，存活率达90%，实现山地鸡年收入2万余元。2018年9月通过小额信贷贷款，他购买了种羊20只，进一步扩大自己的养殖规模。

通过在家发展种养殖业，彭时俊用自己的双手让日子越过越好。"老彭变了！"亲戚朋友不再叫他"懒汉""穷蛋"，其他贫困户也十分羡慕他。

但是他并没有藏掖所悟的技术和心得。他主动交流自己的经验，分享自己的心得。他对其他贫困户说："发展产业，莫怕失败，只要敢磨、敢拼，就能成功。"

"贫困户彭时俊他也有'等靠要'的思想，而他等的是养殖机会，靠的是自己勤劳双手，要的是国家政策。喂猪、养羊、养蜂、种植重楼，同时家里卫生打扫得非常好，对村支'两委'的工作非常支持，这些都是值得我们全村人民学习的。"河鱼社区第一书记向东在社员会上，是这样评价彭时俊的。

2015年年底，在党和政府的支持下，彭时俊在邻近公路的地段新建了房屋，仅仅两年时间，便顺利实现脱贫。"现在党的政策好，自己更要努力向前跑。"每每谈到眼下的幸福生活，他脸上总是洋溢着微笑。

16 彭中向

且看"懒汉"如何变"富农"

—— 罗 旭 ——

葛城街道棉沙村——全县90个贫困村之一，在这里，有一个这样的贫困户。他曾经是当地村民口中那个好吃懒做、烂泥扶不上墙的"阿斗"，如今却变成了当地村民眼中的养殖大户、现实版"富农"。他就是彭中向，葛城街道棉沙村3组村民。

彭中向和妻子何大菊两人都患有支气管炎，下不得苦力，干不了重活儿。家里耕地只有1.5亩，女儿上小学，一家人住在仅有60平方米的水泥房内，生活一直处于贫困状态。2014年，通过"八步两评议两公示一比对一公告"的精准识别流程，彭中向家正式建档立卡，成为第一批享受精准扶贫政策的帮扶对象。

为了让彭中向一家人早日摆脱贫困，过上小康生活，县上还专门安排了县人大常委会副主任、葛城街道脱贫攻坚指挥长施玉普同志为彭中向的结对帮扶干部。这几年，彭中向、何大菊夫妇利用现有的扶贫政策，充分发挥自身能力，努力拼搏，走上了脱贫致富的道路，成了其他贫困户学习的好榜样。

其实，刚开始被纳为贫困户时，彭中向在邻居的羡慕、帮扶责任人的关切中扬扬得意，因为大家天天在他耳边说："这下你安逸了哦，以后天天有扶贫干部送钱来给你用哦！"

老实的彭中向抱着怀疑的态度憨憨一笑，仿佛真的看到了自己躺在床上等政府送钱送物，不劳动也能有饭吃的幸福日子。

和彭中向想象中一样的是，自从被纳为建档立卡贫困户后，帮扶责任人、村干部三天两头来自己家中关心慰问。然而，和彭中向的幻想不同的是，干部们频繁的来访并不是别人口中所谓的送钱送物，而是了解家庭情况，规划脱贫道路。通过多次走访了解，扶贫干部看出了彭中向的小心思，语重心长地说道："贫穷是一所学校，只有努力奋斗，才有毕业的一天，我们就是来帮助你顺利毕业的。"

彭中向听着这句不太难懂的话，思考到：是啊！如果政府真如自己想象的那样送钱送物，缺啥给啥，那么自己一辈子都要靠帮扶过日子吗？这样的生活充其量饿不死，但能有机会走上致富的道路吗？我必须得自力更生了！

自从被纳入精准扶贫对象后，彭中向注意到县里的产业扶贫政策，想借着政策的东风让自己的生活快点儿好起来。他一方面通过帮扶责任人、村支部书记、第一书记等寻求政策扶持，一方面在本村种养殖大户家中勤奋学习种养殖技术。

2016年，彭中向将自家的田地重新翻新，种上了玉米、土豆、红薯等品种。春抓苗、夏除草、秋收季节一家人不雇车，不雇人，带着病痛将粮食收运回家。这样一来既节省了开支，又有了饲养牲畜的饲料，有效地将农副产品实现了深加工再利用从而达到增收。懂得这门技术后，他没有忘记身边一样需要帮助的村民，将自己掌握的增产增值科学技术毫无保留地传授给了他们。

2018年，他抓住了饲养生猪这个产业扶贫项目，并在帮扶责任人的帮助下，成功申请了5万元的扶贫小额贷款，有了这笔资金，彭中向的劲头更足了，信心更大了。现在，彭中向住上了城里人都向往的二层小楼，家电家具一应俱全，生猪产业持续向好，每年增收都在4万至5万元，"一达标、两不愁、三保障"不存在任何问题。

在自身发展良好的情况下，彭中向没有忘记乡亲们，他积极带头向贫困户宣传生猪饲养政策，并帮忙联系，帮谈价格等，贫困户们都乐呵呵地将牲畜牵回家。为了避免饲养不当，他还将自己学习到的技术和经验主动向大家传授。目前，全村贫困户饲养生猪的有30余户，在他的指导和帮助下个个膘肥体壮，全部实现了脱贫致富。

回顾在脱贫致富道路上奔跑的这几年，彭中向感慨万千："感谢共产党的好政策，感谢各级干部的真帮实扶，让我屋头能够逐渐改变贫困现状，摘掉这顶沉重的'贫困帽'。"

17 苏瑞成

自力更生种藕致富

———— 杨秋霞 ————

我县素有"九山半水半分田"之称，近年来，贫困户苏瑞成做起了半分田的文章。苏瑞成不等不靠，通过勤劳的双手种植莲藕，为自家开辟了一条脱贫致富路。

自力更生斩穷根

苏瑞成家住复兴街道阳坪村5组。2015年，苏瑞成在矿洞务工，遭遇瓦斯爆炸，造成6级烧伤，这场意外让他丧失了劳动力。"命是保住了，但我想都不敢想以后的生活该怎么过。"此时的苏家生活举步维艰，父母患有慢性病，两个女儿还在接受义务教育。苏瑞成说，就在他一筹莫展时，街道办了解到他的情况，将他们一家纳入了建卡贫困户。

"出去务工没人要，并且家中还有年迈的父母、读书的子女，也出不了门务工。虽然被纳入了建卡贫困户，享受了很多医疗、教育扶贫政策，但是脱贫不能只靠政府，还是要靠自己。"

苏瑞成偶然地在市场上看到莲藕很行销，想到家中也有藕田，而且对于种藕，已有二十几年的经验累积了。是不是可以靠种藕卖赚些钱呢？试试吧！他决定把家中的几亩田全部用来种藕。

说干就干,苏瑞成当即到书店买书学习,不懂的就上网查询,慢慢摸索,不断试验。2017年完成了规模化种植,2018年亩产达到6000多斤,凭借自己勤劳的双手,成为脱贫致富的典型。

苏瑞成像莲藕一样,即便身处困境里,依然保持内心纯净,自力更生,蓬勃生长斩断穷根。

种植莲藕脱贫困

此后,苏瑞成了解各项扶贫政策,不等不靠,什么挣钱做什么,产业越来越丰富。养殖土鸡、生猪、耕牛等牲畜,不但丰富了自家产业,还形成循环经济,一劳永逸。

"每年开春,我就早早地把粪草背在藕田里面去,这个就是最好的肥料。"苏瑞成介绍,因为是自家养的牲畜,牛粪、猪粪都是很好的肥料,用农家肥去种藕和庄稼,又用庄稼来喂养牲畜。原生态种出来的藕,藕体纤细直长、皮白、藕浆乳白、味美,深受食客喜爱。同时,土鸡、土猪每年都供不应求,顾客都是直接到家中购买,还可以先拿回去吃,吃得满意再来给钱,回头客很多。

就这样,苏瑞成在短短几年,就盖起了小楼房。2018年成功致富,实现脱贫目标,被县上评选为"脱贫光荣户"。

带领乡亲奔小康

苏瑞成这些年不断摸索新的产业路径,目光长远、多向发展,一家人搭乘着产业快车,奔向幸福生活,迎来了属于他们的"春天"。

"以前搞产业不敢投入太多,害怕赔本,挣不回来,有新的技术都只能小面积实验,成功后才敢大面积运用。"

"养殖牲畜,最害怕的就是环境污染,搞得周围臭烘烘的。"苏瑞成说道,特别是一到热天,味道更大,所以做好卫生很重要,顾客才能放心购买。

谈起今后的发展,苏瑞成说:"今年准备扩建各种产业规模,周围邻居以前都不相信我种藕能够挣钱,现在看到我挣了钱,尝到甜头,也想加入进来,我也想带他们一起走上致富的道路。"

苏瑞成介绍,村合作社正在与周围的农户协商,希望他们参与到产业种植中来,建成阳坪村莲藕产业带,并建立荷花基地,全力打造集莲藕产业、莲子采摘、休闲旅游为一体的产业体系。

18 王国军
坚定不移跟党走，脱贫致富奔小康

——任 琪——

在双河乡永红村有户贫困户，不但自己脱贫当上光荣户，带动周边贫困户脱贫致富，还紧跟党的步伐，成了预备党员。这个人叫王国军，家住永红村2组，家中共有3口人，他是这个家的宝贝儿子，是他家未来的希望。

王国军一家原本居住在永红村2组的半山腰，家中只有两间小瓦房，还时常漏雨。原靠父亲养活一家人，但父亲因长期从事煤矿工作，患上了硅肺病，不能从事重体力劳动，一家子的生活失去了主要经济来源。王国军又在读高中，让这个家庭更加困难。

"这种日子不晓得怎么过，娃儿必须要读书，屋头还要生活，我又不能下力了。"王国军的父亲时常叹息。好在脱贫攻坚的号角吹响，2014年，王国军一家被纳入了建卡贫困户，在党和政府一系列政策的精准帮扶下，医疗、教育都有了保障，他们一家人的生活有了变化。

"当贫困户不是什么光荣的事情，国家在帮我们，我一定好好学习，要考上大学。"高中时期的王国军立志要改变家中的困境，努力学习知识。2015年，王国军高中毕业，如愿考上了大学。

2016年，在国家政策的帮扶下，在乡村干部的鼓励下，王国军一家拿出仅有的1万元钱，在公路边修起了一栋一楼一底的钢筋混凝土房子，全家住上了新房。

2018年他们一家被评为脱贫光荣户，与此同时，王国军也大学毕业了。正是脱贫攻坚的关键时期，村委缺人干事，村里的大学生都不愿意回来干事，又苦又累还赚不到什么钱。村支书想到了王国军，准备好了一堆说辞，但没想到王国军一口就答应了。

"国家和政府这些年对我们家的帮助太大了，没有教育扶持，我的大学根本读不了。家乡需要我，我愿意回来支持家乡。"带着对党和政府的深深感恩，王国军成为永红村村委会后备干部。

在村委上班，王国军体会到了乡村基层干部的辛苦，看到了党和政府为老百姓做的一切，他深受感动，立即向党组织提交了入党申请书。2018年5月王国军成为入党积极分子，2019年7月成为预备党员。同时，他对脱贫攻坚一系列政策有了更深的了解，他想着光是脱贫还不够，能带动更多人赚钱就好了。

年纪小的他对互联网很熟悉，了解到这些年电商发展势头良好，于是他在2019年加入了秦巴生态馆，开办了电商服务站点，帮助村民在电商平台购买和销售产品。2020年他与18户贫困户签订购销协议，预计帮助贫困户户均增收1万元，实现农产品销售额达到20万元。

19 王仕刚

自力更生拔穷根

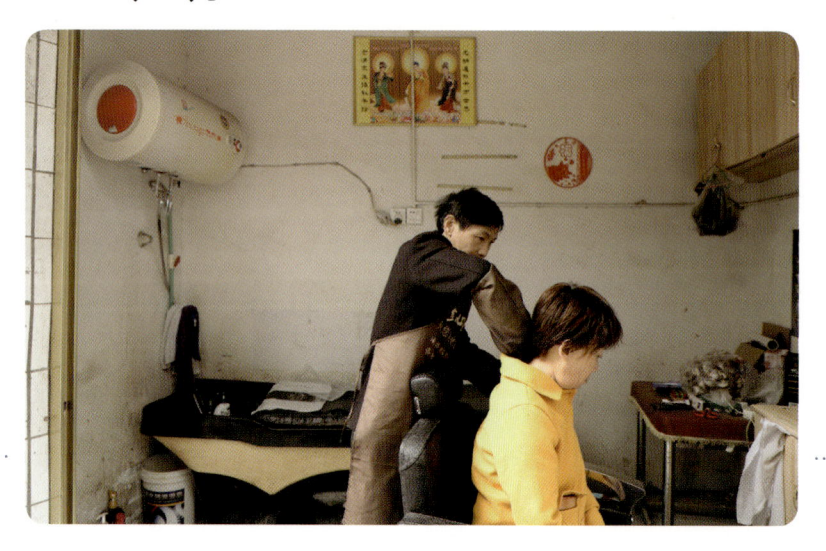

—— 冯 毅 ——

王仕刚，鸡鸣乡金岩村2社建卡贫困户，家中4口人，妻子叫贺怀修，膝下两个女儿。2014年，因两个孩子上学费用较大，加上两口子没有固定工作，收入来源不稳定，被纳入了建卡贫困户。自那时起，王仕刚便下定决心，一定要靠自己的双手闯出一片天来。

自力更生拔穷根

过去，王仕刚一直经营着一家理发店，但因为自身手艺一般，渐渐跟不上时代发展潮流，很多老顾客也被其他理发店抢去，生意日渐惨淡。经过无数个日日夜夜的总结反思，他毅然决定外出拜师学艺。他一个人来到重庆主城某培训学校，从最基础的洗头开始学起。

经过数月的"回炉重造"，王仕刚回到家乡，把自己的理发店进行了重新装修改造，取名为"诚心发屋"，寓意"诚信"。已离开的老顾客慢慢回来了，店里的生意逐渐走上正轨，每月收入能达到3000元左右。妻子贺怀修在鸡鸣茶厂务工，一年有一两万元的收入。同时，在各项帮扶政策的支持下，两个孩子读书得到很多扶持，大大减轻了家庭经济负担。

2015年年底，王仕刚一家成功摘掉了"穷帽子"。2019年，新房子装修完成，王仕刚一家搬进了新房居住。

"国家的政策这么好，他们已经帮助我解决了子女上学的问题，我们一家也已经渡过了最困难的时候。现在，吃穿不愁，日子越过越好了，我自愿申请主动脱贫。"王仕刚主动向村上递交了脱贫申请书。

脱贫致富不忘本

"王仕刚是一个热心肠的人。"这是街坊邻居对他的评价。王仕刚是金岩村2社的社长，村民无论大事小事他都会主动去帮忙，还积极为社员争取政策支持。

2018年，鸡鸣乡立足建设禅茶文化旅游示范片，计划以金岩村原有茶园为基础打造鸡鸣贡茶种植示范基地，需占用包括王仕刚在内的金岩村二社部分社员土地。部分社员不同意，认为该项目没啥前途，不愿意拿出来种茶。作为社长的王仕刚主动站了出来，第一个在协议书上签字按手印，并挨个到社员家中做工作。最终，大家都自愿签下了名字。

后来，村上计划成立一个茶叶种植专业合作社，王仕刚又是第一个报名参加，并积极动员其他社员加入合作社。目前，鸡鸣茶种植示范基地已与该村2454名群众建立利益联结机制，其中建卡贫困户606人，在基地务工26人，户均增收1200余元，出租土地获取租金35人，户均增收400元。

王仕刚主动请缨，指导社员种植茶苗，并带领社员在基地务工，俨然成为一个带头人。"我没想过外出务工，鸡鸣本地就有很多机会，理发、茶叶基地务工、采摘新茶、土地租金……茶园基地打零工，一天可以挣一百多块，家门口就可以养活一家人。"正在给客人洗头的王仕刚说道。

志愿成为宣传员

王仕刚最打动人的是他豁达开朗、积极向上的心态，与他交谈，自然会被他真诚而幽默的语言表达所感染。为此，当乡上组建政策宣讲团时，第一个想到他，他也毫不推辞，爽快地答应，成为"鸡鸣人讲鸡鸣事"宣讲团的核心成员。他先后参加多次现场宣讲，用他特有的诙谐幽默讲出了他自己的脱贫故事和党的扶贫政策，引导贫困群众不等不靠，自力更生，努力摆脱贫困，发家致富。

他坚信幸福生活是靠自己奋斗出来的，唯有靠自己活得才硬气！"您是真正的不等不靠，用自己的一双手实现了脱贫致富哟。"金岩村2社网格员笑着说道。

"我哪门不是'等靠要'嘛，你看我每天早上八点半就开门'等'顾客上门理发，每天都'靠'我一双手，理完发就要找顾客'要'钱，这不就是典型的'等靠要'嘛。"王仕刚打趣地说道。

20 文玉刚

昔日贫困户，养牛致了富

—— 周 纯 ——

四月，位于城口县东北部的岚天乡是偏爱雨的。细雨绵绵，丝丝点点，飘在山间，落在肩头，轻轻柔柔。两岸青山高耸，一条羊肠小道蜿蜒其间，小道旁 20 余头黄牛悠闲地吃着草，抖了抖身，发出"哞哞"的声音。放牛的夫妻是一对建卡贫困户，男子叫文玉刚，女子叫徐元琼。

文玉刚居住在三河村五社，自小生活贫苦，日子过得捉襟见肘。父亲年轻时外出打工，遭遇意外折了腰，干不了重活儿，母亲亦不幸早逝，年仅 10 岁的文玉刚便与身体患病的父亲相依为命。他回忆起不幸的童年往事，竟咧开嘴笑着说："穷人的孩子早当家，生活得过下去啊。"苦难没有令文玉刚自怨自艾，反而塑造了他吃苦耐劳、勤耕苦做的坚毅品格。"从我记事起便开始跟着父母亲做农活儿，挑粪水、打菜籽、挖洋芋、掰苞谷，那时候不管啥粗活儿累活儿我都干得可快哩，然而 13 岁时……"

一场意外残了一条腿

说到儿时的一场意外，文玉刚顿了顿，似是陷入了回忆，而后望望右腿，淡淡地说：

"13岁那年,我和父亲在高地上挖野菜,一不小心从山上滚了下来,然后就……"接着他指着空荡荡的短了一截的裤腿。

从山坡上滚下去后,文玉刚的父亲花了近一个小时才在坡脚下找到他,本就承不得重力的父亲使尽了全身力气才将身体已血肉模糊的文玉刚驮在背上,慌张地往卫生院送。可那时平路不通,山路崎岖,没有车,父亲只有佝偻着腰一步一步往山下走,抱着文玉刚走了一天一夜,才终于到达卫生院。那时,他的右腿已经没有知觉。文玉刚摔断了右腿,医学鉴定为肢体二级残疾,但好在小孩儿再生能力强,保住了命。

如今人到中年,文玉刚回忆起那时惊险的画面竟能像说着别人的故事一般。面对命运的玩笑,他说:"摔下来时我以为我死定了,可后来活了回来,我感恩极了,发誓以后一定要好好活!"

一项政策点亮一家希望

"文家小儿成了跛子,咱们以后可要多多照顾他",祖祖辈辈都生活在三河五社的村民们关系素来亲密,文玉刚摔了腿后,邻里街坊间便都悄悄传着这么一句话。

渐渐地,这句话也传到了村干部的耳朵里。村里的干部都是热心人,害怕文玉刚心生阴影,就常常带着袋儿鸡蛋到他家去唠唠嗑,陪父子俩吃吃饭,宛若家人一般。

2011年,在村干部的撮合下,文玉刚与同社的徐元琼结为夫妻。夫妻俩都是本本分分的老实人,虽有致富的想法却苦于无技术、无产业、无资金,只能常年在家种洋芋、栽玉米,日子依旧清贫。

2016年,扶贫小额信贷政策出台。"要不要贷"的问题在全国炸开锅,在三河村村民间亦是如此。"这玩意儿有风险吗?要是俺花完了还不上咋办""算了吧,贷款还是危险哩""贷吧管他呢,能有一年的时间周转呢"……一时间,村民们七嘴八舌讨论着是否要贷,但没人准备当这第一个吃螃蟹的人。

然而,过了几十年穷日子的文玉刚听到驻村干部宣传扶贫小额信贷时,想都没想就递交了材料。"我要贷!这能解决了资金短缺的问题,我为啥不贷?"一心要摆脱穷日子的他走上了产业致富的道路。

有了资金就有了门路。当年,文玉刚便通过小额扶贫信贷买了5只小牛崽,想通过发展黄牛产业摘掉"穷帽子"。自此,单腿的文玉刚一天中最忙碌的事情就是喂养和管护黄牛。每日,天还蒙蒙亮,他便要开始给小牛崽准备一天的食草饲料。午饭后,拉着牛群在山坡放养一圈儿,晚饭后又要给小牛崽们刷拭身体。

半年间,在文玉刚的悉心照料下,小牛崽长得很好。个头大的长到了1800斤,个头小的也长到了1600斤,文玉刚看着茁壮成长的小牛崽,内心乐开了花。他兴奋地跑到县城询问黄牛市场价,逢人便乐呵呵地介绍自家的黄牛,在驻村干部的帮助下,文玉刚年底黄牛卖出3头,收入2万余元。

看着银行卡上的收入,文玉刚笑眯了眼,似乎看到了致富的希望。2016年12月,文玉刚顺利脱贫,小两口的日子越过越敞亮……

一项技能改变一家生活

有了门路就有了招数。自养黄牛收入了2万元后,文玉刚似是发现了发家致富的契机,对生活的奔头更足了。

2017年,浑身铆足了劲儿的文玉刚为把养殖黄牛做大做强,又拉了十余头小牛崽回家。看着满车的小牛崽,文玉刚想着全家就快过上好日子,心里乐极了。

可天有不测风云,他哪里预料到一个月间竟有三头小牛崽相继病死,许多小牛崽也陆续出现消化不良的症状。眼看着越来越多的小牛生病,文玉刚急慌了,拍了拍腿,双手并拢,捂着脸说:"完了完了,钱都要打水漂了哦。"这时候,乡畜牧兽医工作人员闻讯赶来,经过检查和询问才知原来是喂食时精饲料比例过高,导致小牛崽瘤胃鼓气,并造成窒息死亡。

在乡畜牧兽医工作人员的讲解和指导下,文玉刚了解了喂养黄牛需精粗搭配、少给勤添,还要防止病菌、勤换饲槽。明白缘由的文玉刚豁然开朗,不停握着工作人员的手说着感谢,眼中泛着感激的泪光,说:"真是太感谢了,没想到这牛也跟人一样得'荤素'搭配才行啊。"

明白了养殖黄牛的注意事项后,小牛崽果然恢复了健康,文玉刚揪着的一颗心也终于放下了。后来,在党委、政府的帮助下,文玉刚参加了黄牛养殖培训,学习到诸多专业技能,并将学到和总结出的养殖技术教给身边村民,发动街坊邻里养殖黄牛。

2017年3月,文玉刚开始摸索出一套天然放牧养殖模式,运用岚天乡锅底凼天然草场的优势,每年4至5月将牛群赶上锅底凼,10月再牵回来。这样,每头牛月均体重可增长40至50斤,养殖黄牛成为他致富的产业。

自脱贫攻坚以来,像文玉刚一样脱贫致富的人还有许许多多。这其中不乏扶贫干部用脚步丈量距离,用泥土沉淀真情的用心帮扶,也更不乏他们自己穷则思变、意志坚定摘掉"穷帽子"的恒心与毅力。

四月的岚天依旧如往常淅淅沥沥地下着小雨,然而这里的一切正在脱贫攻坚中发生着翻天覆地的变化……

21 吴俊培
不等不靠不要，走上致富之路

———罗 红

吴俊培是蓼子乡长元村8组的一名建卡贫困户。"我不靠自己能靠谁？既然我有手有脚的，就一定能用双手打拼出幸福的生活。"这是他经常挂在嘴边的一句话。

自全面脱贫攻坚战打响，蓼子乡着力调整产业结构，走出了一条因地制宜、促进发展奔小康的治穷致富路子，带动了一批像吴俊培一样的脱贫致富光荣户。

想要富，就勇敢迈开步

2015年，在多方考虑以及亲友鼓励下，吴俊培打算在家里办一个养鸡场。家里上有年迈父母，中有残疾哥哥，下有幼小儿女，不能外出打工，就近在家做小产业是最佳的增收方案，既挣钱扶持了家庭，又照看了父母、哥哥、儿女。而养鸡又是最容易，也最适合吴俊培实际情况的小产业。

万事开头难。既然决定养鸡，问题就接踵而至。首先是选址。要把鸡场建在什么地方呢？屋前屋后就那么大块地方。吴俊培知道发展产业不能破坏自然环境，于是找了处幽静僻远又坡度适宜的自家地，圈出一亩搭建简易鸡舍。这种优越的自然条件给他的产业发展奠定了坚实的基础。

其次是资金。地方有了，可没钱开张，于是他狠下心去银行贷款。贷款似乎也不够，他又放下脸面找亲朋好友借。资金到位，就开始选鸡种了，终于在村支"两委"及亲朋好友的帮助下把养鸡场办了起来。

最后是技术。鸡场有了，如何养殖？吴俊培知道绝不能只是像以前养几只鸡那样。为了掌握靠谱的养鸡经验和技巧，他积极参加县上、乡上组织的养殖培训，并多方走访取经鸡苗选择、孵化温度、鸡群密度、防护疫苗等技术。通过知识学习和一年多养殖经历，他积累了丰富的山地鸡养殖技术，并逐步教会妻子，手把手培育出了自己的得力助手。

为幸福，再辛苦也值得

脱贫路上并非一帆风顺。在创业之初，吴俊培长达一年多亏本养殖，没有销量，但还是坚持做下去了。加之身体状况不好，他的脱贫路比别人走得更为艰辛。

吴俊培当时已想放弃，一度怀疑自己的选择是错误的。好在家人在背后坚定地支持，朋友在身边热情地开导，他才坚持再拼一拼。他说："这么好的政策不能浪费，我豁出去了！"

重拾信心的他四处学习销售经验、调查市场需求、对比鸡苗价格、研究提升品质，终于能滔滔不绝、满脸自豪地说出"山地鸡要以散养为主，要全天候放养，要以五谷杂粮、野草虫蚁为食"之类的话。

扶贫干部十分支持吴俊培发展山地鸡产业，帮助他申请发放了政府产业大户补助。有了这笔"额外"的资金，他将鸡舍升级为鸡场，充分扩大养殖规模，很快开始了人生的"逆袭"之路。

2019年，他共养2000多只山地鸡，鸡蛋日产量200枚，光是鸡蛋就增收8万元。他还专门定制了统一的土鸡蛋包装礼盒，方便客户需要。吴俊培的鸡和蛋品质都很好，十分畅销，常常供不应求。

争光荣，榜样带动齐脱贫

其实，在2016年吴俊培就通过高山扶贫搬迁政策住进了黄木窖新农村的三层小楼房，居住条件得到极大改善。虽然养鸡第一年赚钱不多，但基本达到脱贫标准。更是因为他的勤劳肯干，乡村"两委"给了他"脱贫致富光荣户"的荣誉称号。积极的鼓励往往带来良性循环，吴俊培有了"光荣户"的激励，干劲儿更加足了。

每一个长元村人都淳朴善良，吴俊培更是如此。他坚持"一家脱贫不算富，共同致富才幸福"理念，在村内销售的鸡苗鸡蛋永远低于市场价，亦从不遮掩，从不吝啬地向其他人传授养鸡技巧。在村子周边，吴俊培很受尊重，得到的评价颇高。

从开始的维持生计，到现在的养鸡大户，吴俊培总结出一句话："政策只是船，还得自己划好桨。"他这种不怕苦、不怕累、不等不靠也不要的精神是脱贫户光辉的榜样。

谈到未来计划，家中的读书郎承载着吴俊培最大的希冀。他打算稳中前进，慢慢扩大鸡场规模，但一切目的都是为了培养儿子求学求知。

"不想让儿子再脸朝黄土背朝天，希望他以后挺直腰杆子走出这片狭隘的天地，那才是他受益终身的事。"开办了鸡场的吴俊培眼界也逐渐开阔起来。

22 向春权

身残志不残，脱贫不掉链

余 静

　　向春权，一个普通且老实憨厚的农民，却有着一股吃苦耐劳、永不服输的创业精神。原本是个贫困户的他，通过自己不懈的努力和扶贫政策的帮助，现已成为一名脱贫光荣户。

　　2010 年的一次变故，使得原本就不富裕的向春权一家陷入了困境。当时，向春权想着既然专门在家务农，那就多喂几头猪，并买了打猪食的机器。不灵性、不识字的他，没有完全弄懂机械用具的情况，便直接开始使用机器打猪草。

　　不幸的是，在一次使用中，向春权的手搅入了机械中。左手的拇指当场搅断，为了医治手，把家里的积蓄花光，还欠了一堆外债。住院治疗几个月后，向春权出院了，但落下了残疾，从此干不了重活儿。

　　2011 年，不幸再次降临。向春权的妻子得了肺气肿，同样不能外出务工挣钱了，一家人陷入了贫困的泥潭。

　　2015 年，脱贫攻坚的"春风"吹暖了百姓的心窝窝，也吹进了向春权的家中。因为家庭贫困，他家被评为建卡贫困户。通过国家的帮助和自己的努力，向春权改建了新房屋，改造了厨房、厕所、院坝，自己有了舒适的居住环境。

2017年年初，向春权找到驻村干部。"现在家庭环境已经改变了，但我还想发展自己的一份产业。我不懂技术，不过在家搞养殖还是得行。"向春权笑呵呵地说道。政府得知消息后，让扶贫办的工作人员专程去了他家一趟，给他宣传小额扶贫贴息贷款，这个政策是专门针对有意愿发展产业的建卡贫困户的。向春权高兴极了，立即便申请办理了5万元的小额扶贫贷款，来发展产业。

向春权想到自己在农村长大，搞养殖有一定的基础，于是在最开始便喂养了10头生猪、2头牛。正当向春权意气风发的时候，一场突如其来的非洲猪瘟疫情让他心急如焚，他喂养的生猪相继死亡，这让向春权很心疼。原来想通过养殖增收，没想到，养殖之路并不平坦。

尽管养殖之路起起伏伏，但向春权发展养殖的信心很坚定。了解到猪崽市场行情看好后，为提高养殖效益，向春权开始饲养母猪。他吸取了过去的经验，及时消毒，并搞好猪舍卫生。

向春权介绍说："猪舍要卫生干净，吃食要营养充分，要保证窝干，要定时消毒，有时候还要做艾蒿熏蒸。我大部分时间都在观察它们，有蚊虫咬要购置杀虫灯，用艾蒿及时进行熏蒸。"通过一年的养殖，母猪长势很好，第二年繁殖猪崽12头。当时猪崽市场价格很好，向春权看到了希望。2019年，他将规模发展到了三头母猪，生猪存栏量达到了17头。

为了拓宽增收渠道，在饲养母猪的同时，向春权利用家门口的庭院，又发展了山地鸡200只。帮扶单位国土局职工王立群是他的帮扶责任人，一次走访时发现他家的山地鸡与别家养的鸡不同，没有喂饲料，并且是散养。在王立群的介绍下，他的山地鸡销售到了城口县城。"我现在山地鸡的销路解决了，每年可以卖一百多只，平均每只可以卖100块钱，一年又可以多卖1万多块钱。"向春权喜上眉梢。

不仅如此，政府今年出台的产业补助到户政策，也让向春权心里喜滋滋的。他向我介绍道："今年喂养了3头母猪，每头母猪政府补助1000元，并且饲养生猪2头以上，每头生猪补助300元。我还喂得有山地鸡，也有补助。以前自己种庄稼还要交农业税，现在不交税了，发展产业还倒给我们发钱，你说我还有啥子理由不脱贫致富嘛。"

现在，向春权已经是大榜村的养殖大户了，家里的年收入在4万元左右，儿子向超也于去年职高毕业，目前在重庆主城申通快递上班。现在他最希望的就是儿子能够尽快稳定下来，早点儿结婚，自己可以早点儿带孙子，趁着年轻还可以给孩子做个帮手。

23 杨开全
单腿蹚出脱贫路

—— 何光明 ——

"只要肯努力，只要不放弃，再大的苦都能顶过去，日子就一定能越过越红火。"这是高观镇东升村杨开全现在一直挂在嘴边的话。

2016年，杨开全被县上评为"脱贫光荣户"。邻里们都说，他是靠"单腿蹚出的光荣户"。

遭遇变故不低头

一截破旧的裤管，悬在下身右边，裤管下挽成的疙瘩，随着杨开全挪动的拐棍晃动着。

1984年，刚刚20岁出头的杨开全青春洋溢，浑身都散发着斗志和对未来的憧憬。但天不遂人愿。

有一天，他和往常一样到工地上修路，突然，公路内侧的巨石滚了下来，杨开全来不及避让，他的右腿被狠狠地碾压在巨石之下。由于巨大的冲击，杨开全右腿被高位截肢。

躺在病床上的他，不敢相信眼前的事实，近乎绝望，觉得自己这一辈子完了。那时的他意志全无，唉声叹气，失去了往日的风采，连抬眼看看前方的勇气都没有了。在之后的很长一段时间,生活琐事都要靠父母,他完全成了生活的废人,家庭的累赘。

没有了右腿,务工没人要,更别说成家立业。杨开全说,他失去的不只是右腿,还有对生活的希望。丧失了劳动能力,他不能出门打工挣钱,每天活成了"衣来伸手饭来张口"的样子。看着年迈的父母,天不亮就要出门,天黑了也还没回家,靠种地养活自己,他愧疚不已。

一个偶然的机会,改变了杨开全的状态。一位外地卖衣服的单手"跑跑匠"徐某,挑着一担衣服走到他家,看到杨开全的状况和他当时的情况一样,就一一地讲述了自己那段既痛苦又难忘的经历。尽管是个陌生人,但杨开全仍然被徐某身残志坚的精神所感动,竟突然觉得生命豁然开朗。

那一刻,内心波涛翻滚,他一遍又一遍反问自己:"我的下半生就这样颓废下去吗?"他狠狠地捶了捶截肢的右腿,暗自下定决心:"我一定要为家扛起生活的担子,不能成为家里的累赘!"

自力更生谋发展

槐花、菜花……一到花开季节,成群的蜜蜂便在房前屋后采食。一天中午,锄草回来的杨开全,走上地坝坎,看见一群蜜蜂嗡嗡地在门上来回乱窜,他不懂养蜂,但非常喜欢这群可爱的小精灵,就特意放了个木桶,方便它们安家。一周后,只见这群小精灵的数量在不断增多,忙忙碌碌地在桶里面进进出出,杨开全便萌生了养蜂的想法。

做蜂桶、学技术……摆在杨开全面前的困难和问题很多。听到邻里们都说杨开全准备养蜂,村里有名的吴木匠主动帮忙给杨开全做了7个蜂桶,杨开全便将原来木桶里面的蜜蜂转移到了它们的新家。

第一年,杨开全还不懂养蜂技术,蜜蜂不是被冻就是被饿,死了很多,分桶的时候还跑了许多。3年后,7个蜂桶只取了十多斤蜂蜜,但他并没有灰心、气馁,主动向周边蜂农学习。

人人都知道自主创业不容易,而对一个单腿的人来说,更需要付出超出常人数倍的汗水和心血。为了提高自己的养蜂技术,他起早贪黑,靠一条腿奔走几十里学习养蜂技术。边摸索边实践,慢慢地,他的养蜂经验丰富起来。从最初的7个蜂桶发展到45个蜂桶,每年取蜜400斤,收入2万多元,不仅顺利实现脱贫,还被评为"脱贫光荣户"。

驻村帮扶添信心

"政策再好,自己也要努力干,才能脱贫致富。"

2015年全县脱贫攻坚战打响了,各种帮扶政策接踵而来,杨开全的产业发展从此与驻村工作队、帮扶责任人绑到了一起。镇村干部经常到他家询问家庭情况、问身体状况、问产业发展情况……宣传政策、规划产业、交心谈心便成了他们交流的共同话题。

短短三个月，杨开全多次参加县里、镇里组织的培训，他不仅掌握了怎样预防蜜蜂疾病、留住蜂王等关键技术，还掌握了养殖山地鸡、生猪的饲养管理技术。

杨开全虽然文化水平不高，但他目光长远，他说："单一产业风险高，要多向发展，长短结合，才能稳定增收。"自己搞产业赚钱，政府还给予补助，杨开全的脑海中已有更多的规划布局，一副美好蓝图正在徐徐打开。

现在，杨开全有蜜蜂70余桶、猪2头，种了洋芋、苞谷、红苕，还养殖了100多只山地鸡，他坚信只要自己勤劳苦干，把家里面的产业发展好了，日子会越来越好的。

通过努力，他有了一套自己的养蜂管理技术和经验，养的蜜蜂死亡率低、产蜜量高，酿出的蜜质量好、品质高，很受消费市场的欢迎。

养蜂致富，蹚出脱贫路，36年来，他靠坚毅勇敢、不服输的斗志，用超出常人数倍的汗水和心血换回了如今幸福美好的生活。

24 杨证浩

人病志不短,抬起头做人

—— 李小玲 ——

"老杨,我去拿一些工具来,咱家鸡舍的门需要再固定一下。"杨证浩和妻子查福琼拿着工具正在固定鸡舍的门,不一会儿,汗水打湿了杨证浩的衣襟。

年近花甲的杨证浩家住北屏乡月峰村,家中4口人。前些年身强力壮的杨证浩突然患病,身体右侧失去知觉,被认定为肢体二级残疾。这突如其来的灾难让原本就贫困的家庭更是雪上加霜。但杨证浩并没有放弃,他鼓起勇气,克服种种困难,最终甩掉拐杖,一步一步站起来。如今,杨证浩搬进了新家,发展起山地鸡、食用菌等种养殖业,日子过得一天比一天好。

甩掉拐杖站起来,直面挫折不言弃

1992年3月,正在家中休息的杨证浩突感身体不适,身体右侧渐渐失去了知觉,家人紧急将杨证浩送往县医院抢救,诊断结果为脑血栓。

"那时候交通不便,我们整整用了6个小时才把老杨抬到医院。老杨是家里的顶梁柱,他不能就这样倒下。"回忆起当时的情景,查福琼眼眶里噙满了泪水。

在病床上躺了两个月，但情况没有一丝好转，医生建议杨证浩立即转院到重庆主城医治。由于没有足够的医药费，杨证浩决定放弃治疗，转为回家休养。

"为了给我治病，家里把唯一值钱的两头猪卖了，两个孩子还在上学，妻子又有眼疾，我实在不忍心让全家人再跟着我吃苦受累。"杨证浩说，躺在病床上，他唯一的念头就是无论如何一定要站起来。

回到家后，妻子每天帮助杨证浩按摩，每天在床边鼓励他，四处为他打听治病的偏方，杨证浩看在眼里，疼在心里。有了妻子的鼓励，杨证浩经过大半年的"折磨"后，杨证浩竟奇迹般地可以下床了。

没有爬不上的山，没有过不去的河。忍着疼痛每天坚持活动，两年后，杨证浩终于甩掉了拐杖。

病愈后的杨证浩虽然行动不便，但他无时无刻不在想着如何改变家里的贫困现状，他知道作为家里的顶梁柱，他一定要把这个苦难的家撑起来。

尽管生活如此艰难，杨证浩还供养了一名与他没有任何血缘关系的五保户老人，为她打扫卫生，送生活用品，常常对她嘘寒问暖。

此后几年间，除了帮助妻子干农活儿、照顾老人外，杨证浩还承包了小工程，经过不懈努力，家里日子渐渐有所好转，手上慢慢有了积蓄。

撸起袖子加油干，多管齐下奔富路

2015年，杨证浩利用家里的积蓄和向亲戚朋友借来的钱，修建了两层楼的小洋房，年底全家人搬进了新居。搬进了新居，杨证浩的信心更足了。同年，村民评选贫困户，一致决定将杨证浩家纳入贫困户，但杨证浩毅然拒绝了。

"比我困难的人还有很多，我虽然行动不便，但我头脑清醒，我可以通过自身努力来改变生活。"杨证浩说，"人病志不短，我不想成为贫困户，我要抬起头做人。"

2016年，借着全县大力发展"大巴山森林人家"的契机，杨证浩将新家改造了一番，发展起"大巴山森林人家"。当年，他家仅靠这一项就收入了3万多元。

除此之外，杨证浩家里还养了猪、羊及100余只山地鸡，又新修建了一个可容纳500余只鸡的鸡舍和3个食用菌大棚。为了不断提高种养殖技术，杨证浩积极参加培训，利用空闲时间自学，常常与其他种养殖户一起交流讨论、总结经验。

家里的生活条件改善了，杨证浩还常常帮助村里的贫困户，为他们修建新房借钱买材料，为他们发展产业出谋划策。

谈及下一步打算，杨证浩信心满满地说他将进一步扩大种养殖业规模，经营好"大巴山森林人家"，努力让全家人的生活越过越好。同时，他也会尽自己所能帮助更多贫困户。他相信，有了好政策，只要撸起袖子加油干，定能闯出一条致富路。

25 袁宗文

因病致贫不屈不挠，终成核桃种植大户

——张 禾——

我叫袁宗文，是庙坝镇石兴村2组村民。在外人眼中，我是一个苦命的人；在妻子儿女的眼中，我是一个越挫越勇的人；在我看来，命运只掌握在自己手中，只要坚持不懈，终究会否极泰来。

我家世世代代都是农民，到了我这一代家里还是住的土坯茅草房，靠天吃饭，靠地养家。但对于我和妻子来说，我们想要用自己的双手去创造更好的生活。

巨石无眼，害我贫穷加倍

20世纪90年代，全国掀起煤矿热，挖矿挣钱快，来钱多。看着家里老的老，小的小，房屋也在风雨中飘摇，单纯在家务农已经不能满足生活需求。我和妻子决定外出务工，经熟人介绍来到陕西省潼关县，开始了长达十几年的挖矿生涯。

刚开始到工地上时，我和妻子都不适应，工作强度大，工作环境恶劣，妻子身体底子不好，所以经常请假，我也只是勉强能坚持下去。挣的钱，除基本开支，全部寄回家给老人孩子。

随着时间的推移，我们渐渐适应了这份工作，工资也提高了，除去花费，还能够存一部分。看着存款一天天多了起来，我和妻子干劲儿也更足了，并打算将这笔钱用于修建新房，抚养孩子读书。

1996年的一天，我和妻子照常来到矿洞务工，意外发生了。一块重达50公斤的矿石向我砸来，我本以为自己的生命就要这样结束，旁边的妻子却救了我一命，奋力将我推开，自己却倒在巨石之下。

所幸巨石没有砸中妻子的要害，只是砸中了妻子的腿，经过抢救，妻子脱离生命危险，但腿却废了。这辈子她再也无法像正常人一样走路。

为给妻子治伤，我只能辞工到医院照顾妻子。经过半年多的治疗，妻子的腿伤略有好转。但几年的积蓄也被掏空，甚至还借了外债。

眼看这个家就要撑不下去了，妻子主动对我说："老袁啊，你把我送回老家吧，这条腿怕是再怎么治也治不好了，瘸就瘸了吧。我在家养伤，顺便还可以照顾爸妈和两个孩子，你继续回去上班，一家老小还等着你养呢。"

拗不过妻子，加上家里的情况确实不容乐观，我听从了妻子的话，将她送回了老家，自己继续回工地干活儿。我告诉我自己，一定要为这个家竭尽全力，再大的困难都要克服。

洪水无情，党和政府有大爱

在工地上，我没日没夜地干活儿，平时也省吃俭用，把挣到的钱都寄回了老家。妻子经过康复训练，虽然还是一瘸一拐的，但总算能下床，还勉强可以走路。闲暇时，妻子就在老家干一些简单的农活儿，种点儿小菜，除了供家里人吃之外，多的菜会拜托别人带到街上帮忙售卖，补贴家用。

经过我和妻子六七年的努力，终于将外债还清，还有了部分积蓄。而当时老家的房屋实在不能住人了，每每遇到下雨天，天上下大雨，屋里下小雨，被子经常被雨水淋湿，父母、妻子、孩子都睡不了觉，也不敢睡觉，生怕半夜房子垮了。

2007年下半年，我做出了一个大胆的决定——新建房屋。当我去向亲戚朋友借钱修房时，他们劝我去找政府寻求帮助。

但我告诉自己，日子是自己在过，好与坏与别人无关。党和政府如果能在政策范围内给予我适当帮助，我会很感谢，但我也不能等着政府的救济，自己要努力向上。我要完成我和妻子共同的愿望，新建住房刻不容缓。

经过东拼西凑，加上自己打工挣的钱，修建住房的启动资金已经够了，于是我开始新建房屋。

眼看地基已经打好，就要修建房屋主体，全家人都满心欢喜。可老天爷再次跟我开了个玩笑，2008年7月的一场大雨浇熄了全家人的建房热情。新修的地基被洪水淹没，几万元就那样打水漂，看着那一汪浑水，我仿佛再也看不到前方的道路。

这时候镇党委、政府成了我的浮木，他们主动找到我和妻子，表示会帮助我们圆建房梦。我的人生之光再次被点亮。在政府的帮助和全家人努力下，次年初我们住进了新房，一家人别提有多高兴了，可我却高兴不起来。因为越积越多的外债压得我喘不过气来。但想着房屋总算是建好了，心里也稍微松了口气。过完春节，我离开了温馨的家，去工地上继续挣钱还债。

梦想未实现，自己先倒下

经过三四年的努力，外债差不多都还清了，这本该是一件值得高兴的事，但接下来发生的一切让我高兴不起来。

2011年，我开始出现低热、咳嗽、咳痰、盗汗、乏力、消瘦等症状。以为是身体太劳累了，没太关注，就一直拖着。半年过去了，症状仍没有减轻。

一场感冒过后，情况急转直下。我开始出现咯血、胸痛、胸闷、呼吸困难等症状。这让我心里一惊，意识到这并不是简单的感冒症状。于是，我去歌乐山医院检查身体。

诊断结果让我觉得天都快塌下来了，我患上了肺结核病。医生要求我住院治疗，想到家里的情况，我下意识地拒绝了。妻子在得知消息后，坚决不让我出院，在妻子的坚持下，我留院继续治疗，没想到这一治疗就是大半年，又将原本不多的积蓄花光了。

村里的干部得知情况后，将我纳入了建卡贫困户预选名单，经过民主评议、村民代表选举等过程，我家被评为建卡贫困户。由此，孩子上学的难题解决了。我由衷地感谢村委，感谢党和政府，是他们又一次把我从苦海里面解救了出来。

务工增收行不通，发展产业来致富

医生说我的身体不再适合到工地上务工，也不能从事高强度的体力劳动。在医院治病的大半年里，我谨遵医嘱，养身体的同时，努力用脑袋寻求着新的谋生出路。

我让妻子买来各种介绍热门种植业技术的书籍，细细研读。结合实际，我发现老家的土地很适合种植核桃。核桃仁含有丰富的营养，对人体有益，是深受老百姓喜爱的坚果类食品之一，还易保存和运输。与妻子商量过后，我决定回老家种植核桃。

出院后，我主动找到村委干部，说想要发展产业脱贫致富，村委当即表示支持，并将我的情况汇报给了庙坝镇党委、政府。党委、政府迅速联系了秦巴土特产公司，希望可以帮助我种植核桃树，发展核桃产业。

我自己也到邻里朋友家中寻找合作伙伴。功夫不负有心人，我找到了三个愿意和我合作的人，秦巴土特产公司也愿意为我们提供发展方案、种植技术和工具，并且还和我签订了购销合同，等到核桃出产之后，秦巴土特产公司将上门收购。

在资金问题上，我享受了小额扶贫免息贷款，我将自己房屋抵押给银行，贷款十几万元，解决了发展核桃产业的启动资金。另外，请贫困户家中的壮劳力有偿种植核桃树苗。就这样，我走上了种核桃之路。

2013年年初，我联合合作伙伴到老家除草耕地，将从外地买来的两车核桃树苗栽到了地里。经过施肥除虫，树苗成功种下了。看着成片的核桃树苗，我的眼前仿佛都是金灿灿的，心想，这哪里是核桃树，这分明是摇钱树啊。

核桃苗经过两个月的生长发育，已经长出新叶，成活率很高。本以为可以这样顺顺利利开花结果，但想象很丰满，现实很骨感。核桃树怕涝耐旱，而六月的一场大雨将核桃树苗泡在雨水中整整三天。

雨停之后我上山查看，树苗被山洪冲得东倒西歪，有的甚至被连根拔起，这场大雨冲走了我们的大部分心血。看着满地的沟壑，一起合作的伙伴都不想干了。

我内心也在挣扎，到底要不要继续下去呢？但是回到家，看着妻子孩子笑脸相迎，看着满桌的菜肴，我不能放弃。"宗文，你不要放弃，你要是放弃了，我们家就没希望了，我们都会在后面默默支持你。"妻子意味深长地说。瞬间，我感觉全身充满力量，告诉自己，绝对不可以就这样被打垮。

经过整夜思考，我认为在这次大雨中，核桃树苗之所以损失严重，跟我们的排水网络不通畅有巨大关系。第二天，我就带着锄头和背篓上山了，我顺着山脊，挖了一条条排水的沟，将地里的积水全部疏通出去。然后给合作伙伴挨家挨户打电话，劝他们千万不要放弃，所有的问题，大家一起想办法解决。经过我再三的劝说，他们终于答应再坚持一段时间。

我重新从外地运来了一车核桃树苗，在伙伴的帮助下，将树苗补栽了下去。每天挑水适当浇淋，过了一个月，树苗竟然大部分都存活了下来。

经过嫁接，第三年核桃就开始结果了。看着满树的核桃果，我和一起辛苦了两年多的人都很高兴。并且我还联合本地的核桃产业大户成立了专业合作社，共同筹措资金、整合土地、商议日常核桃产业经营管理。合作社还雇佣我们镇的贫困户打理核桃园，目前已经成功培育出500余亩核桃林。现在，秦巴土特产公司已经预支给我们30多万的经营费，我们的生产经营有了保障。

2015年，村里进行贫困户动态调整，将我列为第一批脱贫的贫困户。我感到很光荣，因为，我凭借自己的努力终于摆脱了贫穷，扔掉了"穷帽子"，成为带动石兴村村民脱贫致富的产业大户。我还有一个梦想，我要让庙坝镇石兴村的核桃销售到全国各地。

26 曾品文

自尊为"拐"，自强为"杖"，走出新时代农民脱贫致富的康庄大道

——— 宋兴欣 ———

我记住曾大哥，是因为第一次走访他家时，他笑着拍了拍自己的腿，对我说："我只有一条腿，但是我觉得我很幸运。"他说完这话，笑着望着我们，眼睛里有光。

曾大哥叫曾品文，出生在高燕镇新军村的一个普通农家。他自幼多病，10岁那年一场高烧诱发腿部痉挛，因家庭贫困一直没有进行系统治疗，常年脚痛不止。在2010年，久病不愈引发部分骨头坏死截去了左腿。

曾大哥说，刚截肢那段时间他也颓废过，不想出门，不想说话。浑浑噩噩地过活了好几年。2015年，突然几个新面孔敲开了他家的门，自我介绍说是高燕镇政府新来的驻村干部和驻村队员，说现在全国上下在进行脱贫攻坚，党和政府很关心他们一家，劝他振作起来，把生活过好。

"脱贫攻坚？关我啥事？我一个瘸子，还过啥子好日子。"曾大哥冷冷几句话，想打发走他们。可是没过几天，那几个人又来了，和他聊起政策、聊起家人、聊起未来，一次、两次、三次不厌其烦地来。

后来又一次，有个自称他帮扶责任人的杨同志问他："你一辈子这么长，难道真的就这样下去了？"曾品文心头一震，拿起拐杖去村里转了一圈，发现自家房子是最破的，自己妻子的衣服都洗得发白了……

"得振作，得挣钱，不能让家人跟着自己吃苦！"曾品文满脑子只有这个念头。

可是想挣钱谈何容易，他想了很多天，都没个门路。这时候，驻村工作队又到他家，跟他宣传起脱贫攻坚的相关政策。从他们的聊天中，他突然对农村电商产生了兴趣，他的家在公路边，做农村电商不是正合适吗？说干就干，他开始主动找村上、镇上，了解农村电商服务站的标准，跟他的帮扶责任人说他的想法和面临的困难，找亲戚朋友去凑启动的钱……

难吗？我问他。

"肯定难呀！"曾品文说，"可是我运气好，碰到了好时候，有扶持政策，还有很多人帮扶，县上的、镇上的、村上的。有时候想想他们，就觉得再难也要干下去。"

生命关上一扇门，就会给你开一扇窗。我想，脱贫攻坚可能就是曾品文生命里那扇窗。在镇党委、政府的支持下，一切好像都顺利了起来，电商站办起来了，买东西的有了，卖东西的也有了，家里开始有了稳定收入。

在电商经营过程中，他又发现村里家家户户都有油菜，但是全村却没有一个榨油机，每次榨油都要背几里地去高燕镇上。他就想买个榨油机，方便村里，也能赚钱。

驻村工作队知道了他的想法，又帮他申请了小额信贷。贷款办下来，机器买好，村里人到他那儿来榨油，一斤一块钱，家里又多了个进项。高峰期一天能挣 1500 块，在以前这可是想都不敢想的事情。

过了两年，房子也修起来了，敞亮的两层楼房，老婆看到他都好像看到了英雄。曾大哥说，他突然觉得他重新活了一遭。

自家好过了，他又想起得帮帮村里其他人，于是他开始帮村里人卖洋芋、卖菜油、卖山地鸡，风里来雨里去，日子过得热火朝天的。2019 年，他帮乡亲们卖了 15 万元左右的农副产品，村民都特别喜欢他。

战胜贫困——我的脱贫故事

贰

立德

27 陈国容

巾帼不让须眉，养蜂创业脱贫

—— 陈一红 ——

45岁的陈国容是巴山镇元坝村1组村民，全家4口人，大女儿在读高中，小女儿在读小学，自己在家照顾孩子，丈夫外出务工养家。这家人2013年家庭人均收入2000元。由于家里子女上学开支较大，无其他经济收入来源，她家2014年被精准识别为因学致贫建卡贫困户。

一直以来，陈国容秉承着祖祖辈辈勤劳简朴、艰苦朴素的品格，守着农民的本分，坚守着大山，仰望着大山，依靠着大山，过着日出而作、日落而息的日子。她没有离开过大山，也不想离开大山，因为她不知道离开大山会怎样！

2015年，全县掀起轰轰烈烈的精准扶贫活动，教育、产业、就业等政策扑面而来。陈国容开始想：我能不能在现在这么好的政策下找到一条适合我——一个家庭主妇的发展道路？发展什么呢？她开始将她的想法和帮扶责任人沟通，帮扶责任人根据她家的实际情况，开始帮她谋划产业发展。

随着退耕还林、高山生态扶贫搬迁、房屋宅基地复垦的实施，大多数人下山，因而山上大量土地、林地资源闲置。陈国容居住的附近就有大量这样的闲置土地、林地。这一带植被覆盖率高，洋槐花、倍子、野莓等野生植物众多，野生蜜源种类丰富，具备得天独厚的养蜂条件。养蜂对劳动能力要求并不高，正适合陈国容。

想好就干，在扶贫政策帮助下，陈国容立即实施中蜂养殖。可是问题来了，养蜂不但要有干事创业的决心，还得有技术，她一个从未走出大山的妇女，去哪儿学技术呢？蜜蜂怎么养？怎么保证蜜蜂的成活率？蜂蜜怎么弄？这些成了摆在陈国容面前的难题。

在帮扶责任人的助力下，她通过上网查资料、到元坝村农家书屋借书、向养蜂人请教等，终于积累了一点儿养蜂的知识，但她依然觉得不够、办法不够多，也不够科学。2016年，村委看到她中蜂养殖规模与日俱增，便为她报名参加中蜂养殖技能培训。在培训期间，她如饥似渴地吸收知识，和学员交流经验。陈国容利用学到的养殖技术，从传统的圆桶养殖到方箱养殖，从蜂王培育到蜂群保护，从蜂群越冬到蜂蜜采收……几年下来，她攻克了一个个技术难题，总结了一套比较成熟的养蜂诀窍。

技术纯熟于心，产量亦甚可观，销量却不理想。她将问题反映给村委的时候，全体村干部和驻村工作队为她宣传，帮助她实现销售。2017年，陈国容产业发展得好，收入颇高，终于成功脱贫。

之后，陈国容的养蜂规模逐渐扩大，已达69桶，年产蜜约500斤，产值4万多元。在养殖中蜂的同时，她还养殖生猪4头，种植核桃树2亩，发展山羊和山地鸡等产业。2019年，陈国容家产业发展收入12万元，过上了小康生活。

回顾脱贫致富道路，她感慨地说："感谢党的好政策，感谢镇村干部的真帮实扶，更感谢自己一往无前的奋斗精神，让我家能够摆脱贫困，真正实现了全家人渴盼了多年的致富梦。"

28 古国英

弱女子自立自强奔脱贫，培养大学生建设家乡

—— 张如双 ——

不等不靠、自强拼搏，一个瘦瘦的女子从几年前当阳村人尽皆知的困难村民，蜕变成今天全乡闻名的脱贫励志典型，古国英靠的不只是党和政府扶贫政策的引导和支持，更多的还有自己的坚忍和努力。

连番打击，击不垮坚强的意志

古国英家住当阳村 3 社，家中 5 口人。少年时期的一场大病，让她无法从事重体力劳动。与丈夫结婚后，古国英生下了三个孩子，全靠丈夫赚钱养家，还有年迈的父亲需要照顾，日子过得清苦。但是这个完整的家庭，依然让她感到满足。

天有不测风云。2014 年 6 月，食道癌这个无情的病魔毫无征兆地击倒了古国英的丈夫，击破了这个小家庭的温馨和幸福。大家都说这病没治了，但她不肯放弃。为了给丈夫治病，古国英花光了家里不多的积蓄。

了解到古国英家的情况后，村里按照政策和程序将她纳入建档立卡贫困户进行帮扶和救助，教育、医疗、就业等多项扶贫政策如一场场"及时雨"，润及了这个快被困苦榨干的家庭。虽然得到了政策的扶持，她和丈夫也没有等靠要。夫妻俩借钱养殖20头山羊并逐渐扩大规模，地里的庄稼也没有落下。眼看着生活渐渐好转，命运却再次给了这个贫困的家庭重重一击——丈夫的癌症在2018年年初复发，春节前后两次住院化疗，但最终没能挽回"顶梁柱"的生命，这让一个弱女子几近崩溃。但是她知道自己不能崩溃，她成了家里的"主心骨"。父亲是名老党员，82岁且体弱多病，早已没有劳动力，三个子女都在外读书，且个个成绩优异，她不能倒下！

摘掉"穷帽"，全靠自己的双手

"人最怕没有盼头，谁愿意当贫困户？"这是她脱贫后经常挂在嘴边的一句话。在成为贫困户后，城口县生态环境局局长成了她家的帮扶责任人。帮扶人员不懈努力，多次深入跟她沟通，不断鼓励她靠自己的双手脱贫致富。她忙里偷闲参加养殖培训，有了目标，有了方向，说干就干。

由于知识和技术的欠缺，加上家中缺乏劳力，她的这条路比别人走得更为艰辛。她上午上山放羊，下午下地干活儿，来来回回几趟下来，常常累得上气不接下气。

她没有只靠低保金过日子，也没有只等着政策的扶持和救助。她说自己养殖规模不大，但能支撑起家庭。她的勤劳和辛苦被邻居看在眼里，都纷纷向她竖起大拇指。

培养两个大学生，引导子女回报社会

古国英常常给三个孩子讲党的好政策、干部的好事迹，教育子女要努力学习，做一个对社会有用的人。她日渐增加的白发和越来越差的身体，孩子们看在眼里，疼在心里。感受着母亲积年累月的操劳，大女儿精打细算地过着日子，大学毕业后回到城口，在电视台实习，帮着母亲分担家庭的负担。二儿子从小学习就名列前茅，以优异的成绩从重庆电子技术学院毕业。小儿子以优异的成绩考上了重庆兼善中学。

一下子，这个家有了两名大学生，在这个小山村里是不常见的。古国英高兴得流泪了——她，一个弱女子，不仅撑起了这个家，还把孩子们教育得个个成才，她的努力没有白费！2020年，当听到二儿子也要回家找工作回报家乡的想法时，她很是高兴。"苦日子终于熬出头了，感谢党和国家的好政策，感谢每一个真心帮助我们的人。国家的好政策让我们脱贫了，我的后人用行动来感恩、回报社会，我特别骄傲。"

29 何令

"吃水不忘挖井人"

…… 何 令 ……

我叫何令,家住城口县治平乡,是生活在大山里的孩子,我们家祖祖辈辈都过着面朝黄土背朝天的日子。

我的父母没有文化,只能干体力活儿,每天省吃俭用勉强维持家里的日常开支,他们把希望都寄托在我们兄弟姊妹四人身上,再苦再累也要供我们读书。他们始终相信,知识能够改变命运,只有多读书才能走出大山。

还记得我第一次步入学堂,因为不耐烦老师教我写拼音,就跑回了家,结果还没进家门就挨了一顿打。从此以后,我就乖乖地上学,不敢乱来。后来才知道妈妈为什么打我,爸爸妈妈小时候都因为家里负担重,交不起学费,连小学都没上完。他们外出打工,因为没有文化四处碰壁,遭人白眼。所以,他们想让我多读书,认为有文化才能有出息。

父母迎着朝霞出门种地,踩着晚霞回家,但他们从不抱怨,只是不断地叮嘱我们一定要好好学习,以后才能去大城市上学工作。日子就这样日复一日重复着。

都说穷人家的孩子早当家,慢慢地,我对"读书才能走出大山"的信念开始动摇了,因为我不想看到父母那么辛苦。学费交得越来越多,我发现父母比同龄人皱纹更多,老得更快。家里的房子因为积雪太厚发生了垮塌，家里的粮食、电器、家具等财物全部被掩埋，尽管乡政府和村委组织人员帮我们清理被掩埋的财物，也给我们家送来补贴，减轻了一些损失，但这仍是对家庭的一次重大冲击。

我认为家里孩子多，少我一个上学不会影响父母的期望，却可以减轻家庭的负担。父母知道我的想法后很生气，但更多的是内疚。

就在这时候，村支书带着一大群人来到我家，他们说国家搞脱贫攻坚，就是要帮助农村贫困人口过上好日子。听到这个消息后，我们全家都惊呆了，父亲说："干部同志，你们不是扯谎的吧，怎么会有这么好的事？"

我记得当天包括村支书在内的那群干部在我家聊了好半天，到后来我终于明白了，全村乡亲都觉得我们家更困难，可以成为第一批建档立卡贫困户。

我们家成为建档立卡贫困户后，国家政策确实在教育方面给予我们很多优惠政策：减免了学费、住宿费，还补助生活费。

帮扶干部为我们家规划了土特产种植和中药材种植，还给我们家购买了鸡苗，教给父母种植养殖技术。帮扶干部总是笑着说："希望这些药材和鸡苗能帮助你们离小康生活更进一步。"

爸爸不仅在家里种地、喂猪、养鸡，还在家周边的工地打工，到山上挖野生药材，每天依然早出晚归。

一天，我实在忍不住了大声问他："爸爸，以前你和妈妈就累死累活地早出晚归，现在国家都给我们把学费免了，还给生活补贴，也给家里发种子、鸡苗发展生产，生活越来越好了，你为什么还是要早出晚归，还要这么辛苦？"

爸爸笑笑说："令儿，爸爸小时候家里穷，没读过几天书，也跟你讲不了什么大道理。但是爸爸知道，政府帮我们，我们自己更应该努力。现在爸爸每天是很辛苦，但是爸爸的心里是甜的，有活儿干，有钱赚，家里产业发展越来越好，让我这个一辈子在山沟沟里待着的农民也觉得过上小康生活不再是梦。"当时父亲的话我似懂非懂，但这是沉默寡言的父亲说得最多的一次。

2016年我和哥哥一个考上了本科，一个考上了专科。

本来考上大学是一件值得高兴的事情，但我们家却高兴不起来。考上大学意味着家里又增加了一笔不小的开支。

在我们一筹莫展的时候，帮扶干部和高中班主任打电话让我们到县里的资助中心办理助学贷款。助学贷款解决了我们上大学的燃眉之急。因为有了国家的好政策，我和哥哥在学校得到雨露计划、国家助学金等资助7万余元，同时圆了大学梦。妹妹也享受了教育资助，家里的经济负担大大减轻。

春去秋来，时光如梭，我们家是脱贫攻坚政策的受益者。通过房屋改造政策，我们家从海拔1600多米的高山上搬到了场镇附近，产业发展相对稳定，较前些年有很大变化，在2016年顺利脱贫。

后来我才渐渐明白了父亲当时那些话。党和国家扶持我们偏远贫困山区，我们不能只是一味地索取，我们也要努力拼搏。"幸福都是奋斗出来的"，只有"撸起袖子加油干"，才能早日过上小康生活。那时候我默默对自己说，希望将余生奉献给生我养我的大山，用我所学的知识，为家乡做一些力所能及的事情，努力把家乡建设好，报答党和国家。

30 简文会
脱贫先立志，幸福靠奋斗

——— 王小玉 ———

初夏，早晨5点30分，伴随着晨曦，简文会起床开始前往高山上照料他的山羊。"这些羊就是我家的'钱袋子'，现在家里的开销全靠它们了，得好好伺候着。"简文会笑着说。

简文会是沿河乡北坡村建卡贫困户，去年母亲因为意外半身不遂，生活起居都需要人照顾。父亲年轻时受过伤，腿脚不便，如今更是多种疾病缠身。妻子在重庆主城打工，并独自照顾两个孩子上学。这一家人整天为生计发愁。

找准门路谋发展，山羊养殖有盼头

针对简文会的家庭状况，驻村工作队和村"两委"反复思考后，给简文会规划家庭发展。"虽然你家庭人口不少，但劳动力不多，属于上有老下有小的家庭。如果你外出打工，那么家中老人无人照顾；如果在家仅靠种植农作物挣钱，一年到头忙来忙去只能维持基本生活。通过发展养殖产业，既能增加收入，又能兼顾家庭，是目前最为合适的脱贫措施。"

发展养殖业这一精准帮扶方向确定了，但养殖什么呢？参照政府政策，驻村工作队和村"两委"又给简文会算了一笔账："山羊养殖疫病发生的概率低，且羊肉市场价格相对稳定，政府也有扶持贫困户发展养殖业的补助政策，随着养殖规模的不断扩大，每年的收入可观。"

在驻村工作队和村"两委"的鼓励与协助下，简文会说干就干，在妻子老家废弃老宅盖起了羊棚，陆续购进了 20 余头山羊。

养羊的地方在沿河乡迎红村的高山上，简文会每天早上很早出门，骑上摩托车开始他一天的奔波。"羊放出去后也需要看管，不能让它们去破坏庄稼。"

除养羊外，简文会家还种植了魔芋等农作物，养殖了几十只鸡和鸭。同时，简文会还是生态护林员，父母亲享有低保，这又为家里增加了一笔收入。2018 年，乘着危房改造、环境整治的东风，简文会一家搬进了新居，幸福的曙光照耀，一切都在慢慢变好。

简文会经常说："不能永远当贫困户，躺在家里等着政府送钱，只有活出一股精神、一股志气，自力更生，吃苦耐劳，尽早甩掉'贫困帽'，才对得起党的期望和政府的政策。"

照顾父母显孝心，孝老爱亲好榜样

母亲瘫痪在床是简文会出不了远门的原因，但他从未抱怨。

最初，母亲时常以泪洗面，想要了此残生。简文会不厌其烦地给母亲做思想工作，还常常找亲朋和邻里帮着劝说。在简文会的努力下，母亲如今的精神状态很不错，有时候还会坐着轮椅到院子里晒晒太阳。

"他一天辛苦得很，既要放羊，又要母亲照顾，忙里忙外都是他一个人。"简文会的父亲说起话来带着轻微的颤音，眼睛里有泪花浮动，"我又搬不动他妈，大小事情都只有依靠他才行。"父亲对自己的无能为力感到内疚，对儿子也是百般心疼。

扶贫先扶志。在脱贫攻坚道路中，有这样一些人，他们虽然有着不幸的遭遇，但是在党委、政府的扶持和自身努力下，正逐步走上脱贫致富的康庄大道，幸福生活的画卷正徐徐铺展。

31 李发强

"脱贫主要靠自己，不要让人看不起"

—— 李小玲 ——

"发强，你的手受伤了，干活儿要慢慢来。""没事，我可以的。"近日，记者在周溪乡龙丰村看到，左手食指还打着钢针的李发强正在帮助邻居检修水管。"邻里好，赛金宝。"这是李发强经常挂在嘴边的一句话。

李发强家中有3口人，哥哥常年在外务工，剩下李发强和患有精神疾病的母亲相依为命。前些年，李发强家被评为贫困户。

自2015年以来，在党委、政府的帮助下，通过自身努力，李发强发展起了种养殖业，逐步走上了脱贫致富路。2016年，李发强家不仅成功摘掉了"贫困帽"，还被县委、县政府授予"脱贫致富光荣户"的称号。

一路走来，李发强明白了一个道理："纵然国家政策再好，脱贫致富关键还得靠自己。"

因贫辍学，外出务工补家用

李发强家祖祖辈辈都是农民，全家人仅靠几亩地维持生计。父母非常勤劳，每天天不亮就起床去地里干活儿，天黑了才回家，尽管如此，靠传统方式生产，难以让一家人摆脱贫困。

父母的艰辛和家里的贫困让李发强看在眼里，读完小学五年级后，李发强选择了辍学，在家帮助父母干农活儿。

每天面朝黄土背朝天的辛勤劳作，也没有换来生活的好转。1998年，14岁的李发强毅然决定外出打工挣钱补贴家用。

李发强辗转河南、河北、上海、广东等地，先后做过矿工、送货员、门卫等。李发强勤勤恳恳，省吃俭用，将所赚的钱大部分寄回了家。

慢慢地，日子开始有所好转，家里有了一些积蓄。但天不遂人愿，2004年父亲去世，此后母亲的身体也大不如从前。因为母亲常年需要吃药，李发强只能更加卖力打工挣钱。

2014年，李发强回到家乡，结束了常年在外的打工生涯，他决定留在家乡发展，照顾好母亲，让老人安享晚年。

立志有为，返乡闯出致富路

回到家乡后，李发强一边照顾母亲，一边修建新居。很快，房屋修建完成，李发强和母亲搬进了新家。

因为村里大多数年轻人外出务工，家里剩下的基本是老人和孩子，作为一个年轻人，谁家有事李发强都会去帮忙，比如修水管、上房捡瓦维修等。

李发强是一个闲不住的人，也是一个不甘落后的人。怎样才能摘掉"穷帽"？夜深人静时，李发强常常辗转难眠。

"家里几亩地种的传统粮食作物根本卖不了多少钱，我要将土地有效利用起来，让它发挥出更大的效益。"李发强突然萌生了这样一个想法。

说干就干，2015年8月，全县脱贫攻坚战号角吹响，借着契机，李发强利用打工期间学来的种植技术，发展起种植业，在玉米地里套种了3亩百合和沙参。

李发强每天都在地里观察琢磨，生怕百合和沙参出现一点儿问题。李发强在网上查找资料，向专家请教。功夫不负有心人，在李发强的精心管理下，百合和沙参长势喜人。2016年，李发强扩大了种植规模，百合和沙参发展到8亩，收入达4万余元。

李发强还新建了两间鸡舍，实现了分散养殖，规模发展到200余只。因为李发强家的山地鸡利用荒坡山地科学散养，吃起来味道更加纯正，他家饲养的山地鸡售价达40元每斤，且供不应求。2016年，养殖山地鸡收入加上卖沙参、百合、蜂蜜的收入，李发强家成功摘掉了"贫困帽"。下一步，李发强将继续扩大种养殖规模，正筹备开办网店，将村里的特色农产品卖出去，带动更多群众一道发家致富。

"人不怕穷，就怕失志。"李发强坚信，赶上了好时代，遇上了好政策，只要立下脱贫志，铆足精气神，发挥主动性，就能开创美好的生活。

32 李子贵

"不等、不靠、不要"，
争做新时代脱贫致富人

—— 张云玲 ——

我叫李子贵，家住城口县东安镇仁河社区1组，是一名地地道道的农民，家里有妻子及两个孩子共4口人。2017年，一场意外使得原本就不富裕的家庭举步维艰。2018年，我被评为建卡贫困户。2019年，在全家人的共同努力及东安镇党委、政府的帮助下，我家摘掉了贫困的帽子。现在，我家庭和美，孩子好学奋进，成绩优异，日子一天更比一天好。

一场意外，生活陷入困境

2017年3月15日，我从兴田村工地返工回家途中，骑摩托车发生意外，撞上了路边的电线杆，造成右腿骨折。屋漏偏逢连夜雨，不久，妻子在务农时意外摔伤了手。为给我和妻子治疗，家里微薄的积蓄被花光了，还欠下外债。受伤后的我暂时不能继续到工地务工挣钱，家里的农活儿也无人看管，加上女儿即将升高中，儿子即将升初中，各种家庭开销使得家里入不敷出，十分艰难。

这个时候，作为家里顶梁柱的我，只恨自己不能够分身，不能扛起家庭的重担。我想，困境只是暂时的，阴霾终将散去。我天天盼着自己的伤赶快痊愈，好摆脱这暂时的困境，让一家人过上好日子。

人穷志不穷，"不等不靠"谋脱贫

2018年，我和妻子的伤势逐渐痊愈，但由于没找到发展的门路，增收无门，一家人贫困的现状仍然得不到改善，被镇里评为建卡贫困户。仁河社区支部书记、居委会干部和驻村干部了解到我家的具体困难，来到我家与我交谈，帮助我想办法、谋产业、找就业，帮我重新点燃了对生活的信心。我时常在想：党的各项扶贫政策这么好，我们也不能辜负大家对我们的帮助，我们要努力战胜各种困难，积极找出路、谋发展，只要勤劳肯干，生活一定会越来越好。

懒汉思想"要不得"

虽然我家经济困难，但要强的我不愿意以"贫困户"的身份去"等、靠、要"，被动地等着政府来给自己脱贫。我觉得当上贫困户并不是一件光荣的事，要摘掉"贫困户"的帽子只有脚踏实地，艰苦奋斗，况且现在党和国家的政策那么好，我更应该自力更生，不能在家坐享其成。扶贫不是养懒汉，争做贫困户可耻，只有靠自己劳动得来的才是最踏实的。看着周围的村民一家家富了起来，而自己家却缺衣少食，捉襟见肘，我下定决心要改变自己的现状。

发展增收"等不得"

为尽早帮助我们家摆脱贫困，镇村干部经常到我家关心生产生活情况，了解我们的生活需求，详细地为我讲解扶贫政策，帮助孩子们申请教育资助，帮我谋划脱贫致富的路子。在了解到各项产业政策并寻求到相应技术指导后，我决定通过在自己地里种植中药材重楼来增收。

万事开头难，由于之前从未种植过中药材，很多事情都摸不着头脑。我不断学习重楼种植技术，在学习技术的同时，我还要负责家里的家务活儿和庄稼活儿。我看了很多药材种植方面的视频，起五更、爬半夜，利用一切空闲时间来学习，把自己从"门外汉"变成掌握了种养技术的"土专家"。

我家的产业发展越来越好，目前养了中蜂2桶、生猪2头、山地鸡20余只，魔芋和重楼发展得相当不错。销售重楼年收入可以达到1万多元，大家都称我是药材种植能手。

多方就业创收

2019年，在发展产业的同时，我还到花千源公司上班，管护蜂场，饲养中蜂，每月工资有3500元。加上妻子身体康复后在重庆市北碚区电子厂务工，我家的年收入有7万余元，稳定实现了脱贫，2019年还被评为县上"脱贫致富光荣户"。

一家人的辛勤劳作终于有了收获，家

庭经济增收，生活质量提高，精神面貌有了很大的提高，致富信心更强了。

常怀感恩之心，用勤奋回馈社会

我怀着一颗感恩之心，感谢党委、政府，感谢村干部、驻村工作队和帮扶人的帮助，感谢曾经向我伸出援助之手的乡亲们，让我家能够从迷茫和困境中走出来，实现脱贫致富。

我深知勤劳才能致富，今后我要继续做一个勤快的人，我会尽自己的所能帮助更多的人，创造属于自己的幸福生活。

我经常教育孩子要懂得感恩，将来读书成才之后要回报社会，乐于奉献。吃水不忘挖井人，我们一定要常怀感恩之心，以实际行动来回馈社会，为乡村发展做出贡献。

33 李祖纯
"假"社长争当脱贫光荣户

——彭 洪——

坪坝镇有个瓦房村。其实,瓦房村里都是平房,极少有瓦房,仅存的几间瓦房也在这两年宅基地复垦中拆除了。之所以被称作"瓦房村",是因为在清朝时期这里就有人居住,当时分为大房、二房、幺房,大多是砖瓦结构房屋,后来就简称为瓦房村。

瓦房村是坪坝镇的贫困村,位于坪坝镇西北方向。辖区面积2.74平方千米,辖9个社,总人口275户1227人。其中,农业人口1052人,贫困户54户267人,低保户37户92人,五保户5户5人。

该村的李祖纯2014年建档立卡,2016年实现脱贫摘帽。

闲不住,有活儿的地方就有他的身影

出生于1961年的李祖纯由于家里兄弟姊妹多,没怎么上过学,从小就跟随父母在家务农。他跟泥水匠学习修房、砌堡坎,一做就是几十年,手上的技术还算过关。

本来勤劳肯干的他家里条件还过得去,但是由于年纪越来越大,劳动能力逐渐下降,又常年多病,按照"两不愁三保障一达标"的标准,于2014年被评为建档立卡贫困户。

"我成为建卡贫困户以来,政府的帮扶政策大大地拉了我一把,特别是医疗救助政策。我每年都要去住几次院,到医院后可以先不用交费,而且每次住院个人缴费都很少。这几年身体情况逐渐好转,我的生活也有了明显的变化。但光靠政府的帮扶是不行的,勤奋劳动才能致富。"

2019年,瓦房村成立了村集体经济组织,在村内实施环境综合整治项目。李祖纯主动到村委找村主任袁忠万,说:"今年我们这儿要搞建设,能给我找个活儿不!"到工地后,他勤劳肯干,不仅把以往的臭水沟都整治了,还带领周边群众参加义务劳动,检修年久失修的入户便道8处。

2020年年初,李祖纯听说木瓜口至岔溪口道路要改造,又主动到施工队找活儿干。施工队见他精干,让他在工地上砌堡坎。这个活计让老李增加务工收入2万元。

在家务农也是一把好手

居住在主公路旁边,能够耕种的土地相对较少,老李就租用了周边群众的2亩土地来种,地里有苞谷、洋芋、红薯、豆类、蔬菜等。老李还养了4头猪和50多只山地鸡。种养殖业增加了家庭收入。

2020年,李祖纯通过"户貌六改"扶贫政策对鸡舍进行了改建,对房屋周边的阴阳二沟也进行了改建,人居环境变得越来越好。

"假"社长,"真"服务

李祖纯是瓦房村八社的"假"社长,"真"社长是他的儿子李云昌。儿子年轻力壮负担重,忙于打工赚钱养家,村里很多事情都不能参加。需要社长干的事情,李祖纯就扛了下来,把村里群众服务工作做得很好。

2019年春节,瓦房村举办了"迎新春 送祝福"活动,李祖纯主动为外来群众领取灯笼和春联,并送到每家每户。2020年上半年统计生猪崽需求时,正是春耕生产的农忙季节,接到通知后的他第一时间挨家挨户统计数据,没在家里的都一一打电话。

通过几年的脱贫攻坚,瓦房村的"两不愁三保障一达标"问题基本清零,但是部分群众的饮水管护问题一直是诟病的痛点。看到这一情况,这位"假"社长又开始忙活了。他自发带领社员成立饮水管护协会,制订饮水管护办法,并主动承担饮水管护员。他就是这样一位热心肠人!

34 刘纪忠
用笑容治疗创伤，用勤劳托起希望

——田 野——

在讲述今天的主人公之前，我无法想象一个中年丧子的人会怎样：一夜白头、哀毁骨立，或者万念俱灰、一蹶不振，又或者像是家里的希望破灭了，幸福美满顷刻间轰然倒塌……

当我得知刘纪忠和他的妻子都是残疾人时，实在是无法想象这样不幸的事发生在他们身上，他们该如何面对这一路走来所遭遇的困顿坎坷，又怎么去面对明天也许会出现的颠沛流离。

在我见到夫妇俩的时候，刘纪忠正灰头土脸地在堆砌着他门前那条宽阔的入户路，汗水和着泥灰沿着眼角的皱纹顺势而下，六月的阳光映得他仿佛一尊铜雕。他眨巴眨巴眼，右手扶着路缘，左手夹着烟，边揉着眼睛边朝屋里吼了声"来客了哦"，然后笑眯眯地把我们往屋里引。

他妻子丁尚翠正靠在门口，手里端着喂鸡的簸箕，见着人来便喊着："这么大的太阳，快进来坐。"她转身进了屋，把簸箕放在堂屋，在偏厅里拉开凳子。我只见着她一脸的笑，转眼桌上就摆上了茶水、瓜子和水果。我心里暗暗惊叹，这就是中年丧子的残疾人夫妇？

寒暄了几句，我切入正题。我告诉刘纪忠，今天一行的目的就是想了解对于他这样的家庭，在发生了如此不幸的悲剧之后，经过了怎样的煎熬和摇摆才走出黑暗；又是通过怎样的努力和奋斗，才战胜了生活的不易，让一家人生活得如此幸福。他眼里泛起悲伤，但只是一瞬就恢复了正常。沉默片刻后他便娓娓道来，这一切要从2017年说起。

刘纪忠一家原本生活在海拔2000多米的高山上，物资匮乏，两人又身患有疾，全家4口人当时住在一起，都指望着一亩三分地过日子。对于他们来讲，并没有想过自己后半辈子的生活还会发生怎样翻天覆地的变化，既没有奢望过更好，也没有揣测过不幸。2017年12月，考虑到夫妇俩都是残疾人，女儿刘国美高中在读，刘纪忠一家被纳入了扶贫开发建档立卡户。瞅着国家的政策的扶持，两口子心里开始渐渐有了对美好生活的向往和憧憬。

然而天有不测风云，不幸的事来得那么突然。2018年，刘纪忠年轻的儿子意外去世。对于这对残疾夫妇来讲，这样的打击应该比常人更加难以接受。也许那是他们最黑暗的时光吧。"命运对我越不好，我越要改变命运。如果改变不了我的，至少要改变你的。"这是刘纪忠在儿子去世之后对女儿刘国美说的话。

通过小额扶贫信贷发展产业，家里种植了广香、核桃经济林，养殖了黄牛、中蜂、山地鸡和生猪。2019年，刘国美顺利考上了大学。捧着录取通知书，虽然刘纪忠和丁尚翠都不识几个大字，但这是老两口这几年来笑得最久也最舒畅的一次。

女儿刘国美入学的时候，刚好也是龙潭的村组公路硬化完成通车的时候，刘国美走在水泥路上渐渐远去，蜿蜒的道路就像是未来生活的希望一样，一眼望去，延绵不断。

"党的政策是真好。"这是刘纪忠一直重复的一句话。丁尚翠说："现在入户路都修到家门口了，盖房子有补助，改厨、改厕、改院坝都有补助，发展产业也有补助，生病了看病还报销。"

这几年来，政府对刘国美的教育资助，解决了刘家供娃读书的后顾之忧。丁尚翠通过公益性岗位也获得了一份稳定的收入，而刘纪忠通过周边务工，也增加了收入。2019年，这个家庭人均纯收入将近9000元，远远超过了脱贫标准。生活渐渐红火起来，老两口的笑容也更多了。

日子越来越好，但老两口改变命运的步伐没有停歇。刘纪忠笑眯眯地说："今年打算把两头黄牛卖了，最少能卖2万元，把牛圈扩大些，明年再多喂几头。广香今年种了10亩，明年要再扩大规模。"

丁尚翠告诉我们："别看他身体有残疾，他是真的吃得苦，又有事业心。"

面对夫妻俩满脸的笑容，我实在无法想象，两个没有接受过太多教育的残疾人经历了生活中这么多不幸后，一言一行里透露出来的竟然全都是满满的正能量。

35 刘玖元

靠电动三轮车"代步"发展产业的脱贫户

—— 黄兰平 刘 容 ——

自 2011 年以来，妻子王成香常年在外务工维持家用，刘玖元则在家照顾儿子。

"也许在别人眼里，我所做的是应该的，不起眼的，但我相信我所做的一定可以慢慢让这个家发生改变。"刘玖元语气坚定地说。

刘玖元是咸宜镇双丰村村民，家中3口人。2014年，他家因病致贫被纳入建卡贫困户。他自立自强，自力更生发展起了产业，2016 年成功脱贫，儿子也顺利考上高中且在班上名列前茅。

丈夫遇难关，妻子挑重担

2011 年，对于很多人来说，和其他年份没什么不同，可是对于刘玖元一家来说，却犹如噩梦。

之前，刘玖元在煤窑干活儿谋生，工作虽辛苦，但工资很诱人。妻子王成香在家种庄稼，带孩子。本以为日子会平静如水，简单而幸福地过下去。但天有不测风云。

刘玖元时不时就觉得髋关节疼痛，严重时，腿脚都不能下地行走。起初，他以为只是因为劳累过度或者天气原因引起的关节疼痛，休息一下就没事。后来去医院检查，被确诊为股骨头缺血性坏死，因耽搁时间较长而无法治愈。

刘玖元万万没想到，一时的疏忽大意却导致终身残疾，从此再也无法正常行走，更谈不上干活儿了，而且还得长期就医吃药，加之年幼的儿子还得上学，家中开支巨大，生活瞬间变得窘迫起来。

再苦再难，生活还得继续，家中的重担只能落在妻子王成香身上。经过商量，妻子王成香决定外出务工维持家中生计，刘玖元则在家养病并照顾儿子。

在那之后，刘玖元久久不能入睡，除了髋关节异常疼痛之外，他更担心从未出过远门的妻子在外会受委屈。作为一个男人，这些本该由他来承受，而如今却要让妻子来为这个家操劳、奔波，他感到无比难受。

电动三轮变"代步"，发展产业奔致富

2014年，刘玖元家被评为建卡贫困户，但日子并没有因此好起来，只是能够勉强维持罢了。2015年，随着脱贫攻坚战的全面打响，刘玖元家也迎来了新的希望。

他向村干部了解到产业发展的相关政策，在心里一合计，觉得发展产业不仅可以增收，还能得到一定的补助，何乐而不为呢？这点燃了他心中的斗志，着实让他激动了一番。

发展产业固然好，可自己犹如废人，都不能行走，怎么发展产业呢？就在他灰心丧气时，妻子安慰他道："虽然你的脚不能走，但可以用电动三轮车代替啊，不仅可以代步，还可以运输鸡饲料等，一举两得。"一语惊醒梦中人。夫妻俩经过多番商量，最终决定发展山地鸡，既不会耗费太多精力，刘玖元的身体也能吃得消。

说干就干，刘玖元搭好鸡舍，买来鸡崽，每天开着三轮车在老家搞起了山地鸡养殖。自那以来，刘玖元一直坚持干好这份小产业，不管多苦多累，他都咬牙不放弃，坚信日子总会一天天地好起来。

在党委、政府的帮助支持以及自己的苦心经营下，刘玖元的山地鸡养殖越干越红火。从最初的30只到现在的120只，年收入逐年递增。2016年年底，他家成功摘掉"贫困帽"，走上了脱贫致富的道路。

因咸宜镇加强产业道路建设，刘玖元家也搭上了这趟快车，通往他家的入户路正在如火如荼的建设中。对未来，他更加充满信心，表示将充分利用打通的产业道路，进一步扩大养殖规模，通过发展山地鸡产业让全家人的日子越过越好。

36 卢有均

留守妇女的脱贫致富路

——— 吴中波 ———

2013年，丈夫在轧钢厂上班时发生意外，造成视力二级残疾，当时我万念俱灰，感觉家庭唯一的支柱就这样坍塌了。2014被纳入建卡贫困户后，在党委、政府的帮助下，在帮扶责任人的关心下，我修建"大巴山森林人家"，参加厨师培训和旅游接待培训，开始经营"大巴山森林人家"，重新燃起了希望。如今，我自己一个人经营"大巴山森林人家"，终于通过自己的勤劳苦干如期脱贫。

丈夫失明让我万念俱灰

2013年，丈夫在轧钢厂上班时因意外造成双目失明。当时两个孩子都还很小，家庭就只能靠我一个女人维持，我平时还要照顾丈夫，瞬间感觉自己都要被压垮了。没有多少知识和技术，只能靠体力赚钱，但很多地方都不要女人做劳力。

回想起那段时光，真是度日如年，整天愁眉苦脸，常躲在床上悄悄落泪。然而再多的苦累，还得一个人闷在心里，不能让丈夫和孩子们担忧，还得继续送两个孩子上学才行。

精准扶贫让我重拾希望

原本以为我们家就会这样一直贫穷下去，没想到2015年全县打响了脱贫攻坚战，各种帮扶政策接踵而来，还专门给我们派驻了第一书记和帮扶责任人，帮助我们脱贫增收。

2015年，兴隆村开始大力支持打造"大巴山森林人家"集群片区，为发展"大巴山森林人家"提供贷款贴息、制作标识标牌、培训服务指导等政策支持。我们第一书记和帮扶干部多次进村入户讲解乡村旅游扶贫扶持政策，分析当前乡村旅游发展形势，引导我们要坚定信心，下定决心。

在一次一次的交流中，我渐渐地由原来的不敢发展、不想发展，害怕负债、害怕没生意，到后来逐渐坚定了信心，哪怕自己负债也要发展产业，再苦再累也要生活下去。

确定发展"大巴山森林人家"后，我第一时间向镇里告知了发展意愿，得到了镇党委、政府以及村支"两委"的大力支持，他们帮我规划设计，提供技术指导，制作标识标牌。

发展产业让我脱贫致富

2015年，在镇村两级干部的大力支持下，我开始修建"大巴山森林人家"，每天清早天刚蒙蒙亮，便披上衣裳开始忙活起来，晚上一直要忙到深夜才能休息，有时忙累了一日三餐就凑成两餐吃。虽然每天这样忙得团团转，但我依然乐乐呵呵，周边群众都称我是个"开心果"。

在打理"大巴山森林人家"的同时，我还顺便发展种养殖业。在家里还要养2头肥猪和30多只山地鸡，并且大力发展林下经济，搞起了中药材产业，在山坡上种上了重楼。

产业兴乡村才兴，发展产业是巩固脱贫成效的基础。听村上说，政府鼓励发展中药材产业，还专门出台了针对中药材产业的奖补政策，我就抓好时机果断扩大林下经济规模，扩种重楼，为家里增收。

2019年年底，我靠发展种植和养殖产业，再加上经营"大巴山森林人家"和务工收入，全年收入超过了10万元，我终于通过自己的努力实现了稳定脱贫。

"我驻村这么久了，很少看到她闲着，就算是刮风下雨、落雪打霜也挡不住她的脚步，总能在地里、坡上看到她的身影。"驻村工作队队员廖霜在召开贫困户座谈会时给贫困户们这样介绍我。

知恩感恩日子越来越好

吃水不忘挖井人，脱贫不忘感党恩。村社公路保洁是县里专门针对贫困户开发的公益性岗位，每周上岗一次以上，每年报酬5000元。很幸运，我也获得了这样的机会。只要天气好，我都要挤出时间上岗清扫公路，认认真真地清理边沟污泥，铲除杂草杂物，清扫公路路面。

我清扫的3千多米路段一直都保持洁

净如洗，被黄安坝景区管委会表彰为"样板路段"。镇里还多次组织现场参观学习，我家里的人居环境也保持得户貌干净整洁，与周边邻里关系也十分融洽，被镇上评为"三星级'大巴山森林人家'"和"整洁庭院"。

我在镇党委、政府的帮助下，勤耕苦做实现了高质量脱贫。我深深感谢党的政策，党的恩情，我努力通过自己带动周围的贫困户和非贫困户发展产业，争取在脱贫攻坚工作中起到引领带动作用。

兴隆村留守妇女群体有300多人，在我的带动下成立了兴隆村"巾帼互助帮帮团"，常年协助村里特困户整理院坝环境，帮助缺劳动力的家庭春耕生产，入户宣传村规民约等。

从2014年至今，我的生活发生了翻天覆地的变化，我真心感谢国家的好政策。但是，政策再好还需要我们自己自力更生，奋发图强。好日子的确是靠勤耕苦做干出来的。贫困并不可怕，只要我们有信心，有决心，就没有克服不了的困难。

37 罗德宽

勤劳苦干才能脱贫致富奔小康

―――― 帅显端 ――――

我是巴山镇农民村村民罗德宽,因为自身发展动力不足而家庭贫困,2014年被纳入建档立卡贫困户。新一轮脱贫攻坚战打响以后,镇党委、政府,村委、村支部,帮扶责任人的关心、鼓励和帮助,以及各种扶贫政策的支持,激发了我的内生动力。我找到了发展门路,一家人勤劳苦干,实现了脱贫摘帽,还被县上评为"脱贫致富光荣户"。我也从中悟出一个道理:勤劳苦干才能脱贫致富奔小康。

自身发展动力不足一度使我贫穷落后

我祖祖辈辈都是农民,一直生活在农民村哨台梁的半山腰,家里的耕地全为陡坡地,土壤贫瘠,种地基本上是"靠天吃饭"。当时家里又不通公路,生产生活都靠肩挑背磨。住房条件也比较差,一家5口人挤在一间破旧的土坯房内。家里吃水也困难,当时是找别人不用的一些烂水管接到一起到河沟里去取水。下雨天水质浑浊,遇到天干还经常缺水,需要去其他地方挑水吃。家里的收入来源主要靠我出门打零工,收入很低,加上家里还有一个女儿在读书,开支比较大,日子过得十分艰难。

虽然我很想让家人过上好日子，自己也很努力挣钱了，但是一直没有那个"命"，始终无法改变贫穷落后的状况。久而久之，我便失去了信心和动力，变得安于现状，不再有为美好生活而奋斗的信心。2014年，经过村民代表大会民主评议，我家被评为建档立卡贫困户。

新一轮脱贫攻坚让我重拾希望

原本以为，我就会这样过完一生。没想到机会来了，2015年，全县脱贫攻坚战打响了，各种扶贫政策接踵而来，县上还专门为我们派驻了扶贫驻村工作队和帮扶责任人，帮助、指导我们发展产业，创收增收，脱贫致富。驻村工作队和帮扶责任人多次来到我家，为我宣讲各种扶贫政策，并且针对我家实际情况，为我制订了扶贫规划和帮扶计划。

他们一趟接着一趟来到我家里，做我的思想工作，鼓励我要振奋精神，自强不息。他们的不辞辛劳和坚持不懈感动了我，也激发了我的内生动力。我重新燃起了对美好生活的向往，对脱贫致富充满了希望。

勤劳苦干让我实现脱贫摘帽

我和儿子开始出门务工，哪里可以挣钱就去哪里，哪样活路挣钱干哪样，什么脏活儿累活儿都干过。老婆就在家照顾老人并陪伴女儿读书，同时发展种养殖业。上学的女儿得到了教育资助，国家资助参保了合作医疗保险，减少了家庭开支，加上其他扶贫政策，我家的收入逐年增加。

2016年，我家申请了易地搬迁，把房屋搬迁至公路边。修建了小楼房，不但出行方便了，自来水也进到了家里，居住条件得到很好的改善，全家人越来越有精神。我家除了种植粮食作物外，还养殖了生猪2头，山地鸡200只，全年纯收入达到了3万多元。

我家脱贫摘帽了，同时，还被县上评为"脱贫致富光荣户"。拿到奖金的那一刻，我激动万分，我知道能有今天离不开党和政府的关怀，但还是要靠自己，只有通过自己的勤劳苦干，才能真正实现脱贫致富。

产业和就业让我的生活越来越好

2017年，在驻村工作队和帮扶责任人宣传扶贫政策时，我了解到县上开始重点扶持生猪和山地鸡产业。我原来就有一定的养殖技术及经验，所以我决定回家发展生猪和山地鸡产业，增收的同时还可以照顾到家庭。

我重新修建了圈舍，养殖了10头生猪。我看到周围一些农户的土地闲置没人耕种，于是将这些土地都租过来种粮食发展生猪和山地鸡。我租用了周边4家农户的土地共计15亩，主要种植玉米、马铃薯、红苕、大豆等粮食作物，并在自家地里栽种了李子树2亩，核桃树2亩。

同年，村委、村支部看到我没有外出

务工，为我申请了非全日制扶贫公益性岗位，产业就业两不误，增加了家庭收入。

这几年，我苦学养殖技术，产业稳步发展。到2019年，我家养殖的山地鸡达到200只。

因为我养殖的生猪和山地鸡都是纯粮食喂养，肉质好，所以根本不愁销路，每年销售收入都达到数万元。

回忆起以前贫困落后的情景，真有种"往事不堪回首"的感觉。如今我家的生活发生了翻天覆地的变化，这还得感念国家的好政策。但政策再好，也要自己有信心和决心，要靠自己勤劳的双手，勤劳苦干才能过上好日子，才能脱贫致富奔小康！

38 邱光明

贫困户脱贫致富变身"农场主"

—— 王雪梅 ——

近日,记者走进高燕镇河岸村,见到51岁的邱光明时,他正在为自家农场里的鸡、鸭、猪、兔等准备"晚餐"。

打开电闸,"嗡嗡"的机器运行声,惊飞了鸽舍中闭目养神的鸽子,吓跑了树下啄食的鸡鸭,引来了"哼哼"刨门的小猪崽和探头探脑注视的兔子。

邱光明似乎对这样的场景早已习以为常,熟练地将一大袋玉米缓缓倒进机器里,随后打得细碎的玉米面倾泻而出。他拿起撮瓢铲了三大瓢倒进一旁的大盆里,麻利地倒水拌湿并装桶,时不时拍打一下盆底,让黏黏的玉米糊快速掉进桶中,"砰砰砰"的拍打声让张望的动物们更加躁动不安。

"来啦来啦,不要着急,马上就来啦!"邱光明看着自家农场这群畜禽跃跃欲试的场景,快速将盆放好,一边吆喝一边提着铁桶给这些"金疙瘩"送餐。每倒满一个食槽,就有一批畜禽一拥而上,抢不到位置的围着桶急得团团转,邱光明也来来回回忙得团团转。

又是拌玉米糊,又是下地掰青菜,大约20分钟后,邱光明终于忙完。他抹了一把汗,感慨地说："这都是让我家脱贫致富的金宝贝，可不能饿着它们……"

新生——扶贫帮扶助他创办家庭农场

望着吃饱喝足在小农场里撒欢的鸡鸭猪兔，邱光明眼角的褶皱舒展开来，不禁开心地笑了。他不曾想到，在家庭陷入困境的时候，自己可以靠着眼前的这些畜禽重获新生。

2013年以前，邱光明一直在河北廊坊的建筑工地务工，搭架子、扛钢管、和水泥，一天下来也不过挣七八十元，除去日常生活，一个月还剩不到2000元收入。但家中两个孩子上高中，父亲患有高血压，以至于每年到头一算账，都是入不敷出。2013年，原本在家务农的妻子也患上了腰椎间盘突出，每天疼得直不起腰，完全干不了重体力活儿。为了照顾父亲和妻子，邱光明被迫返乡。

"过去，我们家有三愁：愁家人无人照料、愁孩子无人照看、愁务工收入太少。"谈到以前步履维艰的日子，邱光明无限感慨。

因为在家没有收入来源，孩子还在上学，父亲、妻子又要长期花钱吃药，邱光明家被纳入建卡贫困户。

没了收入来源，还成了建卡贫困户，这让一贯勤劳务实的邱光明一家人心里很不好受。要强的夫妻俩在附近的锰铁合金厂找了一个烧炉、配料的工作，一个月能赚2000余元，但对于这个因学、因病致贫的家庭，依旧是杯水车薪。

"我觉得这样下去不行，一天钱挣得不多，倒把妻子的病耽搁了，必须找到别的出路。"邱光明看着妻子每天忍痛上班，心中充满了愧疚和心疼。

凡事只要肯琢磨，方法总比困难多。邱光明从过年猪身上捕捉到了"商机"。

2014年春节刚过，邱光明就买回来8头小猪崽。也许是否极泰来，8头小猪崽顺顺利利养到了出栏，净赚了1万余元。

尝到了家庭小规模养殖带来的甜头，邱光明萌生了发展养殖业的念头，但毫无经验、缺乏资金的他，根本承受不起失败的风险。好在村支"两委"的扶贫干部在了解他的情况后，给他送来了相关政策支持和金融扶贫的"及时雨"。

2015年，在村支"两委"的支持下，邱光明以D级危房改造为契机，在翻修自家房屋的同时，在屋后扩建了一个200平方米左右的小农场，并办理了小额信贷和产业扶持基金，发展起了生态养殖业。

奋发——依靠勤劳双手实现稳定脱贫

"你们不要小看这一个鸡蛋，我一天能捡20来个，因为是生态养殖的山地鸡，土鸡蛋能卖到1.5元一个，攒上两三个月就能卖出好几千元。"邱光明一边捡鸡蛋一边介绍，因为他坚持生态养殖，产品营养价值高、口感好，农场里的生猪、鸭、山地鸡以及鸡蛋备受市场青睐，产品往往还未出栏就已被人预定完毕。

邱光明算了一笔账，他家养了120只鸡，已经售出60只，挣了6000余元，鸡蛋也卖了3000余元；现在农场里还养着6头猪、60只鸭和鹅、28只兔子、23只鸽子，年底预计至少能收入5万元。

除了发展产业让其家庭增加收入，医疗救助政策的享受让邱光明家的生活过得越来越踏实。基本医疗保险和医疗救助等好政策，为长期吃药的妻子报销了大部分医药费用。现在妻子身体日渐好转，还被招聘到城开高速公路A3标段建设点做饭，每月务工工资达3000元。

"有了党委、政府的好政策支持，有了帮扶干部的真心帮扶，我们更要依靠双手，辛勤劳作、脱贫致富，不拖村里脱贫的后腿。"邱光明说，如今，他不仅照顾着家庭农场，还开了一个小商铺，种植了3箱室内天麻，产业规模正不断发展壮大。

过去一直困扰家庭的"三愁"问题，如今都一一得以解决，夫妻二人对脱贫致富奔小康充满信心。

感恩——扩大规模带动乡亲一起致富

从"一无所有"的贫困户变为"农场主"，邱光明知福、惜福，更知恩、感恩，在日子越过越好之时，他首先想到的是帮助和他曾经一样需要帮助的人。

因此，这段时日，邱光明在心里悄悄谋划着一件事。他想等年底小儿子归家后，将自己的家庭农场扩大规模，建设一个生态养殖场，主要养殖山地鸡和生猪，然后吸纳村民就近务工，带动村民一起发展生态养殖实现增收致富。

"吃水不忘挖井人，脱贫不忘感党恩。我曾经是一名贫困户，是党委、政府的好政策让我脱了贫，致了富。既然党的政策好，我们更要努力向前跑。我们不能靠着墙根晒太阳，等着别人送小康，要撸起袖子加油干，凭借自己的努力和双手，把生活越过越好。"邱光明的话语真诚而坚定。他说，五年来，村支"两委"的帮扶工作让他心存感激，他想把这份温暖传递下去。

"邱光明不仅靠自己的努力实现了脱贫，还有带动其他贫困户一起脱贫、一起致富的想法，让我十分感动，这也是对我们脱贫攻坚工作的极大认可和支持。希望邱光明和全河岸村人一道，未来的日子越来越光明。"高燕镇河岸村第一书记龙雨说。

39 唐太学

养子尽孝侍养父，自强立业感党恩

——于 粲——

　　而立之年的唐太学，只有初中文化，是双河乡柳河村7组建卡贫困户。作为养子的唐太学，恪守孝道，奉养着瘫痪卧床的养父。他自强不息，克服各种困难，在政府的帮助下，参加挖掘机技术培训，走上了脱贫致富的道路。

　　刚出生，唐太学就被唐永德领养。唐永德视力二级残疾，一直未婚，家里有年迈的母亲，现在又下有嗷嗷待哺的养子，一家人的生活十分困难，全靠他一人外出务工勉强维持着。日子虽然过得清贫，但因为养子唐太学的到来，一家人倒也其乐融融。2004年，对唐太学疼爱有加的奶奶去世，剩下他与养父唐永德相依为命，日子虽苦，但还算平稳安定。

　　然而，命运并没有眷顾这个可怜的家庭。2016年，唐永德被查出脑部肿瘤晚期，脑部积水严重，慢慢地生活不能自理。2017年年初，唐永德病情加重，瘫痪在床。

　　也在这年，唐太学家被评定为建卡贫困户，享受了医疗救助、低保补贴和住房保障等政策。唐太学并没有产生半点儿依赖思想，反而暗下决心：一定要克服眼前的困难，早日摘掉"贫困户"这顶帽子，不能一辈子靠大家救济！

百善孝为先，侍奉病父毫无怨言

自从养父生病后，唐太学内心十分纠结，一边是病床上的父亲离不开人照顾，一边急需挣钱为父亲治病。唐太学分身无术，要做到两头兼顾实在太难。思前想后，唐太学决定不外出务工，就在周边打零工。

为了方便照顾父亲的一日三餐和起居，唐太学每天早上5点就起床为父亲做早饭、熬药，为其翻身、按摩，活动胳膊和腿。不论天晴还是下雨，中午都要从工地上赶回家为父亲做饭。晚上下班后，唐太学还要忙着做家务。父亲大小便失禁，被子和裤子每天都要换洗，但唐太学从无怨言。

俗话说："久病床前无孝子。"唐太学却说："我的养父把我养大不容易，没有他就没有我。当年他养我的小，现在他生病了，我就应该养他的老，他的养育之恩我无论怎么回报也偿还不了。"

2019年8月，唐太学养父临终前，拉着唐太学的手说："我这些年生病把你拖累了，虽然你不是我亲生的，但比亲生的还好。我死前的唯一愿望，希望你能早日成个家……"养父去世后，唐太学按照当地习俗对老人进行安葬。唐太学手机里一直保存着养父生前的一些照片，常常翻看缅怀。

男儿当自强，克服困难学本领

"如果没有一技之长，我就只能永远穷下去，我一定要学会一门脱贫致富的技术。"下定决心的唐太学，主动联系乡村两级干部，表达了自己希望学习技能的想法。2018年9月，城口县扶贫就业培训有一期挖掘机技术培训班，唐太学非常感兴趣，通过乡村两级申报，成功参加了这期培训班。

培训班设在庙坝镇，离唐太学家有20千米。每天一早，唐太学总是骑着摩托车提前赶到培训地点，匆匆忙忙操作一会儿就返回家中。下午又拖着疲惫的身体赶到训练场地。他每天都要骑车跑两个来回，耽搁了一些课程，刚开始有些跟不上学习进度。培训班的校长、教练及同学们了解到唐太学的家庭情况后，大家都主动让出时间让他多练一会儿，在大家的关心下，唐太学熟练地掌握了驾驶挖掘机的技巧，顺利拿到了结业证书和挖掘机技术资格证。

由于技术过硬，责任心强，在大家的帮助下，唐太学找到了一份月薪7500元的挖掘机驾驶工作，有了稳定的收入。唐太学有了一技之长，2019年的务工收入就达到8万元，他不但脱了贫，还走上了致富路！

不忘党恩，争做脱贫攻坚带头人

在乡党委、政府，乡村干部及社会各界的帮助下，唐太学立志"宁愿苦干、不愿苦熬"，自力更生，艰苦奋斗，靠辛勤劳动改变贫困落后面貌。

2019年9月30日，双河乡开展庆祝中华人民共和国成立70周年纪念活动，唐太学被推荐为全村脱贫光荣户，站在全乡的光荣台上接受了表彰。在建卡贫困户动态调整工作开展时，唐太学主动在社员会上申请退出建卡贫困户，他表示："十分感谢党和国家的好政策，在我家庭最需要帮助的时候，给予了我最有力的支持和帮助，让我摆脱了暂时的困境。在政府的支持下，我参加了技能培训，学得了一技之长，找到了工作，现在日子越过越有希望！我主动申请退出贫困户！"

现在，唐太学还在村里担当起了义务调解员，发挥自己的一分力量，为支持过帮助过他的乡亲们做点儿事情。村里有什么矛盾纠纷、家长里短，只要他有空，他都主动调解。他用自己的经历，向群众宣传党的好政策。他告诉大家："要好好珍惜眼前的幸福生活，只有永远跟党走、感党恩，幸福的日子才会长久！"

40 汪云康

六旬老人脱贫致富，成为志愿者服务乡亲

—— 康正荣 ——

每当走进城口县蓼子乡新开村，沿蜿蜒山路而上，拐过几道弯，翻过几匹梁后，一排排装满财富的蜂箱便映入眼帘，路过的行人总会驻足观看。蜂箱摆放错落有致，形成一道独特的风景，空中传来阵阵嗡鸣，是辛勤劳作的蜜蜂在四处飞舞。这就是汪云康的养蜂园。

汪云康，新开村三社村民，妻子胡仁珍2014年前因病导致无力劳作，而且需要长期服药，面对高昂的药费，一家人的收入无法维持家庭日常开支。2014年8月，汪云康本人提出申请，群众评议，村委入户核实，上报政府审批确定为贫困户。

新开村是巴掌田、鸡窝地，没有好的土地，没有基础性产业，加上家中有80多岁的老人需要照顾，汪云康无法外出务工，但在家创业也十分艰难。妻子胡仁珍体弱多病，无法劳动，靠什么来维持家庭？汪云康琢磨着在村里大小会议上听到的那些话，总不能"靠着墙根晒太阳，等着别人送小康"。俗话说，只要有信心，黄土变成金。说干就干，汪云康不等、不靠、不要，用自己执着的信念，勤劳的双手筑起了一条宽敞的脱贫之路。

他是一个勤劳的人

在蓼子乡党委、政府、村支"两委"和驻村工作队的关怀下，在帮扶人的帮助下，汪云康根据自家有利条件，因地制宜选择了养殖中蜂、种植魔芋等短平快产业来发家致富。蜂是不好养的，不会养的人不要说靠它来养家，就连蜂都很难养活，特别是冬天，蜜蜂很可能整箱整箱地死去。汪云康没有养蜂经验，仅靠着当初的满腔热血，导致蜜蜂所剩无几，无疑给了他当头一棒，他感觉人生已走投无路了。看着汪云康的情况，村支"两委"和帮扶责任人多次到家他鼓励和引导，恰逢各类产业扶持政策陆续出台，汪云康再次鼓足了勇气，重新振作起精气神。政府每年组织各种免费的产业培训对于他来说，犹如雪中送炭。汪云康认真学习了中蜂养殖和魔芋种植等技术，技术学到手后，汪云康又四处集资够买蜂群。经过两年多的精心养殖，中蜂发展到40多箱，魔芋发展到7亩多，仅这两项产业年销售收入即有4万余元。自力更生发展产业，让汪云康尝到了甜头。

他是一个睿智的人

不怕一代穷，就怕代代穷。汪云康家有一对外孙儿，他积极鼓励和支持孩子们读书，上大学。他深深知道：人穷志不穷，再穷不能穷教育，再苦不能苦孩子。只有让孩子们接受良好的教育，才能让他们和城里的孩子站在同一起跑线上，向着美好生活奋力奔跑。在他的大力支持和鼓励下，目前，外孙女在重庆主城读大学，以后还要读研究生；外孙正在县城读高中，以后继续读大学。

他是一个热心的人

滴水之恩，当以涌泉相报。汪云康认为，在他最困难的时候，党和政府帮助了他。现在他富裕起来了，他要用更多的精力来回报社会，回报乡亲们。汪云康现已有了稳定的产业，有了稳定的收入，他主动向乡村承诺不当贫困户，自愿申请了脱贫。同时，他还积极带动周边的贫困户、村民发展养蜂或种植魔芋产业，给他们免费传授技术经验，被群众称为致富带头人。

2020年6月11日，天降暴雨，村里小河的水暴涨。在家避雨的他突然想起村里正在施工的堰渠旁边还露天堆码着剩余的10余袋水泥，集体资产不能受到损失！于是，61岁的汪云康冒着暴雨，喊来另外2个村民一起下到河坝，将裸露的水泥遮盖着，把它们包得严严实实，不让受雨水冲刷，使集体财产免受损失。今年多次下大雨，村里山体出现较多塌方，汪云康多次响应村上号召，积极开展塌方清理志愿服务活动，努力为村上公益事业贡献自己的一点儿力量。

2020年是脱贫攻坚的收官之年，也是新时代文明实践的践行之年，汪云康用自己的双手致富，有了稳定的经济收入，不再为吃穿发愁。

41 王小花

坚忍顽强的王小花

——王 芬——

王小花家有4口人，她、丈夫和两个儿子。家中因学因病致贫。

因学——两个儿子相差一岁，学级也只相差一年，仅靠刨土地同时负担两个孩子的学杂费，的确不易。

因病——丈夫，患有皮肤纤维瘤，全身都是膨胀了的"鸡皮疙瘩"，只要不影响正常生活倒可以不管它。但如果长出来把眼睛遮住了，把鼻孔挡住了，就必须手术切除。此外，大儿子患有神经纤维瘤。父亲身上的肿瘤来自纤维组织，他身上的肿瘤来自神经组织，好在皮肤上看不出来，不影响帅气的形象，但肿瘤只要长大压迫到神经就疼痛难忍，甚至危及生命，必须手术切除。小儿子的皮肤已经出现神经纤维瘤的临床症状——牛奶咖啡斑，但目前还无神经压迫疼痛感，因而没有进一步检查治疗。

一个只有小学文化程度的农村妇女，面对这样的家庭状况，已是莫大的难题，但更大的困境仍被她碰上了。2008年10月，两个儿子意外摔倒同时受伤，大儿子额头缝了四针，小儿子很严重，手臂一条长口，缝了八针，后脑破了一个大口，骨头碎了，把脑髓压变了形。想起当时的情景，王小花至今心有余悸。遭遇这样的困境，对她来说就像天塌下来了一般。

两个儿子刚住进县医院，医院就下达了病危通知书，当时她的丈夫又在外务工，没人可依靠。看着左右病床上的两个儿子，大的9岁，小的才8岁。她强忍住泪水，赶紧打电话请娘家人帮忙照顾家里，然后找亲戚朋友借钱给儿子治疗。还好，小儿子扛过了3天的危险期，在医院进行了一个月的修复治疗。

后来，王小花又先后四次陪儿子住院治疗。2009年4月，小儿子到县医院取骨安钢板，住院一个月。2010年4月，小儿子取钢板，住院半个月。这次，孩子父亲坚决要同王小花一起照顾儿子，借此机会他也切除了脸上的两个皮肤纤维瘤。

2014年7月，大儿子到县中医院切除脚掌和腹部的神经纤维瘤，住院一个月。2017年10月，大儿子切除脊柱上的神经纤维瘤，住院半个月。医生嘱咐，只要复发，就要尽快入院治疗。

为给儿子治病，她不得不到处借债，丈夫每年所挣的钱还不够还债，过年钱都没有。她大姑子看到她家的困难，从2009年到2016年，每年都寄1000元过年钱，说给孩子添些新衣服，买些好吃的。

想起家里的光景，王小花晚上都睡不着觉。街方四邻都劝她想开些，她也想通了：自己干着急起不了作用，也改变不了什么，凡事都往好处想。慢慢地，她也睡得着觉了，精神也好了。

2017年3月，县城某物资公司需要两人看管仓库，经亲戚介绍，王小花夫妇双双入职，每月除了固定工资外，他们还可以给公司装卸物资挣钱。同时，王小花利用空余时间在闲置土地上种菜、养鸡，既可自给自足，又可出售贴补家用。就这样，他们积少存多，基本还清了因治病欠下的债，还在治平乡场镇移民点购置了一套新房。现在，王小花的大儿子在重庆主城稳定就业，完成了王小花夫妇俩的一个心愿。王小花的坚忍顽强、乐观向上、自强不息给全家人赢得了希望，赢得了未来。

"小花姐姐，苦日子过完了，现在好日子来了，以后就是你享福的时候。"作为帮扶干部，我为他们过上现在的生活感到高兴。

"对对对，好日子来了！现在国家政策这么好，娃儿读书不花钱，医疗有保障，修新房也有补助，还有乡上村上的同志和你们帮扶人，随时都在关心我们支持我们。我们自己也要努点儿力，争点儿气，把日子越过越好，尽量少给政府添麻烦。"她笑着说。

42 吴大红

患难夫妻的脱贫之路

...... 王 艺 ......

我叫吴大红，1993年与东方红3组王翠章结为夫妇，并在妻子户籍地安家落户，次年我们家就添了一个可爱的儿子，虽然当时一贫如洗，但是我们全家幸福美满，对未来充满着希望。

妻子王翠章性格温柔、贤惠、体贴，她考虑到我家中有年迈的父母和聋哑哥哥还居住在龙田乡，她说："条件差不怕，我们有手有脚，只要一起努力，一切都会好。但是我希望你没有后顾之忧，我想把你家人接来一起居住，也方便照顾老人。"1998年妻子将我父母和聋哑哥哥接了过来，并且和他们相处融洽。有了妻子的支持，当年我就加入了到广东深圳的南下务工大军。

打工后，慢慢地家庭条件得到了改善，但是我的幸福生活遭到了上天的"嫉妒"。2004年，那时我在深圳环球石材上班，明显感受到视力一天天下降。终于有一天，我起床后发现看不到任何东西。从那以后，漫天的黑暗笼罩着我，周围同事领导的宽慰也让我感受不到一丝光明。厂领导将我送到医院的同时，联系了我的妻子，妻子将孩子委托父母照顾后立即来到深圳。

经医院核查，我被诊断出视神经萎缩。妻子不放心又将我送到更为权威的中山眼科医院再次复查，同样的结果导致我心如死灰。但是妻子坚决不放弃，那一年，她带着我四处就医，高额的医药费让我更加愁眉苦脸。为了既能照顾我又要赚医药费，妻子找到我务工地的环球石材老板，经沟通后，踏上了代夫上班之路。

随后的一年时间里，妻子一边上班一边带我就医，但是收效甚微。最后，我被鉴定为视力一级残疾，处于基本失明状态。

所谓的祸不单行正好印证在我身上。2009年到2018年期间，我的父母因病相继离世，而我在2013年又检查出得了早期肺癌，并且因肺功能差，不能进行手术治疗，只能采取吃药控制的保守治疗。

2016年，经过两次化疗，仍没能抑制癌细胞的扩散。只好接受了肺癌放射性粒子植入手术，病情才有所好转，但仍需要后续治疗。仅靠妻子微薄的收入，生活十分困难。但是生活的重担并没有压垮我们两夫妻，我们笑对苦难，积极面对。

2014年，政府将我们纳入国家建档立卡贫困户，开始对我们进行精准帮扶。自建档立卡以来，街道党工委、帮扶责任人、社区居支"两委"先后对我们进行入户走访，制订了针对性的脱贫计划，并立即开始帮扶计划。

我的病情是家中最大的负担，政府帮扶以来，为我治病就医减免了多项医疗费用，家庭中最大一笔开销得以减轻，压在我们身上的经济负担得以减缓。为了让我实现人生价值，增加就业机会，政府为我申请了公益性岗位"生态护林员"，最后由于我身体不适自愿退出。

也许很多人羡慕我们特殊的身份。但也许出于自身原因，在我们被纳入建档立卡贫困户以来，我时常感觉到周围人对我的异样眼光，仿佛都在嘲笑我。我与妻子纷纷觉得抬不起头，总想靠自己的双手和勤奋摘掉这顶"贫困帽"。

2015年的一天，一家人吃着晚饭，品尝着美味的腊肉，我灵机一动，我们为何不能发展城口特色产业——腊肉加工业呢？我和妻子商量，腊肉加工可以在家里制作，这样妻子不但能够照顾家庭还能发展产业，补贴家用，我也能帮忙干些力所能及的事。

说干就干！当年冬天我们的腊肉加工坊就开了起来。我们起早贪黑地工作，每天天不亮，就搬来梯子挨个翻动顾客加工的腊肉。每翻动一遍要花上两三个小时，随后我与妻子抱来柴火，由妻子开始点火进行腊肉熏制，一番操作下来妻子已经看不出本来的面貌。待妻子洗漱后又要接待来进行腊肉加工的顾客。

由于我们热情诚实，许多顾客都愿意照顾我们的生意。偶尔遇到顾客的不理解，我们也始终笑脸相迎。一批批顾客走后，妻子又要继续腌制腊肉。随着夜幕降临，妻子一天中最累的时刻到来，她要在烟熏火燎中将腌制好的腊肉上炕。

由于我基本看不见，妻子只好一个人一次次在梯子上爬上爬下，最后将肉上炕完毕。因腊肉熏制对火候要求高，熏制中不能完全熄火，妻子每晚要仔细检查完炕房及其周围的安全后，才能洗漱睡觉。然而，刚躺下每隔一两个小时又要起床查看，如此反复，基本睡不了一个完整觉。

经过不懈努力和苦心经营，我们以良好的服务态度及其优质的加工质量，在城口众多的腊肉加工作坊中有了一定的口碑。来我家进行腊肉加工的人越来越多，我们的经济条件也慢慢地得到了提升。我和妻子觉得，时候到了。

2015年年底，我们向政府主动申请脱贫，终于摘掉了"贫困户"的帽子。"只要一个人肯奋斗，就不可能永远贫穷。"这是妻子经常挂在嘴边的一句话，现在我们通过勤劳的双手证明了这个道理。

2018年是我们家庭转折最大的一年。儿子吴迪顺利完成学业，下半年就进入齿轮厂务工，虽然工资不高，但是终于不用我们负担学习、生活费用，减轻了负担。我们夫妻俩经过商量决定加大加工量，不再局限于代加工，利用现有的资源进行腊肉加工、销售一体。

由于缺乏资金，帮扶责任人及社区"两委"建议我们申请扶贫小额信贷。通过申请5万元扶贫小额信贷我们有了原始资金用于发展壮大腊肉加工，妻子每天先翻动完腊肉后再到菜市场收购新鲜猪肉进行腌制烘炕，每天要干到晚上十一二点才能上床休息。工作还是那么累，但是日子却过得越来越有劲儿了。

通过我们的努力，我们家终于摆脱了贫困，脱贫政策为我们家带来了春风，带来了阳光。

43 肖世国

七旬夫妻身体抱恙不当闲人，紧跟时代步伐奔小康

—— 杨鹏飞 ——

在咸宜镇中鹿村，有这样一对老夫妻，大半辈子没下过山，却对国家政策了然于胸，一心想着为国家减轻负担。年龄渐大，身体抱恙，却不等不靠，自力更生，成了村里的产业大户。没有子女，年逾七旬，却说"不去敬老院当闲人"。

老人为什么会这样？沿着蜿蜒盘旋的环山公路，记者走进了中鹿村一探究竟。

半山腰，一堆塌方成了"拦路虎"，车上不去，只好沿着山间小路步行着"攀缘而上"。

"娃儿们，这个路陡，你们慢慢走，不要摔'筋斗'。"正当我们汗流浃背、气喘吁吁地往上攀爬时，一阵关切的喊声远远传来。抬头望去，一位围着青布围裙，挂着竹竿佝偻着腰的老人站在向阳坡一栋新房的"地坝"，正大声地招呼着。

随行的村支书告诉我们，这就是我们的采访对象——肖世国。原来，老人听说记者要上山采访他们夫妻，早早地就站在"地坝"张望，已经等了我们好半天。

"我们不去敬老院，做活做习惯了，闲不住。"

"娃儿们，你们吃了饭没得？"肖世国看着我们一个个汗流浃背，立即去屋里拿出老伴金可云平时解渴的啤酒，一瓶瓶打开，硬塞给我们，"来来来，累着了你们，解解渴。"

"奶奶，你们老两口这么大年龄了，又没有子女，为什么不去敬老院养老啊？"提起敬老院，肖世国不住摇头。她说，村里、镇里的干部跟他们说了好几次，让他们去敬老院养老，但他们一直没答应，她说"敬老院的日子太懒散，去了住不习惯。做活儿做习惯了闲不住，当不来'闲人'"。

"敬老院是国家建设的福利机构，是让你们这样的老人安度晚年的，不是养闲人的地方，你不用担心，再加上你们身体也不太好，还是去敬老院养老吧。"

听到村支书再次"规劝"，肖世国笑着说："我晓得这是国家的好政策，我也很感恩，但我们还能动，勤快一点儿就能养活自己，放心吧，支书。"

再次沿着陡峭山路走了半个小时后，一位带着防蜂面纱、弯腰整地的老人映入眼帘，"嘿哟、嘿哟……"的号子声伴着锄头触地的清脆响声在两边山壁不断回响。

看到我们走进，金可云拿下面纱，笑着打招呼："这么陡的路，你们累着了，快进屋歇气。"语气动作和肖世国如出一辙。

一进屋，肖世国就端出了一盘核桃，不住地劝我们吃："这都是土生土长的核桃，都种了二三十年了。"金可云告诉记者，自己家有好几亩核桃树，都是当年老两口从山下背的苗子回来种上的，现在树干都有水桶粗了。

话匣子打开了，金可云掰着手指跟我们介绍起了自己的"家产"，除了核桃，家里还养了30多桶中蜂。这些蜂桶已有40年的历史，每年可采蜜200多斤，能卖1万多块钱，是家里的主要收入来源。养了20多只土鸡，现在窝里还有两批正在孵化的小鸡，3只山羊、2头肥猪、8只兔子、2条狗、1只猫，另外，还种了半亩党参，3亩魔芋。

"那你们家可是个'殷实户'哦，五谷丰登、六畜兴旺！"听着别人的夸赞，老两口笑得合不拢嘴。

"你们身体不好，每个月五保户能领到钱，为什么还发展这么多产业呀？"

"趁着我们还能动，多做一点儿，为国家减轻一些负担，也让政府少操一点儿心。"两位老人异口同声，脱口而出。

"以前，我们吃过的苦可不少。"金可云说，自己在22岁时与丧偶的肖世国结为夫妻，夫妻二人十分恩爱，却被肖世国原配偶家欺负，一气之下，二人从鸡鸣乡搬到了咸宜镇中鹿村金可云老家。

"当时他家连房子都没有，吃的东西只有一小堆洋芋。"困难没有吓倒二人，他们白手起家，起早贪黑，建房、开地、养蜂，一步步建起了自己的房屋，种出了粮食。说起往昔，老伴儿肖世国语气平静，却让我们感觉饱含辛酸。

"现在的日子才好哦，不用交粮食税、农业税，国家还倒给我们老百姓拿钱，这几年这个脱贫攻坚让好多穷人都能吃穿不愁了。"说到现在，老人显得十分激动。

"你们都不识字，怎么知道这些事情呢？"

"我们用耳朵听新闻联播啊，那上面啥子政策都会讲。"老人告诉记者，前些年，自己对政策是一窍不通，邻居们谈论各种国家大事，自己两眼一抹黑，只能干瞪眼。后来听说电视上有一个叫"新闻联播"的节目可以了解所有国家大事，老人便下定决心要买一台电视来"听政策"。

想法有了，可家里哪里有钱去买电视？老人灵机一动，养兔子。养长毛兔，兔毛卖了换钱买电视！经过两年时间，攒够了钱，老两口赶紧下山买了一台电视。从此，每晚6至8点，成了老两口雷打不动的"新闻时间"。

"我们从来不看电视剧和其他的节目，只听新闻联播。"慢慢地，老两口了解了越来越多的政策和国家大事，成了街坊邻居口中的"政策通"。

时针慢慢转动，天色渐晚，我们要下山离开了。两位老人依依不舍挥手道别，久久不舍得进屋，夕阳的余光印在二老身上，宛如一对金色的"雕塑"，依依守望。

44 袁其兵
憾失机遇不失落，乐观奋斗换幸福

王小玉

"要不等我妻子回来，让她和你们谈。"未打开话匣子的袁其兵还有些害羞。但在北屏乡苍坪村，袁其兵绝对算是个小有名气的人物。他有着坎坷的人生经历，他有着乐观的生活态度，他有着不等不靠的奋斗品质，他有着积极热心的乡邻情怀。

错失机遇成遗憾

"说起我的经历，现在依然会有一些伤感，错过了很多机会，也遭遇过一些变故。"谈到过去，袁其兵虽然笑着，眼睛里却能看出哀伤。

1983年10月，17岁的袁其兵独自一人到长春当兵，离开家乡的他，打定主意要在部队闯出一片天地——荣耀归乡。

"其实之前没觉得当兵会太辛苦，直到进入部队之后，高强度的训练让我刷新了对当兵的认知。不过，既然选择了这条路，就没想过退缩，每天我都会好好完成任务。"回忆起当兵的时光，袁其兵甚是怀念："那时候，虽然每天会很累，但有那么多并肩作战的战友，大家在工作之余一起唱军歌、一起聊天、一起想家，真是一段难忘的时光。"

1984年，黑龙江部队农场要从袁其兵所在部队抽调两人，这是一次很好的机会。袁其兵心动了，他递交了申请书。因为自己在部队的表现很好，他满心以为自己可以成功，但是因为要执行一次任务而错过了选拔时间，与这次机会失之交臂，这是袁其兵当兵生涯的第一次遗憾。

"当时还难过了一阵子，不过在战友的安慰下，很快便走了出来。想着自己还年轻，机会还有很多，这事儿也就过去了……"说到这里，袁其兵还不忘调侃自己，"果然还是太年轻，没有想到前路还有更多坎坷！"

1987年9月，摆在袁其兵面前的有两条路：要么复员，要么留下来当技术骨干。并且，技术骨干的最佳人选，就是袁其兵。然而一次执行任务后，在从浑江回长春的路上，一个战友突发胃穿孔，他因陪同其接受治疗，再一次错过机会。

"复员回到家后，有六个月时间，我都不愿意与人交流，情绪十分低落。"袁其兵坦言，他的人生在那里分岔，注定与理想无缘。

自强不息终致富

生活还得继续，低落之后还需要奋斗。"复员之后，有很多年都在外务工，包工程挣了点儿小钱，日子还算过得不错，后来搞投资亏得血本无归，灰溜溜回到家乡。"袁其兵至今都在后悔，那时候年轻气盛，做事时没有考虑后果，因此导致了不好的结局。

回到家乡后，一切从头再来。金钱紧缺，还要供孩子上学，生活的压力让袁其兵一下子苍老了许多。根据袁其兵家当时的实际情况，他家被纳入了建卡贫困户。

"这些年，在脱贫攻坚政策覆盖下，家里的生活负担减轻了，孩子上学也得到了教育资助，但我心里老是不踏实，自己明明身强体壮，为何要接受国家帮助，我觉得不应该……"袁其兵说，"很感谢党委、政府的帮助，但我更愿意做个不等不靠的奋斗者。"

袁其兵的生活开始忙碌起来。除了种好地里的庄稼，他还到处打零工，不怕苦不怕累，哪里有活儿就到哪里干。

"老是打工也不行，得想其他路子。"袁其兵说，当时村里人买东西十分不方便，要走很远的路，他就想着要不要开一家店，卖些日常用品。说干就干，在自己的努力和亲朋的资助下，他的杂货铺很快开起来了，不光能让自己有所获利，也让周围的村民更方便，可谓一举两得。

"如今，日子越过越好，两个孩子都学业有成，妻子从事着公益性岗位工作，家里靠着杂货铺小有盈利，有时自己还能出门打点儿零工，靠自己辛勤双手不懈奋斗甩掉贫困的帽子，这样心里才踏实。"说起现在的生活，袁其兵发自内心地开心。

谈到未来的发展，袁其兵也是信心满满。他告诉记者，下一步，他准备在自家后院开一家面馆。"我们这一段是高速公路必经之地，到时候会有很多工人，开一家面馆既有市场，也能惠及工人。"

政策宣讲惠乡邻

生活好了，也开始有了闲的时间。

"我看到上面的政策、文件下来后，经过村支'两委'的解说，村民们容易遗忘，又因为忙碌，他们大多不会自己去了解这些政策和文件，我就管不住自己的嘴，遇到村民就闲聊几句。"袁其兵告诉记者，因为之前常年在外奔波，也多了一些见识，还算得上能说会道，就想着帮大家多了解了解政策，总是有好处的。

最初是逢人便聊，通过聊天进行政策宣传。后来，也会三三两两聚在一起讨论讨论。再后来，村支"两委"听说之后，鼓励他继续把政策宣讲坚持下去，便有了隔三岔五的院坝会、围炉夜话，他也逐渐成为村里的"名嘴儿"。

"他的口才很好，就像聊天一样，把我们需要了解的信息讲给我们听，也不会耽搁我们干活儿。"参加过袁其兵宣讲院坝会的村民袁朝禄说。

一开始，袁其兵并没有什么特别的想法，只是在想帮助别人的同时，打发打发自己的时间，这是他最初给自己的定位。随着他宣讲次数以及聆听人数的与日俱增，他的心里渐渐萌生出了责任感和使命感。如今，他已经把这件事当作了他生活中必不可少的一部分。

"我现在的日子还算可以，我也希望村里人都能早日脱贫致富奔小康。虽然在物质上我现在还没有多大能力帮助大家，但我可以尽我所能在精神层面给予大家支持，让乡亲们了解更多和自己发展相关的信息，早日过上好日子。"

袁其兵说，自己虽然一生坎坷，但总体来说，还是一个积极乐观、昂扬向上的人，这在一定程度上促成了今天"小有名气"的他。

45 张由均

不当贫困户，要做脱贫带头人

彭 瑜

"脱贫致富奔小康不落下一个人，残疾人也要不等不靠、撸起袖子加油干！"张由均经常用自己的经历鼓励同村残疾人，并带动他们养猪脱贫。

城口县蓼子乡金寨村8组的张由均早年遭遇事故左腿截肢，后来妻子又患上癫痫，当时一对儿女，一个4岁，一个3岁。面对沉重的家庭负担，他硬是从30亩闲置地里刨出了一家人的活路。

"他拒当贫困户，还任了社长，成为村民的脱贫带头人。"4月1日，蓼子乡乡长刘关林告诉重庆日报记者。现在，张由均建起了生猪养殖场，不仅带动5户残疾人养猪脱贫，还为贫困户熏制腊肉提供生猪肉，牵头完善了当地的腊肉生产产业链。

拒当贫困户，闲置地里刨出活路

1996年，张由均在陕西伐木时被树木砸断左腿，以致截肢，在床上躺了十五个月。

"不能老这样躺着！"那年，张由均29岁，两个孩子又小，家中还有年迈的母亲。看着妻子王发秀整日辛劳又患有癫痫，他告诉自己："哪怕还有一口气，我也要站起来。"

张由均爬起来，自己动手做了根拐杖，然后一瘸一拐地跟着妻子出门干活儿。一开始，王发秀下地干活儿，他帮不上忙，只好闲坐一旁，看着妻子一个人挖地、播种、担粪。

"时间久了，自己都看不起自己。"望着那根拐杖和悬着的左腿，张由均想，外出打工是不可能了，但眼前的金寨村全是高山峡谷，自己这个样子能做什么？最终，张由均还是下了决心："我有一双手，还有一只脚，不能吃闲饭！"

那时，金寨村外出打工的人越来越多，留下了大片荒芜的田地。张由均想把这些地开垦出来多种粮食，先填饱肚子，再用剩余的粮食多喂点儿猪挣钱。妻子一听就笑了："你要累死我啊？"

"不！是我来种！"张由均坚定地说完后，当场就挂着拐杖扛着锄头下了地。金寨村的土地坡度大，他只有一只脚，挥舞锄头时人跟着锄头一下子就摔了出去；用力回拉锄头时，一不小心，人又往后一仰，瘫倒在地上。张由均干脆丢掉拐杖，在地里爬着干活儿。妻子心痛地扶起张由均，两人都哭了。

张由均没有放弃，一空下来就到地里练习。慢慢地，他发现不应该用拐杖撑住身子，而是要用残缺的大腿压住拐杖。掌握了身体的重心，加上自己体力不错，张由均终于能稳稳地站着挖地了。

1亩、5亩、10亩……几年时间，张由均夫妇靠开垦闲置地种粮食，不但一家人吃饭不愁，还有足够的粮食喂猪。

"2015年，村里评定他家为建卡贫困户，但他拒绝了。"金寨村村主任沈来兵回忆道。当时张由均说，自己娃娃都长大开始挣钱了，负担变轻了，自己靠种地养猪能脱贫。"他说自己不用帮扶，要把指标给那些有病人、有学生的家庭。"

去年，张由均开垦闲置地达30余亩，母猪喂到了7头，全年生猪出栏20多头，家庭收入超过4万元。

村民推选他当社长

30多岁那几年，张由均重新从爬行学起，再一次站了起来。他又能挖地、种菜、担粪了，甚至还可以打石头，干泥水工、钢筋工的活儿。

"这房子就是他和儿子修的。"王发秀指着自家一楼一底的房子说。除了浇灌混凝土和贴瓷砖请了工人，挖地基、抬石头、砌砖、盖瓦这些都是张由均自己挂着拐杖完成的，儿子只是在一旁当小工，搬运砖瓦、砂浆等。"半年就修好了，节约了4万元工钱。"

一个残疾人，为啥这么拼命？张由均嘿嘿一笑说："我虽然少了条腿，但作为一个男人，上有老下有小，不拼命不行啊！"

早在1998年，村民见张由均身残志坚，而且能说会道，就推选他当了社长。张由均坦言："我这种情况，当社长还是很有压力，可既然大家信任我，我就必须干出个样儿来。"

那时的金寨村很穷。当上社长后,张由均就把自己的猪崽便宜卖给村民喂养,一时拿不出钱的,就先喂猪,卖了再付钱。他则拄着拐杖进院入户传授自己多年来摸索出的饲养经验。

邻居刘德恒是个孤老,年纪大了生活无法自理。张由均夫妇就把老人接到自己家中,管起了饮食起居。刘德恒性情孤僻,有一次心情不好,咬伤了王发秀的手指,至今还留有痕迹。可张由均夫妇没有一句怨言,照顾老人长达8年,直到老人被自己的亲人接走。

带动村民养猪脱贫

九龙坡区九龙镇与金寨村结成帮扶对子后,在巴国城农贸市场落实了20平方米的门面,并免除了装修费和3年共计6万元的租金,让来自金寨村8组的贫困户王发财在此销售村里的老腊肉。

短短两个月,王发财的城口老腊肉就卖了6万元。2020年,王发财计划制作1万公斤腊肉,力争利润突破10万元。但很快问题来了,既要保证质量,还要实现销售数量,土猪肉从哪里来?

"带领村民来一起养!"张由均决定自己建个养猪场,再提供猪崽带动村民一起喂养。村里的生猪专业合作社有腊肉加工坊,现在又有了九龙镇提供的销售门面,养猪不愁不赚钱。"用领导们的话说,形成了一个完整产业链。"

说干就干!2020年正月初四,张由均拄着拐杖就上了工地,一个人动手兴建养猪场,木工、砖工、大工、小工都是他一个人干。一根80斤重的木头,他左手拄着拐杖,右手搂起来,一扬就上了肩膀;一块50斤重的空心砖,他左手拄拐杖、右手提着就顺着梯子上了墙……

20多天,一座长24米、宽8米的饲养场修好了。张由均计划今年养猪100头,王发财年销售1万公斤腊肉的希望就有了保障。

"脱贫致富奔小康不落下一个人,残疾人也要不等不靠,撸起袖子加油干!"8组还有5名残疾人,张由均经常用自己的经历鼓励他们,带动他们养猪脱贫。

前不久,张由均与5名残疾人签订了脱贫帮扶协议,除了送猪崽外,养猪场还优先雇佣他们干活儿,月工资1800元,优先收购他们的粮食用于喂猪。

46 周世桃

周世桃的"甜蜜事业"

———— 李光琴 ————

5月25日，湛蓝的天空宛如一块美丽的蓝宝石，和煦的阳光让人备感温暖舒服。在城口县葛城街道东方红二村，村民周世桃在自家的养猪场"全副武装"打理圈舍、猪槽……她熟练地劳作着，脸上洋溢着幸福的笑容。

她面前放置着一排猪槽，一个个小猪崽争先恐后地来争抢它们的午餐，"哼哼哼"的猪叫声不绝于耳。养猪就是周世桃如今的"甜蜜事业"。同行的支部书记钟从松向我们介绍："周世桃现在是我们村的养猪能手、脱贫致富的典范。"

三十出头的周世桃，一家6口人，先前由于种种原因家中一直举债，日子过得紧巴巴。在开展精准扶贫工作中，被村里纳为建档立卡贫困户。2016年10月，周世桃申请自愿脱贫，成功摘掉"穷帽子"，实现了一场成功的人生逆袭。如今，她已成为东方红二村贫困户效仿的脱贫样本。

跟有些"等靠要"思想严重的贫困户不一样的是，周世桃从不因贫困失志，反而将党和政府开展的精准扶贫作为发展的机遇。她心想随着城口老腊肉的招牌越打越响，猪肉市场肯定会越来越好，养猪指定没错！说干就干！和丈夫商量后，周世桃第一时间将发展养猪产业脱贫的想法给东方红二村村委、帮扶责任人说了，大家纷纷表示支持。从此，周世桃开始了她人生的逆袭之路。

在大家的帮助下，她精心搭建了一个自然条件适合养猪的简易圈舍，把全副心思放到养猪上，用勤劳的双手改写命运。慢慢地，她的养猪事业有了起色，猪圈也修建得日益精致。周世桃想到，这个规模远远不够，要想致富，必须甩开膀子发展，养1头猪是养，养10头猪也是养，养100头猪也是养。只有适当扩大养殖规模，变副业为主业，才能将养殖变成致富的渠道。于是，猪崽由最开始的1头扩展到15头，再由15头扩展到如今的80头，产业慢慢扩大了，周世桃的养猪经验也越来越丰富了。

养猪，让多年贫困的周世桃尝到了生活的甜头，而让她觉得更甜蜜的是，在脱贫路上一直有来自各方力量的帮扶。从搭建圈舍开始，周世桃就成为东方红二村村委、驻村扶贫帮扶小组的重点帮扶对象。支部书记几乎每天都到她的养猪场，或了解情况，或帮忙打理猪场，还专门请来技术人员现场指导技术。

由于周世桃的猪肉品质好，从不愁销路，她的收入也越来越好，80头猪将带给她约30万元的收入。当问到这几年来周世桃的致富心得时，她告诉我们："其实呢，产业、市场、基础设施都是客观条件，发展致富最重要的还是要靠自己的主观意识，只要骨子里有冲劲儿，有目标，肯吃苦，迟早会走上小康之路。"

"如果不是这几年养猪，我是不可能这么快脱贫的。"现在的周世桃，凭借这份"甜蜜"事业铺就了脱贫致富路，说话有了底气，脸上也有了笑容。如今，周世桃开心地告诉帮扶干部刘辉，现在自己家的生活就像芝麻开花节节高。

"在党和政府精准扶贫政策推动下，我们农民的脱贫致富路子会越走越宽广，生活也将越来越甜蜜。"周世桃驾驶着自家新购入的越野车，信心满满。

叁

立业

战胜贫困——我的脱贫故事

47 包中成

培训专业户的脱贫路

——— 周晓丰 ———

正午时分，阳光让包中成的背一阵火辣，他正坐在田边休息。望着地里的作物，老包心里美滋滋的。"这里种着6亩独活。你看田边那些小苗苗就是独活。你莫看它不起眼，这家伙贵着呢，去年就卖到了十几块钱一斤。"包中成眉飞色舞地讲。"你看那边不远处的一排木桶，是我养的中蜂，有好几十桶哦。"包中成自豪地说。

包中成今年53岁，家住金池村11社，家里有7口人，包中成担任金池村11社社长多年。2014年，妻子皮礼琼患上严重的腰椎间盘突出，不满足手术条件，不能外出打工、干农活儿，只能干轻松的家务。家里有4个学生需要供养，医疗费、学费和其他生活开支让这个本就不太富裕的家庭陷入贫困。村支书将包中成的家庭情况汇报给了乡党委、政府，经乡村两级干部研究，村上召开村民大会，将包中成列入建档立卡贫困户。

发展产业，成为培训专业户

被评选为建卡贫困户后，妻子的医疗费用大部分都可以报销，孩子读书也有各种补贴，包中成肩上的担子轻了许多。但包中成开始给自己肩膀上加担子，他说："虽然有扶贫政策，但是我不能光想着这下不着急了，还要想下啷个让一家子过上好日子。"

为了让一家人过上好日子，包中成起早贪黑地忙碌着。中药材、山地鸡、魔芋、中蜂，只要是能想到的，包中成都做。

但现实给了他当头一棒——中药材长势不好，山地鸡鸡苗几乎全部病死，桶里的中蜂全部飞走——包中成彻底傻眼了，"啷个得了"！

包中成这才想起，自己准备发展这些产业时，帮扶责任人劝说自己的话："一下不要搞这么多，先去学，学好一样做一样。"

悔不当初的包中成给帮扶责任人打去电话，懊悔地说着自己不应该不听他的话。帮扶责任人并没有责怪他，还劝慰道："没事，还好你损失不大。正好马上有中药材的种植技术培训，我给你报名，你先去学几天，每天还有100块的误工补助。"

就这样，包中成去参加了一周的中药材种植培训。参加完培训，包中成说："以前种中药材完全是乱搞，听了课才晓得，还有这么多门道。"

这下彻底激发了包中成的好学之心。不仅是中药材，中蜂、山羊、魔芋、山地鸡、核桃，所有觉得自己能干的，一有培训班，包中成就去参加，他前前后后参加了十多个培训班。村里人给包中成起了个"培训专业户"的外号。"这个外号好，说明我爱学习嘛。"包中成哈哈大笑道。

起早贪黑，终于摘掉"贫困帽"

参加这么多培训班，包中成学到了非常多的技术，向前冲的底气更足了。种植核桃、魔芋、独活、桔梗、党参、大黄……养殖山地鸡、生猪、中蜂，只要有增加家庭收入的可能，他都去尝试。

每天，天没亮，包中成就出了门，给核桃树嫁接、疏枝；给蜂桶清扫；给魔芋、中药材除草施肥；给猪、羊、鸡喂食，清扫圈舍。每天把活儿做完，天就已经黑了。

包中成的早餐是满满两大碗米饭。中药材、核桃、山羊都在高山上，没时间回家吃午饭，包中成只能早上多吃一点儿，这样会扛饿一些。有时候，妻子会给包中成煮上几个鸡蛋，让他中午吃，而他会偷偷将鸡蛋藏起来，出了门才给妻子打电话，说留给孩子吃。

村民们谈到包中成无不感叹："包社长像是个铁人，一天不仅要照顾一大家子人，还要发展产业忙着坡上的活路，都没看到他怎么休息过。"

通过两年的辛勤耕耘，包中成迎来了大丰收。核桃、中药材、山地鸡、蜂蜜等都卖出了好价钱，总收入达8万元，再加上医疗、教育、住房都有了保障，包中成终于实现了脱贫目标。"现在国家的政策好，只要愿意干，就能干好。"对于实现致富奔小康的未来，包中成充满了希望。

以身示范，带动村民富起来

"我是社长，也算是个干部，成了贫困户已经很丢人了。再不带头脱贫致富，我自己都干不下去了。"包中成坚定地说。

社里近十户像他一样的贫困户一直牵动着他的心，他决心让乡亲们沿着自己走过的致富路，依靠养殖中蜂、山地鸡，种植魔芋和中药材脱贫。

看到包中成大力发展产业脱了贫，周边的村民们也很是羡慕和佩服，纷纷来找包社长讨教。包中成毫无保留地将他的种植、养殖经验传授给大家。广大社员的干劲儿，带动了周边更多的贫困户发展产业。

住在包中成家旁边的贫困户尤开清就是其中一个。之前尤开清也种地，但规模小，而且只种苞谷、洋芋，产业发展得不好。用尤开清的话说："这几亩荒地，能发展个啥子嘛，填饱肚子就不错了。"

在看到包中成成功地从他看不起的几亩地里面挖出了致富希望，尤开清也眼热起来，于是主动向包中成请教。

包中成毫无保留地将自己学到的技术和经验传送给尤开清，很快尤开清的产业也发展起来：80多只山羊，20几桶中蜂，5亩魔芋，还有几亩中药材，他顺利脱了贫。

现在，包中成正在学习在网上卖货。在帮扶责任人的帮助和支持下，他将自家的魔芋、独活、党参、山地鸡、蜂蜜、腊肉等农产品通过朋友圈进行宣传，销售额超过2万元。

"我今年养了120只山地鸡、50箱中蜂、5头生猪，种了6亩独活、5亩桔梗、10亩魔芋、1亩党参，还有18亩核桃。要是这些都销售出去了，那我今年的收入就不得了了！"包中成满眼憧憬，脸上露出了幸福的笑容。

48 陈国友

摩托车驮出的"脱贫榜样"

杨鹏飞

巴山镇新岭村,记者沿着一条蜿蜒曲折、坑洼不平的黄泥公路,一路摇着"迪斯科"寻找大山中的"脱贫榜样"——陈国友。

"咦,这桶蜂子蜜结得好得很咯。"还没走到产业地,中气十足的话语便传入耳朵,随即,一位板寸头、中等个子、精神抖擞的中年男子映入眼帘,他便是村民口中"吃得苦、有魄力""骑着摩托车的羊倌"陈国友。

命途多舛,外出务工身受重伤

不惑之年的陈国友17岁外出务工,经多年打拼,成了十里八村有名的"陈百万"。在那个物质条件并不优越的年代,陈国友让自己一家人过上了富足生活。那时的陈国友,意气风发。

好运不会永远眷顾一个人,随后的几年,由于经营不善,陈国友的积蓄被一点点儿消耗,家庭经济渐渐变得拮据。2013年,他在甘肃敦煌务工时被石头砸伤左腿,导致粉碎性骨折,经过医生诊断,不能再从事重体力活儿,这成了打倒这个壮实汉子的坚硬棒槌。

"当时躺在病床上时，都快绝望了，那感觉就像天塌了一样，眼泪止不住地流。"再次提起当年的情景，陈国友眼里浮现出了泪花。他说，当时看到眼睛通红的妻子，想到两个正在读书的孩子，心里像刀割一样。

不久，陈国友选择了回家疗养。没了收入来源，一家人甚至到了借钱买米的地步。2014年，村里将他家评为建卡贫困户。

重拾信心，自力更生摆脱贫困

受伤在家、被评为贫困户的陈国友一度十分颓废，整日借酒消愁。后来，在亲戚朋友、村社干部的耐心开导下，他慢慢开始冷静、清醒，决定振作起来，一边养伤一边找门路。

经过大半年的休养和锻炼，2014年6月，陈国友勉强能挂拐下地行走。每日坐在家门口，他一直思考着如何找门路。自己到底能做点什么呢？渐渐地，房前屋后的大片荒地、山林引起了他的注意，一个想法浮现在他的脑海中：养山羊！

2014年7月，陈国友到开县和巫山等地学习了山羊养殖技术，了解了市场前景，并邀请专家实地考察，得到专家的肯定后，陈国友开始将精心谋划的山羊养殖计划付诸行动。

"启动资金只有村里申请的3万贴息贷款。"陈国友回忆起初期的困难仍是苦笑。由于资金短缺，他请不起帮手。房前屋后几十亩长满灌木、杂草的荒地和山林，只有自己一家人起早贪黑清理整治。"好多时候都是天不亮就出门，砍树拔草到晚上天黑了才回家，中午饭只有用方便面、剩饭将就。"一个月后，场地终于清理出来。

道路不通，建筑材料运输又成了大难题。他带着家人，用锄头在一个月内挖出了一条800多米长、40厘米宽的摩托车道。靠着这条巴掌宽的便道，陈国友骑着摩托车一点点儿地运输建筑材料。

可上天再次跟他开了个玩笑。圈舍修到一半，他的左手不幸被石头砸伤，中指、无名指粉碎性骨折。但这仍没有打消他养山羊的念头，伤好后，他再次骑上了摩托车运输材料。五个月后，羊圈建成，看着新买的70只山羊入了圈，他高兴得睡不着觉。

从此，陈国友一个人骑着摩托车运材料，拉饲料，驮山羊，久而久之，村里人便亲昵地称他为"骑摩托的羊倌"。

经过陈国友的不断努力，产业发展进入正轨，家庭经济收入越过贫困线。2015年，陈国友光荣地脱贫。2016年，他搬入了新家。2016年和2017年，他连续两年被评为县级"脱贫光荣户"，2017年还被市扶贫办邀请参加"榜样面对面——党的十九大精神暨基层脱贫攻坚先进事迹典型"巡讲，到全市十八个贫困乡镇讲述自己的事迹。

在"他山之石，可以攻玉"的巡讲中，在与其他各地先进代表及产业专家不断交流沟通后,他再一次打开了眼界。回家后,陈国友先后发展起了中蜂、黑木耳等产业。现在,他已养殖山羊200余只、中蜂100余桶、山地鸡200余只,种植黑木耳610余亩,黄柏树、核桃树、李子树5000余株,一跃成了村里以及乡上的产业大户,成了大家的"脱贫榜样"。

榜样带头,团结村民共同发展

"我一个人发展起来了不算成功,我还要带动大家一起发展。"在发展产业的同时,陈国友没有忘记村里的乡亲们。2016年,他用自家三轮车免费运输巴山政府发放的黄柏苗15000余株,并带领周边村民共同种植。

2017年,他为全村60余名村民提供工作岗位,其中贫困户30余名。累计达8000余工天,平均每人务工增收5000余元。同时,他主动带动了周边5户贫困户发展养殖产业并提供技术支持,已渐渐取得成效。

"这些都不算什么,大家的发展才刚刚起步。"做到这些,陈国友还觉得远远不够。如今,他准备带动村民发展中蜂1000余桶,种植菜籽100余亩。他说,他要带好头,做"领头羊",和乡亲们一起更好更快地发展致富,奔向小康!

49 程远清
等不是办法，干才有希望

——舟 东——

破晓时分，伴随着虫鸣甘露，一个勤劳且矫健的身影前往养猪场，悉心照料生猪。"这猪就是我家的经济来源，我们全家都得靠它。"程远清幸福地笑着。

程远清是周溪乡三元村的一个农民，2014年被评为建卡贫困户。成为贫困户是因为他的妻子不幸患病，失去了劳动能力，家里还有一名学生。全家人的生活重担全部压在了程远清身上。而在外务工的他又不得不回家照顾行动不便的妻子。没有经济来源，家里也没有储蓄。"一度对生活失去了希望，是党和政府给了我希望，给了我生活上的帮助和精神上的鼓励，让我重新振奋起来！"程远清这样说道。

"等不是办法，干才有希望。我不能等靠要，我要自己行动起来。"程远清坚毅地说道。于是，程远清开始养猪。他回忆道："才开始对养猪一无所知，既没有技术，又没有门路，只养了几头。后来，在乡村两级干部的领导下，经过认真的考察和分析，根据当地条件，因地制宜，发展养殖到六七十头，再到现在两百来头的规模。"

从原来的"紧日子"，到现在的小康生活，家里还出了大学生，程远清无比感叹现在的变化。历时五年，程远清的猪场规模越来越大，他逐步成了村里的养殖能手，全家人的生活变得越来越好。

程远清累并快乐着，每天早上4点起床前往猪场，重复喂猪、清洗猪圈、查看猪崽等工作，虽然辛苦，但他觉得很充实，很满足。一天至少要去猪场三次投食，仅投食就要花接近两个小时。每次去投食的时候，总能看见他扬在脸上的幸福。"它们就是我的'财神爷'，就是我们一家生活的希望。"

2019年，程远清出售了生猪两百多头，纯利润高达20多万元。猪场里还有十来头母猪。谈到母猪时，程远清笑道："总算解决了猪崽来源问题，不管怎样，都不会亏，我没有后顾之忧了。"

"脱贫要靠双手，党和政府有这么好的政策，只要勤劳苦干，阳光总在风雨后，好日子总会来的。"面对贫困，程远清从来没有等靠要，从未低头，在通往致富的道路上，他一步一个脚印走得格外坚实。

程远清在养猪的道路上取得了成功，但是他并没有忘记做农民的本分。在养猪的闲暇，他种植了几亩土豆和红苕，还有大量的玉米，在解决了部分猪食来源的同时，也节约下了大笔的经济开支。

"我是从小在这里长大的，我的脱贫故事反映着周溪天翻地覆的变化。从布满泥土、树叶的水坑到现在有清水的巨大蓄水池，从以前提心吊胆地蓄水到现在放心大胆地用水，从以前挑水到现在家家户户通水，都离不开党和政府的辛勤付出。"程远清洋溢着笑容。他家里楼上楼下都通自来水，猪场也有独立的蓄水池，不再有缺水断水的忧虑了。

现在，乡村干部依然定期到程远清家走访，时刻关心他家的生产生活。"是国家的好政策给了我家现在的幸福生活，是各级干部的支持和帮助鼓励了我的养殖梦，我会继续养好猪，努力实现我的致富梦。"

50 范安东

养殖黄牛有赚头，致富之路不用愁

...... 王代前 ......

"现在我养的这十来头黄牛每年都能给我带来很大一笔收入，对于现在的生活，我还是很满意的。"我叫范安东，家住双河乡永红村3组，一家人世世代代都住在这里，早已习惯了山上的生活。俗话说"靠山吃山、靠水吃水"，利用得天独厚的地理优势发展黄牛养殖业，我有信心将其做大。

靠山吃山挖草药，微薄收入持家用

我家的木屋房子在山顶上，门前屋后都是陡坡，唯有种庄稼的地方稍微平坦一些。以前，一家上上下下的开支全靠地里的庄稼和平时在山里挖的一些药材，日子过得紧巴巴的。

家里的木板房勉强能遮风挡雨，但是到了下雨天，还是很恼火。到街上去也是一道难题，从我家到街上至少要走3个小时，来回一趟就要花上6个小时，而且全是土路，走在路上晴天一身灰，雨天一身泥。

家中两个孩子上学开支大，妻子又体弱多病，我只能一个人扛起这个家。我除了种庄稼外，一有时间就会去山里挖药材回来卖钱，供两个孩子上学，给妻子买药。妻子小病一直不断，一年下来也需要不少钱来开支。

为了能多赚点儿钱，我早上4点钟就出门去山上挖药材，体弱多病的妻子也不得不"承包"家里的农活儿，我们夫妻俩一年四季过着面朝黄土背朝天的生活。

由于家里这样具体的情况，我没有到外地打过工。凭一双手在家乡打拼，把孩子养大，这是我唯一的想法。但是，随着孩子慢慢长大，开销越来越大，生活更加入不敷出。

因学因病致贫困，养殖黄牛来脱贫

2012年，在党委、政府的关心下，我们一家被列为村里的贫困户。然而"贫困户"的帽子不好戴，我也不想戴，为了能早日脱贫，我想了不少门路，最终都没有实现。

一天下午，放牛回家的妻子说："要是我们有钱的话，我一定再去买几头牛崽回来养，养大了再卖掉。"虽然妻子当时是随口一说，我发现还真是一个不错的想法。但我不想花钱买牛崽，而是想让家中的老黄牛下崽，一两年下来，就有规模了，到时候再卖一些留一些。

我把想法告诉妻子后，妻子觉得很有道理。有了想法就得去实施，我们把老黄牛拉去配种，并且精心饲养。终于，老黄牛下崽了。我们将这些牛崽统统养起来，家里的黄牛养殖规模逐渐扩大。就这样，2015年我家的黄牛已发展到14头，达到了我的预期。

以前家中只有一头老黄牛，我只知道把牛喂饱，从来不会观察牛的生活习惯。后来牛养多了，常出现一些病征，让我手足无措。2013年年底，一头成年的黄牛死于病害。我哪里知道该怎么去给黄牛治病，只能眼睁睁地看着黄牛倒下，它在地上挣扎着再也没有爬起来。看着这样的情景，我和妻子心痛不已，却无能为力。

辛苦发展起来的黄牛养殖不能这样放弃。为了减少病害，我开始通过书籍来了解牛的生活习性，结合实践，总结出了很多养殖黄牛的经验。我养殖的黄牛基本每年都达到20来头，且年存栏量都在9头左右。

解决了养牛的问题，等到真正卖牛的那天才发现，没有销路。一时间我急得直跳。后来经过多方打听，得知开县有一个做牛生意的人，经常到乡下收购黄牛，而且价格还很可观。我找来他的联系方式，向他说明了自己的情况，没想到没过几天，这个人就开着货车过来收购黄牛了。

按照当年的市场价，5头黄牛一共卖了两万多元，拿着两万余元现金，我激动不已。同时我也看到了希望，便年复一年地靠着种牛繁殖崽牛，扩大养殖规模。

2016年，我成功脱贫，还荣获了"脱贫光荣户"的称号，心里非常高兴。拿着这块牌子，我感受到了它沉甸甸的分量，只有我自己才明白它的来之不易。

青石板上木屋房，致富响铃响叮当

养殖黄牛能成功，离不开背后的诸多付出。为了提高黄牛的品质，我每天给黄牛喂玉米、土豆，按时将黄牛赶上山，傍晚时分，再将牛群赶回来……就这样，日复一日，虽然累，但很快乐。

虽然养殖黄牛赚了钱，但对我来说，收入还没有达到自己的要求。只顾着养牛，没有时间去挖药材，现在黄牛养殖已成规模，有剩余时间我依旧上山去挖药材。现在药材的市场价比以前高了很多，我不能丢了药材这一大笔收入。我还在家养殖了100余只山地鸡，一年下来能卖1万元左右。

2015年年底，我给自己算了一笔账，卖牛能卖3万至5万元，药材能卖4万至5万元。算下来一年的收入在我所居住的地方很不错了。以前我养牛，主要是用来犁地，减轻我们的耕作负担，现在我养牛用来致富。

有党委、政府的关怀，有政策的支持，我心里很温暖。接下来，我会加倍努力，发展养殖业，将自己的产业做大。我相信我的明天不会比别人差。我相信通过自己的努力，我们一家的日子会越过越好。

51 甘业洪

脱贫不甘掉队，致富不忘乡亲

———— 曾凡亮 ————

双龙村的甘业洪是一个敢想、敢干、敢为先的致富带头人。年近50的他在家乡这块广袤的土地上开辟了新的人生之路，成为脱贫路上一道亮丽的风景线。

说到甘业洪，还得从2014年说起。当时甘业洪有三个孩子在上学，家有年迈又体弱多病的父母，还有两位五保分散供养的叔父需要照料。妻子在家干农活儿并照顾父母，一家人的生活来源就靠着甘业洪四处打零工。甘业洪平均每月收入才800元左右，严重入不敷出，更谈不上有任何的积蓄。由于自身没有技术，即使常年辛勤劳作，也一直没能改变家里贫困的境况。在村民代表大会的评议下，甘业洪家被列为贫困户。

2015年，甘业洪看到周围的村民一家家富起来，再看看自己家的生活状况，心里像吞了一枚青果，感觉苦涩涩的，既消沉，也迷茫，更不甘心贫穷的现状。他坚信用自己勤劳的双手，一定可以甩掉贫穷的帽子。

甘业洪思前想后，只有有了固定的产业才会有稳定的收入，打零工不是长远之计。借着精准扶贫的春风，甘业洪主动找到村干部聊了一下自己的想法。村干部和甘业洪的帮扶人吴成太给他提出了一些可行性的建议，如因地制宜发展什么产业，先从哪个方面入手，资金筹集，产业发展的政策奖补等。这给甘业洪的脱贫创业吃上了一颗"定心丸"，更坚定了他脱贫致富的信念。

之后，甘业洪开始着手收集市场信息，观察行业动态。周边市场对猪肉有大量需求，在乡领导、帮扶人和村干部的建议下，经过认真考察和分析，甘业洪决定发展生猪养殖。乡领导帮助甘业洪申请扶贫小额贷款5万元，用于修建养猪圈舍，联系购买猪崽和粮食，还帮助他对接村内其他养殖大户唐兵、丁世平、王德轩，给甘业洪传授学习经验技术。

创业是艰难的，也是辛苦的。甘业洪的生猪养殖场创办伊始，因为妻子要照顾家里的孩子和老人，所以生猪养殖工作全部落在了甘业洪一人身上。他每天天不亮就得起身，为猪添饲料，清扫猪舍，深夜还要到猪舍转一圈，观察猪的生长情况、健康状况等，如发现异常，及时诊断治疗，不敢有半点儿疏忽。虽然他每天累得双腿像灌了铅，可甘业洪丝毫没有放松对技术的学习。万事开头难，甘业洪缺乏养猪的技术经验，导致生猪病倒一大片，死亡比例也高。看着一头头病死的生猪，还要将它们运出去深埋进行无害化处理，甘业洪满脸的汗水夹杂着泪水，心里五味杂陈。

经过这次事件，甘业洪意识到，靠自己埋头苦干是不行的，必须掌握专业养殖技术。他找到乡农服中心寻求帮助。乡农服中心请示县农委，派专业的养殖技术专家下到乡镇开展生猪养殖技术培训，实地走访现场查看情况。从圈舍修建、种猪选购到科学饲养、环境卫生防疫，经过系统的培训，甘业洪掌握了科学的养殖技术，他养的生猪从入栏到出栏，再没有染上过疾病，也未出现过死亡现象。

甘业洪采用科学方法饲养，他养的猪个个膘肥体壮。帮扶人和村干部帮助甘业洪的养猪场加入双龙村专业合作社，到了出栏季节，他饲养的生猪销售到南部片区蓼子、明通、鸡鸣等6个乡镇。仔细核算一年的人均纯收入，他家达到了8000多元，甘业洪主动提出了脱贫申请，并于2016年年底光荣脱贫。甘业洪明白，这些成果里既有他自己的辛勤汗水，也饱含政府、村社干部和帮扶干部对自己的支持和鼓励。

经过几年的发展，又恰际遇生猪市场环境一片大好，甘业洪养殖母猪10余头、商品猪100余头，还养了100余只土鸡，中蜂5群。按照目前的市场环境，预期能有一笔可观的收入。

52 桂本明

不遗余力，为美好生活奋斗

—— 梁伦鑫 ——

在河鱼乡平溪村1组，有一位年过七旬的老人，虽年龄已高，体弱多病，但他对生活充满希望和信心："我相信勤能补拙，勤能致富，在党的政策扶持下，通过自己的努力，我们的日子会越过越好。"他就是致富能手桂本明。

桂本明家有7口人，家庭人口数量多，但劳动力少，生活开支大，收入却微薄。再加上夫妻均重病缠身，需要常年使用药物治疗，两个小孙女在小学读书，家庭经济全靠女儿、女婿、大孙女在外务工的收入，高昂的医药费和学杂费给家庭带来了沉重的负担，生活状况每况愈下。

"村干部十分关心我家，经常到我家嘘寒问暖，帮助我们解决实际困难，并鼓励我们要有改变现状的信心。现在我们脱贫了，时常回忆起以前的生活场景，艰苦的生活条件让人心酸，党的好干部为我家排忧解难，更让人欣慰、庆幸。"桂本明说完这席话，脸上渐渐绽开了笑容。

2014年，国家开展精准扶贫工作，鉴于他家的实际情况，经过村民代表大会民主评议，桂本明家被纳入了建档立卡贫困户。看着精准扶贫的惠民政策一项接着一项出台，他对脱贫致富的信心大增，对妻子说道："国家实施这么多的扶持政策，就是帮助我们改变穷苦的生活条件。虽然我们现在的条件十分艰苦，但我们要有把日子过好的信心，我们要通过自己的双手脱贫致富，早日摘掉'贫困户'的帽子。"

在村里面开会得知国家正在大力鼓励农户发展养殖业，有相应的奖补政策，趁着扶贫政策的大好机会，他和妻子开始发展生猪养殖。万事开头难，东拼西凑筹集了2万元本金，在屋旁用木材建立了三间简易的圈舍，购置了一批仔猪和饲料，看着一头头小猪在猪圈里摇头摆尾地吃着猪食，夫妇俩的脸上也露出了久违的笑容。

天有不测风云。这天桂本明如往常一样早早地到田间割猪草，妻子慌慌张张地跑过来告诉他："有一个圈舍的仔猪从昨天下午开始就不吃食了。"看见小猪蹲在角落里喘粗气并伴随着咳嗽，桂本明心急如焚，不知所措。那天晚上，他坐在火坑旁，生怕情况恶化，一次又一次地去圈舍观察仔猪的情况，大门外的电灯亮了一宿。第二天早上天刚蒙蒙亮，桂本明就迫不及待地往乡兽医站赶，把兽医请回家。兽医师傅对猪崽治疗后说道："你发展这么大的产业，用传统的养殖方法是行不通的，一定要做好防疫和消毒工作。圈舍要每天清扫并消毒，定期注射防疫药品。"

兽医师傅的话让他明白了一个道理，光埋头苦干还不行，要讲求科学方法，这样才能把产业发展壮大。在后来的日子里，他始终把兽医师傅的话记在心中，通过几年的生猪养殖，积累了一些经验，出栏量最高一年达50多头，年收入达10万余元。

在国家政策的扶持下，桂本明还养殖了100余只山地鸡，种植了2亩中药材、2亩魔芋、2亩山药，大大增加了家庭收入。为了提高种植质量，他一点儿也没马虎，打药施肥，除草除虫，精耕细作，毫不懈怠。

尽管桂本明的人生经历了太多不幸，但他从不怨天尤人。在党的好政策、干部的真扶持下，他走在脱贫道路上，渐渐走出了生活的阴霾。

脱贫后，桂本明在自己能力范围内帮助周围的群众，很大程度上影响了其他农户的生活方式和生活态度，形成了良好的带动效应。凭着坚忍的性格和勤劳好学的家风，桂本明的致富之路将会更加平坦宽广，平溪村脱贫致富的道路上也会有越来越多的同行者。

53 何发勇

党员干部帮我家脱贫，我回来参加乡村振兴

——彭 瑜——

"感谢党的政策，让我爸爸一只手也能脱贫致富。"城口县蓼子乡庆祝建党99周年"脱贫路上走一走"脱贫故事会，大学生何发勇站上宣讲台讲述父亲的脱贫故事。他表示："党员干部帮我家脱贫，我回来参加乡村振兴！"

20岁出头的何发勇，出生在城口县蓼子乡梨坪村一个农民家庭。就在他出生那年，父亲何泽平因交通事故失去了左手臂。

梨坪村地处大山深处，山势陡峭，爬坡下坎都要手脚并用。不少人以为，何泽平一家完了，但妻子的不离不弃给了他生活的勇气。

伤口刚好，何泽平就安排妻子在附近干点儿零工，自己手脚不方便，则承担家里的农活儿。刚下地那会儿，因为一只手不方便，何泽平经常摔倒，身上青一块紫一块的，痛得直冒汗水，但他都咬牙坚持着继续干，直到习惯了一只手劳动。

"再勤耕苦做，也只能勉强糊口。"2014年，脱贫攻坚战打响，村里因为何泽平身体残疾、收入少、两个孩子读书花费大，将他们一家纳入建档立卡贫困户。何泽平说："乡村干部上门问困难、送政策、谋路子，让我们看到了希望。"

这几年，梨坪村变化不小，路通了，水有了。在乡里的引导下，全村大力种植油菜、香水梨等特色效益农产品，探索乡村旅游的发展路子。在帮扶干部的帮助下，何泽平也开始种油菜、种玉米、种洋芋、养猪。

"挣钱不管多少，只要去干，总会积少成多。"2016年，何泽平和妻子种植油菜10多亩，养了20多头猪，近百只鸡。农忙的时候，他在田间地头干活儿；农闲时，他又跑到深山老林挖野生中药材。"党的政策这么好，帮扶力度这么大，我们更要努力跑。"

何泽平不但自己努力奔跑在脱贫路上，他身残志坚、自力更生、不等靠要的精神也感染着两个儿子。在教育资助、产业扶持等多方面的惠农惠民政策帮助下，大儿子很快找到了工作，小儿子考上了大学。

"我家这几年，养殖毛猪、山地鸡，每年收入三四万元，达到了脱贫标准。"2017年11月，何泽平向村上提交了自愿脱贫申请书，成为一名"自愿脱贫光荣户"。他说："是党的扶贫政策让我们一家脱了贫，走上了致富路，圆了儿子的大学梦，不仅我自己要感谢党，我还要教育儿子感恩党。"

何泽平成了村上第一个脱贫宣讲员。在儿子何发勇大学毕业后，何泽平听说打赢脱贫攻坚战后又要实施乡村振兴，便开导儿子，希望他能回到村里参与家乡建设。

何发勇回到梨坪村，成为一名公益性岗位人员，参与村里的工作，从一个受助者变成一个助人者。蓼子乡相关负责人邓亚丽称，何发勇年轻、有文化、有干劲儿，乡里正把他作为村上的入党积极分子在培养。

54 贺家模

脱贫路上的半里泥泞

——袁 竹——

"猪"对中国先民的生活，十分重要，"房"下有"豕"才算"家"。贺家模正是依靠这吉祥、圆浑、温厚、可爱的古老动物，发了家，脱了贫，致了富。然而，脱贫之路因半里泥泞，颇为曲折。

从定贫的激励到脱贫的骄傲，可以只是一载春秋的转换。"扶贫"春风助力儿女求学，养殖收获消解往日困窘，温暖关怀给了致富底气。贺家模2014年因学致贫，2015年光荣脱贫，2020年大胆扩产。

定贫当年，次女上初三，儿子读小学，长女嫁作人妇。

转发展

2014年春，一个微风和煦的午后，女儿的喜讯悄然而至。贺家模夫妻二人欢呼雀跃，高兴地从打工地山东赶回，为女儿筹备婚事。就是这场甜蜜的宴席，让家庭经济发展从这条路移到那条路，实现完美跨界。

贺家模老母年过八旬，女儿在家，尚能照顾，女儿出嫁，便无人照顾。因此，夫妻二人没再返回山东，而是留在家中照顾老人。再者，夫妻俩齐心协力，凭着结实的身体在工地肩挑体扛，已基本还清2007年修房欠下的7万元借款。

但真正让夫妻二人留下来的，还是发展思路的转变。他们决定利用自家土地、庄稼，以及现有的半里毛路的便利，在家养猪。

铺好路

咸宜镇属城口西南边陲一隅，环流村在大山深处。贺家模所在组社，陆陆续续才辟出一条车行土路。这土路不经过贺家模的住处。

2007年夏，夫妻俩拿着辛苦积攒的一笔钱，打算在现有屋基上修建新房。然而，道路不通，建筑材料送不进，又无多余闲钱购买其他地基。于是，贺家模夫妻和相邻两户商量，希望能集受益者之力，掘通居所与社路的半里阻拦。他们不厌其烦与邻居商量，讲明路修通后给大家带来的诸多好处。"先是天天晚上做思想工作，后来又请吃饭，他们两家也很积极。"

筹集到3000元修路经费，他们就开始了自发修路。三户人家自强自立，不靠天，不靠地，凭自己能力用自己体力，硬生生建成一条毛坯车道。

兴产业

"老贺，我打算今年多养些猪儿。"操办完嫁女酒后，妻子在电话里跟贺家模商量。

丈夫一回家，夫妻俩就开始修猪场。以前养十来头猪，仔猪全在别处买，而现在计划将规模扩大五倍，猪种自己繁育。向伟廷开始悄悄向养猪大户讨经验，也尝试着养起了母猪。

展未来

2019年春，村、社两级干部着眼党和国家大力扶持生猪产业，考虑到贺家模运送养殖材料有困难，出资助其硬化了那半里土路。

在谈话中，夫妻俩流露出对乡、村干部无限的感怀。是的，"脱贫"的春风吹暖了贺家模夫妻的心，吹硬了那饱经沧桑的地面。半里致富之路从此不再泥泞。

55 胡德红

发展养猪业，生活有奔头

—— 张如双 ——

早晨6点，蓼子乡当阳村村民王仕芳和丈夫胡德红起床后就忙个不停，一个负责喂猪，一个负责打扫猪舍，昏暗的灯光把夫妻俩的影子拉得老长。

"要给猪儿喂早食呢！今年这些猪金贵得很，一天三餐都不能少。"王仕芳一边给猪崽喂食一边笑着说。这是王仕芳和胡德红养猪的第二个年头，从贫困到致富，从来不是一步之遥。

起初，和其他村民一样，夫妻俩一直在地里刨食。偶尔，丈夫胡德红在周边做点儿小工，一年到头只能维持生计。2016年，胡德红不幸患上硅肺病，不能干重活儿，家中的顶梁柱突然倒了。那时，两个孩子还在上小学，一家的重担全部落在了王仕芳一个女人肩上。回忆起那段艰辛的日子，胡德红一脸愁容。

2019年春节，胡德红对妻子说："不要再种庄稼了，得想办法挣钱供孩子们念书。"夫妻俩一合计，把目光放在了养猪上。城口的农家都会养一两头猪，对养猪非常熟悉，但是进行规模化养殖并依靠其赚钱却并不简单。

首先，缺少启动资金，不知如何开头。胡德红向驻村工作队提出了这一想法后，驻村工作队立即将情况上报乡政府。很快,胡德红申请到了小额扶贫贴息贷款,另外再向亲友借到些钱,便启动了养猪项目。胡德红搭建了60余平方米的标准化猪舍,如愿开始了自己的母猪饲养。

圈舍的问题解决了,胡德红又有了新的顾虑:不懂技术。他心里惶恐,自己从来没养过这么多猪,假如猪生病了,岂不前功尽弃!于是,胡德红主动联系了村里的养殖大户,还积极参加了乡农服中心组织的养殖培训。白天,他调配喂猪的饲料,细心观察猪崽的生长情况,晚上拖着疲惫的身体学习养猪知识。

一年过去,第一批肥猪出栏,在乡村干部的推销下,胡德红共卖出16头仔猪,算下来,净赚5万余元。胡德红高兴地说:"若像以前一样靠种地过活,这笔钱我得挣上好几年。刚开始还有点儿担心,没想到养猪效益还不错,而且能享受产业奖补政策,现在做起来更有底气了!"

谈到自己获得的第一桶金,夫妻俩幸福溢于言表。

56 卢开波

"酿"出脱贫致富"金"产业

—— 王雪梅 ——

在双河乡店坪村的一个普通农家小院里,一位朴实的汉子时而蒸酒、接酒,时而往灶中添柴,动作熟练灵活。酿酒坊里,火苗窜动,一滴滴晶莹剔透的土酒从竹管内滑落桶中,传统的酿酒技艺和店坪村独特的水质让这里的土酒与众不同。

这个青年男子叫卢开波,家中6口人,早前因山高路远、交通落后,家里发展传统农业,经济上入不敷出。2015年脱贫攻坚战打响,他家被纳入建档立卡贫困户。戴上"贫困户"的帽子,卢开波并不好受,他一直都在努力脱贫,后来在帮扶干部的鼓励下,学习了酿酒技能,通过自主创业终于脱贫致富。

大山阻断交通,花季少年外出务工

现在提及卢开波,熟悉的人都会夸他有出息。然而,18年前的卢开波,却是一个连学费都交不起的苦命人。

双河乡地处八台山、白芷山两座大山之间,早年交通闭塞,经济落后。掩映在深山里的低矮穿架土坯房,崎岖蜿蜒的羊肠小路,"天不亮就出门,天黑才到家"的赶集方式……是店坪村2001年前的真实写照。而卢开波就生活在这个村一个狭小的山坳里，通往外界的只有一条十几千米的崎岖山路。

"我那时候成绩很好，但是没办法，家里没钱供不起。"卢开波告诉记者，他家祖祖辈辈都是种地的农民，习惯于自给自足的生活方式，在这样恶劣的交通环境中，温饱虽然不成问题，但想要赚钱不容易。为减轻家庭负担，正在读初三的卢开波只能无奈辍学。

一个才17岁，又无一技之长的半大孩子能干什么呢？

种了两年庄稼，19岁的卢开波忽然意识到，一味"节流"是没有出路的，必需"开源"才能摆脱贫困。

2003年，19岁的卢开波背上简单的行囊，毅然走出大山，登上了去贵州务工的列车。

打工娶回"酿酒妻"，艰苦创业"未成器"

"卢先生，快来帮忙，要出酒啦。"屋里妻子的声音打断了讲故事的卢开波。

"来啦，你不要碰，那酒桶太重了，你放着我来。"卢开波一边笑着，一边起身快速往酒坊奔去。

卢开波的父亲卢全志弯着笑眼，接过话题："他和雪花两口子，经常都这样，用年轻人的话怎么说？就是蜜里调油，甜得齁人。"

卢全志口中的"雪花"，是卢开波的妻子，全名王雪花，贵州人，和卢开波相识于2004年。卢开波外出打工的第二个年头，两人相识于微末，最终走入婚姻。

2007年，卢开波和妻子拥有了第一个孩子。他带着王雪花和孩子踏上了回家的路。

"他在回家路上一直跟我说家里条件不是很好，我还做了心理准备，但怎么也没想到，家庭条件那么不好。"王雪花说，她跟随卢开波回城口，先从万源坐了近十个小时的车，又跟着走了很久的山路，每遇到一户房屋，她就问"是不是你家啊"，卢开波总是回答"快了快了，就在前面"，"马上马上，就在前面"，反复问了五六次才到家。

"我当时走进老房子里，又矮又破，黑不溜秋的还没开电灯，我就很疑惑地问：'卢开波，你把我带到你们关鸡崽的屋干什么？'"王雪花描述着她第一次来到卢开波家的情形，对自己闹出的笑话有些忍俊不禁。

一句"关鸡崽的屋"，让卢开波既羞愧难耐又心疼，羞愧的是他给不了王雪花舒适优越的生活，心疼王雪花连续吃了一个月的土豆却毫不退缩。

为了给家人更好的生活，卢开波开始琢磨如何赚钱。

王雪花家世代都会酿酒，她自己也学了一手酿酒的好手艺。夫妻俩一商量，决定创业烤酒。

然而，2007年的店坪村7组还没通公路，要钱没钱，要设备没设备，要材料没材料，辛辛苦苦烤出来的酒也没什么名气，连成本都填不上。

第一次创业无疾而终，心灰意冷的卢开波再次出门打工，不敢再触碰"酿酒"这一行当。

扶贫干部来助力，勤劳酿出新生活

"卢开波呀，我们听说你媳妇儿会酿酒，你要不要再试一试，我们帮你找市场。"2015年帮扶干部上门解难纾困，鼓励卢开波再次创业。

"我很犹豫，很怕再次失败，但家里有老人小孩儿要养，开支极大，如果酿酒能够成功，总比打工要稳定。"在党委、政府的鼓励支持下，卢开波终于下定决心再次创业。这一次他吸取之前的失败经验，明白了"磨刀不误砍柴工"的道理，特意前往贵州，跟着王雪花的父亲从头学习酿酒技艺。

2016年，学成归来的卢开波立即购买设备、收购材料，热火朝天地投入创业。在此期间，卢开波不断摸索试验，他以当地山泉水酿出的苞谷酒，酒色清亮、品质上佳，最初仅在店坪村小有名气，渐渐一传十、十传百，名气越来越响亮，吸引了不少来自湖南、万源、重庆主城等地买家慕名购买。

近两年来，卢开波将酿酒和养猪、养羊、养牛结合，形成循环产业，使得酒糟也产出价值。

2018年，卢开波在家用古法技艺酿造苞谷酒上万公斤，不仅还清了建房留下的欠款，还赚了6万余元，当年就脱贫，并被评为"脱贫光荣户"。

"我们家作坊小，一天最多能酿200余斤酒，经常供不应求。现在正在修路，运输材料不方便，我有好多顾客的酒还没送。"卢开波一边翻着手机里的订单一边说。

卢开波家的作坊在最忙的时候，夫妻二人早上4点多起床，晚上12点左右才能休息，但仍然有许多顾客买不到酒。他表示，等公路修好，他准备扩大作坊规模，提高酒水产量，并与周围农户签订收购协议，就近收购农户的苞谷，带动大家一起增收致富。

57 卢友龙

返乡创业敲开致富门，勤劳打拼创造幸福家

——周 松——

初春，淅淅沥沥的小雨中还带着一丝清寒，卢友龙再次骑上了他的三轮车："11点了，这单送完就回家休息了，明天一早还得早起买菜。"

卢友龙，家住咸宜镇青龙村，近年来，这位曾四处漂泊的朴实汉子骑着三轮车跑遍了咸宜镇的每一个角落，成了十里八村村民口中的"美团小哥"。

两年前，他仅靠外出打零工维持生活，生活十分困难。如今，由于驻村干部的帮扶和自身的努力，他当上了农家乐老板，坚持自强自立和诚信经营，不仅脱了贫，还走上了幸福的致富路。

走南闯北，漂泊四方

2009 年，在亲戚朋友的介绍下，卢友龙在青海一个工地上开油车。海拔 4000 米的高原，初来乍到的卢友龙与当地自然环境有过一场"恶战"，才去的时候基本天天都在流鼻血。妻子就是因为实在不适应自然环境，离开了青海。

开油车的日子，虽然艰苦但收入还不错，一个月有六七千元的工钱。但好景不长，

2014年工程亏损，卢友龙被迫下岗。

家庭呼唤，返乡扛起一片天

2014年，深夜的一个电话打破了卢友龙平静的生活。"友龙，妈脑出血现在正在往重庆主城赶，你收拾一下，赶紧回来。"接到电话的卢友龙连夜赶回了重庆。

回了重庆，卢友龙在医院陪伴母亲，看着妻子忙前忙后照顾母亲的身影，卢友龙心里很不是滋味。因为这场病，老家的房子已经卖了，花费了好几十万元。但是，后续治疗还需要钱，卢友龙不得不回了崇明岛。

回到崇明岛后，卢友龙听着电话里妻子疲惫的声音，孩子对自己的思念。"回家吗？"卢友龙问自己，"母亲身体不好需要人照顾，孩子刚上小学，妻子一个人照顾一老一小是断然不行的。"

就这样，2016年，卢友龙收拾好背囊，毅然决然踏上了回家的路。

创业敲开致富门，摇身一变当老板

小孩儿要上学，母亲一个月3000元的药费，家里还欠着外债，回家做什么？一家人靠什么生活？返乡后，这个问题困扰着卢友龙。

2017年，村里来了一批工程队，在工地上干得热火朝天。看着工友们忙碌的背影，卢友龙发现了商机："我们村山清水秀，拥有良好的生态优势，再搭上高速公路的顺风车，以后来我们村旅游的人也会越来越多。"就这样，开办农家乐的想法在卢友龙的心里开了花。

卢友龙没想到的是，开办农家乐的想法得到了驻村干部的积极支持。"他们详细地给我介绍了扶贫政策，让我用贴息创业贷款弥补资金的不足。"不久，卢友龙拿到了申请的4万元贷款。

拿到贷款的卢友龙更是干劲儿十足，装修房屋、研制菜单、试验菜品、申请营业执照、办理健康证，一切程序有条不紊地进行着。

2017年9月，"卢氏纸包鱼"农家乐在卢友龙的深切期盼中开业了。"做梦也没想到有一天，我能靠手艺吃饭。曾经在外打工的经历还历历在目，如今我在家乡当上了老板，日子越过越红火。"

肯干吃苦出新招，深夜奔波送餐忙

有实干精神还不够，有好的味道才是关键。为此，卢友龙积极外出拜师学艺，通过妹妹卢春鹏的介绍，在开州好几家餐馆学过厨艺，有空闲时，也会与朋友研讨厨艺。

自从认准了这个致富路子以后，卢友龙不管是刮风下雨还是烈日暴晒都起早贪黑，他总是亲自采购食材，精心操作。他常说，自己购置的食材放心。以物美价廉、诚实守信、服务群众为宗旨，饭馆顾客越来越多。

卢友龙深知，开饭馆难，要长久坚持下去更难。怎么扩大自家农家乐的影响力，这个问题一直困扰在卢友龙的心中。

"以前打工时，大家累了就点外卖，也不用出工棚，所以工地附近的餐馆虽然偏僻，但生意都很红火。"于是卢友龙有了送外卖的想法。此后凡是客人来饭馆吃饭，卢友龙便会宣传自家的新增业务——外卖："方圆两公里以内，不收配送费，欢迎大家踊跃订餐。"

"刚开始有时一单也没有，有时又能有好几单生意。"但是只要有订单，卢友龙都会骑着三轮车出门送餐。渐渐地，越来越多的人知道了卢友龙的"卢氏纸包鱼"。

"经常晚上 12 点还有人打电话订餐。"两年，600 余单，累计送餐里程 1500 多千米，在卢友龙的勤劳打拼下，家里的日子越过越幸福。

"不辛苦，有困难本就该自己克服，当这个贫困户真是脸上无光。"提起现在的生活，卢友龙脸上笑容满满，"现在好了，开了农家乐，一年能挣好几万，一家老小生活不用愁了，还能有结余。"谈及未来，他更是信心满满。

58 彭付刚

山沟里飞出的"黑凤凰"

——张 禾——

说到庙坝镇关内村，相信大家脑海中浮现的第一个词就是"柴火鸡"。庙坝柴火鸡之所以闻名，不仅是因为它率先在城万快速路上建起城口生态柴火鸡一条街，更主要的原因还在于选用的鸡——都是当地号称"黑凤凰"的生态山地鸡——口感好，品质高。由此，"黑凤凰"山地鸡特色养殖产业的打造让这个小村庄的村民有了致富渠道。

彭付刚，是关内村的一名建档立卡贫困户，全家5口人，妻子先天性残疾，另有年迈的父亲和两个上小学的孩子，一家人的生活重担都压在了他一个人肩上。

为了生活，他也曾和其他村民一样到外地打工，做过工地小工，做过装修工……什么脏活儿累活儿危险活儿都干过。但一年到头在外打拼，仍赚不够孩子的学费及家庭日杂开支，债务年年增加，日子过得很艰辛。

前些年在山上老家的时候彭付刚也尝试养殖过山地鸡，但由于资金缺乏、技术不成熟、销路不畅通等问题，没挣到钱反而花光积蓄背了一身债。

自全县脱贫攻坚战打响，各项政策补助倾斜惠及贫困户，驻村干部和帮扶责任人多次到彭付刚家中帮他制订脱贫规划，为他讲解怎么增收脱贫，使他有了脱贫致富的决心。

彭付刚说："我常常告诉自己，只要勤劳苦干，生活一定可以好起来，一定能够摘掉贫困的帽子。"

了解了相关政策，彭付刚说干就干，决心重操旧业搞养殖。他总结吸取了之前的经验教训，决定先在自身上下功夫，积极参加县、镇组织的山地鸡养殖技术培训，同其他养殖大户交流取经，提高养殖技术。前些年的山地鸡养殖经历，本已让他积累了丰富的技术经验，经过培训又有了理论知识做支撑，彭付刚的底气更足了，他一下子就投资4万余元修建圈舍。随后，他又投入3000多元从当地农户家中收购2000余枚土鸡蛋，开始孵鸡苗。不过，彭付刚孵的小鸡可不一般。他孵的是正宗的城口山地鸡，享誉全县的"黑凤凰"。

"养土鸡非常辛苦，尤其是育鸡苗的时候，几夜都不能睡觉，每时每刻都要仔细观察鸡苗的生长发育及室内气温变化，丝毫不敢马虎。等鸡崽长到一两斤重时才能松一口气，但还得仔细观察，精心喂养，认真消毒，每天都是从早忙到半夜……"彭付刚介绍鸡苗养殖时说道。孵化床旁边紧挨着的就是他的睡床，辛苦可想而知。

彭付刚成批量孵化的鸡苗既要满足自己的饲养需求，同时也以十几元一只的价格出售给当地其他养殖户。自留的鸡苗要在山上放养六至九个月才能出栏。"绝对不喂饲料，我们的鸡都是采取散养的形式，直接在林中取食，吃的都是草、虫子和玉米等。虽然生长周期比较慢，但肉质好啊！"彭付刚说，"这也是为什么我们的鸡做出来的柴火鸡皮糯，肉质有嚼劲儿，味道正宗。"

2016年，他的山地鸡年出栏在2000只左右，纯收入有6万余元。2016年年底，经过达标验收，他摘了"贫困户"的帽子。"自从被评为贫困户那天起，我一直感到脸上无光，睡觉都不踏实。如今，我家终于靠勤劳的双手脱贫摘帽，睡觉更加安稳，脸面更加荣光。"彭付刚激动地说。

在养鸡的基础上，彭付刚又开始发展生猪养殖，饲养母猪6只，预计收入会翻一番。彭付刚从最初的迷茫到现在的踏实，从最初的毫无头绪到现在的底气十足，是奋战在一线的帮扶干部、驻村工作队的辛勤努力和付出成果，是每一位支持脱贫攻坚工作领导关心和帮助的美丽结晶。这样的故事还有很多，这样翻天覆地的变化还有很多，这样的幸福也将延续……

59 冉维虎

幸福村里产业旺，"幸福路"上奔小康

—— 杨鹏飞 ——

"虎子，今年蜂子分桶怎么样？""还不错哦，基本在原来的基础上扩了一倍。"近日，左岚乡幸福村，一片放满蜂桶的坡地上，刚长出嫩绿新芽的老槐树下，身材魁梧的冉维虎和妻子柴金絮正忙着给中蜂分桶，隔河相对的公路上，有相识的村民大声问候，他带着防蜂面纱笑着回应。一问一答，两人浑厚的嗓音在山涧响起阵阵回音。

冉维虎，早年因意外导致双腿残疾，至今行走不便。这样的一个人，却靠着一股不服输的劲头和勤学苦干，用双手将荒山变成"宝山"，"刨出"了一条致富路，更带动村里产业大发展，让村民共同增收。

他说："我们村叫幸福村，所以，我要带着大家一起走上'幸福路'才对呀。"

不等不靠成为"脱贫榜样"

说起往昔，冉维虎不禁唏嘘。20个世纪90年代，他也曾"走南闯北"四处打拼，带着村里100多人到矿山挖矿，是村里小有名气的"包工头"。虽不至于大富大贵，但也不愁钱花，算是村里少有的"殷实户"。

2003年，他带着180余人去河南务工，但受"非典"影响，几个月没有活儿干，大家辗转近半个月才回到家乡。老冉的积蓄被掏空，此后数年也一直兜兜转转，没能找到好去处，家庭经济慢慢变得拮据起来。

到了2009年，他四处打听找到了一个好去处。正准备外出时，意外却发生了。

突发脑血栓的冉维虎从三楼阳台摔下去，盆骨骨折，股骨头撕裂，在床上一躺就是一年多。为了治病，花光了家中仅剩的一点儿积蓄，还四处借钱，负债累累。"当时，连孩子上学都没钱了，两个孩子差点儿就辍学了。"

但生活的不幸与打击没有打倒这个坚强的汉子。一年多以后，他扔掉了拐杖，借着全县大规模养殖山地鸡的热潮，开始养起了山地鸡。"虽然身体残疾了，但也不能等着国家养我呀，我必须自己发展产业，自力更生才行。"

经过夫妻俩的共同努力，第一批300只小鸡孵化出来了，冉维虎的养鸡场办起来了。但困难也随之而来，由于缺乏养殖技术，第一年小鸡死了一半。第二年，鸡场的鸡更是一次性死亡300多只。

这个结果让冉维虎措手不及，但他不服输，除了四处参加培训、网上查询资料、买书学习、请教养殖大户外，还一只只解剖死鸡，查找原因。苦心人天不负，经过不断学习专研，第三年开始，鸡场的鸡存活率超过了90%。

从此，冉维虎的产业步入正轨，一举扩大到了3000多只山地鸡，年均增收5万余元。从2013年开始，他又将房前屋后的空地利用起来，搞起了中蜂养殖，经过近3年的发展，冉维虎的中蜂养殖规模已达到100余箱，他成了村里的产业大户。家庭经济条件也随之改善，他家不仅成功脱贫，还还清了欠债，建起了新房。

2016年，冉维虎家被左岚乡人民政府评为"脱贫攻坚光荣户"。2018年，他到巴山镇参加了"我的脱贫故事"演讲，成为真正的"脱贫榜样"。

心怀乡邻，尽心尽力带动"产业满村"

"自己日子好过了，我觉得应该为村里做点儿什么。"产业发展起来了，冉维虎看着村里乡亲们仍旧只是守着自家一亩三分地，栽种玉米、土豆、红薯等传统"三大坨"，一年辛苦到头，也没有多少收益，心里很不是滋味。这些问题激起了冉维虎带动村民发展高效产业，共同增收的想法。

"正好当时有部分村民看到我养山地鸡养出了名堂，纷纷来找我咨询，我觉得这是个好机会。"说干就干，从2012年开始，冉维虎开始带动第一批有想法养殖山地鸡的村民养起了山地鸡。

刚开始大家都有一些顾虑，抱着试一试的心态，在冉维虎的鸡场购买了几只到几十只的鸡苗回家试养。他免费为大家提供技术指导，每天忙完自家的事后，便主动上门到家家户户了解生长情况，传授一些小经验、小窍门。

半年后，第一批小鸡苗出栏了，参与养鸡的人售卖后多多少少都赚了钱。这一下子引起了轰动，前来咨询的村民蜂拥而至，差点儿踏破了门槛。

经过几年发展，冉远军、冉维谷等村民在他的带动下也成了山地鸡养殖规模千只以上的大户，他们又带动了更多人扩大养殖规模，户均增收达到了3000多元。

在发展山地鸡的同时，冉维虎还带动了10余户村民养起了中蜂，与人合作种起了中药材……

现在的幸福村，成了名副其实的产业村，大家共同走上了产业致富的"幸福路"。

着眼未来，多向发展合力"增收致富"

"未来，我还要摸索更多的产业路径，自己试验出成效了，再带动大家共同发展。"虽然文化水平不高，但冉维虎目光长远。他说，单一产业风险高，要多向发展，长短结合，大家才能稳定增收。

2018年，由于环保问题，冉维虎家的鸡场被迫关停，持续多年的经济来源一下子被掐断了。但头脑灵活的冉维虎主动更换产业，一下子将这个"死结"解开，将自家产业再次盘活。

山地鸡养不了，冉维虎想到了养生猪，经过三个月的赶工，他将自家原有鸡舍改造成了3间猪圈，并修建了化粪池等设施，确保卫生环保。猪圈修好后，他买了十几头小猪和一只母猪，开始当起了"猪倌儿"。

同时，冉维虎利用自家闲置土地，种起了中药材，现在已有重楼半亩，白及半亩，等到产出，预计至少可收入上万元。自身经历让他深切体会到多向发展才能经受"打击"，稳定发展。他脑子里开始试着摸索起了带动村民发展不同产业。

首先就是中蜂。"中蜂见效快，还长久"，经过多年养殖，冉维虎有了一定经验，再加上村里也有部分村民养殖，有一定的基础，他想联合这些养殖户，为村民提供技术支持，让更多人参与其中，逐步将中蜂产业做大做强。

"养猪是大家都会的，而且市场前景也不错。"冉维虎还想着推广养猪，村民都有养猪经验，技术成熟，风险小，收入可观。

去年，村里成立了种植中药材的专业合作社，他是第一批响应的村民。"专业合作社能把大家的'力量'凑到一起，抱成团，规模就能更大，效益也就更好。"

在他的带动下，一部分原先不愿参加专业合作社的村民转变了思想，加入了合作社。现在，幸福村专业合作社数百亩中药材已全部下地，长势良好。"这些苗子长得这么好，一定会丰收的，大家到时候就可以数票子了。"说起这事，冉维虎喜笑颜开。

60 唐友权

唐友权种药材成了"唐有钱"

...... 曾　堰 ......

　　唐友权皮肤黝黑，眼睛干净明亮，说起话来声音洪亮，一双大手长满了老茧子，由于腿脚受过伤，走起路来总是一脚踏实了再迈出另一脚。

　　清晨，第一缕阳光驱散了笼罩在安乐山的薄雾，薄雾散去，眼前是一片种满党参、木香、大黄和各种中药材的山地，足有 200 多亩，唐友权就是这片中药材土地的主人。再翻过几道山沟沟，就会看见一些"巴掌地"共有十几亩，培植的是长势喜人的魔芋，这是唐友权新种植的。

　　唐友权是城口县明通镇乐山村的"自强带动能手"，也是远近闻名的"中药材种植专家"。

　　6 年前，唐友权既不是"专家"，也不是"能手"，只是一个挣扎在贫困线下的残疾人贫困户。20 年前，唐友权成了外出务工大军中的一员，来到外省下煤窑，在一次下井作业中受伤，在医院躺了 50 多天后保住了命，落下了残疾。之后他又辗转多个地方打工，还尝试搞过养殖，然而还是没有从根本上改变生活的困境。

　　2014 年，唐友权因残被认定为建档立卡贫困户，村里有了驻村工作队，还安排了帮扶责任人。怎样帮助唐友权脱贫致富呢？村支"两委"和驻村工作队通过实地走访，发现他家后山上有荒地，海拔在1200米到1800米很适合种植中药材，唐友权以前也有种植中药材的经历，就帮他选定了种植中药材这个门路。村里支持他流转荒坡50余亩，帮助他精心选择了大黄、党参等中药材，唐友权一头扎进了药材地，用汗水向土地换回报。

辛勤耕耘就会有收获，2015年药材就收入了15000多元，唐友权亲手摘掉"穷帽子"，实现了稳定脱贫。

2016年，唐友权尝到种植中药材的甜头，自己也积累了一些种植中药材的技术要诀，决定扩大种植规模，又流转了140多亩的荒坡，把原来的50亩中药材扩大到200多亩。村里其他有一定条件种植中药材的群众看到唐友权发展中药材挣了钱，就找到他要学习药材种植技术。唐友权是个爽快人，全部都答应下来，发挥他"自强带动能手"的优势，手把手地传授中药材种植技术，先后带动姚国平、邓成友、向以兵等一些贫困群众种植中药材。仅从2015年到2017年，唐友权在自己中药材基地提供用工500余人次，开出工资7万多元，村民们叫他"唐有钱"。

在2017年乐山村一次社员大会上，唐友权郑重向乐山村委递交了摁有自己"红手印"的自愿脱贫申请书。当时的村主任许启兵问唐友权："中药材发展起来了，能够挣到钱了，'穷帽子'不戴了，不当贫困户了？""我不低那个志。"唐友权回答的声音很洪亮。

2017年，唐友权把自己辛苦几年培育的200多亩中药材用14.8万元的价格卖给了本村的陈本州和邻村的朱为健。自己凭借几年种植药材的经验，给人家当起了技术员，成了村里的"中药材种植专家"，吃上了技术饭。他从山上搬到了镇上，过上了市民生活。村里结合他的长处，给安排了非全日制公益性岗位，唐友权干起了护林员。

2018年在一次帮扶单位干部、村支"两委"干部和驻村工作队员组团入户开展"大走访、大排查、大调研"工作时，唐友权敞开了心扉说了老实话："前几年苦是苦了些，但是是发展自己的产业，是自己当老板，现在虽然轻松些搞些技术，这和打工没什么区别嘛？这不是又回到以前了嘛？给别人打工不习惯，还是要自己当老板。"

唐友权选定了近几年价格稳定、效益好的魔芋种植。说干就干，魔芋的种子刚刚收得，唐友权就取了1.2万元的存款，以每斤3元的单价买了4000多斤魔芋种子。"如果等到开春每斤种子得要13块多，"唐友权掰着手指算着账，"光是种子钱我就赚了几万块。"唐友权多年种植药材的经验已经培养了他的市场经济意识。

2019年还没开春，唐友权又一个人上了山，一个人在山上是苦的，孤独的，两三天都没人说上句话。有人对他说:"你有了存款,现在是唐有钱,是自找苦吃,自找罪受。"唐友权总是不回答,他自己知道自己要什么。

年近六旬的唐友权望着眼前的土地,眼里放着光。"既然党的政策好,就要努力向前跑。我也不能坐吃山空。政策这么好,种中药材自己能挣钱,政府还有补助,划算。我再干上几年,再挣几十万就去镇上养老。"

不甘寂寞的唐友权,上山、下山,倒腾着他的中药材,浇灌着他的药材地,用勤劳的双手守候着心中的"乐山",向乐山村的山坡坡、山沟沟要效益,趟出了自己的致富路,奋力书写着自己的致富经。在他的示范带动下,周边农户也相继种植上了中药材,还出现了几个种植大户和致富带头人。这就是"绿水青山就是金山银山"理念指引乐山村的生动实践,也是乐山村在积极响应"人口下山、产业上山、产品出山、游客进山"发展路径时的鲜活故事。

大山无言,却记录着这里的人们追求幸福生活所付出的点滴,故事正在演绎,梦想终将实现。

61 汪成军

"旧院落"变"黄金屋"

——— 周其勇 ———

在海拔 1500 余米的深山里,初夏的清晨,几只小鸟在窗边清脆地鸣叫着,那叫声唤醒了沉睡的大巴山,轻轻推开窗,新鲜的空气扑面而来。不远处,传来嘎吱嘎吱的锯木声,一位身材壮实、干净利落的男子正在搭建房子。他叫汪成军,看起来很朴实,说起汪成军从昔日的贫困户变成如今的致富带头人,还得回到从前。

少时家贫记忆深

汪成军家住岚天乡三河村。1989 年,受教学条件的限制,全县东部片区的学生集中到修齐中学读书,汪成军从小喜欢读书,学习成绩好,为了供他读书,父母节衣缩食,但挣来的钱全部加起来只够交学费。

每天天未亮,汪成军就背着书,拎着一天的干粮,从岚天乡三河村走到修齐中学,路上要花数个小时,但这并没有打消他学习的积极性,他的成绩常常排名靠前。而这一切,他的同学张得琼一直看在眼里。

一转眼,到了毕业时间,因家里无力再承受经济压力,汪成军决定毕业后出去打工,这让一直默默爱慕他的张得琼慌了，她拿起笔写了一封长达 3000 字的书信，悄悄塞进汪成军的书包里。看完信的汪成军，心中那根弦被拨动了，立即回了一封。原来，汪成军也早就对张得琼有爱慕之意。

毕业后，两人各自出门打工，书信成为他们联系的唯一方式。11 年的打工时间，1052 封书信见证了他们之间的爱情"马拉松"。

家乡创业波折多

11 年的打工生涯，对于汪成军夫妻俩来说，是漂泊和孤独的。"年轻的时候，由于不甘于村里的贫穷，于是到外面去打工，一直辛苦干活儿，但长期的两地分居，心有不安。"汪成军说。

2000 年，汪成军开始思考自己的人生，渴望一个安稳的家。于是，他踏上了回乡的路。

2002 年，已经有两个孩子的汪成军，一边在家照顾家人，一边开始发展产业。

年初，看到猪肉行情好，汪成军一口气买了 30 头猪，花掉了他多年积攒下来的全部积蓄。

搭猪圈、打猪草、喂猪食……所有饲养过程，汪成军亲力亲为，一心想着把猪喂养大了，能卖个好价钱。

一转眼，到年底了，猪圈里的猪头头都肥大喜人。等到把猪拖到市场上去卖时，得知猪价下降，汪成军亏得血本不归。

为了维持一家人的生计，汪成军只能跑到山里去挖中药材卖钱。小时候跟着父亲，常常在山里跑，对"山货"有些了解，于是，他时常将山里的中药材挖回来移栽种植。

种植过程中，由于缺乏经验，到了第三年收成期时，4 亩山药全部腐烂，存活率几乎为零。

几番波折，让这个原本就不富裕的家庭陷入了困境。

2013 年，汪成军家被识别为建档立卡贫困户。

脱贫致富成榜样

2015 年，岚天乡开始发展"大巴山森林人家"，围绕发展对象、发展条件、发展环境等多个因素进行考量，汪成军家被选中为"大巴山森林人家"发展对象之一。

为了发动群众，激发群众的内生动力，各级干部挨家挨户上门讲政策、做宣传，但效果甚微。

"住了几十年的土墙房子，自己都不想住了，城里人怎么可能住得惯。"汪成军脸上显露出疑虑。像汪成军这样想的人不在少数，甚至部分村民不理解，还联名写信上访。

2016 年，乡政府出资，组织 20 多户发展对象到重庆主城去观摩学习，学技术、开眼界，让走出大山的这群人，思想发生了转变。回来之后的汪成军，有了新的想法：一定要保留古院落。

就地取材、创意设计、亲手制作，一梁一柱都沾满了他的汗水……汪成军一直努力着，奋斗着。他积极主动学习手工艺制作，参加农技培训。随着经验的累积，汪成军的"大巴山森林人家"已初具规模。

"现在，一年大概有 4000 多人来我这里旅游，年收入 7 万多元。"汪成军笑着说，"来这里的游客，现在都和我成为好朋友，随着朋友圈不断扩大，我从他们身上也学到了很多……"

"接下来，我正着力打造个性化的民宿旅游，提升品质服务，力争吸引更多游客前来。以后的日子又不一样了，小康生活就在眼前。"汪成军说。

62 王才喜

王才喜的"甜蜜"脱贫路

——詹城辉——

"再过一段时间，天气暖和点儿，这些蜜蜂就要分桶了，现在千万淋不得雨。"已到阳春三月，下着小雨的东安镇朝阳村还有阵阵寒意，但是建卡贫困户王才喜顾不得寒冷，在雨中检查蜂桶顶棚的防水性，他说，这是今年一家三口的经济来源，脱贫就指望它们了，他必须宝贝着。

等到40余箱中蜂都检查完毕，小雨和汗水逐渐润湿了王才喜的额头，他用手背擦了擦，笑了。

王才喜12年前因为其突如其来的精神和行为障碍疾病掏空了家里的所有积蓄，一家人负债累累。2014年，王才喜家被评为建卡贫困户。之后几年，王才喜在镇党委、政府，驻村工作队等扶贫干部的带动下，不等不靠不要，通过自己的努力，靠养蜂逐渐走上"甜蜜"脱贫路。

噩耗：家中顶梁患疾病，贫困夫妻为钱愁

提起王才喜，朝阳村村民很熟悉。王才喜一家3口人，他和妻子徐唐碧是勤劳朴实的

庄稼人，同时，他们还负责照顾痴呆的内兄。长久以来，夫妻俩耕田耙地，春播秋收，用10多亩土地保证着一家人衣食无忧。

2007年9月的某天，不幸降临到王才喜的身上。"第一次发病很突然，他双手摁在地上乱抓，说地上全是蜘蛛在结网。晚上不睡觉，满山跑，精神好得很。"王才喜的妻子徐唐碧回忆道。

为了给他治病，夫妻俩从乡镇医院到县医院求医，家里能卖的东西都卖了，王才喜的病还是没有得到根治。病情稍微有好转，王才喜又要下地干活儿，家里人怎样都劝不住。就这样病情时好时坏，断断续续坚持了4年。

2011年4月，王才喜病情加重。"先吐血水，后吐血块，吐的血比杀猪还多。送到村里诊所，医生让赶紧转大医院。"回忆起当时的情况，徐唐碧心有余悸。

王才喜夫妻举着债赴万州求医，才找到病因。原来，王才喜因为劳累过度，导致脑萎缩，换上了精神和行为障碍。经治疗，病情得到了控制，一家人却怎么都开心不起来。本来就已经家徒四壁，现在又多了一笔外债，后面的日子怎么过？是摆在这个家庭面前最大的难题。

出路：养殖中蜂有奔头，产业发展暖人心

2014年，王才喜被评定为建档立卡贫困户。2015年，党中央实施精准扶贫、精准脱贫，把扶贫脱贫作为治国理政的一项重要工作，各级政府相继成立扶贫工作队。为了使处于贫困生活线上的王才喜一家过上美好生活，驻村工作队、村委会多次到他家实地考察，给王才喜找致富门路，想方设法帮助他发展产业。

"很早就开始养蜂了，但只是当成一种爱好。每年家里都要养一两桶，到年尾取点儿蜂蜜自己留着吃。"大家建议让王才喜养蜂，他心动了。尽管医生给王才喜下过通牒，不能劳累，不能干重活儿，王才喜还是要试一试，兴许养蜂还真是一条出路。

2016年，驻村工作队帮助王才喜申请了中蜂产业补助。2017年7月，王才喜参加了镇里统一组织的中蜂培训。同年，王才喜加入了中蜂合作社，蜂蜜的销路也有了保障。几年下来，他不仅摸出了养蜂的门道，还还清了家中的外债。

像勤劳的蜜蜂一样，王才喜酿出了属于自己的甜蜜脱贫路。

坚守：雪上加霜不再难，鼓足信心能脱贫

当一切都在向好的方向发展时，灾难却再次降临到这个家庭。2018年2月，王才喜被查出睾丸鞘膜积液，做了手术并休息了两个月。2018年8月，精神行为障碍症再次复发，又住院1个多月。由于无人照料，当年王才喜的一百多桶蜜蜂最后只剩下42桶。"去年我们还是取了一百多斤蜂蜜，合作社按100元每斤的价格全部收了，有一万多元的收入。"尽管遭遇阻碍，王才喜的产业依然充满阳光。

63 王定洪
发展产业致富，携手共奔小康

—— 吴诗恒 ——

"我要唱响带头致富的山歌。"养殖大户王定洪以实际行动扎根山沟，依靠山林发展山猪，把绿水青山的山窝窝变成金山银山的金窝窝。

高燕镇新军村王定洪家共7口人，除自己和妻子外，还有两个老人和3个小孩。早年，王定洪在宁波工地干活儿，妻子在家务农，夫妻俩起早贪黑勉强够家里开支，却是一年到头看不到家人。脱贫攻坚和乡村振兴让王定洪看到了希望，2015年，他毅然回到家乡，开始了养猪大业。

白手起家，艰难创业

干了一辈子的工地活儿，搞养殖还是个新鲜东西。虽然农村基本家家都养猪，但要养出规模，养出效益，还是个技术活儿。王定洪拿出多年积蓄的2万元，准备好好干一番事业。

由于钱不多，所有准备工作能自己干的都自己干。用不起挖掘机，就自己挖土运泥打地基，自己打石头，自己砌猪圈。一年时间，王定洪硬是靠人力把一片荒地变成了漂亮整齐的猪舍。

为节约成本，第一年只买了3头母猪。王定洪照料这两头母猪比自己的孩子还要细心，押上了他的所有身家。

几个月后，终于迎来了第一窝猪崽。这母猪一窝就下了12个，王定洪笑得合不拢嘴。可是好景不长，由于缺乏经验，缺乏通风保暖措施，一个晚上就冻死了10头小猪崽，只有2只靠在母猪肚皮下的小猪崽活了下来。看着圈舍里死掉的小猪崽，王定洪的心一揪一揪的，默默地挖坑埋下，借酒浇愁。

妻子心疼，默默承担起照顾猪崽的任务，白天时不时去喷水洗圈，晚上就把猪崽放在火炉旁边，还盖上了被子。小猪崽一天天长大，王定洪的心也渐渐高兴起来。

猪崽长到七八十斤了，其中一个出现不进食、拉稀的症状，王定洪急了，到处买药，但仍不见好转。眼看着猪崽一天天消瘦，死掉，王定洪再次沉默了。但这一次他没有颓废，他终于知道，蛮干是不行的，要去学技术，用科学的方法养殖。

政府扶持，规模扩大走上正轨

王定洪到新军村求助，驻村干部余兴海、村第一书记罗成热情地接待了他，随后驻村工作队杨波马上联系了高燕镇畜牧兽医站站长王贤於到现场查看。王贤於仔细查看圈舍设计和环境，指出了排水排便、通风通气、温湿调节、粪便处置等10余个问题，建议对圈舍进行改造，安装冲水管，定期清洗，增加通风口，增加恒温室，修建沼气池，对粪便进行发酵处理后排放等，还免费为3只母猪和1只猪崽打了疫苗，给他讲解养殖注意事项。

技术人员的讲解让王定洪豁然开朗，也给王定洪指了一条明路，这让他坚定了信心。可是圈舍改造、设备增加又让他发了愁，这可是一笔不小的开支。

驻村工作队了解到王定洪的困难后，立即联系高燕镇社保所，询问有无政策可以支持。在得知王定洪这种属于自主创业，可以申请创业担保贷款后，驻村工作队员们就忙上忙下，查询申请条件，亲自为王定洪做担保。一个月，就办妥了贷款的所有手续，落实了15万元的三年无息担保贷款。

有了资金，马上开干。扩圈舍、改环境、添设备，王定洪还新买了4头母猪和10头猪崽，下定决心大干一场。

高燕镇党委、政府也现场查看，实地走访了解困难，落实了蓄水池、水管、人行道路等基础设施；畜牧兽医站定期到猪场检查，送去疫苗、兽药等物资；驻村干部和村社干部出面，帮助协调建设用地、建设用木等事宜；王定洪的养猪场发展越来越好，两年时间，就发展到存栏500余头规模。

辛勤致富，不忘带动乡亲们

2019年，王定洪的猪场占地面积10余亩，年出栏生猪660余头，毛利润20余万。

猪养好了，规模大了，赚钱了，王定洪仍然保持勤劳的本色和淳朴的初心。他把周围原来的荒地都开垦出来，种上了红薯、萝卜，和妻子每天起早贪黑上山劳作，打猪草、种庄稼，他坚持少喂饲料、多喂粮食和猪草。"这样养出来的猪肉质才会好，都是农村人，自己累点儿也要让别人吃得更放心。"他憨笑着说道。

王定洪还扩大了范围，新建鸡舍，散养土鸡300余只，把山林土地能利用的都利用起来，硬是把原来的穷山窝变成了走出去的金窝窝。

赚钱了，他寻思着怎么回报党和政府的恩情。"都是靠党的政策好啊，政府那些人随时都来关心我支持我，我才能有今天的好日子。"王定洪感叹。他把自家的土鸡和鸡蛋装好了带到村办公室，说是要感谢驻村工作队和村干部东奔西跑的辛苦。

"要不得要不得，这都是你自家勤劳应得的，我们服务也是应该的。"村第一书记罗成连忙拒绝，"你要是想感谢党和政府，就带动扶持下周围的贫困群众吧，贫困群众正需要你这样的典型和示范。"

"要得！"王定洪当即答应，并联系了5户较为困难的贫困户，给他们讲技术、鼓志气，指导发展产业。在王定洪的带动下，李显术等5户贫困户家庭条件大为改观，成了周围小有名气的养殖能手，顺利脱贫摘帽。

2020年，全县生猪短缺，猪崽紧张，王定洪主动找到村里："看村里有没有农户想养猪又买不到猪崽的，我想便宜点儿卖给大家。我是农村人，我晓得猪对农家的重要性，有猪才有肉，有肉才安稳。"2020年，王定洪便宜卖出猪崽100余头，解决了新军村的燃眉之急。

王定洪养猪场申请微型企业成功。他说："我要把这个小产业做大，我要带动更多的贫困户增收致富，才能回报党和政府的恩情。"

64 王发财

王发财发了财

—— 彭 瑜 ——

仅仅两个月,城口贫困户王发财卖城口腊肉就卖了6万元!王发财为啥发财这么快?王发财告诉重庆日报记者,主要是九龙坡区九龙镇在巴国城农贸市场为他落实了一个门面,既免去了3年租金和装修费,还邀请他参加经营技能培训。

王发财家住城口县蓼子乡金寨村,与妻子育有两个孩子,因文化水平低且缺乏劳动技能,一直就业困难,成了村里有名的贫困户。

2019年8月1日,九龙坡区第一批赴城口对口扶贫帮扶的工作人员来到蓼子乡,九龙坡区九龙镇副镇长曾玉娟挂职蓼子乡党委副书记,九龙镇也与该乡最困难的金寨村结成帮扶对子。

"想卖城口腊肉,就怕没销路。"曾玉娟到金寨村走访了解情况时,王发财对她说,自己不会其他手艺,但腌制城口腊肉是一把好手,但就怕卖不出。

金寨村海拔1700多米,是县级深度贫困村,盛产独活、玄参、天麻、重楼、地黄等高山中药材,高山土猪、核桃等土特产更是远近闻名。据统计,全村中药材种植规模达1000余亩,农户自行散种药材也有200余亩,并且村里还围绕中药材、生猪和核桃成立了三大合作社。但由于产业规模小、产业链条短、产业结构单一、大量年轻劳动力外出，全村还有贫困户64户247人、低保户17户54人、五保户4户。

"市场是短板，虽有好的农产品但就是没销路。"曾玉娟说，为此，九龙镇为金寨村设立了20万元的产业发展基金，用来支持集体经济组织发展，解决种养大户、加工大户的创业资金周转难题，吸引外出青年返乡创业，帮助贫困群众创业。同时，在辖区恒胜医药市场、巴国城农贸市场为蓼子乡提供门面，免去前三年租金和装修费，有效拓展金寨村乃至整个蓼子乡产业发展的销售网络。

九龙镇两大帮扶举措"点燃"了王发财创业的信心。九龙镇为王发财在巴国城农贸市场2楼落实了20平方米的门面，并免除了装修费和3年6万元的租金。

"我和表弟分了工。"为保证腊肉品质，王发财让表弟谭伟在城口老家负责收购真正的土猪肉腌制生产腊肉，自己在巴国城农贸市场门面负责销售。"产业发展基金还为我们提供了2万元的无息贷款，缓解了资金难题。"

2019年12月，王发财的腊肉店开业了，他专门制作了"九龙镇政府对口帮扶城口高山土特产专营店"招牌，开业短短两个月，他们的腊肉就卖了1000公斤，实现销售收入6万元。

在新的一年里，王发财与谭伟计划制作1万公斤腊肉，力争利润突破10万元。"我不但要脱贫，还要像自己的名字一样发财。"

"缺啥帮啥，帮到了点子上。"蓼子乡乡长刘关林告诉重庆日报记者，九龙镇还依托辖区的恒胜医药市场，组织中药材经销商及药农、农村经纪人双向实地考察，并在市场内为蓼子乡提供了一个门面，同样免去了装修费和前三年租金。"预计可带动中药材每亩增收300元以上。"

65 王业全
给个拐杖要往起爬

—— 龚正友 ——

"给个拐杖要往起爬",这是王业全经常挂在嘴边的一句话。他也身体力行地践行着这句话,在党和政府的大力支持下,艰苦奋斗、勤耕苦做,争取着早日通过自己的努力实现脱贫。

当王业全知道自己被评选成为贫困户以后就感觉"贫困户"这顶帽子不光荣,可因自己找不到什么好的门路来发展,深感无力。他的帮扶人和村委了解情况后带着政策找上了门,给他详细介绍种养殖发展的政策。有了门路指导后,王业全感觉自己脱贫有望了,决心先利用手里仅有的资源和帮扶人的资助发展一批山地鸡。

然而,正当王业全把城口山地鸡发展得红红火火的时候,几只鸡相继死去。王业全知道这情况不对劲儿,肯定是鸡得了病,于是赶紧买药,但结果还是晚了一步。80多只山地鸡一下就死了60多只。王业全看着仅剩的20多只山地鸡,感到脱贫没有指望了!

俗话说"柳暗花明又一村",正当经历了山地鸡大批死亡的王业全感到脱贫无望的时候,上天又给他打开了一扇窗。他发现自己家门前时常有蜜蜂飞过,通过十多天的仔细观察,王业全找到了后山那个散出蜜蜂的窝。这一发现让王业全找到了新的致富路,他决定开始养中蜂。

既然下定决心要养,那就必须要养好。王业全先找木工定做了几个蜂桶,蜂桶做好后,先把已经发现的这群蜜蜂引回了家。可是只招足了一桶,离成为一个致富的产业还差得远。这个时候帮扶人找上门了,同时也带来养蜂的专业技术和政策,这简直就是及时雨,解了王业全的燃眉之急。通过学习专业技术,王业全在这一年召到了七八桶蜜蜂,逐渐形成了一个稳定的产业。

渐渐地,王业全的中蜂发展到十多桶,可以为他稳定提供上万元的收入。王业全感觉自己已经可以脱贫了,就向村委会提交申请书自愿脱贫,可村委会不接受,还让他把产业发展得多一点儿、大一点儿、稳定一点儿再脱贫。

正好这个时候,有发展中药材的政策下来,王业全通过了解政策跟相关技术人员交流,觉到老家就很适合种植中药材,同时也能给蜜蜂提供花蜜,这是一举两得的事。想到这儿,王业全说干就干,当即订购了一批中药材种子,按照技术指导进行了栽种。通过一年的细心培育,中药材种植取得了成果,每年可以稳定增收四五千元。

王业全终于成功向村委会提交了自愿脱贫书,成功脱贫。他在贫困户大会上用自己的亲身经历,告诉其他贫困户当贫困户并不是一件光荣的事,扶贫好比是个拐杖,拿给你你要知道怎么拄。

66 吴甫碧

大巴山里快乐的老板娘

——巨建兵　杨圣泉　郭浏婷——

"难道吴甫碧搬家了?"记者循着记忆中的山路去探访城口县东安镇兴田村吴甫碧的家。可是,怎么也找不到那间低矮的土屋。

"公路旁那栋最漂亮的房子就是吴甫碧家。这几年她家变化大,她建了新房,当上了农家乐老板,日子过得红红火火。你们的车可以开到她家门口……"村里一名热心的村民主动带路。

来到吴甫碧的新家,记者眼前一亮——新盖的三层小楼格外显眼,房前瓜果飘香,流水潺潺,跟记者记忆中的那个老房子有天壤之别。走进客厅,沙发整洁,地板干净,冰箱、饮水机、电视机样样齐全。吴甫碧说:"两楼一底共有15间客房,有双人间,也有三人间,我家现在同时接待30人左右的食宿没有问题。"

而7年前,记者也曾到她家歇脚。记得那天下大雨,因房屋漏水,吴甫碧用了好几个盆子来接水,地板很潮湿。"以前我家很少有客人来,亲戚朋友也少有串门,就连过路的人都绕着走。"吴甫碧说起以前的日子,鼻子发酸。那时候她家房屋破旧,加上她常年生病,家里经常熬中药,中药味是她家独有的味道。

吴甫碧有3个孩子，大儿子在广东打工，小儿子在陕西安家，女儿嫁到了河北。老伴冯宗权有眼疾。老两口一个生病，一个视力不好，还要照顾在本地上学的孙女，日子过得十分艰苦。吴甫碧经常叹气，也不知道这样的日子什么时候是个头。就在那个时候，她家被列为建卡贫困户。

在帮扶干部的带领下，吴甫碧到城口县人民医院做了详细的检查，多年的老毛病得到医治，原本几万元的治疗费，减免之后只花费了几千元。老伴在当地政府的安排下去医院免费做了手术，视力也逐渐恢复。病好后，吴甫碧和老伴就开始谋划着怎么过上好生活。

吴甫碧看到城口县着力打造的东安片区"旅游＋康养"业态一天天成熟起来，前来体验农趣、亲山乐水、养生休闲的游客越来越多，一些特色民宿、长宿避暑房也在热火朝天地建设，她心里着急。

"等着国家帮扶，还不如自己加油干！"老两口立即把这个想法告诉了孩子和亲戚朋友们。孩子和亲戚朋友们都大力支持，并主动筹钱给老两口当启动资金。

2015年，城口县按照国家扶贫政策给吴甫碧家补助了4万元。吴甫碧向亲戚朋友借了一些钱，修建了现在这栋房子，办起"大巴山永才森林人家"农家乐。农家乐开办起来后，每年夏天都有重庆主城和四川达州等地的客人前来避暑。一个暑假下来，她家就能收入2万余元。如今，吴甫碧一家已经脱贫，日子一天比一天红火。

日子好过了，今年68岁的吴甫碧每天脸上都挂着笑容。她还利用闲暇时间，学会了发短视频。在她的短视频里，记录着乡村发展、家庭幸福生活、捡核桃、割蜂蜜等，吸引了一大波粉丝观看分享和点赞。通过短视频平台，吴甫碧还向粉丝们推介城口腊肉、野生蜂蜜、野生核桃等特产。粉丝们也很"买账"，一开播就纷纷下单购买。

现在，吴甫碧逢人就说，是党的好政策让她成了大巴山里最快乐的老板娘。老伴在一旁道："儿子打电话说要是家里忙不过来，随时都可以回来！"

67 吴显兵

脱贫路上不"等靠要"，
致富不忘感党恩

——— 吴兰兰 ———

　　吴显兵，家住蓼子乡长湾村 6 社，全家 4 口人，家庭主要收入依靠夫妻二人务工所得。高山移民的他没有什么致富技能，加之家中人多地少，除了日常的开支之外还要供子女上学。他家因学致贫，按标准和程序被评为建卡贫困户。

扶贫政策及时雨，贫困家庭换新颜

　　2014 年，就在吴显兵一筹莫展的时候，脱贫攻坚战在城口县正式打响。驻村工作队、村干部及帮扶责任人来到了他家，和他谈起了发展产业致富的打算，并带来了产业发展补助的好政策。听了驻村工作队和村上干部及帮扶责任人的仔细讲解，他感到这次精准扶贫政策是自己扭转人生困境的一次绝佳机遇，通过详细谈发展、算收入，激发了他发展的信心和动力。

　　随着教育扶贫、产业扶持、就业帮扶、医疗救助等一系列扶贫政策在他家相继实施，帮扶干部程仕平与他交心谈心做朋友、商措施，更是让他看到了致富的希望。他下定决心要振奋精神，坚定信心，争取尽快摆脱贫困，走向幸福的新生活。作为一个农民，除了种地，其他的什么也不精通，几番思虑后，他决定发展生猪养殖产业。通过参加政府组织的技术培训，文化不高的他边学习，边实践，边总结。慢慢地，吴显兵的生猪养殖场规模不断壮大，运转逐渐变好。眼看着即将有收入，非洲猪瘟和新冠肺炎疫情先后来袭，吴显兵感到慌了，生怕自己的一腔辛苦付诸东流，这可是他的全部身家！

"开弓没有回头箭，已经决定了的事就不能半途而废。"吴显兵咬牙坚持了下来，熬过了最难的那段时光，终于守得云开见月明。现在猪场小仔猪有67头，母猪15头，毛猪50多头。随着长湾村的生产生活、交通等基础设施的不断完善，吴显兵的生猪销售成本不断降低，利润不断增加。从2020年1月开始到6月底，已销售仔猪50几头。

脱贫路上不"等靠要"

吴显兵为人勤劳老实，他总是对帮扶责任人说，成为贫困户并不是一件多么光荣的事情，现在党和国家的政策这么好，我们普通老百姓更应该自力更生，不能在家坐享其成，别人给的始终没有自己劳动得来的心里踏实。

他在脱贫致富的路上，始终没有停下脚步。除生猪养殖外，他还在周边的耕地上种了药材、果蔬，养殖了家禽。他种养的产品，口碑非常好，价格实惠，深受大家欢迎。他始终坚持着"政府帮扶引进门，脱贫致富靠个人"的信念，靠自己的双手创造财富，绝不返贫。2019年年底，其家庭人均可支配收入在10000元以上。

脱贫致富不忘感党恩

谈及脱贫后的生活，吴显兵感激地说："我们现在吃不愁，穿不愁，住得好，看病也有了保障，特别是两个孩子读书享受的教育资助力度更大，让孩子不因读不起书而辍学。勤劳能致富，今后的生活要靠自己。我相信，日子会越过越好。"

他用行动来感谢党和政府对他家庭多年的关心与帮扶。一是做党的政策宣传人，让各项政策家喻户晓。二是做脱贫致富的领路人。他认为自己一人富不算富，全村人都富裕起来才算真的富。于是他多方扩展销售渠道，凭借最近几年以来积累的种养殖业的经验，帮助同村的其他贫困户发展好种养殖业，帮助他们增加收入。三是做村民移风易俗的带头人。他坚持带头倡导文明新风，坚持做文明人、文明事，还常常劝导其他村民改掉陋习，学习新思想，争做新时代农民。

68 肖德菊

从"嫁妆一只羊"到"电商领头羊"

—— 杨鹏飞 ——

早上8点,初春的风尚带着一丝寒意。蒙蒙细雨中,肖德菊再一次骑上了她的"架子"摩托车,拉上昨晚刚到的一批快递,沿着村里蜿蜒公路开始了一天的奔波。

"德菊,又来送快递了啊。""'肖老板',今天有没有我家的包裹?""我这儿还有些新晒的干菜,你收不收?"记者跟随着肖德菊走进村中,一路上都是跟她打招呼的村民。

说起肖德菊,村民们赞不绝口。他们告诉记者,这些年来,做着电商的肖德菊不仅为大家收送快递包裹,还帮着销售农特产品,每家每户多多少少都通过她卖掉了一些东西,增加了收入,尝到了甜头。"我们给她起了个外号'肖老板',让她带着我们'打工',一起增收致富。"

嫁妆"求来"一只羊,自力更生羊满山

而立之年的肖德菊,出生于陕西省紫阳县,从小跟随父亲"上门"在四川省万源市庙子乡长大。十四五岁外出打工,期间与前夫相恋,义无反顾地嫁到了左岚乡东风村大风山。

"那时候穷哦,山高路远的,要什么没什么,连饭都吃不饱。"肖德菊的母亲听说女儿嫁到了穷窝窝里,一气之下没有给她嫁妆。

看着家里一穷二白的样子,肖德菊心急如焚,想到娘家养了好几只羊,她有了主意。

"当时厚着脸皮就回娘家了,跟爸妈说,我也不要嫁妆,只要一只带崽的母羊就行。"看着女儿倔强的脸,父母的心软了,给了她一只带崽的母羊,说是当作她的嫁妆。

从此,肖德菊就带着她的"嫁妆"成了一个"羊倌儿",每天牵着母羊四处放养。不久,母羊产下了小羊羔,她卖了这只羊羔,再加上自己挖药材攒下的一些钱,一口气又买了两只母羊。慢慢地,不断买羊、卖羊羔,短短几年,她便养了80多只羊。

这时,她却发现了一个问题。羊多了,但个头却小了,没有专业知识的她百思不得其解,又没有办法解决,急得像热锅上的蚂蚁。

一个偶然机会,村里给了她一本养羊的书,她仔细阅读后发现是羊种的问题,这让她萌发了发展好品种、优质山羊的想法。

说干就干,她立即卖掉了家里的羊。四处打听后,拿着卖羊的钱再另外借了一部分,到治平乡花大价钱买回了3只"波尔山羊"。

从此,她的山羊产业路走上了正轨。短短几年时间便发展到了180余只"波尔山羊",成了名副其实的"山羊大户"。她的名声也越传越广,获得了多方关注支持。县农委、左岚乡政府等为她提供了产业补助。但她没有因此而满足,利用产业补助申请了产业贷款,一举将规模发展到了240余只。

"因为羊养得好,我先后得了5次产业发展奖励,还有一个'致富带头人'的奖,当时高兴得睡不着觉。"肖德菊说,"虽然陆陆续续得了很多奖,但第一次得到的'致富带头人'荣誉仍然让我无法忘怀。"

遭逢变故心意冷,重新振作做电商

羊多起来了,日子也慢慢好起来,家里生活水平发生了天翻地覆的变化,肖德菊在山下买了一栋房子。

但这时出现了让她意想不到的情况。相濡以沫的丈夫,和她出现了裂痕。磕磕绊绊过了两年,肖德菊同丈夫离了婚,留下了全部山羊和家产,带着女儿住进了山下的房子。

"那时候一直想不通为什么会这样,整天以泪洗面,什么都不想做了。"她沉浸在离婚的阴影中,久久不能自拔,慢慢地消沉了下去。

这时,村里的干部找上了她,为她打气。加上街坊邻居的劝解,她渐渐走了出来。她借了些钱,开了一间百货店,做起了小生意。最初,生意冷清,常常入不敷出。

一年后，乡里通知她去参加县里组织的电商培训，再次为她打开了一扇"大门"。

"当时，我想通了，男人也不一定比我强，我自己赚钱也能养活自己和孩子。"通过培训，了解到电子商务的发展前景，再加上自己也有重新做事的想法，她决定，做电商！

说干就干，她积极和县电子商务中心联系。2011年，县电子商务中心在东风村设立了电商代理点，肖德菊成为代理人，从此开始了她的电商生涯。

"刚开始，就是收购一些农产品，通过'农村淘宝'平台进行销售。"代理体量不大，但她兢兢业业。渐渐地，机遇越来越多。2012年，邮政局在她那里也设立了代理点，她开始收发快递、代理存取现金，还增加了"邮乐网"销售平台。2013年，中国农业银行城口支行入驻其代理点。2018年6月，"网上村庄"入驻，肖德菊的代理点成了"麻雀虽小五脏俱全"的综合网点。

滴水之恩不能忘，以销带产领头羊

经营电商的同时，在同村邻居的帮助下，肖德菊2014年开始饲养中蜂。每年能产糖600余斤，收入2万多元。

"今天的这一切，当年多亏了这些乡里乡亲的帮助，不为他们做点儿什么我良心不安。"看着村里还有很多人生活贫困，再加上身处深山，好不容易种出点儿东西，又没渠道销售换钱，她决定，利用现有平台，帮大家销售农产品。

她借着收送快递的间隙，挨家挨户走访收购村民家中的农特产品，却被人家误解："你怕是拿起去个人赚钱咯，不卖！"

但还是有人愿意相信她，村民周明元将货物卖给她后，她利用电商平台销售了出去，周明元拿到了实实在在的钱。这下子村民们都相信她了，纷纷将家里的农产品拿到她的店里让她销售。

腊肉、香肠、茶叶、食用菌、干菜、干果、蜂蜜、山地鸡……肖德菊来者不拒。但同时，她发现大家做出来的东西品质不一，这样很难卖上好价钱，于是她开始引导村民按照统一标准生产制作农产品。经过一年的发展，产品品质逐渐有了保证，大家增收也越来越多。仅2018年，肖德菊就收购了18万元的农产品，带动参与群众户均增收4000余元。

同时，她引导部分贫困群众定点发展销售市场火爆的产品，然后统一收购销售，既满足了市场需求，又为贫困群众带来了增收渠道，极大地激发了贫困群众的内生动力。至今已带动34户贫困户70余人依靠产业增收。

"现在做得还很小，后面我准备带动部分乡亲养殖中蜂，让更多人参与进来。既让他们增加收入，也能进一步扩大我的电商规模。"说起将来的打算，肖德菊充满信心。

69 谢良树

扔掉"铁饭碗",靠勤劳脱贫致富

—— 谢晓芳 ——

谢良树,鸡鸣乡祝乐村人,初中文化,身材微胖,给人一种憨厚老实的印象。

谢良树的母亲多年前因病去世,2011年,父亲也因一次意外导致左手残疾、右眼失明。当时家里还有年近七十的爷爷和正在上学的弟弟,年仅16岁的谢良树便承担起了整个家庭的重担。2014年,谢良树一家被纳入了建卡贫困户。

远赴他乡求生活

建卡之初,父亲谢贤彬在本地打零工,照顾年迈的爷爷和正在上学的弟弟。谢良树则来到广东闯荡,找来找去最终在一家酒店停了下来,负责酒店日常的一些琐碎工作,辛辛苦苦干一年才勉强维持一家人的基本生活。但他没有放弃,硬是一个人在广东待了近四年时间,从酒店杂工成为酒店管理人员,工作生活渐渐有了起色。但家中年迈的爷爷、身患残疾的父亲和正在上学的弟弟始终是谢良树放不下的牵挂。

辞职回家创业

"我没办法一辈子靠打工维持生活,必须想点儿其他发展门路,自己搞事业才能真正脱贫致富。"谢良树在和他的帮扶责任人通电话时说道。2018年,他毅然辞掉酒店管理工作,回到鸡鸣乡,在乡村干部和帮扶责任人的积极协助下,谢良树一家通过实施易地扶贫搬迁政策成功解决了住房保障问题,一家人搬到了位于场镇的新房居住。

搬到新家的第一天,谢良树就在谋划着今后的事业。"成为贫困户并不可耻,但如果一直安于当贫困户那就很可怕了,所以我要努力改变自己的贫困现状。"这是他一直劝诫自己的话。

成为快递员

谢良树把新房的一楼门市出租,作为鸡鸣乡邮政快递代理点,他也成功应聘为代理点负责人,统一管理代理点的日常工作和快递配送。同时,他还将空余房间改造成了民宿,旺季时候接待外来人员,每年能增收3万余元。

经过近两年的努力,一家人的生活有了明显改善,谢良树也收获了甜蜜的爱情。2019年年底,谢良树和同乡女子唐海姣步入了婚姻殿堂。

自己当老板

虽然现在的生活也过得有滋有味,但谢良树并不安于现状。今年年初,他毅然辞掉了邮政快递代理点负责人的工作,将自己新房一楼另外一间门市改造成了一家早餐店,提供各式早餐,自己当上了老板,预计今年将会增收6万余元。

同时,他还利用老家闲置土地和场地,搭建了6个香菇大棚用于发展香菇种植,种植连翘、金银花等中药材4亩,养殖山地鸡100多只、生猪2头。"我今天拥有的这一切,很多都离不开各级干部的帮助和支持,真的非常感谢他们。"正在为客人做早餐的谢良树说道。

70 尹光学

幸福不会从天而降，勤劳苦干才能脱贫

文 林

几年前，我被查出患有硅肺病和胸膜炎，被评为贫困户，当时我万念俱灰。后来，在党委、政府的帮助下，我开始养殖山地鸡，重新燃起了生活的希望。如今，我苦学养殖技术，拓宽销售渠道，养殖产业蒸蒸日上，终于通过自己的勤劳苦干如期脱贫。在此期间，我明白了一个道理：幸福不会从天而降，勤劳苦干才能脱贫。

多种疾病让我万念俱灰

从有记忆开始，我家一直住在庙坝镇罗江村的半山腰，祖祖辈辈都是地地道道的农民。家里虽然有十几亩地，但因为全是坡地，大部分比较贫瘠。一家人挤在一间漏雨、漏风的木头房中，日子过得十分艰苦。

我是家中老大，为了让家人过上好日子，小学没毕业我就放弃了学业，回家帮父亲种地，过早地肩负起家庭的重担。虽然起早贪黑地辛勤劳作，但并没有改变贫穷的境况。

"穷则思变"，17岁那年，我抱着试一试的想法踏上了打工路。没有知识和技术的我到处碰壁，只能靠力气挣钱，去过矿山，下过煤窑，当过小工……那时候，哪里可以挣钱就去哪里，哪样活路挣钱干哪样，什么脏活儿累活儿都干过。慢慢地，我有了一定的积蓄，组建了自己的家庭，有了两个可爱的孩子，光荣地加入了中国共产党，重新修建了房子，日子过得越来越好。

"人这一辈子不可能一帆风顺。"由于长期下煤窑从事苦力，2013年，我被查出患有硅肺病和胸膜炎。那时，我只能待在家里，天天靠吃药来减轻病痛，丧失劳动能力的我无法务工挣钱，一家人的生计靠妻子刘来琼打散工和70岁的老父亲种地来维持。

"看病吃药要花不少钱，孩子又上学，没收入来源，负担太重了。"我不想回忆那段时光，看着妻子瘦弱的身体和父亲苍老的脸，感觉自己成了家庭的累赘。那一年多的时间，我万念俱灰，度日如年，整天愁眉苦脸，常躲在床上悄悄地落泪。

由于我家的实际情况，2014年，村民代表大会把我家评为贫困户。

产业扶贫让我重拾希望

原本以为我就会这样浑浑噩噩地过完一生，但在2015年出现了转机。这一年，全县脱贫攻坚战打响了，各种帮扶政策接踵而来，还专门给我们派驻了第一书记和帮扶责任人，帮助我们脱贫增收致富。

这一年，驻村的第一书记和帮扶责任人多次进村入户为我们讲解产业扶贫政策，引导我们如何增收致富，并根据我们自身实际情况量身定制扶贫规划。在了解相关扶贫政策后，我重新燃起了希望，我也相信通过自己的努力，日子会越过越好。

"人只要看到了希望，什么事情都会变得简单。"那段时间，感觉自己的病情有所好转了，心思也更加活络了。在一次与第一书记的交谈中，了解到县委、县政府出台了一系列城口山地鸡产业扶持办法，对城口山地鸡产业扶持力度大，投入多。同时，自家贫瘠的坡地和房屋周边广阔的山林，非常适合养殖山地鸡。此外，养殖山地鸡不用下苦力，非常适合患有硅肺病和胸膜炎的我。所以，我的第一个想法就是要养殖山地鸡。

确定发展山地鸡养殖业后，我第一时间向乡里告知了发展山地鸡养殖产业的意愿，得到了乡党委、政府的大力支持，他们帮我联系到了城口山地鸡龙头企业——重庆鹏城源食品开发有限公司，为我指派了专业技术人员，指导我发展山地鸡产业。

搞养殖业让我如期脱贫

2015年4月，在重庆鹏城源食品开发有限公司专业人员的指导下，我拿着政府发放的产业启动资金和10万元创业无息贷款，很快修建起了近200平方米的标准化生态鸡舍，并将约30亩的山林作为放养场。

同年10月，我从鹏城源食品开发有限公司以12元每只的价格购进了1200只鸡苗。同时，与鹏城源食品开发有限公司签订了购销合同，我正式开始养殖山地鸡。

养殖初期，由于缺乏技术，山地鸡长势不好，还有部分好斗的山地鸡因为打架死去，我的一颗心提到了嗓子眼儿，但也只有干巴巴地着急。当时，我四处取经，在县农委、乡镇畜牧兽医站和公司的帮助下，我很快掌握了种鸡选育孵化、育雏、圈舍消毒、防疫免疫、越冬和生态放养等一整套科学的养殖技术，我也从一个城口山地鸡"门外汉"变成养殖能手。

看着一天天长大的山地鸡，我心里面乐滋滋的。正当我充满希望的时候，问题来了，如何销售成为我的一块心病。最开始，我只能依托与鹏城源食品开发有限公司的购销合同进行定点销售。但是，我深知要做大做强山地鸡产业，单一的销售方式风险很大，必须要拓宽销售渠道才能保证产业长效可持续。

"我是一个想到什么就做什么的人。"2016年下半年，我开始跑起了销售，到处推广我养殖的山地鸡。渐渐地，我养殖的山地鸡有了一定的知名度，"柴火鸡"餐饮店、"大巴山森林人家"、小学食堂等都成了我的销售点。目前，我养殖的山地鸡供不应求，完全不担心滞销等问题。

2016年年底，我的养殖场出栏了城口山地鸡3000余只，销售额达20多万元，顺利脱贫，还被县委、县政府授予"城口县脱贫致富光荣户"称号。领奖那天，我终于长长地舒了一口气，我再也不是废人，我终于通过自己的努力脱贫了。

勤劳苦干日子更加红火

如今，大儿子已经成家立业，娶妻生子，而且在重庆主城有了一份不错的工作，收入稳定，生活越来越好。

"现在家庭负担轻了，没必要那么辛苦了，要好好保养身体。"妻子曾经对我说。但是我闲不住，在跑山地鸡的销售过程中，我更加熟悉市场的需求。我了解到生猪养殖也是一个不错的选择，于是我又开始了养猪计划。

目前，我喂养了5头能繁母猪和28头生猪。到年底，估摸着也有数万元收入。等存够了钱，我还将进一步扩大山地鸡和生猪养殖规模。我们坚信依靠自己勤劳苦干，日子终会越来越红火。

我的生活发生了翻天覆地的变化，我真心感念国家的好政策。但是，政策再好还需要我们自己自力更生奋发图强，好日子的确是靠勤耕苦做干出来的。贫困并不可怕，只要我们有信心、有决心，就没有克服不了的困难。

71 尹海周

重新上山找钱路

...... 尹海周 ......

我叫尹海周，建卡贫困户，白鹤村村民，家有4口人，女儿已出嫁，儿子在当兵。

2014年，因为孩子上学有困难，加上我腰椎间盘突出，手术后不能下力干活儿，我家被白鹤村村委评为建卡贫困户。以前我们一直靠出门打工为生，全家依靠老公一个人挣钱养家，家中拮据，连瓦房都没有一间，每次回家都是住父母家里。

2018年在村委会一次开会中得知我们老家要修公路了，我想机会来了。只要路通了，老家就是一块宝地，在家干养殖应该是个致富的方式。我和老公两人文化水平有限，但是干养殖难不倒我们。只要有决心，就能干成事，于是把准备出门打工的火车票退了。结果票钱可能由于操作不当，没有顺利退回来。我当时想，不退就不退吧，这些都是小事，干养殖才是大事。其实我们俩都没有干过这些，什么都不懂，但是说干就开干了。

我们从2018年的3月份上山，开始什么都没有，只有通过申请厚坪乡人民政府宣传的金融扶贫小额贷款取得的5万元启动资金。用这笔启动资金，我们买了几十只羊，几十头小崽猪，并从网上购得乳化机器，从农户家里买得土鸡蛋。就这样，开始了艰辛的发展之路。

那时真的什么都不懂，只能看说明书，不管三七二十一，既然机会来了我们必须努力一把。刚上山时路不通，干啥都很困难，人吃的用背篓背上山，猪吃的就请人用骡子驮上山，骡子驮一次费用比粮食价钱还贵。路不通运不上来水泥和砖修牲畜圈舍，只能自己想办法，都是老公一个人干，他非常辛苦。但我们依旧没有请过别人帮忙，因为没有钱付工钱。既然想干，我想大不了第一年不赚钱，只要亏的不多就行，所以坚持了下来。

由于是刚起步，一切都还在摸索之中，但是我们的理念就是质量第一。猪崽没有喂饲料，白天在山上敞放，下午回圈喂一顿，吃的是玉米和猪草。我不能下重力，就只有上山放羊和跑山猪。羊到一个陌生地方喜爱满山跑，而我才上山时连路都走不稳，只能连哭带跑追赶羊。

漫山遍野跑一天，晚上无比幸福于终于能休息了。而一夜睡醒，第二天还得早起，天天重复同样的工作。每天都要到上山，一个人还是有些害怕，幸亏我养了几条狗做伴，可以帮我捉蛇，野兽也不敢来。我们这样整整坚持了五个月。

幸运的是，9月公路终于修通了，再不用背东西上山了，也不用骡子驮东西上山了，我们干事创业的劲儿更足了。

2018年，生猪的价格不高，但我们的跑山猪价格比市场价略高一些。所以辛苦一年，不但拿回了成本，还赚了一些钱。2019年我们就开始养母猪了。

我老公在母猪下崽子的时候就在圈舍里睡，害怕母猪把小猪崽压坏了，每次母猪产崽都要守三天。辛苦过后有理想的收入就一切都值得。就这样，养殖场规模一年比一年大，地里也种上了药材，就连玉米、马铃薯也种了好多。

现在党的政策好，我们办了家庭农场，还加入了合作社，增收得到了保障。此外，我家还扩建了圈舍，盖了新房。我相信只要自己努力，就能成功，想过上好日子就得努力上进。

这就是我家建卡和脱贫的全部过程。以前我们是一个建卡贫困户，我们有今天首先得感谢国家有这么好的政策，感谢党和领导的关心和帮助，还要感谢我们的帮扶责任人。

72 于光润

兄妹事业学业双丰收

———— 袁 竹 ————

在治平乡与修齐镇相交的地段，有一片绿葱葱的果园，果园里到处是果子。它的名字叫作"润锄农民专业合作社"。

多么美好的名字，多么诗意的称呼，土润万方，锄禾耘耕。很难想到，这座合作社承包人竟曾是贫困户家庭里一个四处碰壁、碌碌无为的晃荡青年。

于光润，治平乡岩湾村人。一家4口人，生活基本无太大波澜，总体还算平静。可慢慢地，他需立业，妹要求学，原本安定的家庭，便开始捉襟见肘。

父亲偶尔务些零工，但无活儿可做的时候远远多于卖力为钱的天数。母亲多病，不仅不能干重活儿，治病吃药更需投入大量时间、精力和金钱。于光润自己，创过业，闯过疆，碰过壁，受过伤。全家三位成年人，却供养不起小妹一人上大学。

小家庭能力有限，大集体力量无穷。2014年，城口县全面打响脱贫攻坚战，于光润一家因学而列入建档立卡贫困户。

于小妹上学无忧

得到国家扶贫政策帮助后，于家小妹顺利上了大学。自 2014 年到 2019 年，于光露大学毕业，她获得求学资助共计 2.5 万元。

上高中时除免去学杂费、补助生活费，还一次性获得 1500 元助学金。这对一名朴素的高中小女孩儿来说，就是一笔巨款。父母整个学期都无须再添补于光露生活费用。

上了大学，金钱资助更是络绎不绝。第一年，"雨露计划"便以 5000 元现金方式润泽着这位学计算机应用技术的女孩儿。高校助学金每年 3000 元，她三年均享受到。此外，还减免学费共计 9000 元。

在同于光露的交流中，她坦言道："是国家帮助我上的大学。"学成归家，作为本土人才，于光露选择留在了村委会，利用自己熟练掌握的计算机能力，为家乡基层管理与建设贡献力量。

于家光荣脱贫

如果说，小妹于光露是沐浴在助学阳光下茁壮成长的小女孩儿，那么哥哥于光润就是在创业大河中勇敢开拓的幸福青年。

1992 年出生的于光润，并未吃过什么苦，但不想碌碌无为过完此生的他，一直在追求想要的生活。开大排档，赴外地打工，一切年轻人有过的事业冲动和挫败，他都经历过。

2014 年，正值奋斗的大好年华，母亲严重的病情却召唤着他归家。

为了亲情，他回到这座劳动机会很少的小城，窝在穷僻的村庄，干得最多的事情就是躺在残破发黄的沙发上。"贫困户"的头衔也尴尬地在此时降临。在若干个辗转反侧无眠的夜里，他下定决心要做出改变，要"摘帽"，要"站起来"。

"林之汇"，大概是于光润生命中最重要的几个字了。这个履行国家消费扶贫政策的社有企业，接收了他，并因为他确实身强力壮，聪明能干，而发展了他，培养了他。

通过正规面试招聘进入公司后，于光润被安排从事仓储管理和同城配送业务。无论是货物出入库，还是服务客户，无论是细致的清点工作，还是费力的重活儿，他都兢兢业业，不敢有丝毫懈怠。

"林之汇很人性化，它绝不是利益至上的一般企业，而是恪守着为农服务的责任担当和初心。"于光润欣慰地感叹着自己的幸运。解决住宿，缴纳五险，提供餐食，公司在保障其基本生活的同时，还让他年增收 4 万余元。

毫无疑问，于家脱贫了。但帽子摘掉，温暖犹在。母亲治病，小妹求学，依旧是治得无忧，学得安心。而对于光润来说，生存虽已稳定，追求却未停止。

于大哥创业大丰收

因为业务往来,"农民专业合作社"这个新型市场主体开始进入于光润的认知领域。它打破"务农不赚钱"的传统意识,利用信息资源,发展订单农业,让以往供不应求的农产品命运得到翻天覆地的改变。

于光润明白,那是有前景、能赚钱的科学经营模式。不过,他在等。等资金凑齐,等技术学会,等一个更加合适的机遇。

2018年夏,机遇来了。修齐镇新华村,于光润的家旁边,一座蔬菜大棚基地即将驻扎。镇政府发起,公司大力支持,于光润积极争取这个千载难逢的创业机会。

发展资金12万元,土地面积10余亩,3户贫困户合伙人,有经验的林之汇公司产业专家,这是于光润当时拥有的全部生产资源。然而,开展条件不优越,其合伙人中还有两名残疾人,但他们还是紧锣密鼓地实施了起来。

西红柿、青椒、大白菜,都是四季型生鲜蔬菜,常年可种。于光润和合作社其他社员商定好主要发展这些作物。接下来便是异常忙碌的启动工作。

从开荒到平整土地,从建大棚到修库房,从购耕地机到买种苗,从运肥料到下土种植,每天吃饭都在想怎么把合作社办得更好,每晚睡觉都会梦到工地有了什么新情况。

靠自身发力,建好基地,但专业的农技指导和服务却只能求助外力。于光润又找到自己的大后方林之汇。

通过林之汇公司的牵线搭桥,润锄合作社与地瑞农业有限公司建立了业务合作关系。签订协议,由其提供种苗种籽、测土配方、统防统治等技术,以保障和提高基地农产品产量和质量。

于光润曾在社交平台上更新过这样一段文字:"最苦的滋味是贫穷的滋味,最酷的时候是艰辛而有盼头不分昼夜地充实忙碌。"

2020年新冠肺炎疫情,让一切停摆。然而,作为日需、刚需和必需产业,于光润的合作社仍在持续地增收。青椒一串一串的,像碧绿的大翡翠一样簇拥着垂向大地。

就在5月,于光润亲自从基地向公司配送了100斤青椒,辣椒散发的热烈香气,仍在他鼻端回荡。

73 詹同兵

贫寒学子的新生活

—— 詹同兵 ——

我是明通镇平安村5组村民詹同兵,一名即将毕业走向社会的大四学生。我家被评为建卡贫困户,我认为这不是一件光荣的事情,早日摆脱这顶"贫困帽子"的愿望催促着我更加努力地学习。作为广大贫困户中的一员,我想通过自己的脱贫故事谈谈我对脱贫攻坚的理解。

我的父母是普通的农民,他们年过半百,没有接受过教育,没有一份体面的工作,但他们却懂得"田多不勤没有谷,猪多不勤没有肉"的道理,用行动书写着勤奋的真谛。他们没有给我讲过大道理,却身体力行给予我无声的教育。

因为家庭条件有限,考上大学的哥哥放弃了求学的机会。多年过去,每每看着箱底那发黄的录取通知书,我心里总是微微发酸。没有圆上大学梦的哥哥寄予了我很大的希望,我也总想着不能让他失望。一分耕耘,一分收获,我顺利考上了大学。

上大学之后原本不太宽裕的家庭更显拮据,但家人从未有过放弃的念头。他们说,希望我的人生会因为读书而有着和他们不同的轨迹。我的父母常常会轻轻而又缓慢地拂过我的书页,既而陷入沉思……良久,露出一抹微笑。花白的头发衬托着他们慈爱的面容,岁月的沧桑写满了额头与眼角。而我，正年轻，我能做的比他们更多。

在国家政策扶持，当地政府帮助以及自身努力下，我们家可谓旧貌换新颜。首先，产业扶持创增收。我们当地盛产竹笋，每到下半年各企业到农户家自提竹笋，大量收购，价格从优，带动了农民种植的热情。在政府的积极对接下，每家每户可按自身意愿种植红薯，待收成时企业上门收购。企业收购和政府补贴政策调动了农户的热情，大家积极增产以提高收入。

其次，学费补助减压力。我们家就学人口共3人，其中大学1人，小学1人，幼教1人，学费压力较大。在国家政策支持下，我们充分享受了学费减免政策和资助政策以及寒暑假勤工俭学政策。小学生和幼教生更是学费全免，绿色通道畅通，为家庭减轻了不少压力。现在的我已经是一名即将毕业的大四学子，我深刻体会并且十分感恩党和政府的关爱。即将进入社会，我会时刻提醒自己爱岗敬业，认真负责，做好每一件小事。

再次，务工补贴显关怀。城口因地形地势的局限，本地务工机会相对较少，大多数人通过外出务工得以养家糊口。对于建档立卡贫困户来说，唯有奋斗才是出路。我们拒绝"等靠要"思想，父亲积极加入了务工大队。务工补贴往返交通费用全额报销，极大地体现了政府对我们的关怀。

最后，饲养业大幅补贴激热情。在家禽家畜饲养补贴中，对达到一定规模的家禽每只补贴5~8元不等，对家畜牲口每头进行上百以至上千元补贴。也就是说，农户除了自身可以买卖赚钱，还可以获得政府一大笔补贴。只要自己艰苦奋斗，就可以带来巨大收益。这一举动既可以满足当地对土鸡土猪的需求，又可以激发农民热情，带动产业发展，使贫困户致力于脱贫致富。在一系列政策扶持之下，我们有了更多的收入，更稳定的经济基础，更足的生活安全感，更强的幸福感和满足感。

我们或许贫穷，但不甘于贫穷。我们可以在政府的帮扶下摆脱贫穷，但不能依赖政府给予的帮助而安于现状。在这场战役中有牺牲的一线工作者，有夜不能寐的领导，也有艰苦奋斗的无数贫困家庭。在各方共同努力下，这场战役终于取得胜利。

74 周远秀
吃上旅游饭，走上致富路

—— 杨夏麟 ——

以前，我们村的人搬出去了一大半，他们说在外面才能挣到钱。现在，大家都抢着搬回来，说在家开办"大巴山森林人家"，也能过上好日子。东安镇兴田村村民周远秀一边打扫着客房，一边说着村里的变化。

曾经这里只有"晴天一脚灰，雨天一脚泥"的乡间小道，如今宽阔平坦的公路延伸到家门口。曾经这里一座座低矮破旧的泥瓦房散落在山野林间，如今一栋栋窗明几净的"大巴山森林人家"在公路两侧鳞次栉比。曾经这里一年四季进来的外人屈指可数，如今这里年接待游客逾40万人次。乡村旅游，让曾经一穷二白的"穷沟沟"变成了脱贫致富的"金窝窝"。

作为兴田村开办"大巴山森林人家"第一批"吃螃蟹的人"，周远秀是兴田村脱贫蜕变的参与者、建设者、见证者。

敢为人先"吃蟹人"

兴田村位于我县东南端，地处大巴山腹地，因区位偏僻、交通闭塞，贫困发生率曾高达31%，属全市及秦巴地区最落后的特困村之一。

"以前我们这里可是真的穷啊。"周远秀说。一家5口住在低矮昏暗的泥瓦房里，饮用水要从山上引，用电也存在供电不足、电压不稳等问题，虽然靠着买卖中药材能够维持一家老小的基本生活，但到镇上赶趟集，都需凌晨三四点就出门，天黑打着火把才能到家。

穷是穷，生态却是真的好。兴田村森林覆盖率高达91.8%，常年平均气温12.2℃，平均负氧离子浓度2万个/立方厘米，拥有发展乡村旅游得天独厚的优势。2010年，在党委、政府的鼓励引导下，周远秀借助小微企业信用贷款加上自己省吃俭用的积蓄，开办起了村里第一家"大巴山森林人家"。

万事开头难。周远秀说："虽然当时'大巴山森林人家'开办起来了，但其实我们什么都不懂，既不知如何招徕客人，也不知怎样打扫客房，甚至连准备餐饮都手忙脚乱，是'丈二和尚摸不着头脑'。"

更严重的问题是没有客源，天天面对着冷冷清清的客房，周远秀不免心生忧虑："家里的钱可全都投进去了，还贷着款，要是办不起来，这一家老小可咋办？"

服务至上迎宾客

进退为难之际，政府给周远秀送来了希望，组织首批开办"大巴山森林人家"的农户到西南大学参加培训，培训结束后政府出资承包大巴车到万源汽车站、万源火车站及重庆主城帮大家招徕客人。

"西南大学的那次培训真的非常有用。"周远秀说，"在半个月的时间里，培训老师从服务意识开始讲起，一步步教导大家如何接待客人，如何保持庭院整洁美观，如何保证食品安全卫生，等等。"

"学到了知识，回来就不是'睁眼瞎'了。"周远秀笑着说。学到满满的干货，她信心更足了，干劲儿也更大了，一回到家就开始大扫除，清除家里卫生死角。同时还在庭院周边种上了桂花、垂柳，进一步美化人居环境。面对客人，也不再手忙脚乱了，而是贴心细致、服务到位。每天按时换好床榻被褥，清洁整理房间，热情提供游玩建议，早早准备可口饭菜，忙得不亦乐乎。

重整行装再出发

靠着一方好山好水、热情周到服务，如今兴田村的乡村旅游发展，犹如"芝麻开花节节高"，"大巴山森林人家"已达121家，接待床位3152张，每年来此游山玩水、消暑纳凉的游客络绎不绝。

56岁的周远秀准备重整行装再出发。"在西南大学培训时，有一位教授曾说：'你们要把"大巴山森林人家"开好，也要把村里的老房子保留好。'"周远秀打算把自家的老房子翻新一下，让兴田村更有"兴田味儿"。

战胜贫困
——我的脱贫故事

肆

立家

75 陈世友

贫穷则思变

—— 陈世友 ——

我叫陈世友，家住城口县复兴街道柿坪村，今年 26 岁。虽然很年轻，但我经历了许多同龄人没有经历过的苦难。

急，父亲竟然出现了精神异常

小时候，我和其他孩子一样天真烂漫，憧憬着美好的未来。那时候感觉父亲就是超级英雄，什么都会做。更重要的是，父亲赚钱养着我们一家人，母亲就全心全意当着冬天里的暖被窝，把我和姐姐的生活安排得妥妥当当，把家里打理得井井有条。我的童年，虽然没有很富裕，但很温暖，很甜。

很快，我就进入了青春期，老实本分的父母在我眼中逐渐变得木讷和迂腐起来。我跟父母的矛盾越来越大，经常跟父母争吵，觉得父母不理解自己。我的青少年时期，是酸涩的。

随着年龄增长，我逐渐懂事，越来越理解父母的辛苦，和父母的关系越来越好。可意外总是在不经意间发生。

2013年国庆，我在放假回家前听说在矿上的父亲受伤了，在医院治疗后在家养伤。我慢慢发现那个曾经整天说不了几句话的父亲开始话多了，脚伤还没完全康复便山上城里到处跑，乱发脾气，骂母亲，还乱花钱，每天幻想着做生意发家致富。刚还完家里修新房欠的债，眼看新的生活就在眼前，可父亲开始做起了他所谓的生意，每天早出晚归，甚至深夜不归，不与家里人联系，一问便是恶语相向。接着，父亲的精神状态越来越不正常，我和母亲都怀疑父亲得了精神病。

2014年年初，我们将父亲送到医院检查，没想到，父亲还真是得了精神性疾病——双向情感障碍，还伴有躁狂症发作。

苦，家财耗尽成为贫困户

才51岁的父亲，真的得了精神病，这让一家人都陷入痛苦之中。但他毕竟是我的父亲，是他用双手支撑起了我们这个家。"一定要治好父亲"，重庆主城、开州、万州的精神卫生机构成为我们最常去的地方。

辗转医治，花光了家里的所有积蓄，存款没有了，我们也借遍了亲朋好友。正在读书的我，感觉自己更像是一种拖累，不仅不能减轻家里的负担，还要母亲供我读书。正在读高中的我一个月只要500元生活费，零食饮料彻底与我绝缘。

我们一家过起了苦日子。

我们一家人对未来越来越缺乏希望，就像是连绵不绝的阴雨天，灰暗无比，甚至让我产生了放弃读书、外出打工的想法。

母亲在工厂里每天工作十几个小时，有时候吃着饭都能睡着，深深凹下去的眼睛让原本瘦小的身体显得更加羸弱，但她每天仍要关心我的学习。就算父亲生着病，整天行事不着边际，但同样也会关心我还有没有生活费。

看着这样的他们，我坚定了一定要好好给他们养老的决心，因为他们为我付出得实在太多了。那时候，父亲的病时不时便发作。我遵照医嘱，好好照顾父亲，生怕有言语刺激他，导致复发。哪怕是"精神病"这三个字，也从来没有从我嘴里说出来过。在学校，我也不再惹是生非，开始努力学习。

我家的情况很快就被村干部知道，并上报给了镇上。经过好几次评议公示，我们一家被评为建卡贫困户。

变，扶贫政策让我家重燃希望

被评为建卡贫困户后，各种政策和帮助都来到了我家。在村干部、帮扶干部等的帮助下，父亲的病总算能平缓地度过。各种医疗报销和贫困救助让父亲治病的花费降低了非常多，我们终于停下了迈向深渊的脚步。

我在2015年考上了大学，上大学的学费和生活费比高中时高了很多，母亲感觉压力很大。

这时候，村里的彭支书和帮扶责任人

邓洪伟来到我家，为我们带来了好消息。知道我考上大学，村里根据我的情况，为我申请了"雨露计划"。根据这个计划大学每年都能有2000元的补助，帮扶责任人还为我申请到了县工会的补助，也有8000元。这下我的学费不用愁了。

村里还给了我假期回村勤工俭学的机会，我参加了两期，获得了8000元的工资。后来，我们家又被列入低保户。一家人灰暗的日子终于照进了希望的曙光。

新，一家人都过上了好日子

在村里工作期间，彭支书手把手教我做表格、出证明，带着我挨家走访，无时无刻不在关心我的学习和生活，待我就像她的儿子一样。

2017年6月29日，这是我必将终生铭记的一天。待我像儿子一样的彭支书和另外两位扶贫干部，在扶贫的路上，永远地离开了我们。彭支书葬礼的那一天，我含着泪水立下誓言："彭支书，您放心。我一定努力读书，让我们一家过上好日子。"

2018年，我大学毕业后去了广东，有了一份稳定的工作。姐姐也在城口找到了工作。村里为母亲安排了护林员的岗位。一家人已经不再贫困，过上了几年前想都不敢想的生活。

2020年6月29日，在广东的我又一次想起了彭支书，遥望家乡的方向，我心里默默地说："彭支书，您可以放心了。扶贫让我们一家度过了最难的日子，现在，我们一家人真正过上了好日子。"

76 程前顺
谋产业、摒陋习，不等不靠摘"穷帽"

———— 李小玲 ————

在沿河乡联坪村3组新修好的人行便道旁，成片的油菜花挂着雨珠。在人行便道尽头，一栋破旧的土墙房子前，一位身材瘦小的老人正拿着斧头劈柴。见到有客人到来，老人连忙停下手中的活儿，招呼我们进屋坐。

老人名叫程前顺，家里共6口人，因病、因学被列为建卡贫困户。2015年，通过自身的不断努力，程前顺家扩大了笋竹种植规模，发展起当归、油菜等产业，顺利脱贫。

谋产业发展摘"穷帽"

程前顺的儿子、儿媳常年在外打工挣钱，供养两个孩子上学，每年务工收入除去必要花费外所剩无几。几年前，儿媳又患上乳腺增生，需要长期服药治疗，让原本就不富裕的日子过得更加艰难。

"这些年家里全靠儿子、儿媳撑着，他们有孝心，让我们老两口在家里把孩子照顾好，其他的不用我们操心。"程前顺说，"虽然儿媳患有慢性病，但依然坚持一边治疗一边务工，作为家里的长辈，真是看在眼里，疼在心头。"

看着儿子、儿媳常年在外辛苦打拼，程前顺夫妇心里很不是滋味。为了减轻儿子、儿媳的负担，程前顺夫妇每天起早贪黑下地干活儿，还常常在周边打零工贴补家用。

每当深夜来临的时候，程前顺总是翻来覆去睡不着觉，寻思着如何才能让家里的日子过得更好。他也发展过产业，前些年听说种植笋竹效益非常可观，于是抱着试试看的态度，在山上栽种了几亩笋竹，由于疏忽大意，缺乏管理，种植笋竹并没有带来效益。

"我没读过书，根本不知道种植笋竹的相关技术，笋竹种下去后也没有细心管理。"程前顺说。

2019年，沿河乡出台了"11222"产业帮扶机制，程前顺牢牢抓住了此次机会，他参加乡里的产业培训，认真学习种养殖知识。在乡政府的产业帮扶机制带动下，程前顺扩大了笋竹种植规模，笋竹由原来的8亩发展到20余亩。

那段时间，程前顺每天天不亮就去察看笋竹的生长状况，遇到难题便去请教专家，生怕因为自己疏忽大意，致富机会再一次溜走。

在程前顺的精心管理下，笋竹长势良好。部分笋竹成熟后，当地农家乐和商贩纷纷到程前顺家购买，程前顺第一次卖笋竹就收入了好几千元。

尝到甜头的程前顺更加坚定了种植笋竹的信心。他心里想着，只要把笋竹种好，他家一定能摘掉"贫困帽"，走上致富路。

规模种植笋竹后，程前顺又利用学到的知识，种植油菜和当归，养殖黄牛和生猪。在夫妻俩的共同努力下，日子过得一天比一天好。

"去年，通过不断努力，我家终于摘掉了'贫困帽'。现在，我家的日子越过越红火。"程前顺笑着说。

摒生活陋习换面貌

2019年10月，沿河乡在全乡范围内实施村容村貌环境整治，并将联坪村作为全乡的示范村，由乡政府免费提供砂石、水泥，村民投工投劳对房前屋后进行整治。

程前顺夫妇积极响应号召，不仅将房前屋后打扫得干干净净，还把院坝一并硬化了。"乡政府经常在村里开展讲卫生、讲文明的相关活动，还为我们送来健康文明大礼包，有肥皂、洗衣粉、牙膏、牙刷等生活用品。以前我们的卫生习惯不好，现在我们改掉了很多不良的习惯，整个人都精神了。"程前顺说。

产业发展起来了，生活条件也变好了，程前顺便想着在公路旁盖一栋新房子。说干就干，程前顺买好地基，于2020年5月开始动工修建。

因为要盖新房，老伴儿想多攒点儿钱，2020年正月初，从未出过门的老伴儿和儿子、媳妇一起外出务工。程前顺说，目前他一个人在家里带两个孙子读书，两个孙子早上去学校后，他便抓紧时间做木工，把盖新房子需要的木料准备好。

程前顺信心满满地说，2019年，经过自身不断努力，他家摘掉了"贫困帽"；到2020年年底，他一定要把房子盖好，让全家住进三层的小洋房；还要经营好笋竹等产业，不断扩大种植规模，过上好日子。

77 甘国权

浴火之后，向阳重生

—— 杨夏麟 ——

"屋上春鸠鸣，村边杏花白"，城口的山野林间，一派春意盎然的景象。趁着春光明媚，微风和煦，复兴街道柿坪村6组村民甘国权正在地里忙碌。

远远看着甘国权在地里锄地松土、拔草施肥，动作利落、一气呵成，只觉他是干农活儿的一把好手。走近看到甘国权脸上的疤痕以及不同的握锄方式，才能依稀感受到这位山里汉子曾经遭受的炼狱般的痛苦。

2012年，老甘因一场煤矿井瓦斯泄漏事故深Ⅱ度烧伤了面部、背部和双手。那时，他已经51岁。经过四个月的治疗，老甘才得以脱离生命危险。虽然从死神手里逃脱，但这场飞来横祸一度让甘国权一家沉浸在巨大悲痛中无法自拔。

顶梁柱被严重烧伤，家中自然受到重创并失去重要的经济来源。甘国权的两个孙子还在读书，这是他家被纳入建档立卡贫困户的直接原因。但在驻村工作队和第一书记的帮扶下，2015年甘国权便主动申请退出贫困户，成为"脱贫致富光荣户"。

自力更生拔穷根

甘国权一家原先住在大山深处,"下山来背化肥,一趟就要花两个小时"。那时,甘国权每年都在山上种玉米、土豆,还在圈里养五头猪。一年四季起早贪黑地忙碌着,到头来还是"竹篮打水一场空",仅仅够一家人填饱肚子。

为了告别吃了上顿愁下顿的日子,甘国权于1992年经人介绍外出务工。甘国权先后到河南、河北、陕西、山西等地的矿场打工,他说:"那时在外面打工真是太苦了。"在河南,他曾在雪至膝盖深的情况下出工干活儿;在山西,他曾一个多月三餐吃"盐米汤+白米饭"。

繁重不堪的工作,风餐露宿的生活,没有压垮这位山里的汉子,因为他坚信靠自己辛苦的劳动可以改变家里人的生活,一家人能过上好日子。2012年在外奔波数载的甘国权,用攒下的钱和东拼西凑的借款,在家乡柿坪村6组建起了一幢二层小楼房,家中有了房,在外打工也更加有奔头了,一家人的幸福生活似乎触手可及。

晴天霹雳灭希望

2012年的某天,同往常一样,甘国权穿戴好装备下井作业。殊不知噩运悄然而至。不知哪里冒出的火星子突然引燃泄漏的瓦斯,烈火扑面而来,瞬间点燃他的上衣。顿时,他整个人犹如燃烧的火把。

慌乱之间,甘国权赶忙解开腰间正在燃烧的探照灯,脱去衣服向100多米外的工友奔去。但没有探照灯,黑漆漆的矿下伸手不见五指,根本找不准方向。

于是,甘国权又折回去捡地上燃烧着的探照灯。拾起探照灯的一瞬间,他手上胶手套就融化了。此时甘国权顾不得那么多,只得捧着烈火、忍着剧痛向工友奔去。

终于,工友们看到了奄奄一息的甘国权,既心痛不已又后怕,将他送到医院。送到医院时,甘国权整个人已经血肉模糊,命悬一线,经过紧急抢救才脱离生命危险。

在治疗过程中,因伤口渗出液太多,护士要用烤灯照射伤口,加快烧伤部位结痂。又因烧伤十分严重需要为真皮层上药,护士要拿镊子将已经结痂的烂皮撕掉。死里逃生的甘国权需要每天从早到晚不停地输液,整日往身体里"注水"。"在医院几乎每天都要哭几场。"

经过四个月痛苦的治疗,甘国权出院回了家。家还是以前的样子,不过生活已经发生了巨变。刚出院的他根本无法从事体力劳动,并且还需要继续服药,每日清洗伤口,事故赔偿款仅解了燃眉之急,留给一家人的是无尽的遗憾。

无所事事的甘国权总是在山里漫无目的地闲逛,他很痛苦,很迷惘,不知道还能做什么,以后的生活会怎样,周围的大山也只是冷冷地怀抱着他,给不了一丝慰藉。

重回正轨真脱贫

但生活总要继续,看着妻子、孩子挑起家里的重担,作为家里的"闲人",甘国权心里十分不是滋味。"当时我就是想做些力所能及的事儿帮到家里。"他从简单的家务活儿开始做起,一开始磕磕绊绊,但靠着自己不服输的劲儿和家人的关心鼓励,甘国权干活儿越来越麻利。渐渐地,甘国权开始下地干活儿了,没过多久,曾经的那个农活儿好手又回来了。

"自助者天助之",甘国权重拾信心,回归正常生活轨道,党和国家也吹响了脱贫攻坚战的冲锋号。2014年,因甘国权曾被严重烧伤,加之其两个孙子还在上学,甘国权一家被纳入贫困户。

为了让甘国权一家脱贫致富,驻村工作队、村委会曾多次到他家上门走访、沟通交流,从住房整治到医疗救助,从教育扶贫到安置就业,逐项落实扶贫政策,为甘国权一家精准脱贫保驾护航。

在住房整治方面,之前甘国权一家的住房存在屋顶漏雨、房屋昏暗、没有冲水式厕所等问题,于是驻村工作队和村委就对甘国权一家的住房进行了美化亮化整治,修建了经济实用、维护方便的厕所,改善了甘国权一家的居住条件。

在医疗救助方面,甘国权被严重烧伤后,虽然及时接受治疗,保住了生命,但也留下了瘢痕增生、关节挛缩、皮肤瘙痒、肌力下降等烧伤后遗症,他需要经常服用药物,减轻后遗症对身体的影响。对此,驻村工作队和村委积极帮助甘国权享受合作医疗报销、健康扶贫救助、托底救助保障等政策,减轻了甘国权一家的医疗负担。

在安置就业方面,甘国权的儿媳参加了公益性岗位,负责定期清扫村级公路,实现了"家门口"就业的夙愿。

在驻村工作队和村委会的倾力帮扶、一系列精准扶贫政策扶持下,甘国权一家2015年实现了稳定脱贫。甘国权主动申请摘掉"贫困户"这顶帽子,成为县里"脱贫致富光荣户"。"他们为我们做了很多事儿,多亏国家的好政策,我们家的日子越过越红火。"甘国权说。

如今,甘国权已经告别了曾经灰暗痛苦的日子,开启了幸福美好的生活。同时,甘国权还成了村里"集体经济组织代表",为柿坪村产业发展建言献策,和乡里四邻一起脱贫致富奔小康。

78 高浩

外出务工实现脱贫致富梦

—— 陈光兰 ——

几年前,周溪乡青坪村村民高浩家一贫如洗,他离开了四面漏风的房子,怀揣致富梦想来到广州打工。几年后,他用务工所得买了一栋两层小楼房,圆了自己的致富梦,靠自己的双手创造出了幸福的新生活。

一直以来,高浩和村里其他许多贫困家庭一样,一家人在地里辛苦劳作,但仅能满足家庭基本生活需要,拥有新房子是他想也不敢想的事。2012 年,22 岁的高浩和村里几个小伙伴一起去广州打工。

刚开始的时候,因为文化水平低、无技术,能找到的工作都是些又苦又累的活儿,每月收入仅有千余元。但这千余元对于贫困山区的高浩来说,已经是不错的收入了。从那以后,高浩心里便默默打定主意,一定要好好挣钱,住上新房子。

就这样,高浩前前后后在外闯荡了近十年,务工足迹遍布广东、浙江等地,先后进过电子厂、纺织厂,工资也从最初的千余元提高到后来六七千元。

2015 年,高浩靠着国家的危旧房改造政策和自己打工的积蓄在村里买了一栋两层小楼房,并在当年顺利实现了脱贫。高浩讲道:"这个房子是 2015 年买的,我拿出了自己在外面打工攒的钱，国家补助了 7500 元，不够跟亲戚朋友也借了些。"

目前，高浩两口子外出打工，年收入近 10 万元。但多年在外务工的经验让高浩认识到，没有文化根本站不住脚，即使打工也只能干些体力活儿。于是在还清了买房的借款后，高浩便和妻子一起将生活重心转移到了孩子的教育上。

高浩讲道："房子买好以后，我们两口子又外出赚了两年钱，还清借款后就没再出远门打工了。为了陪伴孩子，选择了在本地打工，好好抓娃娃的教育。"

凭着丰富的工作经历，高浩工作起来得心应手，再也不愁找不到活儿，甚至还成为劳务经纪人，不仅经常带领周边群众务工，同时还希望通过自身的脱贫经验，带动尚未脱贫的贫困户积极脱贫。

村民匡伟方说："我们青坪村的高浩到处学习各类技术，我们经常向他请教，他也很乐意教我们，对我们帮助很大。他已经脱贫，我们自己也要不断努力，争取早日走上致富道路。"

面对今天的幸福生活，高浩一家对党和政府的好政策充满了感激之情，对摘掉"贫困户"的帽子感到无上光荣。面对未来，高浩信心满满，始终坚信只要自己肯努力，就一定可以创造出属于自己的幸福生活。

79 黄启玖

"懒汉"也有致富的春天

——周 纯——

三河村位于岚天乡东北部，辖区内共有81户贫困户。其中，深度贫困户黄启玖是三河村出了名的"懒汉""疲沓混"，成天泡在酒中不能自拔，不是在醉中，就是在喝醉的途中。一天之中，黄启玖昏沉的时间居多，偶有清醒，就到场镇赊酒喝，醉了就躺在山坡上歇息、晒太阳，醒了又去赊酒喝。亲戚多方劝阻，但黄启玖消停了一两天继续酗酒。刚开始亲戚还会劝导他，但时间久了，提起他均摇头摆手。

驻村工作队员、乡村干部通过走访入户，了解到他这个情况，打算开导开导他，便想上门与他交谈。黄启玖要么不在家，要么就把干部拒之门外，干部们多次走访都吃了"闭门羹"。后来，干部们打算"曲线救国"，挨个走访他的亲戚朋友。皇天不负有心人，终于从他亲戚那边获取到他意志消沉的原因。

原来，以前的黄启玖是一个充满斗志、对生活充满希望的人，一家三口小日子过得和和美美，有滋有味。但这平静而美好的日子从妻子分娩小女儿那天被打破。

那天妻子突然阵痛，这让黄启玖非常开心，小家又要迎来一个小生命。黄启玖忙前忙外，在房外急得走来走去，心焦难忍，时不时地向房间望去。突然，妻子的叫喊声戛然而止，这让黄启玖内心一颤。随着女儿的一声啼哭，黄启玖终于止不住掉下了激动的眼泪。然而产婆出来，一脸愁容地告诉他，妻子不行了。

黄启玖瞬间垮下，快步走进产房，看见妻子奄奄一息地躺在床上，他当时觉得天都塌了。妻子断断续续嘱咐了他几句，就撒手人寰。谁也不知道妻子对他说了什么，只知道从妻子走后，黄启玖就开始消沉。

明白黄启玖的痛结后，干部们对他的遭遇很同情，打算让这个消沉的男人再次站起来。多次针对他的问题进行探讨，召开专题会议，并组建关爱小组，以"不感化、不解开黄启玖心结不死心"的决心，三番五次登门劝说，就差住在他家。

"斯人已矣，两个孩子不能再失去父爱，你要打起精神来"，驻村干部来他家的第十天后，黄启玖终于受不了"轮番攻击"而"缴械投降"。

他不再拒绝与干部交谈，且敞开心扉把自己的难处告诉了干部们。原来，每当黄启玖预备振作，而一想到孩子正在读书，便浑身都是压力。身无一技，居无内助，生活本已困难重重，哪里能挑起抚育后代之担！与其在烦恼中痛苦而不作为，不如沉醉于酒精麻痹自己，黄启玖选择了这样一直堕落下去。

干部们分析得出，是逃避和不自信在阻碍、困扰着黄启玖"站"起来。于是，精神上的激励是第一步。他们苦口婆心地开导，黄启玖似乎听进去了不少。

攻下心理防线之后，便紧锣密鼓为其量身制订脱贫方案。首先解决居住房屋破旧的问题。在详细讲解各类扶贫政策后，干部们积极为黄启玖争取各类相应补助，随后规划地基，鼓励他自食其力盖新房子。

考虑到盖房过程中可能会遇到材料、人力不足等问题，干部们热心为他介绍靠谱的供货商，甚至还亲自帮他一起和石灰、挑水泥、搬砖。

通过干部们不厌其烦、孜孜不倦的努力，黄启玖终于重新燃起了对生活的希望。见他孤身一人，恐怕仍旧照顾不好自己和两个还在上学的孩子，干部们撮合了他与同乡的李国燕组成建新家庭。

如今，黄启玖住进了自己亲手盖的三层小洋楼，与李国燕组建的新家庭也幸福美满，曾经出名的懒汉成为村里的脱贫光荣户。

"疲沓混"摇身一变，丢掉酒罐子，拾起信心，加入了村集体经济组织，参与民房变民宿改造项目。

我最近一次去他家是2020年3月，去为他宣讲疫情防控知识。他告诉我们，今年准备去外地务工。两个孩子成绩都不错，要为他们上大学做好打算。

后来听说黄启玖在4月时，背上行囊，带着对美好生活的向往踏上了远赴山西务工的路程。

我想，他现在应该工作虽苦，但心里很甜吧！

80 黄由田

平凡贫困户走出不平凡的脱贫路

——黄由学——

平凡的我走在不平凡的路上,用勤劳的双手改变着山里娃的命运,创造着幸福生活。我是一个地地道道的农民,自小生活在山里,穷苦的日子从童年开始,断粮吃草的生活屡屡出现。如今,我家不仅成功摘掉了"穷帽",还获得了"脱贫致富光荣户"荣誉称号。

因残、因学,我家成为贫困户。我是肢体残疾,母亲患有多种慢性病,常年需要吃药,兄弟二人,早已各自成家。我与本乡郑怀碧结为夫妻,破烂的住房、简陋的家具、艰苦的生活让我和妻子生活压力巨大。立志创业不分早晚,尽管身体残疾,但我还是同妻子起早摸黑,大力搞种养殖业。

2014年,我家成为建卡贫困户,享受了上学、医疗、公益性岗位、各类保险、残疾人产业扶持、老房屋复垦等诸多好的优惠政策。在国家各方面的支持下,我们改造了危房,住上了新居。但是母亲的病、建房欠的款和小孩子上学的压力让生活依然很艰难。

我们夫妻俩不想要"贫困户"这个称呼,不甘贫困的我们打起了精神,力争早日摘掉"穷帽"。我俩商量后决定在承包土地上下功夫。

一是在土地上好好种植,增加粮食收入。有了粮食,相应地就能发展养殖业。借助市场优势，2018年发展了土鸡300余羽、母猪6头。近三年，每年出售土鸡收入1万余元、生猪、仔猪收入5万余元。在政府的大力支持下，准备将养猪规模扩展到100头左右。

二是将我的优势核桃种植利用起来，进行技术改革、施肥、打虫，再到市场上销售，每年收入能达到2万元以上。

三是借助公益性岗位的优势，在家门口务工，见适合的活儿就干，每年能多增收1万元以上。

几年下来，我们还清了欠款，脱贫了！家庭有了很大的变化，别人有的我们基本都有了，我们凭着自己的双手勤劳致富。

发展产业不仅让我家富裕了，我还带动本社的村民一同搞种养殖。环境卫生方面，我家学会了爱护公共环境，搞好家庭环境。我们的各方面表现都得到了乡亲们、乡村干部的认可。

81 林英豪

解放思想和双手，抓牢政策的藤蔓努力攀爬

—— 胡广玲 ——

　　林英豪是复兴街道友谊社区人，家中6口人，有3个孩子上学。如今这个笑得有点儿腼腆的男人，曾因生活困窘而备感无望，一度陷入低迷。好在人生并无绝路，脱贫攻坚让他看到了希望，好政策给了他发展信心。从2014年被确定为建卡贫困户到2017年主动申请脱贫，短短几年间，他切实感受到了党和政府的关怀。

　　如今他对未来充满信心："要把养猪的成本降低，学习饲养猪崽技术，把规模再扩大。还要多养些土鸡、鸭子，争取早日致富，为孩子创造更好的生活条件。"

家境一贫如洗，生活困窘致使思想叛逆

　　林英豪出生在一个十分贫寒的家庭，半山腰上破旧的房屋在风雨里摇摇欲坠，家徒四壁，温饱成为一家人面临的最大问题。由于家庭贫困，成年之后的林英豪不得不外出闯荡，在外漂泊。由于受教育程度不高，思想也不成熟，他一直没能闯出个名堂！家庭现状没有得到根本的改善，父母仍蜗居在破旧的瓦房里，靠种庄稼维持着生计。

　　在外漂泊多年后，已30出头的他才第一次带着自己的女朋友回到老家。但残破的

房屋、脏兮兮的环境，吓跑了这位本以为可共度一生的佳人。

2011年，他结识了一名带着两个孩子的二婚女子。比较幸运的是，这次一贫如洗的家庭环境没有吓跑媳妇，两人还生了个女儿，一家人挤在不足50平方米的房子里，一件像样的家具都没有。那时是吃了上顿找下顿，全家仅靠种庄稼维持生计，整日为如何填饱肚子而发愁。面对窘迫的生活，对比别人过的好日子，他产生了不平衡心理，认为是老天不公让他无翻身之力，时常抱怨，一直不太配合社区及街道的工作。

扶贫如期而至，思想转变，发展有动力

2014年，林英豪一家被评为建卡贫困户，帮扶责任人经常入户走访，耐心细致地为他讲解各项扶贫政策，从思想上慢慢引导，帮他出谋划策。

2016年，街道将其纳入易地扶贫搬迁对象进行房屋改造，5万元的补助资金给了他底气，他开始变得积极了，主动向帮扶责任人了解易地扶贫搬迁政策。他开始筹备房屋建设，选址在友谊社区8组的公路边，自己起早贪黑当小工。2016年年底便修建完成了186平方米的二层房屋，搬进了新房。

搬进新房后，他便在县内四处务工赚钱，妻子也更加卖力地售卖水果、饼干等。虽然四处奔波，但他们没有丝毫怨言，就这样不停忙碌，不辞辛劳。

2017年年底林英豪主动向社区递交了脱贫申请。他说："有信心发展得更好。政策引路，还得自己努力才行，摘掉'穷帽子'，奋斗路上更精神。"

产业发展有规划，趁着好政策努力奋斗奔小康

"现在喂养的生猪和鸡鸭还不算多，但今后我想多养。今后我就安心在家发展养殖业，不去打零工了。"产业刚起步，也见到了效益，但他没有就此止步。

为了降低养殖成本，他没有将庄稼落下，每年种红薯收成一万多斤、洋芋一万多斤、玉米一千多斤，这些都可以投入养殖且成本较低。

谈到下一步的打算，林英豪心中早有规划，他要逐渐扩大养殖规模，让家人过上好日子。同时，希望周边的贫困群众，能像他一样，不辜负党的好政策，通过勤劳的双手努力致富奔小康。

82 刘立明

50年"安居梦"今成真

—— 谢模燕　郭　凡 ——

安居乐业是每个人的理想,为了实现自己的"安居梦",刘立明用了整整50年时间。虽然好日子来得有点儿晚,他却说:"我已实现了此生的梦想,也能更好地安享晚年了。"

刘立明是龙田乡仓房村2组村民,深度贫困户。1953年出生的刘立明,住过茅草窝棚、木架房、土墙房、石墙房,一生6次搬家4次建房,要么不能遮风挡雨,要么一家老小"蜗居"在一起。"一辈子都想有个好房子",这是他从20世纪60年代起,做了半个多世纪的梦。

与住房抗争的半个世纪

茅草屋和窝棚,是刘立明从记事起对房子的最初记忆。

1953年,刘立明出生在窝棚里,窝棚也抚育了他的青春。用他自己的话说,"那根本不叫家"。几根木头立地支撑,上面搭建成三角形屋顶,用竹子编成墙面,四周和屋顶用茅草扎紧织密,每当大风刮来,总感觉房顶都快被掀起吹走了。

这种被称为"千脚落地""权权房"的窝棚房屋,刘立明一住就是18年。

18岁那年，父亲在窝棚里给他娶了媳妇，小夫妻俩同父母一起挤在窝棚里，搬出窝棚成了小两口的新婚梦想。

为了实现这个梦想，婚后夫妻俩起早贪黑。通过小两口的共同努力和亲戚帮衬，婚后第二年，刘立明花60元从乡亲手里买了早年地主家盖的木架房，面积仅30余平方米，底层是猪圈，上面住人。

搬家前一晚，刘立明和妻子仰望着窝棚的屋顶，整整一夜没睡。搬进木架房以后，刘立明把房屋从中间隔开，父母住在里间，小两口住在外间。搬家后的第三天，原来的窝棚就垮了。看着垮掉的窝棚，一家人惊出一身冷汗。

在木架房中，刘立明夫妇陆续迎来了三个孩子，一家三代7口人就挤在这间30多平方米的木架房里，一家人一挤就是整整9年。

房屋由于年久失修，慢慢变得千疮百孔，一下雨家就成了"水帘洞"。改变居住条件，又一次成了摆在刘立明面前的难题。

再盖木架房？请不起木匠师傅。经过仔细琢磨，刘立明决定修技术含量不高的土墙房。说干就干，在一家老小的共同努力和亲戚朋友的帮助下，没多久3间土墙房就建好了。

在土墙房中，刘立明给大儿子娶了媳妇，又添了两个孙子。9口人，三间房，虽然拥挤，但儿孙满堂倒也其乐融融。

土墙房住久了，墙体和屋顶逐渐开始裂缝，随时可能垮塌。一辈子都在建房搬家的刘立明，不得不面临再次建房。刘立明决定，把土墙房拆了，建更结实的石墙房。

他拿出所有存款，东拼西借凑了8000元开始建房。建房的石头，他自己从山下背回来，一趟需要3个小时。在刘立明的努力下，历时四个月，石墙房建好了。

在不断的搬家建房中，刘立明也老了，儿女渐渐各自成家。泥土混合石头堆砌的房子又何尝经得起风吹雨打。看着石墙房慢慢风化，刘立明再也提不起建房的勇气，心想着如果有一天自己离开了，一辈子都没有为儿孙留下一砖一瓦，颇感忧伤。

脱贫攻坚让住房梦照进现实

刘立明的住房梦就是想有更结实、更安全的房屋。毕竟，家还是要经得起风吹雨打。随着年岁逐渐增长，这个梦想也成了他的一块心病。

梦想总是被时代呼唤。2015年，刘立明已经落下的梦想，被脱贫攻坚的好时代、好政策再次点燃。

2015年，城口县全面打响脱贫攻坚战，让贫困群众住房安全有保障，彻底改善贫困群众的居住条件，是脱贫攻坚的重点工作之一。工作启动后，乡、村两级干部针对仓房村实际，挨家挨户走访住房困难的贫困户，征求房屋改造意见，并打算因地制宜动员部分贫困户在自愿的前提下集中搬迁安置。

这个消息一时间在村里传开了，大家拍手称快，跃跃欲试。乡、村干部和驻村工作队先后几次来到深度贫困户刘立明家里，动员他集中搬迁安置。

"谁不想住小洋楼！可我老都老了，要劳力无劳力，要钱没钱，这小洋楼怎么建？"每一次动员，刘立明的心都动摇过，但瞬间又被现实压垮。

老两口说起建房的事，就是一阵阵叹息。是啊，大儿子2010年外出打工至今杳无音讯，其他孩子均安家异地，如今60多岁的老两口拖着两个孙子，这房怎么建？

一个下雨天，乡、村干部又来到他家，进屋时刘立明正四处摆放盆盆罐罐，接屋顶落下的雨水。见此情景，村支书拉着刘立明的手，语重心长地说："老人家，还是搬嘛，小洋楼建好了家里就再也不会漏雨了。现在政策好啊，对你们这样的深度贫困户，县上还直接补贴4万元建房费用，乡里负责选址、场平、组织施工，花钱会少很多，操心也会少很多。"

终于，在三番五次劝说下，刘立明的住房梦再次被点燃。他把要建小洋楼的消息告诉了子女，大家都很支持，你一万，他两万，建房款的缺口很快补齐。

2016年5月，刘立明和其他几户贫困户集中建房破土动工。建房期间，刘立明老两口从早到晚都忙活在工地上，纵然60多岁高龄，夫妻俩仍像年轻人一样背砂浆、扛水泥、递砖头，小病小痛也从不休息，一天到晚浑身是劲儿，再累也总是乐呵呵的。

2016年腊月，新居建好了。刘立明的新家是两楼一底200余平方米的钢筋水泥楼，客厅、卧室、卫生间、厨房等应有尽有，小洋楼在青山环抱的山村里，显得格外靓丽，与百米外那栋矮小的石墙房形成鲜明对比。茅草窝棚、木架房、土墙房、石墙房……那些破败和拥挤，永远成了历史，化作关于梦想的记忆。

乔迁新居那天，乡、村干部都来了。刘立明的笑容和泪水、满足和幸福，全都挂在苍老的脸庞。他挨个紧握着他们的手，始终重复着一句朴实的话："党和政府的政策好啊，不仅圆了我的安居梦，也让我对子孙后代有了一个交代，我现在可以安心等着抱曾孙了。"

83 马光勇

一间杂货铺带来了新气象

...... 王 也 ......

　　而立之年的马光勇，是金岩村建卡贫困户。家中三兄弟，他是最小的。2013年经人介绍和邻乡一个叫向霞的女子结了婚。由于双方家庭条件都不好，婚后两人便一直挤在一间破败的老房子里。马光勇和妻子向霞于2014年、2015年分别生下一儿一女，生活压力越来越大。2018年，马光勇在工地上不慎将腿摔断，让整个家庭雪上加霜。家中主心骨倒下了，妻子向霞包干种庄稼、照顾马光勇及两个孩子，真成了黄莲树下挂苦胆。

干部的及时帮扶让他们看到了新希望

　　就在马光勇为一家的生计发愁时，金岩村2社驻社干部入户走访了解到他家庭的实际情况，便协助马光勇提交申请。经乡村各级评议，最终在2018年马光勇家被纳入建卡贫困户。村上也将马光勇一家纳入重点关注对象，时常上门走访慰问，解决家庭实际困难。随着各项帮扶政策的落实，马光勇夫妇在无尽的黑暗中看到了一丝曙光，对未来也渐渐有了信心，两人筹划着怎样让一家人的生活过得更好。

搬到新家开启新生活

　　了解到马光勇一家四口挤在一间只有十几平方米的旧房子里，生活条件差，村上为马光勇一家争取到了易地扶贫搬迁名额。听到这个消息，马光勇一家非常高兴，积极配合村上完善资料。2019年7月，马光勇一家搬到了位于鸡鸣乡场镇安置区的新家。房屋面积100平方米，新房宽敞干净、整洁漂亮，他家还分得了一块菜园地。"我做梦也没想到我们一家人能够住进新房子，后面的日子肯定会越过越好。"马光勇紧紧拉着驻社干部的手激动地说道。同时，随着马光勇身体的好转，他的目光也开始转向自力更生。

患难夫妻不甘贫，自强脱贫不等靠

　　2020年，受新冠肺炎疫情影响，马光勇一直未外出务工，作为未脱贫户，乡村干部也是看在眼里急在心里，想方设法为马光勇一家规划脱贫措施。就在大家一筹莫展之际，马光勇主动找上门来，表示自己想要开一间杂货铺，卖蔬菜水果。听到这个消息，大家长长地舒了一口气。帮扶人立即帮他联系位于场镇安置区的门面房，办理租赁手续，尽快将门面租过来，好让他开张营业。

　　5月10日，是马光勇一家人人生中非常重要的日子，曾经脸朝黄土背朝天的他们也拥有了自己的店铺，蔬菜、水果、米面油等日用品摆满了货架。每天早上，妻子向霞都会早早来到自己的店铺，打扫卫生，整理货架上的商品，招呼路过的行人进店选购商品。丈夫马光勇则开着刚买的车往返于开州和鸡鸣两地，每次都拉回满满一车商品，也拉回了一家人的幸福生活。

　　马光勇的店铺不大，但生意很好。"每次路过店铺，向霞的脸上都是笑容。"金岩村二社驻社干部说道。

　　看着儿女们一天天长大，一家人生活越来越好，马光勇夫妻俩觉得过去经历的一切都是值得的。"两个孩子就要上小学了，花销会更大。有国家政策的支持，帮扶干部的帮助，我们也会努力奋斗，靠自己的一双手摆脱贫困。我们有信心今年如期脱贫，我们也坚信以后的日子会越过越好。"马光勇说道。

84 冉维平
乡野满诗意，拙笔绘脱贫

邱 悦

　　一缕缕炊烟，在眼前袅袅地飘扬升腾，仿佛村庄轻声哼唱的民谣小调。那淡蓝色的青烟里，满是最平凡的人间气息，祥和、温柔而芬芳。乡野在暮色和炊烟的交织中，渐渐归于宁静，我锁好堂屋大门，检查完鸡舍成员是否全部归队，便唤醒正在树下打盹儿的大黄，随我同去看看一里地外的泥鳅田。

　　大黄撅起金稻谷似的尾巴悠闲地摇晃着，每走一段就回头望望是否落下了我，在这一走一停中，我们总算到达这片沃田。因近两天连续降雨，此时已塘满沟平，空气中萦绕着青草和泥土融合的馨香，粼粼金光在丝绸般的水面跃动，泥鳅和鱼儿似乎贪恋着夕照的温暖，三五成群，追逐打闹，正如古诗所言："锦鲤相嬉戏，空若无所依。"

　　我叫冉维平，文丰村6组居民，这8亩地的泥鳅田便是我的水产养殖基地。从2018年开始筹备水产养殖，距离水田丰收的日子愈发近了。泥鳅和鱼儿带来的收益远比耕种一亩三分地的庄稼多得多，稳稳的收成孕育稳稳的幸福。

　　想到小女儿即将升初中，可以挑个新书包、几身漂亮新衣裳，伴随她开启下一阶段的学习旅程，想到能和在外务工的妻儿一起携手描绘新生活，想到能为下一步的产业规划奠定经济基础，我的内心就会为这美好的愿景所陶醉。我深知，现在拥有的一切，不仅蕴藏着我们每位家庭成员辛苦拼搏的汗水，更凝聚着各级政府部门、广大扶贫干部对我们家的关爱、指引与帮扶。

自小就在这片乡土长大的我，对于贫乏窘困的生活有着深刻的体会。世世代代靠务农为生，吃的是最简朴的食物，住的是最粗陋的房屋，穿的是补丁最多的衣服，我想正是因为经历了贫穷，才得以体会生活的滋味，我想在我这一代做出改变。

在1995年的孟夏，我踏上了开往万源的大巴车，加入煤场打工的大潮。时光荏苒，我从初来乍到时的懵懂无知成长为轻车熟路的工厂能手，正当我踌躇满志计划未来的时候，在2011年，残酷的意外发生了。冰冷的机器令我的小腿粉碎性骨折，最后落下了腿部残疾，好在经过数年的康复治疗和休息锻炼，我还能勉强在老家务农，步履蹒跚地撑起家的半边天。

堆积的医疗费用和劳动力的削弱让我和妻子背上了沉重的生活负担。儿子和女儿仍在上学，兄妹俩都是勤劳懂事的乖孩子，看到大人辛苦也跟着省吃俭用，艰难的日子在咬牙坚持中一点一滴地缓缓流逝。

转眼到了2014年，精准扶贫的春雨洒向我家。经过村民代表大会的评议，我家被评为建卡贫困户。各级扶贫干部常来关心看望，他们用通俗易懂的话语向我们解读关于住房、医疗、教育、产业、社会兜底保障等相关的国家政策，用将心比心的温暖带领我们攻破大大小小的生活难题，用实事求是的态度为我们指引下一步发展方向。

2015年，政府为我们家申请了低保，我们不再为柴米油盐而犯难。2016年，在帮扶责任人的建议引导下，我们积极申请到人居环境整治改院项目，坑坑洼洼的院坝经过硬化焕然一新，我们不再为尘土和泥浆而苦恼。2017年，年久失修的屋顶每逢下雨就渗水严重，村干部知晓情况后立即为我们申请了危房改造，经过修缮加固，我们不再为阴雨连天而忧愁。2018年，我听从扶贫干部的建议，申请了扶贫小额信贷发展水产养殖，不再为产业规模和资金受限而叹息。

此外，村干部为我们申请了改厕项目，干净明亮的卫生厕所取代污秽阴暗的旧茅厕，我们不再为蚊蝇和臭气而厌烦。政府年年为我们缴纳城乡居民医疗保险，我们不再为患病治疗而恐慌。儿子和女儿的教育享受到了优惠和补贴，我们不再为学费而顾虑。

肩上的重担有了政府和扶贫干部一起扛，增收致富的脚步就愈发轻快。2018年，我们主动申请脱贫，最终顺利"摘帽"，靠实干实现了从贫困户到"致富标兵"的蜕变。在2018年举办的脱贫攻坚文艺晚会上，我荣幸地参加了"脱贫致富光荣户"的表彰仪式。当我登台领奖的时候，台下响起阵阵掌声，这不仅是对我们家自立自强的鼓舞，更是对干群风雨同舟的致谢。

要想甩掉"贫困帽"，走上致富路，离不开自力更生的信念，离不开艰苦卓绝的努力。世上没有坐享其成的好事，要幸福就要奋斗！

我将永远铭记扶贫干部的奉献，以实际行动报答党和国家的恩情。

85　吴应全

铁脑壳终于搬下了山

—— 杨乾英 ——

　　我依稀记得 2015 年的冬月，向守春、欧道辉到我家来动员我搬迁，我始终不愿意搬走，他们给我取了个外号叫铁脑壳。原以为我会一直坚守，直到 2016 年 7 月，那时候的易镇、现在的易书记带着驻村干部、村委班子成员，以及第一书记朱大为、驻村工作队队员陈超到我家里来。我记得非常清楚，那天太阳大得很，我看到易书记后面有 8 个人，当时心里很忐忑，以为是做了啥子"挫拐事"。他们说来看下房子，我一下子心里踏实了。

　　他们走得汗流浃背，来不及休息一下就里里外外查看我家的房子。我这个房子是我出生的 1954 年修的土房子，如今已经过了三代了，2008 年汶川地震的时候房子被震裂了口，还是我到处背水泥维修好缺口。

　　"老年人啊，你这么大的岁数了，在这山上买东西、生活不方便，住在公路边上去，身体不好时买药方便，买东西也方便。"听到易书记及村干部一行人的劝说，我这个铁脑壳都烧热了，我当即给孩子打电话说镇上领导要我们搬下去。孩子说既然领导这么关心我们，为你身体操心，你就为我们着想，搬下去嘛。

经大家一劝，我也对搬下去生活没有那么大的排斥了，但如何能够搬下去，我又犯了难。看到我有所松动，易书记他们一行8人水也来不及喝，立即去公路边上找地方给我修房子。后来考虑到我年纪大了，不能下重力，孩子也不在家，自己修房子很困难。最终易书记他们辗转多次在公路边上找到了合适的房子，镇政府补助了21000元，我如愿搬离了深山。

　　现在这个房子跟过去大不一样。太阳光照进屋里，可以让整个房子都亮亮堂堂的。从公路到屋里不沾灰，我把地板拖了又拖，天气热了，在上面睡觉也安逸，空气也好，卫生条件也好，什么设施都搞得好。下雨天再也不用担心淋雨吃饭了。

　　我记得是腊月二十七自来水不通了，反映给村里，镇上马上派人来了。第一书记当即到源头上去查看水管，原来是修公路把水管压坏了，他们当天就维修好了水管。我现在心态好，不愁吃不愁穿，没有忧虑，用电都是孩子给钱，我们两个老的养老保险一个月2000多。我还有其他些零零碎碎的小收入，够吃了，好过了，外人问我多少岁了，我说76岁了，他们说没有。其实有了，是实实在在的76岁了，我不用焦啥子，所以不显老。

　　2019年，我申请了自愿脱贫。我告诉我的帮扶人，自己达到了脱贫标准了，希望他们去帮助那些更需要帮助的人。这几年来，我与我的帮扶人水务局的杨乾英相处得非常好。杨乾英对我相当好，我又多添了一个女儿，她不到冬天就把孩子冬天的衣服买来，不到热天就把热天的衣服买来。昨天还给我打电话，她说现在不帮扶我了，但还是我女儿，想来看下我。这是一种情谊，我们要一直保持下去。

　　现在我虽然老了，但人老志不老。我今年76岁了，但还可以挖树坑种厚薄树，贡献自己的力量。

86 夏泽洪

铲掉穷面子，过上好日子

—— 任河水　曾　连 ——

白云绕山头，深处有人家。厚坪乡白鹤村位于城口县东南部，辖区内果木成行，风景优美，一处处民居点缀在山间，炊烟缭绕，宛如仙境。

2016年2月的一个下午，第一书记唐楷明和村上几个干部挨家挨户走访贫困户了解村容户貌情况。走到建卡贫困户夏泽洪家时，"穷样"让唐楷明一行很惊心：一股浓烈的畜禽粪便臭味扑面而来；土院坝坑坑凼凼，畜禽粪便满坝都是；茅坑和住房不远，臭气熏天；屋后的阴沟被泥土塞满了，一下雨水就会冒进屋里来；房前屋后连个下脚的地方都没有。

"必须要改，不改过不上好日子。"这是大家的共识。

死要"面子"的人

夏泽洪虽然被纳入贫困户，可作为一个男人，他倒很有"主见"，他认为自己的穷都是媳妇出走导致的，自己没有什么问题。听不得别人说他"贫困户"，村里发放的贫困户明白卡，他都不让贴在外面。

2016年年初，村上就说要搞户貌"六改"，就是改路、改沟、改厨、改厕、改院坝、改陋习，开展村容户貌整治，把家家户户房前屋后都改漂亮。

一天，驻村工作队召集大家开会，给大家讲为什么要搞户貌"六改"，补助政策是怎样的。"改院坝每平方补助20元，改阴阳二沟每户补助300元。""我们要脱贫，首先要铲掉'穷貌'，有点儿新气象。"唐书记讲得热情澎湃，可夏泽洪根本就没当回事。

听了一半，他陡地站起来，指着唐书记说道："我们几代人都是这样过来的，未必农村人还指望过城里人的生活？脏都脏惯了。脱贫，你们要想法增加我们收入，不是搞这些空活路！再说，这点儿补助也不够，我不得搞！"狠狠甩下这么几句话，夏泽洪拂袖而去。

会后，很多邻里都动起来了，户貌"六改"搞得热火朝天，但夏泽洪不动就是不动。第一书记唐楷明、村支书张九茂、村主任朱连庆轮番上门做工作都没说动他，他还对唐楷明说："我身体又不好，一个人要挣钱供娃娃，要整你们个人来整，我没得空，也不要什么补助。"

夏泽洪哥哥夏泽银，也是个贫困户。四月的一天，天气晴朗，夏泽洪正走到哥哥屋外，看到他拉了一车水泥，还请了匠人在铺院坝、建水沟。他说："你一天还没得事做，这么好的天时不去种苞谷，在这耽搁活路。"夏泽银自顾自忙着和水泥，打了个哈哈，夏泽洪没趣地走了。

自丢"面子"的人

村里很多人都行动起来了，又过了半个月，夏泽洪去场镇买货，沿路上好多地方都变了个样似的，院坝、水沟都变成水泥地，有的还在院坝边上修了花台，种起了花草。

路过刘确林家，老刘招呼他进去坐坐。两人一直关系不错，条件以前都差不多，现在也都是贫困户。进去才发现，刘确林家里比以前干净得多了，去上个厕所，发现里面竟然贴了瓷砖，冲水的是城市"高档货"，一问才晓得是"冲水马桶"。

下午疲惫地回到家，天下起雨来，泥水溅进了堂屋，鸡鸭躲进了屋，屙得满地鸡粪。以前习惯了，不觉得有什么，可今天就还有点儿不舒服，冒着雨去院外的猪圈喂猪，他也是左一脚深右一脚浅。

不一会儿，邻居王顺军来借东西，走到院坝中间时脚下一滑，仰面就是一跟头，倒没摔多重，可摔了满身稀泥。他埋怨起夏泽洪来："你这个坝坝嘛，硬是恼火，不晓得你是怎么过的，房子都修得起，一个院坝都修不平！"

王顺军的话一点儿不客气，夏泽洪赶忙扶起他，自己脸也红了，连声抱歉，王顺军东西也没借就回家了。

王顺军的话，在夏泽洪的脑子里翻来覆去，他觉得自己今天"面子"丢大了，这样下去，总会被人嘲笑，是得想个法。

找回"面子"的人

过了几天,村支书张九茂又通知开会,他早早地去了。

会上,几个干部又讲了一通户貌"六改"的好处,这次他听得很认真,也不发"杂音"了。会一完,他就主动找到村支书,询问"六改"都有什么政策。张九茂粗略帮他一算账,要补贴差不多2000多元,他赶紧给自己报了个名,说回去就开始修。

第二天,就联系人买了砖、水泥,又请了泥工师傅,准备彻底搞一搞。于是自己和起了水泥沙子,又请兄弟夏泽银来帮忙打杂,前前后后忙活了15天。当中,还两次找来张九茂为他支着,请他想法把猪圈鸡圈也新修一下。

院坝也平整了,厕所也成了新式的,水沟也整洁干净了,夏泽洪每天起来,自己都要清扫一遍。转悠在自己平整的院坝里,回头看着干净的屋檐沟,规范的猪圈和鸡舍,生活在整洁的环境里,他觉得自己的"面子"又找回来了!

村里一些贫困户,听说夏泽洪变了,有的离得近,还专门跑来看一看。看到老夏的变化,很多以前也不愿动手的人,都主动找村支"两委"报名,自己干起来了。2016年,白鹤村全村325户,就有80余户进行整治,其中48户贫困户就有27户进行了"六改"。在村支"两委"和驻村工作队的引导下,大家你超我赶,都不甘落后,许多精神不振、不讲卫生的陋习也逐渐改变了,就如夏泽洪所说:"现在看到周边的环境,你都不好意思不爱干净,人嘛,总要有个'面子'噻!"

87 杨华清

老杨闪婚记

—— 王小玉 ——

沿河乡北坡村有一件让大家津津乐道的喜事，单身多年的贫困户老杨结婚了，而且是闪婚。这到底是怎么回事儿？

年近六旬的老杨名叫杨华清，居住在北坡村一个叫老柏树的山上。多年前妻子因病去世，他便一直单身，家里也因病致贫，2015 年被纳入建卡贫困户。通过乡里的帮助和自身的努力，老杨 2019 年顺利实现脱贫，还从原来破旧的穿架房搬进了崭新的砖瓦房。

"软""硬"兼施，老杨的生活发生大变化

"绿荫不减来时路，添得黄鹂四五声。"去往老杨家的公路在绿荫下一直延伸，为居住在大山深处的村民提供便利。这条在大山里绵延 8.8 千米的老柏树公路，分为 3.8 千米的水泥路和 5 千米的土路，2019 年 3 月全部贯通。

"这条路未修通前，村民出行靠双腿，拉货靠骡子，甚至需要手脚并用在陡峭的山路上爬上一个小时，去一趟沿河场镇需要四五个小时。"老杨讲起过去直摇头，对现在这条路更是称赞有加，"如今路通了，车也方便了，去场镇的时间缩短为一个小时。"

以前，村民背着重重的东西在陡峭的小路上行走，既受累，安全隐患也大。这条路打开了老柏树人新世界的大门。

"路通了，做什么都更有干劲儿。"老杨告诉记者，现在国家政策好，他赶上危房改造、环境整治的好时候，修建起了崭新的砖瓦房。2019年10月，老杨搬进了新家，日子越过越幸福。

硬件条件得到改善，如何增收成了老杨最关注的问题。

"既然国家在拉我们，我们就要努力向前跑。"别看老杨瘦弱，干起事来可不含糊。

2018年，老杨通过养殖山地鸡增收5000多元。2019年，养殖3头生猪，卖了2头，增收15000元。2020年，老杨种了玉米、洋芋，还养了近百只山地鸡和两头猪。此外，他还和周围的村民一起，走接近5个小时上山打竹笋，以此增加收入。

"只要我还能动，就要靠自己的能力生活。"老杨虽然年近花甲，但产业发展之路却越走越宽广，接下来，他还准备继续发展一批中药材，让新生活更上一层楼。

遇见爱情，跟上时代潮流"玩儿"闪婚

路通了，生活好了，老杨也开始注意起自己的形象，他的闪婚就要从一次理发说起。

2019年农历腊月二十六，老杨去沿河场镇理发，碰上了他现在的老伴儿范忠碧，老杨亲昵地称呼她为"范妹儿"。

"要过年了，还是想把自己打整一下，把头发理得整整齐齐，再换上一身新衣服，快快乐乐过个年。"说起这件事，老杨脸上的笑容就没消失过。他告诉记者，和老伴儿范忠碧在同一个理发店理发，就这样一见钟情。

这次偶然的相遇，让遭遇类似、年龄相仿的两人给彼此留下了深刻的印象。由于两人居住的地方距离较远，不能经常见面，老杨便给她购买了一部老年机，方便他们沟通联系。

"有了电话方便多了，我们每天打电话聊天，对彼此的了解也越来越多。"范忠碧说，老杨的性格很好，很会照顾人，她愿意和老杨在今后的日子互相照顾，一起到老。

这部老年机成为他们爱情的催化剂，通信的畅通也让他们的恋爱之路畅通无阻，经过12天的相互了解，正月初八老杨闪婚了。

婚后，老杨舍不得范忠碧下地干活儿。他对记者说："范妹儿身体不好，她只需要在家照看着养的鸡，做点儿家务就好。每天回家能够有一个人在等你，还可以吃到热腾腾的饭菜，这就是最大的幸福。"

老杨闪婚是北坡村也是沿河乡脱贫攻坚成果的一个缩影。脱贫攻坚以来，沿河乡在补齐基础设施短板上持续发力，完成村通畅路建设46千米、村通达路建设

55 千米，通畅率和通达率均为 100%；实现农村饮水安全保障率 100%、4G 网络及光纤全覆盖等。

在产业发展方面，打造"一村一品"，形成"1+2+N"的长短结合产业格局，建立"1+6+X"的电商服务体系，健全多重利益联结机制，全覆盖 587 户建卡贫困户。作为重庆市 18 个深度贫困乡之一的沿河乡，贫困发生率已从 21.4% 降至 0.95%。

88 叶庆奎
坚定信心，用双手铺就脱贫致富的道路

——— 吴成太 ———

　　脱贫攻坚将鹿坪村从与世隔绝的"世外桃源"，变成了如今的美丽乡村，人民群众的生活得到全面改善，生产生活更加便捷，收入不断提高，生活质量得到较大提升，家家户户住上了小洋房，入户公路铺到了家门口。

　　"在各项政策的覆盖下，在驻村工作队和帮扶责任人的大力扶持帮助下，我家于2015年脱贫，到2019年年收入达到了144196元，人均年收入达到17949元，稳定达到小康社会的标准。"叶庆奎一边回忆，一边自豪地讲述着自家的脱贫故事。

　　鹿坪村起初只有一条蜿蜒崎岖的骡马路通向外界，很多上了岁数的村民基本没走出过大山，就连周溪乡场镇都没去过几回。村里的村民们一年四季都忙于农活儿，日出而作，日落而息，过着贫穷且枯燥的生活。村里的大部分孩子更是因地处偏远、家境贫穷，早早辍学出门打工为家里减轻负担，也为能跳出穷山沟。

　　叶庆奎因长期在煤矿工作，患上了硅肺病从而丧失了劳动力，突如其来的病魔让一家人失去了唯一的经济来源，但上仍有年迈父母需要照顾，下亦有3个孩子需要喂养，生活举步维艰。

扶贫工作开始后，在政府的政策支持下，叶庆奎开始种植中药材黄连，饲养黄牛。虽收入不多，但能勉强维持一家人的生活。2013年，国家的政策越来越好，叶庆奎被评为建卡贫困户，政府和学校的帮助大大减轻了家庭的负担。经过全家人的努力，终于盖上了一幢水泥砖瓦房，叶庆奎的父亲在生前终于住进了新房，常常欣慰地念叨着："后辈们能过上幸福的日子了。"

正所谓"要致富先修路"，借着国家脱贫攻坚的大好政策，在帮扶单位城口县国土局和周溪乡党委、政府的扶持下，鹿坪村发生了翻天覆地的变化。

2004年，鹿坪村才迎来第一条村级公路。那时没有好的机械设备，全靠人工挖掘，家家户户都要出劳动力，致富的愿望催促着村民们加快修路的速度。没过多久，鹿坪村就修建好了一条村级土公路。

然而从2015年到2019年，鹿坪村修建了功能齐备的公共服务中心，配套着占地800平方米的文化活动广场。修建了九龙到鹿坪、通草湾到鹿坪的村级快速公路，且全部完成了硬化。鹿坪村由仅一条出村通道变得四通八达，极大方便了全村的出行。

基础设施不断改善，发展信心逐渐坚定。村级集体经济大力发展，所有村民都参与入股，农户每年都能够得到资产收益分红。村级电商服务站、集体超市的建设运营，极大便利了农产品的销售和群众的生产生活。

在驻村工作队和村"两委"的引导规划下，叶庆奎今年扩大了产业发展规模。养殖山地鸡550只、生猪4头、黄牛4头，种植中药材黄连40亩，预计今年能够增收5万元左右。加上平时为村里在建工程做临时工的收入，预计今年能够增收7万元左右。此外，叶庆奎3个儿子在外务工，各自经营着自己的事业，预计每年的务工总收入能够达到15万元。

所以，家庭收入能够达到脱贫致富的目标，实现高质量稳定脱贫。

89 于其涛

幸福生活是干出来的

……喻朝琼……

我的家在城口县治平乡岩湾村，一个山高坡陡的偏远山村，一条公路通到头。一边连着近旁的修齐镇，而另外一边则是断头路，连着绵延无尽的大山。五年前的这里还是一个破落的小山村，妇女和老人们守着巴掌大的薄地日复一日地过着面朝黄土背朝天的农耕生活，村里年轻力壮的男子们外出打工，辛苦地扛着家庭运营的重任。

和很多家庭一样，我也是一名留守妇女，一个人在家耕地、看护老人、照顾孩子，孩子们的欢声笑语冲淡了很多生活的苦痛。但是看着他们一天天长大，家里却是这番境地，心里很不是滋味。

我和我的丈夫相伴20多年，经历了不少风风雨雨。记得那个时候，两个人都在家里种地养猪，空闲时挖些草药卖钱，但一年下来没多少结余，生活仅能勉强维持。

后来，我们有了两个孩子。随着孩子们接连走进学堂，母亲年岁渐高，瘫痪在床，家庭生活的重担日益加剧。生活的重担几乎压得我们喘不过气。为了支撑孩子们上学，我的丈夫不得不和其他人一样外出打工，从此天南地北，仅有过年的几天和家人们短暂团聚，而后又匆匆别离，奔向远方。

家里的老房子在我们还没结婚的时候就存在了，经过这些年的风雨飘摇，早已破败不堪，每年夏天雨季来临前都要进行一番修补。而秋天一到，树叶铺满整个房顶，老鼠扎窝又把瓦片翻得七零八落，一到雨天就得面临外面下大雨里面下小雨的尴尬。房子外面的黄土路，一到雨天就泥泞不堪，两个孩子上学归来，活脱脱成了泥猪猪。圈里的几只鸡和栏里的两头猪承担着家人一年的营养来源，年复一年地过着这样贫苦的生活，不知外面世界的变化，也没想过去改变。

时间就这样来到了 2013 年，大儿子高中毕业顺利考上大学，小儿子也迈入初中，母亲已近 90 岁，家庭经济状况更加窘迫。上大学的一大笔费用让我们发了愁，好在国家有助学贷款，帮助我们解了燃眉之急。

命运总是喜欢和我们这些贫苦家庭开玩笑，2014 年的那个夏天让我终生难忘。一个大雨倾盆的夜晚，房子后的山体出现了垮塌，原本平静的生活再也平静不了了，一家老小突然没了去处。没钱建新房，孩子还等着上学，一时之间焦头烂额，失了方向。

好在有村委会的干部告诉我们，我们家的情况可以申请建档立卡，获得救助。在村委的帮助指导下，我们提交了申请书，获得了补助。

成为贫困户，这让我们一家人都脸上无光。这个时候，村上给我们安排了帮扶责任人，她告诉我们贫穷不可耻，没有人天生就条件优越，关键看我们如何去对待，如何去奋斗。如果能够通过自己的努力，摘掉"贫困户"的帽子那才光荣，才能扬眉吐气。听到她这样说，我和丈夫下定决心要共同努力摘掉"贫困户"的帽子。

通过两年多的努力，我们家终于在 2016 年年底成功脱贫。这一路流了不少汗水，但凭借自己的努力和国家政策的扶持，我们终于迎来了幸福的日子。

我们家是因为孩子上学和住房无保障而被精准识别为贫困户的，由此在这两个方面我们家收到的帮扶力度也是最大的。记得那一年，村上乡上的干部来看我们家的房屋，纷纷摇头表示没救了，最安全的方法就是拆旧建新。通过鉴定，老房子被确定为 D 级危房，国家给了 2.1 万元的建房补助。

有了补助，我们也有了底气。丈夫听闻这个消息立马从外面赶回家开始着手建房工作，大儿子放假也回家帮忙，通过半年多的努力，我们终于盖起了一栋小房子。房子虽然不大，但够我们一家人居住，不用再担心风雨侵蚀，它是一个安全温馨的小家。我和丈夫商量着，等以后挣到了钱扩建房子，再好好装修一下。

房子的问题解决了，但还有一笔大开支就是两个孩子读书的学费。教育扶贫的推进，给予了我家大力的帮助。大儿子上大学申请了全额助学贷款，我们没有再填补费用；小儿子上高中免除了一定的学杂费外，还发放了一笔不小的生活补贴。这些帮扶措施极大地减轻了家庭负担，我们也能抽出时间去做更多的事情。

我的丈夫这些年一直在外务工，自身没有技术，靠打零工只维持住了生计，没赚到什么钱。直到 2016 年，村上通知我们去参加就业技能培训，我因为常年在家所以参加了生猪和山地鸡养殖培训，我丈夫则参加了泥水工的培训。本没抱多大期望，但这些培训改变了我们这个家庭。

丈夫培训完后，还拿到了资格证，随即就和朋友一起去广东做起了房屋装修工作。他干活儿踏实又有责任心，很多人找他做，渐渐地收入也就提高了，把建房的借款全都还清了。

他在外面努力，我在家也没闲着，凭借之前学到的技术，我在家养了 4 头猪，100 多只土鸡。相较以往，鸡苗的存活率大大提高。还不到年节，就有人来我家订购生猪。在帮扶责任人的帮助下，我养的土鸡也被避暑的游客买走，鸡蛋更是供不应求。有闲暇时间，我就到附近的蔬菜基地和冬桃基地务工，一天能有 100 元钱的收入，没承想自己有一天也能攒下些零花钱，日子真是越过越红火了。

2018 年，我们家申请了小额信贷，获得了 5 万元免息贷款用于发展产业。我买了鸡苗和魔芋种，准备把产业规模越做越大，把土地、林地的价值都发挥出来。除此之外，政府还为我们一家人购买了医疗保险，看病能获得很大的报销比例。2019 年，丈夫外出务工，我们还申请到了就业务工补助。2020 年，新冠疫情席卷全球，县上担心我们没办法务工，于是为我们发放了产业补助资金，还让我们预申报务工绩效奖补。

总之，帮扶干部们通过各种方式鼓励我们发展产业，充分发挥农村地区的优势，不让这些因素影响我们的生活质量，我们更应该努力向上，不拖国家的后腿。

脱贫攻坚好政策让我们获得了很多帮扶，帮助我们脱贫致富。我会加强对孩子们的教育引导，鼓励他们回到家乡，建设家乡，以回报国家对我们的支持。

90 余代平
"独臂乡贤"只手摘"穷帽"

——张𠡠椿　赵宇飞——

余代平身材清瘦，后背微驼，眼睛干净明亮。他站在树荫下，微风吹着他空荡荡的右袖管。

余代平身后的山坡上，一只只羽毛乌黑的"山地鸡"昂首挺胸，踱着方步，好似威风凛凛的大将军。

"我养的不是一般的鸡，俗称山地鸡，都是喂的粮食，每天多数时间在山上散养。"余代平指着远处的一个山头说，"它们会飞，能从那里飞过来。"

不善言辞的余代平，平时说话会脸红，但只要说到他养的鸡，就会滔滔不绝。

余代平是重庆城口县鸡鸣乡祝乐村养鸡大户，也是远近闻名的"独臂乡贤"。

鸡鸣乡所在的大巴山区，是我国最贫困的地区之一。重庆市精准识别出18个深度贫困乡镇，鸡鸣乡即名列其中。

从前，余代平既不是养鸡大户，也不是"独臂乡贤"，而只是一个挣扎在贫困线上的残疾人贫困户。余代平年轻时去外地当电缆工人，一场生产事故夺去了他的右臂。他就医欠下巨额债务，也无法从事重体力劳动。

余代平咬牙学会了用一只手穿衣服、吃饭、干农活儿。同时，余代平发现养鸡经济效益不错，而且对体力要求不高，就雄心勃勃地尝试喂养山地鸡。

结果是一败涂地。

余代平不懂养殖技术，自建的鸡舍既不通风，也不卫生，加之养殖技术不过关，他的鸡因此死了不少。来回折腾了很多年，余代平依然没能摆脱贫困。

脱贫攻坚战打响后，余代平被认定为建档立卡户。乡党委书记李明伟上门走访，询问他有什么困难。余代平犹豫了一会儿，红着脸说："能……能不能……教我养鸡？"

李明伟感到很意外，他原本以为余代平会以残疾人的身份，找政府要钱要物。当场，李明伟回答得爽快："没问题。"

当时，鸡鸣乡将山地鸡养殖作为脱贫主导产业之一。乡里为余代平提供了5万元的小额贷款，并安排他到县里举办的种养培训班学习，还为他打通了销售渠道。

搭建鸡舍，购置鸡苗，疫苗接种……余代平起早贪黑，养鸡场终于办起来了。100只、500只、1000只……余代平的养殖规模越来越大。如今，他的养殖规模达到5000只，年收入超过5万元。

2018年年初，余代平递交自愿脱贫申请书，顺利摘掉了"贫困帽"。申请书上歪歪扭扭写着："我已经享受了不少好政策，现在收入高了，不能光靠国家，我申请不当贫困户了。"

脱贫攻坚到冲刺阶段，但仍有部分贫困户脱贫内生动力不足。城口县选拔新乡贤，希望依托其个人威望对内生动力较弱的贫困户实施思想帮扶。

余代平也被选为鸡鸣乡的新乡贤。新乡贤们组成巡回宣讲团，他们用自己的故事和身边的故事，激发贫困户的脱贫动力。

余代平身残志坚，自力更生养鸡脱贫的故事，鼓舞了很多贫困户。

如今，余代平有了新的目标——搬到鸡鸣乡场镇居住，高山上的老房子全部改造成鸡舍，进一步扩大养殖规模。

"我已经在场镇上看好了一套200平方米的房子，正准备买下来。"余代平说。

"你一个人住，为什么买那么大的房子？"李明伟不理解。

突然，李明伟反应过来："我知道，你是想成家了。"

余代平红着脸笑了。

91 张国玖
魔芋也能具有致富的魔力

—— 刘景刚 ——

张国玖本是蓼子乡穴沱村高山上的人，天生残疾，爱人胡广秀也是一个聋哑人。家庭成员结构情况特殊，加之两个孙子的出生，家庭负担更重。2014年，张家被认定为建档立卡贫困户。被认定为贫困户后，张国玖带领一家人，立志通过努力改变生活。

蓼子乡党委书记牟必韬是他的帮扶责任人。自2015年8月起，牟书记常到他家宣传政策、提供帮助，并根据实际情况建议张国玖和老伴在家发展种植、养殖业。儿子、儿媳外出务工，带上孩子在身边。一家人齐心协力，家庭状况很快有了新的起色。2017年，在公路沿线修了新房，全家实现稳定脱贫。

但是，有了新房，张国玖和老伴依然住在老房子里，继续在家发展产业。他知道城口的山地鸡、老腊肉销路很好，于是就在屋后圈出一块地，每年都养几十只鸡、几头猪。自家已有三亩地，邻居外出务工，他又接手多种了两亩。"作为农民，看到土地荒了，心里就不安逸。"张国玖咧开嘴笑着说。

作为一辈子在地里摸爬滚打的农民，对于土地，张国玖有特殊的感情。无论什么时候，他都把地里的草除得很干净。天道酬勤，张国玖地里的庄稼总是长得很好，年年都有很好的收成。

张国玖夫妇精打细算地规划着土地，今年除去种植玉米、土豆、红薯外，还在市农投集团帮扶资金的支持下种上了一亩魔芋。村里统一从云南购买回魔芋种，每个村民根据种植需求再另外添补一定的费用，张国玖购买这亩魔芋种仅花了300块钱。

对于这亩魔芋，张国玖很珍惜。魔芋下地后，他便三天两头地去看，希望它快快生长。最近，魔芋终于出土了，张国玖看到这场景，心里乐呵呵的。他和老伴欢欣地算着收成账："今年有了现成的魔芋作种子，明年计划种四五亩，多余的种子还可以再卖出去。按照当前魔芋每斤3元的价格，种得好，估计能有个四五千元收入。"

对于未来，张国玖信心满满，充满期待。

92 张瑞波

张瓦匠为啥自愿脱贫

赵宇飞

不善言辞的张瓦匠成了县里的名人。在大巴山深处的重庆市城口县，280 余户贫困户追随了他的脚步。

张瓦匠名叫张瑞波，是城口县明通镇金六村村民。前些年，他居住在破旧的土坯房里，母亲重病卧床，儿子正在上学，母亲的医药费和儿子的学杂费是家里沉重的负担。

一方水土养不活一方人。没有一技之长的张瑞波，除了伺候卧床的母亲，就是侍弄"挂"在山坡上的十几亩山地。土地贫瘠，广种薄收，全家人勉强填饱肚子。2015 年，他家被确定为建档立卡贫困户。

两年后的一天，张瑞波接到村支书肖加云召集贫困户开会的电话时，支支吾吾地说："我……我不想当贫困户了"

肖加云立即将情况向镇党委、政府报告。对口联系金六村的镇党委副书记贺书逊心里直犯嘀咕："难道他对脱贫政策，对干部的工作不满意？"

脱贫政策包含"真金白银"，他为啥不想当贫困户？

贺书逊百思不得其解，遂登门拜访。张瑞波敞开心扉："我现在有了技术，日子也越来越好，不想给国家添麻烦了。"

张瑞波被确定为贫困户之后，母亲治病和儿子上学的费用大部分得到减免，政府以建房补贴的方式，帮助他从山上搬迁到公路沿线。张瑞波还被推荐到镇上的工程队做泥水工，勤奋的他很快学到了砌砖盖房的好手艺，村民们盖房修房都愿意找"张瓦匠"。

很快，儿子高中毕业，回到镇上的中学当了保安。2019年，张瑞波当瓦匠加上养猪，一年挣了4万多元，儿子一年收入也有1万多元。唯一的遗憾就是母亲去世，没有享受到如今的好日子。

贺书逊登门拜访几天后，就收到了张瑞波的自愿脱贫申请书，上面歪歪扭扭写着："我享受了国家不少优惠政策""不能光靠国家，我有力气，也有技术，只要自己勤劳肯干，日子就会越来越好，我申请不当贫困户了。"

"张瑞波已达到脱贫标准，为防止返贫，他原则上可以继续享受一段时间脱贫政策。"贺书逊说。镇党委、政府经过研究，考虑到张瑞波返贫可能性较小，且自愿脱贫意愿强烈，就批准了他的申请。

张瓦匠成了城口县第一个自愿摘掉"贫困帽"的贫困户。消息不胫而走，在全县的贫困户中引起很大反响。

在张瑞波的带动下，一年多以来，仅明通镇党委、政府就收到120多份自愿脱贫申请书，经过严格审核和谨慎论证，其中64户贫困户自愿摘掉"贫困帽"。全县有280余户贫困户提交了自愿脱贫申请，经过多级多层核查，120余户贫困户被批准"摘帽"。

如今，张瑞波不仅自己当瓦匠，也开始试着组建工程队承包工程，希望能带动更多贫困户脱贫。

"看吧，更好的日子还在后头呢。"张瑞波笑着说。

93 张维彬
七旬老羊倌的自强不息

—— 张瑞新 ——

高观村村民张维彬，居住在高观村二社包家梁。由于地处高山，没有高经济的农作物，交通条件落后，导致其收入偏低。在2014年，经研究，张维彬家正式被纳入建档立卡贫困户。

张维彬是个自尊心很强的人，在被纳入了建档立卡贫困户后，他就开始思考如何能摘掉"贫困户"的帽子，不给政府添麻烦增加负担。功夫不负有心人，2015年，在扶贫政策的帮助下，张维彬结合当地的地理条件和资源，养殖山羊、山地鸡、中蜂，全年收入达到3万元，2016年成功脱贫。

七旬老人自强发展

一路唱着山歌赶着羊群的老人就是高观村的村民张维彬，他嘴里依旧叼着旱烟袋，迈着健硕的步伐，根本看不出这是一位70多岁的老人。将羊群赶到放牧点，老人又原路返回，不一会儿田间地头又开始出现他忙碌的身影。闲时，常常有人问起他，还这样辛苦地干着这些农活儿为了啥，这把年纪了，颐养天年不好吗？

老人讲自己闲不住，当了一辈子的农民，要闲下来可能精气神就倒了。每天干完农活儿，晚上再喝上一小杯酒才是他想要的生活。张维彬嘴里常常讲起一句话："我生在这片土地上，在我百年之后就将我葬在家门前的土地里。"

要说起以往的故事，就要从张维彬年轻的时候开始说起。早年他去过山西挖煤，干过伐木工，不小心给砸断过腿，摔破过肚皮。后来又去当挑夫，自己开瓦厂，但就是没有富裕起来。这些过往也许磨平了老人的棱角，磨平了身上的锐气，磨掉了对命运的抱怨，只留下了刻在骨子里的坚韧。

张维彬热情好客，来来往往的过路人总能在他的屋子里喝上一杯热茶，吃上一餐饭食。所以这些人给了他一个亲切的称呼"幺老汉"。"幺老汉"和老伴过着简朴节省的日子，但是每当有客人来了，就一定会将家里最好的和最珍贵的食物拿出来招待客人。

产业发展和生活改善

在刚开始养殖山羊的时候，由于高山寒冷的气候，没有温室和设计合理的羊舍，又没有专业的接生技术，新产的羊羔成活率低。这个问题成了老人的一个难题。发现问题的张维彬很果断，决定立刻建造温室，重新改建新型科学羊舍。历时三个月，新的羊舍终于建设完工。

羊舍完成了，但是养殖方式，销售渠道都是张维彬未曾接触过的。还好这个时候扶贫干部了解到了情况，请了农委的科技人员来进行指导，同时为张维彬联系了商家进行销售。张维彬饲养的山羊都是放养的，肉质鲜美、筋道爽口，在方圆附近小有名气，立刻吸引一批消费者。

山羊养殖的产业做好了，但是如何将利益最大化，同时又不破坏生态环境？张维彬冥思苦想，多次试验后他决定利用"林下经济"原理，来一圈循环发展。羊舍北面是个田坝，南面是个斜坡，斜坡下面是一片梨园。于是他再投入资金将羊舍下面铺上可降解塑料胶膜，山羊排出的粪便直接从胶膜排到梨园中，梨园因为这天然肥料的滋养得到更好的生长。同时，又在梨园的周围养起了中蜂和山地鸡，中蜂年产蜜200多公斤，山地鸡年出栏50多只。在保护生态环境的同时发展林下经济增加收入3万多元。

张维彬能迅速脱贫得益于他的勤劳肯干，不服老不服输，但是脱贫政策带来的红利也不可忽视。2016年，张维彬住房外的公路又在政府的支持下畅通，张维彬以及周围的住户进一步享受到了生活的便利。张维彬也将自己居住的几间瓦房重新修缮装潢，通过户貌六改政策改造了猪圈、阴沟、院坝、卫生间，自己又买上了彩电、洗衣机，居住环境得到了很大的改善。

农村保障医疗的显著作用

2019年3月，生活逐渐安稳宽裕下

来的张维彬老两口又迎来了新的问题，妻子罗建翠患病了。如果只依靠自己存下来的那一点儿钱，无疑又会因为医疗费用导致重新返贫。但是好在有贫困户医疗保障的先诊疗后付费福利，并且自己只用承担百分之十的医疗费用，稳妥地解决了这一问题，不再有二次返贫的风险。

脱贫攻坚以来，张维彬以及更多的贫困户生活发生了翻天覆地的变化。大家重新燃起了战胜贫困过上美好生活的信心和希望，通过自己的劳动获得收入，从心底明白美好生活和幸福都是自己奋斗出来的。要充分去配合政府对于贫困户的帮扶，积极参加帮扶技能培训，多掌握一些劳动技能，自强不息，让自己的钱袋子鼓起来。

94 张维东

感党恩，跟党走，脱贫攻坚路上显身手

——王　刚　陈　飞——

　　乡村的早晨，空气清新宜人。一大早，城口县高楠镇丁安村村民张维东像往常一样给自家的猪喂食，还没等他将猪食倒进食槽，几头猪便迅速围了过来。看着这些猪，张维东的嘴角露出了欣慰的微笑。

　　年轻时，张维东和村里其他年轻人一样，为了改变家里贫困的境况外出打拼，但由于文化水平低，又没有技术，空有一腔致富热情，只能干一些简单的体力活儿，因此长年在矿上挖矿。20多年来，年复一年的矿山工作让他患上了硅肺病。他的妻子也身患高血压，需要长期吃药，加上还有两个孩子上学，家里债台高筑。

　　2014年10月的一天，张维东突然呕吐不止，不管吃什么都吐，就连喝水都吐。妻子赶紧找邻居帮忙将他送到了县城医院治疗。经诊疗，发现张维东得了肺结核，医生叮嘱他最近三年都不能干重活儿。张维东作为家里的顶梁柱，突然不能出去打工，这让本就困难的家更是雪上加霜。

　　正当张维东一筹莫展时，精准扶贫的春风吹进了他的家里。2014年，张维东家被列为建档立卡贫困户。

　　住院报销达到90%以上，一年下来他自己只用花几百元钱。医疗政策、危房改

造……一系列帮扶政策让他的基本生活有了保障。

扶上马,更要送一程。通过实地了解并与张维东多次谈心,2015年,帮扶干部依托产业扶持资金为张维东制订了发展养猪为主的脱贫计划。

2015年,张维东依托政策的扶持,在自家原有的养猪场里再增加1头母猪,6头小猪。从此,张维东每天起早贪黑,给猪配饲料,打扫圈舍,查看猪的长势,小心翼翼地伺候着,生怕这些宝贝有什么闪失。但因缺乏大规模养猪的经验,还是死掉了2头猪。看着死去的猪,张维东心里五味杂陈,辛苦了那么久,却没有回报。

驻村工作队和村干部得知这一消息后,请镇里的畜牧工作人员到张维东家实地查看情况。怎么养,有什么注意事项,工作人员耐心地为他交流讲解。

通过向畜牧工作人员学习,加上自己的钻研,很快,张维东掌握了很多实用的养猪窍门。在他的呵护下,猪崽一天天健康长大,张维东喜在脸上,甜在心头。

到了年末,到了猪出栏的时候,张维东脸上的笑容也越来越多,心里盘算着卖猪的收入。可等猪卖完算过账后,张维东脸上的笑容渐渐没了,他发现除掉饲料等成本后并没有挣到多少钱。辛苦一年却没有多少回报,这让张维东有点儿丧气。

垂头丧气后张维东并没有自暴自弃,而是认真寻找原因。后来他发现最大原因就在于饲料的成本太高。养猪场的猪一般三个月就出栏,而他的猪是年末才出栏,这样一来成本就大大提高了。

发现原因后,张维东想,既然我养的猪是按照以前自家的养猪方式,到了年末才出栏,那猪吃的饲料干脆也按照以前一样。自己去打猪草,多喂食自家的农作物,自家可以多种一些玉米。红薯藤可以用作饲料,红薯也是很好的饲料,还有土豆。张维东越想越觉得这种方法是值得尝试的。于是他就和帮扶干部商量,他的想法也得到了帮扶干部的支持。于是他又扩大自家红薯、土豆等一些农作物的规模。

就这样,张维东又将他的养猪产业办起来了。

2015年他养殖生猪8头,按1头猪赚500元计算,全年养生猪收入4000元,终于赚到了钱。而且养1头猪政府补贴300元,这更是带动了张维东的积极性。

2016年,丁安村的帮扶单位,城口县文化和旅游发展委员会出资购买了一批鸡苗送给丁安村。张维东也领到了一些,他顺势又养起了鸡。

张维东的养殖产业发展得红红火火。"养猪收入能达到8万元,养鸡能收入也有1万元左右,再加上种植的中药材和魔芋收入有1万元左右,现在全年收入有10万元左右啦。"张维东满脸笑容地说。

生活有了新变化,张维东紧蹙的眉头渐渐舒展开,精气神也越来越好。他逢人就说:"贫穷对一个人来说并不可怕,可怕的是自暴自弃,只有爱拼敢干才能换来好生活。"

95 张尤敖

迎难而上，种魔芋、养山羊，脱贫致富好榜样

——周晓丰——

驱车从县城出发，往南行驶，翻过十八弯般的山排山，沿着崎岖蜿蜒的村道，走上2个多小时，才来到明中乡木瓜村3组贫困户张尤敖的家。

张尤敖夫妻俩育有一儿一女，一家人靠种植玉米、土豆等农作物勉强维持生计。2013年，张尤敖砍柴意外摔伤，致使右腿骨折，让本就困难的家庭更加举步维艰。2014年，张尤敖一家因学、因伤被纳入建卡贫困户。建卡后，他们并没有因为被评为建卡贫困户而产生依赖心理，反而更加勤奋努力，不等不靠，实现了脱贫增收致富。

摔伤腿，用脑谋发展

走进张尤敖家，入目之处是20世纪80年代初修建的木板房，一眼望去，旁边还有几户一样的房屋。妻子陈国桃趁着大太阳忙着晒笋子，张尤敖也正屋前屋后忙碌着。夫妻二人的身影组成一幅欣欣向荣的画面。

"生活好不好，还看自己够不够勤奋。"张尤敖说起自己的脱贫致富路感叹不已。

"当时，腿摔骨折了，根本不能下地干活儿。"张尤敖说，家里一下就少了个劳动力，

全靠妻子一人种地维持全家生计，女儿的学费、他住院的医疗费等巨额支出让一家人的境况更加艰难。

据该村村主任介绍，木瓜村平均海拔在1400米以上，村民们只能种玉米、土豆等传统的农作物，产量低，收入少，村民生活十分贫困，脱贫致富成了当地干部群众共同的愿望。

"听政府说种植魔芋收益好，就开始种起来。"张尤敖说，正当一家人因他摔伤腿而一筹莫展时，听说了魔芋种植收益好，就起早摸黑地干了起来，自己边挖边留种栽种，有人来收就卖出去。

"没想到一亩魔芋能顶好几亩土豆呢。"张尤敖说，刚开始种魔芋时，只是抱着试一试的心态种了3亩，没有想到魔芋长势好，收获时，他算了算，除去留种还能落下1万多的现金。

担责任，靠手奔脱贫

乐观的张尤敖说起自己的创业历程，自豪不已。他告诉记者："受伤后的康复治疗长达两年之久，不能眼睁睁地把家里一摊子事情全撂给妻子一人。"

"要早日摘掉贫困的帽子，主要还是得靠双手勤奋努力。"张尤敖说，当时他虽然脚受伤了，但是手还能动，脑子还能转。在脱贫攻坚相关政策的引导下，在相关帮扶队伍的帮扶下，他决定扩大魔芋种植面积。同时，还发展起了山羊养殖。

"因为养殖技术不成熟，疾病预防方面没有引起重视，导致10多只山羊死亡，虽然伤心，但是并不气馁。"张尤敖说，意识到自己缺乏养殖技术后，便努力学习，陆陆续续参加过4次种养殖方面的培训，学习技术和经验。

张尤敖告诉记者，通过参加扶贫办举办的"雨露计划"山羊养殖技能培训，以及村级互助资金贷款筹集资金等扶持，2019年，他成功养殖山羊150余只。夫妻俩起早贪黑，年底卖掉近60只羊，增加收入2万多元，偿还了大部分债务。

"和妻子分工合作，她操持家务，我发展种养殖产业，相信以后的生活会越来越好。"张尤敖说，摸索到了种养殖经验后，他还常常为其他贫困户传授种养殖技术。

下一步，他将继续发展壮大，把山羊养殖发展成家庭农场，同时还将带动周边农户一起种魔芋、养山羊，通过发展产业实现增收致富。

现目前，张尤敖全家年收入超过3万元，已成功实现脱贫。2020年年底，一家人将搬进高山生态搬迁集中安置点，迎接焕然一新的生活。

96 张尤恒

大山深涧里的神仙日子

—— 袁 竹 ——

世间有个赤裸的真相，那就是只有当物质条件足够优越，大山才是山清水秀、空气清新的人间仙境，不然，山，只是穷山，水，只是恶水。明中乡木瓜村村民张尤恒，是此"山水理念"的深刻感受者。

承膝下之欢，居敞亮之室，饮自来之水，就无忧之医，上不愁之学，得产业之利，过着神仙般日子的张尤恒，远望眼前的高山，觉得山脊曲线特别优美，山中林木无比苍翠，阳光灿烂，空气又清又净。

当我们走进这座整洁的院坝，张尤恒趴在新房子二楼阳台，脸上露出幸福的笑容。他看护着楼下正在逗玩小鸡的两个小孙儿，和迎着微风与暖阳书写功课的两个大孙儿。见帮扶人带着两个陌生的面孔来到家中，张尤恒和妻子热情地迎来，端出不太干净但刚经抹布揩过的长条凳子招呼我们坐下，然后急忙进屋泡茶。

在脱贫帮扶人的引介下，我们向张尤恒了解他家的基本情况。张家可谓"大户人家"，是户8口之家，祖孙三代其乐融融地生活在宽敞的新房里。不过，在几年前，可不是这样。

那时，没有砖墙房，没有高收入，没有好生活，更没有儿孙绕膝的这般天伦之乐。

与妻儿三口住在半山腰的危旧木屋里，一旦有风有雨，就飘飘摇摇，整日都在担惊受怕。一家人唯一的事业就是在山上种土豆、栽玉米，在房屋侧面搭建粗陋的栅栏喂一头过年猪。连饲养几只鸡鸭家禽的闲余资本和粮食都没有，更别说让儿子娶妻生子。

但儿子还算幸运，娶回了不嫌弃自家贫穷的媳妇，并在婚后一起赴广东打工。2007年两人成婚后，孕育了两个喜人的女儿。

儿媳、孙女加入家庭成员，是喜事，但不过是平添三人一起吃苦罢了。很多年来，6口之家共同栖居在那破旧的小木屋，难免处处有烦忧，事事不顺心，即使儿子儿媳只是在每年年末才回家团聚。

回忆起住在山中木屋的日子，张尤恒夫妇说话都变得颤抖，从他们略带慌张的神情中，我们听出了那一定是并不美好的记忆。"张叔，你带我们看看今年种植的药材吧。"我见张叔张婶陷入心酸的过去，不忍他们再忆痛苦，便请求他带我们参观其种植的作物。

把我们领到屋院边沿，他指着旁边大斜坡自豪地说道："你们看这一大块绿油油的苗苗就是我种的独活和洋芋，对面那片山上还有四十几亩核桃树。"他脸上洋溢着雨后彩虹般的笑容。

2014年扶贫政策惠及全国各地，经明中乡党委、政府研究以及村民评议，张尤恒因妻子胆结石手术而被列为建档立卡贫困户。由此，他们家结合内外力量，开始迈向新的生活。

乡村干部和责任帮扶人一起根据实际情况，制订具体帮扶措施：免费购买医疗保险，签约家庭医生，申请教育基金补助，提供公益性岗位，给予产业补助。医、学、岗，乡村两级干部都帮助着解决好了，然而，脱贫关键还是要靠自己。

明中乡身处大山深处，空气清新，水质优渥。张尤恒心想，养鸡一定是很好的选择。再者，村里周边暂无专业养鸡场，他便动了要做那个最先吃螃蟹的人的念头。念头一现，说干就干。

向亲戚朋友筹借本钱2万块，从外地购买品种优良、价格实惠的鸡苗80只，在屋后搭建简易养鸡场，资金、种苗、场所就这样快速地搞定。张尤恒受治平乡"一荤一素"产业发展升级的灵感启发，既养动物，又种作物。将养鸡后剩下的钱拿来购买核桃树苗，洋芋、魔芋等农作物种，以及独活类中药材育苗，两套产业就这样开始发展了。

"脱贫"是全国人民的大战，自力更生发展产业，更是每一个贫困户任重道远的挑战。搞好一项生产，资金、资料、场所是必不可缺的条件，但技术和经验更是关键的要素。

由于前期经验不足，技术不成熟，防疫防病措施不到位，张尤恒的产业路一度陷入困境，致使他不仅没赚钱，还因此变得更加窘迫。但是，他依然没有放弃，坚信发展肯定是曲折的。

养殖经验和种植技术不过关，他便主动学习，查找原因，咨询乡里其他专业大户。要注射疫苗，他便一遍一遍地跑到乡政府兽医站虚心而细致地请教专业人员。年过半百的汉子，为了摘掉"贫困户"的帽子，过上富裕的生活，不断学习，不断研究着。

功夫不负苦心人。随着技术日益成熟，经验逐渐积累，山地鸡养得越来越健壮，每只重2到3斤，售价可达40至60元。魔芋、独活、核桃，也渐成规模。

2015年，张尤恒的产业见到成效。在国家扶贫政策支持和乡党委、政府帮助下，销售山地鸡100余只，种植洋芋8亩并产出3万余斤，魔芋1亩并产出4000余斤，出土独活、党参等中药材4亩，核桃挂果量达100余斤。产业收入超4万元，加上平时打零工、妻子公益岗、儿子儿媳外出务工，年收入达到7万元。

同年，通过易地扶贫搬迁，他们一家住上了宽敞明亮的新房。儿子儿媳新添了两个可爱的宝宝。张尤恒夫妇就一个儿子，但孙子孙女却是吉祥四宝。

如今，张尤恒的种养殖产业已逐渐步入正轨，规模从2014年的80只山地鸡、1头生猪、1亩魔芋，发展到如今养殖山地鸡150只、2头生猪，种植2亩魔芋、8亩独活、8亩洋芋、40亩核桃，并且其利润十分可观。

拜访结束，张尤恒送别我们时重复地说着这样一句话："我们家现在，真算得上在这山里过着神仙日子哦！"

97 张增清

我和我的熊竹村，一起走向更加美好的明天

——江 丹——

在决战脱贫攻坚、决胜全面小康时期，有这样一群人，他们虽一度成为建档立卡贫困户，但没有"靠着墙根晒太阳，等着别人送小康"，而是自力更生，勤劳朴实，用布满厚茧的双手稳扎稳打，一步一步走上脱贫致富的小康路。

重庆市城口县厚坪乡熊竹村是一个深度贫困村，这里交通不便，经济条件落后，村民文化水平普遍较低。但这里山清水秀，村民们热情大方，勤劳果敢，因为吃过文化教育的亏，他们清醒地认识到"百年大计教育为本"，要改变贫穷落后面貌，就必须让子女通过读书走出大山去。张增清就是这样一群人中的代表之一。

1968 年，张增清出生在厚坪乡熊竹村，小时候因家里穷，小学未毕业就不得不辍学在家务农，大半生都过着"面朝黄土背朝天"的日子。他下定决心一定要让两个孩子走出大山，再苦再累再穷，砸锅卖铁都要教育好孩子，供他们上学。2014 年是张增清家又喜又忧，也是经济压力最大的一年。因为这一年张增清家面临着大女儿要上大学，小儿子要上高中的状况。喜的是两个孩子终于要走出大山了，忧的是两个孩子的学费及生活费对于他们家来说是一笔巨款，巨大的经济压力让张增清一度陷入窘境。不想让孩

子走自己当年走过的路，又没钱送孩子上学，精神、经济双重压力就像两座大山压得张增清喘不过气。

熊竹村村干部在走村入户时了解到张增清家的情况，精准识别研判后将张增清家列为建卡贫困户，并采取政策补助、社会捐助等方式，帮助张增清家渡过难关，解决了孩子上学学费和生活费问题。张增清也清醒地认识到，想要摆脱贫困，一味地靠政府扶持是不行的，必须要通过自身发展致富才能彻底解决家庭困境，迎来幸福美好生活。

在乡村干部的帮扶和指导下，张增清和妻子决定在家发展养殖业，一方面可以照顾到年迈的母亲，另一方面也可以实现家庭增收。说干就干，张增清争取到5万元的扶贫小额贷款，用于发展生猪养殖，解决了资金缺乏问题。2017年，生猪价格上涨，仔猪繁育市场走俏，张增清抓住时机，在帮扶责任人的帮扶指导下，向乡兽医站工作人员学习饲养技术，修建圈舍8间120平方米左右，走自繁自养的养殖道路，养殖母猪和仔猪。他和妻子每天起早贪黑，种草、割草、切草、喂养、清理猪粪……精心护理圈里的仔猪，每日打扫圈内卫生，亲自照顾刚出生的仔猪。

上天从来都不会辜负任何一个勤奋刻苦的人。张增清所饲养的仔猪存活率很高，很少发病，又有村里的养殖专业合作社帮助提供养殖技术和销路，仅一年时间，张增清家里就实现10万元增收。养殖技术的熟练、畅通的销路以及可观的收入，使张增清在养殖路上没有了后顾之忧，更加增强了他的脱贫致富信心。

产业发展起来了，家庭收入增加了。每天忙前忙后之余，张增清时常看着眼前自己家的土坯房：厨房的墙面被烟熏得漆黑一片，客厅的墙面也四处凹凸不平，破损严重，下雨天更是忍不住有"屋漏偏逢连夜雨"的感慨，让他倍感心酸和凄凉。张增清决定拿出家里的积蓄来改造家庭居住环境。村里得知他的想法，专门为其申报了危房改造项目，为他争取了2万余元危房改造补助。

张增清又开始了"新一轮的奋斗"，他每天起早贪黑，忙着修新房子。一想到不久之后自己家也能住上砖瓦房子，张增清就抑制不住内心的喜悦。都说人逢喜事精神爽，张增清家的新房子修得十分顺利，仅半年时间，张增清一家5口就开开心心地住进了敞亮干净的新房子。搬进新家的张增清精气神更足了，每天干劲儿十足。2019年，他们家实现了脱贫摘帽，还被县上评为"脱贫致富光荣户"。

现在的张增清对以后的日子充满了信心。他坚信，只要努力奋斗，大胆拼搏，今后的日子就会越来越好，熊竹村村民的日子会越过越红火，熊竹村的明天也会更加美好。

98 张长宝

自力更生奔小康的"单身汉"

——李 超——

张长宝是土生土长的鸡鸣本地人，为人实诚憨厚，与人交谈时微胖的脸上时常洋溢着自信的微笑，一米七几的个子有着"山里汉子"独特的内敛气息。这样一个积极乐观的小伙子却比寻常人过得孤苦艰难。

背负债务的"单身汉"

张长宝的家庭比较特殊，父母和他年纪相差较大，2014年，母亲因病去世，父亲已经71岁了。丧失劳动力的父亲和母亲去世前背负的债务，让张长宝家的生活捉襟见肘。

2015年，为保障张长宝家的基本生活，政府将他家纳入了建档立卡的贫困户。但不幸的是，扶贫政策还没来得及发挥效用父亲就去世了。料理完父亲的后事，家里又增加了近4万元的债务。生活的重担压在了这个无依无靠的"单身汉"身上。

最终与挖掘机"结了缘"

家境的困顿、亲人的去世让张长宝丧失了对生活的热情，灯梁村的扶贫干部了解到张长宝家中的实际情况后，主动找上门去，耐心细致地和他沟通交流，做思想工作，根据他的实际情况推荐他去学技术。经过反复思考，张长宝下定决心跟着亲戚学习挖掘机操作技术。

没有了牵挂，张长宝揣着仅剩的5000元钱踏上了学徒之路，心里暗自发誓一定要靠自己的双手去养活自己，过上自己想要的生活。短短时间内经历过了生离死别，张长宝变得更加成熟懂事，从学徒第一天起他便整天待在工地上，一有机会就跳上挖掘机"练练手"。

"开挖掘机是很辛苦的，一开始完全是一窍不通，我就只好缠着老师傅问，天天跟在他后面，得空就去挖掘机上操作练手。"坐在驾驶室里的张长宝说道。在师傅的耐心指导下，经过一年多的摸爬滚打，现在已经能够很熟练地操作各式挖掘机了，只读过小学的张长宝也终于有了一技之长。

回到家乡，张长宝还是一如既往整天待在工地上，只不过现在的他已经是师傅不再是学徒。过硬的技术加上踏实苦干，张长宝在工地上深受老板和工友欢迎，有活儿干都会叫上他，工资也从最初的每月2000多元涨到了5000多元。经过这几年辛苦打拼和省吃俭用，张长宝实现了自己的目标，靠自己的双手养活自己，过上了自己想要的生活，还清了所有的债务，还小有积蓄。

从"打工仔"到"老板"

2019年，张长宝与他人合伙购买了一台二手挖掘机，迈出了关键一步，实现了从"打工仔"到"老板"的跨越。张长宝靠自己的一双手，闯出了属于自己的一片天地，成功摘掉了"穷帽"，家庭年收入从2015年的4000余元增加到了2019年的40000余元，购买了一套新房，日子过得越来越好。

"一个二十几岁的大小伙子，身强力壮，但一直顶着建卡贫困户这顶'穷帽'，始终让自己抬不起头来。经过这几年的努力，在国家政策的支持下，我终于脱贫了。"正在工地上干活儿的张长宝激动地说道。乡村干部在与张长宝交流时，问及他啥时候成家，张长宝红着脸说道："等房子装修完了就结婚，到时候请你们来喝喜酒啊。"

"一定到场！"这一刻，大家都明白了这个年轻小伙子早已经不是以前那个被生活重担压垮的青年，他重新燃起对生活的热情，对未来也充满了期待。

99 周昔国
一个穷山沟易地扶贫搬迁户的新生活

———— 周其勇 ————

　　曾经停电缺水的土墙房，如今换成窗明几净、生活设施完备齐全的砖板房；曾经山高坡陡，遥远艰险的求学路，如今学校近在家旁；曾经家境贫寒、收入微薄，如今"大巴山森林人家"经营得有声有色。周昔国是易地扶贫搬迁的参与者、受益者，搬离了环境恶劣的深山，在各种脱贫政策的扶持下彻底告别了过去的"苦日子"，迎来幸福的小康生活。

　　岚天乡三河村位于大巴山腹地，沟壑纵横、地势险峻，村民走的山路更是崎岖陡峭。这里交通不便，通信受阻，医疗条件落后，贫困人口众多，是名副其实的贫困村。周昔国一家4口过去就居住在这座深山里，挤在破旧不堪的土坯房中。山高路远，路远泥泞，用电用水不便。"看天眼色""靠天吃饭"让这个壮硕的巴山汉子悲观又无奈。

　　早些年间，迫于生活压力，周昔国加入了外出挖矿、做苦工来赚钱糊口的队伍。然而，在山西下矿井的时候不幸患上硅肺病，从此无法从事体力劳动。

　　回到家乡三河村后，他开始种植起苞谷、洋芋、红苕，主要靠这农村"三大坨"维持生计，年收入不到1万元。

穷山沟里生存难，不堪贫苦离深山

2014年，脱贫攻坚战全面打响，周昔国因家庭收入微薄并身患硅肺病被村上识别为建档立卡贫困户。在一次村上开展的脱贫攻坚政策培训会上，他得知现在修建新房可以享受补助和扶持，易地扶贫搬迁政策的施行让他心里乐开了花。

与其他村民一样，修新房一直是周昔国的"心头病"。孩子上学的地方在场镇，而他们住在山高坡陡、路途遥远的山上，每日上学之路艰难坎坷，甚至危险万分。大儿子就曾因在冰雪覆盖的寒冬腊月里去上学，滑倒摔下悬崖，要不是过往的村民看见并及时送到医院，后果不堪设想。事故发生过后，儿子一度萌生不想读书的念头，无论周昔国怎样劝说都化解不了他心头的恐惧。好在班主任多次家访用爱和耐心给予他勇气，才终于消除了他的恐惧。但读书上学的这一段路仍旧是全家最揪心、最头痛的大事。

为了改变现状，周昔国狠下决心，誓要搬到场镇去住，离学校近点儿。这样，妻子也可以就地务工，给家里增加收入来源。但他的修房梦想一直没能成真。

2016年，周昔国告诉了驻村工作队、村干部自己的心愿和苦衷，并详细咨询了易地扶贫搬迁补助政策。按照人均1.2万元的标准，他总共可以获得4.8万元搬迁补助资金。申请到这笔补助资金后，周昔国便在场镇附近开始动工修建起了新房。

如今，家里厨房有了燃气、自来水，客厅有了电视、沙发，居住条件一下变好了。随着居住条件的改善，家庭生活也更加幸福。

多种就业增收入，苦难生活有起色

城口县岚天乡森林覆盖率达76%以上，自然景观丰富、夏季没有酷暑，有得天独厚的生态与气候条件。在乡党委、政府的积极引导下，乡村旅游发展得如火如荼。许多村民开办"大巴山森林人家"，日子过得越来越富，有的还买上了小轿车。

周昔国和妻子张中翠商量过后，决定也加入"大巴山森林人家"。他们到乡旅游办、食药监办申报经营许可证，把自己的新房子变成了可以住宿、吃饭的"大巴山森林人家"。2017年，仅是在旺季的两个月，就赚到了2万多元。

旺季之外，妻子同样靠着技能做着一份稳定的工作。从山上搬下来后，她积极主动参加了乡党委、政府牵头举办的乡村旅游、厨师餐饮培训。做事麻利又吃苦耐劳的她凭着自身较高的厨艺水平，在岚天小学找到了一份后勤帮厨工作。一个月虽然只有千余元的工资，但一来可以借此照料正在那里上小学的女儿，二来可以在暑假期间照顾家里开办的"大巴山森林人家"。对妻子张中翠来说，这是一份很好的工作。

"苦日子已经远去，小康生活真正来到了我们家。"周昔国由衷地说。搬进场镇上的新家后，妻子有了"好"工作，周昔国本人也继续外出务工，并且务到了一份比下井挖矿轻松、安全得多的工作。加之旺季时"大巴山森林人家"带来的收入，家里一年能赚到五六万元，顺利摘掉了"贫困帽"。

易地搬迁政策好，脱贫致富不是梦

扶贫搬迁表面上是人的迁移，但背后其实是人所在的生产生活环境的变迁，考验的是一个地方的发展能力。

周昔国易地扶贫搬迁后改善了他的居住环境，并使自己脱贫致富。在岚天乡，周昔国不是个例，许许多多的易地扶贫搬迁户都迎来了他们的新生活。

近年来，为确保易地扶贫搬迁群众"搬得出、稳得住、能致富"，城口县岚天乡党委、政府采取有效措施，"一户一人就业""一户多人就业"的目标已经实现，易地扶贫搬迁户已逐渐脱贫致富。

100 邹传国
自力更生拔穷根

——— 张孝红 ———

好日子都是奋斗出来的！从建档立卡贫困户到养殖大户，坪坝镇三湾村的邹传国在脱贫的路上，不等不靠，自力更生，通过勤劳和努力，摘掉了"穷帽子"，过上了好日子。别看他家现在的生活风生水起，谈及以前的穷日子，现在的好日子邹传国是想都不敢想的。

2014年以前，邹传国常年外出在矿山务工，妻子在家务农。2014年是邹传国一家生活最困难的时候，邹传国被检查出硅肺病，不能下重力，只能在当地打零工。由于身体差，做一天休三天，一年下来也挣不了几个钱，日子更是过得紧巴巴。

2014年动态调整时，邹传国一家被精准识别为建卡贫困户，在一系列帮扶措施的支持下，他家里的情况终于有了变化。

邹传国是一个非常要强的人，被识别为建卡贫困户后，老邹在邻居面前有些不好意思，觉得自己在村里抬不起头。村支"两委"的干部、联系村领导知道后，多次上门宣讲扶贫政策，老邹慢慢明白，自己家的情况是在国家扶贫政策范围之内。村支"两委"一同帮他规划产业，结合他家的实际情况，建议他发展山地鸡、猪和特色小杂粮。邹传国思前想后，看好了养殖业的良好发展前景，于是决定养猪、养鸡。

养殖场建起来了，随着规模的扩大，他家里的经济条件也慢慢变好。2015年，邹传国居住的房子被鉴定为D级危房，村支"两委"入户给他讲解D级危房改造补助政策。他想了想：现在国家政策这么好，修！2016年在原址上修建了两层小洋房。由于修建新房，他欠了部分债务，家里无钱购买猪崽，邹传国又对着自己空空的圈舍唉声叹气，一筹莫展。村支书知道后，主动帮他申请了5万元的小额贷款，帮助他稳定发展养殖。

搭建圈舍、购置母猪、小猪崽，邹传国一天天起早贪黑，养殖场终于又办起来了，猪从5头到10头，再到20头，鸡从20只到50只，再到100只……邹传国的养殖场规模越来越大，每年可出栏生猪20多头，为周边农户提供小猪崽20多头，出栏土鸡100多只，年收入超过7万元。

虽然邹传国变得富裕了，但他从未忘记乡邻。他经常给周边农户讲解养殖技术，并鼓励他们一定要自力更生，不能什么都依靠国家，要靠自己的双手，摘掉"穷帽"，断掉穷根。他还提供了一个就业岗位，带着附近的一户贫困户脱贫致富。

这几年，邹传国的生活发生了翻天覆地的变化。村干部看在眼里，喜在心里，也希望通过他的创业故事，鼓励更多的贫困户因地制宜发展产业，拔掉穷根。2019年，邹传国被评为坪坝镇致富带头人。

正当邹传国对未来生活充满希望时，一场突如其来的变故，差点儿压垮这个瘦弱而坚强的男人。儿子在外误入歧途而入狱，妻子知道后，无法接受现实，选择离开了人间。就这样，一个幸福的家庭只剩下这个瘦弱的男人，他对自己未来的生活失去了信心。于是他卖掉了自己所有的猪、鸡。村支"两委"、驻村第一书记多次入户开导，通过各级干部多次入户走访和关心，他才慢慢从阴影中走了出来。

目前，他的20多头商品猪即将出栏，还有1头母猪。受疫情影响，周边农户买猪崽难。为了满足同村人的需求，他卖掉了10多头小猪崽。

邹传国笑着对上门走访的干部说："感谢你们对我的关心，感谢党的好政策让我的生活发生了翻天覆地的变化。我会继续壮大我的产业，过上好日子，等我儿子出狱。一人富不算富，能把周边贫困户都带上致富路，才不愧我这个致富带头人的称号。"

编写说明

　　《战胜贫困（下册）——我的脱贫故事》是一部记录城口贫困群众在脱贫攻坚中，不等不靠、自强不息、艰苦奋斗、摆脱贫困的自叙式读物。

　　书中收录的 100 名贫困户的脱贫故事，只是城口 11596 户贫困户的缩影。他们的故事充分展示了在这场脱贫攻坚战中，激发贫困群众内生动力，竖起脱贫致富的信心，远比黄金更重要。

　　书中故事内容真实可信，均通过媒体记者、驻村工作队员、帮扶责任人采写记录。书中人物皆属本名，插图皆为人物真实肖像并已取得当事人的使用同意。

　　本书对文中已公开发表的故事篇目，均已同版权所有方取得使用同意。诚挚感谢新华通讯社、重庆日报、华龙网、上游新闻、城口县融媒体中心等媒体单位的热情支持。